Direito do Trabalho Essencial

Doutrina, legislação, jurisprudência, exercícios

AMAURI CESAR ALVES

*Mestre e Doutorando em Direito do Trabalho
pela Pontifícia Universidade Católica de Minas Gerais.
Professor Universitário.
Membro da Comissão de Educação Jurídica da OAB/MG.*

Direito do Trabalho Essencial

Doutrina, legislação, jurisprudência, exercícios

EDITORA LTDA.
© Todos os direitos reservados

Rua Jaguaribe, 571
CEP 01224-001
São Paulo, SP – Brasil
Fone (11) 2167-1101
www.ltr.com.br

Produção Gráfica e Editoração Eletrônica: LINOTEC
Projeto de Capa: Fabio Giglio
Impressão: Orgrafic Gráfica e Editora

LTr 4801.6
Junho, 2013

Dados Internacionais de Catalogação na Publicação (CIP)
(Câmara Brasileira do Livro, SP, Brasil)

Alves, Amauri Cesar
  Direito do trabalho essencial : doutrina, legislação, jurisprudência, exercícios / Amauri Cesar Alves. – 1. ed. – São Paulo : LTr, 2013.

  Bibliografia.
  ISBN 978-85-361-2587-9

  1. Direito do trabalho 2. Direito do trabalho – Brasil I. Título.

13-05603   CDU–34:331(81)

Índice para catálogo sistemático:

1. Direito do trabalho : Brasil   34:331(81)

Ao meu filho Pedro Henrique,
que me ensinou que a felicidade é algo extremamente simples...

Agradecimentos essenciais...

Agradeço aos meus pais, Marli e Roberto, que sempre me apoiaram e possibilitaram o desenvolvimento dos meus estudos.

Agradecimento especial à Fundação Pedro Leopoldo, na pessoa da Profa. D. Zélia de Cerqueira Barbosa, educadora exemplar, que sempre norteará meus caminhos no Magistério.

À PUC-Minas, nas pessoas dos Professores Taísa Maria Macena de Lima, Márcio Túlio Viana, Mauricio Godinho Delgado, José Roberto Freire Pimenta e Luis Otávio Linhares Renault.

Sempre à minha esposa, Ana Karine, por tudo.

Sumário

Apresentação 13

PARTE I
FUNDAMENTOS PARA O DIREITO DO TRABALHO ESSENCIAL

Capítulo 1
História do Direito do Trabalho 19

Capítulo 2
Caracterização do Direito do Trabalho: denominação, definição, conteúdo... 30

Capítulo 3
Funções do Direito do Trabalho 33

Capítulo 4
Direito do Trabalho: abrangência, natureza jurídica, autonomia e relações com outros ramos do Direito 39

Capítulo 5
Fontes do Direito do Trabalho 44

CAPÍTULO 6
Princípios de Direito Individual do Trabalho 48

QUESTÕES OBJETIVAS 59

QUESTÕES DISCURSIVAS TEÓRICAS 65

QUESTÃO DISCURSIVA PRÁTICA 66

PARTE II
RELAÇÃO DE EMPREGO:
ESSÊNCIA DO DIREITO DO TRABALHO

CAPÍTULO 1
Relações de Trabalho e Relação de Emprego: elementos fático-jurídicos 69

CAPÍTULO 2
Natureza Jurídica da Relação de Emprego 88

CAPÍTULO 3
Relação de Emprego: elementos jurídico-formais 92

CAPÍTULO 4
Relações de Trabalho Especialmente Protegidas: trabalho cooperado, estagiário, movimentadores de cargas (avulsos) e motoristas não empregados.... 98

CAPÍTULO 5
Relações de Trabalhos Especiais: voluntário e religioso 117

CAPÍTULO 6
Trabalho Parassubordinado: análise e possibilidade protetiva 122

CAPÍTULO 7
Teletrabalhador 131

CAPÍTULO 8
O Empregado Doméstico e o Empregado Rural 145

CAPÍTULO 9
Trabalho da Mulher, do Menor e do Indígena 161

CAPÍTULO 10
O Empregador: sucessão de empregadores e grupo econômico 181

CAPÍTULO 11
Terceirização Trabalhista 190

CAPÍTULO 12
Trabalho Escravo 217

QUESTÕES OBJETIVAS 225

QUESTÕES DISCURSIVAS TEÓRICAS 243

QUESTÕES DISCURSIVAS PRÁTICAS 245

PARTE III
CONTRATO DE EMPREGO E PROTEÇÃO ESSENCIAL

CAPÍTULO 1
Contrato de Emprego em Essência 267

CAPÍTULO 2
Contrato de Emprego. Modalidades Celetistas 284

CAPÍTULO 3
Contrato de Emprego. Nulidades 297

CAPÍTULO 4
Contrato de Emprego e o Exercício do Poder 304

CAPÍTULO 5
Duração do Trabalho 329

CAPÍTULO 6
Remuneração, Salário e Proteção Essencial 370

CAPÍTULO 7
Alterações Contratuais Trabalhistas 403

CAPÍTULO 8
Interrupção e Suspensão do Contrato de Emprego 413

CAPÍTULO 9
Garantias Provisórias de Emprego 418

CAPÍTULO 10
Término do Contrato de Emprego 430

QUESTÕES OBJETIVAS 459

QUESTÕES DISCURSIVAS TEÓRICAS 471

QUESTÕES DISCURSIVAS PRÁTICAS 473

PARTE IV
DIREITO COLETIVO DO TRABALHO ESSENCIAL

CAPÍTULO 1
Introdução ao Direito Coletivo do Trabalho 497

CAPÍTULO 2
Princípios do Direito Coletivo do Trabalho 504

CAPÍTULO 3
Sindicato, Trabalho e Direito 515

CAPÍTULO 4
Negociação Coletiva: essência do Direito Coletivo do Trabalho 530

CAPÍTULO 5
Direito Fundamental de Greve 543

QUESTÕES OBJETIVAS 555

QUESTÕES DISCURSIVAS TEÓRICAS 565

QUESTÕES DISCURSIVAS PRÁTICAS 567

BIBLIOGRAFIA 575

GABARITO DAS QUESTÕES OBJETIVAS
Parte I 580

GABARITO DAS QUESTÕES OBJETIVAS
Parte II 582

GABARITO DAS QUESTÕES OBJETIVAS
Parte III 586

GABARITO DAS QUESTÕES OBJETIVAS
Parte IV 589

Apresentação

Direito do Trabalho Essencial

O Direito do Trabalho, mesmo com as constantes transformações sociais, tecnológicas, políticas e econômicas vivenciadas em todo o mundo capitalista nas últimas décadas, se mostra essencial para a preservação das relações entre capital e trabalho.

Não é correta a afirmação de que o Direito do Trabalho gera custo excessivo para o Brasil, que seria prejudicial à sua competitividade no mercado mundial, vez que tal sistema jurídico é comum à quase totalidade dos países capitalistas ocidentais. Até mesmo países que são referência liberal, como Estados Unidos e Inglaterra, possuem um sistema jurídico protetivo do trabalhador, ainda que pautado em uma normatização autônoma e privatística, em que predomina a regra negociada coletivamente (através dos sindicatos), mas que ainda assim deixa espaço para a legislação trabalhista. O Direito do Trabalho protetivo é regra nos países capitalistas, sejam eles centrais ou periféricos (Alemanha, França, Itália, Espanha, Portugal, Argentina, Uruguai, México, dentre vários outros, inclusive africanos), e não exceção, como querem fazer crer algumas vozes precarizantes.

Duas são as principais funções do Direito do Trabalho no contexto brasileiro, que não difere muito daquele dos demais países capitalistas: a função de melhoria das condições de pactuação da força produtiva e, em aparente oposição, uma função capitalista.

A função de melhoria das condições de pactuação da força de trabalho na ordem socioeconômica é bastante conhecida e bem especificada por Mauricio

Godinho Delgado, em suas diversas obras, com destaque para seu *Curso de Direito do Trabalho*. Para o jurista, "tal função decisiva do ramo justrabalhista realiza, na verdade, o fundamental intento democrático e inclusivo de desmercantilização da força de trabalho no sistema socioeconômico capitalista, restringindo o livre império das forças de mercado na regência da oferta e da administração do labor humano." Como a denominação bem indica e permite fácil compreensão, é função do Direito do Trabalho possibilitar ao trabalhador inserção digna no mercado de trabalho, através da fixação de normas autônomas (negociadas coletivamente) e heterônomas (leis) de caráter protetivo.

A função capitalista do Direito do Trabalho pode ser desenvolvida a partir da função política conservadora verificada pelo Professor Maurício Godinho Delgado, destacada na obra já citada. É inegável que o Direito do Trabalho, em todo o mundo, "confere legitimidade política e cultural à relação de produção básica da sociedade contemporânea", ou seja, mantém o *status quo*, ao preservar o sistema capitalista com um pequeno número de pessoas muito ricas, que detém grande parte do poder político e econômico, e uma grande maioria de trabalhadores que sustentam a riqueza daqueles. A fixação de um conteúdo normativo mínimo (CLT) protetivo fez com que não houvesse, no Brasil, movimento social organizado e significativo dos trabalhadores empregados no sentido de uma nova estruturação social, que desse destaque à sua hegemonia no contexto da população, exceção feita aos valorosos (mas insuficientes) esforços pontuais contra a ditadura militar. Ademais, a padronização de direitos trabalhistas mínimos (patamar civilizatório) através de regras heterônomas que obrigam a todos os empregadores (pequenos, médios, grandes, multinacionais) indistintamente favorece a livre concorrência e a busca por resultados, tendo por pressuposto igualdade básica de oportunidades entre os empreendedores no mercado capitalsita, especificamente no que concerne ao custo da mão de obra.

O Direito do Trabalho é, então, essencial para os trabalhadores e para os detentores do capital. No contexto brasileiro há, ainda, a necessidade de medidas políticas e jurídicas no sentido da maior efetivação da função de melhoria das condições de pactuação da força produtiva, vez que a função capitalista está óbvia e largamente implementada. Tais medidas, dentre outras, são o fim da terceirização (como praticada no Brasil e que a rigor se confunde com mera precarização do direito do trabalho) ou sua preservação apenas nas atividades de vigilância, a democratização da gestão da mão de obra, a efetivação dos direitos fundamentais no plano da relação de emprego e, principalmente, a concretização da promessa constitucional de liberdade e autonomia dos sindicatos, bem como da participação do empregado na gestão da empresa, conforme art. 7º, XI, da Constituição da República.

É essencial, então, que os trabalhadores busquem, pelos diversos espaços políticos e sociais existentes, a plena equivalência fática entre as duas funções precípuas do Direito do Trabalho.

A presente obra pretende trazer apenas o que é essencial ao estudante para a realização de Exame de Ordem e de provas de Concursos Públicos. Não há, aqui, pretensão doutrinária do autor no sentido clássico do termo, havendo referência para o estudante, durante todo texto, aos marcos teóricos essenciais do Direito do Trabalho no Brasil.

Cada assunto essencial ao entendimento do Direito do Trabalho, em seus aspectos individual e coletivo, será tratado na presente obra da seguinte forma: inicialmente, há um roteiro de aula, que servirá de balizamento para o estudo a ser desenvolvido; em seguida, os estudos do autor sobre o tema, com referência à doutrina e à jurisprudência. Houve opção pela transcrição de regras legais, súmulas de jurisprudência e orientações jurisprudenciais no corpo do texto apenas para facilitar a imediata compreensão do leitor sobre seu conteúdo, dispensando a consulta a outras fontes. Houve também opção por repetir alguns conteúdos específicos em capítulos diversos, vez que comuns, também na expectativa de poder facilitar a leitura de cada tema, sem remissões. Ao final de cada Título seguem exercícios objetivos e discursivos (teóricos e práticos), com destaque para os temas ali tratados.

Parte I

Fundamentos para o Direito do Trabalho Essencial

Capítulo 1

História do Direito do Trabalho

1. Antecedentes históricos ao modelo capitalista de produção.
   a) Antiguidade
   b) Idade Média
   c) Revolução Industrial
      - *trabalho livre e subordinado*
      - *liberalismo*
2. Direito do Trabalho:
   a) Europa
      - *intervenção do Estado (século XIX)*
      - *constitucionalização do Direito do Trabalho*
      - *Estado de Bem-Estar Social*
   b) Brasil
      - *1888*
      - *manifestações incipientes ou esparsas (1888 a 1930)*
        – *liberalismo*
        – *organização social incipiente*
        – *legislação esparsa*
      - *institucionalização (1930 a 1945)*
        – *restrição à manifestação autônoma do proletariado*

- *corporativismo e normatização heterônoma*
- *CLT, 1943*
• *Constituição de 1988*
  - *contradições antidemocráticas*
• *crise*
  - *década neoliberal*
  - *deslegitimação do Direito do Trabalho*
c) *Modelos principais de ordens jurídicas trabalhistas*
  • *maior ou menor espaço do conflito capital-trabalho*
    1) *democráticas:*
       - *normatização autônoma e privatística*
         • *EUA e Inglaterra*
         • *normatização privatística subordinada*
         • *França*
    2) *autoritárias:*
       - *normatização estatal*

Capítulo 1
História do Direito do Trabalho

O Direito do Trabalho é fruto da Revolução Industrial europeia, nasce e se desenvolve concomitantemente ao sistema capitalista, que ajuda a manter até os dias de hoje. Não é possível a hegemonia do trabalho livre e subordinado em momentos históricos anteriores, como a Antiguidade e a Idade Média, do que decorre a impossibilidade da estruturação do Direito do Trabalho em tais períodos.

No mundo antigo, a hegemonia foi do trabalho escravo, que resultava da prisão nas guerras ou do nascimento em cativeiro. O escravo era propriedade de seu senhor, sendo, portanto, juridicamente impossível uma relação jurídica (intersubjetiva) entre ambos.

Na Idade Média também não era possível, de modo economicamente relevante, a garantia de direitos trabalhistas na relação de disposição de força produtiva, pois o que havia era a completa sujeição do servo ao senhor. Embora não fosse juridicamente propriedade do senhor feudal, o servo também não era livre ou meramente subordinado.

Não se defende, aqui, a ideia da inexistência do trabalho livre na Idade Antiga ou no Medievo, ou a total ausência de regras protetivas referentes à entrega de força produtiva, mas, sim, sua pouca relevância no contexto socioeconômico.

O trabalho, entretanto e obviamente, é muito anterior a tais marcos históricos, e acompanha o homem desde sempre. Trabalho é a ação humana (lícita), fruto da consciência, da cultura, do aprendizado, tendente a transformar a natureza ou a desenvolver ideias em busca de benefícios.

A origem do trabalho remonta ao início da humanidade, pois diretamente relacionado à necessidade alimentar.[1] A transmissão de técnicas manuais, de geração em geração, de homem a homem, foi fator importante para o desenvolvimento do trabalho. O saber fazer uma ferramenta e utilizá-la com algo útil para sua subsistência foi o marco fundador do trabalho enquanto algo querido, pensado, projetado, raciocinado para servir à obtenção de um resultado esperado.[2]

O termo *trabalho* remete à ideia de castigo, pena aos desprovidos de riquezas materiais. Advém de *tripalium*, instrumento de tortura, constituído de três pontas. *Tripaliare*, origem do termo trabalhar, significa torturar com *tripalium*.[3]

---

(1) "Un estudio de las técnicas debería insistir sobre esse Neolítico, verdadero arranque de la economia moderna. Um estudio del trabajo, de sus formas, de su organización, un ensayo de comprension del trabajador, de la prehistoria há de centrarse en la vida del trabajador de las Cavernas, porque toda la organización social del trabajo está ahí em gérmen." PARIAS, Louis-Henri. *História General del Trabajo*. Barcelona: Ediciones Grijalbo, 1965, p. 14.

(2) ALVES, Amauri Cesar. *Novo Contrato de Emprego: Parassubordinação Trabalhista*. São Paulo: LTr, 2005.

(3) MORAES FILHO, Evaristo de. *Introdução ao Direito do Trabalho*. Rio de Janeiro: Forense, p. 59/62, *Apud* FERRARI, Irany; NASCIMENTO, Amauri Mascaro; MARTINS FILHO, Ives Gandra da Silva. *História do Trabalho, do Direito do Trabalho e da Justiça do Trabalho*. São Paulo: LTr, 1998, p. 13.

O trabalho inicialmente não era visto como instrumento de afirmação da dignidade humana, ou forma de emancipação da classe trabalhadora ou, ainda, como meio de distribuição de renda, como hoje. Era basicamente pena imposta por quem detinha o poder àqueles que nada tinham.

O Direito do Trabalho somente poderia surgir em um contexto de hegemonia do trabalho livre e subordinado, o que se deu com o fim da Idade Média e início da era Moderna, especificamente com o desenvolvimento da Revolução Industrial. Somente o trabalhador verdadeiramente livre pode ser sujeito de direitos – dentre eles, e principalmente, de direitos trabalhistas.

As técnicas de produção em larga escala tornaram-se cada vez mais expressivas entre o final do século XVIII e início do século XIX. A Revolução Industrial teve seu início na Inglaterra e reflexos em quase toda a Europa.

O caráter revolucionário desse período histórico pode ser observado pelo número de termos que surgiram então, como destaca Hobsbawm, em *A Era das Revoluções*: "indústria", "capitalismo", "proletariado", "greve" e "paupérrimo", dentre outros termos são palavras "que foram inventadas ou ganharam seus significados modernos, substancialmente no período".[4]

A marca do nascente trabalho livre e subordinado hegemônico foi sua exploração desmedida, possibilitada e garantida por sua regulação civilista, que pressupunha a autonomia das vontades das partes contratantes.

No início da Revolução Industrial (século XVIII), o Liberalismo pressupunha a ausência do Estado nas relações sociais e intersubjetivas. Assim, as regras do ajuste de trabalho eram fixadas "livremente" pelas partes, o que acarretou, obviamente, a preponderância da vontade do contratante, pois detentor dos meios de produção. Ao trabalhador restava anuir ou não trabalhar, arcando com as óbvias consequências de sua decisão.

Em toda a Europa a exploração do trabalho verificou-se de forma excessiva, desumana, como regra geral. O contratante estabelecia a duração da jornada e a remuneração por trabalho, sem que houvesse possibilidade de questionamento pelo trabalhador. Era comum a exploração do trabalho de homens, mulheres e crianças, estas a partir de 4 (quatro!!!) anos de idade, durante jornadas de 14, 16, 18 horas.[5]

---

(4) HOBSBAWN, Eric. *A Era das Revoluções*. Rio de Janeiro: Paz e Terra, 1996, p. 47.

(5) "O industrial de algodão Samuel Oldknow contratou, em 1796, com uma paróquia a aquisição de um lote de 70 menores, mesmo contra a vontade dos pais. Yarranton tinha, a seu serviço, 200 meninas que fiavam em absoluto silêncio e eram açoitadas se trabalhavam mal ou demasiado lentamente. Daniel Defoe pregava que não havia nenhum ser humano de mais de quatro anos que não podia ganhar a vida trabalhando. Se os menores não cumpriam as suas obrigações na fábrica, os vigilantes aplicavam-lhes brutalidades, o que não era geral, mas de certo modo, tinha alguma aprovação dos costumes contemporâneos." NASCIMENTO, Amauri Mascaro. *Curso de Direito do Trabalho*: História e Teoria Geral do Direito do Trabalho. Relações Individuais e Coletivas do Trabalho. 14. ed. São Paulo: Saraiva, 1997. p. 11.

Durante muito tempo, o Estado sustentou ou foi omisso diante de tal realidade. Ao Estado não cabia intervir nas relações entre particulares e, portanto, nas relações de trabalho. Assim, cabia ao contratante da força produtiva ditar as regras do trabalho e ao trabalhador o seu estrito cumprimento. Havia uma falsa e cruel relação de igualdade na pactuação, posto que o trabalhador era (e ainda é) a parte mais fraca na relação capital-trabalho.

Tal situação, é claro, não tardou a ensejar insatisfação dos trabalhadores. Grupos de operários, uns mais organizados que outros, exigiram dos contratantes a humanização da relação de entrega de força produtiva. Diversas associações proletárias surgiram para exigir direitos. Houve destruição de máquinas, violência contra chefes e patrões, greves e manifestações públicas que mobilizaram boa parte da classe trabalhadora europeia, sobretudo no transcorrer do século XIX.

Os governantes, preocupados com o que poderia resultar da mobilização proletária incipiente, tiveram que ceder e regulamentar, ainda que parcialmente, a relação básica de entrega de força produtiva. A organização sindical, as ideias marxistas e o desenvolvimento de uma ideologia social cada vez mais crescente influenciaram positivamente os legisladores do final do século XIX e início do século XX. Foram criadas leis que regulamentaram o trabalho do menor, limitaram a jornada e fixaram repousos semanais e anuais.

Posteriormente, importantes textos constitucionais contemplaram os direitos basilares dos trabalhadores, com destaque para a Constituição do México (1917) e para a da Alemanha (1919).

Após a II Guerra Mundial houve uma maior preocupação com a constitucionalização dos direitos trabalhistas e com a garantia de um patamar civilizatório mínimo que trouxesse dignidade ao cidadão trabalhador. O Direito do Trabalho é, neste contexto, instrumento essencial de concretização do Estado de Bem-Estar Social vivenciado na Europa. Distribuir renda era uma preocupação urgente da sociedade de então, o que se tornou possível através do Direito do Trabalho de caráter eminentemente protetivo.

A criação e a constitucionalização das regras trabalhistas constituem marco fundamental do Direito do Trabalho no mundo. Representaram, e ainda representam, sistema de controle para o capitalismo, conferindo a este "certa medida de civilidade, inclusive buscando eliminar as formas mais perversas de utilização da força de trabalho pela economia."[6]

A história do Direito do Trabalho no Brasil é significativamente diferente daquela vivida na Europa.

O primeiro marco que possibilita o desenvolvimento do Direito do Trabalho no Brasil é a Abolição da Escravidão, em 1888. Antes disso, a hegemonia da exploração de trabalho se dava através do exercício do direito de propriedade pelo

---

(6) DELGADO, Mauricio Godinho. *Curso de Direito do Trabalho*. 10. ed. São Paulo: LTr, 2011.

senhor de escravos. É claro que em tais circunstâncias não havia, de modo economicamente destacado, relação jurídica intersubjetiva de trabalho e, consequentemente, direitos trabalhistas que pudessem ser garantidos.

Do mesmo modo que se verificou na Europa, não é correto dizer da inexistência de trabalho livre no Brasil anteriormente a 1888, é óbvio, o que não há é sua hegemonia, como destaca Jorge Luiz Souto Maior:

> A história da legislação social no Brasil pode ser contada a partir do início da implantação do Estado republicano, em 1889, embora destaque Dario de Bittencourt, que já no Livro IV, títulos XXIV a XXXXV, das "Ordenações Filipinas", que tiveram vigência no Brasil a partir de 1595, cogitava-se da "situação dos criados, pagamento de seus serviços e soldadas e respectiva prova, despedida do emprego, etc."[7]

Com o fim da escravidão, desponta a necessidade de contratação de trabalho livre e subordinado no mercado, o que possibilitou o desenvolvimento de uma esparsa legislação trabalhista entre 1888 e 1930.

A legislação trabalhista incipiente no Brasil é marcada pela ideia liberal de contratação de trabalho. Não cabia ao Estado intervir nas relações entre particulares, sendo o contrato civil apto e suficiente a regulamentar as relações entre capital e trabalho, consoante o entendimento de então.

O liberalismo, entretanto, não traz respostas satisfatórias à classe trabalhadora, que não se sente verdadeiramente livre para contratar, vez que premida pela necessidade, enquanto que o detentor do capital dispõe de amplos meios para fazer valer sua vontade no momento da pactuação. Tal liberdade de mercado impôs aos trabalhadores pesadas jornadas, a exploração de mulheres e crianças, além de um ambiente de trabalho opressor e desprotegido.

Houve, no início do século XX, incipiente organização dos trabalhadores em busca de melhores condições de trabalho. Embora limitadas às cidades[8], com sua industrialização nascente, o movimento popular dos trabalhadores conseguiu provocar greves e manifestações que exigiam condições dignas de trabalho. Foram criadas associações, sindicatos e confederações com o objetivo de forçar o patrão a contratar trabalho de modo respeitoso.

Neste contexto, surgem as primeiras leis trabalhistas, que não rompiam integralmente com o modelo liberal, mas traziam regras mínimas de respeito ao trabalhador, como limites de idade para o trabalho, limite de jornada, aposentadoria, férias, dentre outras.

---

(7) SOUTO MAIOR, Jorge Luiz. "Breves Considerações sobre a História do Direito do Trabalho no Brasil". In: CORREIA, Marcus Orione Gonçalves (Org.) Curso de Direito do Trabalho: Teoria Geral do Direito do Trabalho. São Paulo: LTr, 2007. p. 64.

(8) Nesse momento histórico, o trabalho rural é hegemônico no Brasil, sendo incipiente a classe operária urbana.

No período compreendido entre 1930 e 1945, o Brasil experimentou a institucionalização do Direito do Trabalho, com a ruptura do modelo liberal de contratação, que se deu através de uma profusão legislativa induzida pelo Poder Executivo, que pretendia, aparentemente, criar regras específicas para cada categoria profissional existente.

A Revolução de 30, capitaneada por Getúlio Vargas, é marco decisivo para o desenvolvimento do Direito do Trabalho brasileiro, que mantém desde então sua conformação básica preservada.

Não se trata, como cediço, de revolução popular, que é em verdade incomum no Brasil, mas de alternância de poder, que passa das oligarquias rurais, regionalizadas e divididas, para a ascensão de um poder centralizado e populista com pretensões capitalistas com foco na industrialização.[9]

Também é verdade que através da edição da norma heterônoma, pretendia o Estado brasileiro restringir a busca autônoma de direitos pelos trabalhadores, que passaram a ser tutelados pelo chefe do Poder Executivo, que cuidava de prover a todos.

A regulamentação trabalhista do período acabou por restringir a atuação organizada da classe trabalhadora, que, como regra geral, teve suas lideranças cooptadas pelo sistema sindical corporativista construído desde Getúlio Vargas.

Os trabalhadores, contemplados desde então com regras básicas de proteção ao contrato passaram a buscar essencialmente a preservação de seus direitos, sem uma clara e organizada movimentação social no sentido do questionamento do sistema capitalista no Brasil.[10]

Em 1943, surge a Consolidação das Leis do Trabalho, que, além de reunir toda a vasta regulamentação esparsa existente, criou regras e institutos novos, que fixaram um patamar civilizatório mínimo abaixo do qual não pode haver, validamente, até hoje, contratação de emprego.

---

(9) "A reação ocorrida em 30 não se tratou, obviamente, de um movimento que pleiteasse a ascensão ao poder de uma classe popular. Houve, isto sim, uma ligeira alteração dos dominantes do poder. De todo modo, dá-se uma sensível mudança na política nacional, pois embora não tivessem desaparecido as oligarquias e o clientelismo, a nova política, ao contrário da anterior, baseia-se na idéia de centralização do poder, ou seja, na redução dos poderes regionalizados. Além disso, altera-se o foco da economia, que passa a ser direcionada para a industrialização e aumenta-se a força do Exército. Em termos concretos, o Estado getulista acabou por promover o capitalismo no Brasil, impulsionado pelo positivismo, que pode ser resumido como a necessidade de integração da classe proletária à sociedade e um Estado forte que adote o compromisso de tal ação." SOUTO MAIOR, Jorge Luiz. "Breves Considerações sobre a História do Direito do Trabalho no Brasil". *In*: CORREIA, Marcus Orione Gonçalves (Org.). *Curso de Direito do Trabalho: Teoria Geral do Direito do Trabalho*. São Paulo: LTr, 2007. p. 80.

(10) Ressalvadas honrosas porém pontuais exceções vinculadas aos movimentos comunista e socialista. Destaque também para o *direito de resistência* levado a efeito pela classe trabalhadora brasileira e brilhantemente destacado pelo Prof. Márcio Túlio Viana em seu já clássico livro *Direito de Resistência* (São Paulo: LTr, 1996).

Trata-se de um texto com problemas técnico-científicos, com linguagem defasada e com algumas normas pouco aplicadas, mas ainda representa importante instrumento de promoção de justiça social no contexto brasileiro. Sua preservação, ou melhor, a preservação dos direitos trabalhistas consagrados no texto celetista é ainda hoje responsabilidade do Estado brasileiro.

A Constituição da República promulgada em 1988 trouxe consideráveis avanços em matéria trabalhista, sobretudo a consagração de princípios aplicáveis à relação de emprego inseridos no Título II, *Dos Direitos e Garantias Fundamentais*. Trouxe também algumas importantes normas, mas que ainda não foram devidamente implementadas, pois, segundo entendimento majoritário, carecem de regulamentação infraconstitucional. Não deixou de trazer, também, resquícios do autoritarismo que marcou o Brasil até 1988, sobretudo em matéria sindical, naquilo que o Prof. Mauricio Godinho Delgado denomina "contradição antidemocrática" do texto de 1988.[11]

A década de 1990 infelizmente não propiciou a esperada efetivação dos direitos constitucionais trabalhistas, vez que houve um verdadeiro ataque neoliberal às conquistas consolidadas desde 1943, ao arrepio da Constituição da República em vigor e com o respaldo dos Tribunais Trabalhistas.

Diversas regras infraconstitucionais precarizantes foram editadas durante o governo Fernando Henrique Cardoso, com grave perda de direitos para a classe trabalhadora, que pouco pôde fazer para deter o avanço neoliberal, dados os índices de desemprego da época.

Antônio Fabrício de Matos Gonçalves diz sobre o contexto nacional da época:

> *O Estado necessita agora atrair capital produtivo e não especulativo, para dar resposta ao desemprego e resposta econômica à população, pois o que importa é o "espetáculo do crescimento" e uma economia com indicadores de mercado saudáveis.*
>
> *Com esse intuito e com essa ideologia trabalhada como única forma de sobrevivência no mundo globalizado, os governos adotam tais políticas de proteção ao mercado e, consequentemente, das empresas – detentoras do grande capital. Para facilitar a entrada dessas empresas, o Estado atende às suas exigências: redução dos impostos para o capital externo (somente para o dinheiro que vem de fora) e redução de direitos trabalhistas.*[12]

Até hoje se discute, em diversos espaços sociais, se deve haver no Brasil a intervenção do Estado nas relações de emprego. Há defensores do retorno ao liberalismo clássico, para que empregado e empregador possam "livremente" fixar

---

(11) DELGADO, Mauricio Godinho. *Curso de Direito do Trabalho*. 10. ed. São Paulo: LTr, 2011.

(12) GONÇALVES, Antônio Fabrício de Matos. *Flexibilização Trabalhista*. Belo Horizonte: Mandamentos, 2004. p. 268.

suas cláusulas contratuais de trabalho. Há quem defenda ardentemente a desregulamentação do mercado laboral através da flexibilização das leis trabalhistas.

Por fim, muitos empregadores resolveram adotar uma política de deslegitimação do Direito do Trabalho, independentemente da desregulamentação patrocinada em diversos momentos históricos pelo Estado brasileiro.

É facilmente perceptível o fato de que muitos empregadores preferem, conscientemente e sopesados os riscos, descumprir a legislação trabalhista, não obstante todos saibam ter ela caráter imperativo e natureza de direito fundamental indisponível no ordenamento brasileiro.

Todos conhecem empregador que prefere pagar *acertos rescisórios* na Justiça do Trabalho, consciente de que receberá do Estado-Juíz o que a lei não lhe confere, como, por exemplo, a redução dos valores e seu parcelamento em *suaves prestações*.

Todos conhecem empregador que não paga horas extras, embora exija seu cumprimento, acreditando que o empregado, ainda que demande judicialmente, não conseguirá provar seu direito integralmente.

Todos conhecem empregador que terceiriza ilicitamente força produtiva, desestruturando as relações coletivas de trabalho e a representação sindical, na certeza de que poucos trabalhadores terceirizados ajuizarão ação trabalhista e, dentre estes, poucos conseguirão, após anos de batalha judicial, receber direitos decorrentes de tal prática.

O que tem havido, segundo o sociólogo Adalberto Moreira Cardoso, em sua obra *A Década Neoliberal e a Crise dos Sindicatos no Brasil*, e conforme é possível se perceber na prática, é a "deslegitimação do Direito do Trabalho".

A deslegitimação do Direito do Trabalho pode ser entendida como a estratégia patronal no sentido de passar aos trabalhadores a ideia de que seus direitos não são verdadeiramente garantidos, posto que são impunemente descumpridos. Assim, não cumprir a norma trabalhista é um risco calculado e assumido pelo empregador que, muitas vezes, garante duplo resultado: economia de dinheiro e enfraquecimento da efetividade das normas trabalhistas.

Se não é mais possível contar com o Estado para patrocinar a flexibilização das leis trabalhistas, como ocorreu na década de 1990 e início dos anos 2000, então o recurso utilizado é somente (e suficientemente) o do descumprimento frio das normas, o que garante, em muitos casos, o mesmo efeito verificado pela alteração legislativa, que é a economia de recursos financeiros pela via da precarização da contratação de força produtiva.

Se, anteriormente, o reflexo era direto sobre a coletividade dos trabalhadores, hoje, talvez de modo mais perverso, vista a impossibilidade do embate fático em igualdade, os resultados são vistos individualmente, pois o descumprimento da legislação se dá em cada contrato de emprego, sendo o trabalhador, isoladamente considerado, responsável por buscar a satisfação de seu crédito pela via judicial.

Tal realidade desafia atuação firme do Estado Brasileiro, através do Ministério do Trabalho e Emprego, do Ministério Público do Trabalho e principalmente do Poder Judiciário Trabalhista, no sentido de coibir os abusos e punir exemplarmente aqueles que insistem em não entender o Direito do Trabalho como direito constitucional fundamental, modo de realização da dignidade da pessoa humana e um dos raros instrumentos de efetivação de justiça social no sistema capitalista.

Vale destacar e recordar ainda, em conclusão, que o Direito do Trabalho não é fenômeno jurídico e social exclusivo do Brasil. Não é criação brasileira e nem impede o crescimento do país no exterior, como defendem alguns.

O *trabalho digno* é direito fundamental dos cidadãos trabalhadores, e como tal deve ser preservado, sobretudo através do Direito do Trabalho, pois "a existência de um patamar mínimo de direitos trabalhistas é condição para a viabilidade do valor da dignidade no trabalho e para a afirmação social do sujeito que labora"[13]

Há, em todo o mundo capitalista ocidental, modelos clássicos de ordens jurídicas trabalhistas, como bem explica o Prof. Mauricio Godinho Delgado, em sua referencial obra *Curso de Direito do Trabalho*.

Os modelos principais de ordens jurídicas trabalhistas variam conforme seja maior ou menor o espaço para o conflito (democrático, saudável, necessário) entre capital e trabalho. Assim, há modelos democráticos e autoritários.

Os modelos democráticos contemplam duas possibilidades de criação da regra trabalhista: "normatização autônoma e privatística" e "normatização privatística subordinada", conforme destaca Mauricio Godinho Delgado[14].

O modelo autoritário tem como fonte básica de produção da norma trabalhista a regra heterônoma estatal.

No contexto democrático, de normatização autônoma e privatística, a regra trabalhista vigente nos contratos de emprego é criada coletiva e autonomamente pelos interessados, ou seja, pelos trabalhadores, necessariamente representados por seus sindicatos, e pelos empregadores. Do conflito entre capital e trabalho nasce o direito. Estados Unidos da América e Inglaterra adotam tal padrão de regulamentação justrabalhista.

Ainda democraticamente, há espaço para a normatização privatística subordinada, que privilegia a negociação coletiva, mas dentro de parâmetros ajustados pela regra estatal.

---

(13) DELGADO, Gabriela Neves. *Direito Fundamental ao Trabalho Digno*. São Paulo: LTr, 2006. p. 240.
(14) DELGADO, Mauricio Godinho. *Curso de Direito do Trabalho*. 10. ed. São Paulo: LTr, 2011.

Por fim, há, ainda, modelos autoritários, que restringem o conflito entre capital e trabalho através da normatização heterônoma estatal hegemônica, com pouco ou nenhum espaço para a criação dos entes coletivos.

O Brasil encontra-se, no entendimento aqui esposado, em um espaço intermediário entre o autoritarismo (normatização estatal) e a democracia (normatização privatística subordinada), com largo espaço constitucional para a efetiva implementação deste último modelo.

Capítulo 2

Caracterização do Direito do Trabalho: denominação, definição, conteúdo

1. *Denominações*
   - *Direito do Trabalho*
   - *Direito Industrial*
   - *Direito Operário*
   - *Direito Corporativo*
   - *Direito Sindical*
   - *Direito Social*
2. *Definições*
   - *subjetivistas*
     • *caráter teleológico*
   - *objetivistas*
     • *categoria básica*
   - *mistas*
     • *elementos componentes e nexo lógico*
3. *Conteúdo*
   - *categoria básica: relação empregatícia*

Historicamente o conjunto de institutos e normas (regras e princípios) referentes à relação jurídica de emprego recebeu diferentes epítetos até a consagração final da denominação "Direito do Trabalho" nos mais diversos países capitalistas ocidentais.

A doutrina, tanto brasileira como estrangeira, identifica as principais denominações referentes ao ramo jurídico especializado em questão: Direito Industrial, Direito Operário, Direito Sindical, Direito Social.

Todas estas expressões receberam críticas e hoje prevalece a denominação "Direito do Trabalho", que melhor identifica tal ramo da ciência jurídica.

A expressão "Direito Industrial" é criticada, pois embora o capitalismo tenha sua origem na Revolução Industrial, e com ambos o Direito do Trabalho, atualmente o emprego é relevante nos mais diversos ramos econômicos, com destaque, no Brasil, para atividades diversas da industrial (serviços e comércio, por exemplo).

No mesmo sentido não se aplica, hodiernamente, a expressão "Direito Operário", pois nem todo empregado se caracteriza como *"... específico empregado da indústria"*[1], razão pela qual é reducionista tal denominação.

A expressão "Direito Sindical" tende a reduzir o espectro de atuação do ramo especializado à sua relação juscoletiva, com destaque para o ente coletivo sindical. É claro que o sindicato tem papel relevante no Direito do Trabalho, mas a relação individual de emprego também há de ser destacada em tal ramo jurídico.

Por fim, a expressão "Direito Social" não seria própria para definir o ramo jurídico especializado "... pela circunstância de a expressão *social* traduzir, na verdade, característica atávica a qualquer ramo jurídico, não podendo, desse modo, identificar com singularidade um único deles.", conforme destaca o Prof. Mauricio Godinho Delgado.[2]

Verdade é, também, que o Direito do Trabalho brasileiro se posiciona constitucionalmente como direito fundamental social, posto que topicamente as regras dos artigos 7º, 8º e 9º constam do Título II, *Dos Direitos e Garantias Fundamentais*, Capítulo II, *Dos Direitos Sociais*.

A conceituação do que seja "Direito do Trabalho" varia conforme o destaque que pretende dar aquele que define este ramo jurídico especializado.

Ainda na esteira de Mauricio Godinho Delgado, as definições podem ser subjetivistas, objetivistas ou mistas.

Definições subjetivistas são aquelas que destacam o caráter finalístico do Direito do Trabalho, ou seja, a proteção ao trabalhador empregado enquanto parte hipossuficiente da relação jurídica. Mauricio Godinho Delgado[3] exemplifica

---

(1) DELGADO, Mauricio Godinho. *Curso de Direito do Trabalho*. 10. ed. São Paulo: LTr, 2011. p. 53.
(2) *Ibidem*, p. 54.
(3) *Ibidem*, p. 50.

citando Huek e Nipperdey: "... O Direito do Trabalho é o direito especial de um determinado grupo de pessoas, que se caracteriza pela classe de sua atividade lucrativa (...)".

Definições objetivistas destacam a categoria básica do Direito do Trabalho, que é a relação jurídica de emprego. Novamente o exemplo trazido pelo Prof. Mauricio Godinho Delgado, desta vez da lavra de Messias Pereira Donato: "corpo de princípios e de normas jurídicas que ordenam a prestação do trabalho subordinado ou a este equivalente, bem como as relações e os riscos que dela se originam."[4]

Por fim, as definições mistas, que tendem a ser mais completas, pois contemplam dados subjetivos e objetivos. Uma definição mista seria a seguinte: o Direito do Trabalho é o conjunto de normas (regras e princípios) e institutos que disciplinam, de modo protetivo ao trabalhador, a relação jurídica de emprego.

Jorge Luiz Souto Maior, retomando a noção de Direito Social, conceitua o Direito do Trabalho como "... o instrumento jurídico que incentiva o desenvolvimento de práticas emancipatórias a partir de um equacionamento crítico da realidade, pondo em questão a relação do homem com o trabalho no contexto da sociedade capitalista."[5]

Possível, enfim, definir o Direito do Trabalho como o conjunto de normas jurídicas (regras e princípios) que são aplicáveis à avença de emprego e que tendem à proteção da parte hipossuficiente da relação, que é o empregado. A essência da relação de emprego é o trabalho livre e subordinado, entregue de modo pessoal, não eventual e oneroso.

O conteúdo ou categoria básica do Direito do Trabalho é a relação de emprego. É a relação de trabalho qualificada como emprego o elemento central da disciplina em questão, seu conteúdo básico e categoria fundamental.

Apenas para marcar a relevância da relação de emprego, pode haver, aqui, uma singela compreensão sobre sua estrutura básica: é relação de trabalho especialmente protegida pelo ordenamento jurídico brasileiro, pois qualificada legalmente. A relação de emprego pressupõe (ou exige) trabalho por pessoa física, de modo pessoal, não eventual, oneroso e subordinado, o que, por sua centralidade e hegemonia no contexto socioeconômico capitalista, atrai a especial proteção normativa (regras e princípios) estatal.

---

(4) DELGADO, Mauricio Godinho. *Curso de Direito do Trabalho*. 10. ed. São Paulo: LTr, 2011. p. 50.

(5) SOUTO MAIOR, Jorge Luiz. *Curso de Direito do Trabalho*. v. 1. São Paulo: LTr, 2011. p. 621.

Capítulo 3

Funções do Direito do Trabalho

1. Melhoria das condições de pactuação da força produtiva
2. Modernizante e progressista
3. Civilizatória e democrática
4. Política conservadora
5. Capitalista

Inicialmente cumpre dissertar minimamente sobre a necessidade da existência de um sistema jurídico específico para normatizar as relações entre capital e trabalho, com destaque para as funções do Direito do Trabalho.

Há, desde a década de 90 do século passado, inúmeras críticas à manutenção do Direito do Trabalho no Brasil em sua conformação atual. A ideia básica no sentido da crítica é a de que o Direito do Trabalho engessa e inibe investimentos empresariais, tutela uma das partes da relação sem que haja necessidade real para tanto (os contratantes seriam sujeitos em igualdade de condições), limita a competitividade dos produtos brasileiros no exterior, impede que o valor da mão-de-obra se eleve naturalmente por força das leis (inafastáveis) de mercado e se baseia em um conjunto normativo ultrapassado e de origem corporativista (CLT).[1]

Assim, uma pergunta se impõe: quais são as funções do Direito do Trabalho no contexto brasileiro, ou seja, por que razão existe, ainda hoje, a necessidade de um especial ramo do Direito destinado à tutela das relações entre capital e trabalho?

O Direito do Trabalho é, hoje, além da dimensão dos Direitos Humanos[2], instrumento fundamental de efetivação do princípio constitucional da dignidade da pessoa humana (Constituição da República, artigo 1º, inciso III) no plano das relações capital-trabalho, sendo, também, o meio mais eficaz de distribuição de renda no sistema capitalista.

> Art. 1º A República Federativa do Brasil, formada pela união indissolúvel dos Estados e Municípios e do Distrito Federal, constitui-se em Estado Democrático de Direito e tem como fundamentos:
>
> (...)
>
> III – a dignidade da pessoa humana;

Há funções que o Direito do Trabalho ainda cumpre e que demonstram a atualidade e a necessidade deste sistema jurídico. O Professor Mauricio Godinho Delgado destaca quatro funções do Direito do Trabalho: *melhoria das condições de pactuação da força produtiva; modernizante e progressista; civilizatória e democrática* e, por fim, sua função *política conservadora*.[3]

A função de *melhoria das condições de pactuação da força produtiva* decorre, basicamente, do caráter protetivo do Direito do Trabalho. Toda a estruturação jurídico-trabalhista em Direito Individual do Trabalho se assenta na premissa básica de que empregados e empregadores não estão em condições negociais de igualdade

---

(1) Há outras críticas e teses que defendem a reformulação do sistema normativo de regulação das relações capital-trabalho no Brasil, com destaque para os estudos de José Pastore.

(2) Neste sentido ver ALVARENGA, Rúbia Zanotelli. *O Direito do Trabalho como Dimensão dos Direitos Humanos*. São Paulo: LTr, 2009.

(3) DELGADO, Mauricio Godinho. *Curso de Direito do Trabalho*, 9. ed. São Paulo: LTr, 2010, pág. 55 a 58.

no contexto da relação de emprego. Há, então, uma desigualdade natural entre os contratantes que precisa ser corrigida pelo Estado, através da norma. Assim, cabe ao Estado, através do Direito do Trabalho, a construção de um *patamar civilizatório* que garanta ao cidadão trabalhador condições mínimas de respeito no âmbito da relação de emprego. Portanto, sendo o trabalhador hipossuficiente, a correção da desigualdade natural é medida que se impõe, sob pena de se inviabilizar a reprodução capitalista em patamares civilizados.

O que os críticos do Direito do Trabalho e defensores da livre estipulação do contrato de emprego pelas partes parecem não entender é que "o mercado, deixado a si mesmo, o mercado sem o Estado, é a guerra, a selva ou a máfia, ou tudo isso junto."[4]

Adalberto Moreira Cardoso, com base em Karl Polanyi e Alain Supiot, entende que o objeto do Direito do Trabalho não é a prestação laborativa, mas, sim, a pessoa do trabalhador, do que se infere a imprescindibilidade da tutela especial e o tratamento distinto daquele dado aos produtos e aos preços no mercado.[5]

Outra função do Direito do Trabalho é a *modernizante e progressista*, no sentido de que o sistema justrabalhista possibilita ao Estado a *apreensão* de conquistas relevantes por parte de categorias profissionais mais organizadas no âmbito sindical e sua posterior *extensão* a todos os demais trabalhadores através da lei. É certo que tal função parece ser olvidada em alguns momentos históricos, em que o Estado age em sentido oposto ao do progresso (neoliberalismo e consequente flexibilização de direitos), mas nem por isso tal função deixa de se afirmar como importante.

Destaque, no sistema capitalista hodierno, para a função *civilizatória e democrática* do Direito do Trabalho. Como já exposto, o Estado, através do Direito do Trabalho, constrói um patamar civilizatório mínimo abaixo do qual não pode haver, validamente, negociação individual trabalhista. Tal conjunto mínimo acaba por distribuir renda, ainda que timidamente no contexto brasileiro. Ademais, o Direito do Trabalho é, ainda hoje, "um dos instrumentos mais relevantes de inserção na sociedade econômica de parte significativa dos segmentos sociais despossuídos de riqueza material acumulada",[6] pois, ao determinar ao empregador padrões mínimos de contratação de trabalho, exige o repasse de valores monetários que possibilitam ao trabalhador uma existência digna, ainda que cercado de dificuldades de toda ordem. Além disso, o Direito do Trabalho também impõe importantes limites à relação de emprego, que exsurge como "uma das mais importantes relações de poder existentes na sociedade contemporânea."[7]

---

(4) CARDOSO, Adalberto Moreira. *A Década Neoliberal e a crise dos sindicatos no Brasil*. São Paulo: Boitempo, 2003, pág. 121.

(5) *Ibidem*, pág. 142.

(6) DELGADO, Mauricio Godinho. *Curso de Direito do Trabalho*, 9. ed. São Paulo: LTr, 2010, pág. 58.

(7) *Ibidem*, pág. 58.

Ainda que nem todos se apercebam, o Direito do Trabalho cumpre uma *função conservadora*, no sentido em que assegura ao capitalista a tranquilidade no investimento pelo menos no que diz respeito ao custo da mão de obra.[8] Ora, o Direito do Trabalho também tem sua face favorável ao empregador, pois *"confere legitimidade política e cultural à relação de produção básica da sociedade contemporânea"*.[9] É simples: por conferir um padrão normativo mínimo às relações entre capital e trabalho, o Direito acaba por "acomodar" a classe trabalhadora (como regra geral), que não se ocupa em questionar o sistema capitalista e em pressionar os patrões, de modo mais incisivo e organizado, por maior participação nos resultados do seu trabalho.

Depreende-se também, nesta perspectiva, uma verdadeira função *capitalista* do Direito do Trabalho. A padronização de direitos trabalhistas mínimos (patamar civilizatório) através de regras heterônomas que obrigam a todos os empregadores (pequenos, médios, grandes, multinacionais) indistintamente favorece a livre concorrência e a busca por resultados, tendo, por pressuposto, igualdade básica de oportunidades entre os empreendedores no mercado capitalista, especificamente no que concerne ao custo da mão de obra. Ademais, favorece o Direito do Trabalho a reprodução do capital, ao criar mercado consumidor dos produtos disponíveis e que favoreçam o lucro do empregador. Márcio Túlio Viana entende tratar-se de estratégia inteligente, " – embora nem sempre consciente – de transformar trabalhadores em empregados e empregados em consumidores, realimentando o processo produtivo e gerando o que alguns chamam de *círculo virtuoso."*[10]

Talvez a função capitalista do Direito do Trabalho se destaque mais no Brasil e nos países periféricos do que nos países de capitalismo originário. Por aqui, o Direito do Trabalho acabou (o que não invalida suas demais funções) por garantir ao capitalista a tranquilidade necessária para o investimento no que concerne ao custo da força produtiva. É que de 1943 a 1988 (45 anos) o valor da contratação de mão de obra no Brasil não sofreu alteração significativa, além dos fatores econômicos clássicos, visto que o conjunto de direitos não sofreu alteração suficiente a transformar as

---

(8) Um industrial que pretenda investir no Brasil sabe o quanto custou, nas últimas décadas, o valor da mão de obra e, o que é mais relevante, sabe qual deverá ser este custo nas próximas, visto não haver mudança significativa nos direitos trabalhistas e, consequentemente, no custo da força de trabalho (não se trata, aqui, dos encargos sociais e tributos sobre a contratação, mas de direitos do trabalhador). A certeza do investidor, historicamente, se assenta no fato de que a CLT é de 1943 e, basicamente, ressalvadas algumas conquistas pontuais, com destaque para a atual Constituição da República de 1988, ainda traz basicamente os direitos dos trabalhadores e seus custos reflexos para o contratante. Enfim, o patamar civilizatório mínimo continua mínimo desde sempre, com poucas alterações desde 1943, com algum destaque para a Constituição de 1988.

(9) DELGADO, Mauricio Godinho. *Curso de Direito do Trabalho,* 9. ed. São Paulo: LTr, 2010, pág. 58.

(10) VIANA, Márcio Túlio. "Trabalhadores Parassubordinados: deslizando para fora do Direito". *In:* RENAULT, Luiz Otávio Linhares. *Parassubordinação: homenagem a Márcio Túlio Viana.* São Paulo: LTr, 2011. p. 30.

planilhas de custos.⁽¹¹⁾ Após 1988, no plano das regras, também não houve mudança relevante que viesse a ensejar maior ônus para os empregadores no contexto da exploração da mão de obra e, consequentemente, mais direitos trabalhistas.

Assim, é possível pensar em uma função *capitalista* do Direito do Trabalho, próxima àquela *política conservadora* desenvolvida pelo Prof. Mauricio Godinho Delgado, vez que tal ramo jurídico é fruto do capitalismo e fator importante de sua preservação e reprodução, pois reprime as ações políticas e sociais organizadas que poderiam propor sua substituição por um outro sistema, além de igualar, no plano do custo de mão de obra, o mercado e possibilitar a livre concorrência.

O Direito do Trabalho, com destaque para seu âmbito individual, acaba por manter o sistema capitalista com um pequeno número de pessoas muito ricas, detentoras de grande parte do poder político e econômico, e uma grande maioria de trabalhadores pobres que sustentam a riqueza daqueles.

A fixação de um conteúdo normativo mínimo (CLT) protetivo fez com que não houvesse, no Brasil, movimento social organizado e significativo dos trabalhadores empregados no sentido de uma nova estruturação social, que desse destaque à sua hegemonia no contexto da população, exceção feita aos valorosos (mas insuficientes) esforços pontuais contra a ditadura militar.

O trabalhador brasileiro, por si ou por seu sindicato, não encontrou historicamente espaço social para impor mudanças no sistema econômico, pois sua preocupação básica, desde a década de 1940, sempre foi a preservação do patamar consolidado. Ao se ocupar da preservação de seus direitos regulados pela norma heterônoma estatal, os trabalhadores se inseriram pacificamente no sistema capitalista, aceitando as regras do seu jogo, o que colaborou para a sua reprodução nos patamares (muitas vezes aviltantes) praticados no Brasil.

A função *capitalista* não é antagônica àquela *civilizatória e democrática*, sendo ambas faces distintas, porém complementares, de uma mesma moeda no sistema econômico atual.

Compreender o Direito do Trabalho como fruto do capitalismo e como instrumento de sua manutenção e reprodução não quer significar ser tal ramo jurídico contrário aos interesses dos trabalhadores, pois representa, também, possibilidade de inserção civilizada da classe mais pobre em seu âmbito.

O direito, ao fixar um patamar civilizatório mínimo contratual, acaba por dar ao trabalhador a possibilidade de se inserir no mercado de consumo, o que é essencial para a reprodução do sistema capitalista. Ora, não há capitalismo sem consumo. Não há consumidor sem dinheiro. No Brasil, não há dinheiro, significativamente, sem emprego protegido e valorizado. Precarizar a contratação de em-

---

(11) Considerados parâmetros insetos às relações de emprego (Direito Privado, Direito do Trabalho), o que não contempla encargos sociais sobre a contratação de trabalho, que pertinem diretamente ao Direito Público (INSS, PIS, Cofins, Salário Educação, Sesi, Sesc, Sest, Senat, Senai, Senac, Sebrae, Incra).

prego significa, em última análise, retirar consumidores do mercado e, consequentemente, enfraquecer o sistema capitalista, o que não é, obviamente, a pretensão do empresário que raciocina de modo coerente e lógico.

Depreende-se, portanto, que o Direito do Trabalho existe para corrigir as desigualdades naturais havidas entre empregados e empregadores no que concerne à contratação de força produtiva, sendo certo que tal ramo jurídico especializado é, ainda hoje, garantia de existência digna do cidadão trabalhador e, também, de reprodução do sistema capitalista em condições de civilidade.

Capítulo 4

Direito do Trabalho: abrangência, natureza jurídica, autonomia e relações com outros ramos do Direito

1. *Abrangência Interna da Área Trabalhista*
   a) *categoria básica: relação empregatícia*
   b) *divisão interna do Direito do Trabalho*
      - *Direito Material do Trabalho*
        – *Direito Individual do Trabalho*
        – *Direito Coletivo do Trabalho*
      - *Direito Internacional do Trabalho*
      - *Direito Público do Trabalho*
        – *Direito Processual do Trabalho*
        – *Direito Administrativo do Trabalho*
        – *Direito Penal do Trabalho*

2. Natureza Jurídica do Direito do Trabalho
   a) definição (elementos essenciais)
   b) classificação (posicionamento comparativo)
      • Direito Público versus Direito Privado
        – critério do interesse
        – critério da titularidade
3. Autonomia do Direito do Trabalho
   a) ramo de conhecimento específico
   b) requisitos da autonomia:
        – campo temático vasto e específico
        – teorias próprias
        – metodologia própria
        – perspectivas e questionamentos específicos
4. Relações do Direito do Trabalho com os demais Ramos do Direito
   a) Direito Constitucional
   b) Direito Civil
   c) Direito Administrativo
   d) Direito Previdenciário
   e) Direito Internacional

Capítulo 4
Direito do Trabalho: abrangência, natureza jurídica, autonomia

O conteúdo ou categoria básica do Direito do Trabalho é a relação de emprego. É a relação de trabalho qualificada como emprego o elemento central da disciplina em questão, seu conteúdo básico e categoria fundamental.

Apenas para marcar a relevância da relação de emprego deve haver, aqui, uma singela e inicial compreensão sobre sua estrutura básica: é relação de trabalho especialmente protegida pelo ordenamento jurídico brasileiro, pois qualificada legalmente. A relação de emprego pressupõe (ou exige) trabalho por pessoa física, de modo pessoal, não eventual, oneroso e subordinado, o que, por sua centralidade e hegemonia no contexto socioeconômico capitalista, atrai a especial proteção normativa (regras e princípios) estatal.

O Direito do Trabalho pode ser dividido internamente em Direito Material do Trabalho (que compreende o Direito Individual do Trabalho e o Direito Coletivo do Trabalho), Direito Internacional do Trabalho e Direito Público do Trabalho (que compreende o Direito Processual do Trabalho, o Direito Administrativo do Trabalho e o Direito Penal do Trabalho), conforme leciona Mauricio Godinho Delgado, em seu *Curso de Direito do Trabalho*.

O Direito Material do Trabalho compreende, então, o Direito Individual e o Direito Coletivo do Trabalho. O Direito Individual do Trabalho cuida de disciplinar a especial relação jurídica entre empregado e empregador, enquanto o Direito Coletivo do Trabalho trata das relações entre os sujeitos coletivos trabalhistas, que são o empregador e os sindicatos patronais e de trabalhadores.

O Direito Internacional do Trabalho tem seu desenvolvimento nos países capitalistas ocidentais desde a criação da Organização Internacional do Trabalho (OIT), que tende a disciplinar os conteúdos protetivos mínimos que devem vigorar nos países que integram tal ente vinculado à ONU.

O Direito Público do Trabalho compreende o Direito Processual do Trabalho, que trata das regras procedimentais de acesso à Justiça do Trabalho, com seus órgãos, competência, funções etc.; o Direito Administrativo do Trabalho, que trata das relações do Estado enquanto empregador, bem como da fiscalização do cumprimento das regras trabalhistas elementares, cuja competência é do Ministério do Trabalho e Emprego e, por fim, o Direito Penal do Trabalho, que trataria dos *crimes contra a organização do trabalho* e do crime de *trabalho escravo*.

Antes de destacar a essência do Direito do Trabalho é necessário compreender, com o Prof. Mauricio Godinho Delgado, em que consiste a natureza jurídica de um fenômeno jurídico:

> "A pesquisa acerca da natureza de um determinado fenômeno supõe a sua precisa definição – como declaração de sua essência e composição – seguida de sua classificação, como fenômeno passível de enquadramento em um conjunto próximo de fenômenos correlatos. Definição (busca da essência) e classificação (busca do posicionamento comparativo), eis a equação compreensiva básica da ideia de natureza jurídica."[1]

---
(1) DELGADO, Mauricio Godinho. *Curso de Direito do Trabalho*. 10. ed. São Paulo: LTr, 2011. p. 71.

Assim sendo, vale inicialmente definir o Direito do Trabalho como o conjunto de normas jurídicas (regras e princípios) que são aplicáveis à avença de emprego e que tendem à proteção da parte hipossuficiente da relação, que é o empregado. A essência da relação de emprego é o trabalho livre e subordinado, entregue de modo pessoal, não eventual e oneroso.

Majoritariamente, a doutrina classifica o Direito do Trabalho no âmbito do Direito Privado, vistos os critérios do interesse e da titularidade. No Direito do Trabalho, os interesses envolvidos são eminentemente privados (embora as regras sejam de ordem pública e imperativa), pois o objeto do pacto laborativo, o trabalho, é contratado pelo empregador, no seu interesse direto e imediato, em troca de uma contraprestação. Indubitavelmente, os titulares também são privados, tanto a pessoa física do trabalhador empregado, quanto, regra geral, a pessoa física ou jurídica empregadora.

Jorge Luiz Souto Maior discorda da necessidade e da utilidade da fixação da natureza jurídica do Direito do Trabalho na dicotomia *direito público x direito privado*, mas acaba por fixá-lo naquele âmbito, como se infere:

> O fato é que, como visto, o método do Direito Social supera essa dicotomia, não tendo, portanto, sentido a abordagem acerca da natureza jurídica do ramo jurídico. De todo modo, se alguma utilidade se possa ver nesta identificação, o Direito do Trabalho seria, necessariamente, incluso no quadrante do direito público.[2]

A autonomia científica do Direito do Trabalho parece ser, hoje, consenso. O Professor Mauricio Godinho Delgado define autonomia, no Direito, pela "... *qualidade atingida por determinado ramo jurídico de ter enfoques, princípios, regras, teorias e condutas metodológicas próprias de estruturação e dinâmica.*"[3]

Assim, o Direito do Trabalho é ramo de conhecimento jurídico específico e autônomo, conforme se pode inferir da sintetização do jurista italiano Alfredo Rocco, citado por Mauricio Godinho Delgado, que pressupõe os seguintes requisitos necessários: *a) campo temático vasto e específico, b) teorias próprias, c) metodologia própria e d) perspectivas e questionamentos específicos.*

Inicialmente destaque-se o campo temático vasto e específico do Direito do Trabalho. Como exemplo, percebe-se que a relação de emprego, categoria básica e cerne do Direito do Trabalho, somente é tratada por este ramo jurídico. No mesmo sentido a relevância e pertinência específica de temas como a negociação coletiva, a greve, os intervalos, o poder empregatício, dentre outros.[4]

Outro requisito claramente perceptível é a teorização própria e específica justrabalhista, haja vista o vasto desenvolvimento doutrinário atual, além dos cursos de pós-graduação (especialização, mestrado, doutorado em Direito do Trabalho) existentes no Brasil, com ampla produção científica.

---

(2) SOUTO MAIOR, Jorge Luiz. *Curso de Direito do Trabalho*. v. 1. São Paulo: LTr, 2011. p. 624-625.
(3) DELGADO, Mauricio Godinho. *Curso de Direito do Trabalho*. 10. ed. São Paulo: LTr, 2011. p. 68.
(4) *Ibidem*, p. 69.

Há, ainda, metodologia própria no Direito do Trabalho, com destaque para a criação autônoma da norma jurídica trabalhista, através dos sindicatos, e sua implementação própria e específica nos contratos individuais de emprego.[5]

Por fim, reconhece Mauricio Godinho Delgado o requisito de incorporar o Direito do Trabalho perspectivas e questionamentos específicos e próprios. É que o Direito do Trabalho trata diferentemente temas tratados por outros ramos jurídicos, regra geral sob a ótica específica da proteção ao trabalhador empregado como parte hipossuficiente da relação justrabalhista.

Inequívocas são, também, as relações do Direito do Trabalho, preservada sua autonomia, com diversos ramos do Direito.

Inicialmente, destaque-se a relação do Direito do Trabalho com o Direito Constitucional, dado o reconhecimento de direito fundamental das principais conquistas do cidadão trabalhador empregado (Constituição da República, artigos 7º, 8º e 9º), parte do seu patamar civilizatório mínimo.

A relação do Direito do Trabalho com o Direito Civil é histórica, vez que a relação básica de entrega de força produtiva no mercado foi inicialmente regulamentada no plano geral civilista. Embora não seja hodiernamente a relação de emprego marcada pela autonomia das vontades, ainda assim há pontos de contato entre ambos os ramos jurídicos, com destaque, exemplificativamente, para as regras de responsabilidade e sobre nulidades. Por fim, as regras do Direito Civil são fontes subsidiárias do Direito do Trabalho, nos termos do parágrafo único do artigo 8º da CLT, como se infere:

> Art. 8º – As autoridades administrativas e a Justiça do Trabalho, na falta de disposições legais ou contratuais, decidirão, conforme o caso, pela jurisprudência, por analogia, por equidade e outros princípios e normas gerais de direito, principalmente do direito do trabalho, e, ainda, de acordo com os usos e costumes, o direito comparado, mas sempre de maneira que nenhum interesse de classe ou particular prevaleça sobre o interesse público.
>
> Parágrafo único – O direito comum será fonte subsidiária do direito do trabalho, naquilo em que não for incompatível com os princípios fundamentais deste.

A relação com o Direito Previdenciário é evidente, pois há reflexos imediatos de direitos e obrigações trabalhistas sobre a Previdência Social, bem como boa parte de sua fonte de custeio decorre das relações jurídicas de emprego.

Por fim, há ainda notável relação entre o Direito do Trabalho e o Direito Internacional, pois com a globalização é bastante comum a mobilidade do trabalhador e das "empresas", que percebem no mundo um grande mercado, sendo relevantes as regras, princípios e institutos básicos deste ramo jurídico para o deslinde de questões justrabalhistas.

---

(5) DELGADO, Mauricio Godinho. *Curso de Direito do Trabalho*. 10. ed. São Paulo: LTr, 2011. p. 69.

Capítulo 5

Fontes do Direito do Trabalho

1. Conceito
2. Classificação
    a) Fontes materiais
        • econômicas
        • sociológicas
        • políticas
        • filosóficas
    b) Fontes formais
        • Fontes heterônomas
            – Constituição da República, leis, regulamentos normativos (decretos), tratados e convenções internacionais ratificados e sentença normativa
            – particularidade justrabalhista: sentença normativa
        • Fontes autônomas
            – particularidade justrabalhista: CCT, ACT
    c) Figuras controvertidas
        • jurisprudência e princípios
3. Hierarquia
    • especificidade justrabalhista
4. Conflitos e Soluções
    a) princípio da norma mais favorável
    b) conglobamento

Como ideia básica e senso comum a palavra *fonte* remete a início, origem. O Prof. Mauricio Godinho Delgado, em seu *Curso de Direito do Trabalho*, conceitua fontes do Direito como "... expressão metafórica para designar a origem das normas jurídicas."[1]

A ciência jurídica classifica as fontes do Direito, regra geral, em materiais e formais.

Em seu momento pré-jurídico, a expressão *fontes materiais* designa "... *os fatores que conduzem à emergência e construção da regra de Direito.*"[2] São fatores que influenciam diretamente no surgimento da regra de Direito, aqui, especificamente, de Direito do Trabalho. São relevantes, neste contexto, fatores (fontes materiais) econômicos, sociológicos, políticos e filosóficos.

Fator que influenciou decisivamente (fonte material econômica) a criação da regra justrabalhista foi a Revolução Industrial e o consequente desenvolvimento do sistema capitalista de produção.

A marca do nascente trabalho livre e subordinado hegemônico é a superexploração do trabalho, possibilitada e garantida por sua regulação civilista, que pressupunha a autonomia das vontades das partes contratantes.

No início da Revolução Industrial (século XVIII) o Liberalismo pressupunha a ausência do Estado nas relações intersubjetivas. Assim, as regras do ajuste de trabalho eram fixadas "livremente" pelas partes, o que acarretou, obviamente, a preponderância da vontade do contratante, pois detentor dos meios de produção. Ao trabalhador restava anuir ou não trabalhar.

A crescente insatisfação do trabalhador com relação à superexploração do trabalho tem influência direta no surgimento da regra trabalhista protetiva esparsa e, posteriormente, na sua consolidação e constitucionalização em todo o mundo capitalista ocidental.

Também merece destaque o fator sociológico como fonte material justrabalhista. A reunião de trabalhadores explorados em grandes fábricas fez nascer o sentimento de pertencimento a uma mesma classe, o proletariado, que passa a buscar influenciar o Estado naquilo que lhe pertine, ou seja, a criação da regra trabalhista protetiva. O caráter revolucionário desse período histórico pode ser observado pelo número de termos que surgiram então, como destaca Hobsbawm, em *A Era das Revoluções:* "indústria", "capitalismo", "proletariado", "greve" e "paupérrimo", dentre outros termos são palavras "que foram inventadas ou ganharam seus significados modernos, substancialmente no período".[3]

---

(1) DELGADO, Mauricio Godinho. *Curso de Direito do Trabalho*. 10. ed. São Paulo: LTr, 2011. p. 137.

(2) *Ibidem*, p. 137.

(3) HOBSBAWN, Eric. *A Era das Revoluções*. Rio de Janeiro: Paz e Terra, 1996, p. 47.

Relevante também o fator político como fonte material justrabalhista, pois a reunião da classe operária faz nascer associações, sindicatos e partidos políticos representativos dos trabalhadores, com atuação mais ou menos destacada dependendo do momento histórico e do país de inserção, e que consequentemente possibilitam (em maior ou menor grau) o surgimento e desenvolvimento da legislação trabalhista.

Por fim, a filosofia como fonte material justrabalhista, pois o desenvolvimento da classe operária, seu associativismo e sua representatividade política demandaram a construção de um ideário (democrático, antiliberal, protetivo) que teve influência direta na criação da regra jurídica de Direito do Trabalho.[4]

No que concerne às fontes formais do Direito do Trabalho "... procura-se o fenômeno de exteriorização final das normas jurídicas, os mecanismos e modalidades mediante os quais o Direito transparece e se manifesta."[5]

As fontes formais do Direito do Trabalho são heterônomas quando a exteriorização da regra compete ao Estado, e autônomas quando tal medida é implementada pelos particulares envolvidos na relação justrabalhista, com destaque para a figura do sindicato dos trabalhadores.

As fontes formais *clássicas*, e que comparecem ao Direito do Trabalho, são a Constituição da República, as leis, os regulamentos normativos (decretos) e os tratados e convenções internacionais ratificados pelo Brasil. Há, ainda, figura especial justrabalhista, que é a *sentença normativa*, resultado de uma lide (dissídio coletivo) envolvendo os entes coletivos de Direito do Trabalho, que põe fim à controvérsia através da criação, pelo Poder Judiciário, da norma jurídica (geral, abstrata, impessoal) aplicável aos contratos individuais.[6]

Destaque ainda para as fontes formais autônomas justrabalhistas, que têm amplo espaço de crescimento e desenvolvimento na ordem democrática brasileira (posterior a 1988) e que precisam ser melhor aproveitadas pelos entes coletivos obreiros: o Acordo Coletivo de Trabalho (A.C.T.) e a Convenção Coletiva de Trabalho (C.C.T.). Ambos são instrumentos negociais coletivos, de caráter normativo e que vigoram diretamente no âmbito dos contratos individuais, sendo resultado da negociação entabulada pelos entes coletivos (sindicato dos trabalhadores, sindicatos patronais e empregadores) trabalhistas.

Há, por fim, na seara justrabalhista, figuras controvertidas especiais, que, para alguns doutrinadores, são fontes do Direito do Trabalho, enquanto, para outros, não: a jurisprudência e os princípios.

A jurisprudência, enquanto conjunto de decisões reiteradas dos tribunais, não deveria ser vista como fonte do Direito, pois não atua no momento pré-

---

(4) DELGADO, Mauricio Godinho. *Curso de Direito do Trabalho*. 10. ed. São Paulo: LTr, 2011. p. 139.
(5) *Ibidem*, p. 139.
(6) *Ibidem*, p. 156.

-jurídico para a construção da regra e nem tampouco exterioriza comando normativo. Entretanto, as Súmulas de Jurisprudência do TST, bem como suas Orientações Jurisprudenciais, acabam por atuar, na prática, como fontes formais justrabalhistas. É que há, na Justiça do Trabalho, em todos os seus graus de jurisdição, *data maxima venia*, a estrita (e muitas vezes cega) observância às súmulas, pois muitos juízes aplicam o verbete acima do texto constitucional e/ou celetista, sem análise aprofundada de seus conteúdos, pela simples circunstância da autoridade de quem as edita.

Os princípios, na qualidade de norma jurídica, oponíveis na relação bilateral trabalhista, deveriam ser vistos como fontes formais do Direito do Trabalho, dada a sua função normativa. Não parece ser este, ainda e entretanto, o entendimento majoritário na doutrina e jurisprudência pátrias.

Não há, no âmbito do Direito do Trabalho, hierarquia normativa tal como é possível perceber na estruturação clássica civilista. Não se aplica, no ramo jurídico especializado, a pirâmide hierárquica própria do Direito Civil. O Prof. Mauricio Godinho Delgado destaca como opera o critério normativo hierárquico vigorante no Direito do Trabalho:

> ... *a pirâmide normativa constrói-se de modo plástico e variável, elegendo para seu vértice dominante a norma que mais se aproxime do caráter teleológico do ramo justrabalhista. À medida que a matriz teleológica do Direito do trabalho aponta na direção de conferir solução às relações empregatícias segundo um sentido social de restaurar, hipoteticamente, no plano jurídico, um equilíbrio não verificável no plano da relação econômico-social de emprego –, objetivando, assim, a melhoria das condições socioprofissionais do trabalhador –, prevalecerá, tendencialmente, na pirâmide hierárquica, aquela norma que melhor expresse e responda a esse objetivo teleológico central justrabalhista.*[7]

No plano do Direito Individual do Trabalho, o princípio básico à compreensão da hierarquia normativa é o da *norma mais favorável*, que tende a privilegiar a aplicação, no plano dos fatos, da norma que melhor consulte aos interesses jurídicos do trabalhador empregado, independentemente da pirâmide normativa clássica civilista.

No plano do Direito Coletivo do Trabalho, o princípio básico à compreensão da hierarquia normativa é o da adequação setorial negociada, com destaque para a teoria do conglobamento, tema que merece mais detida análise no âmbito juscoletivo.

---

(7) DELGADO, Mauricio Godinho. *Curso de Direito do Trabalho*. 10. ed. São Paulo: LTr, 2011. p. 174.

Capítulo 6

Princípios de Direito Individual do Trabalho

1. Conceito
2. Funções e classificação
   - fase pré-jurídica
   - fase jurídica
   a) princípios descritivos (informativos)
      - interpretação da regra
   b) princípios normativos subsidiários
      - integração jurídica: CLT, artigo 8º
   c) princípios normativos concorrentes
      - natureza de norma jurídica
        - eficácia horizontal
        - eficácia vertical
3. Princípios Especiais do Direito do Trabalho
   a) Princípio da proteção
   b) Princípio da imperatividade das normas trabalhistas
   c) Princípio da indisponibilidade dos direitos trabalhistas

- CLT, arts. 9º e 444
d) Princípio da condição (cláusula contratual) mais benéfica
   - CLT, 468 (regra geral)
e) Princípio da inalterabilidade contratual lesiva
   - Súmula 51, TST
f) Princípio da intangibilidade salarial
   - Súmula 248, TST
g) Princípio da continuidade da relação de emprego:
   - presunções:
     - ruptura contratual mais onerosa ao empregador
     - prova da ruptura pelo empregador
     - indeterminação do contrato
   - Súmula 212, TST
h) Princípio da primazia da realidade sobre a forma (princípio do contrato realidade)
   - Súmula 12, TST
   - horas extras: Súmula 338, TST
i) Princípio da norma mais favorável:
   - momentos de observância ao princípio:
     - momento de elaboração da regra
     - no confronto entre duas regras concorrentes
     - no momento de interpretação de uma norma

Princípios jurídicos trabalhistas podem ser entendidos como proposições gerais ou ideias básicas, que são inferidas da cultura e da construção jurídica de uma dada sociedade e que servem para informar a criação, compreensão, aplicação e interpretação das regras de direito, além de atuarem como norma jurídica aplicável diretamente às relações empregatícias.

O Prof. Mauricio Godinho Delgado define: "... princípio traduz, de maneira geral, a noção de proposições fundamentais que se formam na consciência das pessoas e grupos sociais, a partir de certa realidade, e que, após formadas, direcionam-se á compreensão, reprodução ou recriação dessa realidade."

No que concerne especificamente às ciências jurídicas, "... princípios conceituam-se como proposições fundamentais que informam a compreensão do fenômeno jurídico. São diretrizes centrais que se inferem de um sistema jurídico e que, após inferidas, a ele se reportam, informando-o."[1]

A doutrina justrabalhista destaca a classificação e as funções dos princípios trabalhistas.

Inicialmente, os princípios têm função específica na fase pré-jurídica, ou seja, de elaboração da norma justrabalhista. Assim, os legisladores *deveriam* criar a regra trabalhista em observância aos princípios básicos deste ramo jurídico, com destaque para os princípios da *proteção* e da *norma mais favorável*. Seriam os princípios, assim, nesta fase, fontes materiais do Direito, "na medida em que se postam como fatores que influenciam na produção da ordem jurídica."[2] Ocorre que, infelizmente, nem sempre o legislador se orienta por princípios, haja vista o que foi feito com o Direito do Trabalho na *década neoliberal*.

Na fase jurídica, entretanto, a função dos princípios é significativamente mais destacada. Os princípios classificam-se, nesta fase, como descritivos (informativos), normativos subsidiários e normativos concorrentes, na concepção do Prof. Mauricio Godinho Delgado.[3] É possível propor, ainda, a normatividade direta dos princípios, com destaque para sua eficácia horizontal e vertical.

A função informativa (descritiva) dos princípios diz respeito à sua propriedade de *"iluminar a compreensão da regra jurídica construída"*[4], ou seja, possuem os princípios função interpretativa da regra posta. Essa a clássica e inequívoca função dos princípios.

Há, ainda, princípios normativos subsidiários, que como indica o epíteto constituem fonte formal normativa na ausência de regra específica sobre determinado tema, nos termos do *caput* do artigo 8º da CLT:[5]

---

(1) DELGADO, Mauricio Godinho. *Curso de Direito do Trabalho*. 10. ed. São Paulo: LTr, 2011. págs. 180, 182.
(2) *Ibidem*, p. 183.
(3) *Ibidem*, p. 183.
(4) *Ibidem*, p. 184.
(5) *Ibidem*, p. 184.

Art. 8º – *As autoridades administrativas e a Justiça do Trabalho, na falta de disposições legais ou contratuais, decidirão, conforme o caso, pela jurisprudência, por analogia, por eqüidade e outros princípios e normas gerais de direito, principalmente do direito do trabalho, e, ainda, de acordo com os usos e costumes, o direito comparado, mas sempre de maneira que nenhum interesse de classe ou particular prevaleça sobre o interesse público.*

Destaca o Professor Mauricio Godinho Delgado a possibilidade de princípios normativos concorrentes, com base em hodierna doutrina de célebres constitucionalistas, embora pareça concluir diferentemente:

> *É claro que a prevalência dos princípios sobre as regras legais, defendida por diversos autores, é relativa, sob pena de criar-se total insegurança na ordem jurídica e meio social regulado. Na verdade, parece-nos mais adequado sustentar que, em vez de função normativa própria, específica, autônoma, verifica-se que os princípios atuam como comandos jurídicos instigadores, tendo, no fundo, uma função normativa concorrente. Trata-se de papel normativo concorrente, mas não autônomo, apartado do conjunto jurídico geral e a ele contraposto.*
>
> *Esta última função atua, de maneira geral, em concurso com a interpretativa da regra analisada. Nesta atuação, ora estende o comando desta, ora o restringe, ora até mesmo esteriliza-o, a partir de uma absorção de seu sentido no âmbito mais abrangente cimentado pelos princípios correlatos. Nesta linha, se uma regra legal realiza o comando genérico contido em certo princípio, mas entra em choque com outro, pode prevalecer, sem dúvida, em face do peso do princípio realizado. Contudo, isso não significa que o princípio preterido não tenha certa influência na compreensão da norma enfocada, atenuando, adequadamente, seus efeitos pensados na origem.*
>
> *A clássica função interpretativa age, pois, em concurso com a função normativa, ajustando as regras do Direito ao sentido essencial de todo o ordenamento. Por isso se pode falar também em uma função simultaneamente interpretativa/normativa, resultado da associação das duas funções específicas (a descritiva e a normativa), que agem em conjunto, fusionadas, no processo de compreensão e aplicação do Direito.*[6]

Entendo, particularmente, que é possível, hoje, a compreensão da *função normativa própria dos princípios (normatividade dos princípios).*

Princípios de direito são normas jurídicas aplicáveis diretamente às relações intersubjetivas, independentemente do conteúdo ou da existência de regra infraconstitucional sobre a matéria. Por serem ideias básicas fundamentais para a estruturação do ramo justrabalhista, os princípios de Direito do Trabalho são dotados de normatividade e eficácia, horizontal e vertical.

Os princípios do Direito do Trabalho, independentemente da sua função normativa concorrente ou subsidiária, devem influenciar positivamente a criação

---

[6] DELGADO, Mauricio Godinho. *Curso de Direito do Trabalho.* 10. ed. São Paulo: LTr, 2011. p. 185/186.

da regra jurídica regulamentadora das relações de trabalho. Devem, também, influenciar a aplicação da regra jurídica heterônoma estatal, na medida em que deve haver conformidade daquilo que é estabelecido com os princípios norteadores do sistema.

Neste sentido, Jorge Luiz Souto Maior:

> Assim, o direito do trabalho só tem mesmo algum sentido para produzir justiça social, representada pela maior distribuição de renda, a que se chega com a melhoria constante da condição social e econômica do trabalhador e com a preservação da dignidade humana no ambiente de trabalho. Esses valores, ademais, integram-se ao Direito do Trabalho não como uma pregação de caráter moral, mas como espécie normativa. Ademais, conforme posição largamente assumida pela doutrina, os princípios são proposições valorativas dotadas de força normativa, que norteiam todo o ordenamento jurídico, orientando a criação e a interpretação das normas, e atuando no processo de integração das lacunas.[7]

Teriam relevância para a aplicação da regra jurídica heterônoma estatal princípios como o da proteção, da norma mais favorável, da imperatividade dos direitos trabalhistas, dentre outros.

Importante é destacar, também, a normatividade dos princípios reveladores de direitos fundamentais, sua eficácia *horizontal* e *vertical*.

Inicialmente a eficácia vertical dos direitos fundamentais trabalhistas.

Por eficácia vertical dos direitos fundamentais pode-se compreender, com Ingo Wolfgang Sarlet, a vinculação dos órgãos estatais aos deveres de proteção contidos nos direitos fundamentais. Isso quer dizer que o Estado não pode editar leis que contrariem os direitos fundamentais do cidadão trabalhador.

O Brasil vivenciou, no governo Fernando Henrique Cardoso, o que pode ser considerado um ataque neoliberal à estrutura normativa protetiva do Direito do Trabalho. As ações políticas da época, no âmbito do Poder Executivo e do Legislativo, desconsideraram princípios constitucionais consagrados no texto de 1988 e princípios elementares de Direito do Trabalho fixados no desenrolar do século XX, com repercussão perversa até os dias atuais. Trago aqui alguns exemplos:

A Lei n. 8.949/1994 estabeleceu (presunção de) inexistência de vínculo empregatício entre as cooperativas de trabalho e seus associados, bem como entre estes e as empresas tomadoras dos seus serviços. A Lei n. 8.966/1994 alterou o artigo 62 da CLT e trouxe presunção legal de inaplicabilidade do capítulo da duração do trabalho a chefes, supervisores, gerentes e diretores. A Lei n. 9.300/1996

---

(7) SOUTO MAIOR, Jorge Luiz. Os Princípios do Direito do Trabalho e sua negação por alguns posicionamentos jurisprudenciais. *In:* COUTINHO, Grijalbo Fernandes; MELO FILHO, Hugo Cavalcanti; SOUTO MAIOR, Jorge Luiz; FAVA, Marcos Neves. *O Mundo do Trabalho: leituras críticas da jurisprudência do TST: em defesa do Direito do Trabalho.* v. 1, São Paulo: LTr, 2009, pág. 201.

alterou a Lei n. 5.889/1972 para retirar, em situações específicas, a natureza jurídica remuneratória da utilidade consistente em moradia. A Lei n. 9.472/1997 possibilitou a terceirização de atividades essenciais em telecomunicações. A Lei n. 9.504/1997 afastou a possibilidade de vinculação jurídica empregatícia entre os partidos políticos e candidatos a cargos eletivos e os trabalhadores vinculados às suas campanhas. A Lei n. 9.601/1998 flexibilizou as limitações para a contratação a termo e instituiu a possibilidade de compensação anual de jornadas, conhecida como "banco de horas". A Lei n. 9.608/1998 permitiu o trabalho voluntário em instituições públicas e privadas. A Lei n. 9.615/1998 tratou das relações empregatícias do jogador de futebol e seus clubes, com sensíveis prejuízos a direitos trabalhistas. A Lei n. 9.958/2000 estabeleceu limitações ao acesso do trabalhador à justiça, através das Comissões de Conciliação Prévia. A Lei n. 10.101/2000 dispôs sobre a participação dos trabalhadores nos lucros e resultados da empresa, com a desvinculação dos valores à remuneração contratual, além de permitir o trabalho no comércio aos domingos e nos dias feriados. A Lei n. 10.208/2001 criou norma trabalhista facultativa ao empregador, ao estabelecer que o contratante doméstico pode optar por estender ou não os direitos do FGTS ao trabalhador empregado.

Merece destaque também negativo a MP n. 2.164/2001, pelos efeitos de suas normas nos contratos de emprego. Instituiu o regime de trabalho a tempo parcial; permitiu a suspensão do contrato de trabalho para qualificação profissional; criou o já citado "banco de horas" e estabeleceu a possibilidade de "estágio" para alunos de ensino médio.[8]

As normas estatais contrárias aos princípios constitucionais e justrabalhistas influenciam, de modo perverso e direto, os contratos de emprego, visto que é dada ao empregador, pelo Estado, a possibilidade de precarizar a contratação de força produtiva.

Embora não queira o Poder Judiciário perceber o óbvio, é juridicamente possível entender os princípios e direitos constitucionais relacionados ao trabalho como direitos fundamentais vinculados à ordem social, e que, portanto, podem e devem esterilizar normas infraconstitucionais que lhes sejam contrárias.

Um dos fundamentos do Estado Brasileiro é o valor social do trabalho, nos termos do artigo 1º, inciso IV da Constituição da República. O trabalho, como direito fundamental, é modo de realização do valor constitucional supremo, que

---

(8) Infeliz e contraditoriamente houve regras precarizantes também no Governo Lula (que teria, no mínimo, poder de veto), com destaque negativo para a Lei 11.101/2005, que diminuiu as possibilidades de satisfação do crédito trabalhista em casos de falência do empregador. A Lei 11.442/2007 excluiu a relação de emprego em diversas relações jurídicas de entrega de força produtiva no âmbito dos transportes rodoviários de cargas. A Lei 11.603/2007 reafirmou a possibilidade de trabalho dos comerciários aos domingos e dias feriados. A Lei 11.718/2008 permitiu a contratação de trabalho rural por tempo determinado sem registro em CTPS. Por fim, a Lei 11.788/2008 reafirmou a possibilidade de contrato de estágio para estudantes do ensino médio.

informa a criação, a interpretação e a aplicação de toda a ordem normativa constitucional, que é a dignidade da pessoa humana (artigo 1º, inciso III).

> Art. 1º A República Federativa do Brasil, formada pela união indissolúvel dos Estados e Municípios e do Distrito Federal, constitui-se em Estado Democrático de Direito e tem como fundamentos:
> (...)
> III – a dignidade da pessoa humana;
> IV – os valores sociais do trabalho e da livre iniciativa;

Sendo direito fundamental da Constituição da República, o trabalho não pode sofrer precarização em sua regulamentação básica. O neoliberalismo, por mais forte e hegemônico que tenha sido, não pode infirmar direito constitucional por meio de lei ordinária e muito menos por medida provisória.

Destaque ainda para a eficácia horizontal dos direitos fundamentais trabalhistas.

Por eficácia horizontal dos direitos fundamentais pode-se compreender, também com Ingo Wolfgang Sarlet, a vinculação dos particulares (*in casu* empregados e empregadores), em suas relações privadas, aos direitos fundamentais estabelecidos pela Constituição da República.

É possível entender que o empregador tem o dever de observar os direitos fundamentais do cidadão trabalhador, ainda que não expressos na específica legislação trabalhista. Assim, a norma empresarial ou agir patronal que inobserve dever de proteção, expresso ou implícito, garantido na ordem constitucional vigente, deve ser reconhecido como ilícito.

Nesta perspectiva, que se espera possível no Brasil, os direitos fundamentais que se relacionam direta ou indiretamente com a proteção ao trabalho devem ser imediatamente aplicados às relações jurídicas de emprego, pois dotados de eficácia plena.

É urgente que todos aqueles que lidam com o Direito do Trabalho (empregadores, empregados, sindicalistas, advogados, juízes, auditores fiscais e membros do MPT) percebam a preponderância do texto constitucional sobre a CLT e, principalmente, sobre as súmulas de jurisprudência do TST.

A prática cotidiana das relações de emprego, muitas vezes validada equivocadamente pela Justiça do Trabalho, revela um desconhecimento da relevância do texto constitucional em um Estado Democrático de Direito. Há quem sustente, infelizmente, que princípios constitucionais e que direitos fundamentais trabalhistas são apenas construções teóricas e acadêmicas, que não são passíveis de realização no mundo dos fatos.

Alguns exemplos revelam a inobservância do valor primordial da Constituição no contrato de trabalho. Eis alguns, para análise preliminar:

O poder do empregador no contrato é quase absoluto na prática trabalhista, vez que a CLT não cuidou de impor limites claros ao seu exercício. Assim, a edição de regras abusivas, a fiscalização invasiva e sobretudo a punição sem limites tendem a ser toleradas pela Justiça do Trabalho, ou, quando muito, reprimidas sem rigor.

Direitos fundamentais como preservação da honra, da imagem, da boa-fama, presunção de inocência, contraditório, ampla defesa, na prática cotidiana das relações de trabalho infelizmente tendem a ser desconhecidos ou mitigados.

Alguns questionamentos atuais revelam a importância de princípios constitucionais e trabalhistas no plano dos fatos. Eis alguns: quais são os limites do poder empregatício? Na dispensa por justa causa, é exigível a observância aos princípios constitucionais de presunção de inocência, ampla defesa e contraditório? Pode um ex-empregador fornecer informações desabonadoras sobre seu ex-empregado a terceiros interessados em sua contratação? É lícita a revista pessoal nos pertences de empregados? Pode o empregador, licitamente, fiscalizar o conteúdo das mensagens eletrônicas enviadas e recebidas por seus empregados no ambiente de trabalho? É razoável a utilização de polígrafos (detectores de mentira) como instrumento de fiscalização no contrato de emprego?

Essas e outras questões polêmicas atuais somente podem ser respondidas com análise do texto constitucional, vez que a CLT delas não trata, o que revela, de modo incontestável, a eficácia horizontal dos direitos fundamentais trabalhistas, e, consequentemente, sua aplicação no âmbito do contrato de emprego.

O Direito do Trabalho consolidou, ao longo do último século, importantes princípios especiais. Serão aqui destacados os seguintes: a) Princípio da proteção; b) Princípio da imperatividade das normas trabalhistas; c) Princípio da indisponibilidade dos direitos trabalhistas; d) Princípio da condição (cláusula contratual) mais benéfica; e) Princípio da inalterabilidade contratual lesiva; f) Princípio da intangibilidade salarial; g) Princípio da continuidade da relação de emprego; h) Princípio da primazia da realidade sobre a forma (princípio do contrato realidade); i) Princípio da norma mais favorável.

O princípio da proteção pode ser compreendido como critério fundamental que orienta o Direito do Trabalho.[9] Há quem entenda ser este o único e último princípio de Direito do Trabalho, sendo as demais proposições consequências de sua essência. O princípio destacado consiste na *teia de proteção à parte hipossuficiente na relação empregatícia*[10], visto ser central ao Direito do Trabalho a necessária correção da desigualdade natural existente entre os contratantes.

O princípio da imperatividade das normas trabalhistas decorre do princípio da proteção e é correlato ao princípio da indisponibilidade dos direitos trabalhistas. Tal

---

(9) RODRIGUEZ, Américo Plá. *Princípios de Direito do Trabalho*. 3. ed. São Paulo: LTr, 2000.

(10) DELGADO, Mauricio Godinho. *Curso de Direito do Trabalho*. São Paulo: LTr, 2009, p. 183.

princípio informa (e vincula as partes contratantes) ser imperativa a regra trabalhista, do que decorre ser indisponível o direito expresso na norma. É claro que se o Direito do Trabalho pressupõe proteção, o mínimo que se espera de tal sistema é a impossibilidade de disposição de direitos pela via "negocial" individual (menos ainda pela renúncia). É que se o trabalhador, premido pelas circunstâncias (econômicas, principalmente) e pelo poder empregatício puder dispor de seus direitos, tal prática poderá ser a regra, vista a hipossuficiência do trabalhador, sua subordinação jurídica e a desigualdade fática entre ele e seu contratante. As regras expressas nos artigos 9º e 444 da CLT expressam, em síntese, o conteúdo básico do princípio da indisponibilidade dos direitos trabalhistas, como se infere:

> Art. 9º – Serão nulos de pleno direito os atos praticados com o objetivo de desvirtuar, impedir ou fraudar a aplicação dos preceitos contidos na presente Consolidação.
>
> Art. 444 – As relações contratuais de trabalho podem ser objeto de livre estipulação das partes interessadas em tudo quanto não contravenha às disposições de proteção ao trabalho, aos contratos coletivos que lhes sejam aplicáveis e às decisões das autoridades competentes.

O princípio da condição (cláusula contratual) mais benéfica decorre do princípio da proteção e é correlato ao princípio da inalterabilidade contratual lesiva. Tal princípio informa (e vincula as partes contratantes) ser possível a alteração das condições (cláusulas contratuais) pactuadas somente nos casos em que tal modificação se dá em benefício do trabalhador empregado. Em decorrência, a alteração contratual em prejuízo obreiro é ilícita. O *caput* do artigo 468 da CLT traz o comando legal básico no que diz respeito às alterações contratuais no curso do pacto empregatício, bem como é a Súmula n. 51 do TST exemplo de sua aplicação concreta, como se depreende:

> Art. 468 – Nos contratos individuais de trabalho só é lícita a alteração das respectivas condições por mútuo consentimento, e ainda assim desde que não resultem, direta ou indiretamente, prejuízos ao empregado, sob pena de nulidade da cláusula infringente desta garantia.
>
> SUM. 51 NORMA REGULAMENTAR. VANTAGENS E OPÇÃO PELO NOVO REGULAMENTO. ART. 468 DA CLT (incorporada a Orientação Jurisprudencial n. 163 da SBDI-1) – Res. 129/2005, DJ 20, 22 e 25.04.2005
>
> I – As cláusulas regulamentares, que revoguem ou alterem vantagens deferidas anteriormente, só atingirão os trabalhadores admitidos após a revogação ou alteração do regulamento. (ex-Súmula n. 51 – RA 41/1973, DJ 14.06.1973)
>
> II – Havendo a coexistência de dois regulamentos da empresa, a opção do empregado por um deles tem efeito jurídico de renúncia às regras do sistema do outro. (ex-OJ n. 163 da SBDI-1 – inserida em 26.03.1999)

O princípio da intangibilidade salarial também é elementar no contexto protetivo do Direito do Trabalho, visto ser a parcela contraprestativa básica do ajuste empregatício necessariamente protegida, dado seu caráter alimentar. A Constituição da República trata da essência da intangibilidade salarial, ao consagrar a irredutibilidade da parcela contraprestativa básica pela via da "negociação" individual (Constituição da República, artigo 7º, inciso VI). O salário também é protegido contra abusos e créditos concorrentes, bem como no que concerne ao seu valor e à noção de igualdade, dada sua centralidade no ajuste empregatício. A Súmula n. 248 do TST, aqui trazida apenas a título de exemplificação, faz referência expressa ao que denomina *princípio da irredutibilidade salarial*. Eis os conteúdos destacados:

> Art. 7º *São direitos dos trabalhadores urbanos e rurais, além de outros que visem à melhoria de sua condição social:*
> (...)
> *VI – irredutibilidade do salário, salvo o disposto em convenção ou acordo coletivo;*
> SUM. 248 ADICIONAL DE INSALUBRIDADE. DIREITO ADQUIRIDO (mantida) – Res. 121/2003, DJ 19, 20 e 21.11.2003. *A reclassificação ou a descaracterização da insalubridade, por ato da autoridade competente, repercute na satisfação do respectivo adicional, sem ofensa a direito adquirido ou ao princípio da irredutibilidade salarial.*

O princípio da continuidade da relação de emprego, consoante lição do Prof. Mauricio Godinho Delgado

> ... *é de interesse do Direito do Trabalho a permanência do vínculo empregatício, com a integração do trabalhador na estrutura e dinâmica empresariais. Apenas mediante tal permanência e integração é que a ordem justrabalhista poderia cumprir satisfatoriamente o objetivo teleológico do Direito do Trabalho, de assegurar melhores condições, sob a ótica obreira, de pactuação e gerenciamento da força de trabalho em determinada sociedade.*[11]

O princípio da primazia da realidade sobre a forma, ou princípio do contrato realidade, também é afirmação prática, sobretudo no âmbito processual, do princípio da proteção. Consagra a ideia básica no sentido de que havendo divergência entre a documentação produzida (sobretudo pelo empregador) no âmbito do contrato e a realidade vivenciada pelas partes (desde que comprovada, é claro) deve haver a invalidação do conteúdo formalizado para que prevaleça o que se passou de fato na relação empregatícia. As Súmulas ns. 12 e 338 do TST são exemplos práticos de aplicação do princípio:

> SUM. 12 CARTEIRA PROFISSIONAL (mantida) – Res. 121/2003, DJ 19, 20 e 21.11.2003. *As anotações apostas pelo empregador na carteira profissional do empregado não geram presunção juris et de jure, mas apenas juris tantum.*

---

(11) DELGADO, Mauricio Godinho. *Curso de Direito do Trabalho*. São Paulo: LTr, 2009, p. 183.

SUM. 338 JORNADA DE TRABALHO. REGISTRO. ÔNUS DA PROVA (incorporadas as Orientações Jurisprudenciais ns. 234 e 306 da SBDI-1) – Res. 129/2005, DJ 20, 22 e 25.04.2005

I – É ônus do empregador que conta com mais de 10 (dez) empregados o registro da jornada de trabalho na forma do art. 74, § 2º, da CLT. A não-apresentação injustificada dos controles de frequência gera presunção relativa de veracidade da jornada de trabalho, a qual pode ser elidida por prova em contrário. (ex-Súmula n. 338 – alterada pela Res. 121/2003, DJ 21.11.2003)

II – A presunção de veracidade da jornada de trabalho, ainda que prevista em instrumento normativo, pode ser elidida por prova em contrário. (ex-OJ n. 234 da SBDI-1 – inserida em 20.06.2001)

III – Os cartões de ponto que demonstram horários de entrada e saída uniformes são inválidos como meio de prova, invertendo-se o ônus da prova, relativo às horas extras, que passa a ser do empregador, prevalecendo a jornada da inicial se dele não se desincumbir. (ex-OJ n. 306 da SBDI-1-DJ 11.08.2003).

O princípio da norma mais favorável informa, por fim, que, em diversos momentos em que tal é possível e necessário, deve o operador do direito optar pela resposta jurídica que melhor consulte aos interesses do trabalhador, vista, como já exposto, sua condição de hipossuficiência na relação de venda de força produtiva.

Questões Objetivas – Parte I

Fundamentos para o Direito do Trabalho Essencial

1. No que concerne à evolução histórica do Direito do Trabalho no Brasil e no mundo, analise as seguintes proposições:

    I. Na Antiguidade e na Idade Média era inexistente o trabalho livre, necessário à estruturação jurídico-protetiva da relação trabalhista, razão pela qual não há, em tais períodos históricos, Direito do Trabalho.

    II. No período compreendido entre a Proclamação da República até a Revolução de 1930, o Brasil não contava com normas jurídicas protetivas no sentido da regulamentação da relação jurídica de trabalho, razão pela qual não há, em tal período histórico, Direito do Trabalho.

    III. A Revolução Industrial é o marco inicial do desenvolvimento do Direito do Trabalho no Brasil, e tem na Consolidação das Leis do Trabalho seu instrumento normativo mais importante.

    IV. Na Europa, a Revolução Industrial trouxe a hegemonia do trabalho livre e subordinado, que seria essencial, tempos depois, para o surgimento e o desenvolvimento da legislação trabalhista protetiva e, consequentemente, do Direito do Trabalho.

    Assinale a assertiva correta:

    a) são corretas as proposições I, II, III e IV.
    b) são corretas as proposições I, III e IV.

c) é correta apenas a proposição I.

d) é correta apenas a proposição IV.

2. Sobre a evolução histórica do Direito do Trabalho no Brasil, de 1500 até a Constituição da República de 1988, considere as seguintes proposições:

I. Até a Proclamação da República não houve qualquer norma no quadro legislativo referente ao trabalho, o que é compatível com o panorama social escravocrata, só abolido no ano anterior.

II. No período que vai da Proclamação da República até a data imediatamente anterior à Revolução de 1930, o Brasil não contou com qualquer norma que remetesse ao Direito do Trabalho, posto que a época era de turbulenta transição político-social do país e, por todo o mundo, surgiram os mais variados processos ditatoriais.

III. Em 1930, cria-se o Ministério do Trabalho, apresentado pela doutrina como marco do aparecimento do Direito do Trabalho no Brasil.

IV. Em 1943, surge o diploma mais importante para a disciplina, que é a Consolidação das Leis do Trabalho.

Responda:

a) apenas as assertivas I, II e III são corretas.

b) apenas as assertivas I, II e IV são corretas.

c) apenas as assertivas I, III e IV são corretas.

d) apenas as assertivas III e IV são corretas.

3. O fundamento ou pressuposto básico e essencial do Direito do Trabalho é:

a) a correção das desigualdades naturais existentes entre empregados e empregadores, o que se efetiva, na prática, através da construção de um patamar civilizatório mínimo, abaixo do qual não pode haver, validamente, contratação de emprego.

b) a igualdade natural existente entre as partes contratantes de emprego.

c) a proteção a todo aquele que somente tem sua força produtiva para dispor no mercado (trabalhador) e que, por isso, demanda a proteção específica (normativa) do Estado.

d) a correção das desigualdades naturais existentes entre o trabalhador e seu contratante, o que se dá através da construção de medidas protetivas cuja responsabilidade incumbe aos Sindicatos.

4. (TRT, 13ª Região, 2005, Juiz do Trabalho Substituto) *"Entre o forte e o fraco, entre o rico e o pobre, é a liberdade que escraviza, é a lei que liberta."* Esta frase, atribuída a Lacordaire, tem sido repetida para ilustrar o caráter protetivo do Direito do Trabalho, que se norteia, entre outros, pelo princípio da condição mais benéfica ao trabalhador. Este princípio:

a) É uma das dimensões do princípio tutelar, que justifica histórica e cientificamente o Direito do Trabalho, e visa a corroborar, no plano jurídico, o desequilíbrio inerente ao plano fático da relação de emprego.

b) É orientador da ação legislativa, dispondo que o operador do Direito do Trabalho deve optar pela regra mais favorável ao hipossuficiente tão somente por ocasião da criação da norma jurídica.

c) É conhecido como princípio do contrato realidade, que amplia a teoria declaracionista do direito civil, dispondo que, em caso de discordância entre o que ocorre na prática e o que emerge de documentos, deve ser dada preferência ao envoltório formal da declaração de vontade, como expressão material desta.

d) É orientador do aplicador do direito, tendo sido incorporado à jurisprudência uniformizada do Tribunal Superior do Trabalho, que, em uma de suas súmulas, declara que a complementação dos proventos da aposentadoria é regida pelas normas em vigor na data da admissão do empregado, observando-se as alterações posteriores, desde que mais favoráveis ao beneficiário do direito.

5. Analise as assertivas a seguir e assinale aquela que se mostra incorreta:

a) Dentre as diversas funções do Direito do Trabalho, há duas que se revelam favoráveis ao empregador, que são as funções *conservadora e capitalista*, sem que haja, nisso, antagonismo com as demais.

b) A função modernizante e progressista revela que deve o Direito do Trabalho promover a inserção econômica e social do trabalhador, o que se dá através de distribuição de renda, com repasse ao empregado, ainda que minimamente (FGTS, 13º salário, 1/3 de férias...), de parte dos ganhos alcançados pelo empregador através da exploração dos meios de produção.

c) A função de melhoria das condições de pactuação da força produtiva é correlata ao princípio da proteção, pois ambos destacam a intervenção estatal na contratação de emprego com o objetivo de corrigir a desigualdade natural havida entre empregado e empregador.

d) O Direito do Trabalho tende a legitimar e conservar o modo de produção capitalista e limitar o ímpeto progressista da classe trabalhadora, que se preocupa em defender e manter os direitos conquistados e tem pouco espaço para progressos significativos, o que se revela em sua função conservadora.

6. Analise as seguintes assertivas e depois assinale a opção correta:

I. A função de melhoria das condições de pactuação da força produtiva significa que deve o Direito do Trabalho proporcionar a todos os trabalhadores patamar negocial inicial mínimo (CLT, CR, legislação trabalhista), em que direitos básicos sejam respeitados no contexto da venda da força produtiva.

II. Consoante a função modernizante e progressista, deveria o Direito do Trabalho estender a todos os empregados as conquistas obtidas pelas categorias mais organizadas ou com maior poder de negociação.

III. Nos termos da função civilizatória e democrática deve o Direito do Trabalho promover a inserção econômica e social do empregado. O Direito do Trabalho tem por função distribuir renda.

IV. A função conservadora é no sentido de que o Direito do Trabalho tende a legitimar e conservar o modo de produção capitalista e limitar o ímpeto progressista da classe trabalhadora, que se preocupa em defender e manter os direitos conquistados e tem pouco espaço para progressos significativos.

a) todas as assertivas são incorretas.

b) todas as assertivas são corretas.

c) apenas uma assertiva é incorreta.

d) apenas duas assertivas são incorretas.

7. Sobre as funções do Direito do Trabalho, analise as seguintes assertivas e, ao final, assinale a opção correta.

I. A função de melhoria das condições de pactuação da força produtiva na ordem socioeconômica está essencialmente vinculada ao princípio da proteção e ao caráter teleológico do Direito do Trabalho, pois pressupõe a construção de um patamar civilizatório mínimo abaixo do qual não é válida a pactuação empregatícia.

II. A função modernizante e progressista pressupõe que o sistema justrabalhista possibilita ao Estado a *apreensão* de conquistas relevantes por parte de categorias profissionais mais organizadas no âmbito sindical e sua posterior extensão a todos os demais trabalhadores através de Acordo Coletivo de Trabalho e Convenção Coletiva de Trabalho.

III. O Estado, através do Direito do Trabalho, constrói um patamar civilizatório mínimo abaixo do qual não pode haver, validamente, negociação individual trabalhista, sendo que tal conjunto normativo acaba por distribuir renda, ainda que timidamente no contexto brasileiro, o que revela a função civilizatória e democrática do Direito do Trabalho.

IV. O Direito do Trabalho confere legitimidade política e cultural à relação de produção básica da sociedade contemporânea, o que faz com que o ramo jurídico especializado tenha também função conservadora, de manutenção do *status quo*, o que, na verdade e em síntese, nega a função de melhoria das condições de pactuação da força produtiva no plano dos fatos, tornando-a mera construção teórica.

É correto o que se afirma em:

a) todas as assertivas são verdadeiras.

b) todas as assertivas são falsas.

c) são verdadeiras apenas as assertivas I e III.

d) são verdadeiras apenas as assertivas I, II e IV.

8. No que concerne às fontes do Direito do Trabalho, assinale a assertiva incorreta:

a) fontes materiais são econômicas, sociológicas, políticas e filosóficas.

b) fontes formais podem ser heterônomas ou autônomas.

c) o contrato de emprego, como norma jurídica autônoma, pode ser considerado fonte formal do Direito do Trabalho.

d) o fator político é relevante para o Direito do Trabalho, revelando-se fonte material, pois a reunião da classe operária faz nascer associações, sindicatos e partidos políticos representativos dos trabalhadores, com atuação mais ou menos destacada dependendo do momento histórico e do país de inserção, e que consequentemente possibilitam (em maior ou menor grau) o surgimento e desenvolvimento da legislação trabalhista.

9. *"Serão nulos de pleno direito os atos praticados com o objetivo de desvirtuar, impedir ou fraudar a aplicação dos preceitos contidos na CLT. As relações contratuais de trabalho podem ser objeto de livre estipulação das partes interessadas em tudo quanto não contravenha às disposições de proteção ao trabalho, aos contratos coletivos que lhes sejam aplicáveis e às decisões das autoridades competentes."* Os preceitos normativos transcritos dizem respeito ao princípio:

a) da primazia da realidade sobre a forma.

b) da inalterabilidade contratual lesiva.

c) da imperatividade das normas trabalhistas.

d) da norma mais favorável.

10. No que diz respeito aos princípios de Direito Individual do Trabalho, assinale a assertiva correta:

a) O princípio da norma mais favorável pressupõe larga margem negocial no plano do pacto empregatício, vez que cabe à parte hipossuficiente da relação jurídica definir quais conteúdos protetivos quer ver implementados em seu contrato.

b) O princípio da alteridade pode ser expresso pela ideia básica de que nos contratos individuais de trabalho só é lícita a alteração das respectivas condições por mútuo consentimento, e ainda assim desde que não resultem, direta ou indiretamente, prejuízos ao empregado, sob pena de nulidade da cláusula infringente desta garantia.

c) O princípio da primazia da realidade sobre a forma pode ser expresso pela ideia básica de que as relações contratuais de trabalho podem ser objeto de livre estipulação das partes interessadas em tudo quanto não contravenha às disposições de proteção ao trabalho, aos contratos coletivos que lhes sejam aplicáveis e às decisões das autoridades competentes.

d) o princípio da imperatividade das normas trabalhistas pode ser expresso pela ideia básica de que são nulos de pleno direito os atos, patronais e/ou de trabalhadores, praticados com o objetivo de desvirtuar, impedir ou fraudar a aplicação dos preceitos contidos na CLT.

11. No que diz respeito ao princípio da indisponibilidade dos direitos trabalhistas, assinale a assertiva incorreta:

a) são nulos de pleno direito os atos praticados com o objetivo de desvirtuar, impedir ou fraudar a aplicação dos preceitos contidos na legislação trabalhista, bem como nos instrumentos negociais coletivos autônomos (ACT e CCT).

b) as relações contratuais de trabalho podem ser objeto de livre estipulação das partes interessadas em tudo quanto não contravenha às disposições de proteção ao trabalho, aos ajustes negociais coletivos (ACT, CCT) que lhes sejam aplicáveis e às decisões das autoridades competentes.

c) o direito do trabalhador é indisponível, não havendo espaço negocial bilateral válido que contemple disposição de direitos, seja no âmbito do contrato, seja na esfera administrativa ou na esfera do Poder Judiciário.

d) tal princípio informa (e vincula as partes contratantes) ser imperativa a regra trabalhista, do que decorre ser indisponível o direito expresso na regra autônoma ou heterônoma.

Questões Discursivas Teóricas – Parte I

Fundamentos para um Direito do Trabalho Essencial

1) O que justifica, historicamente, a estruturação de um ramo do direito específico para disciplinar uma única relação jurídica: a relação entre empregado e empregador? Em síntese, quais são os fatores históricos que justificam a atual estruturação do ramo justrabalhista?

2) Analise a seguinte frase, atribuída a Lacordaire: "*Entre o forte e o fraco, entre o rico e o pobre, é a liberdade que escraviza, é a lei que liberta.*" Em um texto dissertativo, demonstre o quanto é atual tal pensamento, valendo-se, para tanto, de funções do Direito do Trabalho.

3) Disserte sobre o liberalismo clássico no nascimento das relações de trabalho livres e subordinadas nos países capitalistas centrais europeus.

4) Analise e contextualize a seguinte passagem do livro *Novo Contrato de Emprego: Parassubordinação Trabalhista*: "O Direito do Trabalho deve pautar-se por ser o ramo jurídico apto a proporcionar aos trabalhadores condições de igualdade no momento da contratação de sua força de trabalho." Em seguida, analise e contextualize a seguinte passagem do artigo "Neoliberalismo, 'Flexibilização a sangue frio' e perspectivas do Direito do Trabalho no Brasil": "Ora, o Direito do Trabalho tem também sua face favorável ao empregador, pois confere legitimidade política e cultural à relação de produção básica da sociedade contemporânea." Após a análise contextualizada antes indicada, em um texto dissertativo, destaque e conclua se as ideias expostas são **antagônicas** OU **complementares**, com destaque para as funções do Direito do Trabalho no Brasil atual.

Questão Discursiva Prática – Parte I

Fundamentos para um Direito do Trabalho Essencial

1. Antônio foi admitido como trabalhador empregado, vendedor externo, por Indústria de Calçados B Ltda., tendo sido contratada duração semanal do trabalho de 44 horas e salário-base de R$ 800,00 (oitocentos reais) acrescido de comissões sobre suas vendas, conforme expressa e verbalmente pactuado por seu empregador, o que resulta, ao final do mês e em média, R$ 2.000,00 (dois mil reais) de contraprestação. Ocorre que recentemente seu empregador vivenciou crise financeira em decorrência da concorrência chinesa no mercado calçadista. Diante da crise, o sócio-diretor teve que vender a casa onde residia com sua família. Antônio, que se considerava amigo do patrão, triste por ver a família dele em dificuldades, resolveu abrir mão de seu salário-base, recebendo apenas comissão. Aconselhada por seus advogados, a Indústria de Calçados B Ltda. manteve formalmente no contracheque de Antônio o valor do salário-base acrescido de comissões, ou seja, R$ 2.000 (dois mil reais) de remuneração total, embora pague desde então, na realidade, somente as comissões, em valor médio de R$ 1.200,00 (mil e duzentos reais). Diante da situação fática, VALENDO-SE APENAS DE PRINCÍPIO DE DIREITO DO TRABALHO, justifique qual deve ser, para todos os efeitos, o valor total da remuneração de Antônio, de acordo com o sistema jurídico trabalhista básico vigente no Brasil. Disserte sobre o *princípio específico* que justifica a sua resposta.

Parte II

Relação de Emprego: Essência do Direito do Trabalho

Capítulo 1

Relações de Trabalho e Relação de Emprego: elementos fático-jurídicos

1. Relações de Trabalho e Relação de Emprego: fundamentos e distinções
2. Critérios de Caracterização da Relação de Emprego: elementos fático-jurídicos
    a) Trabalho por Pessoa Física
    b) Pessoalidade
    c) Não Eventualidade
    d) Onerosidade
    e) Subordinação
3. Teletrabalho em domicílio e relação de emprego: CLT, artigo 6º, parágrafo único

No contexto capitalista, o trabalho, desde a Revolução Industrial, é "mercadoria" posta no mercado pelo trabalhador, ou, no dizer de Ricardo Antunes, pela "classe-que-vive-do-trabalho". É através da sua força produtiva que o indivíduo busca seu espaço na vida social. É através do trabalho que ele se insere, que ele se reconhece, que busca sua dignidade e que luta por melhores dias para si e para os seus.

Nos dias atuais, o trabalhador tem, basicamente, duas possibilidades ou modalidades de relação jurídica tendentes a concretizar a disposição de sua força produtiva ou seu saber-fazer: *a relação de trabalho e a relação de emprego*.

A relação de trabalho é gênero do qual a relação de emprego é espécie. Todo aquele que no mercado dispõe de sua força produtiva (ou seu saber-fazer) para proveito de outrem será considerado trabalhador. Ocorre que, obviamente e como restará demonstrado, nem todo trabalhador é empregado, embora todo empregado seja, antes, um trabalhador.

Mauricio Godinho Delgado define relação de trabalho:

> *A primeira expressão tem caráter genérico: refere-se a todas as relações jurídicas caracterizadas por terem sua prestação essencial centrada em uma obrigação de fazer consubstanciada em labor humano. Refere-se, pois, a toda modalidade de contratação de trabalho humano modernamente admissível. A expressão relação de trabalho englobaria, desse modo, a relação de emprego, a relação de trabalho autônomo, a relação de trabalho eventual, de trabalho avulso e outras modalidades de pactuação da prestação de labor (como trabalho de estágio, etc.). Traduz, portanto, o gênero a que se acomodam todas as formas de pactuação de prestação de trabalho existentes no mundo jurídico atual.*[1]

Inobstante ser clara a distinção entre relação de trabalho e relação de emprego, não raro doutrinadores e operadores do direito referem-se a esta pela denominação daquela. Talvez pela supremacia social, econômica e cultural da relação de emprego sobre as demais relações do trabalho, a espécie acaba, muitas vezes, por assumir a denominação do gênero.[2]

Assim, a relação de emprego há que ser entendida como uma espécie de relação de trabalho, sem a atecnia apresentada pela confusão terminológica citada.

O termo "empregar" deriva de *implicare*, conforme explicita De Plácido e Silva[3]. "*Implicare: de 'in', en, 'y' plicare, plegar*"), que originou o termo francês

---

(1) DELGADO, Mauricio Godinho. *Curso de Direito do Trabalho*. 11. ed. São Paulo: LTr, 2012. p. 279.

(2) Mauricio Godinho Delgado, em seu *Curso de Direito do Trabalho*, explicita a diferenciação terminológica e sua importância (ou não) para o estudo e compreensão do fenômeno juslaboral.

(3) SILVA, De Plácido e. *Vocabulário Jurídico*. v. II. Rio de Janeiro: Forense, 1990. p. 157.

employer, o italiano *impergare*, o espanhol *emplear* e o portugês empregar.[4] Empregar, então, deriva do latim implicare, ou seja, *"dobrar em volta de, envolver, enrolar, enredar, emaranhar, enlaçar, embaraçar, complicar, embrulhar."*[5], ou ainda *"... ligar, juntar, misturar..."*[6].

A relação de emprego é o núcleo básico do Direito do Trabalho. É a espécie de relação de trabalho que tem por sujeitos o empregado, que disponibiliza sua força de produtiva, e o empregador, que adquire a mão de obra ofertada. Permeiam tal relação jurídica elementos extraídos da realidade fática e consagrados pelo Direito (trabalho por pessoa física, pessoalidade, não eventualidade, onerosidade e subordinação), que irão justificar uma série de proteções legais.

Ao Direito do Trabalho, sobretudo ao Direito Individual do Trabalho, não interessam diretamente todas as espécies de relação de trabalho, mas apenas uma em especial: a *relação de emprego*. Dadas as suas especificidades, a relação de emprego assumiu, ao longo dos últimos séculos, posição de destaque no mundo do trabalho capitalista.

A relação de emprego destaca-se como *"o núcleo fundamental do Direito do Trabalho"*[7], pois seus institutos, normas e princípios somente se aplicam aos trabalhadores que se vinculam aos detentores dos meios de produção em um contexto fático e jurídico revelador do liame empregatício.

A relação de emprego, então, recebe a proteção do Direito do Trabalho, o que não ocorre, regra geral, com as demais relações de trabalho. Tende a ser o liame empregatício mais sólido e permanente do que o vínculo de trabalho em que não está presente a relação de emprego. A relação de emprego é a "modalidade mais relevante", do ponto de vista social e econômico, "de pactuação de prestação de trabalho existente nos últimos duzentos anos, desde a instauração do sistema econômico contemporâneo, o capitalismo."[8]

Importante então destacar quais são os requisitos que possibilitam ao operador do direito distinguir entre uma e outra relação. A caracterização da *relação de emprego* deve emergir da realidade fática da prestação de trabalho e somente a partir da análise dos fatos próprios da prestação laboral poderão os envolvidos saber se há um vínculo de trabalho ou de emprego. Portanto, devem ser observados os elementos fático-jurídicos caracterizadores da relação de emprego (ou requisitos ou pressupostos) que, se presentes, indicarão a existência do vínculo empregatício.

---

(4) BANCIA, D. Roque. *Diccionario General Etimológico de la Lengua española*. Barcelona: F. Seix, p. 369.

(5) MACHADO, José Pedro. *Dicionário Etimológico da Língua Portuguesa*. Lisboa, Portugal: Editora Confluência, p. 838.

(6) LEITE, J. F. Marques; JORDÃO, A. J. Novaes. *Dicionário Latino Vernáculo*. 3. ed. Rio de Janeiro: Lux, 1958. p. 231.

(7) DELGADO, Mauricio Godinho. *Curso de Direito do Trabalho*. São Paulo: LTr, 2002. p. 80.

(8) *Ibidem*, p. 280.

Conforme já visto anteriormente, a relação de emprego é uma das espécies de relação de trabalho existentes no contexto fático produtivo hodierno. Dentre todas, a mais importante, tanto do ponto de vista jurídico quanto econômico. Dada a diferenciação entre os conceitos tratados (relação de trabalho e de emprego) é necessário que existam elementos que possam, juridicamente, estabelecer com clareza tal distinção. Para que se possa distinguir entre relação de trabalho em sentido amplo e relação de emprego, deve o intérprete analisar se presentes se fazem os elementos ou pressupostos enunciados pelo artigo 3º da CLT: "Considera-se empregado toda pessoa física que prestar serviços de natureza não eventual a empregador, sob a dependência deste e mediante salário."

Portanto, na dicção legal celetista, é empregado aquele que trabalha para um empregador como pessoa física, de modo não eventual, sob a dependência deste e mediante o pagamento de salário. A doutrina brasileira, entretanto, refinou o tratamento do legislador de 1943 e consagrou como elementos caracterizadores do vínculo de emprego o *trabalho por pessoa física, a pessoalidade, a não eventualidade, a subordinação* e a *onerosidade*. Assim, todo aquele que disponibilize sua força produtiva a alguém com a confluência de tais requisitos (ou pressupostos, ou elementos fático-jurídicos) será, regra geral (que comporta exceções), considerado empregado. Se há relação de emprego incidirão sobre esta as normas de Direito do Trabalho. Se o trabalhador é empregado receberá do Estado a especial tutela justrabalhista. Caso contrário, não será o trabalhador abrangido pelo patamar civilizatório mínimo protetivo de Direito do Trabalho, sendo a relação mantida com seu contratante regulada no âmbito do Direito Civil.

Importante identificar claramente o alcance de tais elementos fático-jurídicos, o que é possibilitado pela análise doutrinária e jurisprudencial construída ao longo dos anos sobre cada um deles.

O entendimento acerca de *trabalho por pessoa física* não é dos mais complexos. Para que seja reconhecido validamente como empregado, o sujeito, ao prestar seus serviços a um tomador, deve ser necessariamente pessoa física. Impossível o reconhecimento da pessoa jurídica ou de ente despersonificado como empregado. Assim, toda a construção normativa de Direito do Trabalho é voltada à proteção da pessoa humana que vende sua força produtiva no mercado de trabalho, observados, como já exposto, os demais elementos fático-jurídicos.

Cumpre destacar, observadas a reestruturação produtiva e a busca incessante dos empregadores pela "fábrica mínima", o que vem ocorrendo em algumas empresas. Trata-se de fraude tendente a encobrir a relação de emprego através da utilização de mão de obra de trabalhadores formalmente contratados como pessoas jurídicas, prática atualmente designada "*pejotização*". Consiste a citada fraude em determinação empresarial de contratação de determinados trabalhadores somente mediante a constituição, por parte destes, de sociedades limitadas ou de empresas individuais. A prestação de serviços, em verdade, é realizada pela pessoa física, sem que haja assunção de riscos por parte do contratado e sem autonomia no desenvolvimento do seu labor. Assim, objetiva o tomador dos serviços obstar o reconhecimento do vínculo de emprego através da exclusão, sob o aspecto formal, da pessoa física do empregado do âmbito da contratação da mão de obra. Nestes casos específicos, de fraude comprovada, deve ser aplicada a norma contida no artigo 9º da CLT, para que se declare nula a contratação entre pessoas jurídicas. Eis a regra citada:

> Art. 9º – *Serão nulos de pleno direito os atos praticados com o objetivo de desvirtuar, impedir ou fraudar a aplicação dos preceitos contidos na presente Consolidação.*

Sobre tal fenômeno sociojurídico esclarece Jorge Luiz Souto Maior:

> *Esse "empresário" é um empresário aparente. Não é um microempresário, é um nanoempresário ou um pseudoempresário. Não possui capital, embora o ostente pelos utensílios que lhe são transferidos, e sua atividade empresarial limita-se a se inserir no contexto do interesse econômico de outra empresa, ou de outras empresas, que lhe explora os serviços.*
>
> *É a esse fenômeno que o Direito do Trabalho, modernamente, precisa estar voltado, e isso implica, necessariamente, uma releitura do pressuposto básico de que a pessoa jurídica não pode ser empregada. O fato é que esse empresário é tão empregado da grande empresa como seria se estivesse dentro da fábrica, exercendo a função de gerente (ou supervisor) de uma unidade ou seção específica, organizando os fatores da produção, nele inclusos a subordinação da mão de obra.*[9]

Ora, se a contratação de trabalho (prestação de serviços) por intermédio de pessoa jurídica ("pejotização") tem por objetivo apenas impedir a aplicação das regras celetistas, então a conclusão deve ser sempre pela nulidade da pactuação formal, com a possibilidade do reconhecimento do vínculo empregatício caso presentes os demais requisitos do artigo 3º da CLT.

Neste sentido, a jurisprudência:

> *EMPRESA CONSTITUÍDA PARA FRAUDAR A LEGISLAÇÃO TRABALHISTA – RELAÇÃO DE EMPREGO CONFIGURADA – FENÔMENO DA PEJOTIZAÇÃO. A pejotização é o fenômeno pelo qual a criação de pessoas jurídicas é fomentada pelo tomador de serviços com o propósito de se esquivar das obrigações e encargos trabalhistas. Contudo, vigora no Direito do Trabalho o princípio da irrenunciabilidade, mediante o qual não é permitido às partes, ainda que por vontade própria, renunciar os direitos trabalhistas inerentes à relação de emprego existente.* (TRT 3ª Região, 5ª Turma, Recurso Ordinário, processo n. 0001706-18.2010.5.03.0112, relator Desembargador Paulo Roberto Sifuentes Costa, publicação em 24.06.2011, DEJT, disponível em: www.trt3.jus.br, consulta em 15.02.2012).

---

(9) SOUTO MAIOR, Jorge Luiz. "A Supersubordinação". *In*: RENAULT, Luiz Otávio Linhares (coord.). *Parassubordinação*: homenagem ao Professor Márcio Túlio Viana. São Paulo: LTr, 2011. p. 76.

REPRESENTAÇÃO COMERCIAL – PEJOTIZAÇÃO – RECONHECIMENTO DO VÍNCULO EMPREGATÍCIO – DISTRIBUIDORA – EXTERNALIZAÇÃO DE ATIVIDADE-FIM – O cerne da questão é o fato de que a tomadora dos serviços não era um laboratório, mas uma distribuidora, ou seja, a distribuidora é que exercia a atividade de representação comercial do laboratórios ou dos laboratórios. A reclamada já detinha a expertise de representação e distribuição de medicamentos, o trabalhador era apenas arregimentado como mão de obra, como vendedor. O fato de arcar com as despesas do veículo denota muito mais o grau de coação econômica e subordinação do que propriamente suposta assunção dos riscos do negócio. Em outras palavras, trata-se de simples transferência coativa das despesas para a parte hipossuficiente na relação jurídica. (TRT, 3ª Região, 4ª Turma, Recurso Ordinário, processo n. 0162600-15.2008.5.03.0022, Relator Juiz José Eduardo de Resende Chaves Jr., publicação em 24.07.2009, DEJT, disponível em: www.trt3.jus.br, consulta em 15.02.2012).

Por fim, sobre o tema, a constatação de Jorge Luiz Souto Maior:

> Em muitas situações, o trabalhador até perde o nome e a própria condição humana, pois passa a ser uma pessoa jurídica, identificado pelo acréscimo da sigla ME ao seu nome original. O João da Silva, empregado do escritório, passa a ser o João da Silva ME, deixando de ser empregado, embora a situação fática pertinente ao trabalho continue exatamente a mesma. E, quando se conduz o João da Silva ME para execução de suas tarefas fora do estabelecimento do antigo empregador, impelindo-o a manter parte da estrutura empresarial, confere-se ao João da Silva a alcunha de "empreendedor", trabalhador "independente".
>
> Tratando desse tema, é impossível não lembrar de um desenho animado cujo protagonista, o super-herói, era um elefante (o Elefantástico), que, na linha do que se passava em filmes como Batman, para não ser reconhecido, colocava uma máscara sobre os olhos. Todos os demais personagens eram pessoas comuns, e o elefante não era identificado por ninguém porque tinha colocado uma pequeníssima máscara sobre os olhos. O seu ajudante era um rato, que também ficava surpreso quando o Elefantástico, revelando sua identidade, tirava a máscara. – Nossa, Elefantástico, que disfarce maravilhoso! Eu não tinha percebido que era você! – dizia o rato.
>
> Pois bem, o que se está criando pela tática das novas denominações de antigos fenômenos é a saga dos "empregados elefantásticos". Trabalhadores com máscaras nos olhos que, desse modo, embora sendo típicos empregados, passam à condição formal de trabalhadores autônomos sem ser.[10]

No que concerne à pessoalidade na prestação do labor, o entendimento doutrinário, fruto da análise do disposto celetista contido no artigo 3º, é que tal elemento fático-jurídico revela ser a relação de emprego necessariamente *intuitu personae* no que concerne à figura do trabalhador empregado. Relações ou con-

---

(10) SOUTO MAIOR, Jorge Luiz. "A Supersubordinação" *In*: RENAULT, Luiz Otávio Linhares et. al. (Coord). *Parassubordinação: homenagem ao Professor Márcio Túlio Viana*. São Paulo: LTr, 2011. p. 55-56.

tratos *intuitu personae* são aqueles que, segundo os civilistas, "se realizam com base na confiança recíproca entre as partes."[11]

Na relação de emprego, a pessoa do empregado assume posição de destaque, e o contrato, para revelar-se como empregatício, deve ser executado pela específica pessoa contratada. Contrata-se a pessoa para trabalhar e não o serviço de qualquer pessoa. A relação de emprego pressupõe confiança, fidúcia entre empregador e empregado.

Portanto, o trabalhador, para que seja reconhecido como empregado, prestará pessoalmente o trabalho a ele confiado, sem que se faça substituir constantemente e sem a autorização expressa de seu empregador, sob pena de não restar fixado o vínculo empregatício. Ademais, o caráter de pessoalidade confere àquela determinada pessoa um conjunto de direitos e deveres na esfera juslaboral: os direitos trabalhistas decorrentes da relação de emprego.

Sobre tal requisito a seguinte decisão:

> *VÍNCULO DE EMPREGO. AUSÊNCIA DOS PRESSUPOSTOS LEGAIS. Segundo o magistério do i. Prof. Paulo Emílio Ribeiro de Vilhena "é de corrente ensinamento doutrinário que a parte, em um contrato, que assume os riscos da atividade e colhe os seus resultados, está pactuando um negócio jurídico dentro do esquema da autonomia plena da vontade, do qual alija em interesse próprio o elemento subordinação. Desse modo, pois, se a parte assume os riscos e tem os resultados do negócio, não há contrato de trabalho, mas outro qualquer, de natureza civil ou comercial (empreitada, prestação livre de serviços, representação, mandato etc.)". (in: Relação de Emprego – Estrutura Legal e Supostos, 2. ed., LTr, p. 459). Demonstrando os elementos de prova dos autos a ausência da pessoalidade e que a autora arcava com os riscos de sua atividade, custeando os honorários do veterinário chamado por ela para sua substituição nos plantões, não há vínculo de emprego entre as partes, mas sim contrato de prestação de serviços de medicina veterinária, firmado entre as partes. (TRT, 3ª Região, 4ª Turma, Recurso Ordinário, Processo n. 0000075-24.2011.5.03.0138, Relatora Desembargadora Maria Lúcia Cardoso Magalhães, publicação em 10.02.2012, publicação DEJT, disponível em: www.trt3.jus.br, consulta em 15.02.2012).*

Outro elemento fático-jurídico caracterizador do vínculo de emprego é a *não eventualidade da prestação laboral*. O trabalho desenvolvido, para caracterizar-se como empregatício, não pode ser prestado eventualmente. Incumbe, porém, para maiores esclarecimentos acerca deste tema, definir o que seja *eventualidade*.

Eventualidade, segundo Aurélio Buarque de Holanda Ferreira, é "a qualidade de eventual, acontecimento incerto, acaso, contingência, evento", sendo eventual o "que depende de acontecimento incerto, casual, fortuito, acidental."[12]

---

(11) FIUZA, César. *Direito Civil: Curso Completo*. 4. ed. Belo Horizonte: Del Rey, 2001. p. 259.

(12) FERREIRA, Aurélio Buarque de Holanda. *Novo Aurélio: O Dicionário da Língua Portuguesa – séc. XXI*. Rio de Janeiro: Nova Fronteira, 1999. p. 854.

Segundo Antônio Houaiss e outros, eventualidade é "atributo característico do que é eventual, ocorrência/acontecimento inesperado e/ou incerto, acaso, evento.", sendo eventual o "que é fortuito, podendo ou não ocorrer ou realizar-se, casual. Que ocorre algumas vezes, em certas ocasiões, ocasional."[13]

De se destacar, de início, que o conceito de não eventualidade ou, em última análise, de eventualidade, não se liga a aspectos temporais, como ocorre com o conceito de *continuidade*. É eventual o trabalho que é prestado ocasionalmente, casualmente, em virtude de acontecimento não esperado, independentemente de aspectos temporais, ou seja, do numero de dias em que é prestado.

Portanto, em síntese, para que haja a caracterização do pressuposto ou elemento *não eventualidade* é necessário que o trabalhador (empregado) preste seus serviços de modo não episódico e em *caráter de permanência*[14]. Assim, será eventual o trabalho desenvolvido em virtude de um fato estranho à rotina do empregador, um fato não usual, um episódio extraordinário.

O que se deve buscar para definir trabalho não eventual é, basicamente, o motivo ensejador da contratação. Se o motivo (evento) ensejador da contratação é episódico, casual, extraordinário, fortuito, então não haverá a presença do requisito em análise e, consequentemente, relação jurídica de emprego. Ao contrário, se o motivo (evento) ensejador da contratação é comum, corriqueiro, esperado, ordinário, então se faz presente o requisito não eventualidade.

Sobre o tema a jurisprudência:

> *VÍNCULO DE EMPREGO – PROFESSOR – CURSOS À DISTÂNCIA. Como bem destaca a r. sentença recorrida, o reclamante foi contratado intuitu personae para trabalhar no assessoramento dos cursos à distância. A intermitência invocada pela reclamada não descaracteriza o vínculo jurídico de emprego entre o professor e a instituição de ensino, por não ser imprescindível que o empregado compareça ao estabelecimento de ensino todos os dias, especialmente no presente caso concreto, por ter sido contratado o reclamante para trabalhar na execução do Projeto Pedagógico dos Cursos à Distância instituído pela Universidade reclamada, portanto só comparecendo às atividades presenciais com a frequência que lhe for determinada pelo empregador, o que não descaracteriza a "não eventualidade" do vínculo jurídico contratual que preside o relacionamento jurídico entre as partes. Em se tratando de ensino à distância não é imprescindível a presença física do empregado no estabelecimento de ensino diariamente para que haja a configuração da relação de emprego, como ocorre com o trabalho externo e com o teletrabalho. Quem se insere num Projeto Pedagógico de Cursos à Distância, trabalha para o empregador em casa, participa de uma equipe de teletrabalho ou que seja contratado para trabalhar on-line sozinho em casa, tem plenamente preenchido o requisito da não eventualidade necessária para a proclamação judicial da*

---

(13) HOUAISS, Antônio; VILLAR, Mauro Sales; FRANCO, Francisco Manoel de Mello. *Dicionário Houaiss da Língua Portuguesa*. Rio de Janeiro: Objetiva, 2001. p. 1277.

(14) DELGADO, Mauricio Godinho. *Curso de Direito do Trabalho*. São Paulo: LTr, 2002. p. 287.

existência do vínculo jurídico de emprego. Os cursos à distância até podem ter curta duração, ser seqüenciados ou ser descontinuados, o que depende exclusivamente do poder de comando empresário e não da vontade individual dos professores contratados. A atividade empresarial de educação superior adotada pela reclamada é permanente, como instituição de ensino superior privada – uma Universidade particular –, cuja característica de permanência fundamenta o princípio jurídico da continuidade da relação de emprego, de molde a afastar a suposta eventualidade por ela invocada. (TRT, 3ª Região, 3ª Turma, Recurso Ordinário, processo n. 0042300-27.2009.5.03.0042, relator Juiz Convocado Milton V. Thibau de Almeida, publicação em 05.02.2012, DEJT, disponível em: www.trt3.jus.br, consulta em 15.02.2012).

RELAÇÃO DE EMPREGO. TRABALHO EVENTUAL. Não é eventual o serviço prestado pela empregada, durante vários anos, atinente à escrituração de documentos e atendimento de clientes da reclamada que atua no ramo do comércio, ainda que o trabalho seja realizado apenas dois dias por semana, recebendo ordens do dono do estabelecimento. Observe-se que a não eventualidade exigida como elemento da relação jurídica advinda do contrato de emprego não se confunde com a continuidade. Esta pressupõe ausência de interrupção (cf. Aurélio Buarque de Holanda. Novo Dicionário da Língua Portuguesa, 2. ed.), enquanto a não-eventualidade se vincula com o serviço que se insere nos fins normais da atividade da empresa. "Não é o tempo em si que desloca a prestação de trabalho de efetivo para eventual, mas o próprio nexo da prestação desenvolvida pelo trabalhador, com a atividade da empresa" (cf. RIBEIRO DE VILHENA, Paulo Emílio. Relação de emprego: supostos, autonomia e eventualidade). (TRT, 3ª Região, 2ª Turma, Recurso Ordinário, processo n. RO-12126, relatora Desembargadora Alice Monteiro de Barros, publicação em 17.10.2011, DJMG, disponível em: www.trt3.jus.br, consulta em 15.02.2012).

O Professor Luis Otávio Linhares Renault vem desenvolvendo estudos que destacam a não eventualidade na análise da vinculação empregatícia, como se depreende das seguintes lições:

> *Avançando em direção ao modelo legal, rigidamente estruturado pela flacidez do art. 3º da CLT, pode-se dizer que não eventual é o trabalho que se insere nos objetivos normais do empreendimento, isto é, no núcleo produtivo matricial, desprezado ficando o fator extrínseco-temporal da prestação de serviços. Assim, o tempo é elemento normalmente sintomático, sem viço de essencialidade. A absorção dar-se-á pela porta de entrada da empresa, sem prévia exclusão de qualquer categoria, embora a inclusão seja aferida pelo núcleo produtivo, chão ou céu da fábrica, que, em certos momentos, pode até ser uma espécie de purgatório para o intérprete.*[15]

De se destacar, finalmente, que independentemente da atividade econômica desenvolvida pelo empregador, o que determina a presença ou a ausência do requisito não eventualidade é o motivo (evento) ensejador da contratação, que para a existência do vínculo deverá ser *comum, corriqueiro, esperado, ordinário*.

---

(15) RENAULT, Luiz Otávio Linhares. "Parassubordinação: Para Quê?" *In*: RENAULT, Luiz Otávio Linhares et. al. (Coord). *Parassubordinação: homenagem ao Professor Márcio Túlio Viana*. São Paulo: LTr, 2011. p. 34.

No que tange à onerosidade, com base nos estudos em Direito Civil, oneroso é o contrato (e a relação jurídica) no qual "ambas as partes visam a obter vantagens ou benefícios, impondo-se encargos reciprocamente em benefício uma da outra."[16] Ou ainda, consoante lição de César Fiuza: "São contratos em que ambas as partes suportam um ônus correspondente à vantagem que obtêm."[17]

Como regra, portanto, em uma análise juslaboral, pode-se dizer que a onerosidade manifesta-se, sob a ótica do trabalhador, "pelo pagamento, pelo empregador, de parcelas dirigidas a remunerar o empregado em função do contrato empregatício pactuado".[18] Assim, onerosa é, regra geral, a relação de emprego em que há o efetivo pagamento ao obreiro de parcela remuneratória aos serviços prestados.

A onerosidade em Direito do Trabalho, para fins de caracterização da relação de emprego, pode ser entendida não só do ponto de vista objetivo, antes exposto, ou seja, se houve ou não pagamento de valores em contrapartida à utilização dos serviços obreiros, mas, também, do ponto de vista subjetivo, como bem esclarece Mauricio Godinho Delgado:

> *Entretanto, existem algumas situações – raras, é verdade – em que a pesquisa da dimensão subjetiva da onerosidade será a única via hábil a permitir aferir-se a existência (ou não) desse elemento fático-jurídico na relação de trabalho vivenciada pelas partes. Trata-se, por exemplo, de situações tipificadas como de servidão disfarçada, em que há efetiva prestação de trabalho e ausência de contraprestação onerosa real pelo tomador dos serviços; ou situações de trabalho voluntário, comunitário, filantrópico político ou religioso, em que há também efetiva prestação de trabalho sem contraprestação onerosa real pelo tomador dos serviços (...) Em qualquer dessas situações, apenas o exame do plano subjetivo da onerosidade é que responderá pela sua ocorrência (ou não) no quadro complexo da relação social contruída. No plano subjetivo, a onerosidade manifesta-se pela intenção contraprestativa, pela intenção econômica (intenção onerosa, pois) conferida pelas partes – em especial pelo prestador de serviços – ao fato da prestação de trabalho. Existirá o elemento fático jurídico da onerosidade no vínculo firmado entre as partes caso a prestação de serviços tenha sido pactuada, pelo trabalhador, com o intuito contraprestativo trabalhista, com o intuito essencial de auferir um ganho econômico pelo trabalho ofertado.*[19]

Pelo exposto pode-se inferir como regra geral que se não houver, durante o transcorrer da prestação laborativa, pagamento ao trabalhador pelos serviços prestados, mas houver, no momento da contratação, clara intenção do obreiro em vincular-se ao contratante de modo não gracioso, haverá o elemento fático-jurídico *onerosidade*.

---

(16) PEREIRA, Caio Mário da Silva. *Instituições de Direito Civil*. v. III. 10. ed. Rio de Janeiro: Forense, 1997. p. 37.
(17) FIUZA, César. *Direito Civil: Curso Completo*. 4. ed. Belo Horizonte: Del Rey, 2001. p. 252.
(18) DELGADO, Mauricio Godinho. *Curso de Direito do Trabalho*. São Paulo: LTr, 2002. p. 293.
(19) *Idem*.

Importante aqui destacar duas decisões do Tribunal Regional do Trabalho da 3ª Região sobre o tema:

> *IMUNIDADE DE JURISDIÇÃO. SEITA RELIGIOSA. PRETENSÃO A COLOCAR-SE ACIMA DO ESTADO E DA LEI DO PAÍS. IMPOSSIBILIDADE LEGAL. SEPARAÇÃO CONSTITUCIONAL ENTRE ESTADO E IGREJA. INTERPRETAÇÃO E LIMITES. (...) RELAÇÃO DE EMPREGO. CONFIGURAÇÃO. A venda, mesmo pelo crente, de livros de divulgação do credo religioso editados e comerciados pela igreja, tanto pode ser realizada sob a forma de voluntariado ou missionarismo infenso realmente à lei trabalhista quanto sob a de trabalho em tempo integral, sob normas rígidas, controle, direção e vinculado a resultados, com remuneração, esta através de comissões sobre as vendas. O que já atrai e interessa à legislação trabalhista. No caso, a prova mostra controle intenso e direto da jornada de trabalho, sendo o trabalhador obrigado a indicar quantas horas diárias dedicou à atividade de vendas e a registrar quantas visitas efetuou e quantas vendas fez ou se as deixou de fazer em cada dia. Recebendo 40% de comissão sobre o que vendesse. Isso, de permeio com legítimas atividades de apostolado, inseridas por espírito religioso ou para camuflar o caráter eminentemente mercantil das visitas domiciliares (pessoas convertidas ou espiritualmente socorridas em cada lar etc). A tônica do trabalho porém, com jornadas controladas e fiscalizadas, de 8 a 10 horas por dia, em regime de dedicação exclusiva, era o "ministério" de vendas, eufemisticamente chamado "divulgação da palavra". Missionário é o divulgador da fé que se dedica exclusivamente a isso, sendo mantido, em suas necessidades, geralmente parcas face aos votos de simplicidade de vida material, pelas rendas da igreja. Já o que trabalha ganhando comissões, muito ou pouco segundo o que produza em termos de negócios comerciais, e independente do que necessite, isto é, tem de produzir para comer e vir, é empregado. Reconhecida, por unanimidade, a relação de emprego entre as partes, retornando os autos à d. origem para prosseguimento do julgamento.*[20]

> *EMENTA: RELAÇÃO DE EMPREGO. SERVIÇO RELIGIOSO. PASTOR EVANGÉLICO. O trabalho de cunho religioso não constitui objeto de um contrato de emprego, pois, sendo destinado à assistência espiritual e à divulgação da fé, não é avaliável economicamente. Ademais, nos serviços religiosos prestados ao ente eclesiástico, não há interesses distintos ou opostos, capazes de configurar o contrato; as pessoas que os executam, o fazem como membros da mesma comunidade, dando um testemunho de generosidade, em nome de sua crença. Tampouco pode-se falar em obrigação das partes, pois, do ponto de vista técnico, aquela é um vínculo que nos constrange a dar, fazer ou não fazer alguma coisa em proveito de outrem. Esse constrangimento não existe no tocante aos deveres da religião, aos quais as pessoas aderem espontaneamente, imbuídas do espírito de fé. Em conseqüência, quando o religioso, seja frei, padre, irmã ou freira, presta serviço por espírito de seita ou voto, exerce profissão evangélica a serviço da comunidade religiosa a que pertence, estando excluído do ordenamento jurídico-trabalhista, ou seja, não é empregado. Isto porque há uma relação causal direta com o*

---

(20) TRT, 3ª Região, RO 8662/2002, Órgão Julgador: 3ª Turma, Rel. Juiz Paulo Araújo, publ. DJMG de 14/12/2002, Recorrente Josemar Pereira Mendes, Recorrida Associação de União Este Brasileira dos Adventistas do Sétimo Dia. Ementa publicada em "Novo Contrato de Emprego: Parassubordinação Trabalhista".

cumprimento dos votos impostos pela ordem religiosa e uma presunção de gratuidade da prestação, que é disciplinada pelo Direito Canônico, no caso da Igreja Católica Apostólica Romana. O mesmo raciocínio se aplica ao pastor, pregador, missionário ou ministro do culto religioso, quando atuam na divulgação do evangelho, na celebração do culto, orientando e aconselhando os membros da Igreja.[21]

Assim sendo, incumbe ao julgador, na análise do caso concreto, pesquisar sobre a onerosidade subjetiva quando ausente estiver a onerosidade objetiva. Vale notar que é possível, na maioria dos casos concretos, pressupor a onerosidade, pois como bem destaca o Prof. Luiz Otávio Linhares Renault, "*é intuitivo que quem trabalha para outrem o faz mediante onerosidade, e não gratuitamente*".[22]

Por fim, o elemento fático-jurídico subordinação. Vale destacar o entendimento doutrinário sobre a noção básica e do conceito de subordinação, bem como de sua matriz etimológica.

Etimologicamente, subordinação deriva do latim *subordinatio*, que significa "submissão, sujeição", "seja em relação às coisas, ou às pessoas, revela sempre a condição que lhes é imposta para que se submetam a regras ou determinações derivadas ou oriundas do regime que lhes é estabelecido."[23]

Ainda, neste contexto, a lição de Mauricio Godinho Delgado:

> *Subordinação deriva de* sub *(baixo) e* ordinare *(ordenar), traduzindo a noção etimológica de estado de dependência ou obediência em relação a uma hierarquia de posição ou de valores. Nessa mesma linha etimológica, transparece na subordinação uma idéia básica de 'submetimento, sujeição ao poder de outros, às ordens de terceiros, uma posição de dependência.*[24]

Observa-se na origem do termo uma ideia ou noção de observância pelo trabalhador das ordens emanadas pelo seu contratante no que concerne ao modo da prestação laborativa.

O surgimento do termo subordinação, em seus contornos jurídicos, remonta ao direito francês, no início do século passado, consoante Amauri Mascaro Nascimento:

---

(21) TRT, 3ª Região, RO 14609/2002, Órgão Julgador: 2ª Turma, Rel. Juiza Alice Monteiro de Barros, publ. DJMG de 14/12/2002, Recorrente João Eurípedes Morais Mendes, Recorridos Igreja Presbiteriana de Formiga e outro. Ementa publicada em "Novo Contrato de Emprego: Parassubordinação Trabalhista".

(22) RENAULT, Luiz Otávio Linhares. "Parassubordinação: Para Quê?" *In*: RENAULT, Luiz Otávio Linhares et. al. (Coord). *Parassubordinação: homenagem ao Professor Márcio Túlio Viana*. São Paulo: LTr, 2011. p. 35.

(23) SILVA, De Plácido e. *Vocabulário Jurídico*. v. II. Rio de Janeiro: Forense, 1990. p. 274.

(24) DELGADO, Mauricio Godinho. *Curso de Direito do Trabalho*. 11. ed. São Paulo: LTr, 2012. p. 294-295.

Capítulo 1
Relações de Trabalho e Relação de Emprego: elementos fático-jurídicos

'Foi exposta pela primeira vez, ao que parece, pelo jurista francês Cuche, em Du rapport de dépendance élément constitutif du contrat de travail, publicado em 1913, concluindo com as seguintes palavras: 'há locação de serviço ou contrato de trabalho todas as vezes que a execução de trabalho, qualquer que seja o modo de sua remuneração coloca aquele que fornece numa relação de dependência econômica ou de subordinação em face de quem o remunera.'[25]

A doutrina de José Martins Catharino define o que hoje se reconhece por subordinação clássica:

> Subordinação jurídica, porque não se trata apenas de obrigação de trabalhar, mas de fazê-lo sob as ordens de outrem, o empregador. Assim, o empregado obriga-se a prestar serviços dirigidos, segundo o contrato e as normas trabalhistas. E o direito do empregador dirigir, correlato da obrigação do empregado obedecer, tem como seu corolário o de fiscalizar, um e outro exercitáveis diretamente ou não.[26]

Pode-se depreender que subordinação é a situação jurídica na qual o empregado submete-se às determinações de seu empregador no que concerne ao modo da prestação laborativa. Há subordinação jurídica e portanto mais um elemento fático-jurídico caracterizador da relação de emprego nos casos em que o trabalhador acata as ordens e direcionamentos patronais ao cumprir suas obrigações diárias.

Cediço que um dos efeitos mais importantes decorrentes do contrato de emprego, além do reconhecimento de um conjunto de direitos trabalhistas (que tendem a favorecer ao empregado) é o reconhecimento do poder empregatício, que tende a favorecer ao empregador. A subordinação é origem e modo de exteriorização do poder diretivo, que por sua vez é manifestação do poder empregatício. A subordinação, assim, seria um efeito contratual decorrente de um conjunto de prerrogativas (direitos) posto à disposição do empregador para o bom gerenciamento de seu empreendimento. A subordinação seria a expressão característica e principal do poder diretivo.

A subordinação assume, na prática e para a compreensão do fenômeno juslaboral, um papel de grande relevância. Certo que a subordinação é a principal nota diferenciadora entre diversas espécies do gênero relação de trabalho. Na pesquisa cotidiana sobre a existência ou não de uma relação de emprego, deve, o operador do direito, regra geral e de modo mais destacado, analisar a existência ou não do elemento fático-jurídico subordinação. Configurado o uso do poder diretivo pelo empregador em relação a um determinado empregado, caracterizado pela existência de ordens diretas quanto ao modo da prestação laboral, a relação analisada conterá o elemento ou pressuposto da subordinação. Estando presentes a subordina-

---

(25) NASCIMENTO, Amauri Mascaro. *Curso de Direito do Trabalho*. 14. ed. São Paulo: Saraiva, 1997. p. 388/9.

(26) CATHARINO, José Martins. *Compêndio de Direito do Trabalho*. 3. ed. v. I. São Paulo: Saraiva, 1982. p. 205/6.

ção e os demais elementos fático-jurídicos antes analisados, caracterizada estará a relação de emprego e, por conseguinte, incidirão sobre esta as normas de Direito do Trabalho. Ausente a subordinação, obviamente inexistente a relação de emprego e afastadas as imposições legais trabalhistas.

A análise apresentada, que destaca o que hodiernamente se denomina *subordinação clássica*, é suficiente à definição da existência ou não relação de emprego, com a confluência dos demais requisitos, na maioria das situações jurídicas de trabalho.

Ocorre, entretanto, que algumas relações de trabalho desenvolvidas não podem ser clássica e claramente identificadas como subordinadas ou como autônomas, vez que se situam em situação fronteiriça. É que em diversas situações fáticas a relação de trabalho conterá traços reveladores de subordinação e de autonomia concomitantemente. Assim, "... a subordinação, como qualquer fenômeno social, tem sofrido ajustes e adequações ao longo dos dois últimos séculos, quer em decorrência de alterações na realidade do mundo do trabalho, quer em virtude de novas percepções aferidas pela Ciência do Direito acerca desse crucial elemento fático-jurídico da relação empregatícia."[27]

Para dirimir controvérsias em situações duvidosas, me referi anteriormente à possibilidade de se reconhecer a figura do trabalhador parassubordinado, que diante de nova análise do conceito de *dependência* fixado no artigo 3º da CLT, também poderia ser protegido pelo Direito do Trabalho, como se infere:

> Cediço que a dependência estabelecida na CLT como elemento caracterizador de empregado deixa margem ao operador do Direito para determinar seu alcance. Tanto isto é verdade que, ao longo dos anos, algumas interpretações diversas da atual tiveram lugar no direito brasileiro. Logo, do mesmo modo que a doutrina, em sua maioria, afastou-se do entendimento de dependência subjetiva e consagrou a subordinação jurídica como determinante da figura de empregado pode haver, agora, dada a mudança na realidade social, um novo entendimento acerca do alcance do termo dependência. A reestruturação produtiva demonstra que, muitas vezes, as relações mantidas entre contratantes de trabalho não se amoldam a nenhum dos dois institutos definidores da aplicação ou não da tutela laboral: a autonomia e a subordinação. É fato, ainda, que essas relações trabalhistas novas caracterizam um terceiro gênero – situam-se nas chamadas zonas grises – e não podem ser simplesmente ignoradas pelo operador jurídico. Uma nova leitura do art. 3º celetista deveria considerar como dependência para os fins de caracterização da figura do empregado tanto a subordinação jurídica, hoje reconhecida, como a parassubordinação.[28]

No mesmo sentido a seguinte decisão do TRT da 3ª Região, da lavra do Desembargador Luiz Otávio Linhares Renault:

---

(27) DELGADO, Mauricio Godinho. *Curso de Direito do Trabalho*. 10. ed. São Paulo: LTr, 2011. p. 293.

(28) ALVES, Amauri Cesar. *Novo Contrato de Emprego: parassubordinação trabalhista*. São Paulo: LTr, 2005. p. 132.

> *PARASSUBORDINAÇÃO – JORNALISTA CORRESPONDENTE – NATUREZA JURÍDICA DO CONTRATO RELACIONADO COM A PRESTAÇÃO DE SERVIÇOS – Encontra-se sob o manto da legislação trabalhista, porquanto presentes os pressupostos do art. 3º, da CLT, a pessoa física que prestou pessoalmente os serviços de correspondente jornalístico, onerosamente. Ao exercer a atividade relacionada com a busca de notícias, bem como com a respectiva redação de informações e comentários sobre o fato jornalístico, o profissional inseriu-se no eixo em torno do qual gravita a atividade empresarial, de modo que, simultaneamente, como que se forças cinéticas, a não eventualidade e a subordinação, esta última ainda que de maneira mais tênue, se atritaram e legitimaram a caracterização da relação empregatícia. As novas e modernas formas de prestação de serviços avançam sobre o determinismo do art. 3º, da CLT, e alargam o conceito da subordinação jurídica, que, a par de possuir diversos matizes, já admite a variação periférica da parassubordinação, isto é, do trabalho coordenado, cooperativo, prestado extramuros, distante da sua original concepção clássica de subsunção direta do tomador de serviços. Com a crescente e contínua horizontalização da empresa, que se movimenta para fora de diversas maneiras, inclusive via terceirização, via parassubordinação, via micro ateliers satélites, adveio o denominado fenômeno da desverticalização da subordinação, que continua a ser o mesmo instituto, mas com traços modernos, com roupagem diferente, caracterizada por um sistema de coordenação, de amarração da prestação de serviços ao empreendimento por fios menos visíveis, por cordões menos densos. Contudo, os profissionais, principalmente os dotados de formação intelectual, transitam ao lado e se interpenetram na subordinação, para cujo centro são atraídos, não se inserindo na esfera contratual do trabalho autônomo, que, a cada dia, disputa mais espaço com o trabalho subordinado. Neste contexto social moderno, é preciso muito cuidado para que os valores jurídicos do trabalho não se curvem indistintamente aos fatores econômicos, devendo ambos serem avaliados à luz da formação histórica e dos princípios informadores do Direito do Trabalho, de onde nasce e para onde volta todo o sistema justrabalhista. O veio da integração objetiva do trabalhador num sistema de trocas coordenadas de necessidades, cria a figura da parassubordinação e não da para-autonomia. Se a região é de densa nebulosidade, isto é, de verdadeiro fog jurídico, a atração da relação jurídica realiza-se para dentro da CLT e não para dentro do Código Civil, que pouco valoriza e dignifica o trabalho do homem, que é muito livre para contratar, mas muito pouco livre para ajustar de maneira justa as cláusulas deste contrato. (TRT, 3ª Região, 4ª Turma, Recurso Ordinário, processo n. 00073-2005-103-03-00-5, relator Desembargador Luiz Otávio Linhares Renault, publicação em 01.10.2005, DJMG, disponível em: www.trt3.jus.br, consulta em 15.02.2012).*

O Professor Mauricio Godinho Delgado posteriormente trouxe entendimento mais consistente e condizente com a realidade brasileira, sobretudo com a postura de seu Poder Judiciário Trabalhista: o conceito de *subordinação estrutural*.

> *Estrutural é, finalmente, a subordinação que se expressa pela inserção do trabalhador na dinâmica do tomador de seus serviços, independentemente de receber (ou não) suas ordens diretas, mas acolhendo, estruturalmente, sua dinâmica de organização e funcionamento. Nesta dimensão da subordinação, não importa que o trabalhador se harmoniza (ou não) aos objetivos do empreendimento, nem que receba ordens diretas das específicas chefias deste: o fundamental é que esteja estruturalmente vinculado à dinâmica operativa da atividade do tomador de serviços.*[29]

---

(29) DELGADO, Mauricio Godinho. *Curso de Direito do Trabalho*. 10. ed. São Paulo: LTr, 2011. p. 294.

Tal conceito ou dimensão da subordinação, como antes exposto, não afasta o conceito de subordinação clássica, mas apenas possibilita ao intérprete, em casos concretos mais complexos, decidir pela vinculação jurídica empregatícia. É que as ordens emanadas pelo contratante, como bem destaca o Prof. Luiz Otávio Linhares Renault, "podem ser explícitas ou implícitas, rígidas ou maleáveis, constantes ou esporádicas, em ato ou em potência",[30] cabendo ao intérprete perceber a subordinação dentro de uma visão mais ampla, contemporânea, concretizando assim o princípio da proteção à parte hipossuficiente da relação mantida, que é o trabalhador.

A jurisprudência trata da subordinação, tanto clássica como estrutural:

> *Relação de emprego. O elemento qualificador por excelência da relação de emprego é a subordinação, a qual encontra-se presente ao caso em tela face à prestação de labor com exclusividade ao reclamado, com sujeição a horário e submissão a ordens do empregador. (TST/RS, RO 286/1988, José Cordenonsi, Ac. 3ª T.)*[31]
>
> *ELEMENTOS CARACTERIZADORES – SUBORDINAÇÃO. Existe subordinação jurídica do trabalhador ao empregador, desde que este detenha o direito de lhe dar ordens ou de dirigir e fiscalizar seu serviço, não se exigindo que de fato e permanentemente o faça. A relação de emprego é emergente dos fatos e não da mera titulação. Recurso da reclamada ao que se negou provimento. (TRT – PR – 2ª T. RO-5102/91. Rel. Juiz João Antônio Gonçalves de Moura. DJPR 17.07.92, p. 56)*[32]
>
> *CORRETOR DE IMÓVEIS. VÍNCULO DE EMPREGO. A diferenciação central entre a figura do corretor empregado e a do trabalhador autônomo é a subordinação jurídica, sendo particularmente difícil a distinção entre as aludidas figuras, eis que os aspectos relativos à onerosidade, habitualidade e pessoalidade são comuns aos dois tipos de relações jurídicas, daí porque a sua constatação é insuficiente à distinção que ora se faz necessária. A distinção exige, portanto, extremo cuidado, mormente quando o trabalhador situa-se na chamada "zona gris", transitando, conceitualmente e com flexibilidade, da área subordinada para a autônoma. Todavia, se nos autos há elementos de prova no sentido de que, além da subordinação estrutural, a reclamada dirigia a prestação pessoal de serviço, exercendo sobre o trabalhador todos os poderes conferidos ao empregador pela ordem jurídica (ius variandi), não há dúvidas de que a relação jurídica havida entre as partes era de emprego, nos exatos termos dos arts. 2º e 3º da CLT. (TRT, 3ª Região, 6ª Turma, Recurso Ordinário, processo n. 0000839-49.2010.5.03.0104, relator Desembargador Emerson José Alves Lage, publicação em 18/04/2011, disponível em: www.trt3.jus.br, consulta em 15.02.2012).*

---

(30) RENAULT, Luiz Otávio Linhares. "Parassubordinação: Para Quê?" *In*: RENAULT, Luiz Otávio Linhares et. al. (Coord). *Parassubordinação: homenagem ao Professor Márcio Túlio Viana*. São Paulo: LTr, 2011. p. 37.

(31) CARRION, Valentin. *Comentários à Consolidação das Leis do Trabalho*. 27. ed. São Paulo: Saraiva, 2002. p. 36.

(32) VILHENA, Paulo Emílio Ribeiro de. *Relação de Emprego: estrutura legal e supostos*. 2. ed. São Paulo: LTr, 1999. p. 468.

RELAÇÃO DE EMPREGO X RELAÇÃO AUTÔNOMA – SUBORDINAÇÃO JURÍDICA (ESTRUTURAL) – FUNÇÃO DE GERENTE – Para que se caracterize a relação de emprego, torna-se necessária a presença concomitante dos elementos fático-jurídicos previstos nos artigos 2º e 3º da CLT, quais sejam, a pessoalidade, a não-eventualidade, a onerosidade e a subordinação jurídica (clássica ou estrutural). No caso vertente, tratando-se do exercício de função de confiança – gerência – a subordinação jurídica clássica apresenta-se tímida, dentro das próprias características do cargo. Todavia, aliada a ela, apresenta-se, à toda evidência, a subordinação estrutural, em que o obreiro desempenhou atividades diretamente ligadas à dinâmica da reclamada, de forma pessoal, não eventual e onerosa. Presentes, portanto, tais requisitos, forçoso manter o reconhecimento do vínculo empregatício entre as partes declarado pelo juízo de origem. (TRT, 3ª Região, 6ª Turma, Recurso Ordinário, processo n. 0156500-31.2009.5.03.0015, relator Juiz Convocado Marcelo Furtado Vidal, publicação em 28.03.2011, DEJT, disponível em: www.trt3.jus.br, consulta em 15.02.2012).

RELAÇÃO DE EMPREGO. MONTADOR DE MÓVEIS. RECONHECIMENTO. Demonstrado nos autos que o tomador dos serviços coordenava todo o ciclo de sua produção ou cadeia produtiva, inclusive, na fase em que o obreiro prestava seus misteres, e sendo o destinatário principal destes, deve ser reconhecido o vínculo de emprego junto de si, na melhor forma da subordinação estrutural ou reticular. (TRT, 3ª Região, 6ª Turma, Recurso Ordinário, processo n. 0000514-58.2010.5.03.0077, Relator Juiz Convocado Paulo Mauricio R. Pires, publicação em 04.02.2011, DEJT, disponível em: www.trt3.jus.br, consulta em 15.02.2012).

Tem havido, entretanto, críticas à teoria da subordinação estrutural, pois não estaria em consonância com a legislação trabalhista brasileira, o que, *data maxima venia*, é percepção conservadoramente equivocada sobre o Direito do Trabalho, como se infere da seguinte decisão do TRT da 3ª Região:

EMENTA: RELAÇÃO DE EMPREGO – ELEMENTOS CONSTITUTIVOS – INDISPENSABILIDADE DA PRESENÇA DO CLÁSSICO ELEMENTO DA SUBORDINAÇÃO JURÍDICA EM CONTRAPOSIÇÃO AO ETÉREO CONCEITO DE SUBORDINAÇÃO ESTRUTURAL. Em se tratando da relação jurídica de emprego é imprescindível a conjugação dos supostos fático-jurídicos inscritos no artigo 3º da CLT, a saber: pessoalidade da prestação de serviços; trabalho não eventual; onerosidade da prestação; e, finalmente, o elemento essencial da subordinação jurídica. Portanto, apenas o somatório destes requisitos é que representará o fato constitutivo complexo do vínculo de emprego, que deve ser provado por quem invoca o direito. A adotar-se o difuso e etéreo conceito de "subordinação estrutural" será possível o reconhecimento de vínculo de emprego em qualquer situação fática submetida a esta Justiça, simplesmente porque não há, no mundo real das relações econômicas, qualquer atividade humana que não se entrelace ou se encadeie com o objetivo final de qualquer empreendimento, seja ele produtivo ou não. Chegar-se-ia ao resultado surrealista de declaração de vínculo de emprego entre o metalúrgico que forja o ferro gusa nas pequenas siderúrgicas com a General Motors ou a Toyota que o utilizam na fabricação de seus veículos. Portanto, para fins de aferir a existência de relação de emprego, ainda prevalece a clássica noção de subordinação, na sua tríplice vertente: jurídica, técnica e econômica. Ao largo dessa clássica subordinação, nada mais existe a não ser puro diletantismo ou devaneio acadêmico, máxime na realidade contemporânea onde a tendência irrefreável da história é a consagração do trabalho livre e competitivo. (TRT, 3ª Região, 9ª Turma, processo 0114200-73.2009.5.03.0138, Recurso Ordinário, relator juiz convocado João Bosco Pinto Lara, publicação DEJT 28.04.2010, disponível em: www.trt3.jus.br).

Nesta perspectiva, de situações fronteiriças, é também importante perceber qual é exatamente o trabalho antitético ao subordinado, que é aquele realizado com autonomia. Como a expressão indica facilmente, autônomo é aquele que cria suas próprias regras quanto ao modo da prestação laborativa. O Prof. Luiz Otávio Linhares Renault destaca a distinção entre autonomia e subordinação nos tempos atuais:

> Em se tratando de trabalho, é difícil ser autônomo quando se presta serviços pessoalmente, não eventualmente e onerosamente. Mente, e mete medo, quem quer inverter o raciocínio, investindo na exploração desenfreada do trabalho humano, na luta pelo lucro a qualquer custo, ainda que pela exploração desmedida e injusta do trabalho humano.[33]

No mesmo sentido, Jorge Luiz Souto Maior:

> Do ponto de vista de uma avaliação técnico-jurídica, deve-se lembrar que trabalhador autônomo é apenas aquele que ostenta os meios de produção e trabalha para si, sem intermediários, junto ao mercado de consumo, usufruindo, integral e livremente, do fruto de seu trabalho.[34]

Em uma análise pós-positivista, que valoriza os princípios de direito e o texto constitucional, é possível compreender que havendo relações fronteiriças a melhor decisão judicial é aquela que aplica ao caso concreto os direitos fundamentais do cidadão trabalhador, garantindo-lhe direitos trabalhistas através do reconhecimento do vínculo de emprego.

Recentemente a Presidenta Dilma sancionou a Lei n. 12.551/2011, que cria o parágrafo único do artigo 6º da CLT, o que vem ensejando desnecessária polêmica entre patrões e empregados.

Não se trata, ao contrário do que creem alguns, de conferir direito novo aos trabalhadores mas, sim, de mero esclarecimento e atualização do conteúdo protetivo geral da regra celetista, da década de 1940.

---

(33) RENAULT, Luiz Otávio Linhares. "Parassubordinação: Para Quê?" In: RENAULT, Luiz Otávio Linhares et. al. (Coord). Parassubordinação: homenagem ao Professor Márcio Túlio Viana. São Paulo: LTr, 2011. p. 40.

(34) SOUTO MAIOR, Jorge Luiz. "A Supersubordinação". In: RENAULT, Luiz Otávio Linhares et. al. (Coord). Parassubordinação: homenagem ao Professor Márcio Túlio Viana. São Paulo: LTr, 2011. p. 63.

Eis o texto do novo artigo 6º da CLT, com seu parágrafo único:

> *Art. 6º. Não se distingue entre o trabalho realizado no estabelecimento do empregador e o executado no domicílio do empregado, desde que esteja caracterizada a relação de emprego. Parágrafo único: Os meios telemáticos e informatizados de comando, controle e supervisão se equiparam, para fins de subordinação jurídica, aos meios pessoais e diretos de comando, controle e supervisão do trabalho alheio.*

Há entendimento no sentido de que a nova regra cria vínculo jurídico empregatício e, consequentemente, direitos trabalhistas para os teletrabalhadores, o que ensejou críticas de uns e aplausos de outros. Mero equívoco, entretanto.

Inicialmente vale destacar que o "teletrabalho" nada mais é do que a prestação laborativa à distância, portanto fora do estabelecimento empresarial, e destacadamente realizada na residência do trabalhador (trabalho em domicílio), já prevista pela CLT desde 1943, apenas qualificada pela possibilidade de transmissão eletrônica de informações e dados.

Assim, a possibilidade de existência do vínculo empregatício decorrente do teletrabalho não é novidade e não foi fixada pela Lei n. 12.551/2011.

A relação de emprego decorre da confluência, no plano dos fatos, dos requisitos previstos no artigo 3º da CLT, ou seja, *trabalho por pessoa física*, com *pessoalidade*, *não eventualidade*, *onerosidade* e *subordinação*. Assim, se o trabalhador em domicílio, seja "teletrabalhador" ou não, labora na forma prevista pelo artigo 3º da CLT será empregado. Caso ausente qualquer requisito antes destacado, o "teletrabalhador" não será empregado e não fará jus aos direitos trabalhistas.

O novo parágrafo único do artigo 6º da CLT apenas consagra o que a doutrina e a jurisprudência já compreendiam, ou seja, a subordinação jurídica pode se dar também à distância, sendo certo que, com ou sem o novo dispositivo legal, os meios telemáticos e informatizados de comando podem ser instrumentos de controle patronal quanto ao modo da prestação laborativa.

Perceba-se o seguinte: para que haja relação de emprego no teletrabalho deve haver subordinação jurídica, sendo que tal pode se dar pelo controle presencial ou à distância. A nova lei não trouxe a desnecessidade de controle patronal quanto ao teletrabalho para que se fixe a relação de emprego, somente positivou o entendimento já construído jurisprudencialmente no sentido de que tal controle pode também ser telemático ou informatizado.

Capítulo 2

Natureza Jurídica da Relação de Emprego

1. Teorias contratualistas tradicionais
    a) arrendamento (locação de serviços)
        • Código Civil de 1916, artigos 1216 e seguintes
    b) compra e venda
    c) mandato
    d) sociedade
2. Teoria acontratualista
    a) teoria da relação de trabalho
        – irrelevância da manifestação da vontade
3. Teoria contratualista moderna
    a) relevância da manifestação da vontade

O Prof. Mauricio Godinho Delgado, por diversas vezes em seu *Curso de Direito do Trabalho*, fixou que a definição e a posterior classificação são a equação compreensiva básica da ideia de natureza jurídica. E explica:

> *Por isso pode-se dizer que encontrar a natureza jurídica de uma figura do Direito (como a relação empregatícia ou o contrato de emprego) consiste em se apreenderem os elementos fundamentais que integram sua composição específica, contrapondo-os, em seguida, ao conjunto mais próximo de figuras jurídicas, de modo a classificar o instituto enfocado no universo de figuras existentes no Direito.*[1]

Historicamente, a natureza jurídica da relação de trabalho se aproximou daquela percebida para os demais contratos existentes, de matriz civilista clássica. São as denominadas *teorias contratualistas tradicionais*. A perspectiva era a de enquadrar a relação de venda de força produtiva dentre uma das figuras já existentes.

Assim, quatro foram as teorias nesta linha: arrendamento, compra e venda, mandato e sociedade, sem que qualquer delas tivesse o condão de se adequar ao fenômeno novo.

Nos termos da *teoria do arrendamento* o contrato de emprego seria caracterizado como locação ou arrendamento de força de trabalho. Seria figura próxima à *locatio operarum* do Direito Romano.[2]

O Código Civil brasileiro de 1916 se referiu à locação de serviços em seus artigos 1216 e seguintes.

Mauricio Godinho Delgado critica tal classificação:

> *A concepção, contudo, hoje se encontra claramente superada. É que inexiste, no contrato empregatício, a separação entre o trabalhador e o objeto do contrato (a prestação de trabalho), ao contrário da separação inerente à figura da locação (secionamento entre locador e coisa).*[3]

Houve também tentativa de se fixar a natureza jurídica da relação de emprego no âmbito da *compra e venda*, vez que o trabalhador venderia sua força produtiva no mercado a um comprador. Mais uma vez a crítica da melhor doutrina é no sentido de não haver separação entre "o elemento alienado (trabalho) e seu prestador (obreiro), ao contrário da separação provocada normalmente pelo contrato de compra e venda."[4]

---

(1) DELGADO, Mauricio Godinho. *Curso de Direito do Trabalho*. São Paulo: LTr, 2011. p. 298.
(2) *Ibidem*, p. 299.
(3) *Ibidem*, p. 300.
(4) *Ibidem*, p. 301.

A fixação da natureza jurídica do pacto empregatício como mandato também não se sustenta, vez que na relação de emprego, regra geral, há o caráter fiduciário. O empregado, na verdade, não é mandatário de seu empregador, sendo a ele subordinado juridicamente.

Na relação de emprego há interesses contrapostos (onerosidade) e subordinação jurídica, ao contrário daquilo que caracteriza a sociedade, que é *affectio societatis*.

Somente no início do século XX há uma ruptura com as teorias contratualistas tradicionais. Foram criadas *teorias acontratualistas* na perspectiva da ruptura com o modelo contratualista tradicional. A ruptura se dá pela contraposição à ideia básica de contrato.

As teorias acontratualistas negam "qualquer relevância ao papel da liberdade e da vontade – e assim do contrato – na formação e desenvolvimento dessa relação jurídica especializada."[5]

No âmbito do acontratualismo destaque-se a *teoria da relação de trabalho*, segundo a qual a liberdade e a vontade não cumprem papel relevante na constituição e no desenvolvimento do vínculo empregatício.[6] Basta, para tal teoria, a confluência dos elementos fático-jurídicos caracterizadores da relação empregatícia para a sua existência, independentemente de manifestação de vontade.

Mauricio Godinho Delgado, citando Mario de La Cueva, destaca a "... relação de trabalho, como situação jurídica objetiva, estabelecida entre um trabalhador e um empregador, para a prestação de um serviço subordinado, qualquer que seja o ato ou a causa de sua origem."[7]

Alice Monteiro de Barros leciona sobre o tema, em seu *Curso de Direito do Trabalho*:

> *Uma terceira vertente doutrinária utiliza as teorias acontratualistas para explicar a natureza jurídica do contrato de trabalho. Seus adeptos asseveram que a relação de emprego não contrasta com o contrato, mas também não afirmam sua existência. Sustentam que a relação de emprego é oriunda de um ato jurídico bilateral, sendo suficiente a vontade de integrar-se na empresa independentemente do contrato.*[8]

No decorrer da segunda metade do século XX, a doutrina passa a criticar as teorias acontratualistas, por defender, em síntese, espaço de manifestação livre da vontade contratual no âmbito da relação de emprego. É desenvolvida, então, *a teoria contratualista moderna*, pela qual a natureza jurídica do vínculo empregatício é contratual, mas não civilista.

---

(5) DELGADO, Mauricio Godinho. *Curso de Direito do Trabalho*. São Paulo: LTr, 2011. p. 305.
(6) *Ibidem*, p. 306.
(7) *Ibidem*, p. 306.
(8) BARROS, Alice Monteiro de. *Curso de Direito do Trabalho*. São Paulo: LTr, 2010. p. 244.

Mauricio Godinho Delgado explica, mais uma vez:

> *A natureza jurídica contratual afirma-se por ser o elemento vontade essencial à configuração da relação de emprego. A presença da liberdade – e sua projeção na relação concreta, a vontade – é, a propósito, o elemento nuclear a separar o trabalho empregatício dos trabalhos servis e escravos, que lhe precederam na história das relações de produção ocidentais.*[9]

Por fim, Alice Monteiro de Barros conclui sobre a natureza jurídica da relação de emprego no contexto brasileiro:

> *Prevalece, no Brasil, como regra geral, a forma livre de celebração do contrato, que pode assumir o caráter expresso (verbal ou escrito) ou tácito (art. 442 e 443 da CLT). Infere-se do art. 468 da CLT que a legislação brasileira adotou corrente contratualista, mas os art. 2º, 503 e 766 da CLT enquadram-se na corrente institucionalista, confundindo empregador com empresa. Daí sustentarem alguns autores o perfil eclético da nossa legislação trabalhista.*[10]

Em verdade, trata-se, para a teoria contratualista, de vontade extremamente limitada, que não se dirige necessariamente às cláusulas contratuais mas, sim, ou apenas, à efetiva participação na avença.

---

(9) DELGADO, Mauricio Godinho. *Curso de Direito do Trabalho*. São Paulo: LTr, 2011. p. 303.
(10) BARROS, Alice Monteiro de. *Curso de Direito do Trabalho*. São Paulo: LTr, 2010. p. 244.

Capítulo 3

Relação de Emprego: elementos jurídico-formais

1. Capacidade:
   – CLT, arts. 402 e 403
2. Objeto lícito:
   – trabalho ilícito e trabalho proibido
   – crime e contravenção
   – exceções teóricas:
     a) desconhecimento do trabalhador sobre a ilicitude
     b) atividade laborativa não relacionada à ilicitude
3. Forma prevista ou não proibida
4. Higidez na manifestação de vontade

A presença dos elementos jurídico-formais do contrato de emprego confere validade jurídica à relação empregatícia vivenciada. Enquanto os elementos fático-jurídicos caracterizadores do vínculo de emprego garantem sua existência, os elementos jurídico-formais asseguram sua validade.[1]

A doutrina reconhece quatro *elementos jurídico-formais* que conferem validade à relação empregatícia mantida: capacidade laborativa, objeto lícito, forma prevista ou não proibida e higidez da manifestação da vontade. Ouso, entretanto, divergir, ao reconhecer apenas os dois primeiros (capacidade laborativa e objeto lícito). No plano acadêmico, entretanto, vale conhecer todos eles para que cada um possa conceber a pertinência ou não dos dois últimos (forma prevista ou não proibida, higidez da manifestação de vontade).

No mesmo plano, os *elementos constitutivos do contrato de emprego*, consoante melhor doutrina, são os quatro já citados: capacidade laborativa, objeto lícito, forma prevista ou não proibida e higidez da manifestação da vontade. Ouso, entretanto, mais uma vez e pelos mesmos motivos que serão expostos, divergir, ao reconhecer apenas os dois primeiros (capacidade laborativa e objeto lícito). No plano acadêmico, entretanto, vale conhecer todos eles para que cada um possa conceber a pertinência ou não dos dois últimos (forma prevista ou não proibida, higidez da manifestação de vontade).

Inicialmente, e de modo incontroverso, é elemento jurídico-formal da relação de emprego e, ao mesmo tempo, elemento componente essencial do contrato de trabalho, a *capacidade laborativa* do trabalhador empregado.

A capacidade laborativa se relaciona diretamente com o fator *idade mínima* para o trabalho. O fundamento constitucional da capacidade laborativa é previsto no artigo 7º, inciso XXXIII. A ordem jurídica brasileira protege a criança e o adolescente contra a exploração, seja pela família, seja por terceiros. Assim, é proibido qualquer trabalho a pessoas menores de dezesseis anos, salvo na condição de aprendiz, a partir de quatorze anos.

Em consonância com o texto constitucional estão os artigos 402 e 403 da CLT:

> Art. 402 – *Considera-se menor para os efeitos desta Consolidação o trabalhador de quatorze até dezoito anos.*
>
> Art. 403 – *É proibido qualquer trabalho a menores de dezesseis anos de idade, salvo na condição de aprendiz, a partir dos quatorze anos.*

Nos termos das regras citadas, o menor entre 14 e 16 anos pode ser empregado, desde que seja na condição de *menor aprendiz*. Após os 16 anos, o menor pode ser empregado sem que seja através de um contrato de aprendizagem, mas

---

[1] DELGADO, Mauricio Godinho. *Curso de Direito do Trabalho*. 10. ed. São Paulo: LTr, 2011. p. 295.

com algumas limitações referentes à sua integridade física e moral, bem como ao seu desenvolvimento intelectual.

Problema surge quando, no plano dos fatos, há exploração do trabalho do menor de 14 anos ou do menor de 16 sem um contrato de aprendizagem. O questionamento que se faz é: tendo o menor sido explorado e efetivamente trabalhado nos termos previstos no artigo 3º da CLT, quais serão seus direitos em face de seu contratante? Três teorias são perceptíveis com referência a tal situação.

A primeira teoria não reconhece nenhum direito ao menor, por entender nula a avença mantida. Assim, o nulo não gera direitos ao menor trabalhador, não obstante devam ser responsabilizados criminalmente, se for o caso, aqueles que o exploraram.

A segunda teoria, consoante doutrina do Prof. Mauricio Godinho Delgado, reconhece todos os direitos trabalhistas ao menor, nos seguintes termos:

> *Ora, se existente, na prática, o contrato irregular, pagar-se-ão ao empregado menor todas as parcelas cabíveis; contudo, imediatamente deve-se extinguir o vínculo, ope judicis, em face da vedação constitucional. Não obstante o vício em um dos elementos jurídico-formais do contrato, todos os efeitos trabalhistas devem lhe ser reconhecidos, em face da tutela justrabalhista ter sido construída exatamente para proteger a criança e o adolescente – e não ampliar a perversidade de sua exploração.*[2]

Para tal teoria, aplicada no TRT da 3ª Região, não se justifica deixar de proteger a parte hipossuficiente da relação, como se infere do seguinte julgado:

> EMENTA – MENOR DE 16 ANOS – ART. 7º, INCISO XXXII, DA CONSTITUIÇÃO FEDERAL – TRABALHO E SEU VALOR SOCIAL – ART. 1º, INCISO IV, DA MESMA CONSTITUIÇÃO – A proibição contida no art. 7º, inciso XXXII, da Constituição, num primeiro momento, dirige-se às empresas, enquanto instituições concebedoras, organizadoras e utilizadoras do trabalho alheio, e num segundo momento ao responsável legal pelo menor, ao próprio Estado e a toda a sociedade, enquanto co-partícipes, diretos e indiretos, pelo bem estar do menor, que até os dezesseis anos deve dedicar a maior parte do seu tempo à educação, a sua formação moral e intelectual, seja o âmbito da escola, seja no seio familiar, seja nos demais espaços culturais, esportivos e recreativos. A vedação de ordem constitucional não pode se constituir numa espécie de habeas corpus, eximindo a empresa ou quem a ela equiparada de qualquer responsabilidade legal, moral e social, neste tema tão delicado: as crianças e os adolescentes de hoje serão os homens de amanhã. Quem não investe no ser humano deixa ao relento o mais precioso de todos os bens. A nulidade ex radice do contrato de trabalho do menor, com fundamento na teoria geral do Direito Civil, acaba por anular todos os efeitos jurídicos da relação de emprego, mesmo quando presentes os pressupostos do art. 3º., da CLT. Os requisitos de validade do contrato de trabalho, notadamente no que tange à capacidade do prestador de serviços, não podem ser examinados como se fossem uma equação

---

(2) DELGADO, Mauricio Godinho. *Curso de Direito do Trabalho*. 10. ed. São Paulo: LTr, 2011.

matemática. O Direito é uma ciência social, onde nem sempre dois e dois são quatro, nem quatro vezes quatro dezesseis. Ademais, se infringência à lei houve, esta ocorreu por parte de quem contratou o menor que estava proibido de trabalhar e que, por essa razão, deveria até estar impedida de suscitar a nulidade, que, diga-se de passagem, não está disposta no texto constitucional proibitivo. Na Carta Magna não há, nem poderia haver, tal cominação, que tem de ser analisada à luz do princípio da irretroatividade das nulidades (efeitos ex nunc) própria do Direito do Trabalho. Por outro lado, existem situações em que o círculo da moral, mais amplo do que o do Direito, rompe as suas fronteiras com a pena do equilíbrio social, redimensionando-a com a tinta da justiça e da equidade. Quando, diante de dois valores aparentemente conflitantes, ambos albergados constitucionalmente, o intérprete deve lançar mão do princípio da proporcionalidade, imprimindo, após cuidadosa análise de seus pressupostos, qual deverá ser o bem protegido. O combate ao trabalho infantil, elogiado por organismos internacionais, como a ONU, OIT e UNESCO, tem recebido forte apoio dos órgãos do Poder Judiciário e do Ministério Público, dentro e fora do processo, sem que, em casos extremos, nos quais ocorra a transgressão da proibição do trabalho do menor, se exclua a relação de emprego, prejudicando o prestador de serviços e beneficiando o tomador, uma vez que, além da apropriação indevida da força de trabalho, ninguém devolverá ao menor as horas de trabalho por ele prestadas. Pelo menos teoricamente, este período subtraído da formação educacional do menor também é subtraído de toda a sociedade, que quer e que contribui para que tal tipo de trabalho não seja utilizado. Em casos desta natureza, enquanto for vantajosa a utilização da mão-de-obra da criança ou do adolescente, dificilmente o preceito constitucional será observado integralmente, por isso que, a par do reconhecimento do contrato de trabalho em toda a sua extensão, representado pelo pagamento integral, sem exceção, de todos os direitos trabalhistas, inclusive para fins previdenciários, o Ministério Público do Trabalho, o Ministério do Trabalho e Emprego (DRT) e o INSS, devem ser oficiados para as providências cabíveis, imprimindo ações, principalmente a multa pelo ilícito trabalhista, nas esferas das respectivas competências para fins de coibição da utilização da mão de obra infanto-juvenil. A teoria geral das nulidades do Direito Civil não pode ser transposta cegamente para o Direito do Trabalho, de molde a sufocar a realidade social envolta em valores éticos e morais da valorização do trabalho e da dignidade humana. (TRT 3ª Região, 4ª Turma, processo n. 00822-2005-006-03-00-5, Recurso Ordinário, relator Desembargador Luiz Otávio Linhares Renault, publicação DJMG 12.11.2005, disponível em: www.trt3.jus.br).

Uma terceira perspectiva é possível, com a preservação do texto normativo, do direito do trabalhador e do Direito do Trabalho: o Juiz do Trabalho, ao perceber, na análise fática, que o trabalhador explorado é (ou era ao tempo dos fatos) menor de idade (14 ou 16 anos) não reconhecerá a ele direitos trabalhistas, dada a ausência de elemento jurídico-formal e de elemento constitutivo do contrato, *mas* percebendo dano (material e/ou moral) condenará aquele que explorou à devida indenização.

Também incontroverso que o *objeto lícito* é elemento jurídico-formal da relação de emprego e, ao mesmo tempo, elemento componente essencial do contrato de trabalho.

É claro que aquele que tem por ocupação o *ilícito criminal* sequer é trabalhador e sim um criminoso. Não deve pretender direitos trabalhistas, vez que não trabalha...

Importante não confundir, entretanto, trabalho ilícito com trabalho proibido. O Professor Mauricio Godinho Delgado faz a distinção: "Ilícito é o trabalho que compõe um tipo legal penal ou concorre diretamente para ele; irregular é o trabalho que se realiza em desrespeito a norma imperativa vedatória do labor em certas circunstâncias ou envolvente de certos tipos de empregados."[3] Assim, por exemplo, o menor de 18 anos, maior de 16, que trabalhe à noite, está em trabalho proibido, mas terá todos os seus direitos trabalhistas, vez que seu contrato é válido. Caberá à fiscalização do trabalho coibir tal prática.

Dúvida razoável e debate doutrinário se dão no que diz respeito ao *ilícito contravencional*. Embora tenha o TST firmado jurisprudência no sentido da ilicitude do trabalho que tem por objeto contravenção penal, discordo do entendimento consolidado na OJ 199 da SDI-1 do TST no que diz respeito especificamente ao jogo do bicho e à venda de rifas:

> Orientação Jurisprudencial 199 da SDI-1 do TST: "É nulo o contrato de trabalho celebrado para o desempenho de atividade inerente à prática do jogo do bicho, ante a ilicitude de seu objeto, o que subtrai o requisito de validade para a formação do ato jurídico".

O fundamento da pessoal discordância é no sentido de não haver repercussão negativa efetiva contra a prática da contravenção penal consistente em *jogo do bicho* no cotidiano brasileiro.[4] O contraventor não recebe, regra geral, punição estatal pelo ilícito praticado ordinariamente. O contraventor não se preocupa em reconhecer em juízo trabalhista a prática do ilícito contravencional, em sede de defesa. Assim, por coerência, deveria a Justiça do Trabalho reconhecer direitos trabalhistas àquele que tem por ocupação, fixados os requisitos do artigo 3º da CLT obviamente, a contravenção penal consistente em *jogo do bicho* ou venda de *rifas*.

O Prof. Mauricio Godinho Delgado destaca, ainda, duas possibilidades de haver reconhecimento de efeitos jurídicos em um contrato cujo objeto é ilícito:

> Duas alternativas destoantes da regra geral têm sido apontadas pela doutrina: a primeira, consistente na situação comprovada de desconhecimento pelo trabalhador do fim ilícito a que servia a prestação laboral perpetrada. A segunda alternativa consistiria na nítida dissociação entre o labor prestado e o núcleo da atividade ilícita. Para esta tese, se os serviços prestados não estiverem diretamente entrosados com o

---

(3) DELGADO, Mauricio Godinho. *Curso de Direito do Trabalho*. 10. ed. São Paulo: LTr, 2011. p. 494.

(4) Muito menos contra a venda de *rifas*, aliás percebida e estimulada inclusive em faculdades de direito, embora tal prática, na verdade, não conte normalmente com o concurso de trabalhadores contratados para tal fim, não caracterizando sequer, regra geal, relação de trabalho.

núcleo da atividade ilícita, não serão tidos como ilícitos, para fins justrabalhistas (exemplo: servente em prostíbulo).[5]

A melhor doutrina consagra, ainda, como elemento jurídico formal e elemento constitutivo do contrato, a *forma regular ou não proibida*. Já antecipei discordância, e agora tento fundamentar. O contrato de trabalho não exige qualquer formalidade para a sua *validade*. Ele pode ser verbal e até mesmo tácito (CLT, artigos 442 e 443). Assim, não há que se falar em elemento jurídico formal ou elemento essencial do contrato quando se trata de forma regular ou não proibida.

Há argumentos, respeitáveis, no sentido de que alguns contratos de emprego exigem instrumentalização formal, como, exemplificativamente, os de artistas e atletas profissionais, contrato de trabalho temporário, dentre outros. Ocorre, entretanto, que se inobservadas as formas prescritas nas legislações específicas, a consequência *não será* a nulidade do contrato, mas, sim, se for o caso, de alguns de seus efeitos. O trabalhador não deixará de ter direitos trabalhistas se inobservadas, pelo empregador, formalidades próprias de sua modalidade específica de ajuste empregatício, do que decorre, com a devida *venia* a inexistência da forma prescrita ou não proibida como elemento jurídico-formal ou como requisito essencial do contrato de emprego.

Por fim, a melhor doutrina consagra, também, a *higidez da manifestação de vontade* como elemento jurídico formal e elemento constitutivo do contrato. Já antecipei discordância, e agora tento fundamentar. O contrato de trabalho não exige manifestação de vontade de contratar emprego para que exista e nem para que seja válido. Ele pode ser tácito (CLT, artigos 442 e 443). Assim, não há que se falar em elemento jurídico formal ou elemento essencial do contrato quando se trata de manifestação de vontade.

Há argumentos, respeitáveis, no sentido de que é da essência do pacto laborativo a manifestação da vontade de contratar *trabalho*, ainda que não haja referência, pelas partes, na vontade de contratar *emprego*. Neste sentido, aqueles que se filiam à corrente *contratualista moderna* quanto à *natureza jurídica* da relação de emprego. Ocorre, entretanto, que se inobservada a livre manifestação de vontade, a consequência *não será* a nulidade do contrato, mas, sim, se for o caso, de alguns de seus efeitos.

---

(5) DELGADO, Mauricio Godinho. *Curso de Direito do Trabalho*. 10. ed. São Paulo: LTr, 2011. p. 495.

Capítulo 4

Relações de Trabalho Especialmente Protegidas: trabalho cooperado, estagiário, movimentadores de cargas (avulsos) e motoristas não empregados

1. Relações de trabalho e proteção especial
   - aspectos gerais
   - princípios constitucionais
2. Cooperativas de Trabalho
   - art. 442, parágrafo único da CLT
   - Lei n. 12.690/2012
   - princípios cooperativistas:
     1) princípio da dupla qualidade
     2) princípio da retribuição pessoal diferenciada
3. Estágio.
   a) contrato de estágio: Lei n. 11.788/2008
   b) presunção legal: artigo 3º, Lei n. 11.788/2008

c) reconhecimento do vínculo empregatício: artigos 15 e 3º, § 2º, Lei n. 11.788/2008
d) definição legal: artigo 1º, Lei n. 11.788/2008
e) tipos de estágio. Artigo 2º, Lei n. 11.788/2008
  1. estágio obrigatório (antigamente "curricular")
  2. estágio não obrigatório (antigamente "extracurricular")
f) requisitos formais para caracterização do estágio:
  1) qualificação das partes
     - concedente do estágio: artigo 9º, Lei n. 11.788/2008
     - estagiário: artigo 1º, Lei n. 11.788/2008
     – idade mínima: artigo 7º, XXXIII, CR
     - instituição de ensino: artigo 7º, I a VII, Lei n. 11.788/2008
  2) termo de compromisso
     - artigo 3º, II, Lei n. 11.788/2008
     - artigo 16, Lei n. 11.788/2008
     - artigo 7º, I, Lei n. 11.788/2008
  3) designação de professor (orientador) e supervisor (empresa)
     - artigo 3º, § 1º, Lei n. 11.788/2008
     - artigo 7º, IV, Lei n. 11.788/2008
  4) observância aos direitos ou vantagens do estagiário
    4.1) vantagens imperativas
      a) jornada: artigo 10, Lei n. 11.788/2008
      b) recesso anual: artigo 13, Lei n. 11.788/2008
      c) limite: artigo 11, Lei n. 11.788/2008
      d) seguro: artigo 9º, IV, Lei n. 11.788/2008
      e) saúde e segurança: artigo 14, Lei n. 11.788/2008
      f) bolsa e auxílio-transporte: artigo 12, Lei n. 11.788/2008, estágio não obrigatório (extracurricular)
    4.2) vantagens facultativas:
      a) bolsa e auxílio-transporte para contratos de estágio obrigatório: artigo 12, Lei n. 11.788/2008
      b) alimentação, saúde, etc.: artigo 12, § 1º, Lei n. 11.788/2008
g) requisitos materiais:
  1) Possibilidade de experiência prática: artigo 9º, II, Lei n. 11.788/2008
  2) Harmonia entre formação educacional e profissional
  3) Acompanhamento e supervisão: artigo 9º, III; artigo 3º, § 1º, artigo 9º, V e VII
  4) Complementação do ensino na prática
4. Trabalhador Avulso Não Portuário: Lei n. 12.023/2009
5. Motoristas profissionais não empregados: Lei n. 12.619/2012

Historicamente, o Estado brasileiro percebeu a construção de regras heterônomas de regulação das relações capital-trabalho sob a ótica quase exclusiva da relação de emprego. É claro que a prevalência da proteção à relação de emprego se justifica histórica, social, política e economicamente, afinal de contas trata-se da *"modalidade mais relevante"*, do ponto de vista social e econômico, *"de pactuação de prestação de trabalho existente nos últimos duzentos anos, desde a instauração do sistema econômico contemporâneo, o capitalismo."*[1]

Não obstante haja a óbvia e necessária prevalência da proteção da relação empregatícia, há espaço para a tutela mínima de relações de trabalho outras, que não envolvem empregado e empregador, mas merecem a atenção do Estado. Tal compreensão, de matriz eminentemente constitucional, se revela, na prática, através da aplicação das Leis ns. 12.690/2012 (Trabalho Cooperado), 11.788/2008 (Estágio), 12.023/2009 (Avulsos não portuários, conhecidos como "Chapas") e 12.619/2012 (Motoristas Profissionais).

A análise aqui será restrita, então, a quatro situações de trabalho e que aprioristicamente não caracterizam vínculo empregatício, mas que receberam recentemente do Estado brasileiro proteção específica e que permitem concluir pela consagração de direitos mínimos a trabalhadores não empregados como estratégia brasileira de valorização social do trabalho: *cooperados, estagiários, chapas e motoristas profissionais não empregados.*

Algumas relações de trabalho sem vínculo empregatício devem também conferir direitos mínimos àqueles que se inserem no mercado produtivo, força da interpretação hodierna do que dispõe a Constituição da República em seus artigos 1º, incisos III e IV; 3º, inciso III; e 6º.

De antemão é necessário destacar que não se pretende, aqui, incentivar a criação de subcategorias de empregados, como infelizmente ficou consagrada pela melhor doutrina e pela experiência internacional, por exemplo, a teoria da parassubordinação.[2] O que deve haver, sempre e em cada situação fática, é a percepção de que se trata de trabalhador não empregado destinatário de tutela específica (cooperado, estagiário, "chapa" e motorista profissional autônomo). Não se trata de referendar fraudes contra a relação de emprego, obviamente. O que se busca

---

(1) DELGADO, Mauricio Godinho, *Curso de Direito do Trabalho.* São Paulo: LTr, 2002. p. 280.

(2) Permito-me, ainda que pontualmente, a insistência no reconhecimento da parassubordinação como medida protetiva. Hoje é possível depreender da doutrina brasileira que a dependência a que se refere a CLT deve ser entendida tanto como subordinação jurídica clássica quanto como subordinação estrutural ou reticular. Assim, a Consolidação das Leis do Trabalho não pode representar óbice à aplicação da parassubordinação como elemento, também, identificador de empregado. Isso porque a dependência a que alude a norma celetista contida no artigo 3º deixa margem ao operador jurídico para determinar seu alcance. Da mesma forma que a jurisprudência e a doutrina afastaram-se da dependência (subjetiva: econômica, técnica e social) para consagrar a subordinação (inicialmente clássica e hoje também estrutural) poderá haver, hoje, a leitura deste elemento fático-jurídico (requisito ou pressuposto) não só na perspectiva da relação subordinada, mas, também, pela relação parassubordinada.

é, repita-se, compreender a necessidade de tutela específica e mínima a algumas categorias de trabalhadores não empregados.

O Professor Mauricio Godinho Delgado destaca três possibilidades básicas de expansionismo do Direito do Trabalho: *"a crescente e contínua busca de efetividade"*, a *"ampliação do conceito de relação de emprego"*, além da *"extensão do Direito do Trabalho a relações de trabalho, ultrapassando o marco clássico da simples relação de emprego."*[3]

À presente análise interessa compreender, com base na legislação brasileira (constitucional e infraconstitucional), a terceira possibilidade expansionista, que consiste em ampliação da proteção estatal a algumas relações de trabalho que não caracterizam vínculo empregatício. Tal vertente já foi anteriormente sinalizada na obra *"Novo Contrato de Emprego: parassubordinação trabalhista"*, como se infere:

> *Para um futuro próximo deve-se pensar em uma ampla mudança de paradigmas em Direito do Trabalho. A proteção ao trabalho, em todas as suas expressões, poderá ser consagrada expressamente nos textos normativos de Direito do Trabalho. Deve ser criado, então, um novo pensamento, justo e equânime, para a tutela das relações trabalhistas. (...)*
>
> *Deve-se reconstruir o Direito do Trabalho fundado efetivamente na valorização do trabalho e não somente do emprego."*[4]

Melhor tratamento recebeu a problemática na obra referencial de Gabriela Neves Delgado, *Direito Fundamental ao trabalho digno*, bem como em recente estudo seu em parceria com Mauricio Godinho Delgado, intitulado *Constituição da República e Direitos Fundamentais: Dignidade da Pessoa Humana, Justiça Social e Direito do Trabalho*, ambos publicados pela LTr, dos quais é possível destacar o seguinte, em apertada síntese:

> *A Professora da UFMG, da PUC Minas e da UNB, ciente dos importantes objetivos do ramo justrabalhista na história do capitalismo, como eficiente veículo garantidor de piso de dignidade aos que vivem de sua força laborativa sustenta '... que as relações de trabalho que formalmente não se encontram hoje regidas pelo Direito do Trabalho também precisam ser reconhecidas como objeto de efetiva tutela jurídica, para que o trabalhador que as exerça possa, por meio da proteção jurídica, alcançar o espaço para o exercício de seus direitos.*[5]

---

(3) DELGADO, Gabriela Neves; DELGADO, Mauricio Godinho. *Constituição da República e Direitos Fundamentais: Dignidade da Pessoa Humana, Justiça Social e Direito do Trabalho*. São Paulo: LTr, 2012. p. 111 e 112.

(4) ALVES, Amauri Cesar. *"Novo Contrato de Emprego: parassubordinação trabalhista"*. São Paulo: LTr, 2005. p. 135.

(5) DELGADO, Gabriela Neves; DELGADO, Mauricio Godinho. *"Constituição da República e Direitos Fundamentais: Dignidade da Pessoa Humana, Justiça Social e Direito do Trabalho*. São Paulo: LTr, 2012. p. 111 e 112.

Assim, princípios constitucionais como os da dignidade da pessoa humana (C.R., artigo 1º, inciso III), do valor social do trabalho (C.R., artigo 1º, inciso IV), da não discriminação (C.R., artigo 5º, *caput*), da vedação ao retrocesso social (C.R., artigo 5º, § 2º), da prevalência dos direitos humanos (C.R., artigo 4º, inciso II) e da erradicação da pobreza e das desigualdades sociais (C.R., artigo 3º, inciso III) devem, então, doravante, informar a criação da norma justrabalhista, tenha ela alcance restrito ou ampliado.

Inicialmente a especial proteção ao trabalho cooperado.

A inexistência de vínculo empregatício entre o trabalhador cooperado, sua cooperativa de trabalho e o cliente desta é presunção legal (que admite prova em contrário) prevista no parágrafo único do artigo 442 da CLT, incluído em 1994.

É claro que tal dispositivo celetista deve ser entendido como presunção legal, sendo certo que se a cooperativa for *fraudulenta*, haverá espaço para o reconhecimento do vínculo de emprego entre o trabalhador e aquele que explorou sua força produtiva.

Tal identificação de mera *presunção*, inicialmente fruto do entendimento doutrinário e jurisprudencial construído ao longo dos anos, agora é regra por força da Lei n. 12.690, de 19 de julho de 2012, nos termos do parágrafo 2º do seu artigo 17, combinado com o disposto no artigo 7º, parágrafo 6º:

> *Art. 17. Cabe ao Ministério do Trabalho e Emprego, no âmbito de sua competência, a fiscalização do cumprimento do disposto nesta Lei.*
>
> *(...)*
>
> *§ 2º Presumir-se-á intermediação de mão de obra subordinada a relação contratual estabelecida entre a empresa contratante e as Cooperativas de Trabalho que não cumprirem o disposto no § 6º do art. 7º desta Lei.*
>
> *Art. 7º A Cooperativa de Trabalho deve garantir aos sócios os seguintes direitos, além de outros que a Assembleia Geral venha a instituir:*
>
> *(...)*
>
> *§ 6º As atividades identificadas com o objeto social da Cooperativa de Trabalho prevista no inciso II do caput do art. 4º desta Lei, quando prestadas fora do estabelecimento da cooperativa, deverão ser submetidas a uma coordenação com mandato nunca superior a 1 (um) ano ou ao prazo estipulado para a realização dessas atividades, eleita em reunião específica pelos sócios que se disponham a realizá-las, em que serão expostos os requisitos para sua consecução, os valores contratados e a retribuição pecuniária de cada sócio partícipe.*

O vínculo cooperativo será preservado íntegro, ou seja, sem que haja o reconhecimento do contrato de emprego, se observados três requisitos, basicamente:

a) ausência de subordinação jurídica entre o trabalhador e os gestores da cooperativa ou entre aquele e o tomador dos seus serviços;

b) observância ao *princípio da dupla qualidade*; e,

c) observância ao *princípio da retribuição pessoal diferenciada*.

Ainda restava, até julho de 2012, alguma resistência quanto à percepção lançada acima, até mesmo quanto à impossibilidade de existência de subordinação jurídica na relação cooperativa.[6] Tal resistência agora deverá se extinguir, força, dentre outros, da regra contida no artigo 5º da Lei n. 12.690/2012:

> Art. 5º *A Cooperativa de Trabalho não pode ser utilizada para intermediação de mão de obra subordinada.*

Assim, se houver subordinação jurídica entre o trabalhador cooperado e os gestores da cooperativa, ou, ainda, entre aquele e o tomador dos serviços cooperados, deve ser afastado o vínculo especial trabalhista para que se reconheça, caso haja a confluência dos requisitos do artigo 3º da CLT, o vínculo empregatício.

O trabalhador cooperado se insere no mercado de trabalho como *autônomo*, e não como um trabalhador subordinado a alguém. Ele deve ter o controle de sua disposição de trabalho (horários, intensidade, tarefas, resultados), vez que trabalha por conta própria, reunido com outros colegas, que também por conta própria empreendem no mercado.

O Professor Mauricio Godinho Delgado destaca, com a costumeira precisão, a necessidade da existência, na relação fática, do *princípio da dupla qualidade* para que se afirme o vínculo cooperativo e se afaste a relação empregatícia:

> ...*informa que a pessoa filiada tem que ser, ao mesmo tempo, em sua cooperativa, cooperado e cliente, auferindo as vantagens dessa duplicidade de situações. Isso significa que, para tal princípio, é necessário haver efetiva prestação de serviços pela Cooperativa diretamente ao associado – e não somente a terceiros. Essa prestação direta de serviços aos associados/cooperados é, aliás, conduta que resulta imperativamente da própria Lei de Cooperativas (art. 6º, I, Lei n. 5.764/1970).*[7]

Ora, o trabalhador cooperado não pode ser mera *peça* em uma *engrenagem* empresarial, devendo atuar na gestão de sua cooperativa, vez que dela participa em igualdade de condições com todos os demais associados. Deve, também, dela receber serviços que melhorem a sua inserção profissional autônoma.

Tal princípio foi consagrado pela Lei n. 12.690/2012, inicialmente em seu artigo 3º, que trata dos valores do cooperativismo de trabalho no Brasil, com destaque para seus incisos II, IV, X e XI:

---

(6) Havia alguma resistência doutrinária e jurisprudencial da lavra daqueles que privilegiavam o aspecto formal do vínculo cooperativo em detrimento da realidade fática vivenciada.

(7) DELGADO, Mauricio Godinho. *Curso de Direito do Trabalho*. São Paulo: LTr, 2011. p. 328.

Art. 3º A Cooperativa de Trabalho rege-se pelos seguintes princípios e valores:

(...)

II – gestão democrática;

(...)

IV – autonomia e independência;

(...)

X – respeito às decisões de asssembleia, observado o disposto nesta Lei;

(...)

XI – participação na gestão em todos os níveis de decisão de acordo com o previsto em lei e no Estatuto Social.

Assim, a nova regra consagra o princípio e deverá ser vista tanto para afirmar direitos básicos dos cooperados (previstos na Lei n. 12.690/2012) quanto para, eventualmente em casos de sua inobservância no plano fático, atrair direitos trabalhistas próprios de empregados.

Talvez o mais importante controle civilizatório da contratação de trabalho cooperado seja aquele construído pelo então Juiz Mauricio Godinho Delgado quando ainda atuava no primeiro grau de jurisdição trabalhista mineiro: *o princípio da retribuição pessoal diferenciada*:

> de fato, o que justifica a existência da cooperativa – e as vantagens que essa figura recebe da ordem jurídica – é a circunstância de que ela potencia as atividades humanas e das organizações cooperadas. As cooperativas são protegidas pelo Direito porque potenciam o trabalho humano. Efetivamente, a cooperativa permite que o cooperado obtenha uma retribuição pessoal, em virtude de sua atuação autônoma, superior àquilo que obteria caso não estivesse associado. A retribuição pessoal de cada cooperado é, necessariamente (ainda que em potencial), superior àquela alcançada caso atuando isoladamente.[8]

Ora, somente haverá relação de trabalho cooperado, e consequentemente o afastamento do vínculo de emprego, se o trabalhador autônomo receber, através da sua cooperativa, melhor inserção profissional do que a que receberia se empregado fosse ou, ainda, do que aquela que teria atuando isoladamente.

Deve haver um *complexo de vantagens*, inclusive de cunho econômico, superior àquele que receberia o trabalhador atuando isoladamente (autônomo) ou por conta alheia (como empregado).

O legislador de 2012, com a Lei n. 12.690, chegou próximo da consagração do princípio da retribuição pessoal diferenciada, ao fixar um patamar mínimo de proteção ao trabalhador cooperado, que embora não seja empregado, tem, desde então, direitos básicos em sua prestação laborativa. Em tal sentido a regra do artigo 7º da Lei n. 12.690/2012:

---

(8) DELGADO, Mauricio Godinho. *Curso de Direito do Trabalho*. São Paulo: LTr, 2011. p. 329.

Art. 7º A Cooperativa de Trabalho deve garantir aos sócios os seguintes direitos, além de outros que a Assembleia Geral venha a instituir:

I – retiradas não inferiores ao piso da categoria profissional e, na ausência deste, não inferiores ao salário mínimo, calculadas de forma proporcional às horas trabalhadas ou às atividades desenvolvidas;

II – duração do trabalho normal não superior a 8 (oito) horas diárias e 44 (quarenta e quatro) horas semanais, exceto quando a atividade, por sua natureza, demandar a prestação de trabalho por meio de plantões ou escalas, facultada a compensação de horários;

III – repouso semanal remunerado, preferencialmente aos domingos;

IV – repouso anual remunerado;

V – retirada para o trabalho noturno superior à do diurno;

VI – adicional sobre a retirada para as atividades insalubres ou perigosas;

VII – seguro de acidente de trabalho.

§ 1º Não se aplica o disposto nos incisos III e IV do caput deste artigo nos casos em que as operações entre o sócio e a cooperativa sejam eventuais, salvo decisão assemblear em contrário.

§ 2º A Cooperativa de Trabalho buscará meios, inclusive mediante provisionamento de recursos, com base em critérios que devem ser aprovados em Assembleia Geral, para assegurar os direitos previstos nos incisos I, III, IV, V, VI e VII do caput deste artigo e outros que a Assembleia Geral venha a instituir.

§ 3º A Cooperativa de Trabalho, além dos fundos obrigatórios previstos em lei, poderá criar, em Assembleia Geral, outros fundos, inclusive rotativos, com recursos destinados a fins específicos, fixando o modo de formação, custeio, aplicação e liquidação.

§ 4º (VETADO).

§ 5º A Cooperativa de Trabalho constituída nos termos do inciso I do caput do art. 4º desta Lei poderá, em Assembleia Geral Extraordinária, estabelecer carência na fruição dos direitos previstos nos incisos I e VII do caput deste artigo.

§ 6º As atividades identificadas com o objeto social da Cooperativa de Trabalho prevista no inciso II do caput do art. 4º desta Lei, quando prestadas fora do estabelecimento da cooperativa, deverão ser submetidas a uma coordenação com mandato nunca superior a 1 (um) ano ou ao prazo estipulado para a realização dessas atividades, eleita em reunião específica pelos sócios que se disponham a realizá-las, em que serão expostos os requisitos para sua consecução, os valores contratados e a retribuição pecuniária de cada sócio partícipe.

O trabalhador cooperado receberá (diretamente) de sua cooperativa e (indiretamente) dos tomadores de seus serviços contraprestação justa e digna (retiradas vinculadas ao piso da categoria ou ao salário mínimo), não trabalhará mais do que o ordinário no Brasil (jornada de 8 horas e disponibilidade semanal máxima de 44 horas), terá repousos semanal e anual remunerados, além de acréscimo por trabalho noturno, insalubre ou perigoso, bem como a contratação de seguro em seu benefício.

Houve então a consagração de direitos mínimos, que deverão ser acrescidos de outros, a cargo da Assembleia Geral, para que se verifique sempre, na prática, a implementação do princípio da retribuição pessoal diferenciada como exigência legal, força da expressão "além de outros que a Assembleia Geral venha a instituir" prevista no *caput* do artigo 7º da citada Lei n. 12.690/2012.

A responsabilidade pela preservação dos direitos mínimos é da sociedade cooperativa, devendo haver punição de seus gestores em caso de inobservância às regras protetivas mínimas fixadas, bem como daqueles que vierem a se valer ilicitamente da exploração laborativa, nos termos da regra contida no artigo 18 da Lei n. 12.690/2012 e em conformidade com a regra do artigo 2º da CLT, vez que serão estes reconhecidos como empregadores dos até então cooperados, caso presentes os elementos fático-jurídicos caracterizadores da relação de emprego:

> Art. 18. *A constituição ou utilização de Cooperativa de Trabalho para fraudar deliberadamente a legislação trabalhista, previdenciária e o disposto nesta Lei acarretará aos responsáveis as sanções penais, cíveis e administrativas cabíveis, sem prejuízo da ação judicial visando à dissolução da Cooperativa.*

Somente haverá trabalho através de cooperativa se ausente a subordinação e presentes os dois princípios especiais destacados, observados os termos da Lei n. 12.690/2012. Ausente um dos três requisitos é possível o reconhecimento do vínculo empregatício, a despeito do disposto no parágrafo único do artigo 442 da CLT, desde que, é claro, se façam presentes os requisitos do artigo 3º da CLT.

A Lei n. 12.690/2012, sancionada pela Presidenta Dilma Roussef, consagra na prática princípios constitucionais elementares, como o da dignidade da pessoa humana e da valorização social do trabalho. A legislação é fruto do trabalho desenvolvido no âmbito da Secretaria Nacional de Economia Solidária, no âmbito do Ministério do Trabalho e Emprego, e sua justificativa é apresentada por Paul Singer:

> *Efetivamente, em 2003 se multiplicavam cooperativas de trabalho falsas, formadas por empresários que demitiam seus empregados e os obrigavam a se filiar a uma cooperativa. Essas cooperativas não eram de seus pseudossócios (os trabalhadores), mas do empresário. Eram, portanto, falsas, conhecidas como cooperfraudes – numa cooperativa autêntica, os cooperados tomam decisões em assembleia. A fiscalização não distinguia cooperfraudes de cooperativas autênticas.*
>
> *(...)*
>
> *A lógica da interpretação é que direitos do trabalho são parte dos direitos do homem. Enquanto houver trabalhadores por conta alheia, com direitos dos quais não podem abrir mão, e trabalhadores por conta própria, que não gozam desses direitos (e então têm uma vantagem competitiva no mercado de trabalho), os últimos sempre serão preferidos pelos empregadores. Custam bem menos.*
>
> *Em época de falta de trabalho, ambos serão prejudicados: cooperados porque não são assalariados, estes porque não terão emprego.*

A nova lei resolve os impasses, pois determina que todos os trabalhadores, por conta alheia e própria quando associados em cooperativa, têm os mesmos direitos.[9]

Assim, diante do exposto, percebe-se a realização do dever do Estado brasileiro de consagração de direitos mínimos mesmo para os não empregados, como é o caso dos cooperados, sempre que a situação fática indicar sua intervenção através da regra heterônoma protetiva.

Importante, no mesmo sentido, a análise do vínculo de estágio na perspectiva da expansão de direitos. Há, aqui, entretanto, uma especificidade com relação ao tema geral e que deve ser, desde logo e minimamente, apresentada. Entendo, talvez isoladamente, que o vínculo de estágio não decorre de uma relação de trabalho, embora respeite, obviamente, a melhor doutrina em sentido contrário. Parece não haver trabalho no vínculo estagiário, nem tampouco, obviamente, emprego. O que há (se respeitadas as finalidades do estágio) é somente ato educativo escolar supervisionado, e não disposição de força produtiva no mercado. O concedente do estágio, sempre que o contrato for hígido, não explora trabalho alheio, mas, sim, concorre para a formação profissional de alguém.

Entretanto, para efeito da análise aqui empreendida, melhor será a compreensão de Mauricio Godinho Delgado, que entende o vínculo estagiário como relação de trabalho e destaca, ao tratar da Lei n. 11.788/2008 no contexto da extensão do Direito do Trabalho, o seguinte:

> *Embora o novo diploma legal não tenha efetivamente estendido o Direito do Trabalho às relações educacionais e laborativas de estágio, em face do caráter e objetivos eminentemente pedagógicos da figura excetiva (mantendo, pois, o incentivo econômico ao concedente do estágio), o fato é que a Lei n. 11.788/2008 trouxe importantes regulações e proteções ao trabalhador estagiário, restringindo manifesto exagero liberalista do diploma legal precedente (Lei n. 6.494/1977). Nessa medida, a nova intervenção legal foi salutar, criando regras dirigidas a que esse contrato educativo-laboral especialíssimo realmente cumpra os objetivos que justificam sua existência.*[10]

A inexistência de vínculo empregatício entre o estudante estagiário e o concedente do estágio é presunção legal (que admite prova em contrário) prevista no artigo 3º da Lei n. 11.788/2008, "Lei de Estágio":

> *Art. 3º O estágio, tanto na hipótese do § 1º do art. 2º desta Lei quanto na prevista no § 2º do mesmo dispositivo, não cria vínculo empregatício de qualquer natureza,*

---

(9) SINGER, Paul. "Vida Nova para as Cooperativas de Trabalho". *Folha de São Paulo,* São Paulo, 16 jul. 2012. Opinião.

(10) DELGADO, Gabriela Neves, DELGADO, Mauricio Godinho. *Constituição da República e Direitos Fundamentais: Dignidade da Pessoa Humana, Justiça Social e Direito do Trabalho*. São Paulo: LTr, 2012. p. 119.

observados os seguintes requisitos: I – matrícula e freqüência regular do educando em curso de educação superior, de educação profissional, de ensino médio, da educação especial e nos anos finais do ensino fundamental, na modalidade profissional da educação de jovens e adultos e atestados pela instituição de ensino; II – celebração de termo de compromisso entre o educando, a parte concedente do estágio e a instituição de ensino; III – compatibilidade entre as atividades desenvolvidas no estágio e aquelas previstas no termo de compromisso.

É claro, entretanto, que se o vínculo formal de estágio for utilizado apenas como veículo de fraude à lei, deve haver o reconhecimento do contrato de emprego, caso evidenciados, no planto fático, os requisitos do artigo 3º da CLT.

O vínculo de estágio será preservado íntegro, ou seja, sem que haja o reconhecimento do contrato de emprego, se observados seus requisitos formais e materiais, adiante tratados.

A Lei n. 11.788/2008 trouxe expressamente aquilo que já era construção jurisprudencial por força de interpretação da norma anterior (Lei n. 6.494/1974), ou seja, o reconhecimento do vínculo de emprego (desde que existentes seus requisitos) nos casos de fraude, nos termos de seus artigos 15 e 3º, § 2º:

Art. 15. A manutenção de estagiários em desconformidade com esta Lei caracteriza vínculo de emprego do educando com a parte concedente do estágio para todos os fins da legislação trabalhista e previdenciária.

Art. 3º O estágio, tanto na hipótese do § 1º do art. 2º desta Lei quanto na prevista no § 2º do mesmo dispositivo, não cria vínculo empregatício de qualquer natureza, observados os seguintes requisitos:

(...)

§ 2º O descumprimento de qualquer dos incisos deste artigo ou de qualquer obrigação contida no termo de compromisso caracteriza vínculo de emprego do educando com a parte concedente do estágio para todos os fins da legislação trabalhista e previdenciária.

Vale esclarecer que o simples *descumprimento* da lei específica não gera o vínculo empregatício. Na verdade, o descumprimento das exigências legais descaracteriza o contrato de estágio, mas apenas haverá em decorrência disso a relação empregatícia se, no caso concreto, estiverem presentes os requisitos do artigo 3º da CLT. Em tese pode haver situação fática em que o trabalhador não é estagiário, por descumprimento das regras próprias, ou tampouco empregado, por se revelar autônomo ou voluntário, por exemplo.

A definição atual de estágio é aquela trazida pelo artigo 1º da Lei n. 11.788/2008:

Art. 1º Estágio é ato educativo escolar supervisionado, desenvolvido no ambiente de trabalho, que visa à preparação para o trabalho produtivo de educandos que estejam frequentando o ensino regular em instituições de educação superior, de educação profissional, de ensino médio, da educação especial e dos anos finais do ensino fundamental, na modalidade profissional da educação de jovens e adultos.

Uma crítica inicial deve ser feita à inserção, na condição de estagiários, dos estudantes do ensino médio. Trata-se, claramente, de regra precarizante, pois pouquíssimo provável que possa haver complementação, na prática, do ensino visto pelo aluno no ensino médio.[11] Assim, resta em tais situações frustrada a finalidade principal do estágio, que é a complementação do ensino através da prática.

A legislação atual percebeu a realidade vivenciada sob a égide da Lei n. 6.494/1977 e consagrou expressamente dois tipos de estágio, nos termos do artigo 2º da Lei n. 11.788/2008:

> Art. 2º O estágio poderá ser obrigatório ou não-obrigatório, conforme determinação das diretrizes curriculares da etapa, modalidade e área de ensino e do projeto pedagógico do curso. § 1º Estágio obrigatório é aquele definido como tal no projeto do curso, cuja carga horária é requisito para aprovação e obtenção de diploma. § 2º Estágio não-obrigatório é aquele desenvolvido como atividade opcional, acrescida à carga horária regular e obrigatória.

No que concerne aos cursos jurídicos, exemplificativamente, o estágio obrigatório (curricular) é aquele realizado junto aos departamentos de assistência judiciária ou congêneres, nos quais o aluno complementa, na prática, seu aprendizado sobre o Direito. É, regra geral, requisito para conclusão do curso. Os estágios não-obrigatórios (extracurriculares) são aqueles em que o acadêmico, caso queira, contrata com escritórios de Advocacia e que, quando muito, são vistos como parte integrante das atividades extracurriculares do curso. No primeiro caso não há bolsa, mas pagamento de mensalidade pelo aluno (em instituições privadas e, nestas, como regra geral), enquanto no segundo caso há a necessidade do pagamento de uma bolsa pelo concedente do estágio.

Um dos requisitos elementares para que haja estágio e não emprego é que seja possível a complementação do ensino na prática, além de outros requisitos, que o Prof. Mauricio Godinho Delgado divide em formais e materiais.[12]

Requisitos formais são a *qualificação das partes*, a existência de um *termo de compromisso*, a designação de um *professor orientador* na instituição de ensino e de um *supervisor* no âmbito do concedente do estágio e, por fim, a observância de *vantagens legais* ou direitos do estagiário.

São três as partes contratantes de estágio e que devem ser qualificadas no termo de compromisso: o estagiário (artigo 1º, Lei n. 11.788/2008), o concedente do estágio (artigo 9º, Lei n. 11.788/2008) e a instituição de ensino (artigo 7º, Lei n. 11.788/2008).

O termo de compromisso será devidamente produzido e assinado pelas três partes, observados os rigores dos artigos 3º, inciso II; 16 e 7º, inciso I da Lei n. 11.788/2008, devendo o instrumento formal indicar as condições de adequação do estágio à proposta pedagógica do curso, à etapa e modalidade da formação escolar

---

(11) É claro que aqui não me refiro ao ensino profissionalizante, técnico, de nível médio.
(12) DELGADO, Mauricio Godinho. *Curso de Direito do Trabalho*. São Paulo: LTr, 2011.

do estudante e ao horário e calendário escolares. A inobservância ao disposto pelas partes no termo de compromisso poderá ensejar o reconhecimento do vínculo empregatício, caso presentes os requisitos do artigo 3º da CLT.

Como o estágio é ato educativo escolar supervisionado, desenvolvido no ambiente de trabalho, que visa à preparação para o trabalho produtivo, há a necessidade (ainda que de difícil, custosa ou de pouco significativa implementação prática) de seu acompanhamento direto pela instituição de ensino. Assim deve haver, além da designação de um supervisor no âmbito do concedente do estágio, a disponibilidade de um Professor orientador de estágios na instituição de ensino, nos termos dos artigos 3º, § 1º e 7º, inciso IV, da Lei n. 11.788/2008.

Por fim, deve haver observância às vantagens conferidas pela lei ao estagiário. São elas, em síntese: a) jornada limitada: artigo 10, Lei n. 11.788/2008; b) recesso anual: artigo 13, Lei n. 11.788/2008; c) limite de estagiários: artigo 11, Lei n. 11.788/2008; d) seguro: artigo 9º, IV, Lei n. 11.788/2008; e) saúde e segurança: artigo 14, Lei n. 11.788/2008; f) bolsa e auxílio-transporte: artigo 12, Lei n. 11.788/2008, no caso de estágio não obrigatório (extracurricular). Facultativamente poderá o concedente do estágio prever: a) bolsa e auxílio-transporte para contratos de estágio obrigatório: artigo 12, Lei n. 11.788/2008 e, b) alimentação, saúde, etc.: artigo 12, § 1º, Lei n. 11.788/2008.

Houve, aqui, a consagração de direitos mínimos aos estagiários (estágio extracurricular), que deverão receber contraprestação pelo trabalho, terão limite de jornada, recesso anual, descanso semanal, auxílio-transporte, seguro e respeito às regras básicas de saúde e segurança no trabalho. É possível compreender a expansão de direitos a tais trabalhadores não empregados como forma de valorização social do trabalho e de realização da dignidade da pessoa humana. Nesta linha, imperioso interpretar a regra do artigo 12 da Lei de Estágio como obrigação de pagamento do salário-mínimo-hora, pelo menos, para que se realize, assim, a finalidade precípua da exigência legal.

Mais importantes do que os requisitos formais tendem a ser, na prática cotidiana, os requisitos materiais. São eles, nos termos da lei e da doutrina do Prof. Mauricio Godinho Delgado: 1. *possibilidade de experiência prática*: artigo 9º, II, Lei n. 11.788/2008. 2. *harmonia entre formação educacional e profissional*. 3. *complementação do ensino na prática*.[13]

Em tal sentido, com o devido respeito, pouco provável que os estudantes do ensino médio consigam, no plano jurídico e observados os rigores da lei, firmar contratos de estágio válidos.

A essência do estágio é a possibilidade de alguém (concedente do estágio) se ocupar da complementação prática da formação profissional e acadêmica de outrem (estagiário), sob a orientação da instituição de ensino a que se vincula o estagiário. Assim, somente haverá relação de estágio suficiente a afastar o

---

(13) DELGADO, Mauricio Godinho. *Curso de Direito do Trabalho*. 11. ed. São Paulo: LTr, 2012.

vínculo empregatício se o estudante puder, no cotidiano da relação mantida, vivenciar na prática o que aprende na escola.

Ainda que não seja empregado, partindo do suposto de que é trabalhador, receberá o estagiário tutela mínima específica como forma de valorização social e de realização da dignidade preconizada na Constituição da República Federativa do Brasil.

Importante também destacar o trabalhador avulso não portuário.

O trabalhador avulso não-portuário, popularmente tratado por "chapa", é figura bastante antiga e conhecida no mercado de trabalho brasileiro, tendo recebido, somente em 2009, especial proteção quanto à sua prestação laborativa. Georgenor de Sousa Franco Filho define as características do trabalho historicamente empreendido pelos "chapas":

> É o antigo chapa, um trabalhador sem vínculo empregatício e sem proteção alguma, que antes se colocava às proximidades dos locais onde costumeiramente eram feitas carga e descarga de mercadorias diversas, e era chamado sem critério para a tarefa, recebia uma quantia qualquer pelo esforço despendido, ia embora, retornava no dia seguinte, fazia as mesmas coisas, e assim repetia dia após dia, a rotina do trabalho sem nenhuma espécie de benefício.[14]

A movimentação de mercadorias em geral, atividade laborativa tratada pela Lei n. 12.023/2009, pode ser empreendida tanto por trabalhadores empregados quanto por avulsos (artigo 3º), em áreas urbanas ou rurais e, no caso destes (objeto do presente estudo), necessariamente mediante intermediação do sindicato da categoria (artigo 1º).

Compreendeu o Estado a necessidade de tutela especial dos trabalhadores não empregados envolvidos nas diversas atividades de movimentação de mercadorias em geral previstas pelo artigo 2º da Lei n. 12.023/2009:

> Art. 2º São atividades da movimentação de mercadorias em geral:
>
> I – cargas e descargas de mercadorias a granel e ensacados, costura, pesagem, embalagem, enlonamento, ensaque, arrasto, posicionamento, acomodação, reordenamento, reparação da carga, amostragem, arrumação, remoção, classificação, empilhamento, transporte com empilhadeiras, paletização, ova e desova de vagões, carga e descarga em feiras livres e abastecimento de lenha em secadores e caldeiras;
>
> II – operações de equipamentos de carga e descarga;
>
> III – pré-limpeza e limpeza em locais necessários à viabilidade das operações ou à sua continuidade.

---

(14) FRANCO FILHO, Georgenor de Sousa. Trabalhador Avulso Não-Portuário – A situação do Chapa. *Revista LTr*, São Paulo: LTr, v. 76, maio, 2012. p. 544.

A fruição de direitos pelos "chapas" depende de sua organização coletiva em sindicatos, que terão obrigações diversas na gestão da mão de obra avulsa e que exigirão dos contratantes da força produtiva contraprestação suficiente à sua observância integral. Tal se dá em vista da dificuldade consistente em exigir o cumprimento das obrigações diretamente na linha bilateral de contratação de trabalho sem vínculo empregatício, vez que as tarefas são de curta duração e, regra geral, marcadas pelo caráter da eventualidade. Assim, os sindicatos, por si e por seus dirigentes, se obrigam nos seguintes termos:

> Art. 5º São deveres do sindicato intermediador:
>
> I – divulgar amplamente as escalas de trabalho dos avulsos, com a observância do rodízio entre os trabalhadores;
>
> II – proporcionar equilíbrio na distribuição das equipes e funções, visando à remuneração em igualdade de condições de trabalho para todos e a efetiva participação dos trabalhadores não sindicalizados;
>
> III – repassar aos respectivos beneficiários, no prazo máximo de 72 (setenta e duas) horas úteis, contadas a partir do seu arrecadamento, os valores devidos e pagos pelos tomadores do serviço, relativos à remuneração do trabalhador avulso;
>
> IV – exibir para os tomadores da mão de obra avulsa e para as fiscalizações competentes os documentos que comprovem o efetivo pagamento das remunerações devidas aos trabalhadores avulsos;
>
> V – zelar pela observância das normas de segurança, higiene e saúde no trabalho;
>
> VI – firmar Acordo ou Convenção Coletiva de Trabalho para normatização das condições de trabalho.
>
> § 1º Em caso de descumprimento do disposto no inciso III deste artigo, serão responsáveis, pessoal e solidariamente, os dirigentes da entidade sindical.
>
> § 2º A identidade de cadastro para a escalação não será a carteira do sindicato e não assumirá nenhuma outra forma que possa dar ensejo à distinção entre trabalhadores sindicalizados e não sindicalizados para efeito de acesso ao trabalho.

As empresas tomadoras do trabalho avulso, que são aquelas que se apropriam da força produtiva dos "chapas", respondem solidariamente pela efetiva remuneração do trabalho contratado e são responsáveis pelo recolhimento dos encargos fiscais e sociais, bem como das contribuições ou de outras importâncias devidas à Seguridade Social, no limite do uso que fizerem do trabalho avulso intermediado pelo sindicato (artigo 8º).

Assim, os avulsos não portuários organizados em sindicatos passaram a ter, desde 2009, direitos mínimos que garantem sua inserção profissional protegida, nos termos da regra do artigo 4º da Lei n. 12.023/2009, com destaque para o conteúdo de seu inciso III:

Art. 4º O sindicato elaborará a escala de trabalho e as folhas de pagamento dos trabalhadores avulsos, com a indicação do tomador do serviço e dos trabalhadores que participaram da operação, devendo prestar, com relação a estes, as seguintes informações:

I – os respectivos números de registros ou cadastro no sindicato;

II – o serviço prestado e os turnos trabalhados;

III – as remunerações pagas, devidas ou creditadas a cada um dos trabalhadores, registrando-se as parcelas referentes a:

a) repouso remunerado;

b) Fundo de Garantia por Tempo de Serviço;

c) 13º salário;

d) férias remuneradas mais 1/3 (um terço) constitucional;

e) adicional de trabalho noturno;

f) adicional de trabalho extraordinário.

Trata-se de inserção profissional protegida e valorizada, o que, também aqui, dá concretude aos princípios constitucionais de valorização do trabalho e dos cidadãos trabalhadores, sejam ou não empregados.

Por fim, a análise da situação especial dos motoristas profissionais não empregados.

A Lei n. 12.619, de 30 de abril de 2012, tratou de regulamentar a profissão de motorista através de alterações no texto celetista (o que não será objeto de análise detida no presente estudo, por tratar-se de relação de emprego)[15] e que fixou limites de jornada e obrigação de intervalos para estes trabalhadores, empregados ou não, através de novas regras inseridas também no Código de Trânsito Brasileiro. Os destinatários da norma, especificamente no que concerne aos motoristas profissionais não empregados, são aqueles que dirigem veículos de transporte e de condução escolar, de transporte de passageiros com mais de dez lugares e os de transporte de carga com peso bruto total superior a 4.536 kg.[16]

A finalidade da regra fixada, tanto para motoristas empregados quanto para transportadores autônomos de carga (TAC) e outros profissionais não empregados, foi limitar o excesso de trabalho a que vinham sendo submetidos indistintamente, o que é benéfico não só para a saúde destes, mas, também, para a preservação da vida no trânsito em geral. No âmbito da relação empregatícia a medida legislativa foi simples e eficiente, no sentido de responsabilizar o empregador pelo respeito ao limite de jornada. Por outro lado, tal medida não foi possível em relação aos demais motoristas profissionais não empregados, vez que não se subordinam aos contratantes de seus serviços de transporte.

---

(15) A Lei 12.619/2012, no que concerne aos motoristas empregados, deixou claro o que já era perceptível: os limites de jornada, os intervalos intrajornada e entrejornada, o direito ao adicional noturno e à legal redução ficta da hora noturna, dentre outros, também se aplicam à categoria, ainda que em trabalho externo.

(16) Nos termos das regras contidas nos artigos 67-A e 105, inciso II, do Código de Trânsito Brasileiro.

Assim, diante da realidade brasileira e da necessidade de proteção a todos os que trafegam pelo país, a análise a ser empreendida tem uma particularidade no mínimo desconcertante: a inserção dos direitos de descanso para os motoristas profissionais não empregados se deu sob a forma de punição para aqueles que descumprirem as exigências legais, ou seja, principalmente aos próprios destinatários da regra protetiva.[17]

Inobstante tal estratégia de ação legislativa, é possível compreender, sem maiores dúvidas, a consagração de direitos mínimos aos trabalhadores motoristas profissionais não empregados, sobretudo aqueles no transporte de cargas. Trata-se de proteção à parte hipossuficiente de relação capital-trabalho, vez que não é crível que o motorista profissional opte, seja por deleite, por vocação ou por abnegação, pelo desgaste consistente em dirigir exaustivamente. O que há, na verdade, são as exigências do mercado capitalista que limitam a vontade do trabalhador do transporte. Assim sendo, cabe ao Estado intervir na relação entre capital e trabalho para fixar limites de exploração da força produtiva, o que caracteriza a Lei n. 12.619/2012 no mesmo patamar das demais anteriormente comentadas.

Não podendo exigir diretamente do contratante dos serviços de transporte que não é empregador o respeito ao limite de jornada fixou a Lei n. 12.619/2012 restrições direcionadas aos motoristas profissionais e que representam, compreendam hoje ou não, direitos que revelam valorização social de seu trabalho.

Assim, são direitos dos trabalhadores motoristas profissionais não empregados, com relação à sua disposição laborativa, os seguintes limites inseridos no novo artigo 67-A do Código de Trânsito Brasileiro:

> Art. 67-A. *É vedado ao motorista profissional, no exercício de sua profissão e na condução de veículo mencionado no inciso II do art. 105 deste Código, dirigir por mais de 4 (quatro) horas ininterruptas.*
>
> *§ 1º Será observado intervalo mínimo de 30 (trinta) minutos para descanso a cada 4 (quatro) horas ininterruptas na condução de veículo referido no caput, sendo facultado o fracionamento do tempo de direção e do intervalo de descanso, desde que não completadas 4 (quatro) horas contínuas no exercício da condução.*
>
> *§ 2º Em situações excepcionais de inobservância justificada do tempo de direção estabelecido no caput e desde que não comprometa a segurança rodoviária, o tempo de direção poderá ser prorrogado por até 1 (uma) hora, de modo a permitir que o condutor, o veículo e sua carga cheguem a lugar que ofereça a segurança e o atendimento demandados.*

---

(17) Tal situação gerou protestos de caminhoneiros em todo o Brasil, que insistem em trabalhar sem a observância de períodos mínimos de descanso e que não concordam com as punições estabelecidas pela Lei n. 12.619/2012. Por enquanto, na verdade, parecem não ver a limitação de jornada e a efetivação de períodos mínimos de descanso como *direitos*, o que tende a se modificar tão logo os benefícios sejam percebidos pela categoria.

§ 3º *O condutor é obrigado a, dentro do período de 24 (vinte e quatro) horas, observar um intervalo de, no mínimo, 11 (onze) horas de descanso, podendo ser fracionado em 9 (nove) horas mais 2 (duas), no mesmo dia.*

§ 4º *Entende-se como tempo de direção ou de condução de veículo apenas o período em que o condutor estiver efetivamente ao volante de um veículo em curso entre a origem e o seu destino, respeitado o disposto no § 1º, sendo-lhe facultado descansar no interior do próprio veículo, desde que este seja dotado de locais apropriados para a natureza e a duração do descanso exigido.*

§ 5º *O condutor somente iniciará viagem com duração maior que 1 (um) dia, isto é, 24 (vinte e quatro) horas após o cumprimento integral do intervalo de descanso previsto no § 3º.*

§ 6º *Entende-se como início de viagem, para os fins do disposto no § 5º, a partida do condutor logo após o carregamento do veículo, considerando-se como continuação da viagem as partidas nos dias subsequentes até o destino.*

Pela lei, todos os motoristas profissionais destinatários da norma, empregados ou não, fazem jus ao limite de jornada, ao descanso semanal e aos intervalos intra e entrejornadas, pois traduzem vantagens elementares que não só consagram direitos, mas, também, melhoram a segurança nas estradas do Brasil.

Conforme o exposto a responsabilidade pelo respeito à regra protetiva é do principal destinatário da proteção, que é o motorista profissional não empregado, nos termos da regra do artigo 67-C do Código de Trânsito Brasileiro:

Art. 67-C. O motorista profissional na condição de condutor é responsável por controlar o tempo de condução estipulado no art. 67-A, com vistas na sua estrita observância.

Parágrafo único. O condutor do veículo responderá pela não observância dos períodos de descanso estabelecidos no art. 67-A, ficando sujeito às penalidades daí decorrentes, previstas neste Código.

Tal responsabilidade primeira não isenta o contratante dos serviços de obrigações para a concretização do direito, nos termos das regras contidas no parágrafo 7º do artigo 67-A do Código de Trânsito Brasileiro e do artigo 9º da Lei n. 12.619/2012:

Art. 67-A. É vedado ao motorista profissional, no exercício de sua profissão e na condução de veículo mencionado no inciso II do art. 105 deste Código[18]*, dirigir por mais de 4 (quatro) horas ininterruptas.*

---

(18) Veículos de transporte e de condução escolar, os de transporte de passageiros com mais de dez lugares e os de carga com peso bruto total superior a quatro mil, quinhentos e trinta e seis quilogramas.

(...)

§ 7º *Nenhum transportador de cargas ou de passageiros, embarcador, consignatário de cargas, operador de terminais de carga, operador de transporte multimodal de cargas ou agente de cargas permitirá ou ordenará a qualquer motorista a seu serviço, ainda que subcontratado, que conduza veículo referido no caput sem a observância do disposto no § 5º.*

Art. 9º *As condições sanitárias e de conforto nos locais de espera dos motoristas de transporte de cargas em pátios do transportador de carga, embarcador, consignatário de cargas, operador de terminais de carga, operador intermodal de cargas ou agente de cargas, aduanas, portos marítimos, fluviais e secos e locais para repouso e descanso, para os motoristas de transporte de passageiros em rodoviárias, pontos de parada, de apoio, alojamentos, refeitórios das empresas ou de terceiros terão que obedecer ao disposto nas Normas Regulamentadoras do Ministério do Trabalho e Emprego, dentre outras.*

Ora, se a Lei n. 12.619/2012 traz mais segurança para o trabalhador, se valoriza o seu trabalho e protege o seu descanso, se impõe condições para o respeito à sua inserção profissional no sistema capitalista, então uma conclusão se impõe: trata-se de regra indisponível, que respeita os princípios constitucionais básicos do cidadão trabalhador (artigo 1º, III e IV; artigo 3º, III e artigo 6º) e que deve ser compreendida como norma de extensão de direitos mínimos àqueles que, mesmo não sendo empregados, demandam tutela específica, ainda que fixada através de regra punitiva (CTB).

Diante de todo o exposto, é possível compreender um novo direcionamento do Estado brasileiro no sentido da consagração de direitos mínimos a trabalhadores não empregados em situações específicas de prestação laborativa, com destaque, aqui, para cooperados, estagiários, "chapas" e motoristas profissionais.

Importante também perceber o abandono da postura neoliberal característica dos anos 1990, momento em que o Poder Executivo implementou alterações legislativas em sentido diametralmente oposto, pois as medidas eram sempre para restringir direitos trabalhistas dos empregados.

Que o Brasil continue seguindo o caminho da proteção, pois somente assim concretizará, no plano dos fatos, os princípios constitucionais previstos desde 1988 e que devem ser compreendidos como direitos de todos os cidadãos trabalhadores.

Capítulo 5

Relações de Trabalhos Especiais: voluntário e religioso

1. Trabalho Voluntário
   a) noção geral
   b) dimensão subjetiva do trabalho voluntário:
      1) ânimo do prestador
      2) inexistência de contraprestação
      3) ressarcimento de despesas. Lei n. 9.608/1998, artigo 3º
   c) dimensão objetiva:
      1) causa benevolente
         – causas: Lei n. 9.608/1998, artigo 1º. Rol exemplificativo
         – inexigência de formalidades, não obstante o artigo 2º, Lei n. 9.608/98
2. Trabalho Religioso
   a) noção geral
   b) jurisprudência atual

O Direito do Trabalho, em sua perspectiva material e como regra geral, somente se ocupa das relações empregatícias. Vale, entretanto, destacar aqui duas relações de trabalho sem vínculo de emprego por sua proximidade fática com a relação empregatícia: o trabalho voluntário e o trabalho religioso.

Inicialmente o trabalho voluntário.

A inexistência de vínculo empregatício entre o trabalhador voluntário e o seu contratante é presunção legal (que admite prova em contrário) prevista no parágrafo único do artigo 1º da Lei n. 9.608/1998, embora absolutamente desnecessário:

> Art. 1º *Considera-se serviço voluntário, para fins desta Lei, a atividade não remunerada, prestada por pessoa física a entidade pública de qualquer natureza, ou a instituição privada de fins não lucrativos, que tenha objetivos cívicos, culturais, educacionais, científicos, recreativos ou de assistência social, inclusive mutualidade. Parágrafo único. O serviço voluntário não gera vínculo empregatício, nem obrigação de natureza trabalhista previdenciária ou afim.*

A inexistência da relação empregatícia não decorre do texto de lei antes destacado, mas essencialmente, da inexistência de onerosidade na relação de trabalho mantida, o que inviabiliza a existência do emprego, nos termos do artigo 3º da CLT.

É claro que tal dispositivo legal (parágrafo único do artigo 1º da Lei n. 9.608/1998) deve ser entendido como presunção legal, sendo certo que se a pactuação voluntária for *fraudulenta* haverá espaço para o reconhecimento do vínculo de emprego entre o trabalhador e aquele que explorou sua força produtiva.

O vínculo voluntário será preservado íntegro, ou seja, sem que haja o reconhecimento do contrato de emprego, em apertada síntese, se a relação não for onerosa.

O Professor Mauricio Godinho Delgado destaca as dimensões subjetiva e objetiva do trabalho voluntário. A dimensão subjetiva considera o *ânimo* do prestador dos serviços e a *ausência de contraprestação*, podendo haver ressarcimento de despesas. A dimensão objetiva leva em conta a causa pela qual trabalha o voluntário.[1]

Subjetivamente deve-se compreender, para identificar o trabalho voluntário (e consequentemente para afastar o vínculo empregatício) o *ânimo* do prestador dos serviços. O trabalhador não deve pretender ganhos econômicos com o trabalho entregue e que deve ter objetivos cívicos, culturais, educacionais, científicos, recreativos ou de assistência social. Conforme já expresso anteriormente, o trabalho voluntário é gracioso, e não oneroso.

Deve também inexistir contraprestação pelo trabalho entregue. Ainda que haja entrega de dinheiro (artigo 3º da Lei n. 9.608/1998) tal não se dá *pelo trabalho* que é desenvolvido, mas *para que* se desenvolva o trabalho. Não pode haver, enfim, pagamento por trabalho, vez que o vínculo não é oneroso.

---

(1) DELGADO, Mauricio Godinho. *Curso de Direito do Trabalho*. São Paulo: LTr, 2011.

Pode haver, como exposto, ressarcimento de despesas feitas pelo trabalhador para que possa se inserir em trabalho voluntário, sem que se caracterize, com isso, onerosidade. A natureza jurídica da entrega de valor deve ser *indenizatória*, e não *remuneratória*. Assim, o prestador do serviço voluntário poderá ser ressarcido pelas despesas que comprovadamente realizar no desempenho das atividades voluntárias (artigo 3º da Lei n. 9.608/1998).

Em uma dimensão objetiva, observa-se se o trabalho tem finalidade (causa) benevolente. A Lei n. 9.608/1998 traz rol exemplificativo em seu citado artigo 1º.

Ainda que o legislador tenha feito previsão de celebração de termo de adesão (formalidade) para o exercício do trabalho voluntário (Lei n. 9.608/1998, artigo 2º), a inexistência do registro formal não afasta o vínculo gracioso, desde que observadas as dimensões subjetiva e objetiva deste tipo de labor.

> Art. 2º *O serviço voluntário será exercido mediante a celebração de termo de adesão entre a entidade, pública ou privada, e o prestador do serviço voluntário, dele devendo constar o objeto e as condições de seu exercício.*

No mesmo sentido, o fato de haver observância à formalidade expressa em lei não caracteriza o vínculo voluntário, que decorre dos fatos e não do documento.

Observe-se aqui, por fim, a possibilidade (ou não) de existência de relação de emprego em trabalho de cunho *religioso*.

Para que se conclua sobre a possibilidade ou não de vínculo empregatício em caso de trabalho religioso deve-se observar a presença ou ausência do elemento fático-jurídico onerosidade. No que tange à onerosidade é possível inferir, com base no Direito Civil, que oneroso é o contrato em que "ambas as partes visam a obter vantagens ou benefícios, impondo-se encargos reciprocamente em benefício uma da outra."[2] Ou, ainda, consoante lição de César Fiuza: "São contratos em que ambas as partes suportam um ônus correspondente à vantagem que obtêm."[3]

Como regra, portanto, em uma análise juslaboral, pode-se dizer que a onerosidade se manifesta, sob a ótica do trabalhador, *"pelo pagamento, pelo empregador, de parcelas dirigidas a remunerar o empregado em função do contrato empregatício pactuado.*[4] Assim, onerosa é a relação de emprego em que há o efetivo pagamento ao obreiro de parcela remuneratória aos serviços prestados.

A onerosidade em Direito do Trabalho, para fins de caracterização da relação de emprego, deve ser entendida não só do ponto de vista objetivo, antes exposto, ou seja, se houve ou não pagamento de valores em contrapartida à utilização dos

---

(2) PEREIRA, Caio Mário da Silva. *Instituições de Direito Civil.* v. III. 10. ed. Rio de Janeiro: Forense, 1997. p. 37.

(3) FIUZA, César. *Direito Civil: Curso Completo.* 4. ed. Belo Horizonte: Del Rey, 2001. p. 252.

(4) DELGADO, Mauricio Godinho. *Curso de Direito do Trabalho.* São Paulo: LTr, 2002. p. 293.

serviços obreiros, mas, também, do ponto de vista subjetivo, sobretudo em se tratando de trabalho religioso.

> No plano subjetivo, a onerosidade manifesta-se pela intenção contraprestativa, pela intenção econômica (intenção onerosa, pois) conferida pelas partes – em especial pelo prestador de serviços – ao fato da prestação de trabalho. Existirá o elemento fático jurídico da onerosidade no vínculo firmado entre as partes caso a prestação de serviços tenha sido pactuada, pelo trabalhador, com o intuito contraprestativo trabalhista, com o intuito essencial de auferir um ganho econômico pelo trabalho ofertado.[5]

Em diversas situações de trabalho religioso há a entrega de valores ao trabalhador, devendo o julgador, de acordo com a sua compreensão sobre o fenômeno sociojurídico, perceber a existência ou não da onerosidade no plano subjetivo.

Eis elucidativas decisões do Tribunal Regional do Trabalho da 3ª Região:

> IMUNIDADE DE JURISDIÇÃO. SEITA RELIGIOSA. PRETENSÃO A COLOCAR-SE ACIMA DO ESTADO E DA LEI DO PAÍS. IMPOSSIBILIDADE LEGAL. SEPARAÇÃO CONSTITUCIONAL ENTRE ESTADO E IGREJA. INTERPRETAÇÃO E LIMITES. (...) RELAÇÃO DE EMPREGO. CONFIGURAÇÃO. A venda, mesmo pelo crente, de livros de divulgação do credo religioso editados e comerciados pela igreja, tanto pode ser realizada sob a forma de voluntariado ou missionarismo infenso realmente à lei trabalhista quanto sob a de trabalho em tempo integral, sob normas rígidas, controle, direção e vinculado a resultados, com remuneração, esta através de comissões sobre as vendas. O que já atrai e interessa à legislação trabalhista. No caso, a prova mostra controle intenso e direto da jornada de trabalho, sendo o trabalhador obrigado a indicar quantas horas diárias dedicou à atividade de vendas e a registrar quantas visitas efetuou e quantas vendas fez ou se as deixou de fazer em cada dia. Recebendo 40% de comissão sobre o que vendesse. Isso, de permeio com legítimas atividades de apostolado, inseridas por espírito religioso ou para camuflar o caráter eminentemente mercantil das visitas domiciliares (pessoas convertidas ou espiritualmente socorridas em cada lar etc). A tônica do trabalho porém, com jornadas controladas e fiscalizadas, de 8 a 10 horas por dia, em regime de dedicação exclusiva, era o "ministério" de vendas, eufemisticamente chamado "divulgação da palavra". Missionário é o divulgador da fé que se dedica exclusivamente a isso, sendo mantido, em suas necessidades, geralmente parcas face aos votos de simplicidade de vida material, pelas rendas da igreja. Já o que trabalha ganhando comissões, muito ou pouco segundo o que produza em termos de negócios comerciais, e independente do que necessite, isto é, tem de produzir para comer e vir, é empregado. Reconhecida, por unanimidade, a relação de emprego entre as partes, retornando os autos à d. origem para prosseguimento do julgamento.[6]

---

(5) DELGADO, Mauricio Godinho. Curso de Direito do Trabalho. São Paulo: LTr, 2002. p. 294.

(6) TRT, 3ª Região, RO 8662/2002, Órgão Julgador: 3ª Turma, Rel. Juiz Paulo Araújo, publ. DJMG de 14/12/2002, Recorrente Josemar Pereira Mendes, Recorrida Associação de União Este Brasileira dos Adventistas do Sétimo Dia.

> EMENTA: RELAÇÃO DE EMPREGO. SERVIÇO RELIGIOSO. PASTOR EVANGÉ-
> LICO. O trabalho de cunho religioso não constitui objeto de um contrato de emprego,
> pois, sendo destinado à assistência espiritual e à divulgação da fé, não é avaliável
> economicamente. Ademais, nos serviços religiosos prestados ao ente eclesiástico, não
> há interesses distintos ou opostos, capazes de configurar o contrato; as pessoas que os
> executam, o fazem como membros da mesma comunidade, dando um testemunho de
> generosidade, em nome de sua crença. Tampouco pode-se falar em obrigação das par-
> tes, pois, do ponto de vista técnico, aquela é um vínculo que nos constrange a dar, fazer
> ou não fazer alguma coisa em proveito de outrem. Esse constrangimento não existe no
> tocante aos deveres da religião, aos quais as pessoas aderem espontaneamente, imbu-
> ídas do espírito de fé. Em conseqüência, quando o religioso, seja frei, padre, irmã ou
> freira, presta serviço por espírito de seita ou voto, exerce profissão evangélica a serviço
> da comunidade religiosa a que pertence, estando excluído do ordenamento jurídico-
> -trabalhista, ou seja, não é empregado. Isto porque há uma relação causal direta com o
> cumprimento dos votos impostos pela ordem religiosa e uma presunção de gratuidade
> da prestação, que é disciplinada pelo Direito Canônico, no caso da Igreja Católica
> Apostólica Romana. O mesmo raciocínio se aplica ao pastor, pregador, missionário ou
> ministro do culto religioso, quando atuam na divulgação do evangelho, na celebração
> do culto, orientando e aconselhando os membros da Igreja.[7]

A discussão e as conclusões não se aplicam, nos termos de Tratado entre Brasil e Vaticano, à Igreja Católica. Nos demais casos, é possível o vínculo empregatício entre o trabalhador religioso e a instituição à qual se dedica, desde que presente, no plano subjetivo, a onerosidade.

---

(7) TRT, 3ª Região, RO 14609/2002, Órgão Julgador: 2ª Turma, Rel. Juiza Alice Monteiro de Barros, publ. DJMG de 14/12/2002, Recorrente João Eurípedes Morais Mendes, Recorridos Igreja Presbiteriana de Formiga e outro.

Capítulo 6

Trabalho Parassubordinado: análise e possibilidade protetiva

1. *Subordinação: conceitos possíveis*
2. *Críticas à parassubordinação*
3. *Parassubordinação como possibilidade de emprego*
   a) *releitura ampliada do artigo 3º da CLT*
   b) *princípios aplicáveis*

A subordinação clássica, no modelo de produção taylorista-fordista, sempre atendeu aos anseios dos trabalhadores, dos operadores jurídicos, dos movimentos sociais, bem como dos empregadores capitalistas. A forma típica do trabalho protegido, aquela do empregado subordinado, abrangia a imensa maioria dos trabalhadores que necessitavam de tutela. As leis trabalhistas atuais regulam o contrato de emprego e contemplam a classe dependende de proteção, ao mesmo tempo em que satisfazem, não se pode negar, os interesses mediatos dos detentores do capital.[1]

Ocorre, entretanto, que a subordinação clássica vem se mostrando cada vez mais ausente em determinados novos tipos de relação de trabalho no Brasil e em todo o mundo capitalista ocidental.

A crise do trabalho, do direito do trabalho ou da subordinação clássica é uma realidade. Diversas propostas no sentido de uma nova abordagem do fenômeno justrabalhista em sua essência vêm sendo apresentadas pelos doutrinadores brasileiros, com destaque inicial para os conceitos de subordinação reticular e de subordinação estrutural.

Sobre o tema "subordinação reticular", originalmente proposto por José Eduardo de Resende Chaves Jr., os esclarecimentos de Luiz Otávio Linhares Renault e Dárlen Prietsch Medeiros:

> *A expressão subordinação reticular foi originalmente proposta por José Eduardo de Resende Chaves Júnior e Marcus Menezes Barberino Mendes.*
>
> *De acordo com ela, esse pressuposto não poderia mais ser visto apenas sob o prisma jurídico. Indispensável a sua ampliação para o aspecto econômico, visando-se, com ela, a ampliação do alcance das normas trabalhistas.*
>
> *Chaves Júnior explica que a nova organização produtiva concebeu a empresa-rede, que se irradia por meio de um processo de expansão e fragmentação, que, por seu turno, tem necessidade de desenvolver uma nova forma correlata de subordinação: a reticular. Ou seja, o modelo atual apresenta empresas interligadas em rede, que no final dessa cadeia irão beneficiar uma empregadora. A partir daí, tem-se que, havendo subordinação econômica entre a empresa prestadora de serviços e a tomadora, esta seria diretamente responsável pelos empregados daquela, configurando a subordinação estrutural reticular.*[2]

---

(1) Segundo o Professor Dr. Mauricio José Godinho Delgado, o Direito do Trabalho possui, também, uma função política conservadora, pois "confere legitimidade política e cultural à relação de produção básica da sociedade contemporânea", ou seja, o ramo jurídico justrabalhista sustenta o *status quo* na medida em que serve para refrear os movimentos sociais, que, ao se contentarem com a proteção mínima conferida pelo direito, não buscam maiores conquistas sociais e não pressionam, de forma mais incisiva, seus empregadores.

(2) RENAULT, Luiz Otávio Linhares; MEDEIROS, Dárlen Prietsch. "A Subordinação sem Derivações Semânticas". *In*: RENAULT, Luiz Otávio Linhares; CANTELLI, Paula Oliveira; PORTO, Lorena Vasconcelos; NIGRI, Fernanda (orgs.). *Parassubordinação: homenagem ao Professor Márcio Túlio Viana*. São Paulo: LTr, 2011. p. 183.

No que concerne à subordinação estrutural, a fonte privilegiada é o Prof. Mauricio Godinho Delgado:

> Estrutural é, finalmente, a subordinação que se expressa 'pela inserção do trabalhador na dinâmica do tomador de seus serviços, independentemente de receber (ou não) suas ordens diretas, mas acolhendo, estruturalmente, sua dinâmica de organização e funcionamento. Nesta dimensão da subordinação, não importa que o trabalhador se harmoniza (ou não) aos objetivos do empreendimento, nem que receba ordens diretas das específicas chefias deste: o fundamental é que esteja estruturalmente vinculado à dinâmica operativa da atividade do tomador de serviços.'[3]

Tal conceito ou dimensão da subordinação, como antes exposto, não afasta o conceito de subordinação clássica, mas apenas possibilita ao intérprete, em casos concretos mais complexos, decidir pela vinculação jurídica empregatícia. As ordens emanadas pelo contratante, como bem destaca o Prof. Luiz Otávio Linhares Renault, "podem ser explícitas ou implícitas, rígidas ou maleáveis, constantes ou esporádicas, em ato ou em potência",[4] cabendo ao intérprete perceber a subordinação dentro de uma visão mais ampla, contemporânea, concretizando assim o princípio da proteção à parte hipossuficiente da relação mantida, que é o trabalhador.

Tem havido, entretanto, críticas à teoria da subordinação estrutural, pois não estaria em consonância com a legislação trabalhista brasileira, o que, *data maxima venia*, é percepção conservadoramente equivocada sobre o Direito do Trabalho, como se infere da seguinte decisão do TRT da 3ª Região:

> EMENTA: RELAÇÃO DE EMPREGO – ELEMENTOS CONSTITUTIVOS – INDISPENSABILIDADE DA PRESENÇA DO CLÁSSICO ELEMENTO DA SUBORDINAÇÃO JURÍDICA EM CONTRAPOSIÇÃO AO ETÉREO CONCEITO DE SUBORDINAÇÃO ESTRUTURAL. Em se tratando da relação jurídica de emprego, é imprescindível a conjugação dos supostos fático-jurídicos inscritos no artigo 3º da CLT, a saber: pessoalidade da prestação de serviços; trabalho não eventual; onerosidade da prestação; e, finalmente, o elemento essencial da subordinação jurídica. Portanto, apenas o somatório destes requisitos é que representará o fato constitutivo complexo do vínculo de emprego, que deve ser provado por quem invoca o direito. A adotar-se o difuso e etéreo conceito de "subordinação estrutural" será possível o reconhecimento de vínculo de emprego em qualquer situação fática submetida a esta Justiça, simplesmente porque não há, no mundo real das relações econômicas, qualquer atividade humana que não se entrelace ou se encadeie com o objetivo final de qualquer empreendimento, seja ele produtivo ou não. Chegar-se-ia ao resultado surrealista de declaração de vínculo de emprego entre o metalúrgico que forja o ferro gusa nas pequenas siderúrgicas com a General Motors ou a Toyota que o utilizam na fabricação de seus veículos. Portanto,

---

(3) DELGADO, Mauricio Godinho. *Curso de Direito do Trabalho*. 10. ed. São Paulo: LTr, 2011. p. 294.

(4) RENAULT, Luiz Otávio Linhares. "Parassubordinação: Para Quê?" *In*: RENAULT, Luiz Otávio Linhares et. al. (Coord). *Parassubordinação: homenagem ao Professor Márcio Túlio Viana*. São Paulo: LTr, 2011. p. 37.

para fins de aferir a existência de relação de emprego, ainda prevalece a clássica noção de subordinação, na sua tríplice vertente: jurídica, técnica e econômica. Ao largo dessa clássica subordinação, nada mais existe a não ser puro diletantismo ou devaneio acadêmico, máxime na realidade contemporânea onde a tendência irrefreável da história é a consagração do trabalho livre e competitivo. (TRT, 3ª Região, 9ª Turma, processo 0114200-73.2009.5.03.0138, Recurso Ordinário, relator juiz convocado João Bosco Pinto Lara, publicação DEJT 28.04.2010, disponível em: www.trt3.jus.br).

Na perspectiva das situações fronteiriças é também importante perceber qual é exatamente o trabalho antitético ao subordinado, que é aquele realizado com autonomia. Como a expressão indica facilmente, autônomo é aquele que cria suas próprias regras quanto ao modo da prestação laborativa. O Prof. Luiz Otávio Linhares Renault destaca a distinção entre autonomia e subordinação nos tempos atuais:

> Em se tratando de trabalho, é difícil ser autônomo quando se presta serviços pessoalmente, não eventualmente e onerosamente. Mente, e mete medo, quem quer inverter o raciocínio, investindo na exploração desenfreada do trabalho humano, na luta pelo lucro a qualquer custo, ainda que pela exploração desmedida e injusta do trabalho humano.[5]

Em uma análise pós-positivista, que valoriza os princípios de direito e o texto constitucional, é possível compreender que havendo relações fronteiriças a melhor decisão judicial é aquela que aplica ao caso concreto os direitos fundamentais do cidadão trabalhador, garantindo-lhe direitos trabalhistas através do reconhecimento do vínculo de emprego.

A subordinação segue um caminho que para alguns levará ao seu desaparecimento e para outros levará a um sensível alargamento de seus conceitos. Neste sentido, a análise do fenômeno da parassubordinação ainda é relevante.

A noção de parassubordinação tem origem no Direito Italiano e surge em 1973 como categoria juslaboral originada da Lei n. 533 daquele ano. Surge a parassubordinação como uma nova espécie, ou *fattispecie*, em Direito do Trabalho. Insere-se a parassubordinação entre a subordinação clássica e a autonomia.

São características da parassubordinação a continuidade, a coordenação, a pessoalidade e, ainda, mesmo não havendo dicção legal clara neste sentido, a fraqueza contratual do trabalhador em relação ao contratante.

Por continuidade consagram a doutrina e a jurisprudência italianas a atividade desenvolvida de forma não meramente ocasional. A continuidade, neste

---

(5) RENAULT, Luiz Otávio Linhares. "Parassubordinação: Para Quê?" *In*: RENAULT, Luiz Otávio Linhares et. al. (Coord.). *Parassubordinação: homenagem ao Professor Márcio Túlio Viana*. São Paulo: LTr, 2011. p. 40.

contexto, "não deve ser compreendida em um sentido meramente cronológico"[6], podendo, inclusive, ser a prestação laborativa de curta duração. O que é importante à caracterização da continuidade é o fato de não ser episódica a prestação.[7] É, portanto, entendimento próximo ao construído pela doutrina brasileira sobre o epíteto de "não eventualidade".

A coordenação da prestação, por sua vez, é entendida como a atenção do trabalhador às diretrizes gerais vivenciadas no âmbito do contratante, sem que haja, neste contexto, subordinação[8] no sentido clássico. É a atividade empresarial de coordenar o trabalho sem subordinar o trabalhador. É, ainda, a conexão funcional entre a atividade do prestador do trabalho e a organização do contratante. Pode significar, ainda, que na coordenação há, em diversos casos, a organização conjunta da prestação laborativa entre contratante e contratado, cabendo exclusivamente àquele, entretanto, a responsabilidade sobre o empreendimento.

A coordenação da prestação situa-se, pois, entre a subordinação e a autonomia clássicas, devendo, dada sua importância cada vez maior na vida social, receber a proteção do Estado através do direito do trabalho. É a coordenação o principal ponto de distinção e caracterização do trabalho parassubordinado.

Atualmente, a melhor doutrina critica, com fundadas razões, a utilização da parassubordinação no contexto sociojurídico brasileiro, destacando, em tal sentido, sua desnecessidade, como se infere de Jorge Luiz Souto Maior:

> Sob uma crítica mais severa, no entanto, pode-se dizer que o parassubordinado é um ser da mitologia jurídica moderna. Uma espécie de trabalhador minotauro, meio subordinado, meio autônomo. Só não se sabe se da metade para cima ou da metade para baixo...
>
> A nominação em questão não guarda nenhuma correspondência com a realidade. Diz-se que a utilidade da criação de uma espécie intermediária entre subordinados e autônomos é a de eliminar a zona cinzenta que muitas vezes se forma na separação dos dois, facilitando a aplicação do direito do trabalho em relações de trabalho não abrangidas por este. No entanto, o efeito concreto é o de se criar mais uma linha de fronteira, também cinzenta, entre o empregado e o parassubordinado, além daquela que separa este do autônomo (verdadeiramente, autônomo).[9]

---

(6) CONSOLO, Claudio; LUISO, Francesco P. *Codice di Procedura Civile Commentato*. IPSOA, 1997. p. 1326.

(7) *Ibidem*, p. 1326.

(8) *Ibidem*, p. 1326.

(9) SOUTO MAIOR, Jorge Luiz. "A Supersubordinação" *In*: RENAULT, Luiz Otávio Linhares et. al. (Coord.). *Parassubordinação: homenagem ao Professor Márcio Túlio Viana*. São Paulo: LTr, 2011. p. 59-60.

No mesmo sentido, Luiz Otávio Linhares Renault:

> *Na real verdade, a parassubordinação seria a subordinação aquém de si própria, subgraduada, acanhada consigo mesma, tímida, mais fraca, mais tênue, mais dócil, mais branda, sem nenhuma proximidade efetiva com determinadas profissões, abrangendo certos tipos de trabalhadores, com ligeiros traços de autonomia, porém indiscutivelmente subordinados, além de econômica e socialmente dependentes. Esse retraimento, espécie de timidez, não constitui a exteriorização de uma contradição, porém mera acomodação de novas morfologias do trabalho humano, marcado por uma exigência cada vez mais intensa de qualificação profissional. Os extremos, subordinação e autonomia, chocam-se sem anulação, embora revelem certo paradoxo intrinsecamente. Não se chega ao cume da dúvida hamletiana, porque, aqui, a alternativa é ser duas vezes: ser dependente, ser aparentemente autônomo. Incompatibilidade desde o nascimento, sem transbordamento, porque o parassubordinado não é nada mais do que o mesmo subordinado de outrora, que passou a ser o trabalhador autônomo por imposição de quem não lhe quer empregado. Todavia, é dependente; mesmo sendo aparentemente autônomo.*[10]

E, por fim, Márcio Túlio Viana.

> *E para que não se pensasse que o Direito do Trabalho se tornara menos protetivo, ocupou-se o novo espaço vazio com o conceito de parassubordinação. Não para nele inserir o que não coubesse, realmente, nos conceitos de subordinação e autonomia – mas para acolher todas as novas formas de trabalho que não se encaixassem desde logo, à primeira vista, à toda evidência, em um ou em outro.*
>
> *Assim, como uma espécie de vampiro, a parassubordinação só ganhou vida sugando o sangue da subordinação e mesmo o da autonomia. E nem poderia ser diferente: o nosso mundo é limitado, e seria mesmo impossível criar um terceiro gênero sem usar os pedaços dos outros dois. Lavoisier já nos ensinava que na natureza nada se perde, nada se cria, tudo se transforma...*[11]

Entretanto, não obstante sejam referenciais as lições trazidas, devo insistir em um ponto: há, sim, situações fáticas em que são claramente perceptíveis traços de autonomia jurídica e, concomitantemente, elementos indicativos de subordinação clássica. São trabalhadores para os quais proponho a mais ampla proteção laborativa. Deixar ao alvedrio judicial dizer qual dos dois se destaca mais, se os traços de autonomia ou de subordinação, não parece ser a medida interpretativa mais correta, embora seja a mais recorrente.

---

(10) RENAULT, Luiz Otávio Linhares. "Parassubordinação: Para Quê?" *In*: RENAULT, Luiz Otávio Linhares et. al. (Coord.). *Parassubordinação: homenagem ao Professor Márcio Túlio Viana*. São Paulo: LTr, 2011. p. 44.

(11) VIANA, Márcio Túlio. "Trabalhadores Parassubordinados: deslizando para fora do Direito" *In*: RENAULT, Luiz Otávio Linhares et. al. (Coord.). *Parassubordinação: homenagem ao Professor Márcio Túlio Viana*. São Paulo: LTr, 2011. p. 29-30.

O Direito do Trabalho deve estar atento às mudanças na sociedade, estendendo seu caráter protetor aos trabalhadores necessitados de tutela. A subordinação clássica, entretanto, não atende mais a todas as expectativas de tutela trabalhista. Não se justifica a proteção apenas àqueles trabalhadores que se enquadrem em uma estrutura pensada e construída para uma realidade laboral que tende a perder a centralidade nos contextos brasileiro e mundial. O Direito deve acompanhar a realidade e evoluir de acordo com a evolução social. Neste diapasão, o Direito do Trabalho deve acompanhar as mudanças no mercado e nas relações de trabalho e adaptar-se à nova realidade. As novas relações trabalhistas surgidas no pós-fordismo indicam a necessidade de se expandir a proteção do direito não só aos trabalhadores subordinados, mas também àqueles que desenvolvam seu labor com pessoalidade, de forma não eventual, em benefício e no interesse de um contratante que coordene a prestação laborativa.

É necessário um pensamento expansivo e inclusivo e não restritivo do fenômeno juslaboral.

Por fim, deve-se questionar se é possível aplicar ao atual Direito do Trabalho brasileiro o instituto da parassubordinação, tendo em vista a realidade normativa (celetista) vigente em nosso país. A resposta é positiva.

É cediço que a CLT, em seu artigo 3º, quando da definição de empregado, não traz a subordinação como elemento fático-jurídico caracterizador desta figura. Para a CLT, é empregado aquela *pessoa física* que presta serviços de natureza *não eventual* a empregador, sob a *dependência* deste e mediante *salário*. Refere-se o legislador celetista à dependência e não à subordinação. A doutrina, entretanto, há muito vem identificando a dependência celetista (art. 3º) com subordinação jurídica.

Nos primórdios do Direito do Trabalho brasileiro discutiu-se a dependência, e não a subordinação, como ponto central da estrutura justrabalhista. Para alguns autores, a dependência deveria ser entendida como pessoal, subjetiva, e teria natureza econômica, técnica ou ainda social. Mauricio Godinho Delgado assim destaca:

> *No primeiro caso (dependência econômica), a concepção fundava-se na hierarquia rígida e simétrica que tanto marca a estrutura socioeconômica de qualquer organização empresarial, colocando no vértice da pirâmide econômica o empregador e seus representantes. A relação empregatícia, em particular, seria uma projeção enfática dessa assimetria econômica que separa empregador e empregado.*[12]

E prossegue:

> *A subordinação (assimilada à expressão dependência) já foi, também, considerada como fenômeno de natureza e fundamentação técnica (dependência técnica): o empregador monopolizaria, naturalmente, o conhecimento necessário ao processo de produção*

---

(12) DELGADO, Mauricio Godinho. *Curso de Direito do Trabalho*. São Paulo: LTr, 2002. p. 298.

em que se encontrava inserido o empregado, assegurando-se, em conseqüência, de um poder específico sobre o trabalhador. A assimetria do conhecimento técnico daria fundamento à assimetria na relação jurídica de emprego.[13]

Hoje é possível depreender da doutrina brasileira que a dependência a que se refere a CLT deve ser entendida tanto como subordinação jurídica clássica quanto como subordinação estrutural ou reticular.

Assim, a Consolidação das Leis do Trabalho não pode representar óbice à aplicação da parassubordinação como elemento, também, identificador de empregado. Isso porque a dependência a que alude a norma celetista contida no artigo 3º deixa margem ao operador jurídico para determinar seu alcance. Da mesma forma que a jurisprudência e a doutrina afastaram-se da dependência (subjetiva: econômica, técnica e social) para consagrar a subordinação (inicialmente clássica e hoje também estrutural) poderá haver, hoje, a leitura deste elemento fático-jurídico (requisito ou pressuposto) não só na perspectiva da relação subordinada, mas, também, pela relação parassubordinada.

Em sentido oposto, Amauri Mascaro Nascimento:

> *A construção teórica da figura do trabalho parassubordinado teria utilidade para o direito do trabalho se tivesse uma regulamentação legal específica não coincidente com as duas áreas entre as quais se situa, o trabalho autônomo e o subordinado, mas essa regulamentação não existe, e o problema da extensão dos direitos do empregado subordinado ao parassubordinado não está resolvida nem mesmo na Itália, onde a jurisprudência é oscilante.*
>
> *Quando o trabalho parassubordinado tiver características preponderantes de subordinação, mais simples é enquadrá-lo como tal (trabalho subordinado), para o efeito de aplicação da legislação pertinente, salvo se elaborada normativa própria, sem o que não será de grande utilidade no Brasil.*[14]

Ora, tal assertiva, respeitável sem dúvidas, merece algumas considerações.

Primeiramente, há que se repetir, a subordinação jurídica também não possui, na CLT, *regulamentação legal específica* e nem tampouco *normativa própria*. O que há é a previsão da *dependência* como elemento caracterizador de empregado e não da subordinação. Já analisado que a subordinação jurídica como elemento fático-jurídico caracterizador da relação de emprego é construção jurisprudencial e doutrinária e não legislativa. Do mesmo modo que atualmente o operador do direito do trabalho entende a dependência do artigo 3º celetista como subordinação poderá haver, sem necessidade de clara previsão legal neste sentido, a extensão deste entendimento para algo mais amplo, que é a parassubordinação.

---

(13) DELGADO, Mauricio Godinho. *Curso de Direito do Trabalho.* São Paulo: LTr, 2002. p. 298.
(14) NASCIMENTO, Amauri Mascaro. *Curso de Direito do Trabalho.* 14. ed. São Paulo: Saraiva, 1997. p. 319.

Assim, se o operador pode "enquadrar" o conceito doutrinário de subordinação ao conceito legal de dependência, também poderá "enquadrar" o conceito doutrinário de parassubordinação ao conceito legal de dependência.

Para as relações jurídicas empregatícias parassubordinadas, alguns princípios hoje observados para a compreensão do Direito do Trabalho, fundado na subordinação clássica, deverão também servir de substrato para a construção e consolidação do novo fenômeno.

Assim, princípios como os da *proteção*, da *norma mais favorável*, e da *primazia da realidade sobre a forma* são aplicáveis, também e dentre outros, à parassubordinação.

Por fim, cediço que a Constituição da República de 1988 trouxe consideráveis avanços normativos, inclusive principiológicos, que influenciaram diretamente o direito pátrio. Princípios relativos à dignidade da pessoa humana, ao valor social e primado do trabalho, à submissão da propriedade à sua função social, dentre outros, devem influenciar, também, a interpretação e a aplicação da regra heterônoma de Direito do Trabalho em sua essência.

Diante do exposto, se o intérprete percebe em uma relação fática de entrega de força produtiva traços concomitantes de autonomia e subordinação clássicas, poderá aplicar ao trabalhador toda a regra trabalhista protetiva, pois o requisito "dependência" trazido no artigo 3º da CLT deve ser lido tanto como subordinação (clássica, estrutural) quanto como parassubordinação.

Capítulo 7

Teletrabalhador

1. Trabalho em domicílio: CLT, artigo 6º, caput
2. Teletrabalho na Administração de Empresas
   a) aspectos históricos
   b) definições e características
   c) a postura dos gestores
3. teletrabalho no plano jurídico
   a) definições e características
   b) aspectos controvertidos para caracterização do emprego:
      1) subordinação jurídica
      2) pessoalidade
      3) não eventualidade
   c) aspectos controvertidos sobre o controle de jornada:
      1) parágrafo único do artigo 6º da CLT
      2) CLT, artigo 62, I
      3) Constituição da República, artigo 7º, XIII e XVI
      4) sobrejornada e sobreaviso
         – Súmula n. 428, TST
      5) interpretação constitucional do limite de jornadas

A Consolidação das Leis do Trabalho reconhece, desde 1943, a possibilidade da existência da relação de emprego quando o trabalho é prestado no domicílio do trabalhador e não no estabelecimento empresarial do empregador, nos termos da regra contida no seu artigo 6º, *caput*:

> Art. 6º. *Não se distingue entre o trabalho realizado no estabelecimento do empregador e o executado no domicílio do empregado, desde que esteja caracterizada a relação de emprego.*

É claro, entretanto, que o legislador não imaginou, ao criar a regra citada, a existência do teletrabalho. Hoje é possível perceber que o trabalho a distância se destaca por sua modalidade informática, o *teletrabalho*, que, embora também não seja novidade, na prática, começa a receber a atenção do legislador brasileiro.

O termo *teletrabalho* foi criado por Jack Niles, em 1976, em sua obra *The Telecommunications Transportation Trade-Off*, e pode ser definido em síntese como *"processo de levar o trabalho aos funcionários em vez de levar estes ao trabalho"*, conforme destaca o administrador de empresas Alvaro Mello, em sua obra *Teletrabalho (Telework)*.[1]

Como é comum, a realidade social se transforma, as relações intersubjetivas se desenvolvem, a tecnologia avança e nos espanta a cada dia, e o direito, somente depois, cuida de regular o fenômeno. Assim é e assim deve ser. Importante então, no contexto do teletrabalho, buscar experiências na Administração de Empresas, que há mais tempo se ocupa do tema e constrói doutrina específica.

Desde o final do século XX o espaço físico do escritório (principalmente) vem perdendo um pouco de sua centralidade na gestão do trabalho. Alvaro Mello reconhece que *"a área física onde tradicionalmente se trabalha não é mais uma entidade tangível, com fronteiras bem definidas, baseadas em regras e observação visual do processo de trabalho."*[2] Outros locais possibilitam a prestação laborativa, seja ela subordinada ou autônoma, com destaque para o trabalho em *centro local (Telecenter)*, em *escritório em casa (Home office)*, em *escritório virtual (Virtual office)*, dentre outras possibilidades. No primeiro caso, os trabalhadores desenvolvem suas tarefas em um edifício de escritórios, mas fora do centro de ordens do contratante. No segundo, os trabalhadores levam seu trabalho para desenvolver em casa, seja durante toda a jornada, em todos os dias úteis, seja parcialmente. No terceiro caso, não há sequer necessidade de um espaço físico definido para a prestação laborativa, pois o "escritório" acompanha o teletrabalhador onde quer que ele vá, através dos mais diversos dispositivos informáticos móveis (*notebook*, telefones celulares com acesso à *internet*, *tablet*, dentre outros).

---

(1) MELO, Alvaro. *Teletrabalho (Telework). O trabalho em qualquer lugar e a qualquer hora...* Rio de Janeiro: ABHR e Qualitymark, 1999. p. 7.

(2) *Ibidem*, p. 4.

Nem toda atividade laborativa pode se adaptar ao teletrabalho. Os administradores de empresas destacam algumas características do trabalho que pode ser executado desta forma. Gauthier e Dorin, citados por Alberto Trope, indicam quais são elas: *"pouca necessidade de comunicação frequente, face a face; grande necessidade de longos períodos de concentração; resultados claramente definidos; etapas e objetivos identificáveis; pouca necessidade de acesso a informação ou material por meio não informatizado; pouca necessidade de espaço para arquivamento de material."*(3)

Destacam os administradores de empresas que a gestão do teletrabalho não deve focar, necessariamente, nos tempos (e movimentos) de trabalho, mas, sim, na responsabilidade que cada um deve cumprir, dentro de metas estabelecidas e de acordo com o direcionamento fixado pelo gestor, que pode ou não definir prazos de execução das tarefas. Álvaro Mello explica:

> *A questão mais importante é saber escolher as pessoas adaptadas, estabelecer as metas corretas e examinar os produtos/serviços que são produzidos. Não deve importar se a pessoa está em casa escutando um "pagode" ou vendo TV, desde que ela faça o trabalho que lhe foi determinado.*(4)

Tal realidade, conforme será examinado, se afasta daquela taylorista-fordista, exigindo do intérprete uma nova compreensão do fenômeno jurídico da subordinação.

Parece simples compreender que o contratante da força produtiva, ainda que opte pelo teletrabalho, não vai facilmente abrir mão do controle da gestão do trabalho. Por assumir os riscos do empreendimento, é compreensível que busque novos instrumentos para o exercício da gestão, devendo o direito compreender tais estratégias e adotar nova postura interpretativa para os casos concretos envolvendo o teletrabalho.

Jack M. Nilles explica aos gerentes qual é o seu papel no teletrabalho:

> *O teletrabalho se baseia muito mais intensamente no entendimento e numa relação de confiança, simplesmente porque não é vantajoso para você agir como policial ou monitor de pessoas que ficam em outro lugar. Se você acha que alguns funcionários simplesmente não são confiáveis quando estão fora de vista, então não devem ser teletrabalhadores – a não ser, claro, que trabalhem num centro de telesserviço.*(5)

---

(3) TROPE, Alberto. *Organização virtual: impactos do teletrabalho nas organizações.* Rio de Janeiro: Qualitymark, 1999. p. 15.

(4) MELO, Alvaro. *Teletrabalho (Telework). O trabalho em qualquer lugar e a qualquer hora...* Rio de Janeiro: ABHR e Qualitymark, 1999. p. 41.

(5) NILLES, Jack M. *Fazendo do Teletrabalho uma Realidade: um guia para telegerentes e teletrabalhadores.* São Paulo: Futura, 1997. p. 103.

Alberto Trope, ainda no âmbito da Administração de Empresas, destaca a necessidade de "se acreditar mais" e de "se auditar menos": "deve ser redescoberto como administrar as organizações com base na 'confiança' e não no 'controle'".[6]

Parece simples perceber que o teletrabalho traz vantagens estratégicas para o contratante, pois se assim não fosse pouco provável que o desenvolvimento deste tipo de trabalho tivesse se ampliado ao longo do tempo. Takeshy Tachizawa e Álvaro Mello destacam algumas vantagens do teletrabalho para as organizações e para a sociedade em geral:

> Logo, o teletrabalho ajuda os colaboradores a alcançarem metas organizacionais mais importantes, tais como economizar dinheiro, espaço, etc., no recrutamento e na manutenção de pessoal de excelente nível por ser possível lhes oferecer melhores opções de trabalho. É importante considerar que apesar de ser sutil, o teletrabalho ajuda as pessoas a serem "bons vizinhos" na comunidade, por contribuir na redução da poluição do ar e no congestionamento do trânsito. Neste sentido, nos Estados Unidos, em algumas cidades, as empresas são obrigadas a reduzir as idas e vindas ao trabalho (commuting), e o teletrabalho é uma das maneiras mais objetivas e práticas de reduzi-las.[7]

Contrariamente à defesa feita pelos administradores de empresa, que tendem a destacar as vantagens do teletrabalho, Jorge Luiz Souto Maior pontua as desvantagens suportadas pelo teletrabalhador neste contexto:

> O trabalhador que leva o trabalho para casa, por exemplo, quebra o ambiente familiar, traz para si, sem perceber, parte dos custos da produção (conta de luz, entre outros), e não vislumbra a responsabilidade daquele que explora economicamente seu trabalho quanto ao meio ambiente do trabalho, no que tange ao aspecto ergonômico e no que diz respeito à limitação da jornada de trabalho.
>
> Ou seja, o novo modelo, que esfumaça a relação de emprego, gera: excessivas jornadas de trabalho; usurpação do domicílio; mascaramento das responsabilidades do poder econômico frente ao meio ambiente do trabalho; aumento das doenças do trabalho (com relevante custo social e humano); afastamento do capital frente ao trabalho; eliminação do antagonismo de classes, mantendo-se apenas com tal feição a classe dominante; extinção da consciência de classe daqueles que não ostentam a condição de capitalistas e que têm como alternativa de sobrevivência a força de trabalho.[8]

O teletrabalho, bem como as diversas formas de trabalho a distância, pode se dar tanto de modo subordinado como autônomo. Assim, a primeira dificuldade que pode ter o intérprete é fixar a relação jurídica de emprego no teletrabalho,

---

(6) TROPE, Alberto. *Organização Virtual: impactos do teletrabalho nas organizações*. Rio de Janeiro: Qualitymark, 1999. p. 48.

(7) TACHIZAWA, Takeshy, MELLO, Álvaro. *Estratégias Empresariais e o Teletrabalho*. Rio de Janeiro: Pontal, 2007. p. 37.

(8) SOUTO MAIOR, Jorge Luiz. "A Supersubordinação". *In*: RENAULT, Luiz Otávio Linhares (coord.). *"Parassubordinação: homenagem ao Professor Márcio Túlio Viana."* São Paulo: LTr, 2011. p. 69 e 70.

pois a subordinação presente na avença pode não ser aquela clássica, revelando-se, em verdade, como parassubordinação, como subordinação estrutural ou como subordinação reticular. Fato é que, regra geral, haverá subordinação jurídica no teletrabalho, como já destacava Márcio Túlio Viana, em 1999:

> Mesmo o teletrabalho, que parece desconectar o empregado das ordens diretas do empregador, não o impede de sofrer cobranças constantes, através da própria máquina. Na verdade, a volta ao lar que hoje se ensaia não significa menos tempo na empresa, mas – ao contrário – a empresa chegando ao lar.[9]

Já tive a oportunidade de me referir ao teletrabalho, quando de minha dissertação de mestrado, que resultou na publicação do livro *Novo Contrato de Emprego: Parassubordinação Trabalhista*, da forma a seguir, em síntese e com a necessária adaptação.

O teletrabalho vem sendo largamente estudado nos últimos anos, sobretudo em virtude da expansão da rede mundial de computadores *(internet)*, que interligou pessoas e diminuiu distâncias. Consoante Maria de Fátima de L. Pinel, em seu endereço eletrônico na internet, a OIT define teletrabalho como "a forma de trabalho efetuada em lugar distante do escritório central e/ou do centro de produção, que permita a separação física e que implique o uso de uma nova tecnologia facilitadora da comunicação."[10]

Esta forma de prestação laborativa foi estudada por Paulo Emílio Ribeiro de Vilhena, que destaca ser este o trabalho alimentado na cibernética e executado pelas formas mais diversas de telecomunicação, e leciona:

> *O trabalho por telecomunicação (Telearbeit ou Fernarbeit) pode dizer-se uma modalidade de trabalho de surto recente, que veio despertando o interesse da pesquisa jurídica e em especial do Direito do Trabalho da década de 80 para cá...*
>
> *(...)*
>
> *Basta um ligeiro percurso pelos levantamentos estatísticos para descobrir que o número dos postos de trabalho por telecomunicação (Telearbaitspläze), na Alemanha, em 1994, foram indicados por volta de (rd.) 150.000, na Inglaterra, por volta de 560.000, na França 220.000 e, nos Estados Unidos, em 1993, perto de 17 milhões de trabalhadores (operadores) engalfinham-se na área.*[11]

---

(9) VIANA, Mário Túlio. "A proteção social do trabalhador no mundo globalizado". A proteção social do trabalhador no mundo globalizado. *In*: PIMENTA, J. Roberto Freire; RENAULT, L. Otávio Linhares; VIANA, Marcio Tulio; DELGADO, Mauricio Godinho; BORJA, Cristina Pessoa Pereira. (orgs.). *Direito do Trabalho: evolução, crise, perspectivas*. São Paulo: LTr, 2004, p. 155-183.

(10) PINEL, Maria de Fátima de L. *Teletrabalho: O trabalho na Era Digital*. [online] Disponível em: <www.URL:http://teletrabalhador.com>. Acesso em: 18 de julho de 2.003.

(11) VILHENA, Paulo Emílio Ribeiro de. *Relação de Emprego: estrutura legal e supostos*. 2. ed. São Paulo: LTr, 1999. p. 521.

Vilhena, ainda analisando o teletrabalho, indica que o operador do direito, regra geral, ao se deparar com fenômeno novo, busca enquadrá-lo como um dos fenômenos clássicos do mundo jurídico. De acordo com as características do teletrabalho, que pode se dar no domicílio do prestador dos serviços, em um escritório, de modo ambulante ou no local que determinar o contratante, dentre outros, a prestação laborativa pode configurar "um contrato de trabalho; o trabalho a domicílio; um contrato de empreitada ou de prestação livre de serviços; uma para-representação comercial.".[12]

Difícil, neste contexto multifacetado, será determinar, por meio da pesquisa clássica (relação de emprego fundada na subordinação), se o trabalhador contratado será empregado ou não.

A subordinação não se dá, nestas relações, de modo clássico como no contexto fordista. Não há chefias presenciais, fiscalização de horários, sanções disciplinares. O que há é um controle mitigado, representado pela responsabilidade na entrega do produto ou serviço a ser desenvolvido à distância.

O simples fato de haver trabalho a distância não significa deixar de haver dependência, ainda que meramente econômica, e coordenação dos trabalhos pelo contratante. O que não parece ser correto é afastar toda a proteção juslaboral destes trabalhadores ao argumento de inexistência de subordinação clássica. Se a realidade fática demonstra coordenação, pessoalidade e não-eventualidade, em um trabalho oneroso, deve ser reconhecida a parassubordinação e garantida justa proteção.

Pode ser reconhecida também a subordinação estrutural, nos casos em que o teletrabalhador se insere no contexto produtivo de um contratante dos seus serviços, observando, estruturalmente, sua dinâmica de organização e funcionamento.

O Poder Judiciário Trabalhista já percebe a ocorrência do teletrabalho e fixa ou afasta a relação jurídica de emprego dependendo do caso concreto posto à sua apreciação:

> *RELAÇÃO DE EMPREGO. A prestação de serviços na residência do empregado não constitui empecilho ao reconhecimento da relação de emprego, quando presentes os pressupostos exigidos pelo artigo 3º da CLT, visto que a hipótese apenas evidencia trabalho em domicílio. Aliás, considerando que a empresa forneceu equipamentos para o desenvolvimento da atividade, como linha telefônica, computador, impressora e móveis, considero caracterizada hipótese de teletrabalho, visto que o ajuste envolvia execução de atividade especializada com o auxílio da informática e da telecomunicação.* (TRT, 3ª Região, 7ª Turma, processo n. 00977-2009-129-03-00-7 RO, relator juiz convocado Jesse Cláudio Franco de Alencar, publicação em 25.11.2009, disponível em: www.trt3.jus.br).

---

(12) VILHENA, Paulo Emílio Ribeiro de. *Relação de Emprego: estrutura legal e supostos*. 2. ed. São Paulo: LTr, 1999. p. 521 e ss.

VÍNCULO DE EMPREGO – PROFESSOR – CURSOS À DISTÂNCIA. Como bem destaca a r. sentença recorrida, o reclamante foi contratado intuitu personae para trabalhar no assessoramento dos cursos à distância. A intermitência invocada pela reclamada não descaracteriza o vínculo jurídico de emprego entre o professor e a instituição de ensino, por não ser imprescindível que o empregado compareça ao estabelecimento de ensino todos os dias, especialmente no presente caso concreto, por ter sido contratado o reclamante para trabalhar na execução do Projeto Pedagógico dos Cursos à Distância instituído pela Universidade reclamada, portanto só comparecendo às atividades presenciais com a freqüência que lhe for determinada pelo empregador, o que não descaracteriza a "não-eventualidade" do vínculo jurídico contratual que preside o relacionamento jurídico entre as partes. Em se tratando de ensino à distância não é imprescindível a presença física do empregado no estabelecimento de ensino diariamente para que haja a configuração da relação de emprego, como ocorre com o trabalho externo e com o teletrabalho. Quem se insere num Projeto Pedagógico de Cursos à Distância, trabalha para o empregador em casa, participa de uma equipe de teletrabalho ou que seja contratado para trabalhar on line sozinho em casa, tem plenamente preenchido o requisito da não eventualidade necessária para a proclamação judicial da existência do vínculo jurídico de emprego. Os cursos à distância até podem ter curta duração, ser seqüenciados ou ser descontinuados, o que depende exclusivamente do poder de comando empresário e não da vontade individual dos professores contratados. A atividade empresarial de educação superior adotada pela reclamada é permanente, como instituição de ensino superior privada – uma Universidade particular –, cuja característica de permanência fundamenta o princípio jurídico da continuidade da relação de emprego, de molde a afastar a suposta eventualidade por ela invocada. (TRT, 3ª Região, 3ª Turma, processo n. 0042300-27.2009.5.03.0042 RO, relator juiz convocado Milton V. Thibau de Almeida, publicação em 08/02/2010, disponível em: www.trt3.jus.br).

Parece claro que pouco importa de quem são os equipamentos informáticos utilizados na prestação laborativa para que se fixe o vínculo jurídico de emprego. Não há necessidade, também, de controle de jornada ou fixação de horários de trabalho. Também parece simples perceber que o teletrabalho pode se dar *on-line* ou *off-line*, desde que haja o direcionamento do contratante quanto ao que deve ser produzido, como fazê-lo, em que prazo e desde que, é claro, os resultados/produtos sejam posteriormente transmitidos a este. Não parece ser este, entretanto, o entendimento de Vera Regina Loureiro Winter, com base em análise jurisprudencial, salvo melhor juízo:

> *Os Tribunais têm entendido que o vínculo empregatício estará presente na relação se os sistemas de informática e de comunicação forem de propriedade da organização e não do teletrabalhador. Este estaria sujeito às ordens e diretrizes da empresa, principalmente se os equipamentos o obrigassem a permanecer certas horas do dia ou em turnos determinados de horas em contato com a organização. O elemento mais marcante para a caracterização do vínculo está na necessidade de o teletrabalhador estar ou não em ininterrupto contato com a central da organização durante o tempo em que*

os empregados da organização estiverem em atividade (trabalho on-line). Por outro lado, se o trabalho puder ser realizado Off-line, não ocorre o vínculo de emprego.[13]

O cerne da análise se dá na existência ou não de ordens patronais (subordinação clássica), de inserção do trabalhador na dinâmica do contratante (subordinação estrutural) ou na existência de coordenação do trabalho (parassubordinação) desenvolvido.

Entendo também, particularmente, que decorre das ideias desenvolvidas e aplicadas pela Administração de Empresas, que o conceito jurídico de *pessoalidade* deve se amoldar aos novos tempos do teletrabalho. Quanto à pessoalidade, de um modo geral, o entendimento doutrinário, fruto da análise do disposto celetista contido no artigo 3º, é que tal elemento fático-jurídico revela ser a relação de emprego necessariamente *intuitu personae* no que concerne à figura do trabalhador empregado. Relações ou contratos *intuitu personae* são aqueles que, segundo os civilistas, "se realizam com base na confiança recíproca entre as partes."[14]

É fato que no trabalho a distância a fiscalização presencial é substituída pela responsabilização pessoal do trabalhador, o que possibilita que o contratado conte com o auxílio de outras pessoas no desenvolvimento de seu labor cotidiano. A questão é se esse auxílio de outras pessoas descaracteriza o vínculo empregatício por ausência de pessoalidade.

Adaptando o conteúdo jurídico da *pessoalidade* à experiência do teletrabalho é possível afirmar que mesmo havendo o concurso de outras pessoas na atividade do contratante, o fato de ele responder pessoalmente pelos serviços contratados e se inserir no cotidiano do empreendimento contratante, que a ele confia tarefas ainda que à distância, fixa o requisito pessoalidade, desde que essa participação seja excepcional, pontual.

Quanto ao requisito não eventualidade, parece revelar pouca controvérsia teórica, vez que o teletrabalhador tende a prestar seus serviços de modo não episódico e em *caráter de permanência*,[15] ainda que sem exclusividade, posto que tal não é requisito caracterizador da relação jurídica de emprego.

É perceptível que o teletrabalho subordinado pode se dar com ou sem controle de jornada. Decorrência jurídica é a possibilidade de realização e pagamento de horas extraordinárias no teletrabalho, embora sustentem alguns autores ser difícil seu reconhecimento nestes casos, do que discordo, conforme análise implementada adiante. Márcia Regina Pozelli Hernandez[16], consubstanciada no entendimento de Valentim Carrion e Sérgio Pinto Martins, respectivamente:

---

(13) WINTER, Vera Regina Loureiro. *Teletrabalho: uma forma alternativa de emprego*. São Paulo: LTr, 2005. p. 94.

(14) FIUZA, César. *Direito Civil: Curso Completo*. 4. ed. Belo Horizonte: Del Rey, 2001. p. 259.

(15) DELGADO, Mauricio Godinho. *Curso de Direito do Trabalho*. São Paulo: LTr, 2002. p. 287.

(16) HERNANDEZ, Márcia Regina Pozelli. *Novas Perspectivas das Relações de Trabalho: o Teletrabalho*. São Paulo: LTr, 2011. p. 70-71.

No caso do teletrabalho em domicílio, as horas extras dificilmente podem ser reconhecidas. O trabalhador, além de estar fora do poder de controle do empregador, pode receber ajuda de terceiros e possui liberdade de escolha do número de horas de trabalho em cada dia. Em tese, as horas trabalhadas podem ser estimadas, considerando-se a produção média do trabalhador, contudo, segundo Valentim Carrion, essa hipótese é difícil de ser aferida na prática.

... Sérgio Pinto Martins. Segundo o jurista, o teletrabalhador, por desenvolver trabalho a distância é trabalhador externo, sendo-lhe aplicável o inciso I, do art. 62, da Consolidação das Leis do Trabalho, que exclui a aplicação das normas relativas à duração do trabalho.

Os avanços vistos nas áreas de telecomunicações e de tecnologia da informação nos últimos anos acarretam, em diversas situações fáticas, aumento na disponibilidade de trabalho, ao invés de possibilitar, como seria de se supor, maior oportunidade de *tempo livre*.

A relação entre o tempo de trabalho e o tempo extratrabalho (tempo livre) foi objeto de recente estudo desenvolvido pelo IPEA, através de seu SIPS (Sistema de Indicadores de Percepção Social), sob a coordenação de Sandro Pereira e denominação "Trabalho e tempo livre".

Embora não se refira especificamente ao teletrabalho, a pesquisa do IPEA traz dados relevantes à compreensão do mundo do trabalho atualmente e deste fenômeno em particular. Questionamentos feitos a 3.796 trabalhadores (empregados e autônomos) brasileiros são relevantes para a compreensão da disposição de trabalho nos dias atuais e interessam diretamente ao presente estudo.

A pesquisa Ipea/Sips "Trabalho e tempo livre" revelou que 45,4% dos entrevistados tem dificuldade para se desligar totalmente do trabalho remunerado (subordinado e autônomo). Destes trabalhadores, 26% ficam de prontidão para eventual atividade extraordinária e 8% planejam ou desenvolve atividades via internet ou celular. A percepção que o trabalhador tem hoje de que seu tempo livre vem diminuindo foi demonstrada por 37,7% dos entrevistados, destacando-se, neste grupo, o excesso de atividades no trabalho (18%), o fato de ter que levar trabalho para casa (8%) e ter que estar de prontidão para emergências (2,6%). No que se refere ao comprometimento da qualidade de vida decorrente do tempo dedicado ao trabalho, a pesquisa revela que 39,5% dos entrevistados acham que o tempo dedicado ao trabalho compromete sua qualidade de vida. Neste ponto, os destaques são o estresse (13,8%) e o comprometimento de relações familiares (9,8%), do tempo de estudo, de lazer e de atividades físicas (7,2%).[17]

Neste contexto entrou em vigor no ano passado a Lei n. 12.551/2011, que cria o parágrafo único do artigo 6º da CLT, o que vem ensejando polêmica entre juristas, patrões e empregados. Eis a nova regra legal celetista:

---

(17) Pesquisa Ipea/Sips "Trabalho e tempo livre", disponível em: www.ipea.gov.br.

Art. 6º. *Não se distingue entre o trabalho realizado no estabelecimento do empregador e o executado no domicílio do empregado, desde que esteja caracterizada a relação de emprego. Parágrafo único: Os meios telemáticos e informatizados de comando, controle e supervisão se equiparam, para fins de subordinação jurídica, aos meios pessoais e diretos de comando, controle e supervisão do trabalho alheio.*

Tem havido, em decorrência do novo dispositivo celetista, questionamentos sobre serem ou não devidas horas extras no trabalho a distância, sobretudo naquela modalidade específica que ficou conhecida como *teletrabalho*.

A resposta, de antemão, é que é possível, sim, a ocorrência de sobrejornada no trabalho a distância, sobretudo naquele qualificado como teletrabalho, sendo necessária análise fática para a distinção entre as figuras jurídicas passíveis da caracterização e pagamento das horas extraordinárias em casos concretos.

Para melhor compreensão, vale partir de um primeiro caso corriqueiro para a definição dos seus conteúdos jurídicos em debate com a edição da lei nova: determinado trabalhador empregado, ao invés de desenvolver seu labor no estabelecimento empresarial do empregador o faz em outro local, com destaque aqui para sua residência.[18] Independentemente do novo parágrafo único do artigo 6º da CLT o período de labor do teletrabalhador deve ser compreendido na forma do artigo 4º consolidado, ou seja, considera-se como tempo de serviço efetivo o período em que o empregado esta à disposição do empregador, aguardando ou executando ordens. Assim, desde que seja possível o controle de jornada, na forma da interpretação constitucional do artigo 62 da CLT, adiante desenvolvida, o teletrabalhador que fica à disposição além da 8ª hora diária estará em sobrejornada, fazendo jus à remuneração extraordinária.

Há uma segunda situação fática, também bastante comum, que é a de determinado trabalhador que, ao findar seu expediente em escritório continua, em casa ou em qualquer outro local, *on-line*, dedicando-se às suas tarefas profissionais cotidianas (vendas, projetos, análises, pesquisas, contatos com clientes, exemplificativamente).

Tem havido, desde a edição da Lei n. 12.551/2011, o entendimento de que tal trabalho será, somente agora, remunerado como extraordinário, sendo que alguns tratam o período como sobrejornada e outros como sobreaviso.

Independentemente do novo parágrafo único do artigo 6º da CLT, tal período de disponibilidade do trabalhador, por qualquer meio, sempre foi, legal e constitucionalmente, período de sobrejornada, ensejando, portanto, o pagamento de horas extras, desde que, é claro, o teletrabalho seja suscetível de controle patronal.

---

(18) O teletrabalho pode se dar em *centro satélite (Satellite Office Center)*, em *centro local (Telecenter)*, em *escritório em casa (Home office)*, em *escritório virtual (Virtual office)*, dentre outras diversas formas, conforme Alvaro Mello, *op. cit.* p. 6.

Ora, se o trabalhador cumpre sua jornada ordinária em escritório, mas continua à disposição do empregador executando ordens, ou seja, cumprindo suas tarefas cotidianas fora dele, então tal tempo sempre foi de *efetivo serviço*, nos termos do artigo 4º da CLT, devendo ser remunerado como sobrejornada se tal trabalho externo for compatível com o controle pelo empregador, conforme previsão do artigo 62, inciso I consolidado:

> Art. 62 – *Não são abrangidos pelo regime previsto neste capítulo:*
>
> I – *os empregados que exercem atividade externa incompatível com a fixação de horário de trabalho, devendo tal condição ser anotada na Carteira de Trabalho e Previdência Social e no registro de empregados;*

É clara a Constituição da República ao limitar a jornada e exigir pagamento diferenciado pela sua inobservância, nos termos do seu artigo 7º, incisos XIII e XVI.

> Art. 7º *São direitos dos trabalhadores urbanos e rurais, além de outros que visem à melhoria de sua condição social:*
>
> (...)
>
> XIII – *duração do trabalho normal não superior a oito horas diárias e quarenta e quatro semanais, facultada a compensação de horários e a redução da jornada, mediante acordo ou convenção coletiva de trabalho;*
>
> (...)
>
> XVI – *remuneração do serviço extraordinário superior, no mínimo, em cinquenta por cento à do normal;*

Há ainda uma terceira possibilidade concreta, também usual, que poderá caracterizar o sobreaviso: determinado trabalhador termina seu expediente no escritório mas sabe que deve manter-se *on-line* e/ou com celular ligado para um eventual chamado de seu empregador. Neste caso, no período em que não está no escritório, o trabalhador somente desenvolverá suas tarefas se for expressamente convocado para tanto pelo seu empregador.

O caso, então, é e sempre foi de sobreaviso, que deveria ser remunerado pelo empregador, mas que não era como regra geral por força de equivocada interpretação sobre a jurisprudência do TST, posteriormente consolidada em sua Súmula n. 428 (Ex-OJ 49, SDI-1), com nova redação desde 14 de setembro de 2012.

A interpretação dada à então OJ 49, da SDI-1 do TST, convertida em Súmula n. 428 do TST, contrariava o disposto no artigo 4º da CLT, o que somente se reafirma com o comando normativo trazido pela Lei n. 12.551/2011.

Entender que o trabalhador, no caso concreto analisado, não deveria receber remuneração pelo sobreaviso era confundir a *responsabilidade* envolvida com o *local* em que o trabalhador deveria aguardar eventual chamado. Não é *onde* o empregado aguarda eventuais ordens, mas a *limitação* de seus períodos de descanso o fator ensejador do pagamento do sobreaviso. Também não é o *meio* do contato patronal (telefone fixo, pager, celular, *e-mail*...) o fator gerador do pagamento do sobreaviso, mas a *determinação* ou orientação patronal para que o trabalhador fique atento a um eventual chamado.

Caso o empregado fique à disposição aguardando convocação para o serviço, então tal tempo de expectativa e contingenciamento da vontade e restrição de descanso deverá ser remunerado como período de sobreaviso. Se o trabalhador efetivamente é chamado para tratar de assuntos profissionais neste período haverá sobrejornada, que deverá ser remunerada com o pagamento de horas extras.

Finalmente e felizmente parece ser esta a interpretação do TST sobre o contexto fático e normativo aqui destacado. Eis a nova redação da Súmula n. 428 do TST:

> *SOBREAVISO. APLICAÇÃO ANALÓGICA DO ART. 244, § 2º, DA CLT.*
>
> *I – O uso de instrumentos telemáticos ou informatizados fornecidos pela empresa ao empregado, por si só, não caracteriza regime de sobreaviso.*
>
> *II – Considera-se em sobreaviso o empregado que, à distância e submetido a controle patronal por instrumentos telemáticos ou informatizados, permanecer em regime de plantão ou equivalente, aguardando a qualquer momento o chamado para o serviço durante o período de descanso.*

Importante, neste contexto, análise sistemática do disposto no artigo 62, inciso I, da CLT, à luz do artigo 7º, incisos XIII e XIV, da Constituição da República, dada a sua supremacia e preponderância na ordem jurídica pátria, sobretudo no momento da interpretação das regras legais.

A interpretação no Direito atual exige a compreensão de que as disposições constitucionais são normas jurídicas dotadas de imperatividade, que gozam de superioridade sobre o restante das regras postas e que os diversos ramos jurídicos devem ser vistos a partir do que dispõe a Constituição da República, força de sua centralidade no ordenamento, consoante lições de Ana Paula Barcelos.[19]

Luís Roberto Barroso, em estudo intitulado "Neoconstitucionalismo e Constitucionalização do Direito – O Triunfo Tardio do Direito Constitucional do Brasil", trata da constitucionalização do direito infraconstitucional, com destaque para o processo de interpretação jurídica, afirmando a preponderância da Constituição da República.[20]

---

(19) BARCELLOS, Ana Paula de. "Neoconstitucionalismo, Direitos Fundamentais e Controle das Políticas Públicas". *In*: SARMENTO, Daniel; GALDINO, Flávio. *Direitos Fundamentais: estudos em homenagem ao Professor Ricardo Lobo Torres*. Rio de Janeiro: Renovar, 2006. p. 33.

(20) *"... toda interpretação jurídica é também interpretação constitucional. Qualquer operação de realização do direito envolve a aplicação direta ou indireta da Lei Maior. Aplica-se a Constituição: a) Diretamente, quando uma pretensão se fundar em uma norma do próprio texto constitucional.*

A CLT, em seu artigo 62, exclui a limitação de jornada para alguns tipos específicos de trabalho, embora não faça a Constituição da República tal restrição. Assim, a interpretação do texto celetista deve se dar restritivamente, de modo a permitir a ausência de limites de jornada somente de modo excepcional.

Nos termos da norma citada e presumivelmente, não se sujeitam a limites de jornada os gerentes e os trabalhadores externos. Destaque-se que a regra do artigo 62 da CLT traz apenas presunção legal, que admite prova em contrário. Assim, não são suficientes para afastar a proteção referente ao limite de jornada somente o título de gerente ou o fato de trabalhar externamente. A presunção é favorável ao empregador, mas o empregado pode produzir prova em sentido contrário.

Os empregados que exercem atividade externa *incompatível* com a fixação de horário de trabalho não terão jornada controlada, e portanto poderão trabalhar à exaustão sem a devida contraprestação extraordinária, nos termos da lei, o que pode acontecer pontualmente com trabalhadores a distância, sejam eles teletrabalhadores ou não.

Importante identificar o que é atividade externa *incompatível* com a fixação de horários. A atividade externa em questão não deve ser tecnicamente passível de controle, o que é cada vez mais raro no plano dos fatos, dado o desenvolvimento tecnológico, informático e das telecomunicações.

Possível compreender em uma análise sistemática e em consonância com a proteção constitucional concernente à jornada, que não basta que o empregador *não queira* exercer o controle. É necessário que ele *não possa* fazê-lo no âmbito do contrato de cada teletrabalhador. A CLT exige incompatibilidade entre o trabalho e o controle de horários, e não mera *inexistência* de controle de horários.

Não basta que o empregador tenha preferido não submeter o trabalhador ao controle, mas que tal não seja possível. Enfim, para que haja a exceção (e também presunção) do artigo 62, inciso I, é necessário que haja impossibilidade de se conhecer o tempo diário efetivamente dedicado pelo trabalhador ao seu empregador.

(...) *b) Indiretamente, quanto uma pretensão se fundar em uma norma infraconstitucional, por duas razões: (i) antes de aplicar a norma, o intérprete deverá verificar se ela é compatível com a Constituição, porque se não for, não deverá fazê-la incidir. Esta operação está sempre presente no raciocínio do operador do Direito, ainda que não seja por ele explicitada; e (ii) ao aplicar a norma, o intérprete deverá orientar seu sentido e alcance à realização dos fins constitucionais. Em suma: a Constituição figura hoje no centro do sistema jurídico, de onde irradia sua força normativa, dotada de supremacia formal e material. Funciona, assim, não apenas como parâmetro de validade para a ordem infraconstitucional, mas também como vetor de interpretação de todas as normas do sistema."* (BARROSO, Luis Roberto. "Neoconstitucionalismo e Constitucionalização do Direito – O Triunfo Tardio do Direito Constitucional do Brasil". *In*: SARMENTO, Danie; GALDINO, Flávio. *Direitos Fundamentais: estudos em homenagem ao Professor Ricardo Lobo Torres*. Rio de Janeiro: Renovar, 2006. p. 227-228)

Assim, cabe ao empregador (e não ao empregado) demonstrar que não havia controle de jornada do teletrabalhador, dada a impossibilidade fática de fazê-lo no contrato em questão.

Não parece ser esta, entretanto, a compreensão da melhor doutrina, conforme explica o Prof. Mauricio Godinho Delgado:

> Claro que a operação de enquadramento dos fatos à regra jurídica não deve ser artificial e desproporcional, sob pena de conspirar contra seu próprio sustento e validade. Desse modo, a circunstância de a lei permitir o enquadramento no pressuposto da subordinação dessas situações novas de prestação de serviços em home-offices e também em dinâmicas de teletrabalho, autorizando o reconhecimento do vínculo de emprego (se presentes os demais elementos fático-jurídicos dessa relação tipificada, é claro), isso não confere automático fôlego para se concluir pelo império de minucioso sistema de controle de horários durante a prestação laborativa. Nessa medida, o notável avanço trazido pela nova redação do art. 6º e parágrafo único da CLT, viabilizando a renovação e expansionismo da relação de emprego, talvez não seja capaz de produzir significativas repercussões no plano da jornada de trabalho. O alargamento do conceito de subordinação não importa, necessariamente, desse modo, no mesmo alargamento da concepção de jornadas controladas. Trata-se de conceitos e extensões distintos, de maneira geral.[21]

Embora desnecessária para conferir direitos novos (embora tenha alargado o conceito de jornada, ao adotar, implicitamente, as teses de subordinação estrutural e objetiva, conforme compreende o Prof. Mauricio Godinho Delgado), a regra fixada no parágrafo único do artigo 6º deverá ter o condão de forçar o Poder Judiciário Trabalhista a uma nova reflexão quanto ao tema dos limites de jornada no trabalho em domicílio, para que faça valer o que já está legal e constitucionalmente posto na ordem jurídica brasileira.

---

(21) DELGADO, Mauricio Godinho. *Curso de Direito do Trabalho*. 11. ed. São Paulo: LTr, 2012. p. 906.

Capítulo 8

O Empregado Doméstico e o Empregado Rural

1. Empregado celetista: definição e caracterização
2. Empregado Doméstico
    - CLT, art. 7º, a
    - Lei n. 5.859/1972, art. 1º
    - Elementos fático-jurídicos caracterizadores do emprego doméstico
        a) especiais
            - finalidade não lucrativa dos serviços
            - prestação pessoal à pessoa ou família
            - âmbito residencial da prestação laborativa
        b) continuidade
        c) gerais
            - trabalho por pessoa física
            - pessoalidade
            - onerosidade
            - subordinação
3. Empregado Rural
    - CLT, art. 7º, b; Lei n. 5.889/1973 e CR, art. 7º, caput

- *diferenciações tópicas*
- *caracterização*
  a) *Art. 2º, Lei n. 5.889/1973*
  b) *Elementos fático-jurídicos especiais*
- *enquadramento rurícola do empregador*
  - *Empregador Rural: art. 3º, Lei n. 5.889/1973*
- *imóvel rural ou prédio rústico*

Embora não devesse o Estado fazer distinção jurídica entre empregados (pelo menos no plano da consagração de direitos mínimos) optou o Brasil, historicamente, de modo preconceituoso e absurdo, por tratar de modo diverso os trabalhadores empregados rurais (até 1972) e domésticos (até abril de 2013).

Na década de 1940, com a Consolidação das Leis do Trabalho, o Brasil perdeu a primeira oportunidade histórica de fazer justiça aos trabalhadores domésticos. Por opção preconceituosa (cor e classe social) decidiram as elites não estender aos trabalhadores domésticos os direitos consolidados. Eis a leitura do artigo 7º, alínea a da CLT, vigente até abril de 2013:

> Art. 7º *Os preceitos constantes da presente Consolidação salvo quando for em cada caso, expressamente determinado em contrário, não se aplicam: a) aos empregados domésticos, assim considerados, de um modo geral, os que prestam serviços de natureza não econômica à pessoa ou à família, no âmbito residencial destas;*

A explicação (que não me parece ser fundamentação) do legislador para a desigualdade injusta era de que o empregador doméstico, ao contrário do que pode acontecer com o empregador celetista, não explora a atividade do trabalhador com objetivo de obtenção de ganhos econômicos no mercado. Havia, até aqui, uma inversão de valores básicos: proteção ao empregador doméstico (e não ao empregado) que, na percepção do Estado, não teria condições de cumprir as mesmas exigências legais que cumpria o empregador celetista. Não havia, portanto, reconhecimento da igualdade fática entre todo e qualquer trabalhador empregado, infeliz e absurdamente.

O Brasil não protegia igualmente, no que concerne aos direitos mínimos, os trabalhadores empregados. Havia, artificialmente, uma estrutura jurídica específica e em patamar inferior ao mínimo civilizatório para a relação empregatícia doméstica.

Felizmente a desigualdade protetiva justrabalhista não mais vigora no Brasil, tendo a OIT, por sua Convenção n. 189, papel decisivo na (tardia) alteração constitucional no sentido da igualdade jurídica. Assim, é hoje relevante a distinção entre empregado celetista e empregado doméstico apenas para a aplicação pontual de direitos ou formalidades diferentes entre uns e outros, para o correto enquadramento sindical e, principalmente, para a fixação jurídica da figura do diarista.

A identificação da figura do empregado doméstico e a sua regulamentação protetiva básica somente surgiram especificamente no ordenamento jurídico brasileiro em 1972, com a Lei n. 5.859 daquele ano.

Inicialmente tratou o legislador de definir quem é o empregado doméstico, ainda que com pouca técnica:

> Art. 1º *Ao empregado doméstico, assim considerado aquele que presta serviços de natureza contínua e de finalidade não lucrativa à pessoa ou à família no âmbito residencial destas, aplica-se o disposto nesta lei.*

Hoje, a melhor doutrina contempla 8 elementos fático-jurídicos que devem estar presentes para a caracterização do vínculo empregatício doméstico, e que devem ser analisados pelo intérprete na seguinte ordem:

1 – finalidade não econômica do trabalho explorado;

2 – contratante pessoa física ou família;

3 – ambiente residencial da prestação laborativa;

4 – continuidade;

5 – trabalho prestado por pessoa física;

6 – pessoalidade;

7 – onerosidade e

8 – subordinação jurídica.

Dada qualquer relação jurídica de entrega de força produtiva no mercado deve o intérprete, de plano, identificar a possibilidade da existência do vínculo empregatício doméstico, vez que especial.[1]

O primeiro elemento fático-jurídico caracterizador do vínculo doméstico, então, é finalidade não econômica do trabalho explorado. Para que haja contrato de emprego doméstico não pode haver exploração do trabalho com objetivo de ganhos econômicos no mercado (comércio, indústria, prestação de serviços, agronegócio). O contratante doméstico não pode objetivar ganhos econômicos diretos através da exploração de trabalho.

O que explicava (não justificava) a estruturação de um patamar jurídico inferior ao trabalhador doméstico era o fato de seu contratante não explorar o trabalho entregue com perspectiva econômica. Perceba que o legislador se referiu à atividade "não lucrativa". Entretanto a ausência de lucro ou de objetivo lucrativo pode se dar também no vínculo celetista, o que torna pouco técnica a construção legislativa levada a efeito no artigo 1º da Lei n. 5.859 de 1972.

Eis a jurisprudência mineira sobre o requisito em análise:

> EMENTA: *caseiro de sítio de lazer – empregado doméstico. É empregado doméstico – e não rurícola – aquele que presta serviços com pessoalidade, onerosidade e subordinação, de forma contínua e finalidade não lucrativa a uma pessoa ou família, no âmbito residencial desta, aí abrangido o sítio que a família eventualmente possua para lazer. E por finalidade não lucrativa, entende-se aquela que não abranja objetivos comerciais ou industriais e que esteja restrita ao interesse exclusivo do empregador e de sua família, que não gere valor de troca, mas apenas de uso, tal como ocorreu na*

---

[1] A doutrina brasileira não trata do assunto, s.m.j., mas a possibilidade de ocorrência de relação empregatícia doméstica deve ser vista antes mesmo da análise da existência ou não de vínculo celetista ou rural, posto ser esta relação especial mesmo após a alteração do artigo 7º da Constituição da República.

situação em exame, em que não há prova de que a pequena produção de ovos e queijos do sítio fosse comercializada. (TRT, 3ª Região, 1ª Turma, processo n. 0000845-96.2010.5.03.0026, Recurso Ordinário, relator Desembargador Marcus Moura Ferreira, publicação em 04.02.2011, disponível em www.trt3.jus.br).

EMENTA: EMPREGADO DOMÉSTICO. CARCTERÍSTICAS. *O conceito de empregado doméstico encontra-se no artigo 1º da Lei n. 5.859/1972 como: "aquele que presta serviço de natureza contínua e de finalidade não lucrativa a pessoa ou família, no âmbito residencial destas". Desse modo, além dos elementos gerais característicos da figura do empregado atinentes à pessoalidade, onerosidade e subordinação, apresentam-se no vínculo de emprego doméstico elementos especiais, quais sejam: continuidade, finalidade não lucrativa dos serviços, apropriação dos serviços apenas por pessoa física ou por família e efetuação dos serviços em função do âmbito residencial do tomador à luz da lei especial. In casu, como ficou provado que a reclamante foi contratada para prestar serviços para cuidar da saúde da reclamada (de cujus), no âmbito residencial desta, fica afastada a aplicação das disposições contidas na Lei n. 7.498, de junho de 1986, que disciplina sobre a Profissão de Enfermeiros, Técnicos de Enfermagem e Auxiliar de Enfermagem, reconhecendo-se a condição de empregada doméstica da reclamante.* (TRT, 3ª Região, 10ª Turma, processo n. 0109800-23.2008.5.03.0147, Recurso Ordinário, relator Desembargador Márcio Flávio Salem Vidigal, disponível em www.trt3.jus.br).

Assim, tende a ser irrelevante a atividade prestada pelo trabalhador, que será empregado doméstico (presentes todos os demais requisitos) se trabalhar em um contexto em que sua atividade não enseja ganhos econômicos ao seu contratante.

De qualquer modo, caso o trabalho seja explorado com finalidade econômica, a consequência primeira, lógica e jurídica, é a inexistência do vínculo doméstico. Em uma análise posterior, deverá o intérprete compreender se a relação mantida é de emprego (rural ou celetista) ou não.

O segundo elemento fático-jurídico caracterizador do vínculo doméstico é contratante pessoa física ou família. Para que haja contrato de emprego doméstico não pode haver exploração do trabalho por pessoa jurídica ou por ente despersonificado (condomínio e massa falida, por exemplo). É claro que o emprego doméstico pressupõe contratante doméstico, ou seja, uma pessoa física ou uma família. Por extensão, a doutrina e a jurisprudência contemplam a possibilidade de que as repúblicas de estudantes (sem que pretendam ganhos econômicos em sua moradia coletiva) contratem trabalho doméstico.

Assim, somente a pessoa física ou a família podem ser contratantes domésticos, do que decorre a impossibilidade de tal vínculo quando aquele que se vale da força produtiva é um condomínio (seja ele ou não formalizado juridicamente).

Eis decisão do TRT da 3ª Região:

EMENTA: DIARISTA – FAXINEIRA – CARACTERIZAÇÃO DE VÍNCULO DE EMPREGO – *Para que se configure a relação de emprego, é necessário o preenchi-*

mento dos requisitos estabelecidos no artigo 3º da CLT, quais sejam: pessoalidade, não eventualidade, onerosidade e subordinação jurídica. A presença desses requisitos possibilita o reconhecimento da relação empregatícia entre as partes. Ademais, a figura da diarista, sem vínculo de emprego, só é aceitável na seara doméstica, entre pessoas físicas. Sendo a ré um condomínio de edifícios residenciais, é inadmissível que a reclamante trabalhasse como autônoma. Tanto é assim que o artigo 1o. da Lei n. 2.757/1956, ao tratar dos "empregados porteiros, zeladores, faxineiros e serventes de prédios de apartamentos residenciais", os excluiu da relação de trabalho doméstico. (TRT 3ª Região, 10ª Turma, processo 0068100-94.2009.5.03.0062, Recurso Ordinário, Desembargadora Relatora Deoclecia Amoreli Dias, Juíza convocada Revisora Profª. Dra. Taísa Maria Macena de Lima, publicação em 27/04/2010, disponível em www.trt3.jus.br).

O terceiro elemento fático-jurídico caracterizador do vínculo doméstico é ambiente residencial da prestação laborativa. Para que haja contrato de emprego doméstico, o trabalho deve ser prestado em ambiente residencial, ou ter a residência como referência básica da prestação laborativa. É claro que o emprego doméstico pressupõe contratante doméstico e ambiente doméstico da prestação. Pouco importa, aqui, se o trabalho é prestado no domicílio da família, em casa de campo, em casa de praia, em sítio ou fazenda (desde que não haja exploração de atividade econômica com o concurso do trabalhador em questão).

Algumas tarefas de empregado doméstico podem ser prestadas fora da residência, como é o caso do motorista da família, por exemplo, sem que se exclua, por isso o vínculo especial.

Neste sentido, decisões do TRT da 3ª Região:

> EMENTA: MOTORISTA PARTICULAR. TRABALHADOR DOMÉSTICO. Categoriza-se como empregado doméstico todos aqueles que trabalham em prol de pessoa ou família, desde que atendidos os requisitos previstos no art. 1º da Lei n. 5.859/1972. Neste contexto, pode-se afirmar que não apenas os empregados que trabalham no âmbito residencial são domésticos, mas também aqueles que realizam atividades externas em prol da pessoa ou família, como os motoristas particulares que conduzem seus patrões para o trabalho, lazer, etc. Comprovado nos autos que o reclamante era motorista particular do reclamado, não se lhe aplicam os direitos previstos na CLT. (TRT 3ª Região, 7ª Turma, processo n. 0090200-13.2009.5.03.0072, Recurso Ordinário, relatora Juíza convocada Maristela Iris da Silva Malheiros, disponível em www.trt3.jus.br, consulta em 20/09/2011).

> EMENTA: MOTORISTA FORMALMENTE CONTRATADO COMO EMPREGADO DOMÉSTICO – PRESTAÇÃO DE SERVIÇOS ÀS PESSOAS JURÍDICAS CONSTITUÍDAS POR MEMBROS DA ENTIDADE FAMILIAR – NÃO COMPROVAÇÃO – MANUTENÇÃO DOS REGISTROS CONSTANTES DA CTPS. As anotações constantes da CTPS gozam de presunção relativa de veracidade (Súmula n. 12 do col. TST). Desse

modo, nos termos do art. 333, inciso I, do CPC e 818 da CLT, competia ao reclamante, empregado formalmente contratado como "motorista doméstico", fazer prova de suas alegações no sentido de que prestou serviços não só à entidade familiar dos sócios das empresas reclamadas, como também a essas pessoas jurídicas, para, então, obter o deferimento do pleito de retificação da CTPS e pagamento de horas extras, FGTS e multa fundiária. Não tendo se desincumbido satisfatoriamente de se ônus probatório, impõe--se o desprovimento do recurso. (TRT 3ª Região, 10ª Turma, processo n. 1019800-15.2009.5.03.0106, Recurso Ordinário, relatora Desembargadora Deoclecia Amoreli Dias, disponível em www.trt3.jus.br, consulta em 20/09/2011).

Assim, percebe-se que as tarefas desenvolvidas são pouco relevantes para evidenciar ou não o trabalho doméstico, como se depreende do seguinte julgado, da lavra da Desembargadora Alice Monteiro de Barros:

EMENTA: EMPREGADO DOMÉSTICO. DESCARACTERIZAÇÃO. Do conceito de empregado doméstico, conferido pelo art. 1º da Lei n. 5.859/1972, emergem os seguintes pressupostos: a) o trabalho é realizado por pessoa física; b) em caráter contínuo; c) no âmbito residencial de uma pessoa ou família; d) sem destinação lucrativa. Compreendem-se, nesse conceito, não só a cozinheira, a copeira, a babá, a lavadeira, o mordomo, mas também os que prestam serviço nas dependências ou prolongamento da residência, como o jardineiro, o vigia, o motorista particular, os caseiros e zeladores de casas de veraneio ou sítios destinados ao recreio dos proprietários. E o fato de haver exploração de atividade lucrativa na propriedade não descaracteriza a condição de doméstico daqueles que trabalharem apenas nas residências da fazenda, arrumando a casa ou cozinhando para os seus proprietários. Não é, portanto, apenas a destinação do estabelecimento, mas também a atividade ali desenvolvida pelo trabalhador que irá caracterizar a natureza da relação jurídica. Se o conjunto probatório constante dos autos convence quanto ao exercício, pela reclamante, apenas de tarefas atinentes ao trabalho doméstico, não há que se falar em retificação da CTPS, no tocante à função, tampouco em deferimento de parcelas trabalhistas não asseguradas a essa categoria. (TRT 3ª Região, 7ª Turma, processo n. 0125500-74.2009.5.03.0027, Recurso Ordinário, relatora Desembargadora Alice Monteiro de Barros, disponível em www.trt3.jus.br, consulta em 20/09/2011).

Os três primeiros elementos fático-jurídicos aqui vistos são considerados pela melhor doutrina requisitos especiais. Devem ser analisados em primeiro lugar (embora disso não trate, expressamente e como regra geral, a doutrina), e somente se presente todos os três é que fica o intérprete autorizado a prosseguir na análise. Caso se faça ausente qualquer dos três requisitos especiais conclui-se pela inexistência de trabalho doméstico. Presentes os três requisitos especiais depreende-se o trabalho doméstico, que será ou não emprego a depender dos demais elementos fático-jurídicos. Assim, independentemente de haver ou não emprego (de haver ou não a confluência dos demais requisitos) estarão excluídas as possibilidades de vínculo rural ou celetista caso presentes os três requisitos especiais, vez que restará caracterizado o trabalho doméstico.

O quarto e talvez mais polêmico elemento fático-jurídico caracterizador do emprego doméstico é continuidade. Perceba que a Lei n. 5.859/1972 não trata de não eventualidade, mas, expressamente, de continuidade. Importante reafirmar: "Art. 1º. Ao empregado doméstico, assim considerado aquele que presta serviços de natureza contínua e de finalidade não lucrativa à pessoa ou à família no âmbito residencial destas, aplica-se o disposto nesta lei."

O que é, então, serviço de natureza contínua? Qual a distinção entre tal conceito e contexto e aquele próprio do emprego celetista, que é a não eventualidade?

Serviço de natureza contínua (apto a gerar emprego) é aquele que não sofre interrupções significativas no curso de uma semana. Em sentido contrário, trabalho descontínuo (que não gera vínculo empregatício) é aquele que se interrompe significativamente no curso de uma semana.

Não há na lei indicação precisa de um marco temporal ensejador da continuidade. Pacífico é apenas que se o trabalhador doméstico (que não tem seu trabalho explorado com objetivos econômicos, que trabalha para pessoa física ou para família, em ambiente residencial) desenvolve seu labor 4, 5 ou 6 dias na semana seu trabalho é contínuo ou continuado, portanto apto a gerar vínculo empregatício. Cediço, também, que se o trabalhador apenas entrega sua força produtiva no âmbito do trabalho doméstico uma vez por semana não será empregado, mas, sim, diarista. Quando o labor doméstico se dá duas vezes por semana, majoritariamente se exclui o vínculo, exceção feita a poucos julgados que reconhecem o contrato de emprego se a relação se prolonga no tempo e se o trabalho é sempre prestado nos mesmos dois dias da semana (TRT 2ª Região, RO 01552.2004.044.02.00-0).

Há julgados em sentidos diversos quando a entrega de trabalho doméstico se dá três vezes na semana. Eis o dissenso, por exemplo, no TRT da 3ª Região:

> EMENTA: RELAÇÃO DE EMPREGO – VÍNCULO DOMÉSTICO – NÃO CONFIGURAÇÃO – O caráter contínuo da prestação do serviço é requisito essencial para caracterização da relação de emprego doméstico, nos termos do art. 1o da Lei n. 5.859/72. A trabalhadora que labora em uma mesma residência por dois a três dias na semana trata-se de diarista, à qual não pode ser estendido o status de empregada doméstica e declarada a existência de vínculo de emprego por estar ausente o pressuposto da continuidade. Recurso desprovido. (TRT 3ª Região, 6ª Turma, processo n. 0152800-83.2009.5.03.0003, Recurso Ordinário, relator juiz convocado Vitor Salino de Moura Eça, publicação em 22/11/2010, disponível em www.trt3.jus.br).

> EMENTA: TRABALHADORA DIARISTA – INEXISTÊNCIA DE VÍNCULO EMPREGATÍCIO. Não se reconhece vínculo empregatício com a diarista que trabalha no âmbito familiar por dois ou três dias na semana. Nos termos do art. 1º da Lei 5.859/72, o elemento continuidade é essencial ao reconhecimento do contrato de trabalho doméstico, o que não se configura na hipótese em apreço, em que a tônica é a intermitência, ocorrendo, portanto, a interrupção. (TRT 3ª Região, 8ª Turma, processo n. 0001081-94.2010.5.03.0043, Recurso Ordinário, relator juíza convocada Maria Cristina Diniz Caixeta, publicação em 03.06.2011, disponível em www.trt3.jus.br).

EMENTA: EMPREGADO DOMÉSTICO – CARACTERIZAÇÃO DO ELEMENTO CONTINUIDADE/DESCONTINUIDADE – A Lei do Trabalho Doméstico (art. 1º, Lei n. 5.859/1972) – à diferença da CLT (art. 3º, caput) – incorpora a teoria da continuidade/descontinuidade ao caracterizar o elemento empregatício da não eventualidade. Por isso, a diarista doméstica, laborando uma ou duas vezes por semana, quinzena ou mês na residência da pessoa ou família, não se caracteriza como empregada, por não ser contínuo o seu labor. Entretanto, comparecendo por mais de duas vezes na semana ao trabalho, ao longo de meses e anos, passa a cumprir meia jornada semanal, atendendo agora ao pressuposto fático-jurídico da relação de emprego. É, pois, empregada a falsa diarista, isto é, aquela obreira que labore por três dias ou mais por semana, ao longo do tempo, para o tomador, se reunidos os demais elementos da relação de emprego. (TRT 3ª Região, 3ª Turma, processo n. RO-22339/97, relator Desembargador Maurício José Godinho Delgado, publicação em 18.08.1997, disponível em www.trt3.jus.br).

EMENTA: VÍNCULO DE EMPREGO. DOMÉSTICO. CONFIGURAÇÃO. A Lei n. 5.859/1972 adotou, de forma intencional, o conceito de trabalho doméstico como de natureza contínua, deixando de optar pela terminologia "não eventual" fixada pelo artigo 3º, da CLT. Isto implica o fato de que não será tido como trabalho doméstico aquele prestado com descontinuidade e interrupção em relação a uma mesma fonte de trabalho, o que afasta deste enquadramento jurídico a figura da diarista. Contudo, resta caracterizada a não eventualidade do labor doméstico quando o trabalhador, durante vários anos, presta serviços como caseiro a um mesmo tomador, comparecendo, em média, por pelo menos três dias da semana à residência de lazer. (TRT 3ª Região, 1ª Turma, processo n. 01242-2003-058-03-00-2, Recurso Ordinário, relatora Desembargadora Maria Laura Franco Lima de Faria, publicação em 19/12/2003, disponível em www.trt3.jus.br).

O TRT da 3ª Região, Minas Gerais, pelo acima exposto, parece exigir, atualmente, o mínimo de 4 dias para a caracterização da relação de emprego. Creio, particularmente e com a devida vênia, que as decisões em tal sentido não contemplam o espírito da lei e do sistema jurídico protetivo trabalhista. É que se o trabalho somente pode ser desenvolvido durante 6 dias (o sétimo é dia de descanso), então aquele que trabalha 3 dias e não trabalha os outros 3 dias úteis não tem em seu labor interrupção significativa suficiente ao reconhecimento da descontinuidade. Há, portanto, em 3 dias na semana, serviço de natureza contínua.

As lições doutrinárias são mais eficientes quanto mais simples, embora o dom da simplicidade seja dado a poucos juristas. Simples e eficiente a seguinte lição de Mauricio Godinho Delgado:

Se a trabalhadora (ou trabalhador) laborar, entretanto, com habitualidade, *três ou mais vezes* por semana para a mesma pessoa física ou família tomadora, naturalmente já cumprirá a metade (ou mais) da duração semanal do trabalho (metade ou mais dos dias de trabalho existentes na semana, excluído o dia de repouso obrigatório). Por isso, considerado esse parâmetro temporal habitual (três ou mais dias por semana), não deve ser considerada descontínua a prestação do labora, *porém juridicamente contínua*.[2]

Distingue-se o trabalho não eventual daquele contínuo, nos termos da lei e da melhor doutrina, pelo fato de não se pesquisar, neste caso, o evento (motivo) ensejador da contratação de trabalho (dado subjetivo), mas, sim e somente, a quantidade de dias trabalhados no curso de uma semana (dado objetivo, numérico).

Fixado o trabalho doméstico (que não tem seu trabalho explorado com objetivos econômicos, que se dá em proveito de pessoa física ou família, em ambiente residencial) e entendido como contínuo o trabalho (que não sofre interrupção significativa no curso de uma semana), então deve o intérprete pesquisar a existência dos elementos fático-jurídicos gerais da relação de emprego doméstico: trabalho por pessoa física, pessoalidade, onerosidade e subordinação.

O entendimento acerca de trabalho por pessoa física não é dos mais complexos. Para que seja reconhecido validamente como empregado doméstico o trabalhador ao prestar seus serviços a um contratante doméstico deve ser necessariamente pessoa física. Impossível o reconhecimento da pessoa jurídica ou de ente despersonificado como empregado doméstico. Assim, toda a construção normativa de Direito do Trabalho é voltada à proteção da pessoa humana que vende sua força produtiva no mercado de trabalho, observados os demais elementos fático-jurídicos especiais, gerais e a continuidade.

No que concerne à pessoalidade na prestação do labor, o entendimento é que tal elemento fático-jurídico revela ser a relação de emprego doméstico necessária e destacadamente intuitu personae no que concerne à figura do trabalhador empregado. Relações ou contratos intuitu personae são aqueles que, segundo os civilistas, "se realizam com base na confiança recíproca entre as partes."[3] Na relação de emprego doméstico, a pessoa do empregado assume posição de destaque e o contrato, para revelar-se como pactuação de emprego, deve ser executado pela específica pessoa contratada. A relação de emprego doméstico pressupõe confiança, fidúcia. Assim, quando da contratação da prestação laborativa e para que haja vínculo empregatício, a relação surgida deve firmar-se com determinada pessoa e não com um sujeito não especificamente identificado. Portanto, o trabalhador, para que seja reconhecido como empregado doméstico, prestará pessoalmente o trabalho a ele confiado, sem que se faça substituir constantemente e sem a autorização expressa de seu empregador, sob pena de descaracterização do vínculo empregatício. Ademais, o caráter de pessoalidade confere àquela determinada pessoa um conjunto de direitos e deveres na esfera juslaboral: os direitos trabalhistas decorrentes da relação de emprego doméstico.

---

(2) DELGADO, Mauricio Godinho. *Curso de Direito do Trabalho*. 11. ed. São Paulo: LTr, 2012. p. 373.
(3) FIUZA, César. *Direito Civil: Curso Completo*. 4. ed. Belo Horizonte: Del Rey, 2001. p. 259.

No que tange à onerosidade, com base no Direito Civil, oneroso é o contrato (e a relação jurídica) no qual "ambas as partes visam a obter vantagens ou benefícios, impondo-se encargos reciprocamente em benefício uma da outra." [4] Ou ainda, consoante lição de César Fiuza: "São contratos em que ambas as partes suportam um ônus correspondente à vantagem que obtêm."[5]

Como regra, portanto, em uma análise juslaboral, pode-se dizer que a onerosidade manifesta-se, sob a ótica do trabalhador, "pelo pagamento, pelo empregador, de parcelas dirigidas a remunerar o empregado em função do contrato empregatício pactuado.[6] Assim, onerosa é, regra geral, a relação de emprego em que há o efetivo pagamento ao obreiro de parcela remuneratória aos serviços prestados.

A onerosidade em Direito do Trabalho, para fins de caracterização da relação de emprego, deve ser entendida não só do ponto de vista objetivo, antes exposto, ou seja, se houve ou não pagamento de valores em contrapartida à utilização dos serviços obreiros, mas, também, do ponto de vista subjetivo, como bem esclarece Mauricio Godinho Delgado:

> Entretanto, existem algumas situações – raras, é verdade – em que a pesquisa da *dimensão subjetiva* da onerosidade será a única via hábil a permitir aferir-se a existência (ou não) desse elemento fático-jurídico na relação de trabalho vivenciada pelas partes. Trata-se, por exemplo, de situações tipificadas como *servidão branca*, em que há efetiva prestação de trabalho e ausência de contraprestação onerosa real pelo tomador dos serviços; ou situações de trabalho voluntário, comunitário, filantrópico político ou religioso, em que há também efetiva prestação de trabalho sem contraprestação onerosa real pelo tomador dos serviços (...) *Em qualquer dessas situações, apenas o exame do plano subjetivo da onerosidade é que responderá pela sua ocorrência (ou não) no quadro complexo da relação social contruída.* No plano subjetivo, a onerosidade manifesta-se pela intenção contraprestativa, pela intenção econômica (intenção onerosa, pois) conferida pelas partes – em especial pelo prestador de serviços – ao fato da prestação de trabalho. Existirá o elemento fático jurídico da onerosidade no vínculo firmado entre as partes *caso a prestação de serviços tenha sido pactuada, pelo trabalhador, com o intuito contraprestativo trabalhista, com o intuito essencial de auferir um ganho econômico pelo trabalho ofertado.*[7]

Pelo exposto, pode-se inferir que, regra geral, se não houver, durante o transcorrer da prestação laborativa, pagamento ao trabalhador pelos serviços prestados, mas houver no momento da contratação a clara intenção do obreiro em vincular-se ao contratante de modo não gracioso, haverá o elemento fático-jurídico onerosidade.

---

(4) PEREIRA, Caio Mário da Silva. *Instituições de Direito Civil*. 10. ed. v. III. Rio de Janeiro: Forense, 1997. p. 37.
(5) FIUZA, César. *Direito Civil: Curso Completo*. 4. ed. Belo Horizonte: Del Rey, 2001. p. 252.
(6) DELGADO, Mauricio Godinho. *Curso de Direito do Trabalho*. São Paulo: LTr, 2002. p. 293.
(7) *Ibidem*, p. 294.

Por fim o elemento fático-jurídico subordinação.

José Martins Catharino define o que hoje se reconhece por subordinação clássica:

> *Subordinação jurídica*, porque não se trata apenas de obrigação de trabalhar, mas de fazê-lo *sob as ordens de outrem*, o empregador. Assim, o empregado obriga-se a prestar *serviços dirigidos*, segundo o contrato e as normas trabalhistas. E o direito do empregador dirigir, correlato da obrigação do empregado obedecer, tem como seu corolário o de *fiscalizar*, um e outro exercitáveis diretamente ou não.[8]

Pode-se depreender que subordinação é a situação jurídica na qual o empregado submete-se às determinações de seu empregador no que concerne ao modo da prestação laborativa. Há subordinação jurídica e portanto mais um elemento fático-jurídico caracterizador da relação de emprego doméstico nos casos em que o trabalhador acata as ordens e direcionamentos patronais ao cumprir suas obrigações diárias.

A subordinação tende a ser bastante perceptível no vínculo doméstico, vez que o trabalhador acata as ordens diretas do contratante da força produtiva quanto ao modo de realização do trabalho.

Há, entretanto, situações em que a proximidade entre as partes faz surgir dúvidas quanto ao vínculo existente, se familiar (por afinidade) ou se doméstico. Polêmicas as seguintes decisões do TRT da 3ª Região, bem como são os processos desta natureza:

> EMENTA: TRABALHO DOMÉSTICO – PESSOA CRIADA PELA FAMÍLIA – AUSÊNCIA DE SALÁRIOS E DE SUBORDINAÇÃO – RECLAMADA QUE FAZIA A MESMA ATIVIDADE – DESCARACTERIZAÇÃO – *Não há como ser reconhecido o vínculo de emprego doméstico de menor que vai para uma casa de família com 11 anos de idade, passando a receber os cuidados típicos de uma pessoa da família, com responsabilidades da reclamada ao colocá-la em escola e ainda dando cobertura para tratamento médico, odontológico e carteira de clube social como dependente e sem jamais ter recebido salários. Não se pode exagerar na interpretação de que inexiste a figura da pessoa criada por outra, como se houvesse fraude para abusar de uma pessoa, colocando-a para trabalhar, quando a própria reclamada também realizava as tarefas normais da residência. Não é crível e nem jurídico que uma pessoa vá trabalhar na condição de doméstico, sem receber ao longo de 5 anos, qualquer salário e ainda resida dentro da propriedade, num mesmo quarto que o destinado aos demais membros da família. Aquilo que juridicamente pode ser reputado como difícil de acontecer, pela evolução dos tempos não pode gerar presunção de que inexiste no meio social, ainda mais*

---

(8) CATHARINO, José Martins. *Compêndio de Direito do Trabalho*. v. I. 3. ed. São Paulo: Saraiva, 1982. p. 205/6.

quando a reclamante destina correspondência a reclamada, com evidente intimidade, típica de membro que ocupou posição de natureza familiar. (TRT 3ª Região, 2ª Turma, processo RO-834/92, relator Desembargador José Menotti Gaetani, publicação em 12/03/1993, disponível em www.trt3.jus.br).

EMENTA: EMPREGADA DOMÉSTICA. INEXISTÊNCIA DE RELAÇÃO EMPREGATÍCIA. Não é empregada doméstica pessoa que é acolhida por outrem, na residência do qual, por longos anos, passa a residir, integrando, como se da família fosse, o ente familiar. É normal que, nessas circunstâncias, a pessoa acolhida realize tarefas do lar, a exemplo dos outros membros da família, sem que haja contraprestação salarial e subordinação. Em casos que tais, é inviável cogitar- se em vínculo de emprego. *(TRT 3ª Região, 8ª Turma, processo 00211-2003-046-03-00-4, Recurso Ordinário, relator Juiz Convocado José Marlon de Freitas, publicação em 06/09/2003, disponível em www.trt3.jus.br).*

Portanto, em síntese, se presentes os requisitos do trabalho doméstico (que não tem seu trabalho explorado com objetivos econômicos, que trabalha para pessoa física ou para família, em ambiente residencial), prestado de modo contínuo (sem interrupções significativas no curso de uma semana), por pessoa física, de modo pessoal, oneroso e subordinado, haverá a relação de emprego doméstico.

Ausente requisito especial (trabalho sem finalidade econômica, prestado à pessoa física ou família, em âmbito residencial) não haverá trabalho doméstico, devendo o intérprete pesquisar a existência ou não do vínculo rural ou do vínculo celetista.

Presentes os requisitos especiais, mas ausente a continuidade, o trabalhador é doméstico, diarista, porém não é empregado, não sendo possível, neste caso, a pesquisa sobre os vínculos rural e celetista.

Os direitos constitucionais trabalhistas do empregado doméstico são, hoje, os mesmos garantidos aos demais trabalhadores urbanos e rurais, na forma do artigo 7º da Constituição da República. Estão os direitos trabalhistas infraconstitucionais pertinentes aos domésticos especialmente dispostos na Lei n. 5.859/1972, com as alterações promovidas pela Lei n. 11.324/2006 e na legislação esparsa (naquilo que não são contrários ao disposto na Constituição da República).

Importante compreender também especialmente a relação de emprego rural, embora sejam os direitos consagrados os mesmos previstos para celetistas e domésticos. Tal distinção é relevante, hoje, para distinguir trabalhadores domésticos diaristas dos rurais e para o correto enquadramento sindical desta categoria profissional.

A relação de emprego rural tem seus elementos fático-jurídicos consagrados na Lei n. 5.889/1972, e são os seguintes:

1 – enquadramento rurícola do empregador;

2 – trabalho em imóvel rural ou prédio rústico;

3 – trabalho prestado por pessoa física;

4 – pessoalidade;

5 – não eventualidade;

6 – onerosidade; e

7 – subordinação jurídica.

Os cinco últimos requisitos acima citados já foram analisados na presente obra, sendo certo que não há, aqui, diferenciação digna de nota.

Importante esclarecer, apenas, em que consistem os elementos fático-jurídicos (ou requisitos) especiais caracterizadores do vínculo rural.

O reconhecimento do vínculo rural se dá através da identificação do contratante do trabalho. A Lei n. 5.889/1973, em seu artigo 3º, define quem é o empregador rural:

> Art. 3º – Considera-se empregador, rural, para os efeitos desta Lei, a pessoa física ou jurídica, proprietário ou não, que explore atividade agro-econômica, em caráter permanente ou temporário, diretamente ou através de prepostos e com auxílio de empregados.

Assim, o empregador rural pode ser qualquer pessoa (física ou jurídica), ou até mesmo ente despersonificado. Não há a necessidade de que o empregador rural seja o proprietário do imóvel rural ou do prédio rústico, bastando que explore atividade agroeconômica com o auxílio de empregados.

A definição do empregador rural se dá, essencialmente, pela atividade que explora economicamente: atividade agroeconômica. Assim, pouco relevantes serão (ressalvadas categorias profissionais diferenciadas) as tarefas realizadas pelo empregado ou a sua profissão, pois seu enquadramento como trabalhador rural segue a atividade econômica preponderante (lavoura, pecuária etc.) do seu contratante.

Neste sentido a jurisprudência:

> VÍNCULO DE EMPREGO RURAL. CARACTERIZAÇÃO. No direito positivo pátrio vigente, o enquadramento do empregado rural rege-se pelo ramo de atividade de seu empregador. Em verdade, não importa exatamente quais as funções desempenhadas pelo trabalhador, mas se ele executa os seus serviços em favor de um empregador rural, em propriedade rural ou prédio rústico. E, nos termos da Lei nº 5.889/1973, empregador rural é a pessoa física ou jurídica que explora atividade agroeconômica ou executa, de forma habitual e profissional, serviços de natureza agrária. Assim, evidenciando o conjunto probatório que a autora, embora laborasse em imóvel rural, não prestava ser-

viços a empregador rural, não há como o vínculo de emprego ser reconhecido conforme postulado (relação de emprego rural). (TRT, 3ª Turma, processo n. 00089-2009-039-03-00-3, Recurso Ordinário, Relator juiz convocado Danilo Siqueira de Castro Faria, publicação em 16.11.2009, disponível em www.trt3.jus.br).

Importante, no contexto da atividade agroeconômica, a distinção entre empregado rural e trabalhador doméstico, sobretudo quando se trata da figura do diarista, que não tem vínculo empregatício e direitos trabalhistas. A distinção é simples e se fixa na exploração (ou não) do trabalho com objetivo de ganhos econômicos (agroeconômicos) no mercado. Assim, ainda que trabalhe a pessoa física em área rural ou em prédio rústico, se seu labor não se insere na atividade agroeconômica, não será empregado rural.

Neste sentido a jurisprudência do TRT da 3ª Região:

> EMENTA: PROPRIEDADE RURAL – PRESTAÇÃO DE SERVIÇO – AUSÊNCIA DE ATIVIDADE AGROECONÔMICA – Empregador rural é a pessoa física ou jurídica que explora atividade agroeconômica, ao passo que o empregado rural é toda pessoa física que, em propriedade rural ou prédio rústico, presta serviços de natureza não eventual a empregador rural, como tal já definido, sob dependência e mediante salário. Por extensão, houve por bem o legislador incluir na atividade econômica rural a exploração industrial em estabelecimento agrário. A propriedade rural situa-se obrigatoriamente interior adentro, fora dos limites das cidades de médio e de grande porte, ao passo que o prédio rústico pode estar encravado na mais movimentada das avenidas de qualquer grande cidade, de modo que o fator agregador é ao mesmo tempo associativo e desassociativo, vale dizer, o que realmente importa é a exploração direta ou indireta, em caráter permanente ou temporário, de determinada atividade agroeconômica, inclusive relacionada com a agroindústria, esteja ela ou não localizada no ambiente rural. Por outro lado, empregado doméstico é toda pessoa física que presta serviço de natureza contínua, sob subordinação e mediante salário, no âmbito residencial de outra pessoa física ou família. O traço distintivo desse contrato especial é a ausência de qualquer atividade lucrativa, exatamente porque os serviços são prestados em proveito da residência. Qualquer profissional pode ser empregado doméstico, pouco importando a sua especialidade, razão pela qual nada impede que também a propriedade rural possua o seu espaço residencial, e nele e para ele trabalhe o empregado doméstico. (TRT, 3ª. Região, 4ª Turma, processo n. 00203-2005-075-03-00-5, Recurso Ordinário, Relator Desembargador Luiz Otávio Linhares Renault, publicação em 04/06/2005, disponível em www.trt3.jus.br).

Por fim, é essencial que o trabalho rural se dê em imóvel rural ou em prédio rústico. Agiu bem o legislador ao contemplar a possibilidade do trabalho rural em prédio rústico, pois tal desobriga o intérprete a compreender se o local em que se situa o empreendimento é ou não zona rural.

Assim, qualquer imóvel, situado em área rural ou urbana, que se preste a atividade agroeconômica, permitirá o reconhecimento da relação de emprego rural.

No plano dos direitos básicos estão, atualmente, equiparados os trabalhadores domésticos, rurais e os celetistas, nos termos da norma contida no artigo 7º, caput da Constituição da República, havendo apenas distinções pontuais que não comprometem o patamar civilizatório mínimo hoje garantido a todo e qualquer trabalhador empregado no Brasil.

Capítulo 9

Trabalho da Mulher, do Menor e do Indígena

1. *Trabalho da mulher:*
   - *Constituição da República, artigo 5º, caput e inciso I*
   - *discriminação positiva protetiva: CLT, artigo 372*
     - *proteção em relação ao mercado: CLT, 373-A*
     - *Projeto de Lei n. 6.393/2009*
     - *intervalo antes da sobrejornada: CLT, 384*
   - *divergência jurisprudencial*
     - *limite de peso: CLT, 390*
     - *proteção à maternidade*
   - *garantia de emprego:*
     - *ADCT, CR, artigo 10, II, b*
     - *contratos a termo*
   - *consultas médicas: CLT, art. 392, parágrafo 4º, inciso II*
   - *transferência de função*
   - *licença-maternidade:*
     - *CLT, 392*
     - *CLT, 392-A*

- *parto antecipado: CLT, art. 392, parágrafo 3º*
  - *aborto não criminoso: CLT, 395*
  - *amamentação: CLT, 396*
2. **Trabalho do menor:**
   - *Constituição da República, artigo 7º, inciso XXXIII*
   - *CLT, artigos 402 e 403*
   - *trabalhos proibidos:*
     - *noturno: CLT, artigo 404*
     - *perigoso ou insalubre: CLT, artigo 405, I; Portaria MTE/SIT n. 06/2001*
     - *em ruas ou praças: CLT, artigo 405, § 2º*
     - *prejudiciais à moralidade: CLT, 405, § 3º*
     - *exceções: art. 406, CLT*
     - *excesso de força: artigo 405, § 5º c/c artigo 390, CLT*
     - *trabalho penoso: artigo 67, II, Lei n. 8.069/1990*
     - *subsolo: CLT, artigo 301*
   - *limite e prorrogação de jornada: artigo 413, CLT*
   - *férias: artigos 134, § 2º e 136, § 2º, CLT*
   - *recibos e rescisão: artigo 439, CLT*
   - *Menor Aprendiz:*
   - *CLT, artigos 402 e 403*
   - *aprendizagem: CLT, artigo 428*
   - *duração: CLT, artigo 428, parágrafo 3º*
   - *obrigatoriedade: CLT, artigo 429*
   - *cursos:*
     - *Senai, Senar (Lei n. 8.315/1991)*
     - *Senat (Lei n. 8.706/93)*
     - *Escolas Técnicas de Educação (CLT, artigo 430, inciso I)*
     - *Outras entidades (CLT, artigo 430, inciso II).*
     - *Lei n. 12.594/2012: SINASE*
   - *jornada: CLT, artigo 432*
   - *Lei n. 8.036/1990, artigo 15, parágrafo 7º*
   - *efeitos da contratação ilegal do trabalhador menor*
3. **Trabalho do indígena**
   - *definição: Lei n. 6.001/1973, artigo 3º*
   - *capacidade: Código Civil, artigo 4º, parágrafo único*
   - *trabalho do índio: Lei n. 6.001/1973, artigo 14*
   - *proteção: Constituição da República, artigo 231*

A regra geral sobre exploração do trabalho no sistema capitalista brasileiro é a da plena igualdade jurídica entre trabalhadores, com (ainda) destaque negativo apenas para a situação do empregado doméstico, que tem proteção inferior à dos demais, de modo injusto e injustificável.

Recebem atenção especial da ordem jurídica, entretanto, os trabalhadores empregados menores e as mulheres, com discriminação positiva no sentido de melhorar ainda mais sua inserção profissional através da regra heterônoma estatal diferenciada. Também podem receber proteção específica no plano das relações de trabalho, dependendo da situação, os indígenas.

Discussão importante se dá ainda hoje, passados mais de 20 anos da promulgação da Constituição da República, sobre constitucionalidade ou não do tratamento jurídico diferenciado em benefício da trabalhadora empregada mulher, face o disposto no seu artigo 5º, *caput* e inciso I.

> Art. 5º *Todos são iguais perante a lei, sem distinção de qualquer natureza, garantindo-se aos brasileiros e aos estrangeiros residentes no País a inviolabilidade do direito à vida, à liberdade, à igualdade, à segurança e à propriedade, nos termos seguintes:*
> I – *homens e mulheres são iguais em direitos e obrigações, nos termos desta Constituição;*

Há controvérsia sobre se teriam sido recepcionadas ou não algumas regras celetistas referentes ao trabalho empregatício da mulher, que aqui serão destacadas. É claro que regras celetistas discriminatórias negativas, que não reconheciam em 1943 a igualdade da mulher em relação ao homem, não serão aqui abordadas, pois claramente não-recepcionadas.[1]

Também parece óbvio que as regras gerais celetistas sobre o trabalho do homem são aplicáveis ao trabalho das mulheres, havendo tão somente situações específicas que requerem tutela especial. Embora desnecessária, eis a regra do artigo 372 da CLT:

> Art. 372 – *Os preceitos que regulam o trabalho masculino são aplicáveis ao trabalho feminino, naquilo em que não colidirem com a proteção especial instituída por este Capítulo.*

A tutela específica ao trabalho empregatício da mulher pressupõe, inicialmente, proteção com relação à sua inserção no mercado de trabalho. Infelizmente há, ainda hoje, empregadores que preterem as mulheres pela simples condição feminina, em atitude normalmente velada mas algumas vezes expressa que desconhece a importância de seu trabalho cotidiano e seu valor na sociedade hodierna.

---

(1) Exemplificativamente, artigos 378, 379, 380, 387 da CLT, que não só não foram recepcionados como foram expressamente revogados.

O artigo 373-A, inserido na CLT em 1999, tenta garantir a necessária proteção da mulher em sua inserção social como empregada no sistema produtivo capitalista e está em consonância com o disposto no inciso XX do artigo 7º da Constituição da República:

> Art. 373-A. Ressalvadas as disposições legais destinadas a corrigir as distorções que afetam o acesso da mulher ao mercado de trabalho e certas especificidades estabelecidas nos acordos trabalhistas, é vedado:
>
> I – publicar ou fazer publicar anúncio de emprego no qual haja referência ao sexo, à idade, à cor ou situação familiar, salvo quando a natureza da atividade a ser exercida, pública e notoriamente, assim o exigir;
>
> II – recusar emprego, promoção ou motivar a dispensa do trabalho em razão de sexo, idade, cor, situação familiar ou estado de gravidez, salvo quando a natureza da atividade seja notória e publicamente incompatível;
>
> III – considerar o sexo, a idade, a cor ou situação familiar como variável determinante para fins de remuneração, formação profissional e oportunidades de ascensão profissional;
>
> IV – exigir atestado ou exame, de qualquer natureza, para comprovação de esterilidade ou gravidez, na admissão ou permanência no emprego;
>
> V – impedir o acesso ou adotar critérios subjetivos para deferimento de inscrição ou aprovação em concursos, em empresas privadas, em razão de sexo, idade, cor, situação familiar ou estado de gravidez;
>
> VI – proceder o empregador ou preposto a revistas íntimas nas empregadas ou funcionárias.
>
> Art. 7º São direitos dos trabalhadores urbanos e rurais, além de outros que visem à melhoria de sua condição social:
>
> (...)
>
> XX – proteção do mercado de trabalho da mulher, mediante incentivos específicos, nos termos da lei;

Infelizmente, a norma em questão e o valor constitucional são de difícil implementação no mundo dos fatos e no plano da relação de emprego, pois o Brasil é um país de tímida proteção ao trabalhador, vez que não faz aquilo que é essencial, pois não garante o emprego, nos termos da previsão do artigo 7º, inciso I, da Constituição da República e do disposto na Convenção n. 158 da OIT.

Não é incomum que empregadores, em uma situação fática de igualdade de condições, optem por dispensar mulheres e não homens, que prefiram estes no momento da contratação, embora não revelem tal decisão expressamente. Também é perceptível a atitude patronal no sentido de promover e remunerar diferentemente os homens em detrimento das mulheres e de exercer de modo preconceituoso seu poder empregatício, pouco se importando com as regras legais protetivas sobre o tema.

Fundada discussão jurídica se dá atualmente em torno da recepção ou não da regra do artigo 384 da CLT pela Constituição da República, havendo teses e decisões no sentido de haver discriminação positiva, constitucional portanto, e de ser a regra negativa e desnecessária. Eis o texto legal:

> Art. 384 – Em caso de prorrogação do horário normal, será obrigatório um descanso de 15 (quinze) minutos no mínimo, antes do início do período extraordinário do trabalho.

Há aqui, no plano dos fatos, vantagens e desvantagens, que possibilitam uma melhor análise do conteúdo jurídico da regra legal celetista. O descanso de 15 minutos antes do início da sobrejornada traz o benefício do descanso da trabalhadora que trabalha além do horário ordinário, o que caracterizaria discriminação positiva. Em contrapartida, a trabalhadora que empreender 2 horas extraordinárias em um dia, por exemplo, deixará seu local de trabalho 15 minutos mais tarde em comparação com um colega do sexo masculino que empreendeu idêntica jornada ampliada, o que revelaria tratamento discriminatório negativo e desnecessário.

A jurisprudência reflete a dissidência:

> INTERVALO PARA DESCANSO. ARTIGO 384 DA CLT. HORAS EXTRAORDINÁRIAS. O intervalo específico de proteção ao trabalho da mulher, previsto no artigo 384 da CLT, foi recepcionado pela Constituição Federal de 1988, estando o empregador obrigado a conceder o referido intervalo de 15 minutos antes do início do período extraordinário de trabalho. O descumprimento deste dispositivo legal implica o pagamento do intervalo como hora extra. (TRT, 3ª Região, 3ª Turma, processo 0000311-51.2011.5.03.0016 RO, relator juiz convocado Vitor Salino de Moura Eça, publicação em 28/11/2011, disponível em: www.trt3.jus.br).

> PRINCÍPIO PROTETOR – HOMENS E MULHERES – IGUALDADE JURÍDICA E PROTEÇÃO DIFERENCIADA – ARTIGO 384 DA CLT – VIGÊNCIA E EFETIVIDADE. É certo que homens e mulheres são iguais em direitos e obrigações, conforme preceitua o artigo 5º, inciso I, da Constituição Federal de 1988, estatuindo, no entanto, que essa igualdade jurídica se aplica "nos termos desta Constituição". Desta forma, nos termos da Constituição Federal de 1988, o cidadão trabalhador tem status jurídico diferenciado no artigo 7º, que incorpora as garantias do artigo 5º, inciso I, nas normas gerais de proteção ao trabalhador, mas vai além, ao conferir proteção jurídica adicional às mulheres, em decorrência do seu diferencial biológico ergométrico em relação aos homens e em função da sua condição de maternidade, o que já ocorria desde a promulgação do Decreto-lei n. 5.452, de 01/05/1943, e que foi recepcionado pela Constituição Federal de 1988, no artigo 7º, incisos XVIII (licença à gestante), XX (proteção ao mercado de trabalho da mulher) e XXII (redução dos riscos inerentes ao trabalho, por meio de normas de saúde, higiene e segurança), além de lhes conceder benefício previdenciário específico ("proteção à maternidade, especialmente à gestante" – artigo 201, inciso II, da mesma Constituição), condições especiais de aquisição de aposentadoria, mediante a redução da carência em 5 (cinco) anos (artigo 201, § 7º, incisos I e II, da mesma Constituição), aposentadoria especial para as trabalhadoras no âmbito doméstico das famílias de baixa renda (sistema especial inclusivo – artigo

201, § 8º, da mesma Constituição), e estabilidade da gestante no emprego (artigo 10, inciso II, alínea b, do ADCT da mesma Constituição). Com esse pacote de medidas de proteção jurídica a situação social e econômica das mulheres é reequilibrada em face da mesma situação dos homens, com visos ao restabelecendo do postulado original da isonomia. Portanto, a vigência do artigo 384 da CLT está mais efetiva do que supõem os recorrentes e foi aplicada com exatidão pelo órgão da prestação jurisdicional de primeira instância, não se tratando, pois, de mero caso de infração administrativa na forma do artigo 401 da CLT. (TRT, 3ª Região, 3ª Turma, processo n. 0000595-24.2010.5.03.0136 RO, relator juiz convocado Milton V. Thibau de Almeida, publicação em 27/01/2012, disponível em: www.trt3.jus.br).

ART. 384 DA CLT. HORAS EXTRAS. O art. 5º, I, da Constituição Federal de 1988, ao garantir a igualdade de homens e mulheres em direitos e obrigações, revogou tacitamente a norma contida no art. 384 da CLT, que estabelecia privilégio específico à mulher. Com efeito, nos termos da norma constitucional apenas são admitidas as diferenças inerentes a questões de ordem física e aquelas afetas à proteção da maternidade. As demais distinções baseadas no gênero não se harmonizam com os princípios contidos na Constituição Federal, razão pela qual merece reforma o recurso da reclamada para excluir da condenação deferida a tal título como horas extraordinárias. (TRT, 3ª Região, 10ª Turma, processo n. 0001637-84.2010.5.03.0047 RO, juíza convocada Sueli Teixeira, publicação em 21/11/2011, disponível em: www.trt3.jus.br).

INTERVALO DO ARTIGO 384 DA CLT – INDEVIDO – Com a revogação expressa do artigo 376 da CLT, operada pela Lei n. 10.244/01, considera-se revogado, tacitamente, artigo 384 consolidado, que prevê descanso de quinze minutos, no mínimo, para a mulher, na hipótese de prorrogação de jornada. Assim como o artigo 376, o artigo 384 da CLT não foi recepcionado pela CR/88, que, em seu artigo 5º, inciso I, preceitua a igualdade entre homens e mulheres, impondo que se rechacem dispositivos que prevejam privilégios injustificáveis aos indivíduos. O intervalo do artigo 384 somente poderia ser acatado se houvesse idêntica disposição para trabalhadores do sexo masculino. A suposta proteção prevista no dispositivo pode, inclusive, configurar obstáculo à contratação de mulheres, se o empregador pretender se esquivar da concessão desarrazoada do intervalo. (TRT, 3ª Região, 7ª Turma, processo n. 0151900-85.2009.5.03.0008 RO, relator juiz convocado Manoel Barbosa da Silva, publicação em 09/08/2011, disponível em: www.trt3.jus.br).

O Tribunal Superior do Trabalho tende a se posicionar pela constitucionalidade (recepção) da regra do artigo 384 da CLT.[2]

Quanto ao tema tem havido, por fim, pleitos obreiros de extensão da regra do artigo 384 da CLT aos homens, por força do artigo 5º da Constituição da República, fundamentados na tese de que são estes discriminados indevidamente pela regra infraconstitucional, o que não vem sendo reconhecido pela jurisprudência majoritária.[3]

---

(2) TST, IIN-RR-1.540/2005-046-12-00.5

(3) "INTERVALO DO ARTIGO 384 DA CLT. HORAS EXTRAS. O artigo 384 da CLT assegura o intervalo de 15 minutos antes do início da prorrogação da jornada pela trabalhadora mulher. Trata-se de norma legal inserida no capítulo que cuida da proteção do trabalho da mulher, não se aplicando

Regra que traz menor dissenso no plano de sua aplicação é a do artigo 390 da CLT, que limita o uso de força pela mulher em suas atividades laborativas:

> Art. 390 – Ao empregador é vedado empregar a mulher em serviço que demande o emprego de força muscular superior a 20 (vinte) quilos para o trabalho contínuo, ou 25 (vinte e cinco) quilos para o trabalho ocasional.

Recebe destaque na ordem justrabalhista pátria a necessária proteção à maternidade, com destaque para a garantia de emprego para todas as trabalhadoras empregadas gestantes, inclusive domésticas, nos termos da norma contida no Ato das Disposições Constitucionais Transitórias, da Constituição da República, artigo 10, inciso II, alínea b.

> Art. 10. Até que seja promulgada a lei complementar a que se refere o art. 7º, I, da Constituição:
> (...)
> II – fica vedada a dispensa arbitrária ou sem justa causa:
> (...)
> b) da empregada gestante, desde a confirmação da gravidez até cinco meses após o parto.

Sempre defendi a tese jurídica de que a garantia de emprego gestante se estende a toda e qualquer trabalhadora empregada, independentemente da modalidade contratual escolhida por seu empregador, devendo ser observada inclusive nos contratos por tempo determinado. Felizmente a melhor doutrina é, hoje, neste sentido, tendo até mesmo a jurisprudência consolidada do TST, finalmente, percebido a preponderância da proteção social à trabalhadora e ao nascituro. Eis as lições de Mauricio Godinho Delgado:

> Essa garantia, dotada de força constitucional, ultrapassa o âmbito do interesse estrito da empregada grávida, por ter manifestos fins de saúde e assistência social não somente com respeito à própria mãe trabalhadora como também em face de sua gestação e da criança recém-nascida.
>
> Havendo, desse modo, evidente interesse público com vista às proteções à mãe trabalhadora, sua gestação e parto, além do período inicial da maternidade, interesse público que se estende também à criança nascitura, ganha destaque a garantia constitucional, afastando o óbice criado pela Consolidação das Leis do Trabalho com respeito aos contratos a termo (art. 472, parágrafo 2º, CLT).[4]

---

na hipótese em que o empregado é do sexo masculino." (TRT, 3ª Região, 2ª Turma, processo n. 0000668-42.2011.5.03.0077 RO, relator Desembargador Luiz Ronan Neves Koury, publicação em 21/03/2012, disponível em: www.trt3.jus.br).

(4) DELGADO, Mauricio Godinho. *Curso de Direito do Trabalho*. 11. ed. São Paulo: LTr, 2012. p. 547.

Desde 14 de setembro de 2012 este é também o entendimento consolidado no Tribunal Superior do Trabalho, força da nova redação do inciso III de sua Súmula 244:

> III – A empregada gestante tem direito à estabilidade provisória prevista no art. 10, inciso II, alínea b, do ADCT, mesmo na hipótese de admissão mediante contrato por tempo determinado.

Interessante notar que a mudança interpretativa do TST sobre o tema em questão (garantia de emprego gestante nos contartos a termo) se deu sem que houvesse qualquer alteração legislativa, tendo bastado a evolução doutrinária para que se compreendesse, finalmente, o óbvio da construção constitucional sobre o tema. Mais interessante ainda é notar que os mesmos juízes de primeiro e segundo graus de jurisdição que, até 13/09/2012 insistiam em não compreender o alcance constitucional mais amplo do direito, passaram a entender o sistema justrabalhista pátrio, dada a nova redação da Súmula n. 244 do TST.

O Estado brasileiro tem políticas públicas voltadas à preservação da vida do nascituro e ao bem-estar da gestante, garantindo, para tanto, acesso da mãe ao sistema de saúde para consultas periódicas. A ordem constitucional vigente é, também e obviamente, neste sentido.

A CLT garante à trabalhadora tantas consultas médicas e exames quantos forem necessários, com dispensa de trabalho e pagamento de salários, nos termos da regra do parágrafo 4º, inciso II, do seu artigo 392. Entretanto, tal dispositivo é equivocadamente interpretado por alguns empregadores que fixam um inexistente limite máximo de 6 consultas para cada trabalhadora. Eis a regra:

> Art. 392. A empregada gestante tem direito à licença-maternidade de 120 (cento e vinte) dias, sem prejuízo do emprego e do salário.
>
> (...)
>
> § 4º É garantido à empregada, durante a gravidez, sem prejuízo do salário e demais direitos:
>
> (...)
>
> II – dispensa do horário de trabalho pelo tempo necessário para a realização de, no mínimo, seis consultas médicas e demais exames complementares.

A CLT garante também à trabalhadora gestante sua transferência de função, quando as condições de saúde o exigirem, assegurada a retomada da função anteriormente exercida, logo após o retorno ao trabalho, nos termos da regra contida no artigo 392, parágrafo 4º, inciso I.

Além da garantia de emprego decorrente da gravidez a empregada terá licença maternidade de 120 dias, nos termos das regras do artigo 392 da CLT, parágrafos 1º e 2º:

> *Art. 392. A empregada gestante tem direito à licença-maternidade de 120 (cento e vinte) dias, sem prejuízo do emprego e do salário.*
>
> *§ 1º A empregada deve, mediante atestado médico, notificar o seu empregador da data do início do afastamento do emprego, que poderá ocorrer entre o 28º (vigésimo oitavo) dia antes do parto e ocorrência deste.*
>
> *§ 2º Os períodos de repouso, antes e depois do parto, poderão ser aumentados de 2 (duas) semanas cada um, mediante atestado médico.*

Como não poderia ser diferente a empregada que é mãe adotiva[5] também terá idêntico direito à licença maternidade, 120 dias, nos termos da regra do artigo 392-A.

> *Art. 392-A. À empregada que adotar ou obtiver guarda judicial para fins de adoção de criança será concedida licença-maternidade nos termos do art. 392, observado o disposto no seu § 5º.*

Em caso de parto antecipado, também terá a empregada gestante direito à licença, nos termos do artigo 392, parágrafo 3º.

Em caso de aborto não criminoso, comprovado por atestado médico oficial, a mulher terá um repouso remunerado de 2 (duas) semanas, ficando-lhe assegurado o direito de retornar à função que ocupava antes de seu afastamento, nos termos da regra do artigo 395 da CLT:

> *Art. 395 – Em caso de aborto não criminoso, comprovado por atestado médico oficial, a mulher terá um repouso remunerado de 2 (duas) semanas, ficando-lhe assegurado o direito de retornar à função que ocupava antes de seu afastamento.*

Embora de difícil implementação prática, vez que a regra é a distância física entre mãe e filho durante o horário de trabalho, a trabalhadora tem direito a amamentar seu bebê até que complete 6 meses de idade. Para isso terá dois intervalos de meia hora, incluídos na jornada de trabalho, nos termos da regra contida no artigo 396 da CLT:

> *Art. 396 – Para amamentar o próprio filho, até que este complete 6 (seis) meses de idade, a mulher terá direito, durante a jornada de trabalho, a 2 (dois) descansos especiais, de meia hora cada um.*

Não obstante a difícil implementação prática, a obrigação de proporcionar tão valioso momento para mãe e filho é do empregador, nos termos das regras celetistas contidas nos artigos 396, já citado; 400 e 389, parágrafo 1º.

---

(5) Sobre Adoção é excelente a atuação do Conselho Nacional de Justiça (CNJ), através do seu Cadastro Nacional de Adoção (CNA). Informações disponíveis em www.cnj.jus.br ou nas varas da infância e juventude das comarcas.

Art. 389 – Toda empresa é obrigada:

(...)

§ 1º Os estabelecimentos em que trabalharem pelo menos 30 (trinta) mulheres com mais de 16 (dezesseis) anos de idade terão local apropriado onde seja permitido às empregadas guardar sob vigilância e assistência os seus filhos no período da amamentação. (Incluído pelo Decreto-lei n. 229, de 28.2.1967)

§ 2º A exigência do § 1º poderá ser suprida por meio de creches distritais mantidas, diretamente ou mediante convênios, com outras entidades públicas ou privadas, pelas próprias empresas, em regime comunitário, ou a cargo do SESI, do SESC, da LBA ou de entidades sindicais.

Art. 400 – Os locais destinados à guarda dos filhos das operárias durante o período da amamentação deverão possuir, no mínimo, um berçário, uma saleta de amamentação, uma cozinha dietética e uma instalação sanitária.

O empregador que não conceder os intervalos intrajornada para amamentação serão condenados ao pagamento da hora que seria destinada a tanto como extraordinária, nos mesmos termos da regra prevista no parágrafo 4º do artigo 71 da CLT, conforme bem destaca a Profa. Dra. Alice Monteiro de Barros:

> Influenciado pelas normas internacionais e tendo como fundamento razões de eugenia social, o art. 396 da CLT concede à mulher o direito a dois descansos especiais de meia hora cada um para amamentar o próprio filho, até que ele complete seis meses de idade. A tutela tem em mira amparar a maternidade e assegurar o desenvolvimento físico das futuras gerações. A não concessão do intervalo para aleitamento, a que alude o dispositivo em exame, além de constituir infração administrativa, implica o pagamento da pausa correspondente como hora extraordinária, adotando-se raciocínio análogo contido no art. 71 da CLT, que autoriza o pagamento das horas extras quando o intervalo para refeição for desrespeitado (Orientação Jurisprudencial n. 307 da SDI-1 do TST).[6]

No mesmo sentido a seguinte decisão:

> DESRESPEITO AO INTERVALO AMAMENTAÇÃO. PAGAMENTO DE HORAS EXTRAS. O intervalo amamentação previsto no art. 396 da CLT constitui norma de proteção à saúde da empregada e de seu filho, sendo espécie de intervalo intrajornada remunerado, de modo que o seu desrespeito resulta em trabalho realizado em momento que deveria ser destinado a pausa, e como tal, a ensejar o pagamento do período correspondente como horas extras. (TRT, 3ª Região, 1ª Turma, processo n. 0000550-09.2011.5.03.0096 RO, relator Desembargador Emerson José Alves Lage, publicação em 16/03/2012, disponível em: www.trt3.jus.br).

O Direito do Trabalho historicamente se constroi e se consolida em torno da proteção à parte hipossuficiente da relação jurídica, e uma das primeiras regras

---

(6) BARROS, Alice Monteiro de. *Curso de Direito do Trabalho*. 6. ed. São Paulo: LTr, 2010. p. 1103.

justrabalhistas protetivas diz respeito à limitação do trabalho do menor. A Constituição da República estabelece limite para a exploração do trabalho do menor, nos termos da norma contida em seu artigo 7º, inciso XXXIII:

> Art. 7º *São direitos dos trabalhadores urbanos e rurais, além de outros que visem à melhoria de sua condição social:*
>
> *(...)*
>
> *XXXIII – proibição de trabalho noturno, perigoso ou insalubre a menores de dezoito e de qualquer trabalho a menores de dezesseis anos, salvo na condição de aprendiz, a partir de quatorze anos.*

A Consolidação das Leis do Trabalho está em consonância com a limitação constitucional, como se infere das regras dos artigos 402 e 403:

> *Art. 402. Considera-se menor para os efeitos desta Consolidação o trabalhador de quatorze até dezoito anos.*
>
> *Art. 403. É proibido qualquer trabalho a menores de dezesseis anos de idade, salvo na condição de aprendiz, a partir dos quatorze anos.*

Percebe-se, então, que o menor não pode trabalhar até completar 14 anos, sendo que até os 16 poderá ser empregado aprendiz. Após os 16 anos pode o menor trabalhar nas mais diversas atividades empregatícias, ressalvadas proibições legais que não afastam a existência do vínculo de emprego.

Assim, podem ser empregados celetistas os menores entre 16 e 18 anos, mas com algumas restrições legais de caráter protetivo.

Inicialmente não pode o menor trabalhar em período noturno, ou seja, entre 22:00h e 05:00h para o empregado celetista, nos termos da regra do artigo 404 da CLT, e de 21:00h às 05:00h na lavoura e 20:00h às 04:00h na pecuária, em conformidade com a Lei n. 5.889/1973. O objetivo do legislador é preservar o sujeito em formação, vedando o trabalho em horário em que o menor deve estar em casa, descansando.

Também é proibido o trabalho do menor em ambiente perigoso ou insalubre, nos termos do artigo 405, inciso I, combinado com o disposto nos artigos 192 e 193 da CLT, e em conformidade com os termos da Portaria MTE/SIT 06/2001, na perspectiva da proteção à saúde e à segurança do adolescente trabalhador.

Controvertida é a constitucionalidade e aplicabilidade da regra do parágrafo 2º do artigo 405 da CLT, que limita o trabalho do menor nas ruas:

> *Art. 405 – Ao menor não será permitido o trabalho:*
>
> *§ 2º O trabalho exercido nas ruas, praças e outros logradouros dependerá de prévia autorização do Juiz de Menores, ao qual cabe verificar se a ocupação é indispensável à sua própria subsistência ou à de seus pais, avós ou irmãos e se dessa ocupação não poderá advir prejuízo à sua formação moral.*

O pressuposto, nos termos da doutrina da Profa. Alice Monteiro de Barros, é que sejam esses locais prejudiciais à formação moral do menor trabalhador, que estaria mais *"sujeito ao contato com elementos perniciosos"*. Teria a regra celetista, da década de 1960 (Decreto-lei n. 229/1967), o "objetivo de prevenir e evitar a delinquência dos jovens". Tenho dúvidas, entretanto, se é o *local* da prestação laborativa fator suficiente a influenciar negativamente a formação do trabalhador menor empregado.

É também proibido o trabalho do menor em circunstâncias prejudiciais à sua moralidade, cabendo, também aqui, análise ponderada sobre o que é, hoje (diferentemente da ideia que se tinha na década de 1960), prejudicial à formação moral do jovem trabalhador. Eis a regra do artigo 405, parágrafo 3º da CLT, com as exceções trazidas pelo artigo 406:

> *§ 3º Considera-se prejudicial à moralidade do menor o trabalho:*
>
> *a) prestado de qualquer modo, em teatros de revista, cinemas, buates, cassinos, cabarés, dancings e estabelecimentos análogos;*
>
> *b) em empresas circenses, em funções de acrobata, saltimbanco, ginasta e outras semelhantes;*
>
> *c) de produção, composição, entrega ou venda de escritos, impressos, cartazes, desenhos, gravuras, pinturas, emblemas, imagens e quaisquer outros objetos que possam, a juízo da autoridade competente, prejudicar sua formação moral;*
>
> *d) consistente na venda, a varejo, de bebidas alcoólicas.*
>
> *Art. 406 – O Juiz de Menores poderá autorizar ao menor o trabalho a que se referem as letras a e b do § 3º do art. 405:*
>
> *I – desde que a representação tenha fim educativo ou a peça de que participe não possa ser prejudicial à sua formação moral;*
>
> *II – desde que se certifique ser a ocupação do menor indispensável à própria subsistência ou à de seus pais, avós ou irmãos e não advir nenhum prejuízo à sua formação moral.*

Deve o aplicador da regra perceber, sobretudo, se as atividades são ou não, atualmente, prejudiciais à formação do trabalhador empregado menor de 18 anos, para que se proíba ou não, no caso concreto, a prestação laborativa.

Há, também, vedação ao trabalho do menor que exija excesso de força, nos termos da regra do artigo 390 da CLT (por força da norma contida no artigo 405, parágrafo 5º).

> *Art. 390 – Ao empregador é vedado empregar a mulher em serviço que demande o emprego de força muscular superior a 20 (vinte) quilos para o trabalho contínuo, ou 25 (vinte e cinco) quilos para o trabalho ocasional.*
>
> *Parágrafo único – Não está compreendida na determinação deste artigo a remoção de material feita por impulsão ou tração de vagonetes sobre trilhos, de carros de mão ou quaisquer aparelhos mecânicos.*

O Estatuto da Criança e do Adolescente, Lei n. 8.069/1990, em seu artigo 67, traz também limitações:

> Art. 67. Ao adolescente empregado, aprendiz, em regime familiar de trabalho, aluno de escola técnica, assistido em entidade governamental ou não governamental, é vedado trabalho:
>
> I – noturno, realizado entre as vinte e duas horas de um dia e as cinco horas do dia seguinte;
>
> II – perigoso, insalubre ou penoso;
>
> III – realizado em locais prejudiciais à sua formação e ao seu desenvolvimento físico, psíquico, moral e social;
>
> IV – realizado em horários e locais que não permitam a frequência à escola.

Por fim, proibido o trabalho do menor em subsolo, pois atividades em tais locais só são permitidas a homens, com idade compreendida entre 21 (vinte e um) e 50 (cinquenta) anos, nos termos da regra do artigo 301 da CLT.

Importante a distinção entre trabalho ilícito e trabalho proibido. Trabalho ilícito, e que não permite a produção de efeitos jurídicos à relação porventura mantida, é aquele em que o objeto do ajuste constitui crime ou contravenção. Ausente, neste caso, elemento jurídico-formal necessário à validade da contratação. O trabalho proibido não obsta a validade jurídica do vínculo empregatício. Enseja punição ao contratante e permite a integral proteção ao trabalhador empregado menor.

É possível o trabalho do menor em sobrejornada, desde que em regime de compensação semanal (compensação do sábado, v.g.) ou por motivo de força maior, nos termos da regra do artigo 413 da CLT.

É lícito ao menor firmar recibo pelo pagamento dos salários. Tratando-se, porém, de rescisão do contrato de trabalho, é vedado ao menor empregado dar, sem assistência dos seus responsáveis legais, quitação ao empregador, conforme estabelece a regra do artigo 439 da CLT.

Dos 14 aos 16 anos o menor somente poderá ser empregado na condição de aprendiz, ou seja, através de um vínculo empregatício especial, previsto pela CLT, que em seu artigo 428 define o contrato de emprendizagem.

> Art. 428. Contrato de aprendizagem é o contrato de trabalho especial, ajustado por escrito e por prazo determinado, em que o empregador se compromete a assegurar ao maior de 14 (quatorze) e menor de 24 (vinte e quatro) anos inscrito em programa de aprendizagem formação técnico-profissional metódica, compatível com o seu desenvolvimento físico, moral e psicológico, e o aprendiz, a executar com zelo e diligência as tarefas necessárias a essa formação.

Perceptível que o menor entre 14 e 16 anos, para ser empregado, deverá obrigatoriamente se vincular através da aprendizagem. Tal vínculo especial, entretanto, não se restringe a esta faixa etária, podendo se estender até os 24 anos.

O contrato de aprendizagem não poderá ser estipulado por mais de 2 anos, exceto quando se tratar de aprendiz portador de deficiência, nos termos do § 3º do artigo 428 da CLT.

Para incentivar a contratação de menores (ou maiores) aprendizes a ordem jurídica brasileira exige dos empregadores quota de empregados em tal condição, nos termos da norma contida no artigo 429 da CLT:

> Art. 429. Os estabelecimentos de qualquer natureza são obrigados a empregar e matricular nos cursos dos Serviços Nacionais de Aprendizagem número de aprendizes equivalente a cinco por cento, no mínimo, e quinze por cento, no máximo, dos trabalhadores existentes em cada estabelecimento, cujas funções demandem formação profissional.
>
> § 1º-A. O limite fixado neste artigo não se aplica quando o empregador for entidade sem fins lucrativos, que tenha por objetivo a educação profissional.
>
> § 1º As frações de unidade, no cálculo da percentagem de que trata o caput, darão lugar à admissão de um aprendiz.

O vínculo empregatício especial pressupõe *programa de aprendizagem formação técnico-profissional metódica*, ou seja, deve permitir ao jovem a possibilidade de se inserir no mercado de trabalho para aprender uma profissão. Assim, originalmente, a vinculação empregatícia do aprendiz pressupunha matrícula em cursos habilitados à formação profissional (Senai, Senar, Lei n. 8315/1991; Senat, Lei n. 8.706/1993 e Escolas Técnicas de Educação, CLT, artigo 430, inciso I, além de Senac e Sebrae).

Ocorre, entretanto, que não há estudantes em número suficiente para que as empresas, nas mais diversas áreas de inserção econômica, possam contratar aprendizes que possam receber formação profissional. Em decorrência de tal realidade e na hipótese de os Serviços Nacionais de Aprendizagem não oferecerem cursos ou vagas suficientes para atender à demanda das empresas, esta poderá ser suprida por outras entidades qualificadas em formação técnico-profissional metódica, o que foi possibilitado pela Lei n. 10.097/2000, que alterou o artigo 430 da CLT. Desde então, o aprendiz, que agora não necessariamente aprenderá uma profissão, pode ser contratado por entidades sem fins lucrativos, que tenham por objetivo a assistência ao adolescente e à educação profissional, registradas no Conselho Municipal dos Direitos da Criança e do Adolescente. Há um prejuízo, pela inexigência de formação profissional, mas também um ganho, pois o menor se insere no mercado através de um contrato de emprego protegido.

Ainda no contexto da inserção profissional protegida, a Lei n. 12.594/2012 ampliou as possibilidades de contratação de aprendizes, conforme se infere do novo parágrafo 2º do artigo 429 da CLT:

§ 2º *Os estabelecimentos de que trata o* caput *ofertarão vagas de aprendizes a adolescentes usuários do Sistema Nacional de Atendimento Socioeducativo (Sinase) nas condições a serem dispostas em instrumentos de cooperação celebrados entre os estabelecimentos e os gestores dos Sistemas de Atendimento Socioeducativo locais.*

É muito comum ouvir nas ruas que boa parte do problema social dos adolescentes em conflito com a lei ("menores infratores") se dá em razão da ausência de ocupação profissional tendente a afastá-los das atividades ilícitas. É facilmente perceptível a ideia de que "antigamente" era comum o trabalho do menor e que, por isso, os índices de criminalidade eram também menores.

Talvez atenta a tal perspectiva a Presidenta da República sancionou a Lei n. 12.594/2012 que, dentre outras medidas, incluiu o parágrafo 2º do artigo 429 da CLT, que trata da obrigatoriedade de contratação de aprendizes.

A novidade, que pode mudar a vida de muitos adolescentes, permite que as empresas optem por contratar aprendizes vinculados às escolas de aprendizagem (Sesi, Senai, Senac, Sebrae etc.) ou, caso queiram, pela contratação de adolescentes em conflito com a lei vinculados ao Sinase (Sistema Nacional de Atendimento Socioeducativo instituído pela nova lei).

A medida é importante e salutar não só para os adolescentes em conflito com a lei mas, também, para os empregadores. Inicialmente poderá o empregador mais facilmente cumprir sua quota de aprendizes, vez que atualmente é difícil encontrar no mercado menores vinculados às escolas de aprendizagem e que possam atuar nas diversas atividades econômicas. Assim o empregador comerciante, prestador de serviços, escola, hospital, transportadora etc., não concorrerá com grandes indústrias para contratar aprendizes, pois haverá, em tese, por enquanto e infelizmente, mão de obra em maior número do que atualmente existe no âmbito da aprendizagem. Consequentemente ao cumprir sua quota de aprendizes o empregador se livra das multas aplicadas cotidianamente pelo Ministério do Trabalho e Emprego. Some-se ainda a vantagem de cumprir o empregador o comando constitucional que fixa a necessidade de a propriedade privada cumprir sua função social. Por fim, o que parece ser mais relevante, pode o empregador transformar definitivamente a vida de uma pessoa, pois o trabalho forma, molda, transforma e dignifica o homem, sobretudo aquele em formação.

Para o adolescente em conflito com a lei a nova regra da CLT permite uma excelente oportunidade de inserção social através do trabalho digno e protegido, vez que o aprendiz tem os mesmos direitos trabalhistas que qualquer outro trabalhador empregado. Com isso poderá o adolescente resistir às tentações do dinheiro fácil, pois terá a oportunidade não só de ganhar a vida honestamente como também de aprender uma profissão e conviver em ambientes laboratios que certamente contribuirão para a formação de seu caráter.

O que se espera, agora, é que os empregadores tratem o problema social sem preconceitos, que possibilitem aos adolescentes em conflito com a lei uma nova oportunidade em suas vidas, que abracem esta chance de melhorar a sociedade, visto que a responsabilidade por um mundo melhor não é só do governo, mas de toda a sociedade.

A duração do trabalho do aprendiz não excederá de seis horas diárias, sendo vedadas a prorrogação e a compensação de jornada, conforme artigo 432 da CLT.

Em 2000, na onda neoliberal precarizante das relações de emprego, teve o trabalhador empregado aprendiz reduzida sua alíquota de FGTS para 2%, nos termos do artigo 15, parágrafo 7º, da Lei n. 8.036/1990, estabelecido pela Lei n. 10.097/2000.

Nos termos das regras citadas, o menor entre 14 e 16 anos pode ser empregado, desde que seja na condição de *menor aprendiz*. Após os 16 anos o menor pode ser empregado sem que seja através de um contrato de aprendizagem, mas com algumas limitações referentes à sua integridade física e moral, bem como ao seu desenvolvimento intelectual.

Problema surge quando, no plano dos fatos, há exploração do trabalho do menor de 14 anos ou do menor de 16 sem um contrato de aprendizagem. O questionamento que se faz, é: tendo o menor sido explorado e efetivamente trabalhado nos termos previstos no artigo 3º da CLT, quais serão seus direitos em face de seu contratante? Três teorias são perceptíveis com referência a tal situação.

A primeira teoria não reconhece nenhum direito ao menor, por entender nula a avença mantida. Assim, o nulo não gera direitos ao menor trabalhador, não obstante devam ser responsabilizados criminalmente, se for o caso, aqueles que o exploraram.

A segunda teoria, consoante doutrina do Prof. Mauricio Godinho Delgado, reconhece todos os direitos trabalhistas ao menor, nos seguintes termos:

> *Ora, se existente, na prática, o contrato irregular, pagar-se-ão ao empregado menor todas as parcelas cabíveis; contudo, imediatamente deve-se extinguir o vínculo, ope judicis, em face da vedação constitucional. Não obstante o vício em um dos elementos jurídico-formais do contrato, todos os efeitos trabalhistas devem lhe ser reconhecidos, em face da tutela justrabalhista ter sido construída exatamente para proteger a criança e o adolescente – e não ampliar a perversidade de sua exploração.* [7]

Para tal teoria, aplicada no TRT da 3ª Região, não se justifica deixar de proteger a parte hipossuficiente da relação, como se infere do seguinte julgado:

> EMENTA – MENOR DE 16 ANOS – ART. 7º, INCISO XXXII, DA CONSTITUIÇÃO FEDERAL – TRABALHO E SEU VALOR SOCIAL – ART. 1º., INCISO IV, DA MESMA CONSTITUIÇÃO – A proibição contida no art. 7º., inciso XXXII, da Constituição, num primeiro momento, dirige-se às empresas, enquanto instituições concebedoras, organi-

---

(7) DELGADO, Mauricio Godinho. *Curso de Direito do Trabalho*. 10. ed. São Paulo: LTr, 2011.

zadoras e utilizadoras do trabalho alheio e, num segundo momento, ao responsável legal pelo menor, ao próprio Estado e a toda a sociedade, enquanto co-partícipes, diretos e indiretos, pelo bem estar do menor, que até os dezesseis anos deve dedicar a maior parte do seu tempo à educação, a sua formação moral e intelectual, seja o âmbito da escola, seja no seio familiar, seja nos demais espaços culturais, esportivos e recreativos. A vedação de ordem constitucional não pode se constituir numa espécie de habeas corpus, eximindo a empresa ou quem a ela equiparada de qualquer responsabilidade legal, moral e social, neste tema tão delicado: as crianças e os adolescentes de hoje, serão os homens de amanhã. Quem não investe no ser humano, deixa ao relento o mais precioso de todos os bens. A nulidade ex radice do contrato de trabalho do menor, com fundamento na teoria geral do Direito Civil, acaba por anular todos os efeitos jurídicos da relação de emprego, mesmo quando presentes os pressupostos do art. 3º, da CLT. Os requisitos de validade do contrato de trabalho, notadamente no que tange à capacidade do prestador de serviços, não podem ser examinados como se fossem uma equação matemática. O Direito é uma ciência social, onde nem sempre dois e dois são quatro, nem quatro vezes quatro dezesseis. Ademais, se infringência à lei houve, esta ocorreu por parte de quem contratou o menor que estava proibido de trabalhar e que, por essa razão, deveria até estar impedida de suscitar a nulidade, que, diga-se de passagem, não está disposta no texto constitucional proibitivo. Na Carta Magna não há, nem poderia haver tal cominação, que tem de ser analisada à luz do princípio da irretroatividade das nulidades (efeitos ex nunc) própria do Direito do Trabalho. Por outro lado, existem situações em que o círculo da moral, mais amplo do que o do Direito, rompe as suas fronteiras com a pena do equilíbrio social, redimensionando-a com a tinta da justiça e da equidade. Quando, diante de dois valores aparentemente conflitantes, ambos albergados constitucionalmente, o intérprete deve lançar mão do princípio da proporcionalidade, imprimindo, após cuidadosa análise de seus pressupostos, qual deverá ser o bem protegido. O combate ao trabalho infantil, elogiado por organismos internacionais, como a ONU, OIT e UNESCO, tem recebido forte apoio dos órgãos do Poder Judiciário e do Ministério Público, dentro e fora do processo, sem que, em casos extremos, nos quais ocorra a transgressão da proibição do trabalho do menor, se exclua a relação de emprego, prejudicando o prestador de serviços e beneficiando o tomador, uma vez que, além da apropriação indevida da força de trabalho, ninguém devolverá ao menor as horas de trabalho por ele prestadas. Pelo menos teoricamente, este período subtraído da formação educacional do menor, também é subtraído de toda a sociedade, que quer e que contribui para que tal tipo de trabalho não seja utilizado. Em casos desta natureza, enquanto for vantajosa a utilização da mão-de-obra da criança ou do adolescente, dificilmente o preceito constitucional será observado integralmente, por isso que, a par do reconhecimento do contrato de trabalho em toda a sua extensão, representado pelo pagamento integral, sem exceção, de todos os direitos trabalhistas, inclusive para fins previdenciários, o Ministério Público do Trabalho, o Ministério do Trabalho e Emprego (DRT) e o INSS, devem ser oficiados para as providências cabíveis, imprimindo ações, principalmente a multa pelo ilícito trabalhista, nas esferas das respectivas competências para fins de coibição da utilização da mão de obra infanto-juvenil. A teoria geral das nulidades do Direito Civil não pode ser transposta cegamente para o Direito do Trabalho, de molde a sufocar a realidade social envolta em valores éticos e morais da valorização do trabalho e da dignidade humana. (TRT 3ª Região, 4ª Turma, processo n. 00822-2005-006-03-00-5, Recurso Ordinário, relator Desembargador Luiz Otávio Linhares Renault, publicação DJMG 12/11/2005, disponível em: www.trt3.jus.br).

Uma terceira perspectiva é possível, com a preservação do texto normativo, do direito do trabalhador e do Direito do Trabalho: o Juiz do Trabalho, ao perceber, na análise fática, que o trabalhador explorado é (ou era ao tempo dos fatos) menor de idade (14 ou 16 anos) não reconhecerá a ele direitos trabalhistas, dada a ausência de elemento jurídico-formal e de elemento constitutivo do contrato, mas, percebendo dano (material e/ou moral) condenará aquele que explorou à devida indenização.

Há discussão atual, também e por fim, no que concerne à constitucionalidade do tratamento diferenciado no plano justrabalhista com relação aos indígenas. A Profa. Alice Monteiro de Barros trata da polêmica com habitual acuidade em seu *Curso de Direito do Trabalho*[8], iniciando pela conceituação legal de índio, trazida pelo artigo 3º, inciso I, da Lei n. 6.001/1973, Estatuto do Índio, publicado sob a égide da Constituição da República de 1967 (e Emenda Constitucional n. 1/1969), e enquanto vigente o Código Civil de 1916:

> Art. 3º Para os efeitos de lei, ficam estabelecidas as definições a seguir discriminadas:
>
> I – Índio ou Silvícola – É todo indivíduo de origem e ascendência pré-colombiana que se identifica e é identificado como pertencente a um grupo étnico cujas características culturais o distinguem da sociedade nacional;
>
> II – Comunidade Indígena ou Grupo Tribal – É um conjunto de famílias ou comunidades índias, quer vivendo em estado de completo isolamento em relação aos outros setores da comunhão nacional, quer em contatos intermitentes ou permanentes, sem contudo estarem neles integrados.

Para efeito da relação jurídica de emprego é necessária, além da análise dos requisitos do artigo 3º da CLT, observar o atual tratamento jurídico dado pelo Brasil aos índios como regra geral, nos termos do artigo, 4º, parágrafo único do Código Civil, que corretamente excluiu os índios do rol dos relativamente incapacitados para os atos da vida civil:

> Art. 4º São incapazes, relativamente a certos atos, ou à maneira de os exercer:
>
> I – os maiores de dezesseis e menores de dezoito anos;
>
> II – os ébrios habituais, os viciados em tóxicos, e os que, por deficiência mental, tenham o discernimento reduzido;
>
> III – os excepcionais, sem desenvolvimento mental completo;
>
> IV – os pródigos.
>
> Parágrafo único. A capacidade dos índios será regulada por legislação especial.

---

(8) BARROS, Alice Monteiro de. *Curso de Direito do Trabalho*. 6. ed. São Paulo: LTr, 2010. p. 312-315.

Assim, atualmente, diferentemente do que era previsto no Código Civil de 1916, o índio pode ser absolutamente capaz para os atos da vida civil, e consequentemente para firmar validamente contrato de emprego.

A exceção referente à incapacidade laborativa é fixada pela Lei n. 6.001/1973, e diz respeito aos índios considerados pela regra como isolados:

> Art 4º Os índios são considerados:
>
> I – Isolados – Quando vivem em grupos desconhecidos ou de que se possuem poucos e vagos informes através de contatos eventuais com elementos da comunhão nacional;
>
> II – Em vias de integração – Quando, em contato intermitente ou permanente com grupos estranhos, conservam menor ou maior parte das condições de sua vida nativa, mas aceitam algumas práticas e modos de existência comuns aos demais setores da comunhão nacional, da qual vão necessitando cada vez mais para o próprio sustento;
>
> III – Integrados – Quando incorporados à comunhão nacional e reconhecidos no pleno exercício dos direitos civis, ainda que conservem usos, costumes e tradições característicos da sua cultura.

Pouco provável que o índio considerado legalmente isolado venha a firmar pactuação empregatícia, ainda que tacitamente, vistas as exigências do artigo 3º da CLT e a conceituação restritiva do artigo 4º do Estatuto do Índio. Caso haja exploração de trabalho o contrato será nulo, nos termos do artigo 15 da Lei n. 6.001/1973, "devendo haver compensação razoável, nos termos dos artigos 593 e 606 do Código Civil."[9]

> Art. 15. Será nulo o contrato de trabalho ou de locação de serviços realizado com os índios de que trata o artigo 4°, I.

Os índios integrados, conforme definição legal, podem firmar normalmente seus vínculos empregatícios, sem restrição, nos termos do artigo 14 da Lei n. 6.001/1973:

> Art. 14. Não haverá discriminação entre trabalhadores indígenas e os demais trabalhadores, aplicando-se-lhes todos os direitos e garantias das leis trabalhistas e de previdência social.
>
> Parágrafo único. É permitida a adaptação de condições de trabalho aos usos e costumes da comunidade a que pertencer o índio.

Quanto àqueles em vias de integração, entende a Profa. Alice Monteiro de Barros pela sua capacidade:

---

(9) BARROS, Alice Monteiro de. *Curso de Direito do Trabalho*. 6. ed. São Paulo: LTr, 2010. p. 314.

> *Caso o índio esteja em processo de integração, habitando parque ou colônia agrícola, os contratos dependerão de prévia aprovação de órgão de proteção ao índio (art. 16 da Lei n. 6.001). Como a lei não considera nulo o contrato, entendemos que ele produzirá os efeitos legais;*[10]

Os contratos de trabalho ou de locação de serviços realizados com indígenas em processo de integração ou habitantes de parques ou colônias agrícolas dependerão de prévia aprovação do órgão de proteção ao índio, obedecendo, quando necessário, a normas próprias (artigo 16 do Estatuto do Índio), do que decorre o reconhecimento de efeitos válidos, até mesmo para que não se locuplete indevidamente aquele que explorou o trabalho na forma do artigo 3º da CLT.

A percepção do aplicador do Direito deve ser pela tutela integral do indígena, nos termos do artigo 231 da Constituição da República:

> Art. 231. São reconhecidos aos índios sua organização social, costumes, línguas, crenças e tradições, e os direitos originários sobre as terras que tradicionalmente ocupam, competindo à União demarcá-las, proteger e fazer respeitar todos os seus bens.

Em síntese, deve o Estado brasileiro preservar os povos indígenas e sua cultura, não impondo a eles a integração ou o isolamento, resguardada sua capacidade de autodeterminação. Quando trabalhadores por conta alheia devem receber a mais ampla proteção juslaboral possível, caracterizada pelo patamar civilizatório mínimo previsto na regra heterônoma estatal.

---

(10) BARROS, Alice Monteiro de. *Curso de Direito do Trabalho*. 6. ed. São Paulo: LTr, 2010. p. 312-315.

Capítulo 10

O Empregador: sucessão de empregadores e grupo econômico

1. Caracterização
   – art. 2º, CLT, caput e § 1º c/c art. 3º, CLT
   – efeitos jurídicos/aspectos característicos:
     • despersonalização
     • alteridade
2. Sucessão Trabalhista (Sucessão de Empregadores)
   – CLT, arts. 10 e 448
     • alteração na estrutura formal
     • substituição do antigo titular
     • alienação de parte significativa do empreendimento
   – requisito:
     • transferência de unidade econômico-jurídica
   – exceção: transferência em hasta pública
     • continuidade da prestação laborativa (prescindível)
   – cláusula contratual restritiva

- *efeitos:*
  - *legal: responsabilidade única do sucessor*
  - *jurisprudencial: responsabilidade subsidiária do sucedido*
- *restrições legais:*
  - *domésticos*
  - *falência (Lei n. 11.101/2005)*
  - *morte do empresário individual (CLT, 483, parágrafo 2º)*
  - *desmembramento de Estado ou Município: CR, 18.*
3. Grupo Econômico para fins justrabalhistas
   - *CLT, art. 2º, § 2º*
   - *objetivo da caracterização*
   - *caracterização*
     1) *estrutura empresarial*
     2) *nexo relacional interempresas*
        - *direção hierárquica*
        - *coordenação empresarial*
   - *"empregador único" versus "múltiplos contratos": Súmula n. 129, TST.*
   - *"empregador único" e equiparação salarial.*

Cediço que a relação de emprego pressupõe a contratação de pessoa física, de modo pessoal, não eventual, oneroso e subordinado. O contratante, denominado empregador, pode ser qualquer pessoa (física ou jurídica) ou ainda ente despersonificado que contrate emprego.

O legislador de 1943 tentou definir quem é empregador, nos termos postos no artigo 2º da CLT, mas o fez com pouca técnica. Eis a definição legal do artigo 2º da CLT:

> Art. 2º – Considera-se empregador a empresa, individual ou coletiva, que, assumindo os riscos da atividade econômica, admite, assalaria e dirige a prestação pessoal de serviço. E prossegue no parágrafo primeiro: "§ 1º – Equiparam-se ao empregador, para os efeitos exclusivos da relação de emprego, os profissionais liberais, as instituições de beneficência, as associações recreativas ou outras instituições sem fins lucrativos, que admitirem trabalhadores como empregados".

Inicialmente destaque-se entendimento majoritário na doutrina no sentido de que empregador não é a empresa, mas qualquer pessoa (física ou jurídica) ou ente despersonificado. No mesmo sentido não existe empregador por equiparação. Toda pessoa ou ente despersonificado que contrate alguém como empregado será empregador.

Não obstante as críticas comumente feitas à terminologia utilizada pelo texto celetista acima transcrito, Márcio Túlio Viana, com a acuidade que lhe é peculiar, interpreta diferentemente o dispositivo legal contido no artigo 2º da CLT, compreendendo-o como atual, criativo e inovador:

> Em seu caput, considera empregador a empresa, e não a pessoa física ou jurídica que a detém, sinalizando no sentido de que é o seu patrimônio que responde pelos créditos de seu empregado, seja ele quem for.[1]

A caracterização do empregador traz efeitos jurídicos básicos, que são sua despersonalização e a alteridade. O Prof. Mauricio Godinho Delgado esclarece em que consiste a despersonalização do empregador:

> A característica da despersonalização da figura do empregador consiste na circunstância de autorizar a ordem justrabalhista a plena modificação do sujeito passivo da relação de emprego (o empregador), sem prejuízo da preservação completa do contrato empregatício com o novo titular.[2]

---

(1) VIANA, Márcio Túlio. "O longo meio século do Direito do Trabalho no Brasil". In: BRONSTEIN, Arturo. (Org.). Cincuenta años de Derecho del Trabajo en America Latina. 1. ed. Buenos Aires: Rubinzal-Culzoni, 2007, v. 01, p. 163-195.

(2) DELGADO, Mauricio Godinho. Curso de Direito do Trabalho. 9. ed. São Paulo: LTr, 2010, p. 380.

No que diz respeito à alteridade ou assunção dos riscos do empreendimento, esclarece:

> A característica da assunção dos riscos do empreendimento ou do trabalho consiste na circunstância de impor a ordem justrabalhista à exclusiva responsabilidade do empregador, em contraponto aos interesses obreiros oriundos do contrato pactuado, os ônus decorrentes de sua atividade empresarial ou até mesmo do contrato empregatício celebrado. Por tal característica, em suma, o empregador assume os riscos da empresa, do estabelecimento e do próprio contrato de trabalho e sua execução.[3]

Em síntese, pouco importa quem é a pessoa, física ou jurídica (ou ente despersonificado) empregadora, podendo tal figura ser substituída no curso da avença, devendo, sempre, assumir os riscos de seu empreendimento e arcar com suas obrigações contratuais.

Os efeitos básicos da sucessão de empregadores, previstos nos artigos 10 e 448 da CLT, são decorrentes da despersonalização do empregador. Assim, a alteração na estrutura jurídica do empregador não afeta os direitos adquiridos por seus empregados. Da mesma forma, a mudança na propriedade ou na estrutura jurídica do empregador não afeta os contratos de trabalho dos respectivos empregados.

Há sucessão de empregadores quando alguém (sucedido) transfere para outrem (sucessor) parcela significativa de seu patrimônio. A sucessão pode advir de alteração na estrutura formal do empregador, por substituição do antigo titular ou qualquer outra forma de modificação em sua conformação jurídica, devendo haver, em qualquer caso, alienação de parte significativa do empreendimento.[4]

O único requisito exigido atualmente pela jurisprudência é que haja, para a caracterização da sucessão de empregadores, transferência de unidade econômico-jurídica. O Prof. Mauricio Godinho Delgado conceitua unidade econômico-jurídica:

> Insista-se que a sucessão trabalhista somente se opera em situações de transferência de unidades econômico-jurídicas, isto é, transferência de universalidades. Por isso se conclui que não produz os efeitos dos arts. 10 e 448 da CLT a simples transferência de coisas singulares, uma vez que não compõem universalidade de fato (como, por exemplo, máquinas e equipamentos).[5]

Assim, não é mais exigível a continuidade da prestação laborativa pelo empregado que requer em juízo o reconhecimento da sucessão de empregadores. Basta que o patrimônio que garantia o crédito trabalhista do ex-empregado esteja com o sucessor para que ele responda pela obrigação contraída pelo sucedido.

---

(3) DELGADO, Mauricio Godinho. *Curso de Direito do Trabalho*. 9. ed. São Paulo: LTr, 2010, p. 381.
(4) DELGADO, Mauricio Godinho. *Curso de Direito do Trabalho*. 11. ed. São Paulo: LTr, 2012.
(5) *Idem. Curso de Direito do Trabalho*. 9. ed. São Paulo: LTr, 2010, p. 398.

Sobre o tema a jurisprudência do TRT da 3ª Região:

> EMENTA: SUCESSÃO TRABALHISTA. RESPONSABILIDADE PELOS DÉBITOS TRABALHISTAS. A sucessão de empregadores consiste no instituto jus trabalhista em virtude do qual se opera, no contexto da transferência de titularidade da empresa ou estabelecimento, uma completa transmissão de créditos e assunção de dívidas trabalhistas entre alienante e adquirente envolvidos, estabelecendo os artigos 10 e 448 da CLT, quanto ao credor trabalhista, uma garantia inequívoca de que nenhuma alteração na estrutura da empresa afetará os contratos de trabalho. Impõe-se, portanto, a responsabilização solidária pelos débitos trabalhistas de todas as empresas envolvidas na sucessão, ainda que não tenha havido continuidade da prestação laboral da reclamante em uma das empresas sucessoras, já que inegavelmente todos os contratos de trabalho e suas garantias foram afetados significativamente. (TRT, 3ª Região, 8ª Turma, processo n. 084-2007-148-03-00-8, Recurso Ordinário, relatora juíza convocada Adriana Goulart de Sena Orsini, publicação em 01.09.2007, disponível em: www.trt3.jus.br, consulta em 26.09.2011).

Há, entretanto, exceções à regra da sucessão de empregadores. Seus efeitos não se verificam quando a transferência de unidade econômico-jurídica se dá através da intervenção do Estado, ou seja, quando o patrimônio é vendido em hasta pública.

A sucessão de empregadores também não se verifica nos casos de falência (Lei n. 11.101/2005), nos contratos de emprego doméstico, na mudança de titular de cartório e nos casos de desmembramento de Estado ou Município (artigo 18 da Constituição da República).

A jurisprudência:

> EMENTA: SUCESSÃO TRABALHISTA – BENS ARREMATADOS EM HASTA PÚBLICA. Não ocorre a sucessão trabalhista quando o imóvel e os equipamentos utilizados pelo empresário atual foram adquiridos em regular arrematação judicial. Não se pode equiparar o ato da arrematação a uma simples operação de compra e venda, um mero ajuste entre particulares. Trata-se de ato de império do Estado que promove a transferência coativa da propriedade, em processo formal e público, no exercício da jurisdição. Assim, a não ser que haja ressalva expressa no edital de praça, é imperioso concluir que os bens arrematados estão livres de quaisquer ônus ou gravames, até mesmo para garantir a credibilidade do praceamento junto aos arrematantes. Caso contrário o valor fundamental da segurança jurídica estaria comprometido com o endosso do Poder Judiciário e qualquer arrematação seria ato temerário, acarretando o desaparecimento dos licitantes. (TRT 3ª Região, 3ª Turma, processo AP-3734/01, relator Desembargador Sebastião Geraldo de Oliveira, publicação em 04.09.2001, disponível em: www.trt3.jus.br, consulta em 26.09.2011).

Ainda que haja entre sucessor e sucedido avença de restrição de responsabilidade trabalhista esta somente é oponível entre eles, não obrigando o trabalhador e nem tampouco o juízo trabalhista.

O efeito ordinário da sucessão de empregadores, como visto, é a assunção da responsabilidade trabalhista pelo sucessor, que terá que arcar com os ônus advindos dos contratos de emprego mantidos pelo sucedido. Jurisprudencialmente já se admite, também, a responsabilização subsidiária do sucedido pelos créditos trabalhistas por ele inadimplidos, como se infere:

> EMENTA: 1. SUCESSÃO TRABALHISTA – RESPONSABILIDADE DA EMPRESA SUCEDIDA – SUBSIDIARIEDADE. A teor do que dispõe os artigos 10 e 448 da CLT, a sucessão trabalhista opera uma assunção imediata e plena de direitos e obrigações trabalhistas pelo novo titular da organização produtiva, o que, todavia, não significa a isenção do sucedido pelos débitos constituídos até então, pois este deve responder, de forma subsidiária, pelos débitos trabalhistas, de forma a proteger o empregado por eventual inadimplemento, por parte do empregador-sucessor. Neste sentido, a posição do Prof. Ísis de Almeida: "... mesmo sem fraude, o sucedido responde, solidária ou subsidiariamente, com o sucessor, pelas reparações de direitos sonegados ao empregado, não só com referência ao período anterior como ao posterior à sucessão. Isto ocorre quando o sucessor não tem possibilidade de cumprir as obrigações contratuais ou legais." (Curso de Legislação do Trabalho. 4ª ed., São Paulo, 1981, p. 82). EMENTA: 2. AGRAVO DE INSTRUMENTO. RECURSO ORDINÁRIO DESERTO. CUSTAS PROCESSUAIS. JUSTIÇA GRATUITA. EMPREGADOR. PESSOA FÍSICA. A assistência judiciária prevista no parágrafo 3º do art. 790 da CLT, regida complementarmente pela Lei n. 1.060/1950, é benefício concedido ao hipossuficiente para que possa movimentar o processo de forma gratuita e não ao empregador, ainda que pessoa física. Uma vez não comprovado o recolhimento das custas processuais, mas apenas o depósito recursal, cumpre negar provimento ao agravo de instrumento, mantendo o despacho agravado que denegou seguimento ao recurso ordinário por deserto. A previsão contida no art. 5º da Constituição Federal, no sentido de assegurar aos litigantes o direito ao contraditório e à ampla defesa, não desonera as partes quanto ao cumprimento dos requisitos legais de admissibilidade dos recursos interpostos, como é o caso do recolhimento das custas processuais. (TRT, 3ª Região, 4ª Turma, processo n. 00455-2008-065-03-00-0, Recurso Ordinário, relator Desembargador Júlio Bernardo do Carmo, publicação 20.04.2009, disponível em: www.trt3.jus.br, consulta em 26.09.2011).

O artigo 2º da CLT, em seu parágrafo 2º, trata do grupo econômico para fins justrabalhistas. Criou o legislador de 1943 uma melhor possibilidade de satisfação do crédito trabalhista, ao fixar a solidariedade entre os componentes do grupo econômico, como se infere:

> § 2º Sempre que uma ou mais empresas, tendo, embora, cada uma delas, personalidade jurídica própria, estiverem sob a direção, controle ou administração de outra, constituindo grupo industrial, comercial ou de qualquer outra atividade econômica, serão, para os efeitos da relação de emprego, solidariamente responsáveis a empresa principal e cada uma das subordinadas.

A percepção do legislador é no sentido de que todo o grupo, ainda que potencialmente, se beneficia da força produtiva entregue pelos empregados de seus entes, razão pela qual todos poderão ser compelidos ao pagamento dos valores porventura devidos por um deles. É, então, regra protetiva do trabalhador empregado.

Para que se caracterize o grupo econômico para fins justrabalhistas deve haver a presença de dois requisitos: estrutura empresarial e nexo relacional interempresas.[6]

Somente será compelido a responder por créditos trabalhistas inadimplidos o componente do grupo econômico que possua *estrutura empresarial*. Assim, deve organizar os fatores de produção com vistas ao empreendimento industrial, comercial ou de qualquer outra atividade econômica.

Deve haver, entre os componentes do grupo econômico, um vínculo de direção ou coordenação. O legislador trouxe previsão de nexo relacional por direção hierárquica, como se infere dos termos *direção*, *controle* e *administração* trazidos pelo já citado parágrafo 2º do artigo 2º da CLT. A jurisprudência e a doutrina, entretanto, não exigem direção para a caracterização do grupo, bastando coordenação empresarial, como se infere:

RESPONSABILIDADE SOLIDÁRIA – GRUPO ECONÔMICO DIREITO DO TRABALHO – CARACTERIZAÇÃO. No Direito do Trabalho, impõe-se interpretação mais flexível no que diz respeito ao reconhecimento do grupo econômico, eis que o escopo legal é a tutela do empregado e a necessidade de se assegurar a este a possibilidade de ampliar a garantia do crédito trabalhista. Assim, a caracterização do grupo econômico, para efeitos justrabalhistas, diz respeito à existência de nexo relacional entre empresas, ou seja, de uma relação de coordenação ou elo inter-empresarial, concentrando-se a atividade empresarial num mesmo empreendimento, independentemente da diversidade das pessoas jurídicas. Conforme entendimento da melhor doutrina e jurisprudência, admite-se, hoje, a existência do grupo econômico independente do controle e fiscalização por uma empresa-líder. É o chamado "grupo econômico por coordenação", conceito obtido pela evolução da interpretação meramente literal do art. 2º, parágrafo 2º, da CLT. Neste caso, as empresas atuam horizontalmente, estando em mesmo plano, todas participando do mesmo empreendimento. Russomano considera irrelevante a distinção entre as duas situações, referindo-se àquela em que há uma controladora ou líder, pois em ambas permanece o conceito de grupo econômico e, o que é mais importante, a co-responsabilidade trabalhista se justifica, pelos mesmos fundamentos (Comentários à CLT, Rio de Janeiro: Kofino, 1973, vol. I, p. 77). Tal interpretação doutrinária e jurisprudencial se coaduna com o objetivo tutelar do direito do trabalho. Está este ramo do direito atento à realidade fática e à proteção aos créditos trabalhistas, de caráter alimentar, que não podem ficar à mercê da celeuma travada sobre de quem é a responsabilidade e da mera interpretação literal do dispositivo de lei, que deve sofrer adaptação à realidade conjuntural e econômica da sociedade na qual se insere. Comprovado, nos autos, que os Reclamados formam um grupo econômico, nos moldes aqui estabelecidos, há de ser reconhecida a responsabilidade solidária dos mesmos, conforme art. 2º, parágrafo 2º, da CLT. (TRT,

---

(6) DELGADO, Mauricio Godinho. *Curso de Direito do Trabalho*. 11. ed. São Paulo: LTr, 2012.

3ª Região, 4ª Turma, processo n. 00155-2007-044-03-00-9, Recurso Ordinário, relator desembargador Luiz Otávio Linhares Renault, disponível em: www.trt3.jus.br, consulta em 01.03.2008).

Embora a regra do artigo 2º parágrafo 2º da CLT seja claramente protetiva ao empregado, criou o TST, por sua Súmula n. 129, outra possibilidade interpretativa, claramente favorável ao empregador. Eis seus termos:

> SUM-129 CONTRATO DE TRABALHO. GRUPO ECONÔMICO (mantida) – Res. 121/2003, DJ 19, 20 e 21.11.2003. A prestação de serviços a mais de uma empresa do mesmo grupo econômico, durante a mesma jornada de trabalho, não caracteriza a coexistência de mais de um contrato de trabalho, salvo ajuste em contrário.

Ora, de uma regra protetiva do empregado extraiu o TST efeito jurídico diverso, francamente favorável ao empregador. Assim, cada vez mais favorecido pelo desenvolvimento informático e das telecomunicações, pode qualquer componente do grupo econômico exigir trabalho de qualquer empregado, de qualquer dos demais entes participantes da organização, sem que tenha que pagar especificamente pelo trabalho explorado.

Neste sentido a seguinte decisão, da lavra da ilustre Profa. Dra. Taísa Maria Macena de Lima:

> CONGLOBAMENTO HSBC – GRUPO ECONÔMICO. ART. 2º, parágrafo 2º DA CLT. SÚMULA 129/TST. A existência do conglomerado HSBC, do qual fazem parte HSBC BANK BRASIL S.A. – BANCO MÚLTIPLO, HSBC Seguros Brasil S.A. e HSBC Vida e Previdência Brasil S.A., bem como HSBC SERVIÇOS E PARTICIPAÇÕES LTDA. é fato público e notório, já reconhecido nos anais deste Regional (RO 01552-2005-003-03-00-0, publicação em 01/04/2006, 4ª Turma, Des. Relator Luiz Otávio Linhares Renault). É sabido que empresas do grupo intermediam e coordenam vendas de produtos bancários, entre os quais, previdência privada, seguro de vida, investimentos, empréstimos, cartões de crédito, tudo em benefício do Banco HSBC. A falta de personalidade jurídica do grupo econômico em si ou mesmo de uma denominação comum não autoriza a conclusão de que as empresas que o integram atuam estanquemente, quando o trabalho do empregado é aproveitado pelo complexo econômico como um todo. A Súmula 129/TST que traduz o entendimento de aglutinar um só vínculo, aplicando-se o 2º do art. 2º da CLT. A existência de um contrato de prestação de serviços entre as empresas de um mesmo grupo econômico não afasta a aplicação do parágrafo 2º do art. 2º da CLT. O empregado não tem qualquer relação com o contrato de prestação de serviços entre as empresas de um mesmo grupo econômico. O que importa é o que lhe está garantido pela legislação consolidada: a responsabilidade de todos aqueles que pertencem ao grupo econômico pelos direitos trabalhistas decorrentes de um único contrato de trabalho, firmado com qualquer daqueles que participam do grupo. (TRT, 3ª Região, 10ª Turma, processo n. 01195-2008-009-03-00-1, Recurso Ordinário, relatora juíza convocada Taísa Maria Macena de Lima, publicação em 23.04.2009, disponível em: www.trt3.jus.br, consulta em 26.09.2011).

Por fim, possível compreender, em contrapartida ao disciplinado pelo TST na Súmula n. 129, que a equiparação salarial também pode se dar no âmbito do grupo econômico, devendo ser lido o artigo 461 da CLT de modo mais favorável ao empregado.

Há, entretanto, decisões em sentidos opostos quanto a tal possibilidade:

> EMENTA: EQUIPARAÇÃO SALARIAL – GRUPO ECONÔMICO TRABALHO PRESTADO DENTRO DA JORNADA PARA EMPRESAS CONSORCIADAS – POSSIBILIDADE. O art. 461 da CLT define regras para o reconhecimento do direito à equiparação salarial, quais sejam, identidade de funções, com igual produtividade e com a mesma perfeição técnica, prestados ao mesmo empregador e no mesmo local de trabalho. É ônus do reclamante a prova quanto ao fato constitutivo de seu direito, cumprindo-lhe, portanto, demonstrar o exercício de função idêntica àquela exercida pelo paradigma. Lado outro, cumpre à reclamada a prova da efetiva desigualdade das atribuições e de quaisquer outros fatos modificativos e impeditivos do direito do autor, de forma a se afastar a procedência do pleito equiparatório. Em que pese a identidade de função deva ser observada em relação ao empregador comum, se o paradigma labora para outra empresa, do mesmo grupo econômico, resta atendido o requisito da mesmeidade de empregador, inexistindo óbice a equiparação salarial (tese jurídica da d. maioria). (TRT, 3ª. Região, 4ª Turma, processo n. 00604-2007-018-03-00-2, relator Desembargador Júlio Bernardo do Carmo, publicação em 16/02/2008, disponível em: www.trt3.jus.br, consulta em 26.09.2001).

> EMENTA: EQUIPARAÇÃO SALARIAL EMPREGADOS DO MESMO GRUPO ECONÔMICO – Não existe direito à equiparação quando diversos forem os empregadores. E, no caso de Grupo Econômico, o empregado de uma das empresas não pode servir de paradigma para o empregado de outra empresa, pertencente ao mesmo Grupo, que preste serviço de igual valor, nos moldes preconizados pelo artigo 461 da CLT. A solidariedade não gera a uniformização das normas regulamentares de cada empresa e dos respectivos quadros de pessoal ou tabelas de salários. Cada empresa é um ser jurídico único, conservando a faculdade de organizar sua própria administração. (TRT, 3ª Região, 4ª Turma, processo n. 00307-2003-009-03-00-2, Recurso Ordinário, relator Desembargador Antônio Álvares da Silva, publicação em 20.09.2003, disponível em: www.trt3.jus.br, consulta em 26.09.2011).

Assim, deve ser possível a equiparação salarial entre empregados vinculados a empregadores distintos, desde que estes façam parte de um mesmo grupo econômico, vez que resolveu o TST fixar a figura do empregador único na sua Súmula n. 129.

A solidariedade passiva e ativa, fixada jurisprudencialmente em interpretação extensiva do TST sobre a regra contida no artigo 2º, parágrafo 2º da CLT, deve, necessariamente, pressupor amplamente a figura do "empregador único", favorecendo também o empregado e não somente ao empregador.

Capítulo 11

Terceirização Trabalhista

1. Histórico
   a) Administração de Empresas
   b) Década de 1970
      – Reestruturação Produtiva
2. Modelo trilateral (triangular) de relação jurídica
3. Conceito jurídico
4. Questões sociais
5. Normatividade jurídica sobre terceirização
   a) Ausência de norma suficientemente abrangente
   b) Projetos de Lei
   c) Legislação dos anos 1970 e 1980
      • Lei n. 5.645/1970
      • Lei n. 6.019/1974
      • Lei n. 7.102/1983
   d) Normas constitucionais aplicáveis à terceirização
      • CR, artigo 1º, inciso III. Dignidade da pessoa humana
      • CR, artigo 1º, inciso IV. Valor social do trabalho
      • CR, artigo 5º, caput. Igualdade ou não discriminação
      • CR, artigo 5º, parágrafo 2º. Vedação ao retrocesso social

6. Súmula 331/TST
   a) situações autorizadas:
      1) situações que autorizam o trabalho temporário: Lei n. 6.019/1974
         – Terceirização de Trabalho Temporário (Lei n. 6.019/1974)
            • arts. 2º e 4º, Lei n. 6.019/1974
            • hipóteses de pactuação
            • formalidades e prazo:
         – arts. 11, 9º e 10, Lei n. 6.019/1974
            • direitos assegurados:
         – art. 12, Lei n. 6.019/1974
      2) atividades de vigilância: Lei n. 7.102/1983
      3) atividades de conservação e limpeza: Lei n. 5.645/1970
      4) serviços ligados à atividade-meio do tomador.
         • ausência de pessoalidade e subordinação com o tomador
         – subordinação clássica x estrutural
7. Terceirização lícita
8. Terceirização ilícita
   a) relações privadas
   b) ente público
9. Responsabilidade do tomador: TST, Súmula n. 331, incisos IV, V e VI.
10. "Luzes no fim do túnel da terceirização"
    a) Isonomia Constitucional: salário equitativo
    b) Analogia: Lei n. 6.019/1974
    c) Especialização
    d) Subordinação estrutural

A terceirização trabalhista é fenômeno jurídico e social que vem se desenvolvendo gradativa e amplamente no Brasil desde a década de 1970. É fácil verificar no cotidiano das relações produtivas, em todos os ramos de atividade econômica, o trabalho terceirizado.

A Administração de Empresas, ciência responsável pelo desenvolvimento inicial da terceirização, conceitua o fenômeno como "um processo de gestão pelo qual se repassam algumas atividades para terceiros – com os quais se estabelece uma relação de parceria – ficando a empresa concentrada apenas em tarefas essencialmente ligadas ao negócio em que atua."[1]

O léxico consagra o termo terceirização com sentido de "forma de organização estrutural que permite a uma empresa transferir a outra suas atividades-meio, proporcionando maior disponibilidade de recursos para sua atividade-fim, reduzindo a estrutura operacional, diminuindo os custos, economizando recursos e desburocratizando a administração."[2]

Ou ainda, a "atribuição a empresas independentes, i.e., a terceiros, de processos auxiliares à atividade principal de uma empresa."[3]

Atenção aos temas e aos termos próprios à Administração de Empresas: "parceria", "concentração", "processos auxiliares". Em tese, então, o objetivo da terceirização parece ser "otimizar", para usar também um termo deste ramo do saber, a "gestão" de mão de obra. Não há, e nem se poderia supor uma declaração em tal sentido, nenhuma referência à redução de custos através da precarização da exploração de trabalho.

Historicamente, a terceirização de serviços se situa no contexto pós-fordista do final do século XX, em que houve a substituição do modelo produtivo taylorista-fordista, cujo padrão é a grande fábrica, com produção em massa e em série de produtos, pela especialização flexível, também conhecida como toyotismo. No modelo taylorista-fordista, o industrial se ocupa de todo o processo produtivo, controlando o trabalho através de chefias, tempos, movimentos, técnicas e modos uniformes de produção. No novo modelo, pós-fordista ou toyotista, o padrão é a reestruturação da grande fábrica em pequenas e especializadas "unidades de negócio". A fragmentação da fábrica, sua especialização, fez surgir também alterações na clássica relação bilateral trabalhista.

Os anos 70 trouxeram ao mundo novos processos de trabalho, nos quais "o cronômetro e a produção em série e de massa são 'substituídos' pela flexibilização

---

(1) GIOSA, L. A. *Terceirização: uma abordagem estratégica*. São Paulo: Pioneira, 1993, *In*: PERON SÁ, Melissa Peron e; BOMTEMPO, José Vitor; QUENTAL, Cristiane. *"Revista de Administração Contemporânea. On-line version"*, disponível em: http://www.scielo.br/scielo.php?pid=S1415-65551998000200006&script=sci_arttext.

(2) *Dicionário Houaiss da Língua Portuguesa*. Rio de Janeiro: Objetiva, 2009.

(3) *Mini Aurélio*. 7. ed. Curitiba: Positivo, 2008.

da produção, pela 'especialização flexível', por novos padrões de busca de produtividade, por novas formas de adequação da produção à lógica do mercado.", conforme ensina Ricardo Antunes.[4]

Com as crises e com o crescimento da concorrência o mercado não mais absorve, como antes, a produção em larga escala da fábrica fordista. Era necessário diminuir os custos para não perder lucro e, como soe acontecer, os salários e os empregos sofreram redução sensível. Mas era necessário algo mais. Como não havia um mercado tão receptivo como antes, pois este se revelou mais "exigente", era necessária, além dos cortes de praxe, uma "reengenharia" para adequar a grande fábrica ao mercado em retração. "Enxugar" a fábrica sem acarretar perda de mercado e muito menos de lucro.

Ao lado da reestruturação produtiva, o mundo experimentou também alterações no plano da atuação do Estado na economia e na sociedade, com as experiências neoliberais.

A reestruturação produtiva nasce, em termos mundiais, de mãos dadas com o neoliberalismo, que como o nome indica é um retorno às ideias liberais. Neste contexto, tanto a empresa quanto o Estado devem ser mínimos, mas eficientes.

O ideário do neoliberalismo, do retorno à liberdade total de mercado, nasce como crítica ao Estado de Bem-Estar Social europeu, que foi a política adotada após a II Guerra Mundial e que consistia na intervenção estatal para garantir "tipos mínimos de renda, alimentação, saúde, educação, assegurados a todo o cidadão, não como caridade, mas como direito político."[5]

Era necessário, naquele momento histórico do pós-guerra, que medidas fossem adotadas para garantir aos cidadãos uma assistência básica para o exercício da cidadania e até mesmo para que todos pudessem se reerguer após os horrores da Segunda Grande Guerra. Propiciava o Welfare State, ainda, o afastamento da "ameaça comunista", ou seja, eram garantidas aos cidadãos condições mínimas de vida com dignidade para que não sofressem diretamente as influências dos ideais socialistas vindos do leste europeu.

Muitas conquistas advieram do Estado do Bem-Estar Social, sobretudo aos trabalhadores dos países de capitalismo central, que conquistaram direitos sociais, salários dignos, redução de jornada, dentre outros. O Estado realmente garantia o mínimo necessário a uma vida digna, com educação de qualidade, saúde, moradia etc. Mas tudo isto tinha um custo e, para que o Estado pudesse bancá-lo, era necessário instituir "uma carga fiscal fortemente progressiva" e intervir "na sustentação do emprego ou da renda dos desempregados"[6], o que desagradava

---

(4) ANTUNES, Ricardo. *Adeus ao trabalho? Ensaio sobre as Metamorfoses e a Centralidade do Mundo do Trabalho*. São Paulo: Cortez, 1997.

(5) WILENSKI, H. L. "The Welfare State and Equality". *Apud* BOBBIO, Norberto; MATTEUCCI, Nicola, PASQUINO, Gianfranco. *Dicionário de Política*. v. I, 8. ed. Brasília: UnB, 1995. p. 416.

(6) BOBBIO, Norberto; MATTEUCCI, Nicola; PASQUINO, Gianfranco. *Dicionário de Política*. v. I, 8. ed. Brasília: UnB, 1995. p. 417.

parte dos empresários, que não concordavam com os aumentos de impostos para viabilizar a assistência típica do Welfare State.

Neste contexto, surgem severas críticas, sobretudo de Hayek, ao Estado de Bem-Estar Social. Hayek e os demais pensadores do neoliberalismo então nascente criticavam a intervenção do Estado na economia e nas relações sociais ao argumento de que *"o novo igualitarismo (muito relativo, bem entendido) deste período, promovido pelo Estado de Bem-Estar, destruía a liberdade dos cidadãos e a vitalidade da concorrência, da qual dependia a prosperidade de todos."*[7]

O discurso solidifica-se e passa à prática a partir de 1973, com a crise do petróleo e do modelo taylorista-fordista, momento em que o mundo capitalista "caiu numa longa e profunda recessão, combinando, pela primeira vez, baixas taxas de crescimento com altas taxas de inflação...".[8]

Os defensores do retorno da ideologia do Estado liberal não tardaram a apontar o Welfare State como o responsável pela crise, como se percebe da seguinte análise de Anderson Pery:

> *O remédio, então, era claro: manter um Estado forte, sim, em sua capacidade de romper o poder dos sindicatos e no controle do dinheiro, mas parco em todos os gastos sociais e nas intervenções econômicas. A estabilidade monetária deveria ser a meta suprema de qualquer governo. Para isso seria necessária uma disciplina orçamentária, com a contenção dos gastos com bem-estar, e a restauração da taxa "natural" de desemprego, ou seja, a criação de um exército de reserva de trabalho para quebrar os sindicatos.*[9]

Os Estados nacionais e as fábricas adotaram o novo modelo, sustentado tecnologicamente na reestruturação produtiva toyotista (fábrica mínima) e na filosofia neoliberal (Estado mínimo).

Para o empregador capitalista, a terceirização é uma das estratégias para a readequação de suas estruturas para o mercado mais exigente. A tese é a da especialização, da ênfase em sua atividade preponderante, da redução de custos e aumento da lucratividade.

A realidade, entretanto, demonstra que no plano do Direito do Trabalho e no sentimento operário a terceirização é quase sempre perversa, pois traz para dentro da classe trabalhadora patamares desiguais de valorização da força produtiva. Na terceirização há, em um mesmo estabelecimento empresarial, diversas "classes" de trabalhadores empregados, de acordo com quem é o seu empregador.

---

(7) BOBBIO, Norberto; MATTEUCCI, Nicola; PASQUINO, Gianfranco. *Dicionário de Política*. v. I, 8. ed. Brasília: UnB, 1995. p. 418.

(8) ANDERSON, Pery. "Balanço do Neoliberalismo". In: *Pós-neoliberalismo: as políticas sociais e o Estado democrático*. São Paulo: Paz e Terra, 1998. p. 10.

(9) *Ibidem*, p. 11.

A relação jurídica empregatícia clássica é aquela bilateral, que pressupõe empregado e empregador. A terceirização, como o nome indica, insere uma terceira pessoa na contratação de trabalho, que se interpõe na relação jurídica básica.

Na terceirização, aquele que se interessa pelo aproveitamento do trabalho de alguém (aqui denominado tomador dos serviços), ao invés de ir ao mercado e fazer diretamente a contratação (bilateral, clássica), opta por contratar uma interposta pessoa, que por sua vez contrata o trabalhador, que entrega seu trabalho no interesse daquele.

Há, então, uma relação trilateral ou triangular, que recebe a seguinte (e precisa) definição de Mauricio Godinho Delgado:

> *Terceirização é o fenômeno pelo qual se dissocia a relação econômica de trabalho da relação justrabalhista que lhe seria correspondente. Por tal fenômeno insere-se o trabalhador no processo produtivo do tomador de serviços sem que se estendam a este os laços justrabalhistas, que se preservam fixados com uma entidade interveniente.*[10]

Há então uma dissociação entre a entrega de trabalho e a percepção de direitos. O trabalho é entregue ao *tomador dos serviços*, enquanto a *interposta* fixa com o *trabalhador empregado* o contrato de emprego, com seus direitos próprios.

Márcio Túlio Viana, em crítica aberta à terceirização e análise do contexto capitalista global do final dos anos 90, compara o fenômeno sociojurídico atual a *marchandage*:

> *Empregador já não é, necessariamente, quem se serve da atividade do empregado: pode ser quem o contrata formalmente e o aluga a outro, comercializando sua força de trabalho. Fantasiado por outros nomes, o contrato de marchandage se legaliza e se legitima – e também por isso se espalha.*[11]

No mesmo sentido, Jorge Luiz Souto Maior:

> *O antigo empregador não contrata mais empregados, contrata contratantes, para usar feliz figuração do professor Carlos Chiarelli. Esses contratantes, uma vez contratados, contratam trabalhadores e até mesmo outros contratantes, instaurando-se uma rede de subcontratações que provocam, na essência, uma desvinculação, em razão da distância física, entre o capital e o trabalho. O dado da exploração se esfumaça,*

---

(10) DELGADO, Mauricio Godinho. *Curso de Direito do Trabalho*. 11. ed. São Paulo: LTr, 2012.

(11) VIANA, Márcio Túlio. "A proteção social do trabalhador no mundo globalizado". In: PIMENTA, J. Roberto Freire; RENAULT, L. Otávio Linhares; VIANA, Márcio Tulio; DELGADO, Mauricio Godinho; BORJA, Cristina Pessoa Pereira (orgs.). *Direito do Trabalho: evolução, crise, perspectivas*. São Paulo: LTr, 2004, v., p. 155-183.

tornando muito difícil a responsabilização, pois o empregador aparente, que se apresenta de forma indireta, é, quase sempre, desprovido de capacidade econômica.[12]

A Professora Gabriela Neves Delgado, em sua obra referencial sobre o tema destaca, por si e conforme Márcio Túlio Viana:

> Ou seja, enquanto no modelo clássico o empregado presta serviços de natureza econômico-material, diretamente ao empregador, pessoa física, jurídica ou ente despersonificado, com o qual possui vínculo empregatício (art. 2º, caput, CLT), na relação trilateral terceirizante o empregado presta serviços a um tomador, apesar de não ser seu empregado efetivo. A relação de emprego é estabelecida com outro sujeito, a empresa interveniente ou fornecedora. (...) É claro que a sistemática contratual desse novo modelo também destoa do tradicional, conforme ressalta Viana: 'Ao invés de uma única relação jurídica, envolvendo as partes, temos agora três sujeitos e dois contratos: o interempresário e o de trabalho. O primeiro, entre a empresa fornecedora e a cliente. O segundo, entre a fornecedora e o trabalhador.[13]

Qual é, então, o problema básico da terceirização, vez que o trabalhador contratado pela interposta é *empregado* e, assim, titular de direitos trabalhistas básicos?

O ponto central da precarização de mão de obra através da terceirização está na desigualdade remuneratória existente entre o trabalhador empregado terceirizado, vinculado juridicamente à interposta, e o trabalhador empregado diretamente contratado pelo tomador dos serviços.

Assim, o elemento distintivo precarizante se situa no âmbito do Direito Coletivo do Trabalho. Há, no plano jurídico, distinção entre os sindicatos representativos da categoria dos trabalhadores terceirizados e da categoria dos empregados do tomador, sendo certo que o patamar de direitos coletivos sindicais dos terceirizados é inferior àquele percebido pelos empregados do tomador dos serviços.

A norma de fixação da agregação do trabalhador ao seu sindicato se dá através do conceito de *categoria profissional*, o que pressupõe, nos termos da lei, que é a similitude de condições de vida oriunda da profissão ou trabalho em comum, em situação de emprego na mesma atividade econômica ou em atividades econômicas similares ou conexas, que compõe a expressão social elementar compreendida como categoria profissional, nos termos do CLT, artigo 511, § 2º.

Mauricio Godinho Delgado define e exemplifica:

> O ponto de agregação na categoria profissional é a similitude laborativa, em função da vinculação a empregadores que tenham atividades econômicas idênticas, simila-

---

(12) SOUTO MAIOR, Jorge Luiz. "A Supersubordinação". *In*: RENAULT, Luiz Otávio Linhares. *Parassubordinação*: homenagem ao Professor Márcio Túlio Viana. São Paulo: LTr, 2011. p. 70.

(13) DELGADO, Gabriela Neves. *Terceirização*: paradoxo do Direito do Trabalho contemporâneo. São Paulo: LTr, 2003.

res ou conexas. A categoria profissional, regra geral, identifica-se, pois, não pelo preciso tipo de labor ou atividade que exerce o obreiro (e nem por sua exata profissão), mas pela vinculação a certo tipo de empregador. Se o empregado de indústria metalúrgica labora como porteiro na planta empresarial (e não em efetivas atividades metalúrgicas), é, ainda assim, representado, legalmente, pelo sindicato dos metalúrgicos, uma vez que seu ofício de porteiro não o enquadra como categoria diferenciada.[14]

Eis jurisprudência, exemplificativamente:

> ENQUADRAMENTO SINDICAL. ATIVIDADE PREPONDERANTE DA EMPREGADORA. REGRA APLICÁVEL EM PERÍODO DE NÃO FUNCIONAMENTO DO ESTABELECIMENTO DO EMPREGADOR. Não é tangível à categoria econômica dispor sobre qual categoria profissional pertencerá seu empregado, porquanto a regra geral, segundo o modelo sindical pátrio, é a de que o enquadramento profissional opera-se pela atividade preponderante exercida pelo empregador. A exceção ocorre apenas em relação às categorias diferenciadas (art. 511 da CLT). Por isso, o empregado que trabalha em benefício de uma empresa específica e que não pertença a qualquer categoria diferenciada (de forma a excetuar a regra geral do enquadramento), deve ser considerado como trabalhador ligado à base sindical determinada pela atividade preponderante do empregador, ainda que seu labor ocorra apenas durante o período de construção do estabelecimento da empresa que ainda não esteja em operação. Considerando-se que a atividade fim da empresa já se encontrava definida à época de admissão do empregado, isso é o que basta para atrair o enquadramento sindical segundo a atividade do empregador. (TRT, 3ª Região, 8ª Turma, processo n. 01650-2006-134-03-00-5, Relatora Desembargadora Cleube de Freitas Pereira, publicação DJMG 14/07/2007).

Assim, no que concerne à terceirização, a situação é simples, embora grave e perversa: o trabalhador empregado do tomador dos serviços trabalha lado a lado com o empregado da interposta. Ambos são empregados *celetistas*, mas o primeiro terá patamar remuneratório superior ao do segundo, vez que seus sindicatos são distintos, um mais atuante e comprometido do que o outro, regra geral.

Além de reduzir recursos financeiros e precarizar direitos, o tomador dos serviços consegue prejudicar sensivelmente a atuação dos sindicatos, pois o fenômeno da terceirização, conforme exposto, fragmenta a classe trabalhadora, ao permitir e forçar a coexistência de diversos sindicatos, com patamares remuneratórios também diversos, em um mesmo espaço laborativo.

Não bastasse a terceirização, surgem e se desenvolvem no Brasil fenômenos como a *quarteirização* e *quinteirização*. Em ambos os casos há, entre o trabalhador e o tomador dos seus serviços, empresas interpostas (uma, no caso da terceirização, duas, no caso da quarteirização, e três, no caso da quinteirização).

A interposição enseja a contratação laborativa menos especializada, ao contrário do que defendem os administradores de empresas, pois os salários oferecidos são menores do que aqueles praticados pela tomadora dos serviços. A fiscalização

---

(14) DELGADO, Mauricio Godinho. *Curso de Direito do Trabalho*. 11. ed. São Paulo: LTr, 2012.

da segurança no trabalho se torna menos efetiva, pois a responsável primeira é a interposta empregadora, muitas vezes despreparada ou apressada na realização das suas tarefas. São comuns, então, acidentes envolvendo trabalhadores terceirizados e "quarteirizados".

Este é o contexto sócio-jurídico básico da terceirização de serviços e que precisa ser compreendido pelos operadores do Direito do Trabalho: trabalhadores em igualdade de situação fática, que desenvolvem seu labor no interesse direto e imediato de um mesmo favorecido, mas com tratamento jurídico diferenciado, dada a multiplicidade de empregadores interpostos na relação jurídica básica entre quem se aproveita da força produtiva (o tomador dos serviços) e o empregado terceirizado.

Não obstante a terceirização de serviços assuma posição destacada no universo das relações trabalhistas, ainda não há legislação heterônoma suficientemente abrangente sobre a matéria. Economicamente a prestação de serviços terceirizados é também bastante significativa, sem que tal destaque tenha influenciado o Congresso Nacional para a criação de uma regra jurídica específica e abrangente para disciplinar sua prática no Brasil.

Há em tramitação no Congresso Nacional alguns Projetos de Lei sobre a terceirização de serviços, mas não há perspectiva de sua votação, o que resulta na ausência de normatividade jurídica suficiente sobre o assunto no Brasil.

A ausência de legislação suficientemente abrangente forçou o TST, como restará demonstrado, a criar Enunciados e posteriormente Súmulas de Jurisprudência, além de Orientações Jurisprudenciais sobre a matéria. Tal medida, embora longe de ser a ideal, pois não contempla a construção da legislação pelo ente próprio, tem a vantagem de pacificar minimamente a questão controvertida no âmbito da Justiça do Trabalho. Há, a partir da jurisprudência consolidada, a tendência da uniformidade das decisões, o que não seria possível se o julgador se baseasse somente na legislação existente, que conforme anteriormente exposto, não contempla a grande maioria das relações terceirizadas vigentes hoje no Brasil.

Embora não haja, atualmente, regra jurídica ampla e abrangente para o fenômeno, o Legislador Ordinário das décadas de 1970 e 1980 cuidou de algumas hipóteses de terceirização de serviços, como se pode inferir dos termos das Leis ns. 5.645/1970[15], 6.019/1974, tratada adiante e 7.102/1983[16].

Se não há regra infraconstitucional suficientemente abrangente para regulamentar tal situação fática, em que empregados são tratados diferentemente em um mesmo ambiente de trabalho, há normas constitucionais claramente aplicáveis à matéria.

---

(15) Artigo 3º, § único: "As atividades relacionadas com transporte, conservação, custódia, operação de elevadores, limpeza e outras assemelhadas serão, de preferência, objeto de execução mediante contrato, de acordo com o art. 10, § 7º do Decreto-lei n. 200, de 25 de fevereiro de 1967.

(16) Dispõe sobre segurança para estabelecimentos financeiros, estabelece normas para constituição e funcionamento das empresas particulares que exploram serviços de vigilância e de transporte de valores, e dá outras providências.

Nesta esteira, princípios constitucionais como os da dignidade da pessoa humana (CR, artigo 1º, inciso III), do valor social do trabalho (CR, artigo 1º, inciso IV), da igualdade ou não discriminação (CR, artigo 5º, *caput*), da vedação ao retrocesso social (CR, artigo 5º, § 2º), da prevalência dos direitos humanos (CR, artigo 4º, inciso II), bem como os princípios constitucionais trabalhistas específicos dos artigos 7º, 8º e 9º devem informar a aplicação da norma jurídica de Direito do Trabalho. Tais princípios constitucionais constituem normas fundamentais, inafastáveis e auto-aplicáveis às relações de trabalho (eficácia horizontal dos direitos fundamentais).

No contexto da normatividade dos princípios e da melhor hermenêutica constitucional é possível a eficácia horizontal dos direitos fundamentais nas relações jurídicas de emprego, sendo oponíveis as regras e princípios constitucionais ao empregador que *precariza* a contratação de força produtiva através da terceirização. Reconheça-se, em verdade, que nem toda a terceirização é, por natureza, precarizante. O que se defende é um controle civilizatório de tal medida empresarial.

O Direito do Trabalho, como conjunto de regras, princípios e institutos voltados à regulamentação das relações de venda de força produtiva, por ser protetivo da parte hipossuficiente da relação, acaba por ser um instrumento essencial de afirmação fática e jurídica dos preceitos fundamentais consagrados constitucionalmente.

Neste contexto, os direitos do empregador, no âmbito da gestão de seu empreendimento, se submetem à observância aos direitos fundamentais do cidadão trabalhador, do que decorre a conclusão de que a terceirização precarizante deve ser reconhecida como medida contrária ao texto constitucional em vigor, independentemente de regra infraconstitucional neste sentido.

Conforme exposto, não há regra legal suficientemente abrangente para a regulamentação da terceirização no Brasil. Não obstante, a doutrina e a jurisprudência caracterizam a terceirização como "lícita" ou "ilícita" de acordo com sua observância ou contrariedade ao disposto na Súmula n. 331 do TST, adiante estudada em detalhes. Na verdade, melhor seria a referência à terceirização em conformidade ou em desconformidade com a Súmula, e não à distinção *lícita x ilícita*. Possível ainda a referência à terceirização *regular* ou *irregular*.

A Súmula n. 331 do TST prevê quatro possibilidades de terceirização regular, e que serão vistas especificamente adiante. São elas:

a) Súmula n. 331, inciso I: terceirização de trabalho temporário, nos termos da Lei n. 6.019/1974;

b) Súmula n. 331, inciso III, atividades de vigilância, nos termos da Lei n. 7.102/1983;

c) Súmula n. 331, inciso III, atividades de conservação e limpeza;

d) Súmula n. 331, inciso III, serviços especializados ligados à atividade-meio do tomador.

A solução jurisprudencial do TST acabou por pacificar, minimamente, a situação jurídica e social básica referente à terceirização, embora haja ainda questionamentos e dúvidas acerca de alguns conteúdos jurídicos trazidos pela súmula.

Fato é que se observados os critérios fixados pela Súmula n. 331 do TST, a Justiça do Trabalho, majoritariamente, reconhecerá efeitos jurídicos válidos decorrentes da relação trilateral.

O efeito jurídico básico da terceirização é que o vínculo jurídico empregatício se forma entre o empregado terceirizado e a empresa de terceirização, ou interposta. O tomador dos serviços, que é quem na verdade se aproveita da força produtiva entregue, não terá vinculação empregatícia com aquele que para ele trabalha, naquilo que o Prof. Mauricio Godinho Delgado chamou de dissociação entre *"a relação econômica de trabalho da relação justrabalhista que lhe seria correspondente"*, conforme citação acima transcrita de seu conceito.

Como o empregador é a interposta pessoa entre o tomador e o trabalhador, então o conteúdo jurídico-trabalhista do contrato de trabalho será fixado de acordo com as regras heterônomas e autônomas (CCT e ACT) próprias da categoria profissional dos prestadores de serviços. Este é o ponto central da utilização da terceirização como instrumento de precarização.

Assim, como o sindicato representativo dos empregados do tomador é distinto do sindicato que representa os trabalhadores terceirizados, haverá uma desigualdade remuneratória entre uns e outros. Normalmente, os terceirizados têm menor patamar remuneratório (incluído não só o salário, mas diversos outros direitos), do que decorre a grande vantagem da terceirização para o tomador dos serviços.

Tal desigualdade fez nascer teorias que defendem a isonomia entre trabalhadores terceirizados e os empregados do tomador de seus serviços.

Importante destacar, desde já, que a desigualdade noticiada não vigora no âmbito da terceirização de trabalho temporário, nos termos da Lei n. 6.019/1974, mas, sim, nos demais casos "sumulados", sobretudo em se tratando de terceirização permanente em atividade-meio do tomador.

Possível inferir duas posturas opostas atualmente com relação aos efeitos remuneratórios da terceirização: uma concepção conservadora, que não contempla a isonomia remuneratória, nos termos da Súmula n. 331 do TST e ressalvada a terceirização de trabalho temporário; outra compreensão, avançada, inovadora e cientificamente correta, que prevê o salário equitativo, fundado nos princípios constitucionais básicos referentes às relações de trabalho e na analogia possível com a Lei de Trabalho Temporário.

Importante destacar, por fim, os efeitos jurídicos clássicos da terceirização trabalhista, ou seja, com quem há de se firmar o vínculo empregatício nos casos de contratação triangular.

A jurisprudência consolidada e majoritária é no sentido de não haver vínculo empregatício entre o trabalhador e o tomador dos serviços nos casos permitidos e na forma expressa pela Súmula n. 331 do TST (trabalho temporário, vigilância, conservação, limpeza e atividade-meio do tomador dos serviços, desde que, neste caso, inexistente a pessoalidade e a subordinação direta). A responsabilidade do tomador dos serviços será apenas subsidiária (inciso IV da Súmula n. 331 do TST).

Caso a terceirização inobserve o disposto na Súmula n. 331 do TST, a contratação será reconhecida judicialmente como irregular, ou "ilícita", firmando-se o vínculo empregatício entre o trabalhador e o tomador dos serviços, que é reconhecido como empregador, com efeitos retroativos. Nesta situação o trabalhador terá os mesmos direitos individuais e coletivos dos seus colegas empregados do tomador dos serviços, como se infere da seguinte decisão:

> *TERCEIRIZAÇÃO ILÍCITA – ISONOMIA DO EMPREGADO DA PRESTADORA DE SERVIÇOS COM O EMPREGADO DA TOMADORA DE SERVIÇOS – INSTITUIÇÃO BANCÁRIA – POSSIBILIDADE. A transferência de atividades inerentes aos bancários a outras empresas, mediante terceirização de mão-de-obra, prestando os empregados, admitidos nesta condição, atividades nitidamente bancárias, não pode servir de pretexto para que as empresas tomadoras e prestadoras desses serviços possam se esquivar dos encargos trabalhistas correspondentes. Deste modo, tendo-se a terceirização havida como ilícita, pois se referiu à atividade-fim da tomadora de serviço e, ainda, considerando o princípio da primazia da realidade, no tocante aos serviços efetivamente empreendidos pela Autora, é de se reconhecer à mesma a condição de bancária, fazendo jus às diferenças salariais, por todo o pacto laboral, devendo ser observado para o cálculo o salário base de ingresso na segunda Reclamada, ainda que contra essa não se possa falar em relação de emprego, face o contido no art. 37, II, da CF, à inexistência de concurso público para a contratação, sendo sua responsabilidade apenas subsidiária pelas verbas deferidas (Súmula n. 331, IV, do TST). (TRT, 3ª Região, processo n. 00590-2007-063-03-00-1, relator Desembargador Márcio Ribeiro do Vale, publicação em 08/12/2007, disponível em: www.trt3.jus.br.).*

Na terceirização, em desconformidade com a Súmula n. 331 do TST, o Poder Judiciário afastará da avença de trabalho a linha da interposição, ou seja, não reconhecerá os efeitos jurídicos esperados da contratação trilateral, do que decorre a vinculação direta entre o tomador, que será o verdadeiro empregador, e o trabalhador.

Haverá a clássica relação bilateral empregatícia, com todos os seus efeitos, tanto no plano do direito individual quanto no plano do direito coletivo do trabalho. Serão aplicadas ao contrato individual de trabalho do até então terceirizado as normas coletivas oriundas de ACT ou CCT firmado pelo verdadeiro empregador (ou por seus representantes coletivos), inicialmente (e formalmente) visto como tomador dos serviços, com plena igualdade remuneratória entre trabalhadores.

Eis a jurisprudência:

> *BANCO POPULAR DO BRASIL – CORRESPONDENTE BANCÁRIA – TERCEIRIZAÇÃO ILÍCITA – PROFISSÃO DE BANCÁRIA DA EMPREGADA DA EMPRESA FORNECEDORA DA MÃO DE OBRA – APLICAÇÃO DOS INSTRUMENTOS NORMATIVOS DA CATEGORIA POR ISONOMIA SALARIAL ADVINDA DA CONSTITUIÇÃO – NÃO BASTA O DIREITO DO TRABALHO INGRESSAR NA CONSTITUIÇÃO – É PRECISO DAR EFETIVIDADE À CARTA MAGNA MEDIANTE O SEU (RE)INGRESSO NA CLT* – Evidenciado que as atividades exercidas pela Reclamante eram essenciais ao núcleo matricial da dinâmica do Banco, estando direta e estreitamente relacionadas com a finalidade específica do empreendimento econômico, não se pode atribuir validade à terceirização levada a efeito, eis que, nos termos da Súmula 331 do Colendo TST, apenas os serviços paralelos e desvinculados da atividade-fim são passíveis de transferência para terceiros. Em relação jurídica bilateral (teoria dos dois sujeitos – Reale), o terceiro não é o primeiro nem o segundo, de modo que a inserção deste na triangulação jurídica só pode ocorrer em situação excepcional em que não haja a menor dúvida de que se trata de atividade-meio, única apta a recepcionar validamente a terceirização, que, no fundo, é o alongamento das atividades periféricas nas mãos e pelas mãos de outrem. Como consequência da ilicitude da transferência dos serviços, à trabalhadora se aplicam as normas previstas para a categoria profissional das bancárias, sejam provenientes de lei ou decorrentes de negociação coletiva, tudo por força do art. 5º, caput, da Carta Magna – isonomia de todos perante e na lei, quando em situações iguais." (TRT, 3ª Região, processo n. 01346-2008-075-03-00-7, relator Desembargador Luiz Otávio Linhares Renault, publicação em 06/04/2009, disponível em: www.trt3.jus.br).

Diante do exposto, o reconhecimento da "ilicitude" da terceirização, ou melhor, de sua contrariedade ao disposto na Súmula n. 331 do TST, acarreta a responsabilização direta do tomador dos serviços (ressalvado o tomador ente público, como se verá), que passa a ser, retroativamente, para todos os efeitos justrabalhistas (individuais e coletivos), o verdadeiro e único empregador do trabalhador que para ele entregou sua força produtiva.

Conforme exposto, o legislador da década de 1970 se ocupou do então incipiente fenômeno da terceirização trabalhista e, ao fazê-lo, tratou de limitar os efeitos nocivos da medida.

A Lei n. 6.019/1974 reconheceu a possibilidade jurídica da terceirização de trabalho temporário, ao conceituá-la e delimitar seus sujeitos nos artigos 2º e 4º:

> Art. 2º – Trabalho temporário é aquele prestado por pessoa física a uma empresa, para atender à necessidade transitória de substituição de seu pessoal regular e permanente ou à acréscimo extraordinário de serviços.
>
> Art. 4º – Compreende-se como empresa de trabalho temporário a pessoa física ou jurídica urbana, cuja atividade consiste em colocar à disposição de outras empresas, temporariamente, trabalhadores, devidamente qualificados, por elas remunerados e assistidos.

A terceirização de trabalho temporário, como acontece nos demais modelos de intermediação de mão de obra, provoca a já referida dissociação entre a entrega de força produtiva e a relação jurídica de emprego que, naturalmente, na relação bilateral, lhe seria correspondente.

O empregador é a "empresa de trabalho temporário", que oferece no mercado o trabalho de seu empregado, que por sua vez entrega sua força produtiva no interesse direto e imediato da "empresa" tomadora dos serviços ou cliente.

A terceirização de trabalho temporário não se desenvolveu, no plano da realidade fática, tanto quanto se desenvolveram as demais formas de intermediação de mão de obra. O motivo da pouca aplicação do permissivo legal talvez se relacione às restrições aplicadas pela legislação à atuação das empresas pactuantes.

A Lei n. 6.019/1974 trouxe apenas duas hipóteses lícitas para a pactuação de trabalho temporário, nos termos de seu artigo 2º. Assim, somente pode haver terceirização de trabalho temporário em duas situações:

a) *necessidade transitória de substituição de pessoal regular e permanente:* caso haja a necessidade comprovada de substituição de um empregado do tomador de serviços, por curto período de tempo (regra geral 3 meses), poderá haver a contratação do substituto através de interposta pessoa, que será a "empresa de trabalho temporário". A medida, dado o seu caráter excepcional, recebe respaldo legal para a contratação pela via da interposição.

b) *acréscimo extraordinário de serviços:* caso haja a necessidade de mão de obra *extraordinária* decorrente de acréscimo também *extraordinário* de serviços poderá o interessado (tomador dos serviços ou cliente) contratar a "empresa de trabalho temporário" para que contrate o trabalhador empregado que lhe prestará serviços.

Em ambas as situações, a regra geral e a expectativa é que o trabalhador terceirizado se insira em atividade finalística do tomador dos serviços, vez que irá substituir um empregado regular ou participar dos esforços produtivos extraordinários. Não há que se confundir o permissivo legal com a vedação de terceirização em atividade-fim preceituada na Súmula n. 331 do TST em seu inciso III. Aqui não há também, naturalmente, vedação à existência de pessoalidade e subordinação diretas entre o trabalhador e o tomador dos serviços.

O primeiro permissivo, que diz respeito à substituição de pessoal regular, não deve ensejar maiores questionamentos, pois qualquer circunstância em que haja a ausência de uma pessoa e sua substituição por outra poderá ensejar a avença trilateral. Os exemplos são vários: licença maternidade, afastamento por doença, férias, viagens etc.

O segundo permissivo, que diz respeito ao acréscimo extraordinário de serviços, demandará uma pesquisa mais detalhada, sobretudo no que diz respeito ao alcance do termo *"extraordinário"*.

Entendo, pessoalmente, que circunstâncias de elevação ordinária das vendas ou da produção, decorrentes de festas anuais como *páscoa, dia das mães, dia dos pais, natal* etc. não ensejam contratação de trabalho temporário, vez que nestes casos o que há é acréscimo *ordinário* de serviços, o que não corresponde ao permissivo legal. Somente poderia haver terceirização de trabalho temporário decorrente de acréscimo de serviços se algo extraordinário ocorresse, como por exemplo uma contratação imprevisível (venda de geradores de energia elétrica na época do *apagão*, por exemplo).

A melhor doutrina, entretanto, não faz tal distinção, como se infere:

> A segunda dessas hipóteses (necessidade resultante de acréscimo extraordinário de serviços da empresa tomadora) abrange situações de elevação excepcional da produção ou de serviços da empresa tomadora. Ilustrativamente, elevação excepcional de vendas, em face de nova e excepcional contratação; elevação de vendas em face de períodos de festas anuais etc. No tocante a esta segunda hipótese cabe observar que o desaparecimento da excepcionalidade, seja pelo retorno ao anterior nível produtivo, seja pelo alcance de um novo patamar rotineiro mais elevado da própria produção, é fator que suprime a continuidade de utilização da fórmula prevista pela Lei n. 6.019/74.

O legislador de 1974 cuidou também de exigir formalidades para a vinculação trilateral temporária, como se depreende das regras dos artigos 9º e 11 da Lei n. 6.019/1974:

> Art. 9º – *O contrato entre a empresa de trabalho temporário e a empresa tomadora de serviço ou cliente deverá ser obrigatoriamente escrito e dele deverá constar expressamente o motivo justificador da demanda de trabalho temporário, assim como as modalidades de remuneração da prestação de serviço.*

> Art. 11 – *O contrato de trabalho celebrado entre empresa de trabalho temporário e cada um dos assalariados colocados à disposição de uma empresa tomadora ou cliente será, obrigatoriamente, escrito e dele deverão constar, expressamente, os direitos conferidos aos trabalhadores por esta Lei.*

Destaque para a pouco usual exigência normativa de se lançar a termo os direitos trabalhistas consagrados pela regra, nos termos do citado artigo 11 da Lei n. 6.019/1974. É que o trabalhador terceirizado regra geral não sabe se foi contratado para um trabalhado temporário ou se se insere em atividade-meio do tomador, por exemplo, do que decorre a proteção legal.

Outra medida legal positiva é a que diz respeito ao prazo máximo para a manutenção da relação trilateral, nos termos do artigo 10 da Lei n. 6.019/1974:

> Art. 10 – *O contrato entre a empresa de trabalho temporário e a empresa tomadora ou cliente, com relação a um mesmo empregado, não poderá exceder de três meses, salvo autorização conferida pelo órgão local do Ministério do Trabalho e Previdência Social, segundo instruções a serem baixadas pelo Departamento Nacional de Mão-de-Obra.*

Por ser medida excepcional, não deve a contratação perdurar no tempo, o que revela o caráter protetivo da intervenção legislativa no fenômeno.

Por fim, a medida mais salutar adotada pela Lei n. 6.019/1974 diz respeito ao salário equitativo, que decorre dos termos do seu artigo 12, alínea a.

> Art. 12 – Ficam assegurados ao trabalhador temporário os seguintes direitos: a) remuneração equivalente à percebida pelos empregados de mesma categoria da empresa tomadora ou cliente calculados à base horária, garantida, em qualquer hipótese, a percepção do salário mínimo regional;

O Prof. Mauricio Godinho Delgado (2011) esclarece:

> a) remuneração equivalente à percebida pelos empregados da mesma categoria da empresa tomadora. O salário equitativo, resultante deste preceito, é que tem propiciado, ao longo das últimas décadas, a interpretação jurisprudencial e doutrinária construtiva que vem aproximando as vantagens trabalhistas dos temporários do padrão geral dominante no Direito do Trabalho do país.[17]

Por igualdade remuneratória deve-se perceber não somente o salário-base, por óbvio, mas, também e principalmente, os direitos trabalhistas decorrentes de ajustes coletivos de trabalho (ACT e CCT) e regras específicas da categoria dos empregados do tomador dos serviços.

Eis a jurisprudência:

> *SALÁRIO EQÜITATIVO – TRABALHADORES TERCEIRIZADOS – APLICABILIDADE POR ANALOGIA DO ART. 12, ALÍNEA A DA Lei n. 6.019/1974 –* A alínea a do art. 12 da Lei n. 6.019/1974, que apresenta ao mundo jurídico o salário eqüitativo, dirige-se, em um primeiro momento, ao trabalhador temporário, mas isso não inviabiliza a sua aplicação a outras hipóteses, por analogia, sempre que presentes as mesmas razões. Essa norma, pois, tem em mira evitar o malferimento injustificável do princípio da isonomia, sempre que trabalhadores de mesma categoria (executando as mesmas funções, as mesmas atividades...) encontram-se, muitas vezes até lado a lado, oferecendo os mesmos resultados ao empregador. Nessas situações, se ao trabalhador temporário é assegurado o salário equitativo, por mais forte razão se haverá de assegurar aos terceirizados. (TRT, 3ª Região, processo 01412-2005-100-03-00-1, relatora Juíza convocada Wilméia da Costa Benevides, publicação em 11/03/2006, disponível em: www.trt3.jus.br).

Diante do exposto, a terceirização de trabalho temporário tende a ser menos gravosa do que a terceirização permanente em atividade-fim, por exemplo, vez que prevê tratamento isonômico aos empregados da interposta e do tomador. No plano dos direitos individuais do trabalho não haverá prejuízos, dada a igualdade remuneratória. Permanece, entretanto, o enfraquecimento do sistema sindical, visto que o empregado da interposta não será vinculado ao sindicato representativo da categoria profissional dos trabalhadores do tomador dos serviços, embora trabalhem lado a lado um e outros e recebam salário equitativo.

---

(17) DELGADO, Mauricio Godinho. *Curso de Direito do Trabalho*. 11. ed. São Paulo: LTr, 2012.

Como posto, a terceirização, embora constitua fenômeno social e jurídico extremamente relevante, não recebeu do legislador ordinário a atenção que seria necessária. Para evitar decisões conflitantes, naturalmente decorrentes da ausência de parâmetro normativo legal, decidiu o TST, com base na legislação existente, embora insuficiente, definir os limites da terceirização de serviços, através de sua Súmula n. 331:

> SÚMULA 331 DO TST. CONTRATO DE PRESTAÇÃO DE SERVIÇOS. LEGALIDADE. (nova redação em 27/05/2011).
>
> I – A contratação de trabalhadores por empresa interposta é ilegal, formando-se o vínculo diretamente com o tomador dos serviços, salvo no caso de trabalho temporário (Lei n. 6.019, de 03.01.1974).
>
> II – A contratação irregular de trabalhador, mediante empresa interposta, não gera vínculo de emprego com os órgãos da administração pública direta, indireta ou fundacional (art. 37, II, da CF/1988).
>
> III – Não forma vínculo de emprego com o tomador a contratação de serviços de vigilância (Lei n. 7.102, de 20.06.1983) e de conservação e limpeza, bem como a de serviços especializados ligados à atividade-meio do tomador, desde que inexistente a pessoalidade e a subordinação direta.
>
> IV – O inadimplemento das obrigações trabalhistas, por parte do empregador, implica a responsabilidade subsidiária do tomador de serviços quanto àquelas obrigações, desde que haja participado da relação processual e conste também do título executivo judicial.
>
> V – Os entes integrantes da administração pública direta e indireta respondem subsidiariamente, nas mesmas condições do item IV, caso evidenciada a sua conduta culposa no cumprimento das obrigações da Lei n. 8.666/93, especialmente na fiscalização do cumprimento das obrigações contratuais e legais da prestadora de serviço como empregadora. A aludida responsabilidade não decorre de mero inadimplemento das obrigações trabalhistas assumidas pela empresa regularmente contratada.
>
> VI – A responsabilidade subsidiária do tomador de serviços abrange todas as verbas decorrentes da condenação referente ao período da prestação laboral.

Possível depreender, no inciso I da Súmula n. 331 do TST, que a regra geral é a ilicitude da terceirização de serviços, pois o padrão da contratação de força produtiva no Direito do Trabalho brasileiro é a relação (bilateral) de emprego.

Inicia o TST em sua definição sobre o tema com a permissão de contratação de trabalho temporário, o que já é permitido desde a Lei n. 6.019/1974, conforme análise já feita.

Reconhece o TST, no inciso II de sua Súmula n. 331, a impossibilidade jurídica de reconhecimento do vínculo direto entre o trabalhador terceirizado e os órgãos da administração pública, por óbvia vedação constitucional do artigo 37, inciso II.

Caso haja decisão judicial de irregularidade da terceirização no serviço público o trabalhador terceirizado não será reconhecido como servidor público, pois seu ingresso não teria sido realizado por concurso.

Assim, diferentemente do que ocorre na terceirização em atividade privada, em que a irregularidade da relação trilateral firma o vínculo jurídico com o tomador, que passa a ser empregador do trabalhador terceirizado, no serviço público tal medida não se verifica.

Há, entretanto, decisões que, embora não reconhecendo o vínculo entre o trabalhador terceirizado e o ente público, estende a este, isonomicamente, direitos próprios da categoria à qual se vinculou de fato, como se infere da seguinte decisão do TRT da 3ª Região, relatoria da sempre brilhante juíza Taísa Maria Macena de Lima:

> EMENTA: TERCEIRIZAÇÃO IRREGULAR. ADMINISTRAÇÃO PÚBLICA. PRINCÍPIO DA ISONOMIA. *É lastimável, mas é a realidade: a Administração Pública é campeã nacional em terceirizações irregulares. Noutro giro, a Súmula n. 331/TST reza que a contratação irregular de trabalhador, através de empresa interposta, não gera vínculo de emprego com os órgãos da Administração Pública Direta, Indireta ou Fundacional (inc. II) e, ainda, "que o inadimplemento das obrigações trabalhistas pelo empregador implica a responsabilidade subsidiária do tomador dos serviços quanto àquelas obrigações, inclusive quanto aos órgãos da administração direta, das autarquias, das fundações públicas, das empresas públicas e das sociedades de economia mista, desde que hajam participado da relação processual e conste também do título executivo judicial". Assim, mesmo em se tratando de Administração Pública, é possível a sua responsabilidade. Além disto, também no âmbito da Administração Pública, é possível a aplicação do princípio da isonomia nas hipóteses de terceirização irregular como forma de assegurar ao trabalhador o descumprimento de direitos conferidos aos empregados do "tomador de serviços" e, também, por analogia, o art. 12 da Lei n. 6.019/74 (trabalho temporário). Essa lei garante ao trabalhador temporário o direito à remuneração equivalente à percebida pelos empregados da mesma categoria da empresa tomadora ou cliente. Não há óbice a aplicação do princípio da isonomia junto às terceirizações irregulares praticadas, porque não se está reconhecendo a equiparação salarial, tratada pelo art. 461/CLT, já que o "terceirizado" sequer é servidor público, pois não cumpriu o requisito legal de admissão media prévia aprovação em concurso público.* (TRT, 3ª Região, 2ª Turma, processo 00688-2007-044-03-00-0, Relatora Juíza Convocada Taísa Maria Macena de Lima, publicação em 23.07.2008).

A decisão transcrita está em consonância com a Orientação Jurisprudencial 383 da Seção de Dissídios Individuais 1 do Tribunal Superior do Trabalho:

> *OJ-SDI1-383 TERCEIRIZAÇÃO. EMPREGADOS DA EMPRESA PRES-TADORA DE SERVIÇOS E DA TOMADORA. ISONOMIA. ART. 12, A, DA LEI N. 6.019, DE 03.01.1974 (DEJT divulgado em 19, 20 e 22.04.2010) A contratação irregular de trabalhador, mediante empresa interposta, não gera vínculo de emprego com ente da Administração Pública, não afastando, contudo, pelo princípio da isonomia, o direito dos empregados terceirizados às mesmas verbas trabalhistas legais e normativas assegu-*

radas àqueles contratados pelo tomador dos serviços, desde que presente a igualdade de funções. Aplicação analógica do art. 12, a, da Lei n. 6.019, de 03.01.1974."

O inciso III da Súmula n. 331 do TST reconhece a regularidade da terceirização nos serviços de *vigilância, conservação e limpeza*, bem como naqueles que se caracterizam como *atividade-meio* do tomador dos serviços.

Inicialmente reconhece como lícita a terceirização de atividade de vigilância, já permitida e prevista pela Lei n. 7.102/1983. A atividade de vigilância, que não se confunde com a de vigia, melhor se desenvolve na terceirização. As exigências legais para a exploração econômica da atividade de vigilância forçam a especialização do contratante, o que indica como mais produtiva a interposição do que a contratação direta.

Cabe a distinção básica, então, entre o trabalhador vigilante e o trabalhador vigia, que é bem marcada na doutrina de Mauricio Godinho Delgado:

> *Ressalte-se, porém, que vigilante não é vigia. Este é empregado não especializado ou semiespecializado, que se vincula ao próprio ente tomador de seus serviços (trabalhando, em geral, em condomínios, guarda de obras, pequenas lojas etc.). Vigilante é membro de categoria especial, diferenciada – ao contrário do vigia, que se submete às regras da categoria definida pela atividade do empregador. O vigilante submete-se a regras próprias não somente quanto à formação e treinamento da força de trabalho como também à estrutura e dinâmica da própria entidade empresarial.*[18]

Assim, o vigilante terá função *ativa* na segurança do tomador dos seus serviços, devendo (podendo) agir para combater agressão ao seu patrimônio, inclusive com o uso de armas. O vigia, ao contrário, terá basicamente e regra geral a função apenas de controlar acessos e, em caso de agressão ao patrimônio do tomador dos serviços, comunicar tal fato à polícia.

Eis a distinção na jurisprudência:

> VIGIA E VIGILANTE As funções de vigia e vigilante não se confundem. As atividades do vigilante são exercidas em consonância com a Lei n. 7.102/83, ao passo que o vigia não tem o desenvolvimento de suas atividades com a conotação dada pelo diploma legal mencionado, cingindo-se em vistoriar o local, não lhe sendo exigido o combate efetivo à ação criminosa. O autor exerce a função de porteiro/vigia, visto que exerce tarefas de observação e fiscalização do local, sem os requisitos legais próprios dos vigilantes. (TRT, 3ª Região, 2ª Turma, relator Desembargador Luiz Ronan Neves Koury, processo n. 00440-2008-101-03-00-0, publicação em 12.12.2008).

Diante do exposto, é possível até mesmo inferir ser decorrência legal e da especialização dos serviços a terceirização da atividade de vigilância.

---

(18) DELGADO, Mauricio Godinho, *"Curso de Direito do Trabalho"*. 10. ed. São Paulo: LTr, 2011. p. 437.

É regular também a terceirização de serviços de *conservação e limpeza*, representando esta modalidade uma das primeiras a ensejar a contratação trilateral no Brasil.

A terceirização de atividade de conservação e limpeza segue o conceito da administração de empresas segundo o qual é medida mais acertada aquela que transfere atividades acessórias a empresas outras, cuidando o tomador dos serviços apenas daquilo que é essencial à sua dinâmica empresarial.

Devo destacar entendimento pessoal, minoritário, no sentido de que não se exige, nos serviços de vigilância, conservação e limpeza a inexistência de pessoalidade e subordinação direta entre o trabalhador e o tomador dos serviços. Dois são os motivos: o primeiro no plano jurídico, pois a leitura da parte final do inciso III da Súmula n. 331 do TST se refere somente à terceirização de atividade-meio, como se infere: *"III – Não forma vínculo de emprego com o tomador a contratação de serviços de vigilância (Lei n. 7.102, de 20.06.1983) e de conservação e limpeza, bem como a de serviços especializados ligados à atividade-meio do tomador, desde que inexistente a pessoalidade e a subordinação direta".* (grifos nossos). O segundo, no plano dos fatos, pois é praticamente impossível afastar a subordinação jurídica nos serviços de vigilância, conservação e limpeza, pois o que se espera é que os trabalhadores em tais atividades cumpram os direcionamentos dos empregados do tomador dos serviços.

O TST "regulamentou" também a terceirização permanente em atividade-meio, entendendo ser possível tal prática desde que inexistente a pessoalidade e a subordinação direta na linha do trabalho, ou seja, trabalhador-tomador dos serviços.

Neste ponto, reside a possibilidade da precarização injusta da força produtiva através da terceirização.

Deve o intérprete fazer a difícil distinção entre o que é *atividade-meio*, e portanto apta à terceirização, e *atividade-fim*, que não permite contratação pela via da interposição.

O senso comum indica que atividade-meio é aquela que não se refere ao objetivo essencial do empreendimento do tomador, ou seja, refere-se às tarefas que não são indispensáveis à realização do objetivo social da empresa contratante. Mas, afinal, no capitalismo, quais atividades contratadas (e portanto pagas) são meramente dispensáveis? Tal pergunta não encontra resposta na jurisprudência consolidada.

O Prof. Mauricio Godinho Delgado estabelece cientificamente o conceito de atividade-meio:

> Por outro lado, *atividades-meio são aquelas funções e tarefas empresariais e laborais que não se ajustam ao núcleo da dinâmica empresarial do tomador dos serviços, nem compõem a essência dessa dinâmica ou contribuem para a definição de seu posicionamento no contexto empresarial e econômico mais amplo.* São, portanto, ativida-

des periféricas à essência da dinâmica empresarial do tomador dos serviços. São, ilustrativamente, as atividades referidas, originalmente, pela Lei n. 5.645, de 1970: "transporte, conservação, custódia, operação de elevadores, limpeza e outras assemelhadas". São também outras atividades meramente instrumentais, de estrito apoio logístico ao empreendimento (serviço de alimentação aos empregados do estabelecimento etc.).

Há quem entenda (minoritariamente) que toda e qualquer atividade presente na rotina do tomador dos serviços será, para ele, essencial, vez que o capitalista não contrata esforços inúteis. Assim, toda e qualquer atividade terceirizada, ressalvados os casos do trabalho temporário, da vigilância e da conservação e limpeza, seria irregular.

É possível inferir, em uma análise casuística em conformidade com a jurisprudência do TST, que se for possível abstrata e mentalmente retirar a atividade terceirizada do contexto produtivo do tomador dos serviços e, mesmo assim, vislumbrar o resultado final, então a atividade é *meio*. Ao contrário, se do exercício de imaginação não for possível o resultado final sem a atividade terceirizada, a atividade será *fim* e, portanto, a terceirização será irregular.

Sendo assim, somente no caso concreto de cada empreendimento será possível perceber se a atividade é *fim* ou *meio*. Eis a jurisprudência:

> TERCEIRIZAÇÃO ILÍCITA. FORMAÇÃO DO VÍNCULO EMPREGATÍCIO DIRETAMENTE COM O TOMADOR DE SERVIÇOS. *A terceirização dos serviços, figura jurídica importante e verdadeira necessidade de sobrevivência das empresas em competitivo mercado, traduz realidade inatacável e não evidencia prática ilegal, por si só. Entretanto, constitui fraude aos princípios norteadores do Direito do Trabalho a dissimulação de intermediação de mão de obra sob a forma de contrato de prestação de serviços que tenha por objeto a realização de tarefa ínsita à atividade fim do tomador. Assim é que a terceirização é admitida na contratação de empresa especializada em atividades paralelas ou de suporte, desde que não haja distorção em sua essência e finalidade, com a substituição dos empregados próprios por outros oriundos de empresa interposta. Observando-se, na hipótese, que o empregado oferecido por empresa prestadora se via engajado na atividade essencial do tomador de serviços, participando integrativamente do processo de produção, trata-se, por certo, de intermediação fraudulenta de mão de obra, o que autoriza a confirmação da r. sentença recorrida. Recurso a que se nega provimento.* (TRT 3ª Região, 4ª Turma, processo n. 00196-2007-088-03-00-0, relator Desembargador Caio Luiz de Almeida Vieira de Melo, publicação em 15.12.2007).

Vale destacar que na terceirização de atividade-meio são vedadas a pessoalidade e a subordinação entre o trabalhador terceirizado e o tomador dos seus serviços. Todos os elementos fático-jurídicos caracterizadores do emprego devem ser vivenciados na linha da interposição, ou seja, entre o trabalhador e a empresa interposta (empregado e empregador).

Eis a doutrina do Prof. Mauricio Godinho Delgado:

> *Isso significa, na verdade, que a jurisprudência admite a terceirização apenas enquanto modalidade de contratação de prestação de serviços entre duas entidades empresariais, mediante a qual a empresa terceirizante responde pela direção dos serviços efetuados por seu trabalhador no estabelecimento da empresa tomadora. A subordinação e a pessoalidade, desse modo, terão de se manter perante a empresa terceirizante e não diretamente em face da empresa tomadora dos serviços terceirizados.*[19]

Caso haja subordinação ou pessoalidade entre trabalhador e tomador dos serviços a terceirização será irregular, e, consequentemente, o vínculo empregatício se forma entre ambos, sendo afastada a figura da interposta pessoa.

A jurisprudência:

> FRAUDE – TERCEIRIZAÇÃO EM ATIVIDADES ESSENCIAIS – VÍNCULO DE EMPREGO COM A TOMADORA DOS SERVIÇOS. *No contexto fático em que se examina o presente caso, ressume da prova a ilicitude da terceirização, pois teve por objeto a atividade-fim da tomadora: vendas de produtos e serviços, e teleatendimento (call center); portanto nula de pleno direito, pelos claros termos do artigo 9º da CLT e Súmula 331, I/TST; a terceirização fraudulenta afasta a tentativa de camuflagem da subordinação, que, aliás, também se desfaz pelas características do caso, em que provinha da tomadora a especificação técnica e operacional, bem como o treinamento inicial, relativos à prestação dos serviços, ficando os trabalhadores jungidos à subordinação estrutural ou integrativa, valendo lembrar a contemporânea conceituação do artigo 2º, caput, da CLT, do empregador único, em que a relação de emprego se aperfeiçoa em função do grupo econômico e, não, da subordinação direta a determinado ente que o compõe. (...)* (TRT, 3ª Região, 4ª Turma, processo n. 0110200-86.2006.5.03.0024, relator Desembargador Antônio Álvares da Silva, publicação em 13.07.2009).

Importante debate hodierno diz respeito ao conceito e aos contornos jurídicos da *subordinação*. Dependendo do conceito adotado, os resultados interpretativos judiciais poderão ser distintos.

A revisão e a adequação do conceito de subordinação vêm sendo bem realizadas pelo Prof. Mauricio Godinho Delgado, que destaca três dimensões da terceirização: clássica, objetiva e estrutural, como se infere:

> *Clássica é a subordinação consistente na situação jurídica derivada do contrato de trabalho, pela qual o trabalhador compromete-se a acolher o poder de direção empresarial no tocante ao modo de realização de sua prestação laborativa. Manifesta-se pela intensidade de ordens do tomador de serviços sobre o respectivo trabalhador. É a dimensão original da subordinação, aquela que mais imediatamente na História subs-*

---

[19] DELGADO, Mauricio Godinho. *Curso de Direito do Trabalho*. 10. ed. São Paulo: LTr, 2011.

tituiu a anterior servidão na realidade europeia, propagando-se genericamente pelo capitalismo disseminado nas décadas e séculos seguintes. Continua, hoje, como a mais comum e recorrente modalidade de subordinação, ainda bastante destacada nas realidades socioeconômicas empregatícias. Objetiva é a subordinação que se manifesta pela integração do trabalhador nos fins e objetivos do empreendimento do tomador dos serviços, ainda que afrouxadas "as amarras do vínculo empregatício". Lançada na doutrina pátria pelo jurista Paulo Emílio Ribeiro de Vilhena, esta noção "... vincula a subordinação a um critério exclusivamente objetivo: poder jurídico sobre atividade e atividade que se integra em atividade". Conforme exposto pelo jurista, a subordinação pode traduzir uma "relação de coordenação ou de participação integrativa colaborativa, através da qual a atividade do trabalhador como que segue, em linhas harmônicas, a atividade da empresa, dela recebendo o influxo próximo ou remoto de seus movimentos". Como se percebe, a integração do obreiro e seu labor aos objetivos empresariais é pedra de toque decisiva a essa dimensão do fenômeno sociojurídico subordinativo. Estrutural é, finalmente, a subordinação que se expressa "pela inserção do trabalhador na dinâmica do tomador dos serviços, independentemente de receber (ou não) suas ordens diretas, mas acolhendo, estruturalmente, sua dinâmica de organização e funcionamento". Nesta dimensão da subordinação, não importa que o trabalhador se harmonize (ou não) aos objetivos do empreendimento, nem que receba ordens diretas das específicas chefias deste: o fundamental é que esteja estruturalmente vinculado à dinâmica operativa da atividade do tomador dos serviços.[20]

Doravante, diante da doutrina do Professor Doutor Ministro Mauricio José Godinho Delgado, a "licitude" ou "ilicitude" da terceirização em atividade-meio dependerá, essencialmente, do conceito de subordinação jurídica adotado pelo Magistrado. Lembre-se que é irregular a terceirização em atividade-meio se presente na linha do trabalho (e não na linha da interposição) a subordinação jurídica. A pergunta hoje é: *qual* subordinação jurídica?

Imagine o seguinte caso concreto: trabalhador terceirizado para os serviços de operador de empilhadeira (movimentação de carga e material na unidade industrial do tomador) em indústria metalúrgica e que não recebe ordens diretas dos prepostos desta. A terceirização será "lícita" se o conceito for o de subordinação clássica. Mas será "ilícita" se o conceito for o de subordinação estrutural, vez que o operador de empilhadeira contratado por interposta estará estruturalmente vinculado à dinâmica operativa da atividade do tomador dos seus serviços.

Eis a incipiente jurisprudência sobre a subordinação estrutural na terceirização de serviços:

> TERCEIRIZAÇÃO ILÍCITA. ATIVIDADE-FIM. FRAUDE. RESPONSABILIDADE SOLIDÁRIA. *Contratar, através de empresa interposta, prestadora de serviços, mão de obra para o desempenho de funções intrinsicamente ligadas à atividade-fim da tomadora de serviços ou a atividade essencial aos fins do empreendimento (subordinação*

---

(20) DELGADO, Mauricio Godinho. *Curso de Direito do Trabalho*. 10. ed. São Paulo: LTr, 2011.

objetiva), mediante a integração do trabalhador à dinâmica organizativa e operacional do tomador de serviços (subordinação estrutural), ao invés de fazê-lo, como seria correto, de forma direta, contraria o escopo da terceirização legalizada, conduzindo ao manifesto desequilíbrio entre capital e trabalho, o que deve ser repudiado por esta Justiça Especializada. Destarte, tendo as reclamadas agido em conluio, restando configurada fraude na terceirização, perpetrada com o intuito de impedir a aplicação dos preceitos trabalhistas, ambas são solidariamente responsáveis por todas as verbas devidas ao reclamante, decorrentes do contrato de trabalho, visto que agiram em desconformidade com a lei, cometendo ato ilícito, causador de dano aos direitos do obreiro, conforme preceito que emana dos artigos 186, 927 e 942 do Código Civil c/c art. 8º, parágrafo único e art. 9º da CLT. (TRT, 3ª Região, Turma Recursal de Juiz de Fora, processo n. 0001053-44.2010.5.03.0038, relator Heriberto de Castro, publicação em 09/12/2010, disponível em: www.trt3.jus.br).

TERCEIRIZAÇÃO. A terceirização é o ato pelo qual a empresa produtora, mediante contrato, entrega a outra empresa certa tarefa não incluída nos seus fins sociais para que esta a realize habitualmente com empregados desta. Transporte, limpeza e restaurante são exemplos típicos. Quando não fraudulenta é manifestação de modernas técnicas competitivas. A terceirização não é uma prática ilegal por si só; é hoje uma necessidade de sobrevivência no mercado, com a qual a Justiça precisa estar atenta para conviver. Contudo, a sua utilização de forma a impedir a formação correta do vínculo empregatício não pode ser prestigiada. No estudo da terceirização, importa lembrar que o Direito do Trabalho contemporâneo evoluiu o conceito da subordinação objetiva para o conceito de subordinação estrutural como caracterizador do elemento previsto no art. 3º da CLT, que caracteriza o contrato de trabalho. A subordinação estrutural é aquela que se manifesta pela inserção do trabalhador na dinâmica da atividade econômica do tomador de seus serviços, pouco importando se receba ou não ordens diretas deste, mas, sim se a empresa o acolhe, estruturalmente, em sua dinâmica de organização e funcionamento, caso em que se terá por configurada a relação de emprego. (TRT, 3ª Região, processo n. 0121900-02.2009.5.03.0106, 10ª Turma, relator Desembargador Márcio Flávio Salem Vidigal, publicação em 26/03/2010, disponível em: www.trt3.jus.br).

VÍNCULO EMPREGATÍCIO – CONFIGURAÇÃO – SUBORDINAÇÃO ESTRUTURAL – Restando evidenciada a presença dos pressupostos fático-jurídicos configuradores do liame laboral na relação havida entre as partes, além do fato de as atividades desenvolvidas pela autora relacionarem-se à dinâmica do hospital reclamado, forçosa a aplicação da Súmula n. 331, item I, do colendo TST. Seguindo a linha da subordinação estrutural, resta evidente que a obreira integrou o processo produtivo da ré e, tratando-se de terceirização ilícita, correto o reconhecimento do vínculo de emprego diretamente com a tomadora dos serviços, nos moldes decididos na origem, por direta aplicação do art. 9º da CLT. (TRT, 3ª Região, 6ª Turma, processo n. 0066000-28.2009.5.03.0108, relator Juiz convocado Marcelo Furtado Vidal, publicação em 28.03.2011).

Como síntese é possível perceber que a regra é a da ilicitude da terceirização, devendo ser esta a atitude interpretativa básica. Apenas nos casos do permissivo jurisprudencial poderá haver terceirização de serviços.

O inciso IV da Súmula n. 331 do TST trata da responsabilidade subsidiária do tomador dos serviços nos casos de terceirização "lícita" ou regular. É claro que quem se beneficia da força de trabalho deve pagar por eventual inadimplemento de direitos trabalhistas por parte do empregador interposto. O posicionamento jurisprudencial trabalhista sempre foi no sentido da responsabilidade subsidiária do tomador dos serviços nos casos de inadimplemento de direitos trabalhistas do empregado terceirizado, ainda que seja realizada a avença triangular nos moldes permitidos pela Súmula n. 331 do TST.

Vale noticiar aqui a decisão do STF no sentido da constitucionalidade do artigo 71 da Lei n. 8.666/1993 e sua aplicação ao fenômeno da terceirização. Diante de tal decisão, reuniu-se o Tribunal Superior do Trabalho para alterar, dentre outras, sua Súmula n. 331, que modificou o já visto inciso IV e acrescentou os incisos V e VI:

> V – Os entes integrantes da administração pública direta e indireta respondem subsidiariamente, nas mesmas condições do item IV, caso evidenciada a sua conduta culposa no cumprimento das obrigações da Lei n. 8.666/1993, especialmente na fiscalização do cumprimento das obrigações contratuais e legais da prestadora de serviço como empregadora. A aludida responsabilidade não decorre de mero inadimplemento das obrigações trabalhistas assumidas pela empresa regularmente contratada.
>
> VI – A responsabilidade subsidiária do tomador de serviços abrange todas as verbas decorrentes da condenação referente ao período da prestação laboral.

Percebe-se da leitura dos novos incisos da Súmula n. 331 do TST que não houve a consagração da *irresponsabilidade* patrimonial dos entes públicos na terceirização regular, mas, sim, de uma responsabilidade mitigada, se comparada ao conteúdo anterior, que previa a subsidiariedade independentemente de agir culposo.

Tal como postos os dispositivos, caberá doravante ao trabalhador terceirizado comprovar a culpa do tomador dos serviços ente público nos prejuízos por ele sofridos decorrentes do inadimplemento das obrigações contratuais pelo empregador interposto.

Caberá ao ente público contratante fiscalizar o cumprimento das obrigações legais e contratuais da interposta prestadora de serviços de terceirização, pois, do contrário, deverá sobrevir sua culpa *in vigilando*.

Controvertida inicialmente deverá ser a interpretação da parte final do inciso V da Súmula n. 331 do TST, pois estabelece que "a responsabilidade não decorre de mero inadimplemento das obrigações trabalhistas assumidas pela empresa regularmente contratada". Pode-se inferir inicialmente que não basta mais o simples inadimplemento, sendo certo que a fundamentação jurídica da responsabilidade deverá ser no sentido da culpa na fiscalização do cumprimento das obrigações trabalhistas pelo ente público.

Assim, se o trabalhador conseguir demonstrar que o ente público sabia (ou deveria saber) do inadimplemento dos seus direitos trabalhistas e, mesmo assim, manteve-se inerte, poderá haver sua responsabilidade subsidiária, nos termos dos incisos IV e V da Súmula n. 331 do TST, com nova redação, datada de 27.05.2011.

Ainda que tardiamente, o Direito do Trabalho brasileiro começa a experimentar nova postura interpretativa favorável ao trabalhador terceirizado. Já se disse aqui que a terceirização de serviços, embora seja um fenômeno sempre presente na realidade brasileira, ainda não recebeu do legislador suficiente regulamentação. Na ausência da lei, vários abusos são praticados. Já se demonstrou, também, que é possível a aplicação dos direitos fundamentais constitucionais básicos do cidadão trabalhador para humanizar e equilibrar a relação de trabalho na terceirização.

Somam-se aos argumentos de hermenêutica constitucional, já citados e anteriormente debatidos, duas excelentes decisões judiciais sobre a matéria. A primeira, do TRT de Minas Gerais, que decidiu *por analogia* e aplicou ao trabalhador terceirizado as normas coletivas próprias da empresa contratante (tomadora dos serviços). A segunda, do TST, que reconheceu um empregado de empresa de segurança, terceirizado, como *bancário*.

A primeira decisão, do TRT de Minas, foi uma das últimas da lavra do então Desembargador (hoje Ministro) José Roberto Freire Pimenta. No caso posto à apreciação do TRT, por sua 5ª Turma, o trabalhador terceirizado foi contratado pela prestadora de serviços para atuar como operador de empilhadeira nas dependências de uma sociedade empresária industrial metalúrgica, em um contrato por tempo indeterminado.

Por inexistir regra legal específica sobre terceirização permanente aplica-se, nos casos como o citado, a Súmula n. 331 do TST, que autoriza a contratação por interposta em atividade-meio e, em consequência, permite a desigualdade remuneratória entre os trabalhadores terceirizados e os empregados do tomador dos serviços. Ocorre que o julgado em comento optou por outra interpretação: decidiu a 5ª Turma do TRT mineiro que em razão da inexistência de regra específica aplica-se a analogia, nos termos do artigo 8º da CLT, com a incidência da Lei n. 6.019/1974, que, ao tratar da terceirização temporária, fixa a igualdade remuneratória entre os trabalhadores.

Percebeu a Justiça do Trabalho mineira que as razões para a edição e aplicação da Lei n. 6.019/1974, que trata da igualdade remuneratória na terceirização de trabalho temporário, se verificam também nos casos de terceirização de trabalho permanente. Explicitou o então Desembargador José Roberto Freire Pimenta:

> *TERCEIRIZAÇÃO. NORMAS COLETIVAS. PRINCÍPIO DA ISONOMIA. APLICAÇÃO ANALÓGICA DO ARTIGO 12, a, DA LEI N. 6.019/1974. A analogia legis implica o reconhecimento de que a questão sub judice, apesar de não se enquadrar no dispositivo legal, deve cair sob sua égide por semelhança de razão (UBI EADEM LEGIS RATIO, IBI EADEM DISPOSITIO). Se os trabalhadores temporários, por força do artigo 12, a, da Lei n. 6.019/74, fazem jus à remuneração equivalente à paga aos empregados da mesma categoria profissional da empresa tomadora de seus serviços, com*

muito maior razão os trabalhadores contratados de forma permanente por empresa interposta para a prestação de serviços essenciais à empresa cliente terão direito a todas as vantagens asseguradas à categoria dos empregados da mesma, inclusive aquelas previstas em normas coletivas. A terceirização de mão-de-obra, mesmo quando lícita, não pode servir de instrumento de redução dos custos de mão de obra, se isto implicar violação do princípio constitucional da isonomia (Inteligência e aplicação da recente OJ 383 da SbDI-1/TST). (TRT, 3ª Região, 5ª Turma, processo n. 01808-2009-029-03-00-6-RO, relator Desembargador José Roberto Freire Pimenta, publicação em 29/06/2010, disponível em: www.trt3.jus.br).

Outra decisão a ser destacada, esta da lavra do Ministro Mauricio Godinho Delgado, reconheceu ser bancária a trabalhadora contratada por empresa de segurança que prestava serviços a dois grandes Bancos. No caso dos autos, a trabalhadora terceirizada realizava atividades próprias de bancários, como conferência de numerário e "fechamento" de caixas eletrônicos, ainda que fora da agência e no estabelecimento da empresa de segurança. Não obstante contemple a Súmula n. 331 do TST a possibilidade de terceirização dos serviços de vigilância, nos termos da Lei n. 7.102/1983, prevaleceu o entendimento de ser ilícita a terceirização e aplicável à trabalhadora todos os direitos consagrados à categoria dos bancários, com destaque para o piso e para a jornada de 6 horas.

Há, ainda, a tese no sentido de que a terceirização em *atividade-meio* somente pode ocorrer nos casos em que os serviços terceirizados sejam *especializados*. É que a Súmula n. 331 do TST, em seu inciso III, parte final, estabelece o permissivo nos casos de *serviços especializados ligados à atividade-meio do tomador, desde que inexistente a pessoalidade e a subordinação direta*. Assim, nem todo serviço pode ser terceirizado, mas somente aqueles especializados, ou seja, os que a empresa tomadora não pode facilmente desenvolver por si, e que uma interposta pessoa, que domina sua técnica, pode empreender.

Por fim, o merecido destaque para a aplicação do conceito de subordinação estrutural ao fenômeno da terceirização de serviços, que acaba, na prática, por limitar extremamente as possibilidades de contratação triangular em atividade-meio. É que nos casos de terceirização de atividade-meio não pode haver subordinação jurídica entre o trabalhador terceirizado e os prepostos do tomador dos serviços, o que é praticamente impossível em se tratando de subordinação estrutural, como visto.

Caso as decisões e tese citadas façam jurisprudência poderá ser o início do fim, ainda que tardio, da precarização do trabalho através da terceirização.[21]

---

(21) Há, entretanto, o risco do contrário acontecer: o Congresso Nacional editar regra legal precarizante sobre a terceirização de serviços.

Capítulo 12

Trabalho Escravo

1. Trabalho em condição análoga à de escravo
   a) subjugação por relação de domínio
   b) sujeição pessoal
   c) Código Penal, artigo 149
   d) situação topográfica do tipo penal
   e) bens jurídicos protegidos
      - liberdade
      - vida e saúde
      - segurança
      - dignidade
   f) sujeitos: trabalhador (empregado) e contratante (empregador)
   g) condutas ilícitas:
      1) trabalhos forçados
      2) jornada exaustiva
         - relação de trabalho
         - extrapolação dos limites legais
         - prejuízo (potencial) à saúde e à segurança
         - imposição pelo contratante
         - anulação da vontade obreira

3) condições degradantes
   - relação de trabalho
   - equiparação do homem a "coisa"
   - imposição pelo contratante
   - anulação da vontade obreira
4) restrição de locomoção, cerceamento de transporte e vigilância ostensiva
5) apropriação de documentos

h) escravidão de imigrantes
i) escravidão por dívidas
j) onerosidade e trabalho escravo

O trabalho escravo é a maior vergonha da nação brasileira em pleno século XXI. É deplorável saber que somente em 2010, 2.617 trabalhadores foram resgatados (atenção ao termo: resgatados!) da escravidão pelo Ministério do Trabalho e Emprego, em 141 operações que inspecionaram 305 estabelecimentos.[1] Infelizmente os números são bem maiores do que os oficiais.

Quem explora trabalho em condições análogas à escravidão certamente faz pouco do Estado Democrático Brasileiro, que consagrou princípios constitucionais reveladores de direitos fundamentais inafastáveis, como *Cidadania* (CR, artigo 1º, II), *Dignidade da pessoa humana* (CR, artigo 1º, inciso III), Valor social do trabalho (CR, artigo 1º, inciso IV) e d) e *Prevalência dos direitos humanos* (CR, artigo 4º, inciso II).

A reprimenda nestes casos deve ser extremamente severa, sob pena do reconhecimento da falência do Estado.

No trabalho escravo, o trabalhador é visto pelo explorador como sua propriedade, em uma repugnante relação dominial, em que não há mera subordinação jurídica, mas verdadeira sujeição pessoal, pois o alcance do poder patronal não se restringe ao modo da prestação laborativa, mas alcança os mais elementares aspectos de sua vida privada.

Tais absurdos não decorrem de ausência de regra penal, mas da sensação de impunidade que vigora nas relações capital-trabalho, dada a flexibilização a sangue-frio do Direito do Trabalho e sua deslegitimação.

O Código Penal brasileiro tipifica, em seu artigo 149, o crime de Redução a condição análoga à de escravo, nos seguintes termos:

> Art. 149. *Reduzir alguém a condição análoga à de escravo, quer submetendo-o a trabalhos forçados ou a jornada exaustiva, quer sujeitando-o a condições degradantes de trabalho, quer restringindo, por qualquer meio, sua locomoção em razão de dívida contraída com o empregador ou preposto:*
>
> *Pena – reclusão, de dois a oito anos, e multa, além da pena correspondente à violência.*
>
> *§ 1º Nas mesmas penas incorre quem:*
>
> *I – cerceia o uso de qualquer meio de transporte por parte do trabalhador, com o fim de retê-lo no local de trabalho;*
>
> *II – mantém vigilância ostensiva no local de trabalho ou se apodera de documentos ou objetos pessoais do trabalhador, com o fim de retê-lo no local de trabalho.*
>
> *§ 2º A pena é aumentada de metade, se o crime é cometido:*

---

(1) Entre 1995 e 2010 foram resgatados 39.169 trabalhadores, em 1081 operações, que inspecionaram 2.840 estabelecimentos. Ministério do Trabalho e Emprego. Relatórios Específicos de Fiscalização Para Erradicação do Trabalho Escravo. Janeiro de 2011. Disponível em http://carep.mte.gov.br/fisca_trab/est_resultado_quadro_trabescravo2010.pdf

I – contra criança ou adolescente;

II – por motivo de preconceito de raça, cor, etnia, religião ou origem.

José Cláudio Monteiro de Brito Filho destaca a importância da situação topográfica do artigo 149 do Código Penal, que pode indicar os bens jurídicos por ele protegidos.[2] O citado dispositivo está inserido no Capítulo VI, Dos crimes contra a liberdade individual, Seção I, Dos crimes contra a liberdade pessoal.

Análise do Código Penal, da Constituição da República e sobretudo do *caput* do artigo 149 permite a determinação dos bens jurídicos protegidos no caso em análise: em primeiro lugar protege a ordem jurídica brasileira a dignidade da pessoa, não sendo diferente a regra penal em comento. Protege-se também a liberdade, a vida, a saúde e a segurança do cidadão trabalhador.

Uma *dissecção* do tipo penal do artigo 149 permite a identificação da especial tutela:

1) *Reduzir alguém a condição análoga à de escravo...* fere inicialmente e de antemão, independentemente de caracterização ou conclusão, o princípio fundamental da dignidade da pessoa.

2) *... quer submetendo-o a trabalhos forçados ou a jornada exaustiva,* fere inicialmente e de antemão, independentemente de caracterização ou conclusão, o direito à vida, à saúde e à segurança, que é inerente a todo cidadão.

3) *... quer sujeitando-o a condições degradantes de trabalho,* fere inicialmente e de antemão, independentemente de caracterização ou conclusão, o direito à vida, à saúde e à segurança, que é inerente a todo cidadão.

4) *... quer restringindo, por qualquer meio, sua locomoção em razão de dívida contraída com o empregador ou preposto,* fere direito fundamental básico referente à liberdade.

5) *I – cerceia o uso de qualquer meio de transporte por parte do trabalhador, com o fim de retê-lo no local de trabalho; II – mantém vigilância ostensiva no local de trabalho ou se apodera de documentos ou objetos pessoais do trabalhador, com o fim de retê-lo no local de trabalho,* são também condutas que ferem direito fundamental básico referente à liberdade.

No que concerne às condutas destacadas nos números 4 e 5 acima não há dúvidas quanto ao seu conteúdo básico, de agressão ao direito à liberdade individual, e são as que mais claramente caracterizam a condição análoga à escravidão. Dentre estas, talvez a conduta mais comum seja aquela de escravidão por dívida, conforme análise adiante.

---

(2) BRITO FILHO, José Cláudio Monteiro de. *Trabalho Decente: análise jurídica da exploração do trabalho – trabalho escravo e outras formas de trabalho indigno.* 2. ed. São Paulo: LTr, 2010. p. 63.

A doutrina, tanto no âmbito penal quanto na seara trabalhista, é no sentido de que para a constatação do crime previsto pelo artigo 149 do Código Penal é necessária a caracterização da relação de trabalho, "realizada ao arrepio da legislação que a rege, e tipificada como um ilícito penal, mas, ainda assim, uma relação de trabalho."[3], que será ou não reconhecida como relação de emprego a depender das circunstâncias fáticas, que normalmente indicam a presença dos requisitos do artigo 3º da CLT.

Condutas semelhantes e que não envolvem uma relação de trabalho poderão caracterizar crimes diversos, como constrangimento ilegal, sequestro, cárcere privado, dentre outros.

Sete são, basicamente, as condutas ilícitas previstas no artigo 149 do Código Penal, e que ensejam análise detida e específica.

a) trabalhos forçados:

Trabalho forçado, genericamente considerado, é aquele em que o trabalhador, regra geral mediante ardil, se vê compelido ao desenvolvimento do trabalho independentemente de sua vontade.

b) jornada exaustiva:

A conduta tipificada referente à jornada exaustiva merece análise detida, consubstanciada na melhor doutrina, por não ser imediatamente associável ao trabalho escravo, visto que o excesso de jornada no Brasil parece ser a regra, e não exceção.

Inicialmente e como em todos os casos há a necessidade da caracterização da relação de trabalho, normalmente mas não necessariamente de emprego. Em segundo lugar e obviamente, deve haver a extrapolação dos limites constitucionais fixados no artigo 7º, inciso XIII, da Constituição da República e em inobservância aos limites celetistas para a sobrejornada fixados em seu artigo 59. Em terceiro, deve haver prejuízo, ainda que potencial, à saúde do trabalhador e, por fim e principalmente, imposição da sobrejornada pelo contratante, com anulação da vontade do trabalhador.[4]

José Cláudio Monteiro Brito Filho define:

> ...a jornada de trabalho imposta a alguém por outrem em relação de trabalho, além dos limites legais extraordinários estabelecidos na legislação de regência, e/ou capaz de causar prejuízos à sua saúde física e mental, e decorrente de uma situação de sujeição que se estabelece entre ambos, de maneira forçada ou por circunstâncias que anulem a vontade do primeiro.[5]

---

(3) BRITO FILHO, José Cláudio Monteiro de. *Trabalho Decente: análise jurídica da exploração do trabalho – trabalho escravo e outras formas de trabalho indigno*. 2. ed. São Paulo: LTr, 2010. p. 69.
(4) *Ibidem*, p. 70.
(5) *Ibidem*, p. 71.

Importante destacar quais são as circunstâncias em que o empregador pode, licitamente, exigir sobrejornada de seus empregados, embora, na prática, tal preocupação não se revele comum ao contratante. Embora devesse haver apenas situações *extraordinárias* de extrapolação dos limites constitucionais de jornada, há, infelizmente, horas extras habituais neste país...

São motivos lícitos para prorrogação de jornada o acordo bilateral (prorrogação intersemanal), nos termos do artigo 59, *caput*, da CLT; o regime de compensação anual de jornada (banco de horas) e, aquele que deveria ser regra e não exceção, motivo de força maior, nos termos do artigo 61 da CLT. A exigência de trabalho em sobrejornada fora dos motivos acima destacados caracteriza ordem patronal ilícita e que, portanto, pode ser descumprida pelo empregado.

Assim, de início, pode-se presumir imposição de jornada exaustiva se ausentes os permissivos legais para a realização de horas extraordinárias.

O ponto referencial de compreensão do crime deve ser, assim, a imposição de sobrejornada fora dos permissivos legais, com extrapolação da 10ª hora (CLT, artigo 59, c/c CR, artigo 7º, XIII), sem que tenha o trabalhador o direito de se insurgir contra a determinação patronal, de modo habitual.[6]

c) condições degradantes

Inicialmente é importante recorrer ao léxico para a definição do termo "degradante", para que se possa concluir pelo alcance do tipo penal. Degradante, segundo o Dicionário Houaiss, é o que provoca degradação; desonrante, deteriorante. Degradação, por sua vez, significa ato ou efeito de degradar (-se); degeneração moral; aviltamento, depravação; destruição, estrago, devastação.

É importante ao capitalista compreender que o trabalhador ao se inserir na relação de trabalho não se despe de seus direitos fundamentais enquanto cidadão brasileiro. A preservação de seus direitos básicos deve ser imposição máxima da ordem jurídica àquele que explora mão de obra.

Guilherme de Souza Nucci, citado por José Cláudio Monteiro de Brito Filho, define o trabalho degradante para fins penais e afirma que para que haja o crime "é preciso que o trabalhador seja submetido a um cenário humilhante de trabalho, mais compatível a um escravo do que a um ser humano livre e digno."[7]

As características próprias do ilícito em questão são, portanto, a existência de uma relação de trabalho, a "coisificação" do homem, a imposição do cenário

---

(6) Embora a habitualidade da exigência não seja explícita no tipo penal, pode ser inferida, pois a sobrejornada para se tornar exaustiva e para caracterizar risco à saúde do trabalhador deve ser habitual, sem que haja, entretanto, fixação de um marco para tanto, mas que não seja meramente episódica.

(7) BRITO FILHO, José Cláudio Monteiro de. *Trabalho Decente: análise jurídica da exploração do trabalho – trabalho escravo e outras formas de trabalho indigno*. 2. ed. São Paulo: LTr, 2010. p. 71.

humilhante de prestação laborativa pelo contratante e a impossibilidade de reação por parte do trabalhador.[8]

Diversas são as situações que podem revelar condições degradantes de trabalho, merecendo destaque, pela experiência prática, a análise feita por José Cláudio Monteiro Brito Filho como Procurador Regional do Trabalho na 8ª Região:

> Assim, se o trabalhador presta serviços exposto à falta de segurança e com riscos à sua saúde, temos o trabalho em condições degradantes. Se as condições de trabalho mais básicas são negadas ao trabalhador, como o direito de trabalhar em jornada razoável e que proteja sua saúde, garanta-lhe descanso e permita o convívio social, há trabalho em condições degradantes. Se, para prestar trabalho, o trabalhador tem limitações na sua alimentação, na sua higiene, e na sua moradia, caracteriza-se o trabalho em condições degradantes. Se o trabalhador não recebe o devido respeito que merece como ser humano, sendo, por exemplo, assediado moral ou sexualmente, existe trabalho em condições degradantes.[9]

d) restrição de locomoção, cerceamento de transporte e vigilância ostensiva.

Não é incomum, infelizmente, situações em que os trabalhadores são presos em um determinado local, notadamente no meio rural, impedidos de se locomover em função da distância ao lugarejo mais próximo, da ausência de estradas, da presença de jagunços, dentre outras circunstâncias que forçam o trabalhador ao desenvolvimento do labor em troca de alimentação.

e) apropriação de documentos.

Há também a restrição da liberdade através da apropriação de documentos do trabalhador pelo contratante, que se recusa a devolvê-los enquanto não desenvolvida determinada tarefa.

Há ainda situações específicas que se revelam corriqueiras no cotidiano da escravidão no Brasil do século XXI, com destaque para os imigrantes escravos e para a escravidão por dívida.

A globalização da economia e o atual *status* do Brasil como potência mundial tem atraído estrangeiros, principalmente sul-americanos (mas também haitianos), para trabalhar no país. É necessário que o Brasil assuma sua condição atual de país rico e imponha tratamento digno a todos os que para cá venham em busca de melhores condições de vida.

Infelizmente, muitos imigrantes chegam ao Brasil clandestinamente, o que os impede de ter acesso à documentação necessária para a fruição de direitos básicos decorrentes da relação de emprego. Capitalistas criminosos, por si ou através de

---

(8) BRITO FILHO, José Cláudio Monteiro de. *Trabalho Decente: análise jurídica da exploração do trabalho – trabalho escravo e outras formas de trabalho indigno*. 2. ed. São Paulo: LTr, 2010. p. 72.
(9) *Ibidem*, p. 72.

prepostos, se aproveitam da situação do imigrante e lhes impõem trabalhos forçados, muitas vezes degradantes e em jornadas exaustivas, com o fito único de aumentar seus lucros.

A escravidão por dívida talvez seja a modalidade mais comum do crime de redução do trabalhador à condição análoga à de escravo. Nestes casos, o trabalhador é retirado do local em que vive com sua família e convidado a trabalhar em lugar para ele até então desconhecido (como regra geral). O trabalhador aceita o convite na expectativa de bons salários e de tratamento digno pelo contratante, pois esta é invariavelmente a promessa feita. Chegando ao local da prestação laborativa o contratante ou um atravessador de mão de obra ("gato") apresenta ao trabalhador a conta do transporte e das despesas que terá para ali residir, em condições subumanas. Assim, o trabalhador sempre se encontrará em dívida para com o contratante, pois as despesas normalmente superam em muito o valor que receberia a título de salário.

A redução do trabalhador à condição análoga à de escravo nem sempre se revela pela ausência de contraprestação por trabalho entregue, o que era a marca da escravidão negra até 1888, embora haja trabalho sem contraprestação qualquer.

Importante destacar, embora óbvio, que independentemente de haver ou não entrega de dinheiro por trabalho, sempre, nestes casos de escravidão, estará presente o elemento fático-jurídico onerosidade, seja no plano objetivo, seja em um contexto subjetivo, pois ninguém se insere voluntariamente em uma relação trabalhista para ser escravizado. Se assim está é porque foi iludido com promessas de contraprestação digna pelo trabalho entregue, o que revela a onerosidade subjetiva suficiente à caracterização do vínculo de emprego.

Questões Objetivas – Parte II

Relação de Emprego: essência do Direito do Trabalho

1. Quanto aos conceitos técnico-jurídicos de *trabalhador* e *empregado*, assinale a assertiva incorreta tendo como pressuposto a regra celetista:
    a) trabalhador é a pessoa física que, pessoalmente, entrega sua força produtiva em proveito de um contratante, podendo receber ou não proteção jurídica justrabalhista, a depender do caso concreto.
    b) empregado é a pessoa física que, de modo pessoal, não eventual, oneroso e subordinado presta seus serviços a uma pessoa física ou jurídica (ou ente despersonificado), devendo haver necessariamente a presença de ordens patronais diretas quanto ao modo da prestação laborativa para que se fixe, hodiernamente, a subordinação jurídica e, consequentemente, a relação de emprego.
    c) todo empregado é trabalhador, mas nem todo trabalhador é empregado.
    d) o empregado é a pessoa física que, de modo pessoal, não eventual, subordinado e oneroso presta seus serviços a uma pessoa física ou jurídica (ou ente despersonificado), podendo haver relação jurídica de emprego mesmo quando não há efetivo pagamento como contraprestação do labor entregue.

2. Jomara trabalha pessoalmente para Clamindosvaldo, advogado, pessoa física, no escritório deste que, por um acaso, é em sua residência. Trabalha 3 vezes por semana, nos dias de atendimento (totalmente sigiloso) aos clientes, ou seja, segundas, quartas e sextas-feiras. Atende ao telefone, cuida da agenda, da limpeza do escritório (inclusive banheiros) e da alimentação do advogado, pois cozinha para ele nestes dias. Recebe R$ 50,00 por dia trabalhado. Observa as ordens do Dr. Clamindosvaldo, que é advogado criminalista e atua na defesa dos maiores traficantes de drogas do estado, deles recebendo seus honorários advocatícios mensalmente e independentemente da quantidade de atos processuais praticados.

Diante da situação hipotética, assinale a assertiva correta no que diz respeito à relação jurídica mantida.

a) Jomara é empregada doméstica de Clamindosvaldo, pois é pessoa física que trabalha com alimentação e limpeza de residência de pessoa física, de modo contínuo (3 vezes por semana), pessoal, oneroso e subordinado.

b) Jomara é diarista de Clamindosvaldo, pois recebe R$ 50,00 por dia trabalhado em residência de pessoa física, tendo por atividades aquelas que são próprias de trabalhador doméstico.

c) Jomara preenche os elementos fático-jurídicos previstos no artigo 3º da CLT mas não terá relação de emprego reconhecida, pois seu contratante pratica ato ilícito ao associar-se ao tráfico de drogas, razão pela qual a ilicitude do objeto não ensejará efeitos jurídicos válidos na avença mantida.

d) Jomara é empregada celetista de Clamindosvaldo, pois preenche os elementos fático-jurídicos do artigo 3º da CLT, além de ser pessoa capaz e de ser lícito o objeto de seu contrato.

3. A Cia DVR7 firmou com Antônio Bloto, motorista, contrato de locação de veículo com motorista, que era o próprio, e que previa pagamento por hora de disponibilidade do motorista e, também, por quilometragem rodada. A atividade-fim da Cia DVR7 é a mineração. Antônio Bloto prestava serviços transportando os empregados da Cia DVR7 por todo o estado do Espírito Santo. O trabalhador era proprietário e condutor do veículo e só poderia ser substituído mediante prévia autorização da empresa, e devia estar sempre à disposição da Cia DVR7 nos horários previstos. Um radiocomunicador foi instalado no veículo para garantir o contato permanente entre a empresa e o motorista. Após leitura atenta da situação hipotética apresentada assinale a assertiva correta:

a) Não há relação jurídica de emprego entre Cia DVR7 e Antônio Bloto, visto que há autonomia na prestação laborativa, caracterizada pelo fato de ser este o proprietário do veículo automotor objeto de contrato de locação.

b) Há vínculo jurídico empregatício entre Cia DVR7 e Antônio Bloto, vez que presentes os elementos requisitos previstos no artigo 3º da CLT.

c) Não há relação jurídica de emprego entre Cia DVR7 e Antônio Bloto, visto que há autonomia na prestação laborativa, caracterizada pelo fato de ter este firmado contrato de prestação de serviços.

d) Há vínculo jurídico empregatício entre Cia DVR7 e Antônio Bloto, vez que houve terceirização de atividade-fim.

4. Antônio Silva foi admitido por José Soares em 1º.02.2000, para desempenhar tarefas próprias de caseiro em propriedade rural (pequena fazenda na zona rural de Muzambinho) de sua propriedade. Antônio, desde então, reside na Fazenda Santa Ana com sua esposa e filhos pequenos. Na fazenda há seis cavalos, galinhas, porcos e quatro vacas que produzem leite regularmente. Há ainda horta e pomar com grande produção, além de plantação de cana para alimentação das vacas. Toda a manutenção da fazenda é responsabilidade de Antônio Silva, que prestava contas a José Soares. A família de José Soares comparece à propriedade em média 1 vez por mês, quando há festas que contam com o trabalho de Maria Silva, esposa de Antônio, que faz a limpeza da sede além da alimentação servida em tais ocasiões, recebendo ordens diretas de José Soares quanto ao modo da prestação laborativa. A comida servida nas festas de José é produzida na fazenda (galinha, porcos, verduras, frutas, doces etc.) O leite e as frutas excedentes produzidos pela fazenda são distribuídos graciosamente aos vizinhos, sendo a eles entregues diretamente por Antônio. Recentemente José Soares construiu um alambique na fazenda, para produção de cachaça, tendo Antônio Silva participado da obra e da instalação dos equipamentos, embora ainda não tenha havido o início da produção. Antônio ultimamente recebeu R$ 30,00 por dia trabalhado, enquanto Maria recebia R$ 250,00 por mês. Em 1º.02.2012 Antônio Silva foi dispensado por José Soares, embora não tenha ainda se mudado para outro local. Diante da situação hipotética apresentada, assinale a assertiva correta:

a) Antônio é empregado doméstico e Maria é diarista, devendo ele receber direitos trabalhistas como tal enquanto ela não tem direitos além do pagamento do valor contratado.

b) Antônio e Maria são empregados domésticos de José Soares e deverão perceber direitos trabalhistas em conformidade com a Lei n. 5.859/1972, pois são trabalham para família, em ambiente residencial, sem finalidade econômica na exploração de seu trabalho. Além disso prestam serviços como pessoas físicas que são, de modo pessoal, oneroso e subordinado.

c) Antônio e Maria são empregados rurais e deverão perceber direitos trabalhistas em conformidade com a Lei n. 5.889/1973, pois trabalharam em atividade agroeconômica para pessoa jurídica (Fazenda Santa Ana), como pessoas físicas, que trabalharam de modo pessoal, não eventual, oneroso e subordinado, em imóvel rural.

d) Antônio é empregado rural e Maria é diarista, devendo ele receber direitos trabalhistas como tal enquanto ela não tem direitos além do pagamento do valor contratado.

5. Bento Jr., jovem nascido aos 1º.02.1995, foi admitido aos 1º.02.2012 para o exercício das tarefas de balconista em bar e *"chopperia"* Liga Night Ltda., com horário de trabalho de 18:00 às 02:00 horas, em estabelecimento comercial no centro da cidade de Boituva. Embora presentes na situação fática hipotética os requisitos do artigo 3º da CLT, Bento Jr. não teve sua CTPS assinada, pois é sobrinho do dono do estabelecimento e também por manter vínculo empregatício como aprendiz na Indústria Automobilística Boituva S.A., em vínculo intermediado pelo Senai. Diante do exposto, assinale a assertiva correta quanto à prestação laborativa de Bento Jr. em favor de Liga Night Ltda.

a) não há vinculação empregatícia entre Bento Jr. e Liga Night Ltda. em decorrência de ser ele empregado aprendiz de Indústria Automobilística Boituva S.A.

b) há vinculação empregatícia entre Bento Jr. e Liga Night Ltda. mas que não produzirá efeitos jurídicos válidos, pois ausente elemento jurídico-formal referente à capacidade laborativa.

c) há vinculação empregatícia entre Bento Jr. e Liga Night Ltda. e que produzirá todos os efeitos jurídicos próprios do contrato firmado, pois presentes os requisitos capacidade laborativa e objeto lícito.

d) estão presentes os requisitos para a existência da relação empregatícia (artigo 3º, CLT) mas não haverá contrato de emprego pois há trabalho proibido (período noturno) e desenvolvido por menor de idade (incapacidade).

6. Adroaldo Armândio é um jovem estudante de Relações Internacionais, que tem que trabalhar para custear seus estudos em instituição de ensino superior privada. Para tanto, solicitou a Florisvaldo Brotas, engenheiro, pai de um amigo seu, oportunidade de trabalho em seu escritório de engenharia, que é sediado na residência da família Brotas. Adroaldo, como privilegia seus estudos e se destaca como acadêmico, disse que somente poderia trabalhar 2 dias na semana, de preferência às sextas-feiras e aos sábados. Florisvaldo Brotas aceitou e Adroaldo passou a percorrer as obras de construção administradas por Florisvaldo Brotas, para conferir o efetivo desenvolvimento do trabalho dos pedreiros. Faz isso durante

12 horas por dia, às sextas-feiras e sábados, conforme instruções sempre passadas pelo engenheiro, a quem deve relatar, ao final do dia, o desenvolvimento de cada obra. Em troca, Florisvaldo Brotas entrega a Adroaldo, no fim de cada mês, o valor correspondente às mensalidades escolares. Fixaram um contrato de estágio, por solicitação de Adroaldo, que deveria comprovar atividades extracurriculares em sua Faculdade, que por sua vez assinou também o termo de compromisso. Adroaldo, hoje, vez que precisa de dinheiro para saldar dívidas contraídas em jogo de *poker*, pretende ajuizar ação trabalhista em desfavor de Florisvaldo Brotas pleiteando vínculo empregatício. Diante da situação fática hipotética, assinale a assertiva correta:

a) Não haverá vinculação empregatícia por ser Adroaldo estagiário, o que afasta o vínculo empregatício, nos termos da Lei n. 11.788/2008, "Lei de Estágio", em seu artigo 3º, que preceitua que o estágio, tanto na hipótese do § 1º do art. 2º desta Lei quanto na prevista no § 2º do mesmo dispositivo, não cria vínculo empregatício de qualquer natureza.

b) Não haverá vinculação empregatícia por ser Adroaldo trabalhador eventual.

c) Haverá vinculação empregatícia por não haver no caso concreto requisito material para validação do contrato de estágio, pois as atividades empreendidas não se amoldam ao conteúdo de formação teórica de Adroaldo.

d) Haverá vinculação empregatícia por desempenhar Adroaldo atividade finalística da construtora do Sr. Florisvaldo, o que impede a contratação pela via do estágio.

7. (EXAME DE ORDEM, VI UNIFICADO, MARÇO DE 2012, prova prático-profissional, adaptada). Ednalva Macedo, assistida por advogado particular, ajuizou reclamação trabalhista, pelo rito ordinário, em face de Pedro de Oliveira (RT n. 0001948-10.2011.5.03.0020), em 5.10.2011, afirmando que, após ter concluído o curso superior de enfermagem, foi contratada, em 13/2/2005, para dar assistência à mãe enferma do reclamado, que com ele coabitava, tendo sido dispensada sem justa causa, com anotação de dispensa na CTPS em 8.7.2010. Diz que recebia salário mensal correspondente ao salário mínimo, que sempre foi inferior ao salário normativo da categoria profissional dos enfermeiros, conforme normas coletivas juntadas aos autos. Alega que trabalhava de segunda--feira a sábado, das 12 às 24 horas, com uma hora de intervalo para repouso e alimentação, sem pagamento de horas extraordinárias e de adicional noturno. Aduz que o reclamado lhe fornecia alimentação e material de higiene pessoal, sem que os valores concernentes a essas utilidades fossem integrados ao seu salário. Por fim, disse que o reclamado

não efetuou o recolhimento dos depósitos do FGTS e das contribuições previdenciárias relativas a todo o período do contrato de trabalho.

Diante do exposto, postula:

a) o pagamento das diferenças salariais em relação ao salário normativo da categoria profissional dos enfermeiros, com base nos valores constantes nas normas coletivas juntadas aos autos, e dos reflexos no aviso prévio, nas férias, nos décimos terceiros salários, nos depósitos do FGTS e na indenização compensatória de 40% (quarenta por cento); b) o pagamento a título de horas extraordinárias daquelas excedentes à oitava diária, com adicional de 50% (cinquenta por cento), e dos reflexos no aviso prévio, nas férias, nos décimos terceiros salários, nos depósitos do FGTS e na indenização compensatória de 40% (quarenta por cento); c) o pagamento do adicional noturno relativo ao período de trabalho compreendido entre as 22 e 24 horas e dos reflexos no aviso prévio, nas férias, nos décimos terceiros salários, nos depósitos do FGTS e na indenização compensatória de 40% (quarenta por cento); d) o pagamento das diferenças decorrentes da integração no salário mensal dos valores concernentes à alimentação e ao material de higiene pessoal fornecidos pelo reclamado, assim como dos respectivos reflexos no aviso prévio, nas férias, nos décimos terceiros salários, nos depósitos do FGTS e na indenização compensatória de 40% (quarenta por cento). Diante do exposto assinale a assertiva correta:

a) Ednalva Macedo terá reconhecidos os direitos trabalhistas pleiteados, pois é pessoa física, que trabalhou de modo pessoal, não eventual, oneroso e subordinado, do que decorre a fixação de seu vínculo empregatício.

b) Ednalva Macedo não fará jus a qualquer direito trabalhista pleiteado, vez que firmou contrato com pessoa física que, nos moldes da regra celetista em vigor, não é empregadora.

c) Ednalva Macedo terá reconhecidos os direitos trabalhistas pleiteados, pois não houve registro do contrato em CTPS, o que atrai consequentemente a procedência dos pedidos.

d) Ednalva Macedo não terá reconhecidos os direitos trabalhistas pleiteados, mas teria, caso fundamentasse juridicamente, direitos trabalhistas referentes ao vínculo empregatício doméstico mantido.

8. Administração pública municipal contrata sociedade empresária "Terceirização de Pessoal Ltda." cujo objetivo social é a intermediação de mão de obra, que por sua vez contrata 10 atendentes para prestar seus serviços na Prefeitura Municipal. O município, após processo licitatório vencido pela "Terceirização de Pessoal Ltda." ficou responsável pelo trei-

namento e gestão cotidiana dos serviços contratados, tendo destacado um servidor público municipal para as tarefas de gerência de atendimento. A sociedade empresária empregadora, durante o primeiro ano de contrato cumpriu rigorosamente suas obrigações trabalhistas, o que não se manteve durante todo o segundo ano da avença (2011). Benedito, trabalhador empregado terceirizado, insatisfeito, pretende, hoje, ajuizar ação trabalhista. Diante do exposto, assinale a assertiva correta:

a) Benedito será reconhecido como empregado do tomador dos serviços, pois houve terceirização em atividade-fim (atendimento ao público), o que contraria o disposto na Súmula n. 331 do TST.

b) Benedito não terá reconhecido vínculo jurídico com o tomador dos serviços, por expressa vedação constitucional quanto ao tema, podendo receber deste eventuais créditos trabalhistas inadimplidos, caso comprove sua culpa no cumprimento de obrigações legais específicas.

c) Benedito não será reconhecido como empregado do tomador dos serviços, pois houve terceirização em atividade-meio (atendimento ao público), o que é permitido pelo disposto na Súmula n. 331 do TST.

d) Benedito não terá reconhecido vínculo jurídico com o tomador dos serviços, por expressa vedação constitucional quanto ao tema, podendo receber deste eventuais créditos trabalhistas inadimplidos em decorrência do simples descumprimento das obrigações trabalhistas pela interposta empregadora.

9. José da Silva foi contratado pela empresa Boa Vista Ltda., que integra grupo econômico com a empresa Boa Esperança Ltda., para exercer a função de vendedor externo empregado. Durante a mesma jornada de trabalho, ele vendia os produtos comercializados pela Boa Vista Ltda. e pela Boa Esperança Ltda., com a supervisão dos gerentes de ambas as empresas. Diante dessa situação hipotética, e considerando que a sua CTPS somente foi anotada pela empresa Boa Vista Ltda., assinale a assertiva correta:

a) José da Silva poderá cobrar eventuais créditos trabalhistas inadimplidos das duas sociedades empresárias, pois são solidariamente responsáveis por sua satisfação.

b) Por haver subordinação jurídica fixada com ambas as sociedades empresárias, José da Silva tem direito a dois contratos de emprego, nos termos da legislação consolidada.

c) José da Silva tem dois empregadores, cada um mantendo vínculo empregatício distinto, pois a prestação de serviços a mais de uma empresa do mesmo grupo econômico, durante a mesma jornada de trabalho, caracteriza a coexistência de mais de um contrato de trabalho, salvo ajuste em contrário.

d) nenhuma das assertivas é correta.

10. Consoante a doutrina de Gabriela Neves Delgado, "Considera-se que uma das mais perversas representações do caráter flexibilizatório do Direito do Trabalho contemporâneo é a terceirização. Além de romper com a estrutura empregatícia clássica de prestação de serviços, precariza as condições de trabalho e dificulta a formação da identidade de classe do trabalhador terceirizado." Diante do exposto, assinale a assertiva CORRETA, nos termos da jurisprudência consolidada e da doutrina dominante sobre Terceirização:

a) O caráter perverso citado por Gabriela Delgado se mostra em virtude da dificuldade que terá o trabalhador terceirizado para receber seus créditos trabalhistas porventura inadimplidos pelo empregador (empresa de trabalho terceirizado) vista a ausência de responsabilidade do tomador (ente público ou privado) nos casos de terceirização lícita.

b) O caráter perverso citado por Gabriela Delgado se mostra em virtude da ausência de isonomia, regra geral, entre os trabalhadores empregados terceirizados e os trabalhadores empregados vinculados diretamente ao tomador dos serviços, exceção feita aos casos de trabalho temporário.

c) O caráter perverso citado por Gabriela Delgado se mostra em virtude de que embora tenham direitos celetistas preservados, os trabalhadores terceirizados são formalmente contratados pela empresa tomadora dos serviços.

d) O caráter perverso citado por Gabriela Delgado se mostra em virtude de serem os trabalhadores vinculados à empresa tomadora dos serviços formalmente contratados como empregados, enquanto que os trabalhadores vinculados à interposta são trabalhadores sem vínculo empregatício.

11. Loja dos Móveis Ltda. pretende contratar uma empresa de terceirização para que esta contrate um vigia para seu estabelecimento comercial, que terá a obrigação de trabalhar no período noturno, com as tarefas de cuidar do seu patrimônio. Julgue a assertiva correta.

a) o trabalhador pode ser contratado nos termos do inciso III da Súmula n. 331 do TST, pois é permitida a contratação de serviços de vigilância.

b) o trabalhador pode ser contratado através de interposta pessoa, desde que não haja subordinação e pessoalidade na linha do trabalho desenvolvido, ou seja, entre o vigia e a loja.

c) o trabalhador não poderá ser contratado por interposição, vez que exercerá atividade finalística da Loja dos Móveis.

d) o trabalhador não poderá ser contratado por interposição, vez que exercerá atividade-meio da Loja dos Móveis, com subordinação jurídica e pessoalidade presumidas dadas as tarefas envolvidas na contratação.

12. Julgue a assertiva INCORRETA, no que diz respeito à terceirização trabalhista:

   a) No que concerne à Administração de Empresas a terceirização é um processo de gestão pelo qual se repassam algumas atividades para terceiros – com os quais se estabelece uma relação de parceria – ficando a empresa concentrada apenas em tarefas essencialmente ligadas ao negócio em que atua.

   b) Pode-se compreender como terceirização a forma de organização estrutural que permite a uma empresa transferir a outra suas atividades-meio, proporcionando maior disponibilidade de recursos para sua atividade-fim, reduzindo a estrutura operacional, diminuindo os custos, economizando recursos e desburocratizando a administração.

   c) Terceirização é o fenômeno pelo qual se dissocia a relação econômica de trabalho da relação justrabalhista que lhe seria correspondente. Por tal fenômeno insere-se o trabalhador no processo produtivo do tomador de serviços sem que se estendam a este os laços justrabalhistas, que se preservam fixados com uma entidade interveniente.

   d) A terceirização não traz prejuízo de qualquer natureza ao trabalhador terceirizado, vez que garantidos todos os seus direitos trabalhistas, pois é empregado celetista, ainda que de interposta pessoa.

13. Historicamente a terceirização de serviços é fruto:

   a) da revolução industrial do século XIX, que introduziu equipamentos mais modernos na fabricação de produtos, e exigiu serviços especializados.

   b) da CLT, de 1943, que permitiu a subcontratação de mão de obra.

   c) da reestruturação produtiva da década de 1970, que incentivou a redução do tamanho das fábricas, mas sem que houvesse perda de mercado e de lucro.

   d) das políticas do Estado de Bem-Estar Social europeu, que disciplinavam uma justa distribuição de renda através da concretização de direitos trabalhistas.

14. Analise a seguinte frase: "A terceirização de serviços tem impactos diretos no Direito Coletivo do Trabalho." e julgue a assertiva correta:
    a) A ideia expressa é equivocada, pois a relação de emprego entre trabalhador terceirizado e o tomador dos seus serviços se dá no plano apenas do Direito Individual do Trabalho.
    b) A ideia expressa é equivocada, pois o sindicato representativo dos trabalhadores terceirizados será sempre o mesmo que representa os empregados do tomador dos serviços.
    c) A ideia expressa é correta, vez que o sindicato dos trabalhadores terceirizados garante isonomia remuneratória, pela via da negociação coletiva, com o tomador dos serviços.
    d) A ideia expressa é correta, pois há, na terceirização, trabalhadores em igualdade de situação fática, que desenvolvem seu labor no interesse direto e imediato de um mesmo favorecido, mas com tratamento jurídico-coletivo diferenciado, dada a multiplicidade de empregadores interpostos na relação jurídica básica entre quem se aproveita da força produtiva (o tomador dos serviços) e o empregado terceirizado.

15. Em um ajuste de terceirização trabalhista tendo como tomador ente público, devidamente precedido de processo licitatório e em conformidade com a Súmula n. 331 do TST, pleiteou o trabalhador terceirizado o reconhecimento de sucessão de empregadores entre a sociedade empresária prestadora de serviços que o contratou e a vencedora da nova licitação que firmou ajuste também terceirizado com o citado ente público, sem que tenha havido, entre ambas as prestadoras, qualquer tipo de contratação civil. Diante do caso exposto, assinale a assertiva correta:
    a) haverá o reconhecimento da sucessão de empregadores para fins justrabalhistas, vez que qualquer alteração na estrutura jurídica da empresa não afetará os direitos adquiridos por seus empregados.
    b) não haverá o reconhecimento da sucessão de empregadores para fins justrabalhistas, vez que para a caracterização dos efeitos de tal fenômeno é necessária a continuidade da prestação laborativa pelo trabalhador, o que não houve neste caso.
    c) haverá o reconhecimento da sucessão de empregadores para fins justrabalhistas, vez que a mudança na propriedade ou na estrutura jurídica da empresa não afetará os contratos de trabalho dos respectivos empregados.
    d) não haverá o reconhecimento da sucessão de empregadores para fins justrabalhistas, vez que para a caracterização dos efeitos de tal fenômeno é necessária a transferência de unidade econômico-jurídica, o que não houve neste caso.

16. Em um ajuste de terceirização trabalhista em conformidade com a Súmula n. 331 do TST pleiteou o trabalhador terceirizado a responsabilidade solidária de sociedades empresárias componentes do grupo econômico do tomador dos serviços, nos termos da norma contida no parágrafo 2º do artigo 2º da CLT. Diante do caso exposto julgue a assertiva correta:

    a) haverá o reconhecimento do grupo econômico, vez que sempre que uma ou mais empresas, tendo, embora, cada uma delas, personalidade jurídica própria, estiverem sob a direção, controle ou administração de outra, constituindo grupo industrial, comercial ou de qualquer outra atividade econômica, serão, para os efeitos da relação de emprego, solidariamente responsáveis a empresa principal e cada uma das subordinadas.

    b) não haverá o reconhecimento do grupo econômico, vez que não haverá relação de emprego entre o trabalhador terceirizado e o tomador dos seus serviços, o que seria essencial à caracterização dos efeitos justrabalhistas pretendidos.

    c) haverá o reconhecimento do grupo econômico, vez que a prestação de serviços a mais de uma empresa do mesmo grupo econômico, durante a mesma jornada de trabalho, não caracteriza a coexistência de mais de um contrato de trabalho, mas possibilita a responsabilidade solidária dos seus componentes.

    d) não haverá o reconhecimento do grupo econômico, vez que a prestação de serviços a mais de uma empresa do mesmo grupo econômico, durante a mesma jornada de trabalho, não caracteriza a coexistência de mais de um contrato de trabalho.

17. Analise o seguinte conceito de subordinação estrutural, da lavra do Prof. Dr. Ministro Mauricio Godinho Delgado:

    Estrutural é, finalmente, a subordinação que se expressa "pela inserção do trabalhador na dinâmica do tomador dos serviços, independentemente de receber (ou não) suas ordens diretas, mas acolhendo, estruturalmente, sua dinâmica de organização e funcionamento". Nesta dimensão da subordinação, não importa que o trabalhador se harmonize (ou não) aos objetivos do empreendimento, nem que receba ordens diretas das específicas chefias deste: o fundamental é que esteja estruturalmente vinculado à dinâmica operativa da atividade do tomador dos serviços.

    No que concerne à aplicação do conceito ao fenômeno da contratação trilateral de trabalho (terceirização) assinale a assertiva correta:

    a) tal proposição, se adotada pela jurisprudência majoritária, trará restrições à terceirização, visto que muda o conceito de atividade-fim.

    b) tal proposição, se adotada pela jurisprudência majoritária, trará restrições à terceirização, visto que trará responsabilidade solidária para o tomador dos serviços terceirizados.

c) tal proposição, se adotada pela jurisprudência majoritária, trará restrições à terceirização, visto que não permitirá, na grande maioria dos casos concretos, intermediação de mão de obra em atividade-meio do tomador dos serviços, pois nestas situações não é possível a existência da subordinação na linha da entrega de trabalho.

d) tal proposição não tem aplicação nas relações jurídicas de terceirização de serviços, pois não há vínculo empregatício entre o trabalhador terceirizado e o tomador dos seus serviços.

Analise o caso concreto e responda às questões 18, 19 e 20.

Abrúcio Abrantes é um jovem trabalhador, estudante universitário do curso de Comércio Exterior. Às sextas-feiras, sábados e domingos trabalhava como animador infantil na Fazenda Nova Fama, no município de Lagoa Santa, MG, sendo que às segundas-feiras, logo que acordava, às 6 da manhã, Abrúcio limpava a área de lazer e recolhia seus pertences, voltando para BH às 8 da manhã. A Fazenda Nova Fama é propriedade rural da família Fama, cujo administrador empregado é o Sr. Claudionúcio Abrantes, pai de Abrúcio. A fazenda produz atualmente leite de alta qualidade, para comercialização. Além da produção, há na sede da fazenda todo o conforto que o dinheiro pode proporcionar, além de invejável parque aquático e área de lazer. A família Fama é muito rica e possui diversas sociedades empresárias. Sabendo dos atributos artísticos de Abrúcio, Fabrício Fama, patriarca da família Fama, resolveu convidá-lo para passar os finais de semana cuidando de distrair seus 6 netos. O rapaz, que já conhecia o Sr. Fabrício e com ele se relacionava bem, prontamente aceitou o convite, tendo atuado na fazenda no período compreendido entre 02.02.2008 e 02.02.2010. Abrúcio se apresentava ao trabalho (que para ele também era diversão) sempre às sextas-feiras, e na fazenda cuidava dos 6 netos de Fabrício até o final da noite de domingo. Para tanto recebia R$ 70,00 (setenta reais) por dia trabalhado, a título de diária. Cumpria fielmente aquilo que era determinado por Fabrício, sua esposa e, principalmente, pelas 6 crianças da família Fama. A cada dia, dado o sucesso de Abrúcio, colegas dos 6 netos vinham também para a Fazenda para passar os finais de semana. Vendo ali uma oportunidade de negócio, Juventino Justos, genro de Fabrício Fama, resolveu explorar a diversão na Fazenda Nova Fama, com o consentimento expresso de sua esposa, Fabiana Fama, e tácito de seu sogro. Assim, após 03.02.2010, Juventino passou a cobrar R$ 100,00 (cem reais) por dia de cada criança que ia para a fazenda se divertir. Após tal data, durante a maior parte de seu tempo, Abrúcio ficava à disposição dos clientes de Juventino Justos, mas continuou recebendo os mesmos R$ 70,00 (setenta reais) pagos por Fabrício Fama, além de 20% dos valores arrecadados por Juventino Justos, pagos a título de honorários. Passou a receber ordens também de

Fabiana Fama, esposa de Juventino, no que diz respeito aos seus pequenos clientes. No último final de semana, no dia 25.09.2011, sentindo-se já cansado das tarefas, Abrúcio resolveu que nunca mais voltará à fazenda. Abrúcio nunca se preocupou em providenciar CTPS.

Diante do exposto, responda às seguintes questões:

18. Qual a natureza da relação jurídica mantida entre Abrúcio Abrantes e Fabrício Fama, proprietário da Fazenda Nova Fama, no período compreendido entre 02.02.2008 e 02.02.2010?

    a) relação de emprego celetista.
    b) relação de emprego doméstico.
    c) relação de emprego rural.
    d) relação de trabalho doméstico, como diarista.

19. Qual a natureza da relação jurídica mantida entre Abrúcio Abrantes e Juventino Justos, genro do proprietário da Fazenda Nova Fama, no período compreendido entre 03.02.2010 e 25.09.2011?

    a) relação de emprego celetista.
    b) relação de emprego doméstico.
    c) relação de emprego rural.
    d) relação de trabalho doméstico, como diarista.

20. Com relação aos elementos jurídico-formais da relação jurídica mantida entre Abrúcio, Juventino e Fabrício, é possível afirmar:

    a) a relação triangular não é válida, pois o trabalho se desenvolveu em atividade-fim.
    b) a relação jurídica não é válida pois não houve seu registro em CTPS.
    c) a relação jurídica é válida, vista a confluência dos requisitos para tanto.
    d) a relação jurídica é válida, pois presentes os requisitos do artigo 3º da CLT.

Analise o caso concreto a seguir e responda às questões 21, 22 e 23.

Sociedade empresária Lojas Casas Amapá S.A. tem sede na cidade de Belo Horizonte e diversas filiais em todo o estado de Minas Gerais. Arângela Arilda é vendedora das Lojas Casas Amapá na cidade de Montes Claros, e sua prima Benita Brins é gerente das Lojas Casas Amapá na cidade de Jequitinhonha. As Lojas Casas Amapá S.A. são administradas pela sociedade empresária Administração do Varejo Ltda., cujo sócio diretor geral é o Sr. Claudiomirio Clenios. Tal sociedade limitada detém, ainda, o controle das Lojas Casas Acre S.A., Lojas Casas Pará Ltda. e Lojas Casas

Roraima Ltda. Todas as lojas atuam no ramo varejista de eletrodomésticos. Danilo Dins é economista, contratado diretamente por Lojas Casas Amapá S.A. para fazer análises de mercado no interesse do Sr. Claudiomirio Clenios. Danilo Dins, embora contratado formalmente por Lojas Casas Amapá S.A., trabalha na sede da Administração de Varejo Ltda. e desenvolve estratégias financeiras também para as Lojas Casas Pará Ltda. As Lojas Casas Amapá, por sua filial em Montes Claros, conseguiu recordes de venda e amealhou considerável patrimônio, situação totalmente oposta à vivenciada na cidade de Jequitinhonha, cuja situação é precária. Dada a situação também difícil das Lojas Casas Roraima Ltda. e das Lojas Casas Acre S.A., em um contexto geral, resolveu Claudiomiro Clenios, após consultoria de Danilo Dins, vender todo o patrimônio das duas citadas sociedades empresárias. Assim, as lojas foram vendidas para o Grupo Pão de Mel S.A., com sede no Rio de Janeiro. Claudiomiro, antes de vender as lojas, dispensou todos os seus empregados, por exigência do grupo comprador, deixando, entretanto, de pagar os devidos acertos rescisórios. As demais sociedades empresárias vinculadas à Administração do Varejo Ltda. permaneceram com sua realidade inalterada. Após a venda noticiada, o Grupo Pão de Mel S.A. readmitiu somente os empregados que tinham cargo de gerência, dente eles José, João e Joaquim, transferindo-os imediatamente para as funções de vendedor, que recebem salário por comissão. Benita Brins, pessoa simples, embora gerente, desconhecia a existência das demais sociedades empresárias vinculadas ao Sr. Claudiomiro Clenios, pois somente se relacionou juridicamente com as Lojas Casas Amapá S.A.

21. No que diz respeito ao grupo econômico, assinale a assertiva correta:

   a) Benita Brins poderá, em processo judicial trabalhista, receber eventuais créditos através do patrimônio das Lojas Casas Amapá na filial de Montes Claros, argumentando, para tanto, a teoria de formação de grupo econômico existente especificamente entre Lojas Casas Amapá (Montes Claros) e Lojas Casas Amapá (Jequitinhonha).

   b) Danilo Dins deve obter, em sentença judicial, o reconhecimento de vínculos empregatícios com as sociedades empresárias Administração do Varejo Ltda. e Lojas Casas Pará Ltda.

   c) Arângela Arilda, em processo judicial trabalhista, poderá receber eventuais créditos através do patrimônio das Lojas Casas Amapá na filial de Montes Claros, argumentando, para tanto, a teoria de formação de grupo econômico existente especificamente entre Lojas Casas Amapá (Montes Claros) e Lojas Casas Amapá (Jequitinhonha).

   d) Arângela, Danilo e Benita, nos termos da lei, poderão buscar a satisfação de eventuais créditos trabalhistas através de processo judicial em que figurará como Ré a sociedade empresária Administração do Varejo Ltda.

22. Os empregados dispensados pelas Lojas Casas Roraima e pelas Lojas Casas Acre, nos termos da lei, deverão cobrar seus créditos trabalhistas inadimplidos de:

   a) Lojas Casas Roraima e Lojas Casas Acre.
   b) Administração do Varejo Ltda.
   c) Grupo Pão de Mel Ltda.
   d) todas as sociedades citadas.

23. No que concerne à alteração contratual trabalhista realizada pelo Grupo Pão de Mel Ltda., assinale a assertiva correta:

   a) José, João e Joaquim trabalharão licitamente como caixas, vez que são maiores de idade e o objeto de seu trabalho é lícito.
   b) José, João e Joaquim trabalharão licitamente como caixas, vez que não há comunicação entre o contrato anterior e o novo contrato com o Grupo Pão de Mel Ltda.
   c) José, João e Joaquim trabalharão ilicitamente como caixas, vez que não houve a homologação do acerto rescisório no Ministério do Trabalho e Emprego.
   d) José, João e Joaquim trabalharão ilicitamente como caixas, vez que houve alteração contratual ilícita, mesmo em se tratando de modificação promovida por empregador distinto daquele que efetivou a admissão.

24. Segafredo foi contratado como trabalhador empregado celetista de PBSA Transportadora de Valores e Segurança, que por sua vez foi contratada pelo Banco B S.A., instituição privada, para a prestação de diversos serviços em estabelecimentos deste. A PBSA era responsável por abastecer os caixas eletrônicos das agências do Banco B S.A. Todo o trabalho de conferência de malotes com dinheiro, cheques e depósitos era realizado na sede da PBSA Transportadora de Valores e Segurança. Segafredo, como empregado da PBSA, exercia as funções de tesoureiro, executando atividades tais como a contagem de numerário e processamento de documentos bancários, conferência de numerário dos malotes recolhidos, remessas do caixa rápido e fechamento de caixa, tudo isso na sede da PBSA, que posteriormente remetia as informações ao seu cliente, Banco B S.A. De acordo com a tese denominada "subordinação estrutural", e sua aplicação no Direito do Trabalho, e particularmente na terceirização de serviços, assinale a assertiva correta:

   a) há vínculo de emprego direto entre Segafredo e Banco B S.A., pois embora inexistam ordens diretas entre tomador e trabalhador terceirizado, que trabalha fora do estabelecimento empresarial daquele (na sede da PBSA), houve a inserção do trabalhador na dinâmica do tomador dos serviços, acolhendo sua dinâmica de organização e funcionamento.

b) não há vínculo de emprego entre Segafredo e Banco B S.A., pois houve terceirização em atividade-meio do tomador de serviços, sem que houvesse subordinação jurídica entre ambos, visto ser desenvolvido o trabalho na sede da PBSA.

c) haverá responsabilidade subsidiária do Banco B S.A. no caso de inadimplemento de obrigações trabalhistas por parte de PBSA.

d) somente haverá responsabilidade subsidiária do Banco B S.A. no caso de inadimplemento de obrigações trabalhistas por parte de PBSA se o trabalhador empregado comprovar a culpa do tomador dos serviços na fiscalização do cumprimento das obrigações trabalhistas pela interposta.

25. A empresa Sávio Sintra Sorte Sua S.A. é composta de dois sócios: Sávio Sintra e sua esposa Lírio Sintra. A empresa mantém quatro outras sociedades empresárias: SS Automóveis de Luxo Ltda., SS Banco de Investimento S.A., SS Hotéis Ltda. e SS Viagens de Luxo Ltda. Sávio Sintra se orgulha de ser ótimo empresário, segundo se expressa, pois consegue desenvolver vários negócios lucrativos com poucos empregados diretamente contratados. Para tanto Sávio Sintra conta com o concurso de algumas sociedades empresárias ligadas ao ramo da terceirização de serviços. Sempre que possível Sávio Sintra prefere, também, contratos a termo. Em determinada oportunidade a SS Automóveis de Luxo Ltda. contratou a Terceirização Fácil Ltda. para que esta contratasse trabalhadores para criar uma campanha de marketing para o lançamento de um carro para a faixa de renda A, cujo preço mínimo era de R$ 200.000,00. Assim, a Terceirização Fácil contratou José Criat, publicitário, que foi para a loja por 3 meses e lá ficou desenvolvendo as ações de propaganda, sob a orientação de Sávio Sintra, embora pudesse o trabalhador cumprir a jornada que quisesse e criar as peças segundo suas ideias, sem se vincular obrigatoriamente ao que Sávio lhe dizia. Nos termos da jurisprudência trabalhista majoritária, consubstanciada nos termos da Súmula n. 331 do TST, julgue a assertiva correta:

a) A terceirização dos serviços do publicitário foi mantida em desconformidade com a Súmula 331 do TST, pois se trata de atividade-fim da SS Automóveis de Luxo Ltda., tomadora dos seus serviços.

b) SS Automóveis de Luxo Ltda. será solidariamente responsável pela satisfação dos créditos trabalhistas porventura inadimplidos por Terceirização Fácil;

c) A terceirização dos serviços do publicitário foi mantida em desconformidade com a Súmula n. 331 do TST, pois se trata de atividade-

-meio da SS Automóveis de Luxo Ltda., tomadora dos seus serviços, e houve ordens diretas do gestor da tomadora quanto ao modo da prestação laborativa, o que caracteriza a presença da subordinação jurídica na linha do trabalho.

d) A terceirização dos serviços do publicitário foi mantida em conformidade com a Súmula n. 331 do TST, pois se trata de atividade-meio, sem que se vislumbre pessoalidade ou subordinação entre trabalhador terceirizado e tomador dos serviços.

26. Antônio, empregado de sociedade empresária X Ltda., dedicada à intermediação de mão-de-obra (terceirização), trabalhou para a indústria Z S.A., que produz telas de arame, no exercício das funções de operador de empilhadeira. Suas tarefas consistiam na movimentação de materiais (matéria prima e produtos industrializados) no ambiente empresarial da tomadora. Foi admitido em 01.02.2009 para trabalhar no setor específico de fabricação de telas para as obras do Centro Administrativo de Minas Gerais, com duração do contrato prevista até o dia 01.02.2010, quando todo o material deveria ser entregue para a instalação e posterior inauguração dos prédios. Assinale a assertiva correta sobre a relação vivenciada:

a) Haverá, no caso de inadimplemento das obrigações trabalhistas por parte da interposta, a responsabilidade subsidiária de indústria Z S.A., bem como responsabilidade subsidiária do Estado de Minas Gerais caso se comprove que o ente público negligenciou a fiscalização das obrigações da interposta.

b) Houve no caso concreto quarteirização, sendo tomador o Estado de Minas Gerais, primeira interposta a indústria Z S.A. e segunda interposta a sociedade empresária X Ltda.

c) Caso sejam aplicadas, por analogia, as regras dos contratos de trabalho temporário, Antônio terá salário idêntico àquele percebido pelos empregados diretamente contratados por indústria Z. S.A., o que é juridicamente possível.

d) Haverá, no caso de inadimplemento das obrigações trabalhistas por parte da interposta, a responsabilidade subsidiária apenas do Estado de Minas Gerais, ainda assim caso se comprove que o ente público negligenciou a fiscalização das obrigações da indústria Z S.A.

27. Analise as seguintes noções gerais sobre institutos próprios ao Direito do Trabalho:

I. Relação trilateral ou triangular entre pessoas física(s) e jurídica(s), que pressupõe a dissociação da relação econômica de trabalho da relação justrabalhista que lhe seria correspondente, mas que preserva a isonomia entre empregados vinculados a empregadores diversos.

II. É a figura resultante da vinculação que se forma entre dois ou mais entes favorecidos, direta ou indiretamente, por um mesmo contrato de emprego, em decorrência de existir entre eles, laços de direção ou coordenação em face de atividades industriais, comerciais, financeiras, agroindustriais etc.

III. É a figura resultante da transferência de unidade econômico-jurídica, em que aquele que adquire o patrimônio se responsabiliza pela satisfação de créditos trabalhistas eventualmente inadimplidos por quem vende.

Assinale a opção que estabelece corretamente a relação entre a noção geral e o instituto jurídico próprio:

a) I. terceirização de atividade-meio; II. sucessão de empregadores; III. grupo econômico.

b) I. terceirização de trabalho temporário; II. grupo econômico; III. sucessão de empregadores.

c) I. sucessão de empregadores; II. responsabilidade solidária; III. responsabilidade subsidiária.

d) I. terceirização de atividade-meio; II. sucessão de empregadores; III. grupo econômico.

Questões Discursivas Teóricas – Parte II

Relação de Emprego: essência do Direito do Trabalho

1. Disserte sobre a importância dos critérios (doutrinários e jurisprudenciais) de aplicação de penalidades contratuais trabalhistas.
2. Em um ajuste de terceirização trabalhista tendo como tomador ente público, devidamente precedido de processo licitatório e em conformidade com a Súmula n. 331 do TST, pleiteou o trabalhador terceirizado o reconhecimento de sucessão de empregadores entre a sociedade empresária prestadora de serviços que o contratou e a vencedora da nova licitação que firmou ajuste também terceirizado com o citado ente público, sem que tenha havido, entre ambas as prestadoras, qualquer tipo de contratação civil.

    Deve haver o reconhecimento da sucessão de empregadores para fins justrabalhistas?
3. Qual é a diferença básica entre subordinação clássica e subordinação estrutural?
4. Quais são os efeitos justrabalhistas decorrentes da aplicação do conceito de subordinação estrutural?
5. Estabeleça similitudes e distinções entre terceirização de trabalho temporário e terceirização de atividade-meio. Exemplifique.

6. Disserte sobre as *possibilidades* e os *efeitos jurídicos* do reconhecimento judicial de grupo econômico. Exemplifique.

7. Estabeleça distinção suficiente entre não eventualidade, continuidade, trabalho doméstico e trabalho em domicílio. Exemplifique.

8. Estabeleça distinção suficiente entre empregado diarista e trabalhador doméstico diarista. Exemplifique.

9. Disserte sobre a teoria do "empregador único" no grupo econômico, nos termos da jurisprudência hodierna dos Tribunais trabalhistas. Fale sobre os efeitos do reconhecimento da figura do "empregador único", tanto no âmbito que favorece ao empregador, quanto no que pode favorecer aos empregados. Exemplifique.

10. Como aferir a pessoalidade nos casos de trabalho em domicílio?

11. É possível a fiscalização pelo Ministério do Trabalho e Emprego no âmbito do trabalho em domicílio?

12. É possível controle de jornada, horas extras e intervalos nos casos de teletrabalho?

13. Como assegurar ao teletrabalhador empregado o "direito à desconexão"?

14. É possível a extensão da norma leal para a compreensão jurídica da figura do "Pai Social"?

15. É precarizante a norma legal que autoriza a restrição de direitos à "Mãe Social"?

16. Após o advento do Código Civil vigente é justificável a análise, em separado, da condição justrabalhista do indígena, no que concerne ao Direito Material do Trabalho?

17. Qual o fundamento para o tratamento diferenciado entre estagiários e aprendizes? É constitucional a distinção?

18. A norma do inciso II do artigo 430 da CLT é precarizante?

Questões Discursivas Práticas – Parte II

Relação de Emprego: essência do Direito do Trabalho

1. Analise a seguinte situação fática (hipotética) e ao final responda ao que segue. Condomínio Residencial Vila das Margaridas Amarelas, instituído de fato (não tem CNPJ ou qualquer outro registro formal) por Antônio Nobre Júnior, é constituído por 10 famílias residentes no Bairro Margaridas Amarelas, situado na zona rural da cidade de Miracema do Norte. O maior proprietário residencial do condomínio é Antônio Nobre, pai do síndico, e próspero empresário na cidade. O condomínio, por votação de seus condôminos, prefere não contratar diretamente nenhum trabalhador, embora conte a seu serviço com 10 pessoas. José, Joaquim e Jonas são jardineiros experientes e famosos, e trabalham 2 dias por semana cada um, prestando seus serviços para o condomínio nas suas áreas de lazer e de circulação comum. Foram contratados sem registro em CTPS por Tércio Tiago. Os jardineiros recebem R$ 50,00 por dia trabalhado e observam as ordens dadas por Tércio Tiago e seus prepostos.

   a) Existe vínculo jurídico empregatício entre José, Joaquim e Jonas e Condomínio Residencial Vila das Margaridas Amarelas?

   ( ) SIM   ( ) NÃO

   a.1) Caso positivo, indique:

   ( ) CELETISTA   ( ) DOMÉSTICO   ( ) RURAL

   a.2) Justifique todas as respostas dadas.

   _____
   _____

b) Existe vínculo jurídico empregatício entre José, Joaquim e Jonas e Tércio Tiago?

( ) SIM ( ) NÃO

b.1) Caso positivo, indique:

( ) CELETISTA ( ) DOMÉSTICO ( ) RURAL

b.2) Justifique todas as respostas dadas.

_____

_____

c) Disserte sobre a relação (em sentido amplo) existente entre Condomínio Residencial Vila das Margaridas Amarelas, Tércio Tiago, José, Joaquim e Jonas. Diga sobre todos os efeitos jurídicos decorrentes da relação mantida, destacando sua conformidade (correção, "licitude") ou inconformidade (incorreção, "ilicitude"), nos termos da jurisprudência brasileira.

( ) EM CONFORMIDADE ( ) EM DESCONFORMIDADE

Justifique. _____

_____

2. Analise a seguinte situação fática (hipotética) e ao final responda ao que segue.

Lojas Ribeiro Ltda. (nome empresarial Lojas Barato Ribeiro) atua no comércio de roupas e tem como sócio majoritário o Sr. Ribeiro Santos. Tem como empregados vendedores os Srs. José, Joaquim e Jonas, admitidos em 2000. Depois da expansão do negócio por todo o estado de Minas Gerais, o Sr. Ribeiro Santos decidiu abrir lojas também nos estados do Espírito Santo e Goiás, o que se deu em 2005. Para tanto, extinguiu a sociedade empresária limitada e criou a Sociedade Anônima Loja de Roupas Rio Grande, mantido o nome empresarial. Depois de cinco anos de insucesso comercial, o Sr. Ribeiro Santos decidiu vender suas lojas para Lojas das Vestes Ltda., nome empresarial Lojas LV, de propriedade do Sr. Ricardo Antunes, o que foi feito em 2010, que optou por manter a marca comercial Lojas Barato Ribeiro nos estados de MG, ES e GO. Por fim, como o negócio continuou não prosperando, Ricardo Antunes resolveu alterar a denominação de suas lojas que mantinham o nome Barato Ribeiro e unificou todas as atividades comerciais sob o nome Lojas LV, o que se deu em 2012. Desde que foram admitidos por Lojas Ribeiro Ltda. e até hoje José, Joaquim e Jonas continuam trabalhando normalmente, embora nunca tenham recebido 13º salário ou gozado férias. Por fim, insatisfeitos com tanta exploração, José, Joaquim e Jonas foram ao departamento de Recursos Humanos de seu empregador e exigiram o imediato pagamento dos seus direitos trabalhistas, tendo o chefe esclarecido que o empregador não tinha responsabilidade por todo o tempo de contrato. Foram, neste momento, advertidos de que deveriam voltar ao trabalho imediatamente, o que fizeram. Dois dias depois, retornaram ao RH para exigir seus direitos, oportunidade em que foram suspensos por 3 dias, findos os quais, ainda irritados com a situação, resolveram os três trabalhadores exigir seus direitos diretamente do presidente da empresa que, como nunca tinha sido antes confrontado por empregados, dispensou os 3 por justa causa, pois não estavam vendendo e, sim, reclamando, além de terem desrespeitado o patrão ao exigir, e não pedir, direitos trabalhistas.

a) Quem é responsável pelo pagamento do 13º e das férias referentes ao período 2000-2009? Justifique. _____

b) Quem é responsável pelo pagamento do 13º e das férias referentes ao período 2010-2012? Justifique. _____

c) Foi lícita e deve ser mantida a justa causa aplicada aos empregados?
( ) SIM ( ) NÃO.
Justifique. _____

3. Analise a seguinte situação fática (hipotética) e ao final responda ao que segue.

Mário José é um jovem, nascido aos 30.04.1990, que para ajudar sua família, com quem reside, passou a trabalhar na residência do empresário do ramo da construção civil, Sr. Antônio Bloto, o que se deu aos 02.05.2008. Foi admitido para desenvolver as tarefas de limpeza da residência, o que realizava durante 3 dias na semana, recebendo, para tanto, um salário mínimo mensal e cumprindo as exigências (várias...) da esposa do empresário. Em 02.05.2011, após conseguir sua CNH, Mário José passou a dirigir o veículo do empresário (tanto nos seus compromissos pessoais quanto nos profissionais), durante todos os dias da semana, e recebendo um salário mínimo mensal, atento às ordens deste, dentre as quais apresentar-se em sua residência sempre às 07:00h para levá-lo ao trabalho. Durante todo o período citado Mário José não providenciou sua CTPS, pois enfrentava problemas com a Justiça Comum e temia apresentar-se ao Ministério do Trabalho e Emprego. Após 02.01.2012, dada a sua experiência e competência, Mário José foi admitido formalmente por Cooperativa de Trabalhadores no Transporte para prestar serviços para a Construtora Antônio Bloto S.A., na condição de chefe de logística em transporte e subordinado ao presidente daquela. Todas as autorizações de retirada de veículos, de carga e de passageiros, eram dadas por Mário José, que inclusive dava ordens diretas quanto ao modo da prestação laborativa a empregados da construtora tomadora de seus serviços. Para tanto recebia da Cooperativa R$ 3.500,00 a título de *pro--labore*, não tendo nenhum direito trabalhista, dado o vínculo contratual civil mantido formalmente. Atualmente recebe, além da retirada citada, recebe repouso semanal e anual remunerados, além de contar com seguro de vida. Diante do exposto, assinale a assertiva incorreta:

a) Há vínculo jurídico empregatício entre Mário José e Antônio Bloto no período compreendido entre 02.05.2008 e 1º.05.2011?

( ) SIM ( ) NÃO

a.1) Caso positivo, indique:

( ) CELETISTA   ( ) DOMÉSTICO   ( ) RURAL

a.2) Justifique todas as respostas dadas.

_____

b) Há vínculo jurídico empregatício entre Mário José e Antônio Bloto no período compreendido entre 02.05.2011 e 1º.01.2012?

( ) SIM ( ) NÃO

b.1) Caso positivo, indique:

( ) CELETISTA   ( ) DOMÉSTICO   ( ) RURAL

b.2) Justifique todas as respostas dadas.

_____

c) Disserte sobre a relação (em sentido amplo) existente entre Cooperativa dos Trabalhadores no Transporte, Mário José e Construtora Antônio Bloto S.A. Fale sobre todos os efeitos jurídicos decorrentes da relação mantida, destacando sua conformidade (correção, "licitude") ou inconformidade (incorreção, "ilicitude"), nos termos da jurisprudência brasileira.

( ) EM CONFORMIDADE   ( ) EM DESCONFORMIDADE

4. Lojas Eletrônicos Comércio Ltda., que em shopping center popular na cidade de Monte Verde de Minas atua no comércio varejista de eletroeletrônicos conta, semanalmente, sempre aos sábados, de 08:00 às 13:00 horas, com o auxílio de Ana Andrade, contabilista, para a realização de sua escrituração contábil. A citada trabalhadora é empregada de Contabilidade Certa S.C., com sede na mesma cidade, e lá trabalha de segunda a sexta-feira, de 07:00 às 18:00 horas. Ana é amiga da sócia diretora da Loja Eletrônicos Comércio Ltda., Sra. Joana Jins, e foi convidada, por sua especialização, a com ela colaborar. Ana observa fielmente o direcionamento de Joana quanto ao que contabilizar e, sobretudo, ao que não

contabilizar... Ana recebe, de 2 em 2 meses, equipamentos eletrônicos para sua utilização pessoal. Diante do exposto, responda ao que segue:

Existe vínculo jurídico empregatício entre Lojas Eletrônicos Comércio Ltda. e Ana Andrade?

( ) SIM   ( ) NÃO

Justifique. _____

_____

5. Cláudio Silva é publicitário e presta serviços em sua área de atuação para diversos pequenos comerciantes na cidade de Monte Azul de Minas e região. Pretendendo captar maior clientela para seus serviços publicitários o Sr. Cláudio resolveu contratar a sociedade empresária Representações Artísticas Minas Ltda., cujo diretor é o Sr. Sérgio Manuel. Ambos firmaram ajuste que previa comissão de 10% sobre os contratos vendidos pela Representações Artísticas Minas Ltda., seja por seu diretor ou por sua equipe de contratados. Para realizar as vendas o Sr. Sérgio Manuel selecionou as Srtas. Cláudia, Clênia e Clemilda, três irmãs gêmeas que fazem a oferta dos serviços publicitários no comércio local. Cada venda rende às vendedoras 2% de comissão, ficando os 8% restantes para Sérgio Manuel. As moças trabalham sem CTPS assinada, pois não providenciaram o citado documento e por terem firmado contrato de prestação de serviços de vendas. O horário de trabalho das moças é de 08:00 às 18:00 horas, de segunda a sexta-feira, com uma hora de intervalo para alimentação e descanso, controlado pelo Sr. Sérgio Manuel através de equipamentos teleinformáticos.

Diante do exposto, responda ao que segue:

a) Existe vínculo jurídico empregatício entre Cláudio Silva e Representações Artísticas Minas Ltda.?

( ) SIM ( ) NÃO

Justifique. _____

_____

b) Existe vínculo jurídico empregatício entre Representações Artísticas Minas Ltda. e as irmãs Cláudia, Clênia e Clemilda?

( ) SIM ( ) NÃO

Justifique. _____

_____

c) Existe vínculo jurídico empregatício entre Cláudio Silva e as irmãs Cláudia, Clênia e Clemilda?

( ) SIM ( ) NÃO

Justifique. _____

_____

6. Núbia Villas é corretora de imóveis, inscrita no CRECI/MG e presta serviços de vendas de imóveis para a Construtora NSX e para a Construtora Barraca, ambas com sede em Belo Horizonte, MG. Núbia tem escritório próprio, em que trabalha, e visita frequentemente potenciais clientes. Sempre que há lançamentos imobiliários a Construtora NSX determina aos seus corretores uma escala de plantão, que funciona diariamente, todos os dias da semana, de 08:00 às 20:00 horas, durante 2 meses. Núbia sempre participa dos plantões de vendas, e recebe R$ 400,00 mensais a título de ajuda de custo para plantões NSX. Recebe da citada construtora comissão de 1,4% sobre as vendas realizadas. Como há muitos corretores de imóveis que prestam serviços à NSX, na época de lançamentos (quase todos os meses do ano) há uma escala de plantão, definida pela Diretora Comercial da NSX. Quando atuava nos plantões, Núbia tinha que preencher uma ata relatando os atendimentos, assim como faziam todos os demais corretores. Deveria avisar à Diretora se precisasse faltar ao plantão, chegar mais tarde ou sair mais cedo. Todos os equipamentos de trabalho usados por Núbia pertenciam a ela própria (telefones, computadores, automóvel...), sem a interferência das construtoras quanto a tal ponto. Quando estava de plantão Núbia devia vestir o uniforme da NSX, o que se dava, em média 2 ou 3 vezes por mês. Quando não estava de plantão no stand de vendas, podia deixar de usar o uniforme, ainda que fizesse as vendas de imóveis NSX, o que se dava, em média, por 10 ou 12 dias no mês. No restante do tempo Núbia vendia imóveis da Construtora Barraca.

    Existe vínculo empregatício entre Construtora NSX e Núbia Villas?

    ( ) SIM   ( ) NÃO

    Justifique. _____

    _____

7. O Sr. Antônio Bloto constituiu sociedade empresária com a finalidade específica de participar de processo seletivo para contratação de prestação de serviços de *locação de veículo com motorista*, realizado pelo Sr. Juventino Silva, sócio-diretor de diversas sociedades empresárias. O Sr. Juventino Silva resolveu firmar o ajuste acima citado para que pudesse se deslocar entre seus diversos estabelecimentos empresariais, além de fazer suas costumeiras visitas a clientes, fornecedores, bancos e etc. O Sr. Antônio Bloto foi aprovado no processo seletivo, que foi resultado de análise subjetiva do contratante no que diz respeito aos seguintes critérios: a) aparência física do candidato; b) formação escolar do candidato; c) simpatia do candidato; d) marca/modelo do automóvel; e) preço. Pelo ajuste firmado Antônio Bloto instalou em seu veículo um radiocomunicador, além de ter comprado um aparelho telefônico celular apenas

para contatos com o Sr. Juventino Silva. Antônio, então, passou a ficar à disposição do contratante durante 12 horas por dia, durante 2 dias na semana, às quartas e sextas-feiras. Antônio Bloto se apresentava às 07:00 horas na sede das empresas Bloto e com ele percorria seus demais estabelecimentos empresariais, visitava clientes, fornecedores, bancos e outros pontos indicados pelo contratante para o bom desenvolvimento de suas atividades. Ao final do dia Antônio Bloto retornava com o Sr. Juventino Silva para a sede da sociedade empresária e seguia para sua casa com o veículo. Para tanto Antônio Bloto recebia mensalmente o valor de R$ 2.000,00 a título da locação do veículo e disponibilidade do motorista. Emitia nota fiscal de prestação de serviços.

Diante dos fatos expostos há relação jurídica de emprego celetista entre Antônio Bloto e Juventino Silva?

( ) SIM   ( ) NÃO

Justifique, nos termos da lei, da melhor doutrina e da jurisprudência hodierna dos Tribunais.

8. Sociedade empresária Lojas Casas Amapá S.A. tem sede na cidade de Belo Horizonte e diversas filiais em todo o estado de Minas Gerais. Arângela Arilda é vendedora das Lojas Casas Amapá na cidade de Montes Claros, e sua prima Benita Brins é gerente das Lojas Casas Amapá na cidade de Jequitinhonha. As Lojas Casas Amapá S.A. são administradas pela sociedade empresária Administração do Varejo Ltda., cujo sócio diretor geral é o Sr. Claudiomirio Clenios. Tal sociedade limitada detém, ainda, o controle das Lojas Casas Acre S.A., Lojas Casas Pará Ltda. e Lojas Casas Roraima Ltda. Todas as lojas atuam no ramo varejista de eletrodomésticos. Danilo Dins é economista, contratado diretamente por Lojas Casas Amapá S.A. para fazer análises de mercado no interesse do Sr. Claudiomirio Clenios. Danilo Dins, embora contratado formalmente por Lojas Casas Amapá S.A., trabalha na sede da Administração de Varejo Ltda. e desenvolve estratégias financeiras também para as Lojas Casas Pará Ltda. As Lojas Casas Amapá, por sua filial em Montes Claros, conseguiu recordes de venda e amealhou considerável patrimônio, situação totalmente oposta à vivenciada na cidade de Jequitinhonha, cuja situação é precária. Dada a situação também difícil das Lojas Casas Roraima Ltda. e das Lojas Casas Acre S.A., em um contexto geral, resolveu Claudiomirio Clenios, após consultoria de Danilo Dins, vender todo o patrimônio das duas citadas sociedades empresárias. Assim, as lojas foram vendidas para o Grupo Pão de Mel S.A., com sede no Rio de Janeiro. Claudiomirio, antes de

vender as lojas, dispensou todos os seus empregados, por exigência do grupo comprador, deixando, entretanto, de pagar os devidos acertos rescisórios. As demais sociedades empresárias vinculadas à Administração do Varejo Ltda. permaneceram com sua realidade inalterada. Após a venda noticiada, o Grupo Pão de Mel S.A. readmitiu somente os empregados que tinham cargo de gerência, dente eles José, João e Joaquim, transferindo-os imediatamente para as funções de vendedor, que recebem salário por comissão. Benita Brins, pessoa simples, embora gerente, desconhecia a existência das demais sociedades empresárias vinculadas ao Sr. Claudiomirio Clenios, pois somente se relacionou juridicamente com as Lojas Casas Amapá S.A.

Diante do exposto, responda às seguintes questões:

a) Benita Brins poderá, em processo judicial trabalhista, receber eventuais créditos através do patrimônio das Lojas Casas Amapá na filial de Montes Claros, argumentando, para tanto, a teoria de formação de grupo econômico existente especificamente entre Lojas Casas Amapá (Montes Claros) e Lojas Casas Amapá (Jequitinhonha)?

( ) SIM   ( ) NÃO

Justifique, nos termos da lei. _____

_____

b) Danilo Dins deve obter, em sentença judicial, o reconhecimento de vínculos empregatícios com as sociedades empresárias Administração do Varejo Ltda. e Lojas Casas Pará Ltda.?

( ) SIM   ( ) NÃO

Justifique, nos termos da lei e da jurisprudência consolidada do TST.

_____

c) Os empregados dispensados pelas Lojas Casas Roraima e pelas Lojas Casas Acre, nos termos da lei, deverão cobrar seus créditos trabalhistas inadimplidos de quem?

Justifique, nos termos da lei. _____

_____

d) Os ex-empregados das Lojas Casas Roraima e Lojas Casas Acre Srs. José, João e Joaquim, admitidos imediatamente por Grupo Pão de Mel S.A. poderão licitamente atuar nas funções de caixa?

( ) SIM   ( ) NÃO

Justifique, nos termos da lei. _____

_____

9. Determinado empreendedor da área da Tecnologia da Informação, denominado TI Ltda., fixou regra interna em que determinou a proibição de acesso a *e-mail* pessoal e às redes sociais durante a jornada de trabalho. Permitiu o acesso ao *e-mail* corporativo de cada trabalhador e a consulta aos sites especificados na citada regra. A TI Ltda. preocupava-se com a perda de produtividade ocasionada pela dispersão, bem como e principalmente com eventual vazamento de informações técnicas e de conteúdos sigilosos. Facultou aos trabalhadores a utilização de equipamentos informáticos pessoais, além daqueles de propriedade do empregador e por ele fornecidos a cada trabalhador para utilização em serviço. Proibiu terminantemente o uso de *pendrives* e outros equipamentos de armazenamento de dados similares. Dadas as regras fixadas, passaram os prepostos da TI Ltda. à fiscalização do seu cumprimento. Para tanto, além de conferir seus equipamentos, passou a TI Ltda. a conferir, também, os equipamentos pessoais levados pelos empregados, exceção feita aos aparelhos telefônicos celulares sem acesso à internet. Maria, engenheira de software, trabalhava duas vezes por semana na TI Ltda., com as tarefas de inspeção final de conteúdos produzidos, cabendo a ela manter o padrão de qualidade da TI Ltda. Era diretamente subordinada ao sócio proprietário da TI Ltda., além de outros 5 diretores de áreas diversas. Recebia R$ 1.000,00 por dia trabalhado, com jornada de 06:00 às 22:00 horas, com um intervalo de uma hora para alimentação e descanso. Maria, ao ser convidada para trabalhar na TI Ltda., aceitou prestar seus serviços sem registro em CTPS, mas submetendo-se, após conhecer seus conteúdos, aos regulamentos internos do contratante. Após 3 meses de trabalho sem incidentes, Maria se recusou a ceder seu computador portátil e seu tablet para a fiscalização de conteúdo exigidos pelos prepostos da TI Ltda.

Diante do exposto, com base no caso apresentado, responda ao seguinte:

a) Há relação jurídica empregatícia entre TI Ltda. e Maria?

( ) SIM ( ) NÃO

Justifique. _____

_____

b) Todas as regras internas fixadas pela TI Ltda. são lícitas?

( ) SIM ( ) NÃO

Justifique. _____

_____

c) A fiscalização nos computadores de Maria foi lícita?

( ) SIM ( ) NÃO

Justifique. _____

_____

d) Maria tem o direito de se insurgir contra a fiscalização?

( ) SIM ( ) NÃO

Justifique. _____

_____

10. Determinado empreendedor da área de Comércio Exterior (Importação e Exportação), denominado CE Ltda., fixou regra interna em que determinou a proibição de viagens internacionais de seus "colaboradores" (empregados e prestadores de serviços). A CE Ltda. preocupava-se com a possibilidade de contrabando de produtos similares ou iguais ao que ela legalmente importa e comercializa no mercado nacional, que ensejaria potencial concorrência desleal de seus "colaboradores". Dadas as regras fixadas, passaram os prepostos da TI Ltda. à fiscalização do seu cumprimento, exigindo a apresentação periódica dos passaportes dos "colaboradores". Maria, analista de comércio exterior, trabalhava uma vez por semana na CE Ltda., com as tarefas de inspeção final de conteúdos importados, cabendo a ela manter o padrão de qualidade da CE Ltda. e fixar os preços dos produtos. Era diretamente subordinada ao sócio proprietário da TI Ltda., além de outros 5 diretores de áreas diversas. Recebia R$ 1.000,00 por dia trabalhado, com jornada de 06:00 às 22:00 horas, com um intervalo de uma hora para alimentação e descanso. Maria, ao ser convidada para trabalhar na CE Ltda., aceitou prestar seus serviços sem registro em CTPS, mas submetendo-se, após conhecer seus conteúdos, aos regulamentos internos do contratante. Após 3 anos de trabalho sem incidentes, Maria se recusou a ceder seu passaporte para a fiscalização.

Diante do exposto, com base no caso apresentado, responda ao seguinte:

a) Há relação jurídica empregatícia entre CE Ltda. e Maria?

( ) SIM ( ) NÃO

Justifique. _____

_____

b) Todas as regras internas fixadas pela CE Ltda. são lícitas?

( ) SIM ( ) NÃO

Justifique. _____

_____

c) A fiscalização nos passaportes de Maria foi lícita, durante 3 anos?

( ) SIM ( ) NÃO

Justifique. _____

_____

d) Maria tem o direito de se insurgir, agora, contra a fiscalização?

( ) SIM   ( ) NÃO

Justifique. _____

_____

11. Analise a seguinte situação fática e responda à pergunta que segue.

Sociedade Empresária Industrial SEI S.A. decidiu aprimorar seus sistemas de proteção patrimonial, visto haver diversos pequenos furtos de produtos, matéria-prima e equipamentos no âmbito do estabelecimento empresarial. A suspeita maior era de que os trabalhadores levavam pequenos equipamentos para os vestiários e de lá os transportavam, dentro das suas mochilas, para fora do estabelecimento industrial. Havia suspeita, também, de que alguns trabalhadores vendiam os produtos furtados para conhecidos receptadores, já identificados pela empresa e pela polícia. Assim, algumas medidas foram implementadas, após edição de Normas Internas que explicitavam os procedimentos:

I. Instalação de câmaras filmadoras em todos os ambientes da fábrica, inclusive vestiários;

II. Revista nas bolsas dos trabalhadores da linha de produção que recebam até 3 salários mínimos;

III. Vistoria diária nos aparelhos telefônicos celulares de trabalhadores, escolhidos aleatoriamente, para checagem sobre ligações possivelmente feitas para os telefones dos receptadores já identificados.

Analisando a norma interna fixada e a ação efetiva na defesa de seu patrimônio (em cada um dos casos), diga se o empregador agiu dentro dos limites do Poder Empregatício.

Justifique. _____

_____

12. Zenofélio Silva é um engenheiro de softwares que trabalhou durante 10 anos para o grupo econômico A.M. S/A., através da AM Softwares Ltda., cujo sócio-diretor é o já conhecido Adalsino Menezes. Ocorre que recentemente, em 02.01.2010, foi dispensado pela AM Softwares Ltda. e passou a desenvolver atividades para diversas outras empresas interessadas em programação de softwares e construção de aplicativos específicos para a gestão de indústrias. Para desenvolver suas tarefas Zenofélio alugou uma sala em um prédio de alta tecnologia, e lá começou a oferecer virtualmente (através da *internet*) os seus serviços. Assim, firmou contrato de prestação de serviços autônomos com sua ex-empregadora formal, AM Softwares Ltda., e também com a Indústria de Colchões Z. Ltda., e com a Terceirização de Serviços de Manutenção Mecânica S.A., todos datados de 04.01.2010. Esta última, como o nome indica, é sociedade empresária

de intermediação de mão de obra especializada em manutenção mecânica industrial. Com todas as sociedades empresárias citadas firmou contratos de 1 ano, através dos quais se dispunha a pessoalmente desenvolver softwares e aplicativos específicos, com dedicação mínima de 30 horas semanais (para cada um deles) e com observância explícita do manual de condutas e regras de construção de sistemas que cada contratante edita. Assim, Zenofélio passou a trabalhar na sala alugada de segunda-feira a sábado, nos turnos manhã, tarde e noite. De cada contratante, Zenofélio cobrava R$ 20,00 (vinte reais) por hora de trabalho, o que lhe rende R$ 600,00 (seiscentos reais) por semana de cada contratante, o que resulta em R$ 1800,00 (mil e oitocentos reais) semanais, e mais ou menos R$ 7.200,00 (sete mil e duzentos reais) mensais. Só de aluguel mensal Zenofélio paga R$ 2000,00 (dois mil reais) pela sala em que trabalha. Para receber corretamente os valores devidos por cada contratante Zenofélio desenvolveu para cada um deles um pequeno sistema operacional através do qual os responsáveis pelo setor de informática das empresas recebem, *on line* e em tempo real, informações sobre a duração e sobre a intensidade do trabalho desenvolvido. Quando há necessidade o responsável pelo setor de informática entra em contato virtual com Zenofélio e exige maior ou menor carga de trabalho e, consequentemente, maior ou menor resultado, de acordo com a demanda de serviços. Findo o primeiro ano de contrato Zenofélio não conseguiu nenhuma renovação, e foi admitido como empregado de Terceirização de Serviços de Manutenção Mecânica S.A., para trabalhar como chefe do departamento de tecnologia da informação. Como seu departamento era novo na empresa, não havia empregados à disposição de Zenofélio. Ele resolveu, então, com anuência do empregador, terceirizar seu departamento, e para isso contratou sua ex-empregadora, a AM Softwares Ltda., que por sua vez contratou, em 07.02.2010, Antônio, Inácio e Pedro, formados em ciência da computação, para a prestação dos serviços no ambiente da Terceirização de Serviços de Manutenção Mecânica S.A. (TSMM).

Diante de todo o exposto, responda às seguintes questões:

a) Houve relação jurídica relevante para o Direito do Trabalho entre Zenofélio Silva e as contratanes AM Softwares Ltda., Indústria de Colchões Z. Ltda. e Terceirização de Serviços de Manutenção Mecânica S.A. no período compreendido entre 04.01.2010 e 03.01.2011?

( ) SIM ( ) NÃO

Justifique com base no texto apresentado, nos termos da Lei e da doutrina hodierna sobre o tema enfocado.

b) Qual foi, formalmente, o ajuste contratual firmado entre AM Softwares Ltda., Terceirização de Serviços de Manutenção Mecânica S.A. e os trabalhadores Antônio, Inácio e Pedro?

c) Indique quem é o Tomador dos Serviços.

d) Indique quem é a Interposta.

e) É válida juridicamente ("lícita") a terceirização dos serviços de Antônio, Inácio e Pedro?

( ) SIM ( ) NÃO

Justifique, com base no texto apresentado e nos termos da Súmula 331 do TST.

_____
_____

f) Há responsabilidade subsidiária a ser reconhecida na terceirização contratada? Em caso positivo, de quem será?

( ) SIM ( ) NÃO

Justifique, com base no texto apresentado e nos termos da Súmula 331 do TST.

_____
_____

13. A Construtora Novas Casas Felizes S.A. (CNCF S.A.) foi criada em 2004 para aproveitar os financiamentos imobiliários oferecidos pela Caixa Econômica Federal, em decorrência da expansão do crédito determinada pelo Governo Federal. O governo brasileiro determinou à Caixa Econômica Federal a concessão de crédito a famílias de baixa renda, o que propiciou o surgimento de um mercado até então inexistente, sendo este o filão da CNCF S.A. A citada construtora organiza um grupo de dezenas de famílias, que por sua vez assinam individualmente contratos de financiamento com a CEF, que lhe repassa os valores. Dentre as famílias beneficiadas pelo empréstimo imobiliário destaca-se a de Antônio Silva. Ele pegou um empréstimo de R$ 100.000,00 (cem mil reais), que serão pagos em 20 anos. O valor foi integralmente repassado pela CEF à CNCF S.A., que entregará o imóvel pronto à família Silva em 2011. Para erguer o edifício em que residirá a família Silva a CNCF S.A. admitiu, dentre outros, Josemar Dantas, mestre-de-obras, que ficou responsável pelo dia a dia da construção, sob a supervisão e orientação dos Engenheiros da empresa. Josemar é aposentado por tempo de serviço, pelo INSS, e assinou um contrato de prestação de serviços como Autônomo, diretamente com a CNCF S.A. Ele, como mestre-de-obras, sempre chega no local da construção antes dos demais trabalhadores, às 06:00 horas, pois avaliava

o trabalho do dia anterior. Somente sai da obra às 17:30 horas, depois da saída dos demais trabalhadores. Observa as ordens dos engenheiros da CNCF S.A., de acordo com as plantas e diretrizes determinadas anteriormente. Sua contratação se deu em razão de sua experiência profissional, de longos anos de mercado. Como atualmente é bastante difícil a contratação de mão de obra qualificada na construção civil, a CNCF S.A. firmou com Josemar um modelo de pagamento bastante distinto. A obra de construção do prédio tem previsão de 2 anos de duração. Durante o período de construção Josemar recebe R$ 3.000,00 a título de contraprestação pelos serviços entregues (honorários). Além disso, soma-se adicional de insalubridade em grau máximo, em decorrência de ruído e poeira, além de cesta-básica que é garantida a todos os trabalhadores da construção civil, por força de A.C.T., que altera o caráter remuneratório da parcela, que é de R$ 250,00 mensais. Recebe, também, ajuda de custo, no valor de R$ 400,00, como forma de aumentar o valor de seus ganhos mensais. Por fim, fixaram uma cláusula de sucesso: para cada mês de redução no cronograma de obras, Josemar receberá, ao seu final, R$ 10.000,00. Assim, se a obra findar com 23 meses, receberá R$ 10.000,00, se findar com 22 meses, receberá R$ 20.000,00 e assim por diante. Josemar indicou aos engenheiros da CNCF S.A., como principal pedreiro, Lucas Lund, que foi admitido através de um contrato de terceirização, firmado com a TerceirizObra Ltda. Lucas recebia da TerceirizObra um salário mínimo mensal, além de adicional de insalubridade e cesta-básica, como todos os demais trabalhadores. Entretanto, outros pedreiros da CNCF S.A., por ela contratados diretamente, recebiam como salário-base R$ 1020,00, valor fixado em A.C.T. Lucas, insatisfeito com tal defasagem salarial, resolveu boicotar o trabalho, e decidiu se recusar a cumprir as determinações de Josemar. Em um determinado dia, Josemar determinou a Lucas que fosse ao bar da esquina e comprasse para ele, Josemar, um sanduíche. Lucas se recusou a cumprir a ordem, o que deixou Josemar faminto e irado, o que culminou com a dispensa de Lucas por justa causa, fundamentada em insubordinação, nos termos do artigo 483, *h* da CLT.

Analise o caso concreto e responda, de modo fundamentado, mas SEM TRANSCRIÇÃO de texto de lei.

a) Há relação jurídica relevante para o Direito do Trabalho entre Caixa Econômica Federal, Construtora Novas Casas Felizes S.A. e Josemar Dantas?

( ) SIM ( ) NÃO.

Justifique. _____

b) Há relação jurídica relevante para o Direito do Trabalho entre Construtora Novas Casas Felizes S.A. e Josemar Dantas?

( ) SIM   ( ) NÃO.

Justifique. _____

_____

c) A terceirização dos serviços de Lucas Lund é lícita?

( ) SIM   ( ) NÃO.

Justifique. _____

_____

14. Antônio é proprietário de uma área rural e resolveu fracioná-la e vender 10 terrenos. Com o sucesso do empreendimento, resolveu administrar serviços para as 10 famílias proprietárias dos imóveis. Assim, construiu uma guarita e fez projetos de paisagismo, além de criar um clube, de uso comum dos moradores, mediante mensalidade. Pedro é vigia. José é jardineiro. Cláudio cuida da faxina das áreas comuns. Todos são subordinados a Antônio, recebem salário-mínimo e trabalham todos os dias da semana, pessoalmente, exceto ás segundas-feiras.

a) Estabeleça distinção técnica e jurídica entre *trabalhador empregado celetista*, *trabalhador empregado rural* e *trabalhador empregado doméstico*.

b) Qual a relação jurídica mantida entre Antônio e os trabalhadores Pedro, José e Cláudio?

Justifique. _____

_____

15. Antônio Silva foi admitido como empregado celetista da "Loja Colchões Econômicos Ltda.", com sede no centro de Nova Lima, MG, cidade da região metropolitana de Belo Horizonte, para o exercício das funções de auxiliar de gerência, visto que concluiu curso técnico de formação gerencial. Seu horário de trabalho era de 08:00 às 17:00 horas, de segunda a sexta-feira. Para tanto recebia R$ 1000,00 mensais. O Diretor Geral da "Loja Colchões Econômicos Ltda." determinou a Antônio Silva uma alteração contratual consistente em seu comparecimento à loja do centro de Nova Lima às segundas, quartas e sextas-feiras, no horário anteriormente fixado, e às terças, quintas e sábados no estabelecimento comercial filial, que fica em Belo Horizonte, MG, também de 08:00 às 17:00 horas, sempre com uma hora para alimentação e descanso. Diante desta situação fática, é possível a aplicação da regra contida no artigo 2º, parágrafo 2º da CLT, bem como da Súmula n. 129 do TST?

( ) SIM   ( ) NÃO.

Justifique. _____

_____

16. Administração pública municipal contrata sociedade empresária "Terceirização de Pessoal Ltda." cujo objetivo social é a intermediação de mão de obra, que por sua vez contrata 10 atendentes para prestar seus serviços na Prefeitura Municipal. O município, após processo licitatório vencido pela "Terceirização de Pessoal Ltda." ficou responsável pelo treinamento e gestão cotidiana dos serviços contratados, tendo destacado um servidor público municipal para as tarefas de gerência de atendimento. A sociedade empresária empregadora, durante o primeiro ano de contrato cumpriu rigorosamente suas obrigações trabalhistas, o que não se manteve durante todo o segundo ano da avença (2011). Os trabalhadores, insatisfeitos, pretendem, hoje, ajuizar ação trabalhista. Diante do exposto, responda ao que segue:

   a) Quem deverá ser reconhecido como empregador dos atendentes durante toda a prestação laborativa?
   Justifique. _____
   _____

   b) Quem deverá arcar com as responsabilidades trabalhistas inadimplidas pela sociedade empresária?
   Justifique. _____
   _____

17. Albinalva Antônia, farmacêutica, integra o quadro societário da Farmácia X Ltda., com 10% das quotas sociais e recebimento de *pro labore* de R$ 2.621,77 mensais, o que corresponde ao piso salarial dos farmacêuticos de Minas Gerais para o ano de 2012. Foi convidada a integrar o quadro societário pelo sócio majoritário, o Sr. Xisto Ximenes, sem que tivesse que integralizar qualquer valor para o capital social. Dada sua qualificação técnica, que falta ao Sr. Xisto, Albinalva tem poderes de mando e gestão no âmbito da farmácia e exerce subordinação jurídica sobre todos os 10 balconistas. Conforme fixado pelo Sr. Xisto, Albinalva cumpre jornada de 07:00 às 19:00 horas, de segunda-feira a sábado, com 2 horas de intervalo para alimentação e descanso. Insatisfeita com sua situação, Albinalva procura V.Sa. solicitando esclarecimentos sobre a possibilidade ou não de ser reconhecida como empregada de Farmácia X Ltda. Assim, responda:

   É possível o reconhecimento do vínculo empregatício?
   ( ) SIM   ( ) NÃO

   Justifique, fundamentadamente. Caso *positivo*, diga o motivo, fixando a confluência dos elementos fático-jurídicos no caso concreto. Caso *negativo*, diga o motivo, fixando a ausência de elemento(s) fático-jurídico(s) no caso concreto.

   _____
   _____

18. Asdrubalino Venturoso é presidente da Cooperativa dos Professores da Escola Criança Alegre. A citada cooperativa foi criada após o encerramento das atividades empresariais de Escola Criança Alegre Ltda., e atualmente é gerida pelos professores ex-empregados desta. A sociedade limitada citada faliu e não pagou nada a seus ex-empregados. Natividade da Paciência Silva é professora, atualmente cooperada, e trabalha diariamente, de 2ª a 6ª feira, no turno da manhã, lecionando para o "Maternal 3", recebendo, em média (variação conforme os pagamentos das mensalidades pelos alunos), R$ 2.500,00 mensais, além de repouso anual remunerado. No final do ano, os resultados da cooperativa são apurados e a assembleia define a distribuição do dinheiro e os investimentos para o ano seguinte. Hildanova Hyde é estudante de pedagogia e trabalha na Cooperativa dos Professores da Escola Criança Alegre desenvolvendo as tarefas de ajudante de coordenação, subordinada à Coordenadora, Profa. Ester, também cooperada, na definição das atividades escolares para as turmas de Maternal. Firmou contrato e termo de compromisso de estágio em que são partes ela, a cooperativa e a instituição de ensino a que se vincula. Foi admitida em 02.02.2012. Seu horário é de 07:00 às 13:00, de 2ª a 6ª feira. Recebe bolsa no valor de R$ 700,00. Jurandir Juvenal trabalha na sede da Cooperativa dos Professores da Escola Criança Alegre como vendedor de lanches, bebidas, balas etc. Atua em um espaço cedido pela cooperativa e ganha, em média, R$ 1.500,00 com as vendas que faz. Somente comercializa produtos que são definidos por Asdrubalino Venturoso, que segue estudos desenvolvidos por uma nutricionista autônoma, Sra. Cleide Clenis, que presta serviços para a cooperativa. Jurandir trabalha pessoalmente, vez que o acesso à escola é restrito, de 2ª a 6ª feira, em ambos os turnos (manhã e tarde). Além da venda do Sr. Jurandir, há uma cantina própria da escola, que serve merenda balanceada e nutricionalmente adequada. A Sra. Fabiana Mirtes Ding é renomada cozinheira aposentada (por tempo de serviço) e trabalha no turno da tarde, de 13:00 às 17:00 horas, pois no período da manhã ela trabalha em um restaurante próximo à escola. Fabiana segue o direcionamento nutricional de Cleide Clenis (nutricionista autônoma), que fixa os cardápios e acompanha, uma vez por semana, o desenvolvimento da merenda escolar. Fabiana recebe ½ salário mínimo por mês, vez que trabalha apenas 4 horas por dia. As crianças gostam de tudo o que Fabiana faz na cozinha, o que garante a satisfação dos pais. Nenhuma das pessoas citadas teve sua CTPS registrada. Diante de toda a situação hipotética apresentada, responda ao que segue:

    a) Há relação jurídica empregatícia entre Natividade da Paciência Silva e Cooperativa dos Professores da Escola Criança Alegre?

        ( ) SIM   ( ) NÃO

Justifique, com base nos elementos fático-jurídicos postos no caso concreto e nos termos da lei.

_____

_____

b) Há relação jurídica empregatícia entre Hildanova Hyde e Cooperativa dos Professores da Escola Criança Alegre?

( ) SIM   ( ) NÃO

Justifique, com base nos elementos fático-jurídicos postos no caso concreto e nos termos da lei.

_____

_____

c) Há relação jurídica empregatícia entre Jurandir Juvenal e Cooperativa dos Professores da Escola Criança Alegre? Valor 2,0 pontos.

( ) SIM   ( ) NÃO

Justifique, com base nos elementos fático-jurídicos postos no caso concreto e nos termos da lei.

_____

_____

d) Há relação jurídica empregatícia entre Fabiana Mirtes Ding e Cooperativa dos Professores da Escola Criança Alegre?

( ) SIM   ( ) NÃO

Justifique, com base nos elementos fático-jurídicos postos no caso concreto e nos termos da lei.

_____

_____

19. Antonino Antônio Júnior é um jovem estudante, nascido aos 02.02.1995, e iniciou em 03.02.2011 sua prestação laborativa em favor de Sérgio Sinhd Silva, comerciante, dono do "Bar do Sem" (sem registro formal, sem alvará de funcionamento, sem fiscalização municipal), que funcionou na garagem de sua casa até 03.02.2012. O bar funcionava no horário compreendido entre 20:00 e 04:00 horas, pois a clientela era aquela dedicada aos abusos etílicos. Antonino fazia de tudo no bar: limpava, lavava, servia, abria e fechava o estabelecimento, sempre conforme as determinações do proprietário. Antonino trabalhava somente nos finais de semana (sábados e domingos), para não atrapalhar seus estudos, a que se dedicava com afinco nas noites de segunda a sexta-feira. Recebia gorjeta de 10% calcu-

lada sobre os valores pagos pelos clientes por ele servidos. Durante o dia Antonino Antônio Júnior trabalha para diversas pessoas, exercendo tarefas várias (entregador, digitador, propagandista...). Sempre de 08:00 às 10:00 horas, de 2ª a 6ª feira, Antonino Antônio Júnior pega o lotação desde sua casa e se dirige ao Lar dos Idosos Terceira Idade, entidade privada beneficente que abriga senhores e senhoras com mais de 80 anos. Lá ele serve o café da manhã e lê os jornais do dia a quem se interessa pelas notícias, fazendo sempre comentários pertinentes. Os idosos gostam muito da atenção que Antonino lhes dispensa, pois é um jovem inteligente e carinhoso. Antonino aproveita o ensejo e toma, também, seu desjejum... Recebe do Lar dos Idosos Terceira Idade, além da citada alimentação matinal, R$ 110,00 (cento e dez reais) mensais para seu deslocamento casa-trabalho-casa. Seu trabalho ali é fiscalizado pelo diretor do lar, o Psiquiatra Sr. Noralnovo Silva, a quem está diretamente subordinado e que é rigoroso quanto ao cumprimento das regras da instituição. No final da tarde, durante a semana, de 15:00 às 17:00 horas, Antonino Antônio Júnior vende artigos religiosos em loja mantida pela Religião Luz dos Céus, conforme regras fixadas pelo Religioso Rubenito Ruiz, proprietário da loja e missionário religioso. Recebe 30% de comissão sobre as vendas feitas, sendo incentivado a vender sempre mais, o que lhe rende, em média, R$ 40,00 por dia trabalhado. Além de vender os artigos Antônio também é fiel da citada religião e professa diariamente sua fé nos cultos realizados. Nenhuma das pessoas citadas teve sua CTPS registrada. Diante de toda a situação hipotética apresentada, responda ao que segue:

a) Há relação jurídica empregatícia entre Antonino Antônio Júnior e Sérgio Sinhd Silva?

( ) SIM ( ) NÃO

Justifique, com base nos elementos fático-jurídicos postos no caso concreto e nos termos da lei.

_____

_____

b) A relação jurídica porventura mantida é válida?

( ) SIM ( ) NÃO

Justifique. _____

_____

c) Há relação jurídica empregatícia entre Antonino Antônio Júnior e Lar dos Idosos Terceira Idade?

( ) SIM ( ) NÃO

Justifique, com base nos elementos fático-jurídicos postos no caso concreto e nos termos da lei.

d) Há relação jurídica empregatícia entre Antonino Antônio Júnior e Religião Luz dos Céus e/ou Rubenito Ruiz no que concerne à venda dos produtos religiosos?

( ) SIM   ( ) NÃO

Justifique, com base nos elementos fático-jurídicos postos no caso concreto e nos termos da lei.

20. Clarontônio Clóvis é proprietário de motocicleta com a qual faz entrega de jornais para a Indústria Gráfica Notícias de Ontem S.A., que publica o Jornal *Notícias de Ontem* em toda a região metropolitana de Santo Antônio do Muzambinho, MG. Clarontônio firmou contrato de fretamento em que figuraram como pactuantes sua sociedade empresária, a Fretamentos Clarontônio Ltda., e a Indústria Gráfica. Por contrato, que exige exclusividade na entrega dos jornais, recebe um salário mínimo mensal, acrescido de 20% do valor de cada jornal por ele entregue, o que lhe rende mais ou menos R$ 30,00 por dia. Todas as manhãs, por volta das 05h00, Clarontônio se dirige à sede da Gráfica para buscar e preparar os jornais. Ele define a rota a ser cumprida, de acordo com sua conveniência, embora tenha prazo até as 10h00 para concluir toda a tarefa. Todas as despesas com a motocicleta (combustível, desgaste, peças) são arcadas por Clarontônio. Caso deixe de entregar algum jornal e o assinante faça reclamação formal há a perda de metade da comissão do dia.

Insatisfeito com sua situação, Clarontônio procura V.Sa. solicitando esclarecimentos sobre a possibilidade ou não de ser reconhecido como empregado de Indústria Gráfica Notícias de Ontem S.A. Assim, responda:

É possível o reconhecimento do vínculo empregatício?

( ) SIM   ( ) NÃO

Justifique, fundamentadamente. Caso *positivo*, diga o motivo, fixando a confluência dos elementos fático-jurídicos no caso concreto. Caso *negativo*, diga o motivo, fixando a ausência de elemento(s) fático-jurídico(s) no caso concreto.

Parte III

Contrato de Emprego e Proteção Essencial

Capítulo 1

Contrato de Emprego em Essência

1. Considerações iniciais
   - CLT, artigo 442
   - denominações: contrato de trabalho x contrato de emprego
2. Caracterização do contrato de emprego
   a) contrato de direito privado
   b) sinalagmático
   c) intuito personae
   d) trato sucessivo
   e) oneroso
   f) dotado de alteridade
3. Morfologia do contrato de emprego: elementos constitutivos
   a) elementos essenciais do contrato
      1) capacidade:
         - CLT, arts. 402 e 403
      2) objeto lícito:
         - trabalho ilícito e trabalho proibido
         - crime e contravenção
         - exceções teóricas:
            – desconhecimento do trabalhador sobre a ilicitude
            – atividade laborativa não relacionada à ilicitude

3) forma prevista ou não proibida
4) higidez na manifestação de vontade
b) elementos naturais do contrato
    1) jornada
    2) contraprestação
    3) tarefas
c) elementos acidentais do contrato
    1) condição
    2) termo
4. Contrato de emprego e pactuações de trabalho
    a) Subordinação jurídica:
        1) clássica
        2) parassubordinação
        3) estrutural
        4) reticular
    b) casuística:
        1) Contrato Empregatício e Contrato de Prestação de Serviços;
            - CLT, artigo 3º
            - Código Civil, artigos 593 a 609
        2) Contrato Empregatício e Contrato de Empreitada
            - CLT, artigo 3º
            - Código Civil, artigo 610 a 626
            - OJ 191, SDI-1, TST
        3) Contrato Empregatício e Contrato de Parceria Rural
            - CLT, artigo 3º
            - Lei n. 5.889/1972
        4) Contrato Empregatício e Contrato de Sociedade
            - CLT, artigo 3º
            - Código Civil, artigo 981
        5) Contrato Empregatício e Contrato de Representação Comercial
            - CLT, artigo 3º
            - Lei n. 4.886/1965, art. 1º

O contrato de emprego decorre da simples confluência dos elementos fático-jurídicos previstos no artigo 3º da CLT, ou seja, trabalho por pessoa física, com pessoalidade, não eventualidade, onerosidade e subordinação jurídica.

A legislação se refere expressamente ao *contrato de trabalho*. Para efeito do presente estudo a expressão mais usual será *contrato de emprego*, posto que a CLT se refere, quanto ao pacto jurídico, às relações de trabalho qualificadas como emprego.

Nestes termos, consagrou o legislador de 1943 que *o contrato individual de trabalho poderá ser acordado tácita ou expressamente, verbalmente ou por escrito e por prazo determinado ou indeterminado* (CLT, artigo 443, *caput*). Assim, ainda que tácito o contrato de emprego existirá pela simples confluência, no plano dos fatos, dos requisitos jurídicos previstos na regra consolidada.

A melhor doutrina trata da caracterização do contrato de trabalho (contrato de emprego), destacando ser ajuste bilateral *de direito privado, sinalagmático, intuito personae, de trato sucessivo, oneroso* e dotado de *alteridade*.[1]

Inicialmente, o contrato de emprego se insere na categoria dos pactos de direito privado. Majoritariamente, a doutrina classifica o Direito do Trabalho no âmbito do Direito Privado, vistos os critérios do interesse e da titularidade. No Direito do Trabalho, os interesses envolvidos são eminentemente privados (embora as regras sejam de ordem pública e imperativas), pois o objeto do pacto laborativo, o trabalho, é contratado pelo empregador, no seu interesse direto e imediato, em troca de uma contraprestação. Indubitavelmente os titulares também são privados, tanto a pessoa física do trabalhador empregado, quanto a pessoa física ou jurídica empregadora.

Há na contratação de emprego uma avença sinalagmática, vez que há "obrigações contrárias, contrapostas. Haveria, assim, reciprocidade entre obrigações contratuais, ensejando equilíbrio formal entre as prestações onerosas."[2] Há, em síntese, direitos e obrigações para ambos os contratantes, pois o empregado se obriga à prestação de trabalho enquanto o empregador se obriga à contraprestação.

O contrato de emprego é *intuito personae* em relação ao trabalhador empregado. Relações ou contratos *intuitu personae* são aqueles que "se realizam com base na confiança recíproca entre as partes."[3] Na relação de emprego, a pessoa do empregado assume posição de destaque e o contrato, para revelar-se como pactuação de emprego, deve ser executado pela específica pessoa contratada. A relação de emprego pressupõe confiança, fidúcia, entre empregador e empregado.

---

(1) São estes basicamente os caracteres do contrato de emprego conforme Mauricio Godinho Delgado, em seu *Curso de Direito do Trabalho*. O citado autor acrescenta duas outras características aqui suprimidas: contrato consensual e contrato complexo.

(2) DELGADO, Mauricio Godinho. *Curso de Direito do Trabalho*. São Paulo: LTr, 2011. p. 487.

(3) FIUZA, César. *Direito Civil: Curso Completo*. 4. ed. Belo Horizonte: Del Rey, 2001. p. 259.

O pacto laborativo é de trato sucessivo, pois "as prestações centrais desse contrato (trabalho e verbas salariais) sucedem-se continuadamente no tempo, cumprindo-se e vencendo-se, seguindamente, ao longo do prazo contratual."[4]

O contrato de emprego é também oneroso, pois "ambas as partes visam a obter vantagens ou benefícios, impondo-se encargos reciprocamente em benefício uma da outra."[5] Consoante lição de César Fiuza, onerosos são os "contratos em que ambas as partes suportam um ônus correspondente à vantagem que obtêm."[6]

Como regra, portanto, em uma análise juslaboral, pode-se dizer que a onerosidade manifesta-se, sob a ótica do trabalhador, "pelo pagamento, pelo empregador, de parcelas dirigidas a remunerar o empregado em função do contrato empregatício pactuado".[7] Assim, onerosa é, regra geral, a relação de emprego em que há o efetivo pagamento ao obreiro de parcela remuneratória aos serviços prestados. Há, entretanto, exceções.

A onerosidade em Direito do Trabalho deve ser entendida não só do ponto de vista objetivo, acima exposto, mas, também, do ponto de vista subjetivo, como bem esclarece Mauricio Godinho Delgado:

> *Entretanto, existem algumas situações – raras, é verdade – em que a pesquisa da dimensão subjetiva da onerosidade será a única via hábil a permitir aferir-se a existência (ou não) desse elemento fático-jurídico na relação de trabalho vivenciada pelas partes. Trata-se, por exemplo, de situações tipificadas como servidão branca, em que há efetiva prestação de trabalho e ausência de contraprestação onerosa real pelo tomador dos serviços; ou situações de trabalho voluntário, comunitário, filantrópico político ou religioso, em que há também efetiva prestação de trabalho sem contraprestação onerosa real pelo tomador dos serviços (...) Em qualquer dessas situações, apenas o exame do plano subjetivo da onerosidade é que responderá pela sua ocorrência (ou não) no quadro complexo da relação social contruída. No plano subjetivo, a onerosidade manifesta-se pela intenção contraprestativa, pela intenção econômica (intenção onerosa, pois) conferida pelas partes – em especial pelo prestador de serviços – ao fato da prestação de trabalho. Existirá o elemento fático jurídico da onerosidade no vínculo firmado entre as partes caso a prestação de serviços tenha sido pactuada, pelo trabalhador, com o intuito contraprestativo trabalhista, com o intuito essencial de auferir um ganho econômico pelo trabalho ofertado.*[8]

Por fim, o contrato de emprego é dotado de alteridade. A ideia básica é que os riscos do empreendimento e o ônus da preservação dos direitos trabalhistas são pertinentes apenas ao contratante empregador.

---

(4) DELGADO, Mauricio Godinho. *Curso de Direito do Trabalho*. São Paulo: LTr, 2011. p. 487.

(5) PEREIRA, Caio Mário da Silva. *Instituições de Direito Civil*. v. III, 10. ed. Rio de Janeiro: Forense, 1997. p. 37.

(6) FIUZA, César. *Direito Civil: Curso Completo*. 4. ed. Belo Horizonte: Del Rey, 2001. p. 252.

(7) DELGADO, Mauricio Godinho. *Curso de Direito do Trabalho*. São Paulo: LTr, 2002. p. 293.

(8) *Ibidem*, p. 294.

A presença dos elementos jurídico-formais do contrato de emprego confere validade jurídica à relação empregatícia vivenciada. Enquanto os elementos fático-jurídicos caracterizadores do vínculo de emprego garantem sua existência, os elementos jurídico-formais asseguram sua validade.[9]

A doutrina reconhece quatro *elementos jurídico-formais* que conferem validade à relação empregatícia mantida: capacidade laborativa, objeto lícito, forma prevista ou não proibida e higidez da manifestação da vontade. Ouso, entretanto, divergir, ao reconhecer apenas os dois primeiros (capacidade laborativa e objeto lícito). No plano acadêmico, entretanto, vale conhecer todos eles para que cada um possa conceber a pertinência ou não dos dois últimos (forma prevista ou não proibida, higidez da manifestação de vontade).

No mesmo plano, os *elementos constitutivos do contrato de emprego*, consoante melhor doutrina, são os quatro já citados: capacidade laborativa, objeto lícito, forma prevista ou não proibida e higidez da manifestação da vontade. Ouso, entretanto, mais uma vez e pelos mesmos motivos que serão expostos, divergir, ao reconhecer apenas os dois primeiros (capacidade laborativa e objeto lícito). No plano acadêmico, entretanto, vale conhecer todos eles para que cada um possa conceber a pertinência ou não dos dois últimos (forma prevista ou não proibida, higidez da manifestação de vontade).

Inicialmente, e de modo incontroverso, é elemento jurídico-formal da relação de emprego e, ao mesmo tempo, elemento componente essencial do contrato de trabalho, a *capacidade laborativa* do trabalhador empregado.

A capacidade laborativa se relaciona diretamente com o fator *idade* mínima para o trabalho. O fundamento constitucional da capacidade laborativa é previsto no artigo 7º, inciso XXXIII. A ordem jurídica brasileira protege a criança e o adolescente contra a exploração, seja pela família, seja por terceiros. Assim, é proibido qualquer trabalho a pessoas menores de dezesseis anos, salvo na condição de aprendiz, a partir de quatorze anos.

Em consonância com o texto constitucional estão os artigos 402 e 403 da CLT:

> Art. 402 – *Considera-se menor para os efeitos desta Consolidação o trabalhador de quatorze até dezoito anos.*
>
> Art. 403 – *É proibido qualquer trabalho a menores de dezesseis anos de idade, salvo na condição de aprendiz, a partir dos quatorze anos.*

Nos termos das regras citadas, o menor entre 14 e 16 anos pode ser empregado, desde que seja na condição de *menor aprendiz*. Após os 16 anos o menor pode ser empregado sem que seja através de um contrato de aprendizagem, mas com algumas limitações referentes à sua integridade física e moral, bem como ao seu desenvolvimento intelectual.

---

[9] DELGADO, Mauricio Godinho. *Curso de Direito do Trabalho*. 10. ed. São Paulo: LTr, 2011. p. 295.

Contrato de aprendizagem é o contrato de trabalho especial, ajustado por escrito e por prazo determinado, em que o empregador se compromete a assegurar ao maior de 14 (quatorze) e menor de 24 (vinte e quatro) anos inscrito em programa de aprendizagem formação técnico-profissional metódica, compatível com o seu desenvolvimento físico, moral e psicológico, e o aprendiz, a executar com zelo e diligência as tarefas necessárias a essa formação (CLT, artigo 428).

Para incentivar a contratação de menores empregados, os estabelecimentos de qualquer natureza são obrigados a empregar e matricular nos cursos dos Serviços Nacionais de Aprendizagem número de aprendizes equivalente a cinco por cento, no mínimo, e quinze por cento, no máximo, dos trabalhadores existentes em cada estabelecimento, cujas funções demandem formação profissional (CLT, artigo 429).

Problema surge quando, no plano dos fatos, há exploração do trabalho do menor de 14 anos ou do menor de 16 sem um contrato de aprendizagem. O questionamento que se faz, é: tendo o menor sido explorado e efetivamente trabalhado nos termos previstos no artigo 3º da CLT, quais serão seus direitos em face de seu contratante? Três teorias são perceptíveis com referência a tal situação.

A primeira teoria não reconhece nenhum direito ao menor, por entender nula a avença mantida. Assim, o nulo não gera direitos ao menor trabalhador, não obstante devam ser responsabilizados criminalmente, se for o caso, aqueles que o exploraram.

A segunda teoria, consoante doutrina do Prof. Mauricio Godinho Delgado, reconhece todos os direitos trabalhistas ao menor, nos seguintes termos:

> Há algumas situações bastante comuns que ensejam a plena aplicação da teoria justrabalhista de nulidades (afastando-se, pois, por inteiro, a clássica teoria do Direito Civil).
>
> Ilustrativamente, o defeito concernente ao elemento jurídico-formal da capacidade. Tratando-se de trabalho empregatício prestado por menor de 16 anos (ou 14, antes da EC n. 20, de 15.12.98), cabe o reconhecimento de todos os efeitos justrabalhistas ao contrato irregularmente celebrado. É verdade que deverá o juiz, ao mesmo tempo, decretar a nulidade do ato, inviabilizando a permanência da nulidade desde então (se o menor ainda estiver abaixo de 16 anos – salvo o aprendiz – na época do exame judicial, evidentemente).[10]

Uma terceira perspectiva é possível, com a preservação do texto normativo e do direito do trabalhador: o Juiz do Trabalho, ao perceber, na análise fática, que o trabalhador explorado é (ou era ao tempo dos fatos) menor de idade (14 ou 16 anos) não reconhecerá a ele direitos trabalhistas, dada a ausência de elemento jurídico-formal e de elemento constitutivo do contrato, mas, percebendo dano (material e/ou moral) condenará aquele que explorou à devida indenização.

---

(10) DELGADO, Mauricio Godinho. *Curso de Direito do Trabalho*. 10. ed. São Paulo: LTr, 2012. p. 520.

Também incontroverso que o *objeto lícito* é elemento jurídico-formal da relação de emprego e, ao mesmo tempo, elemento componente essencial do contrato de trabalho.

É claro que aquele que tem por ocupação o ilícito criminal sequer é trabalhador, mas, sim criminoso. Não deve pretender direitos trabalhistas, vez que não trabalha...

Importante não confundir, entretanto, trabalho ilícito com trabalho proibido. O Professor Mauricio Godinho Delgado faz a distinção:

> *Ilícito é o trabalho que compõe um tipo legal penal ou concorre diretamente para ele; irregular é o trabalho que se realiza em desrespeito a norma imperativa vedatória do labor em certas circunstâncias ou envolvente de certos tipos de empregados.*[11]

Assim, por exemplo, o menor de 18 anos, maior de 16, que trabalhe à noite, está em trabalho proibido, mas terá todos os seus direitos trabalhistas, vez que seu contrato é válido. Caberá à fiscalização do trabalho coibir tal prática.

Dúvida razoável e debate doutrinário se dão no que diz respeito ao ilícito contravencional. Embora tenha o TST firmado jurisprudência no sentido da ilicitude do trabalho que tem por objeto contravenção penal, discordo do entendimento consolidado (*Orientação Jurisprudencial 199 da SDI-1 do TST*: "É nulo o contrato de trabalho celebrado para o desempenho de atividade inerente à prática do jogo do bicho, ante a ilicitude de seu objeto, o que subtrai o requisito de validade para a formação do ato jurídico.") no que diz respeito especificamente ao jogo do bicho e à venda de rifas.

O fundamento da pessoal discordância é no sentido de não haver repercussão negativa efetiva contra a prática da contravenção penal consistente em *jogo do bicho* no cotidiano brasileiro. O contraventor não recebe, regra geral, punição estatal pelo ilícito praticado ordinariamente. O contraventor não se preocupa em reconhecer em juízo trabalhista a prática do ilícito contravencional, em sede de defesa. Assim, por coerência, deveria a Justiça do Trabalho reconhecer direitos trabalhistas àquele que tem por ocupação, fixados os requisitos do artigo 3º da CLT, obviamente, a contravenção penal consistente em *jogo do bicho* ou venda de *rifas*.

O Prof. Mauricio Godinho Delgado destaca, ainda, duas possibilidades de haver reconhecimento de efeitos jurídicos em um contrato cujo objeto é ilícito:

> *Duas alternativas destoantes da regra geral têm sido apontadas pela doutrina: a primeira, consistente na situação comprovada de desconhecimento pelo trabalhador do fim ilícito a que servia a prestação laboral perpetrada. A segunda alternativa consistiria na nítida dissociação entre o labor prestado e o núcleo da atividade ilícita. Para esta tese, se os serviços prestados não estiverem diretamente entrosados com o núcleo da atividade ilícita, não serão tidos como ilícitos, para fins justrabalhistas (exemplo: servente em prostíbulo).*[12]

---

(11) DELGADO, Mauricio Godinho. *Curso de Direito do Trabalho*. 10. ed. São Paulo: LTr, 2011. p. 494.
(12) *Ibidem*, 495.

A melhor doutrina consagra como elemento jurídico formal e elemento constitutivo do contrato, a *forma regular ou não proibida*. Já antecipei discordância, e agora fundamento. O contrato de trabalho não exige qualquer formalidade para a sua *validade*. Ele pode ser verbal e até mesmo tácito (CLT, artigos 442 e 443). Assim, não há que se falar em elemento jurídico formal ou elemento essencial do contrato quando se trata de forma regular ou não proibida.

Há argumentos, respeitáveis, no sentido de que alguns contratos de emprego exigem instrumentalização formal específica, como, exemplificativamente, os de artistas e atletas profissionais, contrato de trabalho temporário, dentre outros. Ocorre, entretanto, que se inobservadas as formas prescritas nas regras legais específicas, a consequência *não será* a nulidade do contrato, mas, se for o caso, de alguns de seus efeitos. O trabalhador não deixará de ter direitos trabalhistas se inobservadas, pelo empregador, formalidades próprias de seu tipo de ajuste empregatício, do que decorre, com a devida *venia*, a inexistência da forma prescrita ou não proibida como elemento jurídico-formal ou como requisito essencial do contrato de emprego.

Por fim, a melhor doutrina consagra, também, a *higidez da manifestação de vontade* como elemento jurídico formal e elemento constitutivo do contrato. Já antecipei discordância, e agora fundamento. O contrato de trabalho não exige manifestação de vontade de contratar emprego para que exista e nem para que seja válido. Ele pode ser tácito (CLT, artigos 442 e 443). Assim, não há que se falar em elemento jurídico formal ou elemento essencial do contrato quando se trata de manifestação de vontade.

Há argumentos, respeitáveis, no sentido de que é da essência do pacto laborativo a manifestação da vontade de contratar *trabalho*, ainda que não haja referência, pelas partes, na vontade de contratar *emprego*. Neste sentido aqueles que se filiam à corrente *contratualista moderna* quanto à *natureza jurídica* da relação de emprego. Ocorre, entretanto, que se inobservada a livre manifestação de vontade, a consequência *não será* a nulidade do contrato, mas, se for o caso, de alguns de seus efeitos.

Elementos *naturais* do contrato de emprego são aqueles que, embora não sejam essenciais, tendem a comparecer nas avenças. São jornada, contraprestação e tarefas. Usualmente, ainda que de modo verbal, as primeiras cláusulas do contrato de emprego que são fixadas são jornada, tarefas e a correspondente contraprestação, sendo estes, então, elementos naturais do pacto empregatício.

Elementos *acidentais* do contrato de emprego são aqueles que não comparecem naturalmente nas avenças laborativas. São a condição e o termo. Excepcionalmente haverá cláusula contratual que fixa condição, sendo menos incomum a fixação de termo final no início do pacto laborativo.

O trabalhador tem, basicamente, duas possibilidades de relação jurídica tendentes a concretizar a disposição de sua mão de obra: a *relação de trabalho* e a *relação de emprego*, sendo que apenas neste caso haverá contrato tutelado pelo Direito do Trabalho.

A relação de trabalho é gênero do qual a relação de emprego é espécie. Mauricio Godinho Delgado explica que a relação de trabalho encampa todas as relações jurídicas cuja prestação é *"uma obrigação de fazer consubstanciada em labor humano"*[13].

Inobstante ser clara a distinção entre relação de trabalho e relação de emprego não raro doutrinadores e operadores do direito referem-se a esta pela denominação daquela. Talvez pela supremacia social, econômica e cultural da relação de emprego sobre as demais relações do trabalho, a espécie acaba, muitas vezes, por assumir a denominação do gênero.[14] O mesmo se dá com o contrato, conforme exposto.

Ao Direito do Trabalho, sobretudo ao Direito Individual do Trabalho, não interessam diretamente todas as espécies de relação de trabalho, mas apenas uma em especial: a *relação de emprego*. Dadas as suas especificidades, a relação de emprego assumiu, ao longo dos últimos séculos, posição de destaque no mundo do trabalho capitalista.

O contrato de emprego, então, recebe a proteção do Direito do Trabalho, o que não ocorre com as demais relações de trabalho. Tal realidade pode ser explicada por ser o vínculo empregatício tendencialmente mais sólido e permanente do que o vínculo de trabalho em que não está presente a relação de emprego. A relação de emprego é a "modalidade mais relevante", do ponto de vista social e econômico, "de pactuação de prestação de trabalho existente nos últimos duzentos anos, desde a instauração do sistema econômico contemporâneo, o capitalismo."[15] Tal assertiva não significa que o trabalhador ao vincular-se a um tomador de seus serviços sem que haja o liame empregatício encontra-se desprotegido pelo Direito. Essa relação de trabalho será uma relação contratual, regida e disciplinada pelas normas de Direito Civil.

Em diversas situações fáticas haverá a necessidade de ampla instrução probatória para que possa o Poder Judiciário definir, em um caso concreto, qual é a verdadeira contratação firmada entre trabalhador e contratante de força produtiva.

Não obstante seja necessária a confluência de cinco elementos fático-jurídicos para que se caracterize validamente a figura do empregado e, por conseguinte, da relação de emprego, sabe-se que, em verdade, a subordinação jurídica é o elemento de maior destaque na conformação juslaboral pátria. Os demais elementos carac-

---

(13) DELGADO, Mauricio Godinho. *Curso de Direito do Trabalho*. São Paulo: LTr, 2002. p. 279.

(14) DELGADO, Mauricio Godinho, em seu *Curso de Direito do Trabalho*, explicita a diferenciação terminológica e sua importância (ou não) para o estudo e compreensão do fenômeno juslaboral.

(15) DELGADO, Mauricio Godinho. *Curso de Direito do Trabalho*. São Paulo: LTr, 2002. p. 280.

terizadores – trabalho por *pessoa física*, com *pessoalidade*, *onerosidade* e *não eventualidade* – podem estar presentes nos mais diversos contextos de trabalho não subordinado e, portanto, sem vínculo empregatício.

Isso não quer dizer que inexista trabalho subordinado sem vínculo de emprego. Há trabalhadores não empregados que são subordinados. Amauri Mascaro Nascimento destaca, neste contexto, dentre outros, o trabalho do eventual, e denomina este tipo de trabalho de "subordinado atípico", posto que subordinado típico é o do empregado. O trabalhador eventual, ou subordinado atípico, é aquele caracterizado pela prestação de serviços "descontinuada" para outrem, mas presente a subordinação.[16]

Sobre o tema hoje, entretanto, é necessário perguntar: qual subordinação?

Há diversos conceitos técnicos para definir o que é subordinação jurídica. Dependendo da interpretação que se dá ao instituto a decisão judicial será pela ampliação ou pela redução da esfera de proteção justrabalhista.

Pode-se depreender que subordinação é a situação jurídica na qual o empregado submete-se às determinações de seu empregador no que concerne ao modo da prestação laborativa. Há subordinação jurídica nos casos em que o trabalhador acata as ordens e direcionamentos patronais ao cumprir suas obrigações diárias.

A análise apresentada, que destaca o que hodiernamente se denomina *subordinação clássica*, é suficiente à definição da existência ou não relação de emprego, com a confluência dos demais requisitos, na imensa maioria das situações jurídicas de trabalho.

Ocorre, entretanto, que algumas relações de trabalho desenvolvidas não podem ser clara e aprioristicamente identificadas como subordinadas ou como autônomas uma vez que se situam em situação fronteiriça. É que em diversas situações fáticas a relação de trabalho conterá traços reveladores de subordinação e de autonomia, concomitantemente. Assim,

> ...a *subordinação, como qualquer fenômeno social, tem sofrido ajustes e adequações ao longo dos dois últimos séculos, quer em decorrência de alterações na realidade do mundo do trabalho, quer em virtude de novas percepções aferidas pela Ciência do Direito acerca desse crucial elemento fático-jurídico da relação empregatícia.*[17]

Para dirimir controvérsias em situações duvidosas, referi em minha dissertação de Mestrado à possibilidade de se reconhecer a figura do trabalhador parassubordinado, que diante de nova análise do conceito de *dependência* fixado no artigo 3º da CLT também poderia ser protegido.

---

(16) NASCIMENTO, Amauri Mascaro. *Curso de Direito do Trabalho*. 14. ed. São Paulo: Saraiva, 1997. p. 313.

(17) DELGADO, Mauricio Godinho. *Curso de Direito do Trabalho*. 10. ed. São Paulo: LTr, 2011. p. 293.

Reafirmo meu entendimento no sentido de que o reconhecimento do trabalho parassubordinado pode ensejar o reconhecimento do vínculo empregatício, bastando para isso nova leitura (ampliativa) do conceito de *dependência* fixado no artigo 3º da CLT. Não comungo, portanto, da ideia da parassubordinação como necessariamente precarizante, embora possa ser utilizada como veículo de fraude.[18]

O Professor Mauricio Godinho Delgado, entretanto, trouxe entendimento mais consistente com a realidade brasileira, sobretudo com a postura de seu Poder Judiciário Trabalhista: o conceito de subordinação estrutural.

> *Estrutural é, finalmente, a subordinação que se expressa "pela inserção do trabalhador na dinâmica do tomador de seus serviços, independentemente de receber (ou não) suas ordens diretas, mas acolhendo, estruturalmente, sua dinâmica de organização e funcionamento". Nesta dimensão da subordinação, não importa que o trabalhador se harmoniza (ou não) aos objetivos do empreendimento, nem que receba ordens diretas das específicas chefias deste: o fundamental é que esteja estruturalmente vinculado à dinâmica operativa da atividade do tomador de serviços.*[19]

Tal conceito ou dimensão da subordinação, como exposto, não afasta o conceito de subordinação clássica, mas apenas possibilita ao intérprete, em casos concretos mais complexos, decidir pela vinculação jurídica empregatícia, concretizando assim o princípio da proteção à parte hipossuficiente da relação mantida, que é o trabalhador empregado.

Há, ainda, conceitos outros sobre subordinação jurídica. Um deles diz respeito à "subordinação reticular", originalmente proposto por José Eduardo de Resende Chaves Jr. conforme os esclarecimentos de Luiz Otávio Linhares Renault e Dárlen Prietsch Medeiros:

> *A expressão subordinação reticular foi originalmente proposta por José Eduardo de Resende Chaves Júnior e Marcus Menezes Barberino Mendes. De acordo com ela, esse pressuposto não poderia mais ser visto apenas sob o prisma jurídico. Indispensável a sua ampliação para o aspecto econômico, visando-se, com ela, a ampliação do alcance das normas trabalhistas. Chaves Júnior explica que a nova organização produtiva concebeu a empresa-rede, que se irradia por meio de um processo de expansão e fragmentação, que, por seu turno, tem necessidade de desenvolver uma nova forma correlata de subordinação: a reticular. Ou seja, o modelo atual apresenta empresas interligadas em rede, que no final dessa cadeia irão beneficiar uma empregadora. A partir daí, tem-se que, havendo subordinação econômica entre a empresa prestadora*

---

(18) As fraudes contra a relação de emprego são várias e comuns, não sendo tal possibilidade (de ensejar fraude) suficiente para afastar a possibilidade do reconhecimento jurídico do trabalhador empregado parassubordinado.

(19) DELGADO, Mauricio Godinho. *Curso de Direito do Trabalho*. 10. ed. São Paulo: LTr, 2011. p. 294.

de serviços e a tomadora, esta seria diretamente responsável pelos empregados daquela, configurando a subordinação estrutural reticular.[20]

Fixados os pressupostos conceituais básicos é possível traçar distinção entre o contrato de emprego e contratos civis que lhe são próximos (contratos afins). O foco central para a diferenciação tende a ser sempre a subordinação jurídica.

Inicialmente a distinção entre contrato de emprego e contrato de prestação de serviços.

O contrato de emprego tem previsão celetista, já conhecida, em seu artigo 3º. O contrato de prestação de serviços tem previsão no Código Civil, artigos 593 a 609.

O Código Civil parece ter consagrado a presunção já consolidada na esfera justrabalhista de que o trabalho se presume emprego. É que a prestação de serviço que não estiver sujeita às leis trabalhistas ou a lei especial reger-se-á pelas disposições do Código Civil, nos termos de seu artigo 593. Assim, somente poderá haver contrato de prestação de serviços se tal relação não for definida como empregatícia.

Toda a espécie de serviço ou trabalho lícito, material ou imaterial, pode ser contratada mediante retribuição (art. 594 do Código Civil).

A distinção entre contrato de emprego e contrato de prestação de serviços se dá conforme a ideia que tem o intérprete sobre a subordinação jurídica. Caso aplicada a subordinação clássica há um espaço maior para o reconhecimento da contratação civil, sendo reduzida tal possibilidade quando o intérprete aplica o conceito de subordinação estrutural.

Sobre o tema as seguintes decisões do TRT da 3ª Região:

> RELAÇÃO DE EMPREGO. INEXISTÊNCIA. Não há como se acolher a pretensão de reconhecimento de vínculo de emprego, quando as provas dos autos atestam que as partes firmaram contrato de prestação de serviços autônomos de consultoria e assessoria, por tempo determinado, ausentes os requisitos exigidos pelos artigos 2º e 3º da CLT. (TRT, 3ª Região, 9ª Turma, relatora desembargadora Maria Lúcia Cardoso Magalhães, processo 0000433-80.2010.5.03.0022, Recurso Ordinário, publicação em 18.02.2011, disponível em: www.trt3.jus.br, consulta em 13.11.2011).
>
> TAXISTA. VÍNCULO DE EMPREGO. RECONHECIMENTO. É de emprego a relação de trabalho havida entre o motorista de táxi e a empresa que explora a atividade econômica de transporte de passageiros, estando presentes os elementos do artigo 3º da CLT. Tem o evidente propósito de fraudar a legislação trabalhista a celebração de contrato de prestação de serviços como se de outra natureza fosse a relação havida, prevalecendo, no âmbito do direito do trabalho, o princípio da primazia da realidade.

---

(20) RENAULT, Luiz Otávio Linhares; MEDEIROS, Dárlen Prietsch. A Subordinação sem Derivações Semânticas. In: RENAULT, Luiz Otávio Linhares; CANTELLI, Paula Oliveira; PORTO, Lorena Vasconcelos; NIGRI, Fernanda (orgs.). Parassubordinação: homenagem ao Professor Márcio Túlio Viana. São Paulo: LTr, 2011. p. 183.

(TRT, 3ª Região, 6ª Turma, relator juiz convocado José Marlon de Freitas, processo 01953-2009-063-03-00-8, Recurso Ordinário, publicação em 15.03.2010, disponível em: www.trt3.jus.br, consulta em 13.11.2011).

Importante também a distinção entre empregado e empreiteiro.

O contrato de emprego tem previsão celetista, já conhecida, em seu artigo 3º. O contrato de empreitada tem previsão no Código Civil, artigos 610 a 626.

O contrato de empreitada pressupõe a autonomia do prestador de serviços, que se obriga à execução de uma obra especificada, recebendo por isso o preço fixado no ajuste civil.

Sobre o tema as seguintes decisões do TRT da 3ª Região:

RELAÇÃO DE EMPREGO E CONTRATO DE EMPREITADA – AUTONOMIA NA RESTAÇÃO DO SERVIÇO. Para a configuração do vínculo empregatício faz-se necessário demonstrar que houve contratação de serviços de pessoa física, com pessoalidade, mediante subordinação jurídica, não eventualidade e onerosidade, nos termos dos artigos 2º e 3º da CLT. Na espécie, o reclamante trabalhou como empreiteiro, exercendo suas atividades com plena autonomia, eis que tinha liberdade em relação à forma como deveria executar os seus serviços, aos dias em que deveria trabalhar para entregar a obra no prazo estipulado no contrato de empreitada celebrado com os donos da obra, e não com a reclamada, e podia, inclusive contratar ajudantes pedreiros. Todos esses elementos indicam que o reclamante exercia a sua atividade com autonomia e sem pessoalidade. Assim, afastado o requisito da subordinação jurídica e comprovada a autonomia do reclamante como empreiteiro, constata-se, de forma clara, a inexistência do vínculo. (TRT, 3ª Região, 1ª Turma, processo n. 01877-2010-134-03-00-7, Recurso Ordinário, relator desembargador Emerson José Alves Lage, publicação em 16.09.2011, disponível em: www.trt3.jus.br, consulta em 13.11.2011).

RELAÇÃO DE EMPREGO E CONTRATO DE EMPREITADA – AUTONOMIA NA PRESTAÇÃO DO SERVIÇO. Se a reclamada alega prestação de trabalho autônomo pelo reclamante, atrai para si o ônus da prova, por se tratar de fato impeditivo do direito do autor. Se configurada a autonomia, afasta-se a relação de emprego, impondo--se a improcedência do pedido. Todavia, a prova dos autos não demonstra cabalmente a alegada autonomia. Pelo contrário, carvoeiro que aufere remuneração a metro de carvão produzido tem salário por produção, o que afasta a noção de empreitada. Não é possível que o trabalhador que trabalha duro em uma carvoaria, recebe remuneração por produção, pouco mais de um salário mínimo por mês, seja autônomo e ainda tenha dois empregados. (TRT, 3ª Região, 4ª Turma, processo n. 01882-2006-148-03-00-6, relator juiz convocado Vander Zambeli Vale, publicação em 07.10.2006, disponível em: www.trt3.jus.br, consulta em 13.11.2011).

Fixa o TST a ausência de responsabilidade do dono da obra em caso de inadimplemento das obrigações contratuais trabalhistas por parte do empreiteiro empregador, em aparente equívoco, vez que quem se apropria da mão de obra (dono da obra) não responderá sequer subsidiariamente por isso.

Eis a Orientação Jurisprudencial 191, da SDI-1, do TST:

> *OJ-SDI1-191 CONTRATO DE EMPREITADA. DONO DA OBRA DE CONSTRUÇÃO CIVIL. RESPONSABILIDADE (nova redação) – Res. 175/2011, DEJT divulgado em 27, 30 e 31.05.2011 Diante da inexistência de previsão legal específica, o contrato de empreitada de construção civil entre o dono da obra e o empreiteiro não enseja responsabilidade solidária ou subsidiária nas obrigações trabalhistas contraídas pelo empreiteiro, salvo sendo o dono da obra uma empresa construtora ou incorporadora.*

Importante também distinguir emprego e parceria rural, também sob o enfoque da subordinação jurídica.

O contrato de emprego tem previsão celetista, já conhecida, em seu artigo 3º. O contrato de parceria rural não tem previsão no Código Civil (Lei n. 4.504/1964, Estatuto da Terra; Lei n. 5.859/1973 e Decreto n. 59.566/1966), mas deve ser entendido como vínculo contratual entre pessoas físicas ou jurídicas tendente à exploração conjunta de atividade agroeconômica.

O parceiro proprietário concede imóvel rural ou prédio rústico para a exploração de atividade agroeconômica pelo parceiro pessoa física, autônomo, ou por pessoa jurídica, com divisão de ganhos e de eventuais perdas.

Sobre o tema as seguintes decisões do TRT da 3ª Região:

> *PARCERIA RURAL. A parceria rural é uma espécie de contrato agrário, regulado pela Lei n. 4.504/1964 (Estatuto da Terra) e Decreto n. 59.566/1966, através do qual se estabelece uma sociedade em que um dos contratantes se obriga a ceder ao outro o uso específico de um imóvel rural, para exploração de atividade agrícola, pecuária, agro-industrial, extrativa vegetal ou mista, partilhando os riscos do empreendimento na proporção contratualmente estipulada, possuindo como características: a) cessão de imóvel; b) exploração de atividade agrícola ou pecuária; c) serviço prestado autonomamente, sem interferência do parceiro-outorgante; d) fundamentalmente, o parceiro-outorgado é quem corre todos os riscos do negócio, isto é, o lucro poderá existir, mas, havendo prejuízos, o parceiro-outorgado não poderá reclamá-lo contra o parceirooutorgante; e) não pode haver o pagamento de salário, ou seja, o parceirooutorgado perceberá apenas o lucro da parceria e nada mais. O parceiro rural é, na verdade, um sócio do proprietário do imóvel rural, tendo participação dos frutos. O empregado, diferente disso, obedece ordens do empregador, o que não ocorre com o parceiro, que orienta a atividade por ele próprio. Assim, a parceria rural distingue-se fundamentalmente do contrato de trabalho pela inexistência de subordinação ou ingerência no negócio de um parceiro ao outro, além de inexistir remuneração fixa, mas retribuição, conforme o resultado final da produção, suportando ambos os parceiros as eventuais perdas havidas na atividade executada. (TRT 3ª Região, 6ª Turma, processo n. 00970-2010-053-03-00-4, Recurso Ordinário, relator desembargador Emerson José Alves Lage, publicação em 04.04.2011, disponível em: www.trt3.jus.br, consulta em 13.11.2011).*

> *RELAÇÃO DE EMPREGO PARCERIA AGRÍCOLA O contrato de parceria agrícola supõe essencialmente partilha de frutos e autonomia de atividade, nos termos do art. 4º*

do Decreto n. 59.566/66, caracterizando-se, também, pela divisão, pelos parceiros, dos riscos, lucros e prejuízos. Destarte, comprovado que os supostos parceiros na verdade prestavam serviços de natureza não-eventual e subordinada a empregador rural, sob dependência econômica, nos moldes do art. 2º, da Lei n. 5.889/1973, impõe-se reconhecer como de emprego a relação havida entre as partes. (TRT 3ª Região, 1ª Turma, processo n. 5.726/2002, relator desembargador Marcus Moura Ferreira, publicação em 05.07.2002, disponível em: www.trt3.jus.br, consulta em 13.11.2011).

Cada vez mais importante, também, a distinção entre contrato de emprego e contrato de sociedade.

O contrato de emprego tem previsão celetista, já conhecida, em seu artigo 3º. O contrato de sociedade tem previsão no Código Civil, artigos 981 e seguintes.

Nos termos da legislação civil, celebram contrato de sociedade as pessoas que reciprocamente se obrigam a contribuir, com bens ou serviços, para o exercício de atividade econômica e a partilhar, entre si, dos resultados.

Também essencial para a distinção entre empregado e sócio a pesquisa sobre a subordinação jurídica existente ou inexistente no plano dos fatos. Regra geral o sócio não é subordinado à sociedade a que integra, embora possa sê-lo.

Sobre a polêmica as seguintes decisões do TRT da 3ª Região:

EMPREGADO X SÓCIO – DIFERENÇAS. Enquanto o sócio expressa o espírito societário – affectio societatis –, daí porque seu ingresso no empreendimento se dá com propósito associativo, participando, como os demais sócios, da junção de esforços e recursos com um fim comum, o que traduz, entre os seus membros, uma relação jurídica essencialmente de coordenação, na verdadeira relação de emprego há um vínculo jurídico de permuta ou troca (obrigação de fazer x obrigação de dar), com finalidades e objetivos diferentes para empregado e empregador – o primeiro quer salário e o segundo, trabalho e lucro – o que exprime um compromisso jurídico de caráter marcadamente subordinativo. Comprovado nos autos que o obreiro não prestava serviços de forma subordinada, pessoal, onerosa e não eventual, é incabível o reconhecimento da relação de emprego, razão pela qual pode-se concluir que era societária a relação havida entre autor e réu. (TRT 3ª Região, Turma Recursal de Juiz de Fora, processo n. 00409-2010-074-03-00-6, Recurso Ordinário, relator juiz José Miguel de Campos, publicação em 15.09.2010, disponível em: www.trt3.jus.br, consulta em 13.11.2011).

VÍNCULO EMPREGATÍCIO – INTEGRAÇÃO DO EMPREGADO À EMPRESA COMERCIAL – CONTINUIDADE DA PRESTAÇÃO DE SERVIÇOS ANTES FORMALIZADA COMO DE EMPREGO EM IDÊNTICAS CIRCUNSTÂNCIAS – MANUTENÇÃO DO VÍNCULO EMPREGATÍCIO ANTERIOR – ÔNUS DA PROVA DO EMPREGADOR DA RELAÇÃO DE NATUREZA COMERCIAL. Ocorrendo rescisão de contrato de trabalho já reconhecido formalmente e a subsequente integração do trabalhador a composição societária de empresa sem entretanto haver solução de continuidade na prestação de serviços, que se dá em regra nas mesmas circunstâncias anteriores, configura-se a continuidade da relação de natureza empregatícia, em respeito ao princípio protetivo da relação de emprego. É da empregadora o ônus de provar documentalmente que a contratação dos serviços prestados pessoalmente pelo obreiro deu-se por intermédio da empresa da qual ele era sócio, de modo ao configurar a relação contratual de natureza comercial, e não diretamente com ele. (TRT 3ª Região, 5ª Turma, processo n. 00372-2010-022-03-00-7, Recurso Ordinário, relator juiz convocado Maurílio Brasil, publicação em 11.10.2010, disponível em: www.trt3.jus.br, consulta em 13.11.2011).

Por fim, sempre muito importante a distinção entre contrato de emprego e contrato de representação comercial.

O contrato de emprego tem previsão celetista, já conhecida, em seu artigo 3º. O contrato de representação comercial tem previsão na Lei n. 4.886/1965. A legislação ordinária específica prevê que exerce a representação comercial autônoma a pessoa jurídica ou a pessoa física, sem relação de emprego, que desempenha, em caráter não eventual por conta de uma ou mais pessoas, a mediação para a realização de negócios mercantis, agenciando propostas ou pedidos, para, transmiti-los aos representados, praticando ou não atos relacionados com a execução dos negócios (artigo 1º).

Por ser das situações fáticas mais recorrentes no âmbito do Judiciário Trabalhista vale uma análise aprofundada, no plano da teoria, sobre a distinção entre empregado e representante comercial, nos termos da doutrina da Professora Alice Monteiro de Barros, em seu *Curso de Direito do Trabalho*:

> *No campo da ciência jurídica, ao lado de casos típicos, cujo enquadramento, no art. 3º da CLT, não acarreta dúvidas, existem situações intermediárias, cuja classificação enseja certas dificuldades, em face do conteúdo diversificado do trabalho, em que a subordinação é insuscetível de especificação antecipada passível de ser utilizada para qualquer relação de trabalho.*
>
> *A qualificação, em concreto, de uma determinada relação como de trabalho subordinado ou autônomo poderá ser difícil e controvertida, principalmente nas hipóteses que se situam na chamada "zona grise", isto é, zona cinzenta ou fronteiriça habitada por trabalhadores que tanto poderão ser enquadrados como empregados quanto como autônomos, fora da órbita do Direito do Trabalho. A jurisprudência tem sustentado que a questão deverá ser resolvida em face das circunstâncias específicas de cada caso concreto.*
>
> *Um dos trabalhadores que habita a chamada "zona grise" é o vendedor. Não há no Direito do Trabalho Brasileiro lei que defina o vendedor-empregado e o representante comercial. A subordinação jurídica é reconhecida, universalmente, como elemento descritivo da relação de emprego, apresentando-se como traço que distingue o empregado vendedor viajante ou pracista do representante comercial autônomo, cujas funções são análogas às do primeiro. O conteúdo da subordinação varia de intensidade, segundo a natureza da prestação de serviços e os fins da empresa. E, em se tratando de distinguir esses dois trabalhadores, nem sempre é fácil a missão. Isso porque a Lei n. 4.886/65 (com as alterações advindas da Lei n. 8.420/1992), que disciplina o trabalho do representante comercial autônomo, dificulta ainda mais esse enquadramento, quando estabelece, para o representante comercial, além dos serviços de natureza não eventual (art. 1º), certos elementos que os tribunais se apegavam para caracterizar a subordinação jurídica, entre os quais: a fixação e restrição de zonas de trabalho, a proibição de autorizar descontos, a obrigação de fornecer informações detalhadas sobre o andamento do negócio e a observância às instruções do representado (art. 27,*

28 e 29). *Assim, restaram como critérios favoráveis à subordinação a obrigatoriedade de comparecimento à empresa em determinado lapso de tempo, a obediência a métodos de venda, rota de viagem, cota mínima de produção, ausência de apreciável margem de escolha dos clientes e de organização própria, como também risco a cargo do dador de trabalho. Ausentes esses critérios, a relação jurídica não se submete à égide do Direito do Trabalho, pois se caracteriza prestação de serviços autônomos.*[21]

Sobre a importante controvérsia as seguintes decisões do TRT da 3ª Região:

VENDEDOR EMPREGADO X REPRESENTANTE COMERCIAL. CRITÉRIOS DE DIFERENCIAÇÃO. A diferenciação entre o vendedor empregado e o representante comercial deve ser feita a partir da analise da presença/ausência da subordinação, pois a pessoalidade, a onerosidade e a não-eventualidade são elementos comuns as duas situações. O representante comercial, na qualidade de trabalhador autônomo, executa suas tarefas de forma independente, dispondo livremente de seu tempo, ao passo que o vendedor empregado não tem liberdade para gerir sua atividade, estando subordinado a condições e regras determinadas pela empresa. Assim sendo, constatando-se que era o próprio reclamante quem agendava os horários de visita com os clientes e estabelecia o seu roteiro de trabalho, inexistindo controle da reclamada sobre a sua jornada de trabalho, não há que se falar em relação de emprego, por ausência do elemento subordinação. (TRT 3ª Região, 4ª Turma, processo n. 01604-2010-104-03-00-0, Recurso Ordinário, relator juiz convocado Paulo Maurício R. Pires, publicação em 15.09.2011, disponível em: www.trt3.jus.br, consulta em 13.11.2011).

REPRESENTANTE COMERCIAL. RELAÇÃO DE EMPREGO. A ausência de autonomia da reclamante na execução dos serviços de representante comercial, revelada pela ingerência da empresa na condução dos trabalhos, com exigência de cumprimento de metas, uso de uniformes e submissão do "representante" ao seu poder diretivo, faz caracterizar a formação do vinculo de emprego, porque presentes os elementos previstos no art. 3º da CLT. (TRT 3ª Região, 3ª Turma, processo n. 01582-2010-010-03-00-2, Recurso Ordinário, relator juiz convocado Márcio José Zebende, publicação em 27.06.2011, disponível em: www.trt3.jus.br, consulta em 13.11.2011).

A distinção entre contrato de emprego e contrato de representação comercial se dá conforme a ideia que tem o intérprete sobre a subordinação jurídica. Caso aplicada a subordinação clássica há um espaço maior para o reconhecimento da contratação civil, sendo reduzida tal possibilidade quando o intérprete aplica o conceito de subordinação estrutural.

Portanto, em síntese, o elemento fático-jurídico *subordinação jurídica*, em suas diversas concepções, será essencial à revelação ou não do contrato de emprego em contraposição às diversas formas contratuais civis de trabalho existentes.

---

(21) BARROS, Alice Monteiro de. *Curso de Direito do Trabalho*. 6. ed. São Paulo: LTr, 2010. p. 318/319.

Capítulo 2

Contrato de Emprego. Modalidades Celetistas

1. CLT, artigo 443
2. Contratos expressos ou tácitos; verbais ou escritos
    - regra geral: inexigibilidade de formalidades
3. Contratos individuais e contratos plúrimos
4. Contratos por tempo determinado e contratos por tempo indeterminado
    a) contratos por tempo indeterminado
       - regra geral e presunção
    b) contratos por tempo determinado (contratos a termo):
       - hipóteses de pactuação previstas pela CLT:
         – art. 443, § 2º, a
         – art. 443, § 2º, b
         – art. 443, § 2º, c
       - prazo: art. 445, caput e parágrafo único
       - aspectos gerais sobre contratos a termo:
         – fixação do termo final:
       - § 1º, art. 443, CLT
       - termo certo: termo pré-fixado

- termo incerto:
  - *execução de serviços especificados*
  - *acontecimento suscetível de previsão aproximada*
  - *prorrogação e sucessividade*
- *prorrogação*
  - art. 451, CLT
  - *previsão contratual ou aditivo*
  - *experiência: Súmula n. 188, TST.*
- *sucessividade*
  - art. 452, CLT: *presunção*
  - *indeterminação contratual automática (imperativa):*
- *inobservância as hipóteses autorizadoras*
- *inobservância aos prazos legais*
- *mais de uma prorrogação*
- *sucessão em fraude à lei*

O contrato de emprego decorre da simples confluência dos elementos fático-jurídicos previstos no artigo 3º da CLT, não havendo exigência de formalidades ou de manifestação de vontade em tal sentido para a sua existência e para que produza, no plano dos fatos, seus efeitos esperados, desde que, é claro, seja o trabalhador capaz e o objeto da pactuação lícito.

A CLT, em seu Título IV, trata do *contrato individual de trabalho*, mas para efeito deste estudo, a expressão mais usual será *contrato de emprego*, posto que a CLT se refere, quanto ao pacto jurídico, às relações de trabalho qualificadas como emprego.

Nestes termos, consagrou o legislador de 1943 que *o contrato individual de trabalho poderá ser acordado tácita ou expressamente, verbalmente ou por escrito e por prazo determinado ou indeterminado* (CLT, artigo 443, *caput*). Assim, ainda que tácito e/ou verbal o contrato de emprego existirá pela simples confluência, no plano dos fatos, dos requisitos jurídicos do trabalho por pessoa física, pessoalidade, não eventualidade, onerosidade e subordinação.

Embora não haja previsão legal em tal sentido, os contratos de emprego podem ser individuais ou plúrimos. O contrato de emprego no Brasil é essencial e majoritariamente individual, pois há, no plano da pactuação laborativa, apenas empregado e empregador.[1]

Consagra a doutrina a figura do contrato de emprego *plúrimo* como aquele em que há multiplicidade de trabalhadores que firmam um único contrato com determinado empregador.

Nos termos da lei, os contratos de emprego podem ter ou não seu termo final pactuado já no ato da admissão do trabalhador.

Por princípio os contratos de emprego devem ser pactuados por tempo indeterminado, pois tal avença melhor efetiva a proteção justrabalhista consagrada na ordem jurídica brasileira.

Neste sentido, o princípio da continuidade da relação de emprego, consoante lição do Prof. Mauricio Godinho Delgado, informa que

> ... é de interesse do Direito do Trabalho a permanência do vínculo empregatício, com a integração do trabalhador na estrutura e dinâmica empresariais. Apenas mediante tal permanência e integração é que a ordem justrabalhista poderia cumprir satisfatoriamente o objetivo teleológico do Direito do Trabalho, de assegurar melhores condições, sob a ótica obreira, de pactuação e gerenciamento da força de trabalho em determinada sociedade.[2]

---

(1) Ainda que haja terceirização os contratos de emprego são individuais e bilaterais, vez que não há, presumivelmente e nos termos da jurisprudência consolidada, relação de emprego entre o trabalhador terceirizado e o tomador dos seus serviços.

(2) DELGADO, Mauricio Godinho. Curso de Direito do Trabalho. São Paulo: LTr, 2009, p. 183.

O contrato de emprego por tempo indeterminado é também presunção. Não havendo prova processual que indique qual foi a modalidade avençada, deve presumir o juízo trabalhista o contrato por prazo indeterminado, visto que o contrato a termo é excepcional.

Neste sentido a jurisprudência do Tribunal Regional do Trabalho da 3ª Região:

CONTRATO POR OBRA CERTA. AUSÊNCIA DE PROVA DE OBRA ESPECÍFICA. DESNATURAÇÃO DO CONTRATO A TERMO. Em regra, presume-se a indeterminação do contrato de trabalho, constituindo ônus do empregador a prova de que este foi estabelecido a termo. No caso, restou incontroverso que o reclamante foi contratado para a construção de uma creche, a qual encarta uma multiplicidade de obras em sentido estrito, restando descaracterizado o contrato por obra certa. Na ausência de prova da contratação do obreiro para a execução de obra específica inserida no conjunto da construção civil, não há que falar em contrato por obra certa, mas, sim, em singelo contrato por prazo indeterminado. (TRT, 3ª Região, 10ª Turma, processo n. 00505-2010-083-03-00-5, Recurso Ordinário, relatora juíza convocada Rosemary de O. Pires, publicação em 22.02.2011, disponível em: www.trt3.jus.br).

CONTRATO DE SAFRA. O artigo 14 da Lei n. 5.889/1973 considera como de safra o contrato que tem sua duração dependente de variações estacionais da atividade agrária. Na hipótese dos autos a prorrogação do contrato extrapolou a safra de inverno alcançando a de verão, com a prestação de serviço ininterrupto entre uma safra e outra, o que descaracteriza o contrato de safra. Assim, há de ser considerado por tempo indeterminado o contrato ajustado entre as partes e injusta a dispensa, tendo em vista a presunção de continuidade do vínculo de emprego, fazendo jus o reclamante às verbas rescisórias deferidas na decisão recorrida. (TRT, 3ª Região, processo n. 01102-2001-103-03-00-2, Recurso Ordinário, Relator Desembargador Luiz Ronan Neves Kouri, publicação em 25.05.2002, disponível em: www.trt3.jus.br, consulta em 25.10.2011).

Somente em casos excepcionais, autorizados pela legislação consolidada, é possível a contratação por tempo determinado (pacto a termo).

Os contratos por tempo determinado são pactos empregatícios[3] formais e escritos, excepcionalmente autorizados pela legislação, nos quais as partes podem antever, já no ato da admissão, o momento final do ajuste.

Embora não seja necessariamente relevante para a pesquisa jurídica, vale informar que regra geral o empregador tem interesse (financeiro) nos contratos a termo, dada a possibilidade de redução dos custos rescisórios, já que em tal pactuação não há concessão ou pagamento de aviso prévio e multa rescisória (40%) sobre o FGTS. Conforme entendimento jurisprudencial e doutrinário majoritários não há, também, garantias de emprego no âmbito dos contratos por tempo determinado.[4]

---

(3) Não existe, juridicamente, embora tenda a ser comum na prática, a figura do contrato informal (sem registro em CTPS) por tempo determinado.

(4) Ouso divergir da jurisprudência sobre a matéria em diversos pontos, conforme exposto na análise específica sobre o tema (garantias de emprego).

A CLT autoriza a contratação por tempo determinado em três situações expressamente previstas em seu artigo 443, parágrafo 2º:

> Art. 443 – O contrato individual de trabalho poderá ser acordado tácita ou expressamente, verbalmente ou por escrito e por prazo determinado ou indeterminado.
>
> § 2º O contrato por prazo determinado só será válido em se tratando:
>
> a) de serviço cuja natureza ou transitoriedade justifique a predeterminação do prazo;
>
> b) de atividades empresariais de caráter transitório;
>
> c) de contrato de experiência.

Não é a pactuação a termo livre e ampla opção das partes contratantes, mas, sim, possibilidade legal excepcional. Para a validade da contratação formal excepcional há a necessidade de uma das três situações a seguir analisadas:

a) é facultado ao empregador contratar a termo se puder, em decorrência das circunstâncias do pacto e nos termos da lei, antever seu marco final. Nos termos do artigo 443, § 2º, alínea *a*, da CLT, poderá o empregador contratar por tempo determinado quando a transitoriedade dos serviços e/ou sua natureza justifiquem a fixação do marco final no ato da admissão.

São motivos comuns justificados pelo artigo 443, § 2º, alínea *a*, da CLT aqueles referentes à substituição de pessoal (férias, recessos, licenças etc.), à contratação de pessoal em temporada e safra, à necessidade de mão de obra decorrente de acréscimo de serviços em final de ano, férias, festas, eventos, dentre outras situações.

Não deve o operador do Direito confundir *contrato por tempo determinado*, celetista portanto, aqui analisado, com *contrato de trabalho temporário*, previsto pela Lei n. 6.019/1974. No pacto a termo celetista há relação bilateral clássica, enquanto o trabalho temporário pressupõe a existência de um tomador de serviços que não será o empregador, o que caracteriza terceirização trabalhista.[5] Os prazos de um e de outro são diversos. Os motivos ensejadores da contratação também diferem, havendo maior flexibilidade no texto celetista em relação ao da legislação especial.

Embora excepcionais as possibilidades celetistas, são comuns, na prática, os contratos a termo, e consequentemente os litígios que versam sobre sua aplicação, sobretudo no que concerne ao permissivo da alínea *a* do parágrafo 2º do artigo 443 da CLT, como se infere da jurisprudência do TRT da 3ª Região:

> CONTRATOS SUCESSIVOS POR PRAZO DETERMINADO – MODALIDADE OBRA CERTA – NULIDADE – O contrato por prazo determinado, inclusive na modalidade por obra certa, constitui exceção à regra geral da indeterminação do contrato de trabalho e só se admite em caso de serviço cuja natureza ou transitoriedade justifique a predeterminação do

---

(5) Há posicionamento respeitável em sentido contrário, entretanto.

prazo, atividades empresariais de caráter transitório ou contrato de experiência. Demonstrado nos autos que o reclamante foi contratado vinte e cinco vezes, sucessivamente, pela reclamada, sempre através de contrato de trabalho por prazo determinado, para exercer função que se insere nas atividades permanentes da empresa, impõe-se a nulidade de tais contratos, nos termos do art. 9º da CLT. (TRT, 3ª Região, 9ª Turma, processo n. 02794-2010-144-03-00-2, Recurso Ordinário, relator juiz convocado Milton V. Thibau de Almeida, publicação em 21.09.2011, disponível em: www.trt3.jus.br).

CONTRATO DE TRABALHO DETERMINADO E INDETERMINADO. TRANSITORIEDADE. ÓTICA. *No Direito do Trabalho, a regra geral é o contrato por prazo indeterminado, porque a continuidade da relação de emprego é princípio desse ramo específico, conforme se infere dos artigos 445, 451 e 452/CLT. A intenção da lei é clara de não estimular o uso de contratos de trabalho por tempo determinado. Portanto, não é a vontade das partes que fixa se o contrato de trabalho deve ser indeterminado ou determinado. Há necessidade que as circunstâncias justifiquem esse último. As hipóteses do contrato determinado estão no § 2º art. 443/CLT, além daquelas previstas em legislação esparsa. A norma fala em transitoriedade do serviço. Essa transitoriedade deve ser de quem emprega o trabalhador. A atividade pode ser eventual para as empresas que tomam os serviços da empregadora do Reclamante, ou seja, para as quais a Reclamada presta serviços (as tomadoras do serviço), mas não o sendo para a empresa contratada, que emprega o trabalhador, assume o risco daquela atividade, que lhe é preponderante, não justiça a celebração de vários e sucessivos contratos de trabalho por prazo determinado com aquele mesmo trabalhador. A ótica da transitoriedade é feita a partir de quem emprega e não de quem toma dos serviços.* (00178-2004-039-03-00-5 RO, publicação em 03.06.2005, 2ª Turma, Des. Relator Hegel de Brito Bóson). (TRT, 3ª Região, 2ª Turma, processo n. 00393-2008-106-03-00-7, Recurso Ordinário, relatora juíza convocada Taísa Maria Macena de Lima, publicação em 17.09.2008, disponível em: www.trt3.jus.br, consulta em 25.10.2011).

CONTRATO DE TRABALHO POR PRAZO DETERMINADO – OBRA CERTA – ATIVIDADE TRANSITÓRIA – DESCARACTERIZAÇÃO. *Não se pode dizer que se tem como formalizado contrato de trabalho por prazo determinado, sob a modalidade de contrato por obra certa, quando descaracterizada a transitoriedade dos serviços executados, atrelados à atividade-fim da empregadora. É de se esclarecer que a hipótese permissiva atinente aos serviços de natureza transitória, que é efêmero e temporário, deve ser analisada sob a ótica do empregador (empresa contratante) e não dos clientes contratantes dos serviços de manutenção oferecidos por ela. Ou seja, a transitoriedade que se busca é aquela que se relaciona à atividade do empregador, de acordo com as necessidades de seu empreendimento e não da empresa que toma os serviços. A sucessividade de formalização desses contratos demonstra a prática de fraude na contratação de trabalhadores a tempo certo, vislumbrando-se o intuito de sonegar direitos sociais assegurados aos trabalhadores pela Constituição Brasileira.* (TRT, 3ª Região, 6ª Turma, processo n. 01340-2007-015-03-00-5, Recurso Ordinário, Relator Desembargador Emerson José Alves Lage, publicação em 27.04.2009, disponível em: www.trt3.jus.br, consulta em 25.10.2011).

Importante destacar aqui circunstância bastante usual no cenário jurídico brasileiro, que diz respeito à contratação de trabalhadores por tempo determinado no final de cada ano.

É perceptível, todo final de ano, a expectativa de milhares de trabalhadores, principalmente jovens, por uma oportunidade de trabalho que faça mais felizes as festas da época, com um pouco mais de dinheiro no bolso e de esperança no futuro. Ainda que o número de desempregados tenha diminuído sensivelmente nos últimos anos, sempre há trabalhadores em busca das vagas sazonais, sobretudo no comércio.

No plano dos fatos a contratação de fim de ano tende a se dar de três modos distintos: informalmente, através de um contrato de trabalho temporário ou por meio de um vínculo empregatício por tempo determinado. Juridicamente só são possíveis as duas últimas, vez que a contratação informal é vedada pela legislação trabalhista, embora produza efeitos no plano dos fatos. Nos termos da lei todo e qualquer contrato de emprego, por menor que seja a sua duração, deverá ser devidamente registrado na CTPS.

Comumente as pessoas se referem às vagas de final de ano como "trabalho temporário". Não parece ser esta, entretanto, a contratação mais comum. A pactuação de trabalho temporário pressupõe a terceirização dos serviços contratados. Assim, para que haja trabalho temporário é necessário que o interessado na exploração da mão de obra contrate uma empresa interposta para que esta, por sua vez, contrate o empregado que ficará à disposição daquele (tomador dos serviços). Exemplificando: um lojista que pretenda contar com mais vendedores para a época do natal recorrerá a uma sociedade empresária que se dedica à intermediação de mão de obra para que esta faça a admissão formal do trabalhador, que ficará à disposição na loja. O trabalhador será empregado da interposta (prestadora dos serviços) e não do comerciante.

A regra legal que disciplina a vinculação temporária, Lei n. 6.019/1974, autoriza tal pacutação em duas situações distintas: substituição de pessoal permanente ou acréscimo extraordinário de serviços, que consoante a melhor doutrina pode justificar a contratação de fim de ano.

Salvo melhor juízo a contratação mais comum no final de ano é aquela por prazo determinado, que pressupõe a contratação direta, bilateral, do empregado pelo empregador, sem a necessidade da intermediação de mão-de-obra (terceirização). Exemplificando: o lojista interessado no trabalho de vendedores para a época de natal admite direta e formalmente cada um deles. Tal avença é prevista pela CLT em seu artigo 443, parágrafo 2º.

As duas formas de contratação (trabalho temporário e tempo determinado) têm em comum a possibilidade de fixação do prazo final da avença já no momento da admissão do empregado. Assim é possível, por exemplo, contratar para início do trabalho em 1º de dezembro e término em 10 de janeiro.

Quais são, então, as vantagens e as desvantagens para o trabalhador e para o comerciante na escolha entre as possibilidades legais de contratação?

Para o trabalhador não há diferença substancial. Nos dois casos haverá contratação a termo, sendo certo que a rescisão do contrato somente ensejará férias proporcionais acrescidas de 1/3 constitucional, 13º salário proporcional e FGTS. Não há aviso prévio, multa de 40% sobre o FGTS e Seguro Desemprego. Em ambos os casos deverão ser respeitados os padrões remuneratórios praticados pelo interessado na mão de obra a ser contratada em relação aos seus empregados por tempo indeterminado (salário equitativo).

Para o comerciante a pactuação direta (contrato por prazo determinado) pressupõe sua inteira gestão da mão de obra contratada, o que poderia, em tese, ensejar desvantagem estratégica. Quando contrata trabalho temporário, o comerciante arca com os gastos do terceiro com a administração da mão de obra e com o valor referente ao lucro advindo da intermediação, em potencial desvantagem financeira. De qualquer modo, havendo a presença dos permissivos legais já citados, a escolha caberá ao comerciante, que deverá sopesar as vantagens e as desvantagens de cada modalidade.

O trabalhador, normalmente, diante da oportunidade oferecida no final de ano, em um contrato por prazo determinado ou temporário, tende a se esforçar para preservar o posto de trabalho, sonhando com um contrato por prazo indeterminado para que possa efetivamente melhorar a sua vida e de sua família.

b) é facultada ao empregador a contratação a termo quando seu empreendimento é desenvolvido em caráter transitório. Nos termos do artigo 443, § 2º, alínea "b", da CLT, poderá o empregador contratar por tempo determinado quando suas atividades empresariais não têm a característica da permanência.

Não é comum no direito brasileiro a criação de sociedades empresárias por tempo determinado, embora haja previsão legal neste sentido no Código Civil. Entretanto, quando tal se dá, pode o empregador contratar seus empregados por tempo determinado. Se o empreendimento se dá por tempo determinado, decorrência lógica e jurídica que os pactos também se dêem com fixação antecipada do marco final.

c) por fim é possível, nas mais diversas situações fáticas, a contratação de emprego por período inicial de experiência. O período de experiência, como ocorre nos demais pactos a termo, pressupõe registro formal do prazo de provas na CTPS do trabalhador empregado, não sendo juridicamente possível a contratação informal de experiência. Caso seja o trabalhador contratado informalmente por experiência, juridicamente deverá ser considerado o pacto como firmado por tempo indeterminado.

Embora o parágrafo 2º do artigo 443 da CLT trate indistintamente das modalidades de contrato a termo, há uma diferença essencial, embora poucas vezes percebida, entre os pactos das alíneas *a* e *b* para aquele da alínea *c*. Nos dois primeiros permissivos legais o que se espera do ajuste a termo é sua extinção no prazo assinado, enquanto que no período inicial de experiência o que se espera é que, findo seu marco aprazado, o contrato perdure, com sua natural indeterminação decorrente da "aprovação" das partes no período de provas.

O contrato de experiência é período de provas, e as partes deverão avaliar, em tal lapso temporal, a viabilidade ou não da manutenção da avença. Após a experiência, mantida a prestação laborativa, haverá um único contrato por tempo indeterminado, que teve seu início com a experiência e se prolongou no tempo. Não há que se falar em "efetivação" do trabalhador após a experiência, visto que haverá um único contrato de emprego por tempo indeterminado.

Decorrência da caracterização do contrato de experiência como período de provas é a impossibilidade de sua repetição, entre as mesmas partes, independentemente do lapso temporal, se mantidas as condições do primeiro pacto. Se o trabalhador já foi submetido a período de provas pelo empregador, não será novamente testado, caso mantidas as mesmas condições (tarefas, chefias, local etc.) do primeiro contrato.

Eis a jurisprudência do TRT da 3ª Região sobre o contrato de experiência:

> *CONTRATO DE EXPERIÊNCIA. INVALIDADE. O contrato de experiência constitui modalidade de ajuste a termo, de curta duração, cuja finalidade principal é assegurar às partes uma avaliação subjetiva recíproca, permitindo ao empregador verificar as aptidões técnicas e o comportamento do empregado, ao passo que este último pode avaliar as condições de trabalho durante o interregno ajustado. Não se pode acatar a celebração de dois contratos de experiência, com o mesmo empregado, em curto lapso de tempo, ainda que as funções ajustadas em cada período possuam denominação diferente. Exige-se, no caso, a prova de que cada uma das funções exigia habilidades especiais ou conhecimento específico. Dessa forma, se a autora, ao ser contratada pela segunda vez, já havia firmado um contrato de experiência, cujo termo final ocorrera menos de dois meses antes, não há justificativa plausível para adoção dessa mesma modalidade contratual, se a reclamada não demonstrou que a função de "auxiliar de pizzaiolo" impunha o domínio de alguma técnica de trabalho especial. O simples fato de as funções ajustadas no segundo contrato terem denominação diversa daquelas previstas no primeiro contrato de experiência não faz pressupor tal conclusão. O princípio da continuidade estabelece como regra geral que o contrato de trabalho vigora por prazo indeterminado. Se a empregadora deliberou por admitir a obreira mediante contrato de experiência, que se seguia a outro de igual natureza, em curto período de tempo, incumbia-lhe produzir prova completa da real necessidade da situação excepcional por ela alegada. Deixando de demonstrar tal aspecto, há de ser reconhecida a indeterminação do segundo contrato. (TRT, 3ª Região, 7ª Turma, relator juiz convocado Antônio G. de Vasconcelos, processo n. 00275-2011-016-03-00-3, Recurso Ordinário, publicação em 27.09.2011, disponível em: www.trt3.jus.br, consulta em 25.10.2011).*

Os contratos por tempo determinado são aqueles nos quais as partes conseguem, no início da prestação laborativa, antever o marco final da avença, dadas as suas características especiais, nos termos do permissivo legal. Assim, o prazo é da essência do contrato a termo. A CLT, em seu artigo 445, fixa os prazos máximos dos contratos por tempo determinado:

Capítulo 2
Contrato de Emprego. Modalidades Celetistas   293

Art. 445 – O contrato de trabalho por prazo determinado não poderá ser estipulado por mais de 2 (dois) anos, observada a regra do art. 451.

Parágrafo único. O contrato de experiência não poderá exceder de 90 (noventa) dias.

Há, nos termos do dispositivo normativo, prazo máximo para o ajuste a termo, o que não quer significar que todos os empregadores possam, em toda e qualquer situação fática, ajustar o contrato nos limites legais. É que além do prazo máximo há um *prazo natural* para cada avença, ressalvada a experiência. Assim, nos contratos firmados com o permissivo da alínea *b* do parágrafo único do artigo 443 da CLT, o prazo máximo natural coincidirá com o da existência do empreendimento. Nos contratos fundamentados na alínea *a* do parágrafo único do artigo 443 da CLT, o prazo máximo natural deverá observar o motivo ensejador da contratação. Assim, um contrato de temporada não poderá ser fixado por 2 anos. No mesmo sentido o contrato de safra ou de substituição de trabalhadora em licença-maternidade, por exemplo. Tais contratos, para que se mantenham a termo, somente poderão ter vigência enquanto persistir o serviço cuja natureza ou transitoriedade tenha justificado a predeterminação do prazo.

Além de observar os permissivos legais do parágrafo 2º do artigo 443 da CLT devem as partes, com destaque para o empregador, estar atentas aos aspectos gerais sobre os contratos a termo.

Inicialmente traz o parágrafo 1º do artigo 443 da CLT a possibilidade de que o contrato por tempo determinado seja firmado com termo certo (regra geral) ou, excepcionalmente, por termo incerto, como se infere:

Art. 443 – O contrato individual de trabalho poderá ser acordado tácita ou expressamente, verbalmente ou por escrito e por prazo determinado ou indeterminado.

1º Considera-se como de prazo determinado o contrato de trabalho cuja vigência dependa de termo prefixado ou da execução de serviços especificados ou ainda da realização de certo acontecimento suscetível de previsão aproximada.

Regra geral os contratos por tempo determinado são fixados com termo final pré-fixado. Exemplificativamente: contrato por tempo determinado, nos termos do artigo 443, parágrafo 2º, alínea *a*, com início em 02.02.2011, com duração até 02.10.2011; contrato por tempo determinado, nos termos do artigo 443, parágrafo 2º, alínea *b*, com início em 02.02.2011, com duração de um ano; contrato por tempo determinado, nos termos do artigo 443, parágrafo 2º, alínea *c*, com início em 02.02.2011, com duração de 60 dias. Em todos os casos acima citados as partes conseguem não só antever, mas saber, exatamente, qual será o dia exato do término do contrato de emprego.

Excepcionalmente os contratos por tempo determinado poderão ter termo final incerto nos termos da regra do artigo 443, parágrafo 1º, da CLT. Embora as partes não saibam exatamente qual será o dia do final do contrato, podem antevê-lo de acordo com as características da avença.

Poderá haver contrato por tempo determinado e termo final incerto em duas situações. Na primeira possibilidade excepcional, o empregador não fixa o dia exato do fim do contrato, mas especifica (descreve) quais serão os serviços que serão executados no âmbito do contrato. Assim, o empregado, conforme desenvolve as tarefas próprias do serviço especificado, poderá antever o momento final de seu contrato. Na segunda possibilidade excepcional, o empregador não fixa o dia exato do fim do contrato, mas prevê certo acontecimento que justifica a pactuação a termo. Os exemplos podem ser os contratos de *obra certa*, no primeiro caso, e *safra*, no segundo.

Os contratos de emprego firmados por tempo determinado podem ser prorrogados uma única vez, por força de previsão contratual fixada no ato da admissão ou através de instrumento aditivo. A permissão de prorrogação do contrato por uma única vez traz, na verdade, a previsão de indeterminação contratual imperativa após uma eventual segunda prorrogação, como se infere da regra do artigo 451 da CLT:

> Art. 451 – *O contrato de trabalho por prazo determinado que, tácita ou expressamente, for prorrogado mais de uma vez passará a vigorar sem determinação de prazo.*

Assim, caso o objeto do contrato não tenha sido integralmente cumprido no prazo assinado, poderá haver a prorrogação do marco final inicialmente previsto. Observe que se trata de um único contrato, apenas prorrogado. É claro que pode haver uma prorrogação, também, nos contratos de experiência, nos termos da lei e da Súmula n. 188 do TST:

> SUM. 188 CONTRATO DE TRABALHO. EXPERIÊNCIA. PRORROGAÇÃO (mantida) – Res. 121/2003, DJ 19, 20 e 21.11.2003
>
> *O contrato de experiência pode ser prorrogado, respeitado o limite máximo de 90 (noventa) dias.*

Eis a jurisprudência do TRT da 3ª Região sobre a prorrogação dos contratos por tempo determinado:

> CONTRATO DE EXPERIENCIA – PRORROGAÇÃO – REQUISITOS. *Por se tratar de modalidade de contratação a termo – conforme previsão do artigo 443, parágrafo 2º, alínea "c" da CLT –, em exceção às regras gerais que tutelam as relações de emprego, são exigidos certos requisitos para a validade do contrato de experiência e sua prorrogação. Assim, tem-se por imprescindível a anuência do empregado à prorrogação do contrato, dependendo, portanto, de novo acordo de vontades ou o registro correspondente na carteira de trabalho. Sem existência válida desses requisitos, tem-se por inválida a prorrogação contratual, indeterminando-se o contrato de trabalho mantido entre as partes.* (TRT, 3ª Região, 6ª Turma, relator Desembargador Anemar Pereira Amaral, processo n. 00708-2011-026-03-00-8, Recurso Ordinário, publicação em 10.10.2011, disponível em: www.trt3.jus.br, consulta em 25.10.2011).

RESTAÇÃO DE SERVIÇOS APÓS O TÉRMINO DO CONTRATO DE EXPERIÊNCIA – INDETERMINAÇÃO DO CONTRATO. Se o trabalhador continua ininterruptamente a trabalhar após a expiração do prazo previsto para o período de experiência (contrato a termo, ato formal e solene), sem registro da prorrogação por escrito e ainda sem qualquer alteração das condições laborais próprias do vínculo empregatício, como no presente caso, é automática a indeterminação do contrato, que passa a ser regido pelas normas próprias do pacto por prazo indeterminado. (TRT, 3ª Região, 10ª Turma, relatora Desembargadora Deoclecia Amorelli Dias, processo n. 00396-2010-073-03-00-9, Recurso Ordinário, publicação em 16.11.2010, disponível em: www.trt3.jus.br, consulta em 25.10.2011).

Para diminuir as possibilidades de o contrato por tempo determinado ser veículo de fraude (contra o princípio da continuidade da relação de emprego e consequentemente contra os direitos do trabalhador) previu o legislador restrição à sucessão de pactos a termo, na forma da presunção legal do artigo 452 da CLT:

> Art. 452 – Considera-se por prazo indeterminado todo contrato que suceder, dentro de 6 (seis) meses, a outro contrato por prazo determinado, salvo se a expiração deste dependeu da execução de serviços especializados ou da realização de certos acontecimentos.

Percebe-se, portanto, regra geral que comporta duas exceções. A regra geral de sucessão de contratos a termo é que haja um lapso de 6 meses entre o primeiro e o segundo pacto por tempo determinado. É dado objetivo, portanto. Há, entretanto, exceções à regra geral. Não há a necessidade de observância do lapso de 6 meses se o fim do primeiro contrato *dependeu da execução de serviços especializados ou da realização de certos acontecimentos*. O legislador não foi muito feliz na expressão legal, cabendo, então, necessária análise doutrinária e jurisprudencial.

O Prof. Mauricio Godinho Delgado explica as possibilidades excepcionais de sucessão de contratos a termo:

> *O que a lei busca com essa regra estritamente formal (prazo mínimo de distância entre contratos a termo) é evitar a fraude em contratações a prazo. Por essa razão, a CLT não elimina, inteiramente, a possibilidade de pactuação lícita de sucessivos contratos a termo, mesmo em lapsos temporais inferiores a seis meses entre os diversos pactos. O essencial é que efetivamente não haja fraude em tais pactuações. Nesse quadro será válida a contratação em distâncias temporais inferiores a seis meses desde que o contrato anterior tenha expirado pela execução dos serviços especializados (ou especificados: parágrafo 1º do art. 443) motivadores do pacto, ou tenha se extinguido em face da realização de certos acontecimentos suscetíveis de previsão aproximada ensejadores do contrato (art. 452, CLT).*[6]

---

(6) DELGADO, Mauricio Godinho. *Curso de Direito do Trabalho*. São Paulo: LTr, 2011, p. 522.

Eis decisão do TRT da 3ª Região:

SUCESSÃO DE CONTRATOS POR PRAZO DETERMINADO. REALIZAÇÃO DE CERTOS ACONTECIMENTOS. VALIDADE. À míngua de indícios de fraude, é válida, independentemente do interstício de seis meses, a sucessão de contratos por prazo determinado para fazer frente a certos acontecimentos, de previsão aproximada (art. 443 c/c o art. 452 da CLT), mormente se a transitoriedade dos serviços é real, não evidenciando transferência dos riscos do empreendimento econômico para o trabalhador (art. 9º da CLT). Assim, não há que se falar em unicidade contratual, mas remanescem as obrigações de anotar a CTPS e pagar as verbas trabalhistas correspondentes aos períodos efetivamente laborados, tais como férias, 13º salário, repousos trabalhados e não compensados, adicional de insalubridade e FGTS, que não se condicionam à indeterminação do vínculo empregatício. (TRT, 3ª Região, 5ª Turma, processo n. 00372-2009-041-03-00-1, Recurso Ordinário, relator Desembargador José Murilo de Morais, publicação em 22.02.2010, disponível em: www.trt3.jus.br, consulta em 25.10.2011).

Por fim, vale novamente ressaltar o caráter excepcional dos contratos a termo, para afirmar que o contrato será reconhecido como indeterminado, retroativamente ao início da prestação laborativa (para efeito de garantias de emprego e rescisórios, por exemplo), quando o contratante age em desconformidade com os permissivos e as restrições legais.

Assim, há pelo menos 4 situações de indeterminação contratual imperativa e retroativa: *inobservância às hipóteses autorizadoras; inobservância aos prazos legais; mais de uma prorrogação e sucessão em fraude à lei.*

Capítulo 3

Contrato de Emprego. Nulidades

1. *Conceito*
2. *Regra geral de Direito Civil*
3. *Regra geral em Direito do Trabalho: irretroação da nulidade*
4. *Nulidade relativa:*
   - serviço público sem concurso. CR, art. 37, caput, II e § 2º:
     – *Súmula 363, TST*
     – *FGTS, Lei n. 8.036/1990, art. 19-A*
5. *Nulidade absoluta:*
   - objeto ilícito
6. *Controvérsia: capacidade: CLT, 402 e 403*

A presença dos elementos jurídico-formais do contrato de emprego confere validade jurídica à relação empregatícia vivenciada. Enquanto os elementos fático-jurídicos caracterizadores do vínculo de emprego garantem sua existência, os elementos jurídico-formais asseguram sua validade.[1]

A doutrina reconhece quatro *elementos jurídico-formais* que conferem validade à relação empregatícia mantida: capacidade laborativa, objeto lícito, forma prevista ou não proibida e higidez da manifestação da vontade. Ouso, entretanto, divergir, ao reconhecer apenas os dois primeiros (capacidade laborativa e objeto lícito). No plano acadêmico, entretanto, vale conhecer todos eles para que cada um possa conceber a pertinência ou não dos dois últimos (forma prevista ou não proibida, higidez da manifestação de vontade).

A ausência dos elementos jurídico-formais pode acarretar, conforme a interpretação que se faça do fenômeno jurídico, nulidade contratual trabalhista.

Nulidade contratual trabalhista, nos termos da doutrina do Prof. Mauricio Godinho Delgado é

> *a invalidação da existência e/ou dos efeitos jurídicos de um ato ou seu componente em virtude de se chocar com regra jurídica imperativa. Ou, ainda, a 'consequência jurídica prevista para o ato praticado em desconformidade com a lei que o rege, que consiste na supressão dos efeitos jurídicos que ele se destinava a produzir.*[2]

A nulidade na seara justrabalhista difere daquela própria às relações contratuais civis, em que é possível a retroação da nulidade reconhecida. A distinção básica se dá em razão da impossibilidade de restituição das partes ao *status quo ante*. É que não é possível, diante da eventual declaração de nulidade da relação de trabalho havida, restituir as forças despendidas pelo trabalhador.

O Prof. Mauricio Godinho Delgado destaca tal distinção justrabalhista, ao reconhecer que

> *aqui vigora, em contrapartida, como regra geral, o critério da irretroação da nulidade decretada, a regra do efeito ex nunc da decretação judicial da nulidade percebida. Verificada a nulidade comprometedora do conjunto do contrato, este, apenas a partir de então, é que deverá ser suprimido do mundo sociojurídico; respeita-se, portanto, a situação fático-jurídica já vivenciada.*[3]

No que diz respeito à contratação de trabalhador por ente público sem o devido concurso, o TST, quando instado a tratar do tema, tende a reconhecer nulidade apenas relativa, nos termos da sua Súmula n. 363:

---

(1) DELGADO, Mauricio Godinho. *Curso de Direito do Trabalho*. 10. ed. São Paulo: LTr, 2011. p. 295.
(2) *Ibidem*, p. 500.
(3) *Ibidem*, p. 501.

SUM. 363 CONTRATO NULO. EFEITOS (nova redação) – Res. 121/2003, DJ 19, 20 e 21.11.2003 A contratação de servidor público, após a CF/1988, sem prévia aprovação em concurso público, encontra óbice no respectivo art. 37, II e § 2º, somente lhe conferindo direito ao pagamento da contraprestação pactuada, em relação ao número de horas trabalhadas, respeitado o valor da hora do salário mínimo, e dos valores referentes aos depósitos do FGTS.

O artigo 19-A da Lei n. 8.036/1990 reconhece o direito ao FGTS decorrente de contrato declarado nulo, do que decorre a jurisprudência sumulada:

Art. 19-A. É devido o depósito do FGTS na conta vinculada do trabalhador cujo contrato de trabalho seja declarado nulo nas hipóteses previstas no art. 37, § 2º, da Constituição Federal, quando mantido o direito ao salário.

Entendo, em desconformidade com o exposto na lei e na súmula, que o nulo não deveria, neste caso, ensejar nenhum efeito, pois a regra constitucional do concurso público é conquista democrática que deve ser integralmente preservada.

Parece ser uniforme a jurisprudência do TST no sentido de que o objeto ilícito enseja nulidade contratual absoluta, sem a possibilidade de reconhecimento de qualquer efeito jurídico.

É claro que aquele que tem por ocupação o ilícito criminal sequer é trabalhador, mas sim criminoso. Não deve pretender direitos trabalhistas, vez que não trabalha...

Importante não confundir, entretanto, trabalho ilícito com trabalho proibido. O Professor Mauricio Godinho Delgado faz a distinção:

Ilícito é o trabalho que compõe um tipo legal penal ou concorre diretamente para ele; irregular é o trabalho que se realiza em desrespeito a norma imperativa vedatória do labor em certas circunstâncias ou envolvente de certos tipos de empregados.[4]

Assim, por exemplo, o menor de 18 anos, maior de 16, que trabalha à noite, está em trabalho proibido, mas terá todos os seus direitos trabalhistas, vez que seu contrato é válido. Caberá à fiscalização do trabalho coibir tal prática.

Dúvida razoável e debate doutrinário se dão no que diz respeito ao ilícito contravencional. Embora tenha o TST firmado jurisprudência no sentido da ilicitude do trabalho que tem por objeto contravenção penal, discordo do entendimento consolidado na OJ 119 da SDI-1 do TST no que diz respeito especificamente ao jogo do bicho e à venda de rifas:

---

(4) DELGADO, Mauricio Godinho. *Curso de Direito do Trabalho*. 10. ed. São Paulo: LTr, 2011. p. 494.

OJ 119, SDI-1, TST. É nulo o contrato de trabalho celebrado para o desempenho de atividade inerente à prática do jogo do bicho, ante a ilicitude de seu objeto, o que subtrai o requisito de validade para a formação do ato jurídico.

O fundamento da pessoal discordância é no sentido de não haver repercussão negativa efetiva contra a prática da contravenção penal consistente em *jogo do bicho* no cotidiano brasileiro. O contraventor não recebe, regra geral, punição estatal pelo ilícito contravencional praticado ordinariamente. O contraventor não se preocupa em reconhecer em juízo trabalhista a prática do ilícito contravencional, em sede de defesa. Assim, por coerência, deveria a Justiça do Trabalho reconhecer direitos trabalhistas àquele que tem por ocupação, fixados os requisitos do artigo 3º da CLT obviamente, a contravenção penal consistente em *jogo do bicho* ou venda de *rifas*.

O Prof. Mauricio Godinho Delgado destaca, ainda, duas possibilidades de haver reconhecimento de efeitos jurídicos em um contrato cujo objeto é ilícito, o que afastaria a tese majoritária de nulidade absoluta:

> Duas alternativas destoantes da regra geral têm sido apontadas pela doutrina: a primeira, consistente na situação comprovada de desconhecimento pelo trabalhador do fim ilícito a que servia a prestação laboral perpetrada. A segunda alternativa consistiria na nítida dissociação entre o labor prestado e o núcleo da atividade ilícita. Para esta tese, se os serviços prestados não estiverem diretamente entrosados com o núcleo da atividade ilícita, não serão tidos como ilícitos, para fins justrabalhistas (exemplo: servente em prostíbulo).[5]

Há controvérsia doutrinária e jurisprudencial no que concerne à nulidade decorrente de incapacidade laborativa. Ausente a capacidade haverá nulidade contratual trabalhista. A discussão se dá quanto a ser tal incapacidade relativa ou absoluta.

A capacidade laborativa se relaciona diretamente com o fator *idade* mínima para o trabalho. O fundamento constitucional da capacidade laborativa é fixado no artigo 7º, inciso XXXIII. A ordem jurídica brasileira protege a criança e o adolescente contra a exploração, seja pela família, seja por terceiros. Assim, é proibido qualquer trabalho a pessoas menores de dezesseis anos, salvo na condição de aprendiz, a partir de quatorze anos.

Em consonância com o texto constitucional estão os artigos 402 e 403 da CLT:

> Art. 402 – Considera-se menor para os efeitos desta Consolidação o trabalhador de quatorze até dezoito anos.

> Art. 403 – É proibido qualquer trabalho a menores de dezesseis anos de idade, salvo na condição de aprendiz, a partir dos quatorze anos.

---

(5) DELGADO, Mauricio Godinho. *Curso de Direito do Trabalho*. 10. ed. São Paulo: LTr, 2011. p. 495.

Nos termos das regras citadas, o menor entre 14 e 16 anos pode ser empregado, desde que seja na condição de *menor aprendiz*. Após os 16 anos, o menor pode ser empregado sem que seja através de um contrato de aprendizagem, mas com algumas limitações referentes à sua integridade física e moral, bem como ao seu desenvolvimento intelectual.

Problema surge quando, no plano dos fatos, há exploração do trabalho do menor de 14 anos ou do menor de 16 sem um contrato de aprendizagem. O questionamento que se faz é: tendo o menor sido explorado e efetivamente trabalhado nos termos previstos no artigo 3º da CLT, quais serão seus direitos em face de seu contratante? Três teorias são perceptíveis com referência a tal situação.

A primeira teoria não reconhece nenhum direito ao menor, por entender nula a avença mantida (nulidade absoluta). Assim, o nulo não gera direitos ao menor trabalhador, não obstante devam ser responsabilizados criminalmente, se for o caso, aqueles que o exploraram.

A segunda teoria, consoante doutrina do Prof. Mauricio Godinho Delgado, reconhece todos os direitos trabalhistas ao menor, nos seguintes termos:

> Há algumas situações bastante comuns que ensejam a plena aplicação da teoria justrabalhista de nulidades (afastando-se, pois, por inteiro, a clássica teoria do Direito Civil)
>
> Ilustrativamente, o defeito concernente ao elemento jurídico-formal da capacidade. Tratando-se de trabalho empregatício prestado por menor de 16 anos (ou 14, antes da EC n. 20, de 15.12.98), cabe o reconhecimento de todos os efeitos justrabalhistas ao contrato irregularmente celebrado. É verdade que deverá o juiz, ao mesmo tempo, decretar a nulidade do ato, inviabilizando a permanência da nulidade desde então (se o menor ainda estiver abaixo de 16 anos – salvo o aprendiz – na época do exame judicial, evidentemente).[6]

A jurisprudência do TRT da 3ª Região parece se amoldar ao que foi transcrito:

> "*TRABALHO DO MENOR – ANOTAÇÃO DA CTPS – DIREITOS TRABALHISTAS.* Não obstante a proibição constitucional ao trabalho do menor (art. 7º, XXXIII), se este existiu, impõe-se assegurar a ele todos os direitos trabalhistas, não prevalecendo a alegação de que a nulidade do contrato de trabalho importaria a anulação das consequências legais da relação de emprego. Se o menor despendeu sua força de trabalho em prol de alguém que estava proibido de contratá-lo – pois que é aos empregadores que a proibição é primeiramente dirigida – não pode eximir-se das responsabilidades daí advindas, devendo arcar integralmente com a contraprestação devida, na forma da lei. (TRT, 3ª Região, 1ª Turma, relator Desembargador Marcus Moura Ferreira, processo n. 01373-2005-129-03-00-4, Recurso Ordinário, publicação em 31.03.2006, disponível em: www.trt3.jus.br).

---

(6) DELGADO, Mauricio Godinho. *Curso de Direito do Trabalho*. 10. ed. São Paulo: LTr, 2012. p. 520.

MENOR DE 16 ANOS – ART. 7º, INCISO XXXII, DA CONSTITUIÇÃO FEDERAL – TRABALHO E SEU VALOR SOCIAL – ART. 1º, INCISO IV, DA MESMA CONSTITUIÇÃO – *A proibição contida no art. 7º, inciso XXXII, da Constituição, num primeiro momento, dirige-se às empresas, enquanto instituições concebedoras, organizadoras e utilizadoras do trabalho alheio, e num segundo momento ao responsável legal pelo menor, ao próprio Estado e a toda a sociedade, enquanto co-partícipes, diretos e indiretos, pelo bem-estar do menor, que até os dezesseis anos deve dedicar a maior parte do seu tempo à educação, a sua formação moral e intelectual, seja o âmbito da escola, seja no seio familiar, seja nos demais espaços culturais, esportivos e recreativos. A vedação de ordem constitucional não pode se constituir numa espécie de habeas corpus, eximindo a empresa ou quem a ela equiparada de qualquer responsabilidade legal, moral e social, neste tema tão delicado: as crianças e os adolescentes de hoje, serão os homens de amanhã. Quem não investe no ser humano, deixa ao relento o mais precioso de todos os bens. A nulidade ex radice do contrato de trabalho do menor, com fundamento na teoria geral do Direito Civil, acaba por anular todos os efeitos jurídicos da relação de emprego, mesmo quando presentes os pressupostos do art. 3º, da CLT. Os requisitos de validade do contrato de trabalho, notadamente no que tange à capacidade do prestador de serviços, não podem ser examinados como se fossem uma equação matemática. O Direito é uma ciência social, onde nem sempre dois e dois são quatro, nem quatro vezes quatro dezesseis. Ademais, se infringência à lei houve, esta ocorreu por parte de quem contratou o menor que estava proibido de trabalhar e que, por essa razão, deveria até estar impedida de suscitar a nulidade, que, diga-se de passagem, não está disposta no texto constitucional proibitivo. Na Carta Magna não há, nem poderia haver tal cominação, que tem de ser analisada à luz do princípio da irretroatividade das nulidades (efeitos ex nunc) própria do Direito do Trabalho. Por outro lado, existem situações em que o círculo da moral, mais amplo do que o do Direito, rompe as suas fronteiras com a pena do equilíbrio social, redimensionando-a com a tinta da justiça e da equidade. Quando, diante de dois valores aparentemente conflitantes, ambos albergados constitucionalmente, o intérprete deve lançar mão do princípio da proporcionalidade, imprimindo, após cuidadosa análise de seus pressupostos, qual deverá ser o bem protegido. O combate ao trabalho infantil, elogiado por organismos internacionais, como a ONU, OIT e UNESCO, tem recebido forte apoio dos órgãos do Poder Judiciário e do Ministério Público, dentro e fora do processo, sem que, em casos extremos, nos quais ocorra a transgressão da proibição do trabalho do menor, se exclua a relação de emprego, prejudicando o prestador de serviços e beneficiando o tomador, uma vez que, além da apropriação indevida da força de trabalho, ninguém devolverá ao menor as horas de trabalho por ele prestadas. Pelo menos teoricamente, este período subtraído da formação educacional do menor, também é subtraído de toda a sociedade, que quer e que contribui para que tal tipo de trabalho não seja utilizado. Em casos desta natureza, enquanto for vantajosa a utilização da mão-de-obra da criança ou do adolescente, dificilmente o preceito constitucional será observado integralmente, por isso que, a par do reconhecimento do contrato de trabalho em toda a sua extensão, representado pelo pagamento integral, sem exceção, de todos os direitos trabalhistas, inclusive para fins previdenciários, o Ministério Público do Trabalho, o Ministério do Trabalho e Emprego (DRT) e o INSS, devem ser oficiados para as providências cabíveis, imprimindo ações, principalmente a multa pelo ilícito trabalhista, nas esferas das respectivas competências para fins de coibição da utilização da mão de obra infanto-juvenil. A teoria geral das nulidades do Direito Civil não pode ser transposta cegamente para o Direito do Trabalho, de molde a sufocar a realidade social envolta em valores éticos e morais da valorização do trabalho e da dignidade humana.* (TRT, 3ª Região, 4ª Turma, relator Desembargador Luiz Otávio Linhares Renault, processo n. 00822-2005-006-03-00-5, Recurso Ordinário, publicação em 12.11.2005, disponível em: www.trt3.jus.br).

Uma terceira perspectiva é possível, com a preservação do texto normativo e do direito do trabalhador: o Juiz do Trabalho, ao perceber, na análise fática, que o trabalhador explorado é (ou era ao tempo dos fatos) menor de idade (14 ou 16 anos) não reconhecerá a ele direitos trabalhistas, dada a ausência de elemento jurídico-formal e de elemento constitutivo do contrato, *mas*, percebendo dano (material e/ou moral) condenará aquele que explorou à devida reparação (indenização do dano material e/ou moral).

Capítulo 4

Contrato de Emprego e o Exercício do Poder

1. Considerações iniciais:
   a) alteridade: CLT, art. 2º
   b) subordinação: CLT, art. 3º
2. Manifestações (formas) do Poder Empregatício:
   a) Poder Diretivo:
      - exteriorizações do Poder Diretivo:
        1) Poder regulamentar
        2) Poder fiscalizatório
           - casuística
             – revista
             – e-mail
             – polígrafo
        3) Poder disciplinar
           - presunção de inocência: CR, artigo 5º, LVII
           - contraditório e ampla defesa: CR, artigo 5º, LV
           - exteriorização do Poder Disciplinar:

- tipos de sanção:
  - advertência
  - suspensão disciplinar (art. 474, CLT)
  - dispensa por justa causa (art. 482, CLT)
    - abandono: Súmula n. 32, TST
- critérios para aplicação de penalidades (requisitos ou limites):
  - objetivos:
    - tipicidade da conduta
    - natureza trabalhista (contratual) da falta
    - gravidade da falta
  - subjetivos:
    - culpa ou dolo
  - circunstanciais:
    - nexo causal entre a falta e a pena
    - proporcionalidade entre a falta e a pena
    - imediatidade da punição/ausência de perdão
    - inalteração da punição (in pejus)
    - ausência de discriminação
    - caráter pedagógico/gradação das penas
    - singularidade da punição (non bis in idem)
3. Críticas ao "direito" do empregador à prescrição trabalhista: CR, 7º,
4. Eficácia horizontal dos direitos fundamentais.
    a) Poder no contrato de emprego e eficácia horizontal de direitos fundamentais.
    - colisão entre princípios constitucionais: princípio da proporcionalidade.
      - adequação
      - necessidade
      - proporcionalidade em sentido estrito.

O Direito do Trabalho não contempla somente a proteção ao empregado, como querem fazer crer algumas vozes (neo)liberais. Há, no âmbito deste ramo jurídico especializado, funções que equilibram a relação empregatícia, pois favorecem ao empregador: função conservadora e função capitalista. Há, ainda, destacada vantagem do empregador no âmbito da relação jurídica mantida, que é a possibilidade do exercício do poder.

O empregador, por arcar com os riscos do empreendimento, tem razoável liberdade para exercer o poder no âmbito do contrato de emprego. Embora a CLT não traga regulamentação quanto ao exercício do poder, é possível compreender, de antemão, que a ideia de subordinação é limitadora, pois o direcionamento patronal deve ser restrito *ao modo da prestação laborativa*, não atingindo a subjetividade do cidadão trabalhador em suas relações outras.

A subordinação jurídica permite ao empregador fixar as regras gerais e específicas quanto ao modo da prestação laborativa. É direito do empregador, também, fiscalizar o cumprimento de suas ordens e a integridade de seu patrimônio. Pode o empregador, por fim, aplicar punição em caso de atos do empregado contrários ao que se espera da relação de emprego.

O Poder Empregatício é, no dizer do Prof. Mauricio Godinho Delgado, o "conjunto de prerrogativas asseguradas pela ordem jurídica e tendencialmente concentradas na figura do empregador, para exercício no contexto da relação de emprego."[1]

Deveria ser óbvia a constatação no sentido de que o empregado não se despe de seus direitos de cidadania ao ingressar no estabelecimento empresarial. Os direitos fundamentais do cidadão, em toda a sua extensão, acompanham o trabalhador em seu cotidiano laborativo, queiram o empregador e parte da Justiça do Trabalho ou não.

O poder no contrato de emprego se revela ou subdivide em Poder Diretivo e Poder Disciplinar. O Poder Diretivo, por sua vez, se revela através do Poder Regulamentar e do Poder Fiscalizatório.

Conforme anteriormente exposto, o empregador tem a possibilidade de criar regras no âmbito da contratação de emprego. As primeiras regras criadas pelo empregador são ínsitas ao contrato individual de trabalho, e fixam as obrigações ordinárias de cada empregado. Pode o empregador, ainda, criar regras gerais que afetam a todos os trabalhadores empregados, seja através dos regulamentos de empresa, regimentos internos ou outros conjuntos regulamentares com denominações diversas.

A legislação infraconstitucional trabalhista não tratou do poder regulamentar do empregador, sendo aplicável, independentemente da regulamentação heterônoma, a Constituição da República, por suas regras e princípios. A norma constitucional incide diretamente (horizontalmente) sobre o contrato de emprego, servindo, no que diz respeito ao poder empregatício, como limitadora do agir patronal.

---

(1) DELGADO, Mauricio Godinho. *Curso de Direito do Trabalho*. São Paulo: LTr, 2011. p. 616.

A regra empregatícia, obviamente, deve se limitar ao conteúdo do contrato de trabalho, não sendo lícita, presumivelmente, a regra que invade a esfera privada do cidadão trabalhador. Também não é lícita a regra patronal que exponha o trabalhador a situação vexatória, que fixe condições impossíveis ou que contrariem o disposto na legislação ordinária ou nos acordos e convenções coletivos de trabalho.

O empregador, além de criar a regra no âmbito do contrato pode fiscalizar o cumprimento das suas diretrizes e determinações, bem como a integridade de seu patrimônio.

Não há, também neste ponto, regra geral justrabalhista sobre as possibilidades e limites da fiscalização no âmbito da relação de emprego. Assim, os limites serão constitucionais, por suas regras e princípios.

A fiscalização patronal deve se limitar ao contrato de emprego, não sendo lícita, presumivelmente, a ação que invade a esfera privada do cidadão trabalhador. Também não é lícita a fiscalização ofensiva, invasiva, degradante.

Algumas questões fáticas polêmicas ainda desafiam o intérprete e o operador do direito quanto aos limites do poder empregatício fiscalizatório. Eis algumas reflexões sobre *revista pessoal, controle de mensagens eletrônicas* e uso do *polígrafo* como instrumento de fiscalização.

Inicialmente um problema relacionado aos limites do poder do empregador, hoje já menos tormentoso, diz respeito à possibilidade ou não de revista pessoal de prepostos do empregador em pertences dos trabalhadores no contexto da relação de emprego. Aqui não se pesquisa sobre revista íntima, claramente proibida pela CLT em regra aplicável a homens e mulheres indistintamente. O que se questiona é sobre os limites do ato patronal de fiscalização do seu patrimônio no ambiente de trabalho.

O direito de propriedade é constitucionalmente assegurado como direito fundamental e, consequentemente, deve também ser tutelado pelo Estado. Assim, pode haver no caso concreto das relações de trabalho colisão entre o direito à imagem e à honra do trabalhador e o direito de propriedade do empregador.

Ao que parece, salvo melhor juízo, o direito de propriedade pode autorizar revista pessoal nos pertences dos empregados, desde que não haja discriminação em relação a uma única pessoa ou grupo, e que a medida não caracterize perseguição, vingança ou que pretenda qualquer objetivo não consagrado como direito constitucional do empregador.

É o que se pode depreender do seguinte julgado do TRT da 3ª Região, da lavra do então Desembargador José Roberto Freire Pimenta:

> *DANOS MORAIS. REVISTA DE PERTENCES DE EMPREGADOS. NÃO CONFIGURAÇÃO. A revista de pertences de empregados na saída do trabalho, em caráter geral, impessoal, ainda que na presença dos colegas ou de clientes ou mesmo sem prévio aviso pelo empregador, sem qualquer tratamento discriminatório em relação a um*

determinado empregado e com respeito aos direitos da personalidade, quando utilizada como forma de proteger o patrimônio da empresa, cujos bens são suscetíveis de apropriação, e de evitar suspeitas, não implica abuso do poder diretivo do empregador, nem configura dano moral passível de reparação. (TRT, 3ª Região, 5ª Turma, processo n. 00773-2007-014-03-00-7, relator Desembargador José Roberto Freire Pimenta, publicação DJMG 19.04.2008, disponível em: www.trt3.jus.br).

Não pode o empregador, por exemplo, escolher apenas uma classe ou grupo de trabalhadores para a fiscalização, ou então fiscalizar sempre uma mesma pessoa, ou ainda humilhar os trabalhadores durante a fiscalização, é óbvio.

Há aqui limites tênues, devendo o julgador agir com parcimônia, valendo-se das regras de colisão entre princípios para que a justiça se efetive nos casos concretos. Não há, enfim, que se negar validade ao direito à honra ou à imagem do trabalhador em detrimento do direito de propriedade ou vice-versa, mas, sim, de se mitigar um em relação ao outro, dadas as exigências próprias e específicas de cada prestação laborativa.

Atualmente muito se discute, também, sobre a possibilidade de o empregador analisar o conteúdo (material) das mensagens eletrônicas enviadas e recebidas por seus empregados, através de e-mail corporativo, como instrumento de fiscalização da integridade do nome e da imagem institucionais do contratante.

O entendimento que parece se destacar é no sentido de que se o e-mail é do tipo *corporativo*, e há regras patronais sobre seu uso, é direito e dever do empregador empreender fiscalização sobre este equipamento de trabalho. É que no caso do e-mail corporativo o nome do empregador está atrelado à mensagem enviada, de modo que uma utilização incorreta pode ensejar danos de difícil ou custosa reparação.

Ocorre, entretanto, que se houver medidas menos gravosas do que a leitura das mensagens, deve o empregador implementá-las, agindo assim proporcionalmente diante do caso concreto. Caso tais medidas preliminares se mostrem ineficazes, pode o empregador, na preservação de sua imagem, proceder à leitura das mensagens eletrônicas enviadas pelo trabalhador no uso do *e-mail* corporativo. Nunca é demais reafirmar: não pode o empregador ter acesso ao *e-mail* pessoal do trabalhador, ainda que este seja utilizado no ambiente e durante a jornada de trabalho.

Os limites, nesta seara, parecem ser um tanto mais objetivos: para haver fiscalização consistente em leitura de mensagens deve haver medidas prévias a tal atitude mais gravosa (princípio da proporcionalidade), o *e-mail* deve ser corporativo e utilizado pelo empregado exclusivamente para o trabalho, com especificação clara e prévia de tal distinção pelo empregador. A inobservância a tais limites poderá ensejar a reparação do dano moral causado pelo empregador ao empregado.

Também pertinente, no contexto da globalização da economia e das relações sociais, o tema referente à possibilidade de o empregador, no âmbito de seu poder disciplinar, submeter seus empregados à fiscalização periódica através do teste de polígrafo, popularmente conhecido como detector de mentiras.

Tal medida, excepcional, vem sendo utilizada por algumas companhias estrangeiras, sobretudo estadunidenses e particularmente aquelas vinculadas ao transporte aéreo. Destaque para o Aeroporto Internacional de Confins, em que já foi utilizado o aparelho por algumas companhias.

Dada a falibilidade da medida, o constrangimento provocado, a ausência de previsão legal na ordem jurídica interna e o direito que tem o trabalhador à preservação de sua honra e de sua imagem, parece ser ilegal tal prática fiscalizadora.

Entretanto não foi este o entendimento esposado pela 4ª Turma do TRT da 3ª Região em julgamento realizado em 2004, em que se validou a fiscalização com uso de polígrafo:

> EMENTA. DANO MORAL. TESTES DE POLÍGRAFO. *Na espécie em que há o dever dos Recorrentes de afastar os seus passageiros de qualquer perigo, observando a segurança na atividade de transporte aéreo e, por outro lado, há o dever para com o íntimo dos empregados, à luz do disposto na Constituição Federal, art. 5º, X, bem como às regras de tutela da própria Consolidação das Leis do Trabalho, deve-se levar em conta que a empresa de aviação, com bandeira americana e suas aeronaves são potenciais alvos de atentados por parte do terrorismo internacional que, a partir de países isentos e neutros no âmbito global político, podem vir a servir de porta para a entrada dos elementos ligados ao terrorismo. Dessa forma, a submissão ao exame através de polígrafo, revela-se medida preventiva de segurança, visando o bem-estar da comunidade, o que por si só já justificaria o procedimento. E considerando o tempo de serviço da Reclamante que, desde 1999 estaria sob a influência do regulamento geral da empresa submetendo-se a tais testes, sua tolerância afasta a idéia de omissão à regra protetiva de sua intimidade. Aquilo que violenta a moral, a ética, será sempre imediato e não atinge seu ápice por efeito cumulativo. Dano moral não caracterizado.* (TRT 3ª Região, 4ª Turma, processo n. 00524-2004-092-03-00-4, relator Juiz Caio L. de A. Vieira de Mello, publicação DJMG 04.12.2004, disponível em: www.trt3.jus.br).

Parece, entretanto, com a devida vênia, que consentânea com o Direito Constitucional e com o Direito do Trabalho em vigor no Brasil é a decisão em sentido contrário, da 5ª Turma do TRT da 3ª Região, também do ano de 2004, pela ilegalidade de tal instrumento fiscalizatório:

> EMENTA: DANO MORAL. TESTE DO POLÍGRAFO (DETECTOR DE MENTIRAS). DIREITO À HONRA E À INTIMIDADE DO TRABALHADOR. *O trabalhador, ao ingressar em uma empresa na qualidade de empregado, não se despe dos direitos e garantias fundamentais asseguradas pela Constituição da República a todos os cidadãos, dentre os quais figura com destaque a inviolabilidade de sua intimidade, de sua honra e de sua imagem (artigo 5º, inciso X, do Texto Fundamental). Se é verdade que o empregador detém poderes de direção, fiscalização e disciplinamento em relação àqueles que lhe prestam serviços, não menos certo é que o exercício desse direito potestativo encontra limite em tais direitos e garantias constitucionais. Quando o empregador obriga*

o seu empregado a se submeter ao teste do polígrafo, equipamento de eficácia duvidosa e não adotado no ordenamento jurídico pátrio, extrapola os limites de atuação do seu poder diretivo e atinge a dignidade desse trabalhador, expondo a honra e intimidade deste e submetendo-o a um constrangimento injustificado, apto a ensejar a reparação pelos danos morais causados por essa conduta. (TRT, 3ª Região, 5ª Turma, processo n. 00317-2003-092-03-00-9, relator Desembargador José Roberto Freire Pimenta, publicação DJMG 05.06.2004, disponível em: www.trt3.jus.br)."

Aqui também, por fim, respeitados os entendimentos contrários, a decisão parece ser simples, no sentido da ilicitude da utilização do polígrafo como meio de fiscalização no ambiente de trabalho, por ferir direito constitucional fundamental à intimidade e à honra do trabalhador empregado, de modo desproporcional e até mesmo desnecessário.

Ainda na esfera do poder empregatício ganha destaque o Poder Disciplinar. A ordem jurídica brasileira confere ao empregador a excepcional possibilidade de impor punição ao empregado no âmbito do contrato de trabalho mantido. O Professor Mauricio Godinho Delgado destaca o poder disciplinar como "o conjunto de prerrogativas concentradas no empregador dirigidas a propiciar a imposição de sanções aos empregados em face do descumprimento por esses de suas obrigações contratuais."[2]

Também não há, na legislação trabalhista infraconstitucional, a imposição de limites claros ao exercício do poder disciplinar, cabendo ao empregador, em um primeiro momento, a imposição da pena conforme seu particular entendimento sobre o fato analisado.[3]

Embora não haja regra infraconstitucional específica sobre os limites do exercício do poder disciplinar, tem o empregador obrigação de observar direito fundamental básico do cidadão trabalhador concernente à presunção de inocência, ao contraditório e à ampla defesa, ainda que não seja este o entendimento majoritário sobre a matéria.

A abordagem hegemônica em sentido contrário não impede a análise acadêmica sobre a matéria, pois o pensamento divergente é próprio das ciências sociais aplicadas e deve ser respeitado, ainda que a maioria discorde.

Durante muito tempo houve aparente consenso de que o empregador, no âmbito de seu poder disciplinar, não precisaria observar o princípio constitucional fundamental geral de presunção de inocência (Constituição da República, artigo 5º, inciso LVII).

Assim, em caso de dispensa por justa causa não haveria a necessidade de oferecer ao trabalhador empregado oportunidade de provar sua inexistência ou sequer

---

[2] DELGADO, Mauricio Godinho. *Curso de Direito do Trabalho*. São Paulo: LTr, 2011. p. 622.

[3] É claro que o particular entendimento do empregador sobre o fato analisado está sujeito à apreciação do Poder Judiciário Trabalhista.

de argumentar contra a aplicação da pena de extinção do contrato por responsabilidade sua. A presunção de inocência seria restrita ao processo e inaplicável no curso da relação jurídica de emprego.

Tal interpretação sobre o conjunto normativo protetivo vigente no Brasil é equivocada e merece reconstrução, como muito bem indica Jorge Luiz Souto Maior, ao tratar sobre os impactos negativos da justa causa na pessoa do trabalhador punido:

> No meio trabalhista, a expressão "justa causa" não é meramente a "cessação do negócio jurídico por ato faltoso do outro contratante", é uma autêntica reprimenda de natureza moral, com grave efeito de natureza social, além do que, inverte a regra da presunção de inocência. Um empregado "dispensado" por "justa causa", para fins de avaliação social, é culpado até prova em contrário, prova essa que deve ser produzida em um processo que, ao mesmo tempo, garante ao reclamado, que efetuou a "dispensa" por "justa causa", todas as garantias inscritas na cláusula do "devido processo legal" (ampla defesa, contraditório e duplo grau de jurisdição).[4]

Embora estejamos distantes da aplicação prática, no âmbito do processo do trabalho, dos princípios da presunção de inocência, contraditório e ampla defesa, dado o conservadorismo verificado neste plano, é possível e necessária a sua aplicação, por força da preponderância do texto constitucional democrático de 1988.

O princípio da presunção de inocência é resguardado como um dos pilares da cidadania no Brasil. Sequer pode haver inquérito policial sem um conteúdo indiciário mínimo em desfavor do cidadão a ser investigado. Políticos, para se tornarem inelegíveis, devem sofrer duas condenações, por juízo singular e colegiado, sob pena de agressão ao princípio constitucional da presunção de inocência. No plano das relações privadas a regra geral é a de presunção de inocência ou de não responsabilidade. Somente no Direito do Trabalho, no plano da relação de emprego, não se concebe abusividade no ato patronal de dispensa por justa causa sem indícios de responsabilidade pessoal do trabalhador. A lógica se inverte: após sofridas as consequências (graves) da dispensa por justa causa deve o trabalhador, caso queira, acionar a Justiça do Trabalho para pleitear a reversão da medida. Primeiro a pena, depois, caso queira, o processo. Deve o trabalhador arcar, então, antes do processo, com a mancha advinda da justa causa, com o ônus da demora do processo e com os riscos de não conseguir outro emprego em face do ajuizamento da ação. No mínimo.

O princípio constitucional de presunção de inocência deve ser observado nos casos em que o empregador pretenda aplicar ao empregado a pena mais grave prevista no ordenamento jurídico trabalhista, que é a justa causa, independentemente da inexistência de regra infraconstitucional ou do pretenso direito "potestativo" do empregador à dispensa.

---

(4) SOUTO MAIOR, Jorge Luiz. "A Supersubordinação". *In*: RENAULT, Luiz Otávio Linhares et. al. *Parassubordinação: homenagem ao Professor Márcio Túlio Viana*. São Paulo: LTr, 2011. p. 51.

No mesmo contexto do que foi acima tratado havia uniforme entendimento de que os princípios do contraditório e da ampla defesa somente eram garantidos ao trabalhador no curso de eventual processo judicial, e não no decorrer do contrato de emprego. O exercício do direito do empregador à dispensa por justa causa não precisaria observar os preceitos constitucionais garantidores do contraditório e da ampla defesa, pois sua decisão era suficiente à implementação da medida. Mais uma vez a lógica se inverte: o trabalhador que por acaso não se conforme com a medida unilateral e automática deve se valer do processo trabalhista para a sua reversão, oportunidade em que, aí sim, terá o empregador direito ao contraditório e à ampla defesa de sua decisão.

O raciocínio aqui é o mesmo, ou seja, se o contraditório e a ampla defesa são princípios constitucionais fundamentais, devem valer no âmbito das relações de trabalho, independentemente de regras infraconstitucionais sobre a matéria.

Deve o empregador, por meio de seu poder regulamentar, criar procedimentos justos e equânimes que tratem da aplicação de penalidades trabalhistas, sob pena do reconhecimento imediato da ilegalidade da justa causa eventualmente aplicada sem o respeito à presunção de inocência, ao contraditório e à ampla defesa.

Assim, em um processo em que se discuta a dispensa por justa causa, deverá o Juiz do Trabalho analisar se houve ou não o respeito aos direitos fundamentais do cidadão trabalhador acima tratados. Caso não tenham sido observados, a reversão da justa causa se dará independentemente da análise do mérito da dispensa. Caso tenham sido observados os princípios constitucionais deverá o julgador analisar o mérito da dispensa, ou seja, se justa (CLT, artigo 482) ou injusta.

Importante destacar que, independentemente da divergência doutrinária indicada, é inequívoco que há somente três possibilidades de punição no âmbito do contrato de emprego: *advertência, suspensão disciplinar*, nos limites temporais do artigo 474 da CLT e *dispensa por justa causa*.

A advertência tecnicamente não deveria ser vista como pena, pois é mera informação do empregador ao empregado sobre como deve ser o seu agir no contexto da relação empregatícia. Assim, advertir é admoestar, avisar, prevenir. É dizer que uma determinada conduta não deve ser mantida pelo trabalhador. Ocorre, entretanto, que a advertência é vista e sentida como pena pelo empregado, funcionando como tal e sendo assim reconhecida pela doutrina e pela jurisprudência.

A suspensão disciplinar, que não se confunde com suspensão do contrato, é medida punitiva que consiste na proibição de trabalho com consequente ausência de contraprestação referente aos dias de pena. O trabalhador fica proibido de ingressar no ambiente de trabalho e de exercer suas atividades cotidianas. A consequência, como visto, é o não pagamento do valor de salário referente aos dias de punição. É importante perceber que não há desconto no salário. Desconto no pagamento não é pena lícita no âmbito do emprego celetista ordinário. O que há é ausência de contraprestação por inexistência de prestação laboral nos dias fixados como de suspensão disciplinar.

A pena mais severa prevista na ordem jurídica laboral é a dispensa por justa causa, pois põe fim ao contrato de emprego por responsabilidade (e ônus) do empregado, embora tal decisão caiba ao empregador.

Os atos do trabalhador que ensejam sua punição mais grave no contrato estão previstos no artigo 482 da CLT:

> Art. 482 – *Constituem justa causa para rescisão do contrato de trabalho pelo empregador:*
>
> a) *ato de improbidade;*
>
> b) *incontinência de conduta ou mau procedimento;*
>
> c) *negociação habitual por conta própria ou alheia sem permissão do empregador, e quando constituir ato de concorrência à empresa para a qual trabalha o empregado, ou for prejudicial ao serviço;*
>
> d) *condenação criminal do empregado, passada em julgado, caso não tenha havido suspensão da execução da pena;*
>
> e) *desídia no desempenho das respectivas funções;*
>
> f) *embriaguez habitual ou em serviço;*
>
> g) *violação de segredo da empresa;*
>
> h) *ato de indisciplina ou de insubordinação;*
>
> i) *abandono de emprego;*
>
> j) *ato lesivo da honra ou da boa fama praticado no serviço contra qualquer pessoa, ou ofensas físicas, nas mesmas condições, salvo em caso de legítima defesa, própria ou de outrem;*
>
> k) *ato lesivo da honra ou da boa fama ou ofensas físicas praticadas contra o empregador e superiores hierárquicos, salvo em caso de legítima defesa, própria ou de outrem;*
>
> l) *prática constante de jogos de azar.*

Nem todas as condutas previstas no artigo 482 da CLT devem ensejar, isolada e imediatamente, a rescisão contratual por justa causa. Outras, mais graves, ensejam a ruptura contratual por responsabilidade do empregado, nos termos da seguinte análise:

a) *ato de improbidade*

O ato de improbidade pressupõe agressão ao patrimônio do empregador, e pode ensejar, nos termos da jurisprudência dominante, aplicação imediata da dispensa por justa causa. A agressão ao patrimônio pode se dar por furto, roubo, apropriação indébita, estelionato, dano causado por agir doloso e outras práticas perpetradas pelo empregado em prejuízo de seu empregador.

Exemplificativamente, a seguinte decisão:

> DISPENSA POR JUSTA CAUSA – ATO DE IMPROBIDADE – INSUFICIÊNCIA PROBATÓRIA. A improbidade é a mais grave falta que pode ser imputada ao empregado pelo empregador e, mais que qualquer outra, a dispensa sob a alegação de justa causa decorrente da prática de ato de improbidade, falta tipificada na alínea "a" do artigo 482 da CLT, exige prova cabal e robusta, sem deixar qualquer margem de dúvida. Portanto, imputando a reclamada à trabalhadora a prática de ato de improbidade, competia-lhe demonstrar, de forma cabal e robusta, sem deixar qualquer margem de dúvida, a prática desonesta da trabalhadora, realizada com a clara intenção de se locupletar do patrimônio da empresa. Entretanto, não logrando êxito a reclamada de seu ônus probatório em relação a sua alegação de defesa no sentido de que a reclamante praticou ato de improbidade, em face da ausência de prova insofismável de que a autora desviou dinheiro do caixa da empresa, mantém-se a decisão de origem que reconheceu a irregularidade da dispensa por justa causa, convertendo-a em dispensa imotivada. (TRT, 3ª Região, 4ª Turma, processo n. 01225-2008-065-03-00-8, Recurso Ordinário, relator Desembargador Júlio Bernardo do Carmo, publicação em 08.09.2010, disponível em: www.trt3.jus.br, consulta em 02.11.2011).

b) incontinência de conduta ou mau procedimento

A incontinência de conduta diz respeito à moral sexual, enquanto o mau procedimento se refere à moral geral. Difícil atualmente compreender, entretanto, o que seja *moral geral* e, ainda, *moral sexual*. Certo é que tais conteúdos não são mais os mesmos percebidos pelo legislador de 1943, cabendo à doutrina e à jurisprudência apontar os caminhos interpretativos e as soluções jurídicas em consonância com a sociedade atual, iluminadas, ambas, pelo Texto Constitucional de 1988.

Exemplificativamente, as seguintes decisões:

> JUSTA CAUSA – INCONTINÊNCIA DE CONDUTA. Comprovado de forma cabal que o empregado, laborando como vigia de escola pública, já tendo sido suspenso em razão de indisciplina, usou as dependências do estabelecimento, durante o horário de trabalho, para a prática de atos libidinosos, não há falar em gradação pedagógica da pena; a incontinência de conduta, neste caso, configura justa causa para a dispensa (art. 482, b/CLT). (TRT, 3ª Região, 5ª Turma, processo n. 19.722/1998, Recurso Ordinário, relator Desembargador Sebastião Geraldo de Oliveira, publicação em 28.08.1999, disponível em: www.trt3.jus.br, consulta em 02.11.2011).

> MAU PROCEDIMENTO. O mau procedimento caracteriza-se pelo comportamento incorreto do empregado, traduzido pela prática de atos que firam a discrição pessoal, as regras do bom viver, o respeito, o decoro, ou quando a conduta do obreiro configurar impolidez ou falta de compostura capazes de ofender a dignidade de alguém, prejudicando as boas condições no ambiente de trabalho. Constata-se, no caso, que a prova testemunhal confirma a conduta da autora quando se recusou a ouvir advertência do superior hierárquico, mesmo após chegar atrasada ao trabalho, iniciando violenta discussão, no curso da qual os empregados trocaram ofensas verbais. Tal episódio teve lugar após interregno ao longo do qual a empregada vinha faltando

sem justificativa ao trabalho, em conseqüência do que havia sofrido advertências e suspensões. O quadro delineado confirma o mau procedimento alegado e inviabiliza o reconhecimento da dispensa injusta. Desnecessário, por outro lado, analisar a questão alusiva à culpa recíproca declarada na sentença, se a empresa deixou de se insurgir contra a decisão de primeiro grau. (TRT, 3ª Região, 7ª Turma, processo n. 01060-2009-025-03-00-6, Recurso Ordinário, relator Desembargadora Alice Monteiro de Barros, publicação em 19.05.2011, disponível em: www.trt3.jus.br, consulta em 02.11.2011).

c) *negociação habitual por conta própria ou alheia sem permissão do empregador, e quando constituir ato de concorrência à empresa para a qual trabalha o empregado, ou for prejudicial ao serviço*

Há, aqui, duas condutas típicas, podendo uma ensejar dispensa por justa causa imediatamente enquanto outra possibilita medida punitiva menos grave.

A primeira conduta típica é negociação habitual por conta própria ou alheia sem permissão do empregador e em ato de concorrência com este. É ato grave o suficiente a ensejar, nos termos da jurisprudência dominante, dispensa por justa causa imediatamente, em decorrência da sensível quebra de confiança causada pelo trabalhador.

A segunda conduta típica é negociação habitual por conta própria ou alheia sem permissão do empregador e que traz prejuízos ao serviço. Esta conduta é menos significativa, e pode ensejar medida menos grave (advertência ou suspensão disciplinar) ao invés da justa causa imediata.

Exemplificativamente, as seguintes decisões:

JUSTA CAUSA – NEGOCIAÇÃO HABITUAL – CONCORRÊNCIA DESLEAL – *Admitindo o próprio reclamante que comercializava por conta própria o mesmo produto vendido na reclamada, habitualmente, a preço mais baixo, resta configurada a justa causa para a rescisão do contrato pelo empregador, com fulcro na alínea "c", do artigo 482, da CLT.* (TRT, 3ª Região, 2ª Turma, processo n. 00792-2003-086-03-00-3, Recurso Ordinário, relatora Desembargadora Wilmeia da Costa Benevides, publicação em 15.10.2003, disponível em: www.trt3.jus.br, consulta em 02.11.2011).

JUSTA CAUSA – NEGOCIAÇÃO HABITUAL. *Não é negociação e muito menos habitual, o serviço prestado fora do estabelecimento, após a jornada do empregado, não demonstrado prejuízo ao serviço do obreiro ou à reclamada. Proibir outras atividades lucrativas ao empregado, traduz violência ao seu direito e liberdade de trabalho, garantido constitucionalmente. Constitui ponto pacífico na jurisprudência e na doutrina, como regra, ser lícito ao empregado, trabalhar para mais de um empregador, ter dois ou mais empregos, desde que conciliáveis. Não demonstrado prejuízo à empresa reclamada, nega-se provimento ao apelo interposto.* (TRT, 3ª Região, 1ª Turma, processo n. 19.088/1999, Recurso Ordinário, relator Juiz Washington Maia Fernandes, publicação em 27.10.2000, disponível em: www.trt3.jus.br, consulta em 02.11.2011).

d) *condenação criminal do empregado, passada em julgado, caso não tenha havido suspensão da execução da pena*

Entendo somente haver espaço para aplicação da dispensa por justa causa nos casos em que o sentenciado fica impossibilitado de comparecer ao serviço, por estar preso. Não há, neste sentido, possibilidade de dispensa por justa causa se o regime de cumprimento de pena (aberto ou semi-aberto) é compatível com o exercício do trabalho pelo sentenciado.

Exemplificativamente, a seguinte decisão:

> *JUSTA CAUSA. CONDENAÇÃO CRIMINAL TRANSITADA EM JULGADO. O art. 482, "d", da CLT tipifica como justa causa para ensejar a rescisão contratual "a condenação criminal do empregado, passada em julgado, caso não tenha havido suspensão da execução da pena", não sendo necessário que os fatos que determinaram a condenação criminal sejam relacionados com a prestação de trabalho, mas é a impossibilidade de continuidade na execução do contrato, em virtude da privação de liberdade do empregado que justifica a resolução contratual.* (TRT, 3ª Região, 3ª Turma, processo n. 01331-2009-043-03-00-5, Recurso Ordinário, relator Juiz Milton V. Thibau de Almeida, publicação em 19.07.2010, disponível em: www.trt3.jus.br, consulta em 02.11.2011).

e) *desídia no desempenho das respectivas funções*

A desídia pressupõe o desinteresse do empregado pelo contrato, ação (ou mais frequentemente omissão) contrária àquela esperada no âmbito da prestação laborativa. Regra geral (que comporta exceções) desafia inicialmente advertência e suspensão, para somente depois ensejar dispensa por justa causa.

Exemplificativamente, a seguinte decisão:

> *JUSTA CAUSA. DESÍDIA. A desídia caracteriza-se pelo desleixo, pela má vontade, pela incúria, pela falta de zelo ou de interesse do empregado no exercício de suas funções. Tal falta manifesta-se pela deficiência qualitativa do trabalho e, em geral, exige uma certa repetição, embora também possa ser configurada por um só ato, quando este traduza negligência grave. As faltas injustificadas e reiteradas ao serviço traduzem violação a normas gerais alusivas à assiduidade e à pontualidade e, portanto, configuram indisciplina, embora a jurisprudência dominante enquadre-as como desídia, quando é sabido que esta última ocorre em serviço. Ora, se o empregado faltou ao serviço, sua ausência inviabiliza a caracterização da desídia. Independentemente de seu enquadramento, certo é que a configuração da justa causa, é necessário que tenha havido a aplicação de medidas disciplinares visando a recuperar o trabalhador para o caminho da exação funcional. Incide nessa falta o empregado que se ausente do trabalho seguidas vezes, mesmo após ser advertido e suspenso pelo empregador.* (TRT, 3ª Região, 7ª Turma, processo n. 00196-2008-131-03-00-8, Recurso Ordinário, relatora Desembargadora Alice Monteiro de Barros, publicação em 23.06.2009, disponível em: www.trt3.jus.br, consulta em 02.11.2011).

f) embriaguez habitual ou em serviço

A tipificação da embriaguez como motivo ensejador de dispensa por justa causa é atualmente controvertida, depois de ter a Organização Mundial de Saúde incluído o alcoolismo como doença. É claro que ninguém pode ser dispensado por justa causa por estar doente. Assim, aquele que se embriaga por ser alcoólatra não poderá ser dispensado por justa causa. Presume-se que quem se apresenta ao serviço embriagado também é doente.

Sobre a polêmica, as seguintes decisões:

> DISPENSA POR JUSTA CAUSA. NÃO CARACTERIZAÇÃO EM VIRTUDE DO ALCOOLISMO DO TRABALHADOR. *O alcoolismo configura doença progressiva, incurável e fatal, que consta do Código Internacional de Doenças sob a denominação "F10.2 – Transtornos mentais e comportamentais devidos ao uso de álcool – síndrome de dependência". Neste contexto, considerando-se que o autor, quando praticou o ato ensejador da dispensa motivada, encontrava-se embriagado, é de se mitigar a antiga caracterização da dispensa por justa causa em face da embriaguez do empregado em serviço (art. 482, f, da CLT). Isto porque, trata-se de pessoa doente, incapaz de controlar a sua compulsão pelo consumo de álcool. Via de consequência, ele deve ser encaminhado para o tratamento pertinente ao invés de ser punido, atenuando-se, assim, os problemas daí decorrentes na vida social, familiar e financeira do empregado já bastante vulnerável em decorrência da doença que, por si só, torna-o ainda mais frágil.* (TRT, 3ª Região, 10ª Turma, processo n. 00984-2008-033-03-00-9, Recurso Ordinário, relatora Juíza Taísa Maria Macena de Lima, publicação em 29.04.2009, disponível em: www.trt3.jus.br, consulta em 02.11.2011).

> JUSTA CAUSA. EMBRIAGUEZ. *O artigo 482, f, da CLT, tipifica duas hipóteses de justa causa para a rescisão do contrato de trabalho: 1) a embriaguez habitual, ou seja, quando o empregado usa bebida alcoólica ou entorpecentes de forma crônica; 2) a embriaguez em serviço, evidenciada por um só episódio dessa natureza, quando o trabalhador se apresenta ao serviço embriagado ou faz uso da bebida ou droga durante o expediente. A expressão "em serviço" contida no dispositivo legal em estudo não afasta o reconhecimento dessa justa causa em relação ao empregado que tiver negado o acesso ao ambiente de trabalho por se encontrar embriagado, até porque seria contraditório exigir que o empregador devesse aguardar o registro do ponto para somente então punir o trabalhador. O texto da lei não deverá ser interpretado com essa restrição, cabendo aplicar a justa causa ao empregado que se apresenta com sintomas visíveis de embriaguez para trabalhar. Ao se colocar à disposição do empregador, nesse estado, o trabalhador comete a falta tipificada no dispositivo legal em estudo, atraindo a dispensa por justa causa.* (TRT, 3ª Região, 2ª Turma, processo n. 01272-2002-063-03-00-3, Recurso Ordinário, relator Juíza Cristina M. Valadares Fenelon, publicação em 01.10.2003, disponível em: www.trt3.jus.br, consulta em 02.11.2011).

g) violação de segredo da empresa

Violação de segredo da empresa é motivo ensejador de dispensa por justa causa imediata, vez que caracteriza grave quebra da confiança que é necessária à preservação do contrato de emprego.

Exemplificativamente, a seguinte decisão:

> *JUSTA CAUSA – VIOLAÇÃO DE SEGREDO DA EMPRESA – O envio de informações de cunho sigiloso, pelo reclamante, à funcionária da empresa concorrente de sua empregadora configura quebra de fidúcia contratual, apta a ensejar a ruptura do liame empregatício, de imediato, por justa causa, com fundamento no artigo 482, alínea g, da CLT.* (TRT, 3ª Região, 6ª Turma, processo n. 01367-2010-023-03-00-8, Recurso Ordinário, relator Desembargador Jorge Berg de Mendonça, publicação em 18.07.2011, disponível em: www.trt3.jus.br, consulta em 02.11.2011).

h) *ato de indisciplina ou de insubordinação*

Ato de indisciplina caracteriza inobservância a ordens gerais emanadas pelo empregador através de seu poder regulamentar. Ato de insubordinação caracteriza inobservância a ordens específicas, direcionadas a um específico empregado ou a um grupo restrito de trabalhadores.

Sobre o assunto, as seguintes decisões:

> *JUSTA CAUSA. INSUBORDINAÇÃO. A insubordinação implica violação ao dever de obediência. O empregado que pratica essa falta subverte a hierarquia interna da empresa e compromete sua organização. Em conseqüência, dá motivo para ser dispensado por justa causa, quando ausentes razões capazes de justificar o direito de resistência. Pratica a falta em estudo a empregada que se recusa a aceitar alteração de função promovida pela empresa, sob alegação de que as novas atribuições ofereciam risco ergonômico, sem demonstrar tal assertiva.* (TRT, 3ª Região, 7ª Turma, processo n. 00626-2009-150-03-00-0, Recurso Ordinário, relatora Desembargadora Alice Monteiro de Barros, publicação em 08.06.2010, disponível em: www.trt3.jus.br, consulta em 02.11.2011).

> *RESOLUÇÃO DO CONTRATO. JUSTA CAUSA DO EMPREGADO. PROVA INEQUÍVOCA. A falta cometida pelo empregado, a respaldar a sua dispensa por justa causa, é aquela que, por sua gravidade, causa séria violação às suas obrigações contratuais, de modo a tornar inviável, pela quebra da fidúcia, a continuidade do vínculo empregatício. Desse modo, cumpre ao empregador o ônus de demonstrar os fatos imputados ao trabalhador e que justificaram a penalidade máxima aplicada, conforme art. 818 da CLT e art. 333, II, do CPC. No caso, os documentos relativos às penalidades aplicadas demonstram que o autor reincidia nas mesmas faltas configuradoras da indisciplina e insubordinação, nos termos do art. 482, h, da CLT. A prova oral confirmou que o reclamante apresentava problemas de indisciplina, e que no dia da dispensa chegou a desligar as máquinas, o que causou sérios prejuízos à reclamada, ensejando motivo justo para a dispensa imediata.* (TRT, 3ª Região, 9ª Turma, processo n. 00849-2010-104-03-00-0, Recurso Ordinário, relatora Juíza Ilivia Figueiredo Pinto Coelho, publicação em 15.06.2011, disponível em: www.trt3.jus.br, consulta em 02.11.2011).

i) *abandono de emprego*

O abandono de emprego pressupõe a intenção do empregado em não mais se vincular ao pacto laborativo, independentemente do lapso de ausência injustificada do trabalhador.

A Súmula n. 32 do TST traz presunção de *abandono de emprego se o trabalhador não retornar ao serviço no prazo de 30 (trinta) dias após a cessação do benefício previdenciário nem justificar o motivo de não o fazer*, do que decorreu a aplicação de tal lapso como suficiente para a caracterização do abandono também em outras situações fáticas.

É claro, entretanto, que pode ser caracterizado o abandono de emprego após decorridos poucos dias de ausência, bem como pode não ser caracterizada tal falta grave mesmo ultrapassado o marco de 30 dias. A análise não deve se ater ao *quantum*, mas à intenção do empregado.

Exemplificativamente, a seguinte decisão:

> *ABANDONO DE EMPREGO CONFIGURAÇÃO. Para caracterização do abandono de emprego é necessário que o empregador faça prova da intenção de o trabalhador abandonar o emprego. Essa demonstração pode se dar por meio da assunção de emprego novo pelo obreiro, pela notificação convocando para retorno ao trabalho ou por outro meio capaz de comprovar a intenção de abandono. A demandada tem o ônus de provar o abandono de emprego. No caso vertente, demonstrada a existência dos elementos objetivo (ausência injustificada do obreiro ao trabalho por ao menos trinta dias) e subjetivo (animus abandonandi) do abandono de emprego, correta a r. sentença ao chancelar a justa causa aplicada pela ré, calcada no art. 482, i, da CLT.* (TRT, 3ª Região, 7ª Turma, processo n. 01378-2010-034-03-00-1, Recurso Ordinário, relator Desembargador Marcelo Lamego Pertence, publicação em 11.10.2011, disponível em: www.trt3.jus.br, consulta em 02.11.2011).

j) ato lesivo da honra ou da boa fama praticado no serviço contra qualquer pessoa, ou ofensas físicas, nas mesmas condições, salvo em caso de legítima defesa, própria ou de outrem

É claro que agressões, sejam verbais ou físicas, são incompatíveis com a preservação do vínculo laborativo, ensejando tais atos a ruptura por culpa do empregado, excetuada sua legítima defesa.

Exemplificativamente, a seguinte decisão:

> *JUSTA CAUSA. EMPREGADO QUE SE ENVOLVE EM LUTA CORPORAL COM COLEGA, NO AMBIENTE DE TRABALHO. LEGÍTIMA DEFESA NÃO CARACTERIZADA. MANUNTENÇÃO DA DISPENSA POR JUSTA CAUSA, INOBSTANTE O PASSADO FUNCIONAL ILIBADO DO RECLAMANTE. Não se pode negar ao agredido o direito de se defender. Entretanto, não menos certo é que também não se pode tolerar que a desavença entre dois empregados – iniciada por motivo considerevelmente fútil, aliás –, redunde em luta corporal que, acaso não houvesse no local colegas para apartar, poderia ter gerado consequências graves. E dúvida não pode haver, ainda, de que à empregadora não se pode impor a manutenção, em seu quadro funcional, de dois empregados que se envolvem em incidente no qual demonstram excessiva animosidade, porquanto o ambiente de trabalho não pode comportar violência de qualquer tipo – mormente a física. Vale ressaltar que o empregador tem o dever de zelar pela segurança*

de todos os seus laboristas, e a manutenção de dois empregados que revelam tendência ao descontrole emocional evidenciado pelo reclamante e seu colega – podendo reincidir no comportamento agressivo – constitui risco para a paz no local de trabalho e para os demais colegas. Neste diapasão, o empresário se utiliza regularmente de seu poder diretivo ao demonstrar, através da aplicação da pena máxima trabalhista, que determinados comportamentos – como o do reclamante e do seu colega – não serão tolerados no ambiente de trabalho. Trata-se de exemplo salutar a ser dado a todo o grupo de laboristas. Noutro giro, o passado funcional ilibado do reclamante também não tem o condão de inviabilizar a dispensa por justa causa, porquanto "É cediço que, via de regra, a regularidade ou não da dispensa por justa causa envolve aferição do comportamento usual do empregado, devendo-se evitar a pena máxima fundada em um único incidente. [...] É de se ressaltar, contudo, que esta é apenas a regra. Casos há em que a fidúcia é quebrada de modo tão grave que se torna inviável o prosseguimento do contrato (Processo – 00454-2009-024-03-00-0/RO; Data de Publicação – 24/02/2010; DEJT, Página: 150; Órgão Julgador – Décima Turma; Relator – Márcio Flávio Salem Vidigal). (TRT, 3ª Região, 10ª Turma, processo n. 02011-2008-092-03-00-1, Recurso Ordinário, relator Juíza Taísa Maria Macena de Lima, publicação em 01.06.2010, disponível em: www.trt3.jus.br, consulta em 02.11.2011).

k) *ato lesivo da honra ou da boa fama ou ofensas físicas praticadas contra o empregador e superiores hierárquicos, salvo em caso de legítima defesa, própria ou de outrem*

É claro também que agressões contra o empregador ou seus prepostos, sejam verbais ou físicas, são incompatíveis com a preservação do vínculo laborativo, ensejando tais atos a ruptura por culpa do empregado, excetuada sua legítima defesa.

Exemplificativamente, a seguinte decisão:

JUSTA CAUSA. OFENSA À HONRA DO EMPREGADOR. A falta tipificada no artigo 482, k, da CLT, alusiva à prática de ato lesivo da honra e boa fama do empregador ocorre quando o empregado expõe seu patrão, por qualquer meio (gestos, palavras, etc) ao desprezo de terceiros, ou quando praticar qualquer ato que ofenda a honra deste último. A professora que retira um de seus filhos da instituição de ensino da qual é empregada, transferindo- o para outro estabelecimento, mesmo concorrente, não pratica esse tipo de ofensa. O ato tido como faltoso apenas atendia às necessidades pessoais da aluna e não traduz desapreço da empregada em relação ao empregador. (TRT, 3ª Região, 7ª Turma, processo n. 00736-2006-142-03-00-5, Recurso Ordinário, relatora Juíza Wilmeia da Costa Benevides, publicação em 17.10.2006, disponível em: www.trt3.jus.br, consulta em 02.11.2011).

l) *prática constante de jogos de azar*

Discutível é a possibilidade de a prática de jogos de azar influenciar o contrato de emprego a ponto de se impor sua rescisão por responsabilidade do empregado. Somente pode haver punição trabalhista decorrente de ato que traz repercussão no âmbito do contrato de emprego. Assim, somente deve haver a dispensa por justa causa (após advertência e suspensão disciplinar) se houver impacto contratual trabalhista na prática constante de jogo de azar.

Embora não tenha a CLT fixado critérios para a imposição da justa causa, a doutrina e a jurisprudência reconhecem a gravidade da medida e impõem limites ao seu exercício pelo empregador, embora não contemplem o contraditório, a ampla defesa e a presunção de inocência, como exposto.

Assim, caso haja processo judicial para a reversão da justa causa, deverá o empregador demonstrar que observou os critérios (requisitos ou limites) doutrinários e jurisprudenciais para sua aplicação.

Infelizmente a comprovação de observância aos limites só se exige no âmbito judicial trabalhista, e não no plano do contrato de emprego. Assim, o empregador primeiro impõe a justa causa e depois, somente se for demandado em juízo, comprova a observância aos critérios de aplicação da pena já imposta.

Os critérios (requisitos ou limites) para imposição da justa causa são objetivos (tipicidade da conduta, natureza trabalhista da falta, gravidade da falta), subjetivos (autoria, culpa ou dolo) e circunstanciais (nexo de causalidade entre a falta e a pena, proporcionalidade, imediaticidade, inalteração da punição, ausência de discriminação, caráter pedagógico, gradação das penas e singularidade da punição), nos termos da doutrina do Professor Mauricio Godinho Delgado.[5]

Inicialmente deve haver a *tipicidade da conduta* para preservação judicial dos efeitos da dispensa por justa causa. Assim, somente pode haver punição no âmbito do contrato de emprego se a conduta do trabalhador tiver sido prevista como passível de pena.

É também claro que para haver a preservação judicial dos efeitos da punição a falta deve ter *natureza trabalhista*, ou seja, não deve haver dispensa por justa causa decorrente de um agir do trabalhador que seja estranho ao contrato de emprego.

Somente pode haver a preservação judicial dos efeitos da punição se a conduta do trabalhador for minimamente gravosa. Não pode haver qualquer punição, muito menos dispensa por justa causa, se a conduta do trabalhador não traz qualquer impacto negativo ao vínculo mantido.

Somente pode haver a preservação judicial dos efeitos da punição se identificado quem é o autor da conduta faltosa.

Deve o empregador demonstrar, também, que o empregado punido agiu culposa (negligência, imperícia, imprudência) ou dolosamente (com intenção) com relação á falta a ele imputada.

Deve haver, para a preservação judicial dos efeitos da punição, comprovação pelo empregador do nexo de causalidade entre a falta cometida pelo empregado e a pena aplicada em consequência.

Sempre que for possível, não sendo o caso de reiteração de faltas, por exemplo, deve o empregador, se quiser manter a pena aplicada, comprovar que agiu

---

(5) DELGADO, Mauricio Godinho. *Curso de Direito do Trabalho*. 10. ed. São Paulo: LTr, 2011.

proporcionalmente, ou seja, que aplicou pena mais branda (advertência) em decorrência de falta leve, pena mais severa (suspensão disciplinar) em decorrência de falta de média gravidade, e que somente utilizou a justa causa em decorrência de falta grave.

Para preservar judicialmente os efeitos da dispensa por justa causa deve o empregador demonstrar que agiu com imediaticidade, ou seja, que aplicou a pena imediatamente após aferir a autoria e a responsabilidade do trabalhador. Caso não haja imediaticidade (ou imediatidade) presume-se o perdão tácito que ensejará a reversão da justa causa.

Não pode haver alteração da punição em prejuízo ao empregado.

Por fim, deve haver uma única pena para cada falta cometida, não sendo possível a cumulação de penas em decorrência de uma única ação (ou omissão) faltosa atribuída ao empregado.

Tendo em vista o caráter penal trabalhista da dispensa por justa causa o empregado arca com o ônus da dispensa, vez que perde diversos direitos decorrentes de tal rescisão contratual. Somente terá direito a férias vencidas, se houver, acrescida de 1/3 constitucional. Não há direito a férias proporcionais, nos termos da Súmula n. 171 do TST. O empregado não perde o direito à integralidade de seu FGTS, mas não poderá sacar o valor depositado, nos termos da lei específica sobre a matéria.

> SUM. 171 FÉRIAS PROPORCIONAIS. CONTRATO DE TRABALHO. EXTINÇÃO *(republicada em razão de erro material no registro da referência legislativa), DJ 05.05.2004. Salvo na hipótese de dispensa do empregado por justa causa, a extinção do con-trato de trabalho sujeita o empregador ao pagamento da remuneração das férias proporcionais, ainda que incompleto o período aquisitivo de 12 (doze) meses (art. 147 da CLT) (ex-Prejulgado n. 51).*

Infelizmente e por diversos motivos a ordem jurídica brasileira contempla a possibilidade fática do descumprimento da legislação heterônoma sem repercussão negativa efetiva para quem assim age, pois há verdadeira *flexibilização a sangue-frio* patrocinada pelos patrões, que deslegitimam o Direito do Trabalho.

É facilmente perceptível o fato de que muitos empregadores preferem, conscientemente e sopesados os riscos, descumprir a legislação trabalhista, não obstante todos saibam ter ela caráter imperativo e natureza de direito fundamental indisponível no ordenamento brasileiro.

Todos conhecem empregador que prefere pagar acertos rescisórios na Justiça do Trabalho, consciente de que receberá do Estado-Juíz o que a lei não lhe confere, como por exemplo, a redução dos valores e seu parcelamento em "suaves prestações". Todos conhecem empregador que não paga horas extras, embora exija seu cumprimento, acreditando que o empregado, ainda que demande judicialmente, não conseguirá provar seu direito integralmente. Todos conhecem empregador que terceiriza ilicitamente força produtiva, desestruturando as relações coletivas de trabalho e a representação sindical, na certeza de que poucos trabalhadores terceirizados ajuizarão ação trabalhista e, dentre estes, poucos conseguirão, após anos de batalha judicial, receber direitos decorrentes de tal prática.

O que tem havido, segundo o sociólogo Adalberto Moreira Cardoso em sua obra *A Década Neoliberal e a Crise dos Sindicatos no Brasil*, e conforme é possível se perceber na prática, é a "deslegitimação do Direito do Trabalho". A deslegitimação do Direito do Trabalho pode ser entendida como a estratégia patronal no sentido de passar aos trabalhadores a ideia de que seus direitos não são verdadeiramente garantidos, posto que são impunemente descumpridos. Assim, descumprir a norma trabalhista é um risco calculado e assumido pelo empregador, que, muitas vezes, garante duplo resultado: economia de dinheiro e enfraquecimento da efetividade das normas trabalhistas.

Se não é mais possível contar com o Estado para patrocinar a flexibilização das leis trabalhistas, como ocorreu na década de 1990 e início dos anos 2000, então o recurso utilizado é o do descumprimento frio das normas, o que garante, em muitos casos, o mesmo efeito verificado pela alteração legislativa, que é a economia de recursos financeiros pela via da precarização da contratação de força produtiva. Se anteriormente o reflexo era direto sobre a coletividade dos trabalhadores, hoje, talvez de modo mais perverso vista a impossibilidade do embate fático em igualdade, os resultados são vistos individualmente, pois o descumprimento da legislação se dá em cada contrato de emprego, sendo o trabalhador, isoladamente considerado, responsável por buscar a satisfação de seu crédito pela via judicial.

Infelizmente boa parte desta conduta patronal perversa é possibilitada pela norma constitucional brasileira e pela interpretação feita pelos Tribunais sobre a Carta Política. A regra constitucional contida no artigo 7º, inciso XXIX contempla a prescrição dos direitos trabalhistas em 5 anos, mesmo não reconhecendo os Tribunais a eficácia vertical do seu inciso I. Eis as regras:

> *Art. 7º São direitos dos trabalhadores urbanos e rurais, além de outros que visem à melhoria de sua condição social:*
>
> *I – relação de emprego protegida contra despedida arbitrária ou sem justa causa, nos termos de lei complementar, que preverá indenização compensatória, dentre outros direitos;*
>
> *(...)*
>
> *XXIX – ação, quanto aos créditos resultantes das relações de trabalho, com prazo prescricional de cinco anos para os trabalhadores urbanos e rurais, até o limite de dois anos após a extinção do contrato de trabalho.*

Ora, o trabalhador não deixa de ajuizar ação trabalhista por inércia ou estratégia política, jurídica ou processual. Não ajuíza ação no curso do contrato de emprego, a cada 5 anos, por absoluta impossibilidade de fazê-lo e, ao mesmo tempo, manter o vínculo que lhe garante o sustento.

Assim sendo, recuso-me academicamente a tratar do artigo 7º, XXIX no plano dos direitos dos trabalhadores, como fez o legislador de 1988, da mesma forma que não trato do tema prescrição trabalhista fora do capítulo do Poder no Contrato de Emprego.

O Prof. Márcio Túlio Viana explica, com peculiar sensibilidade:

> E se o emprego, para o empregado, é a própria vida, é claro que ele não pode correr riscos, exigindo com firmeza que a lei seja cumprida – como faria aquela moça, mesmo não sendo dela o dinheiro. Pela mesma razão, enquanto empregado, ele não procura a Justiça.
>
> Desse modo – e ao contrário do Direito Civil – o Direito do Trabalho não se cumpre espontaneamente, pelo menos por inteiro. Exige auditores fiscais, polícia federal, juízes especializados e até uma forma de sanção não estatal, representada pelo sindicato, ou mais precisamente pela greve.
>
> Num contexto como o de hoje, as violações são ainda maiores; e talvez não seja exagero dizer que o poder diretivo atinge já não apenas a força de trabalho, mas a própria norma trabalhista. O empregador a utiliza como, quando, onde, se e quanto quer. E o empregado se submete à violação de seus direitos, até o dia em que – tendo perdido o emprego – não tem mais o que perder.[6]

O abuso do direito nas relações trabalhistas, o descumprimento da norma legal, a opção pela via judicial para a solução dos conflitos individuais entre capital e trabalho é algo infelizmente visto como parte do poder empregatício, com suporte da regra da prescrição.

Segue o Professor Márcio Túlio Viana, ao propor a não-aplicação da regra da prescrição enquanto não regulamentada a garantia de emprego prevista no artigo 7º, inciso I, nos seguintes termos:

> Assim, até que venha a "lei complementar" prometida, uma solução possível seria a de só aplicarmos a prescrição em situações muito particulares, onde haja alguma segurança no emprego. Seria o caso, por exemplo, do empregado público, ou de estabilidades provisórias; ou ainda das raras hipóteses em que o contrato individual ou coletivo impede a despedida imotivada do empregado.
>
> Essa seria uma forma de compatibilizar as regras da prescrição com pelo menos dois importantes princípios constitucionais. Um deles é o do acesso à Justiça, que na lição de Cappelletti deve ser real e efetivo. O outro – já lembrado pelos juízes Ricardo Fraga e Felipe Ledur – é o que veda o locupletamento indevido e o enriquecimento sem causa.[7]

---

(6) VIANA, Márcio Túlio. Os paradoxos da prescrição quando o trabalhador se faz cúmplice involuntário da perda de seus direitos. *Revista LTr.* v. 71. 2007. p. 1.334-1.339.

(7) *Ibidem*, p. 1334-1339.

Obviamente tal posição é minoritária, para não dizer solitária, o que não afasta sua correção e coesão sistêmica dentro do ordenamento jurídico-trabalhista e constitucional brasileiro.

Os Tribunais preferem aplicar a regra que estabelece que o trabalhador deve ajuizar sua ação trabalhista no mais tardar após 2 anos do término do contrato, retroagindo aos últimos cinco anos, contada tal retroação da data do ajuizamento da ação.

Por fim e destacadamente a importância da aplicação dos direitos fundamentais no âmbito das relações empregatícias, com destaque para o enfoque constitucional sobre os limites do poder do empregador.

Por eficácia horizontal dos direitos fundamentais pode-se compreender com Ingo Wolfgang Sarlet, o seguinte:

> *Se é, à evidência, verdade que são os órgãos estatais que se encontram diretamente vinculados pelos deveres de proteção expressa e implicitamente contidos nos direitos fundamentais, também é correto afirma que entre os particulares existe um dever de respeito e consideração (portanto de não violação) em relação à dignidade e direitos fundamentais de outras pessoas. Assim, a eficácia vertical será sempre complementada por uma espécie de eficácia horizontal, que mais apropriadamente tem sido designada de eficácia dos direitos fundamentais no âmbito das relações privadas...*[8]

É possível inferir, portanto, que o empregador tem o dever de observar os direitos fundamentais do cidadão trabalhador, ainda que não expressos na específica legislação trabalhista. Assim, a norma empresarial ou agir patronal que inobserve dever de proteção, expresso ou implícito, garantido na ordem constitucional vigente, deve ser reconhecido como ilícito.

A doutrina justrabalhista já reconhece tal possibilidade.

Dalva Amélia de Oliveira trata da possibilidade de aplicação imediata dos direitos fundamentais trabalhistas às relações privadas:

> *Essas garantias, elevadas ao patamar constitucional, irradiam-se na ordem jurídica privada, de modo que se tratam de direitos de defesa não só contra o Estado, como também se transmutam em direitos de defesa de particulares contra particulares, o que quer dizer que nas relações de trabalho são direitos fundamentais que vinculam os partícipes desta relação.*[9]

---

(8) SARLET, Ingo Wolfgang. Direitos Fundamentais Sociais, Mínimo Existencial e Direito Privado: breves notas sobre alguns aspectos da possível eficácia dos direitos sociais nas relações entre particulares. In: *Direitos Fundamentais: estudos em Homenagem ao Professor Ricardo Lobo Torres.* São Paulo: Renovar, 2006, pp. 551 a 602.

(9) OLIVEIRA, Dalva Amélia de. *Reformas: a atualização da legislação trabalhista e os direitos fundamentais do trabalho, segundo a Declaração de Princípios da OIT.* São Paulo: LTr, 2004. p. 108.

Por fim, conclui Júlio Ricardo de Paula Amaral sobre a aplicação dos direitos fundamentais às relações de emprego:

> Percebe-se, portanto, que somente por meio da aplicação direta e imediata dos direitos fundamentais nas relações trabalhistas será possível a efetiva proteção aos direitos e liberdades públicas dos trabalhadores, em face do dinamismo destas vinculações. Essa conclusão pode ser atribuída à intangibilidade do conteúdo essencial dos direitos fundamentais dos trabalhadores, e, ainda, diante da flagrante desigualdade que ocorre entre os envolvidos – empregados e empregadores – nas relações de trabalho. Pode-se mencionar, por fim, que o empregador, em decorrência desta relação jurídica, é detentor de direitos e faculdades que, exercidos de forma inadequada, mostram-se como potenciais fatores de afrontas e violações à liberdade, privacidade e dignidade dos trabalhadores.[10]

Nesta perspectiva que se espera possível no Brasil, os direitos fundamentais que se relacionam direta ou indiretamente com a proteção ao trabalho devem ser imediatamente aplicados às relações jurídicas de emprego, pois dotados de eficácia plena.

Já exposto que no âmbito do contrato de trabalho o empregador exterioriza seu poder através da regulamentação, da fiscalização e do exercício do poder disciplinar. Ocorre que embora seja silente a CLT quanto aos limites do poder empregatício, há princípios constitucionais que consagram direitos fundamentais que devem ser aplicados diretamente (horizontalmente) às relações de entrega de força produtiva, e que são tendentes a obstar abusos patronais nesta seara.

Em alguns casos, o intérprete se verá diante de colisão entre princípios constitucionais protetivos dos trabalhadores e aqueles referentes à preservação da propriedade privada.

É que não há direito fundamental absoluto, segundo doutrina majoritária, sendo certo que sua aplicação pode ser limitada em confronto com outro direito também fundamental, segundo o critério (princípio) da proporcionalidade.

O princípio da proporcionalidade se divide, por sua vez, em três *subprincípios*: adequação, necessidade e proporcionalidade em sentido estrito.

Uma medida restritiva (limitadora) de direito fundamental deve ser, inicialmente, apta ou adequada para a proteção de outro direito fundamental garantido por norma constitucional. O meio limitador deve ser adequado ao fim, que é a proteção de outro direito fundamental. Neste ponto, consoante Júlio Ricardo de Paula Amaral, com Naranjo de la Cruz, não há valoração sobre meios e fins. Basta que a via eleita seja adequada à finalidade:

---

(10) AMARAL, Júlio Ricardo de Paula. *Eficácia dos Direitos Fundamentais nas Relações Trabalhistas.* São Paulo: LTr, 2007. p. 88.

Sob um ponto de vista negativo, sustenta Naranjo de la Cruz que será considerada não proporcional, em face de sua inadequação, a intervenção no âmbito de um direito fundamental com vistas à sua limitação, quando esta não servir para a obtenção de um fim consistente na proteção ou promoção de um determinado bem ou direito também assegurado pelas normas constitucionais.[11]

Uma medida restritiva (limitadora) de direito fundamental deve ser, também, indispensável para a consecução da finalidade pretendida. Se houver outro meio, menos gravoso, deve ele ser utilizado, e não a limitação de direito fundamental. Deve haver, ainda com Amaral, opção pela limitação menos gravosa ao direito fundamental, desde que mantida a eficácia da medida:

> *Há de se mencionar, de igual forma, que na análise da necessidade exige-se que a medida que se opõe de forma ideal como alternativa àquela adotada possua igual aptidão para a consecução do fim almejado. O órgão de controle da decisão, desta forma, não pode declarar desproporcional uma medida somente pelo fato de existir uma outra que, também sendo apta para alcançar o objetivo perseguido, apenas o é, entretanto, em grau menor que a via eleita. Sustenta-se que o igual valor do meio alternativo proposto deva aparecer como evidente em todo caso.*[12]

Por fim, uma medida restritiva (limitadora) de direito fundamental deve ser razoável ou proporcional ao sacrifício do direito fundamental limitado em relação à importância do interesse que se pretende proteger, em uma análise valorativa. Assim, novamente Júlio Ricardo de Paula Amaral, com Alexy:

> *...o grau de realização do objetivo da ingerência deve ser pelo menos equivalente ao grau de afetação do direito fundamental. (...) se trata, então, da comparação entre duas intensidades ou graus, o da realização do fim da medida examinada e o da afetação do direito fundamental. Tratando acerca desta questão, Robert Alexy sustenta que, quanto mais importante for o grau de intervenção no âmbito dos direitos ou liberdades públicas limitadas, tanto maior deverá ser a importância dos bens ou direitos aos quais ele se opõe.*[13]

Saliente-se, por fim, que a proporcionalidade se mede entre bens ou direitos de mesmo nível, qual seja, constitucional, e não no confronto entre normas fundamentais e regras infraconstitucionais (CLT, por exemplo), posto que aquelas prevalecem independentemente de análise mais aprofundada, embora alguns interpretes relutem em perceber o óbvio.

---

(11) AMARAL, Júlio Ricardo de Paula. *Eficácia dos Direitos Fundamentais nas Relações Trabalhistas*. São Paulo: LTr, 2007. p. 95.

(12) *Ibidem*, p. 96.

(13) *Ibidem*, p. 97.

A norma básica neste contexto é aquela trazida pelo artigo 5º, inciso X, da Constituição da República, que deve nortear a conduta do empregador quando cria suas regras internas, quando fiscaliza seu cumprimento, quando protege seu patrimônio e quando pretende punir empregados em função de ilícitos trabalhistas.

Cabe salientar, por último, que as normas constitucionais devem nortear a elaboração, a interpretação e a aplicação das regras infraconstitucionais. Tal assertiva, que pode parecer óbvia, não se revela como tal quando se pesquisa a relação de emprego no plano fático, quando se analisa a doutrina majoritária e quando se estuda a jurisprudência consolidada dos tribunais superiores, que insistem, não raras vezes, em interpretações retrospectivas e em entender o texto constitucional como eterna promessa, ainda distante do mundo dos fatos.

Capítulo 5

Duração do Trabalho

1. Considerações preliminares:
   a) Duração do trabalho: jornada de trabalho
   b) análise histórica
   c) distinções relevantes:
      - duração do trabalho
      - jornada de trabalho
      - horário de trabalho
   d) modalidades de jornadas:
      - jornadas controladas
      - jornadas não controladas
      - jornada não tipificada
   e) normas constitucionais: art. 7º, XIII, XIV, XVI e XXXIII.
2. Fixação da jornada:
   a) tempo efetivamente trabalhado
   b) tempo à disposição: art. 4º, CLT
      - "minutos residuais": § 1º, art. 58, CLT
        – Súmula n. 366, TST
        – OJ 372, SDI-1, TST

c) inclusão das horas in itinere: § 2º, art. 58, CLT
 • alcance: Súmula n. 90, TST
 • cobrança de valores: Súmula n. 320, TST
d) tempo de prontidão. CLT, artigo 244, § 3º
e) tempo de sobreaviso: CLT, artigo 244, § 2º
 • eletricitários e ferroviários: Súmula n. 229, TST
 • beep, celular etc.: Súmula n. 428, TST
3. Trabalho em tempo parcial:
 • arts. 58-A e 59, § 4º, CLT
 • OJ 358, SDI-1, TST
4. Transação e flexibilização de jornada:
 a) negociação coletiva: CR, art. 7º, VI e XIII
  • escala 12 x 36: Súmula n. 444 do TST
 b) acordo bilateral: CLT, artigo 468
  • exceção: interesse extracontratual obreiro
 c) compensação de jornada:
  • semanal: Súmula n. 85, TST
  • anual: "banco de horas": art. 59, §§ 2º e 3º, CLT
5. Horas extraordinárias:
 a) conceito
 b) motivos lícitos para prorrogação de jornada:
  1) acordo de prorrogação: art. 59, caput e § 1º, CLT
  2) regime de compensação (anual) de jornada:
   • "banco de horas": art. 59, §§ 2º e 3º, CLT
  3) força maior: art. 61 c/c 501, CLT
 c) efeitos: integração ao salário (remuneração):
  • Súmula n. 264, TST
  • 13º: Súmula n. 45, TST
  • FGTS: Súmula n. 63, TST
  • r.s.r.: Súmula n. 115, TST
 d) exclusão do capítulo da duração do trabalho: art. 62, CLT
  – presunção: incisos I e II, art. 62, CLT
  – domésticos
 e) supressão
  – Súmula n. 291, TST

f) comissionista
   - Súmula n. 340, TST
g) produção
   - OJ 235, SDI-1, TST
h) limitação:
   - Súmula n. 376, TST
6. Jornada noturna:
   a) remuneração: art. 73, caput, CLT
      • Súmula n. 60, TST, inciso I
      • vigia noturno: Súmula n. 140, TST
   b) horário noturno: art. 73, § 2º
      • Súmula n. 60, TST, inciso II
   c) legal redução ficta da hora noturna: § 1º, art. 73, CLT
      • vigia noturno: Súmula n. 65, TS
   d) supressão
      • Súmula n. 265, TST
   e) jornada 12 x 36: OJ 388, SDI-1, TST
7. Sobrejornada e sobreaviso no teletrabalho: parágrafo único do artigo 6º da CLT
8. Períodos de descanso:
   • conceito
   8.1. intervalos intrajornada (art. 71, CLT):
      a) regra geral de integração
         • Súmula n. 118, TST
      b) digitadores:
         • Súmula n. 346, TST
      c) inobservância aos intervalos:
         • remunerados:
         • não remunerados: § 4º, art. 71, CLT
      d) fracionamento:
         • motoristas profissionais: § 5º, art. 71, CLT
      e) jurisprudência do TST: Súmula n. 436 do TST
   8.2. intervalos entrejornadas (interjornadas)
      • CLT, art. 66; CR, art. 7º, XV
      • OJ 355, SDI-1, TST
         - obs: 11 + 24 = 35 horas

- revezamento: Súmula n. 110, TST
- regra geral:
  - não remunerado: art. 66, CLT
  - remunerado: art. 7º, XV, CR

8.3. Repouso Semanal Remunerado
  a) caracterização do descanso semanal:
     - lapso temporal de 24 horas
     - ocorrência semanal
     - concessão: OJ 410, SDI-1, TST
     - coincidência preferencial com o domingo
  b) remuneração do descanso semanal:
     - requisitos:
       - frequência: Lei n. 605/1949, art. 6º
     - valor do r.s.r.: art. 7º, Lei n. 605/1949
       - integração de horas extras: Súmula n. 172, TST
     - comissionista: Súmula n. 27, TST
     - inobservância ao dia de descanso:
       - art. 9º, Lei n. 605/1949
       - Súmula n. 146, TST

8.4. Férias anuais remuneradas:
  a) aquisição do direito/duração das férias: arts. 130, 130-A e 131, CLT
     - ausências justificadas: Súmulas ns. 46 e 89, TST
  b) concessão de férias:
     - período concessivo: art. 134, CLT = 12 meses
     - inobservância: art. 137, CLT = dobro
       - Súmula n. 81, TST
     - direito de coincidência: art. 136, CLT
  c) remuneração:
     - salário mensal + 1/3 constitucional
     - salário variável: art. 142, CLT + 1/3 constitucional
     - proporcional: Súmula n. 171, TST
     - 1/3 constitucional: Súmula n. 328, TST
     - Súmula n. 07, TST

A história do Direito do Trabalho nos países capitalistas centrais é marcada pela necessidade de imposição de limites à disposição de trabalho. O limite de jornada era uma das primeiras preocupações do proletariado nascente, pois indispensável para a preservação da saúde dos trabalhadores.

A marca do então nascente trabalho livre e subordinado é a superexploração do trabalho, possibilitada e garantida por sua regulação civilista, que pressupunha a autonomia das vontades das partes contratantes.

No início da Revolução Industrial (século XVIII), o Liberalismo pressupunha a ausência do Estado nas relações sociais e intersubjetivas. Assim, as regras do ajuste de trabalho eram fixadas "livremente" pelas partes, o que acarretou, obviamente, a preponderância da vontade do contratante, pois detentor dos meios de produção. Ao trabalhador restava anuir ou não trabalhar. Não havia, neste contexto, limite máximo de jornada ou de disponibilidade semanal de trabalho.

Em toda a Europa a exploração do trabalho verificou-se de forma excessiva e desumana, como regra geral. O contratante estabelecia a duração da jornada e a remuneração, sem que houvesse possibilidade de questionamento pelo trabalhador. Assim, era comum a exploração do trabalho de homens, mulheres e crianças, estas a partir de 4 (quatro!!!) anos de idade, durante jornadas de 14, 16, 18 horas.

Durante muito tempo, o Estado sustentou ou foi omisso diante de tal realidade. Ao Estado não cabia intervir nas relações entre particulares e, portanto, nas relações de trabalho. Assim, cabia ao contratante da força produtiva ditar as regras do trabalho e ao trabalhador o seu estrito cumprimento. Havia uma falsa e cruel relação de igualdade na pactuação, posto que o trabalhador era (e ainda é) a parte mais fraca na relação capital-trabalho.

Tal situação, é claro, não tardou provocar a insatisfação dos trabalhadores. Grupos de operários, uns mais organizados que outros, exigiram dos contratantes a humanização da relação de entrega de força produtiva. Diversas associações proletárias surgiram para exigir direitos. Houve destruição de máquinas, violência contra chefes e patrões, greves e manifestações públicas que mobilizaram boa parte da classe trabalhadora européia, sobretudo no transcorrer do século XIX.

Os governantes, preocupados com o que poderia resultar da mobilização proletária incipiente, tiveram que ceder e regulamentar, ainda que parcialmente, a relação básica de entrega de força produtiva. A organização sindical, as ideias marxistas e o desenvolvimento de uma ideologia social cada vez mais crescente influenciaram positivamente os legisladores do início final do século XIX e início do século XX. Foram criadas leis de regulamentação do trabalho do menor, limitadoras de jornada e que fixavam repousos semanais e anuais.

Posteriormente importantes textos constitucionais contemplaram os direitos básicos dos trabalhadores, com destaque para a Constituição do México (1917) e da Alemanha (1919).

Após a II Guerra Mundial houve uma maior preocupação com a constitucionalização dos direitos trabalhistas e com a garantia de um patamar civilizatório mínimo que trouxesse dignidade ao cidadão trabalhador. O Direito do Trabalho é, neste contexto, instrumento essencial de concretização do Estado de Bem-Estar Social vivenciado na Europa. Distribuir renda era uma preocupação urgente da sociedade de então, o que se tornou possível através do Direito do Trabalho de caráter eminentemente protetivo.

A instituição e a posterior constitucionalização das regras trabalhistas constituem marco fundamental do Direito do Trabalho no mundo. Representaram, e ainda representam, sistema de controle para o capitalismo, conferindo a este "certa medida de civilidade, inclusive buscando eliminar as formas mais perversas de utilização da força de trabalho pela economia."[1]

A conquista da jornada máxima de 8 horas passou a ser, no início do século XX, meta a ser perseguida pelos trabalhadores em todo o mundo, que, mais cedo ou mais tarde, acabaram por conseguir.

No mesmo contexto sentiu a classe trabalhadora a necessidade da regulamentação da disponibilidade semanal máxima de trabalho.

Desde 1988 o Brasil tem limites (inobservados, como regra) constitucionais de exploração de trabalho em 8 horas por dia e 44 horas por semana.

Importante neste contexto conceituar *duração do trabalho, jornada de trabalho* e *horário de trabalho*, para que possa ficar clara a distinção existente entre seus conteúdos jurídicos.

Duração do trabalho é o tempo em que o trabalhador empregado está à disposição do seu empregador, aguardando ou executando ordens relativas ao seu contrato de emprego. A duração do trabalho corresponde tanto ao período de um dia (jornada), quanto ao de uma semana (disponibilidade semanal de trabalho), quanto ao de um mês ou um ano.

Jornada de trabalho, como antecipado, é período de disponibilidade diária do empregado em seu contrato de emprego.

Horário de trabalho "traduz, rigorosamente, o lapso temporal entre o início e o fim de certa jornada laborativa."[2] Assim, uma jornada laborativa padrão poderá ter, por exemplo, horário de 08:00 às 17:00 horas, com uma hora de intervalo para alimentação e descanso.

Uma jornada de trabalho pode ser *controlada, não-controlada* ou, ainda, *não tipificada*.[3]

---

(1) DELGADO, Mauricio Godinho. *Curso de Direito do Trabalho*. 10. ed. São Paulo: LTr, 2011.
(2) *Ibidem*, p. 810.
(3) *Ibidem*.

Jornada controlada é aquela, como a denominação indica, em que o empregador sabe ou pode saber exatamente o momento de seu início e término. Assim, é controlada a jornada em que o horário é fixado e passível de fiscalização pelo empregador.

Jornada não controlada, ao contrário, é aquela insuscetível de controle por parte do empregador. Cada vez mais raras, dado o desenvolvimento da informática e das telecomunicações, as jornadas não controladas tendem a favorecer ao empregador, que pode exigir resultados objetivos sem ter que arcar com o ônus de eventual excesso de trabalho.

A ordem jurídica vigente no Brasil tratou de limitar a jornada e a disponibilidade semanal de trabalho, mas o fez de modo *data maxima venia* insuficiente, pois embora consagre a Constituição da República *limites máximos*, possibilita sua flexibilização e o trabalho em sobrejornada.

Eis as regras constitucionais sobre jornada:

> Art. 7º *São direitos dos trabalhadores urbanos e rurais, além de outros que visem à melhoria de sua condição social:*
>
> (...)
>
> XIII – *duração do trabalho normal não superior a oito horas diárias e quarenta e quatro semanais, facultada a compensação de horários e a redução da jornada, mediante acordo ou convenção coletiva de trabalho;*
>
> XIV – *jornada de seis horas para o trabalho realizado em turnos ininterruptos de revezamento, salvo negociação coletiva;*
>
> XV – *repouso semanal remunerado, preferencialmente aos domingos;*
>
> XVI – *remuneração do serviço extraordinário superior, no mínimo, em cinqüenta por cento à do normal;*
>
> XVII – *gozo de férias anuais remuneradas com, pelo menos, um terço a mais do que o salário normal;*
>
> (...)
>
> XXXIII – *proibição de trabalho noturno, perigoso ou insalubre a menores de dezoito e de qualquer trabalho a menores de dezesseis anos, salvo na condição de aprendiz, a partir de quatorze anos;*

A jornada de trabalho é fixada pela regra infraconstitucional nos termos do artigo 4º da CLT, e consagra a ideia básica de tempo à disposição, como se infere:

> Art. 4º – *Considera-se como de serviço efetivo o período em que o empregado esteja à disposição do empregador, aguardando ou executando ordens, salvo disposição especial expressamente consignada.*

Assim, integra a jornada não só o período de tempo efetivamente trabalhado, mas também aquele em que o trabalhador está à disposição aguardando ordens.

Neste sentido os minutos que antecedem o início do efetivo trabalho, ainda que o empregado não esteja cumprindo ordens, também integra a jornada, desde que este se coloque à disposição do empregador em seu estabelecimento empresarial. O conteúdo do parágrafo 1º do artigo 58 da CLT é neste sentido:

> § 1º Não serão descontadas nem computadas como jornada extraordinária as variações de horário no registro de ponto não excedentes de cinco minutos, observado o limite máximo de dez minutos diários.

Somente não são considerados como integrantes da jornada as frações de tempo iguais ou inferiores a 5 minutos antes ou após o horário contratual. Assim, se o horário contratual do empregado é de 08:00 às 17:00 horas, com uma hora de intervalo para alimentação e descanso, e ele ingressa no estabelecimento empresarial às 07:45, por exemplo, ainda que não haja ordens para tanto, estará à disposição, devendo ser tal tempo remunerado. No exemplo citado haverá 15 minutos extraordinários por dia.

No mesmo sentido o disposto na Súmula n. 366 do TST:

> SUM. 366 CARTÃO DE PONTO. REGISTRO. HORAS EXTRAS. MINUTOS QUE ANTECEDEM E SUCEDEM A JORNADA DE TRABALHO (conversão das Orientações Jurisprudenciais n.s 23 e 326 da SBDI-1) – Res. 129/2005, DJ 20, 22 e 25.04.2005. Não serão descontadas nem computadas como jornada extraordinária as variações de horário do registro de ponto não excedentes de cinco minutos, observado o limite máximo de dez minutos diários. Se ultrapassado esse limite, será considerada como extra a totalidade do tempo que exceder a jornada normal. (ex-Ojs da SBDI-1 n.s 23 – inserida em 03.06.1996 – e 326 – DJ 09.12.2003).

Sendo as regras referentes à disponibilidade de trabalho protetivas da saúde e da segurança do trabalhador, a regra geral é a impossibilidade de sua precarização pela via convencional coletiva, nos termos, por exemplo, da Orientação Jurisprudencial n. 372, da Seção de Dissídios Individuais 1, do TST:

> OJ-SDI1-372 MINUTOS QUE ANTECEDEM E SUCEDEM A JORNADA DE TRABALHO. LEI N. 10.243, DE 19.06.2001. NORMA COLETIVA. FLEXIBILIZAÇÃO. IMPOSSIBILIDADE (DEJT divulgado em 03, 04 e 05.12.2008). A partir da vigência da Lei n. 10.243, de 19.06.2001, que acrescentou o § 1º ao art. 58 da CLT, não mais prevalece cláusula prevista em convenção ou acordo coletivo que elastece o limite de 5 minutos que antecedem e sucedem a jornada de trabalho para fins de apuração das horas extras.

Excepcionalmente integrará a jornada, também, o tempo gasto pelo trabalhador no seu percurso casa-trabalho e trabalho-casa, nos termos da norma do parágrafo 2º do artigo 58 da CLT:

> § 2º O tempo despendido pelo empregado até o local de trabalho e para o seu retorno, por qualquer meio de transporte, não será computado na jornada de trabalho, salvo quando, tratando-se de local de difícil acesso ou não servido por transporte público, o empregador fornecer a condução.

A integração (pagamento) das horas *in itinere* somente é devida havendo o fornecimento da condução pelo empregador, mesmo assim se presente uma de duas condições: a) local de difícil acesso, ou, b) local não servido por transporte público.

A regra é, portanto, que o tempo despendido pelo empregado até o local de trabalho e para o seu retorno, por qualquer meio de transporte, não será computado na jornada de trabalho. Duas são as exceções possíveis: o empregador fornece o transporte por ser o local de difícil acesso *ou* o empregador fornece o transporte por ser o local de trabalho não servido por transporte público.

O TST, por sua Súmula n. 90, trata do tema, com importantes repercussões no âmbito prático:

> SUM. 90 HORAS IN ITINERE. TEMPO DE SERVIÇO (incorporadas as Súmulas ns. 324 e 325 e as Orientações Jurisprudenciais ns. 50 e 236 da SBDI-1) – Res. 129/2005, DJ 20, 22 e 25.04.2005.
>
> *I – O tempo despendido pelo empregado, em condução fornecida pelo empregador, até o local de trabalho de difícil acesso, ou não servido por transporte público regular, e para o seu retorno é computável na jornada de trabalho. (ex-Súmula n. 90 – RA 80/1978, DJ 10.11.1978)*
>
> *II – A incompatibilidade entre os horários de início e término da jornada do empregado e os do transporte público regular é circunstância que também gera o direito às horas in itinere. (ex-OJ n. 50 da SBDI-1 – inserida em 01.02.1995)*
>
> *III – A mera insuficiência de transporte público não enseja o pagamento de horas in itinere. (ex-Súmula n. 324 – Res. 16/1993, DJ 21.12.1993)*
>
> *IV – Se houver transporte público regular em parte do trajeto percorrido em condução da empresa, as horas in itinere remuneradas limitam-se ao trecho não alcançado pelo transporte público. (ex-Súmula n. 325 – Res. 17/1993, DJ 21.12.1993)*
>
> *V – Considerando que as horas in itinere são computáveis na jornada de trabalho, o tempo que extrapola a jornada legal é considerado como extraordinário e sobre ele deve incidir o adicional respectivo. (ex-OJ n. 236 da SBDI-1 – inserida em 20.06.2001).*

Importante destacar que a incompatibilidade entre os horários de início e término da jornada do empregado e os do transporte público regular é circunstância que também gera o direito às horas *in itinere*, mas que a mera insuficiência de transporte público não enseja o pagamento de horas *in itinere*.

Eis a jurisprudência:

> HORAS IN ITINERE. INCOMPATIBILIDADE DE HORÁRIOS – *Na esteira do artigo 58, parágrafo 2º, da CLT e da Súmula n. 90 do TST, é considerado como de trabalho efetivo o tempo despendido pelo empregado no deslocamento até o local de trabalho e retorno, utilizando meios fornecidos pelo empregador, quando inexistente o transporte público regular e se trate de local de difícil acesso. Também gera direito às horas in itinere a incompatibilidade entre os horários de início ou término da jornada*

do empregado e os do transporte público regular. Assim, se os horários do transporte público não atendem ao empregado para levá-lo e buscá-lo no trabalho, não se trata de mera insuficiência do transporte público, mas sim de incompatibilidade de horários quanto ao início e término da jornada, gerando o direito ao pagamento das horas in itinere. (TRT, 3ª Região, 2ª Turma, processo n. 00421-2008-056-03-00-4, Recurso Ordinário, relator Desembargador Sebastião Geraldo de Oliveira, publicação em 05.11.2008, disponível em: www.trt3.jus.br, consulta em 03.08.2011).

> HORAS IN ITINERE. TRANSPORTE PÚBLICO. INCOMPATIBILIDADE DE HORÁRIOS. CABIMENTO. A teor do item II da Súmula n. 90/TST, "a incompatibilidade entre os horários de início e término da jornada do empregado e os do transporte público regular é circunstância que também gera o direito às horas in itinere". Assim, a mera insuficiência de transporte público, não gera, por si só, o pagamento de horas de percurso, mas a incompatibilidade de horários enseja, porquanto representa a própria ausência do transporte. Evidenciada, portanto, a existência da referida incompatibilidade de horários, o deferimento das horas in itinere se impõe. (TRT, 3ª Região, 8ª Turma, processo n. 00578-2008-069-03-00-6, Recurso Ordinário, relatora Juíza Convocada Mônica Sette Lopes, publicação em 18.05.2009, disponível em: www.trt3.jus.br, consulta em 03.08.2011).

O fato de o empregador cobrar, parcialmente ou não, importância pelo transporte fornecido não afasta o direito à percepção das horas *in itinere*, nos termos da Súmula 320 do TST:

> SUM. 320 HORAS IN ITINERE. OBRIGATORIEDADE DE CÔMPUTO NA JORNADA DE TRABALHO (mantida) – Res. 121/2003, DJ 19, 20 e 21.11.2003. O fato de o empregador cobrar, parcialmente ou não, importância pelo transporte fornecido, para local de difícil acesso ou não servido por transporte regular, não afasta o direito à percepção das horas in itinere.

Por fim, para algumas categorias é possível a inserção, na jornada, dos denominados *tempo de prontidão* e de *tempo de sobreaviso*, ainda que com efeitos jurídicos reduzidos.

Para os ferroviários há previsão legal no artigo 244, parágrafos 2º e 3º:

> Art. 244. As estradas de ferro poderão ter empregados extranumerários, de sobre--aviso e de prontidão, para executarem serviços imprevistos ou para substituições de outros empregados que faltem à escala organizada. § 2º Considera-se de "sobre-aviso" o empregado efetivo, que permanecer em sua própria casa, aguardando a qualquer momento o chamado para o serviço. Cada escala de "sobre-aviso" será, no máximo, de vinte e quatro horas, As horas de "sobre-aviso", para todos os efeitos, serão contadas à razão de 1/3 (um terço) do salário normal.
>
> (...)
>
> § 3º Considera-se de "prontidão" o empregado que ficar nas dependências da estrada, aguardando ordens. A escala de prontidão será, no máximo, de doze horas. As horas de prontidão serão, para todos os efeitos, contadas à razão de 2/3 (dois terços) do salário-hora normal.

Para os eletricitários a Súmula n. 229 do TST traz as mesmas vantagens, por interpretação analógica:

> SUM. 229 SOBREAVISO. ELETRICITÁRIOS (nova redação) – Res. 121/2003, DJ 19, 20 e 21.11.2003. Por aplicação analógica do art. 244, § 2º, da CLT, as horas de sobreaviso dos eletricitários são remuneradas à base de 1/3 sobre a totalidade das parcelas de natureza salarial.

O TST não reconhecia o mesmo direito para os demais empregados, sobretudo nos casos em que estes possuíam aparelhos de telecomunicação, nos termos da anterior redação de sua Súmula 428 e da interpretação desta realizada pelos tribunais e juízos trabalhistas de 2º e 1º graus de jurisdição. O conteúdo da Súmula n. 428 do TST era, até setembro de 2012, o seguinte:

> SUM. 428 SOBREAVISO (conversão da Orientação Jurisprudencial n. 49 da SB-DI-1) – Res. 174/2011, DEJT divulgado em 27, 30 e 31.05.2011. O uso de aparelho de intercomunicação, a exemplo de BIP, pager ou aparelho celular, pelo empregado, por si só, não caracteriza o regime de sobreaviso, uma vez que o empregado não permanece em sua residência aguardando, a qualquer momento, convocação para o serviço.

A interpretação que era feita sobre o conteúdo da Súmula n. 428 do TST, no sentido do não-pagamento do período, parecia confundir, *data maxima venia*, a responsabilidade envolvida no sobreaviso com o local em que o trabalhador fica aguardando eventual chamado.

Sempre compreendi pessoalmente que todo trabalhador que fica de sobreaviso tem sua liberdade contingenciada em proveito do empregador, sendo certo que deveria este, por isso, pagar por tal limitação, na forma da regra específica dos ferroviários. Pouco deveria importar se o empregador aguarda eventual chamado em sua casa ou na rua. Se ao lado de um telefone residencial fixo ou se através de aparelho telefônico celular. Fato é que ele terá (ou poderá ter) limitados seu descanso, sua inserção social, familiar, e comunitária, sem que receba qualquer contrapartida.

Até setembro de 2012 a jurisprudência majoritária era no seguinte sentido:

> HORAS DE SOBREAVISO. NÃO CARACTERIZAÇÃO. A jurisprudência firmou o entendimento no sentido de que o uso de BIP não caracteriza o "sobreaviso" (Precedente n. 49 da SDI-I do TST), por analogia, também não caracteriza o sobreaviso o fato de existir a possibilidade de o reclamante ser acionado através de telefone celular nos finais de semana. (TRT, 3ª. Região, 6ª Turma, processo n. 01190-2003-038-03-00-0, Recurso Ordinário, relatora Desembargadora Lucilde D'Ajuda Lyra de Almeida, publicação em 20/05/2004, disponível em: www.trt3.jus.br, consulta em 03.08.2011).

> SOBREAVISO – NÃO CONFIGURAÇÃO. Nos termos da Orientação Jurisprudencial n. 49 da Egrégia SBDI-1 do Colendo TST: "Horas Extras. Uso do BIP. Não

caracterizado o sobreaviso: O uso do aparelho BIP pelo empregado, por si só, não caracteriza o regime de sobreaviso, uma vez que o empregado não permanece em sua residência aguardando, a qualquer momento, convocação para o serviço". Ainda que se discuta se o telefone celular utilizado pelo empregado estaria inserido, ou não, na mesma conclusão, importante verificar se o uso do aparelho exige a sua presença em sua residência, fora do seu expediente de trabalho, inclusive nos finais de semana, hipótese na qual se poderia até admitir a aplicação analógica das horas de sobreaviso dos ferroviários, previstas no art. 244 da CLT. Lado outro, não havendo prova de que obrigatória fosse a permanência do autor em sua residência, de prontidão, mas, sim, de que, ainda que portando celular para atender chamados da reclamada, poderia se locomover livremente, não há como se enquadrar a hipótese na previsão normativa inserida no artigo 244, parágrafo 2º, da CLT. (TRT, 3ª Região, 4ª Turma, processo n. 01510-2010-081-03-00-2, Recurso Ordinário, relator Desembargador Júlio Bernardo do Carmo, publicação em 16.05.2011, disponível em: www.trt3.jus.br, consulta em 03.08.2011).

Embora antiga, é correta a decisão seguinte, proferida em processo que teve relatoria do então desembargador e atual Ministro do TST Prof. Dr. José Roberto Freire Pimenta e revisão do então desembargador e atual Ministro do TST Prof. Dr. Mauricio Godinho Delgado:

> HORAS DE SOBREAVISO – USO DE "BIP" OU TELEFONE CELULAR. Portando o empregado "bip" ou telefone celular e permanecendo à disposição da empresa, podendo ser convocado a se apresentar a qualquer momento, é de ser autorizada a aplicação analógica do artigo 244, parágrafo 2º, da CLT. A exigência de que o trabalhador permaneça em sua residência se justificava em razão da época em que tal dispositivo foi editado, na década de quarenta, quando não havia os aparelhos referidos. O que de fato tem relevância é que o empregado esteja localizável, sempre pronto a atender a chamados da empresa, conforme resultou provado no presente caso. Recurso provido quanto a este item. (TRT, 3ª Região, RO-3013/97, 3ª Turma, relator Desembargador José Roberto Freire Pimenta, publicação em 09.09.1997, disponível em: www.trt3.jus.br, consulta em 03.08.2011).

Atualmente o entendimento consolidado pelo TST, por sua Súmula n. 428, é o seguinte:

> SUM. 428 SOBREAVISO. APLICAÇÃO ANALÓGICA DO ART. 244, § 2º DA CLT (redação alterada na sessão do Tribunal Pleno realizada em 14.09.2012) – Res. 185/2012 – DEJT divulgado em 25, 26 e 27.09.2012
>
> I – O uso de instrumentos telemáticos ou informatizados fornecidos pela empresa ao empregado, por si só, não caracteriza o regime de sobreaviso.
>
> II – Considera-se em sobreaviso o empregado que, à distância e submetido a controle patronal por instrumentos telemáticos ou informatizados, permanecer em regime de plantão ou equivalente, aguardando a qualquer momento o chamado para o serviço durante o período de descanso.

Interessante notar que a mudança interpretativa do TST sobre o tema em questão (garantia de emprego gestante nos contartos a termo) se deu sem que houvesse qualquer alteração legislativa, tendo bastado a evolução doutrinária para que se compreendesse, finalmente, o óbvio da constução constitucional sobre o tema.

Durante a década neoliberal, no governo FHC, a regra constitucional referente ao salário mínimo (Constituição da República, artigo 7º, inciso IV) foi aviltada com a possibilidade legal de contratação de emprego em patamar salarial inferior ao que é fixado anualmente pela legislação infraconstitucional.

Atualmente é lícita (segundo os tribunais) a contratação de emprego com patamar salarial inferior ao mínimo mensal, como se infere do texto do artigo 58-A da CLT, acrescido pela Medida Provisória n. 2.164/2001:

> Art. 58-A. Considera-se trabalho em regime de tempo parcial aquele cuja duração não exceda a vinte e cinco horas semanais. § 1º O salário a ser pago aos empregados sob o regime de tempo parcial será proporcional à sua jornada, em relação aos empregados que cumprem, nas mesmas funções, tempo integral.

Assim, empregados com disponibilidade semanal de trabalho igual ou inferior a 25 horas poderão receber salário proporcional (e inferior ao mínimo) ao de um colega que trabalhe em tempo integral. Exemplificando: se um atendente de balcão recebe R$ 800,00 para trabalhar 40 horas por semana, pode haver a contratação de um empregado que ganhe R$ 400,00 para trabalhar 20 horas por semana.

O TST já decidiu pela constitucionalidade da regra, nos termos de sua OJ 358, da SDI-1:

> OJ-SDI1-358 SALÁRIO MÍNIMO E PISO SALARIAL PROPORCIONAL À JORNADA REDUZIDA. POSSIBILIDADE (DJ 14.03.2008). Havendo contratação para cumprimento de jornada reduzida, inferior à previsão constitucional de oito horas diárias ou quarenta e quatro semanais, é lícito o pagamento do piso salarial ou do salário mínimo proporcional ao tempo trabalhado.

A OJ 358 da Subseção I de Dissídios Individuais do TST, publicada em 2008, fixa a possibilidade de pagamento de salário proporcional ao tempo trabalhado nos casos de contratação para cumprimento de jornada inferior ao limite constitucional.

Reconheceu o TST, assim, ainda que indiretamente, ser constitucional o disposto no parágrafo 1º do artigo 58-A da CLT, regra estabelecida pela Medida Provisória n. 2.164-41 de 2001, no contexto da *flexibilização* do Direito do Trabalho.

Em verdade, a regra citada e a OJ em questão autorizam a contratação lícita de emprego em patamares remuneratórios inferiores ao mínimo mensal estabelecido em lei.

O TST firmou o entendimento de que o salário mínimo legalmente fixado leva em conta o padrão ordinário de disponibilidade de trabalho, de modo que, em jornadas menores, possível é a contraprestação mínima proporcional.

Bem verdade que os diplomas normativos que fixam o salário mínimo o fazem tomando em conta não só o parâmetro mensal, mas também o diário e o horário, como se infere do texto da Lei n. 12.255/2010, por exemplo, com destaque para o disposto no parágrafo único do artigo 1º:

> Art. 1º Ficam estabelecidas as diretrizes para a política de valorização do salário mínimo entre 2010 e 2023, obedecendo-se às seguintes regras:
>
> I – em 2010, a partir do dia 1o de janeiro, o salário mínimo será de R$ 510,00 (quinhentos e dez reais);
>
> (...)
>
> Parágrafo único. Em virtude do disposto no inciso I, o valor diário do salário mínimo corresponderá a R$ 17,00 (dezessete reais) e o valor horário, a R$ 2,32 (dois reais e trinta e dois centavos).

Não se ignora ser razoável a contratação em regime de tempo parcial, como destaca Alice Monteiro de Barros:

> Não há dúvida de que um horário de trabalho mais flexível e a possibilidade de emprego em tempo parcial poderiam incentivar a inserção e a permanência no mercado de trabalho de pessoas oneradas com encargos familiares e atividades domésticas, como as mulheres, os jovens que precisam estudar em parte do dia, e as pessoas que pretende ir desligando-se das atividades, aos poucos, antes de se aposentarem. Essa flexibilidade poderá também constituir estratégia para o combate ao desemprego. Para isso, porém, é indispensável que o trabalho em tempo parcial receba tratamento proporcional ao trabalho em tempo integral, mormente no que tange ao salário, às oportunidades de promoção e às prestações previdenciárias, do contrário, de nada adiantaria e essa modalidade de emprego seria considerada precária, podendo traduzir até mesmo uma discriminação indireta.[4]

O que não se pode entender razoável, entretanto, é servir a contratação em regime de tempo parcial como forma de precarização da contratação de emprego, como infelizmente ocorre. Neste sentido as seguintes decisões, que são precedentes para a edição da Orientação Jurisprudencial 358 da SDI-1 do TST:

> AÇÃO CIVIL PÚBLICA – SALÁRIO MÍNIMO PROPORCIONAL – JORNADA DE TRABALHO REDUZIDA. Quando o empregado cumpre jornada inferior à legalmente estipulada, salvo ajuste expresso em contrário, é legítimo que se estipule remuneração proporcional às horas efetivamente trabalhadas, tomando-se como base de cálculo o salário mínimo-hora, multiplicado pela jornada livremente convencionada. Inteligência do art. 7º, VI e XIII, da Constituição Federal. Correto, pois, o e. Regional, ao concluir que "não é possível obrigar o reclamado a pagar, indistintamente, a todos os seus

---

(4) BARROS, Alice Monteiro de. *Curso de Direito do Trabalho.* 6. ed. São Paulo: LTr, 2010. p. 675.

empregados o valor de um salário mínimo integral, se entre eles há os que trabalham menos de 8 horas diárias". Recurso de revista conhecido e não provido.[5]

AÇÃO CIVIL PÚBLICA. SALÁRIO MÍNIMO. JORNADA DE TRABALHO REDUZIDA. O Regional consignou entendimento no sentido de que sendo a jornada de trabalho do empregado inferior àquela constitucionalmente estipulada poderá ser remunerada de forma proporcional ao número de horas trabalhadas, desde que, respeitado o limite mínimo do salário mínimo/hora. Exegese do art. 7º, IV e XIII, da Constituição Federal. RECURSO DE REVISTA CONHECIDO E NEGADO PROVIMENTO.[6]

Salário mínimo – jornada reduzida – pagamento proporcional às horas Trabalhadas. A interpretação do art. 7º, inciso IV, da Constituição Federal, que garante o salário mínimo como a menor remuneração paga ao trabalhador, deve ser feita em consonância com o art. 7º, XIII, da Lei Maior, que dispõe sobre a duração do trabalho normal não superior a oito horas diárias e quarenta e quatro semanais. Assim, se a jornada de trabalho do empregado for menor que a estipulada pela carta magna, é cabível o pagamento proporcional ao tempo de trabalho por ele executado, sem que haja violação do art. 7º, IV, da Constituição Federal. Revista conhecida e não provida.[7]

O entendimento parece ser no sentido de que o salário mínimo brasileiro se fixa, verdadeiramente, pelo *padrão hora*. Não é necessário que o empregador celetista ou rural pague, para todos os seus empregados, o valor mínimo mensal estabelecido.[8]

Alguns questionamentos, de ordem constitucional, principiológica e de fundamentos se impõem: um contrato de emprego em que se paga ao trabalhador formalmente registrado pouco mais de cem reais mensais atende ao disposto no artigo 7º, inciso IV da Constituição da República, aos princípios constitucionais da valorização do trabalho e da dignidade da pessoa, ao princípio justrabalhista da proteção ou ao patamar civilizatório mínimo, que são afinal a essência do Direito do Trabalho? A resposta, com a devida vênia, parece ser negativa.

Ressalte-se, novamente, que a ideia do trabalho a tempo parcial é razoável, mas o pagamento inferior ao mínimo mensal não parece ser. O Direito do Trabalho existe para trazer proteção à parte hipossuficiente na relação jurídica de emprego,

---

(5) TRT, 4ª Turma, processo TST-RR-369/2003-024-07-00.8, disponível em: www.tst.jus.br, consulta em 11.09.2010.

(6) TST, 5ª Turma, processo RR 810596/2001, relator Juiz Convocado João Carlos Ribeiro de Souza, disponível em: www.tst.jus.br, consulta em 12.09.2010.

(7) TST, 1ª Turma, processo RR 359418/1997, relator Ministro Ronaldo Lopes Leal, disponível em: www.tst.jus.br, consulta em 12.09.2010.

(8) Parece óbvio, embora não seja nesse sentido a jurisprudência majoritária, que o empregador doméstico não pode contratar trabalhador a tempo parcial. Primeiramente por ser a regra em questão prevista na CLT que, conforme seu artigo 7º, alínea a, não se aplica aos empregados domésticos. Também por não estar o empregado doméstico sujeito a limites de jornada, do que decorre não haver, para o doméstico, "jornada parcial".

e tal tutela se consubstancia pela construção de um patamar civilizatório mínimo, eminentemente protetivo, abaixo do qual não pode haver, validamente, contratação de emprego.

Salário mínimo mensal, sem as proporcionalidades da regra infraconstitucional, *"fixado em lei, nacionalmente unificado, capaz de atender às necessidades vitais básicas"* do trabalhador "e às de sua família com moradia, alimentação, educação, saúde, lazer, vestuário, higiene, transporte e previdência social, com reajustes periódicos que lhe preservem o poder aquisitivo, sendo vedada sua vinculação para qualquer fim"[9] é conteúdo essencial do patamar civilizatório mínimo, e expressão básica do princípio da proteção.

Permitir ao empregador contratar emprego com remuneração, ainda que proporcional ao salário mínimo hora, inferior ao fixado como mínimo mensal não atende aos mais básicos fundamentos do Direito do Trabalho no Brasil.

Conforme o que já foi anteriormente exposto, a ordem jurídica brasileira possibilita a flexibilização dos limites máximos de jornada no Brasil, o que significa, em verdade e infelizmente, que eles não são *limites máximos*, mas, sim, referência.

A negociação coletiva pode flexibilizar o limite máximo de 08 horas para a jornada no Brasil, nos termos do artigo 7º, incisos VI e XIII da Constituição da República. Um caso comum é a denominada "jornada 12 x 36", em que o trabalhador desenvolve seu labor em dias alternados. Neste sentido a Súmula n. 444 do TST:

> SÚM. 444. JORNADA DE TRABALHO. NORMA COLETIVA. LEI. ESCALA DE 12 POR 36. VALIDADE – Res. 185/2012, DEJT divulgado em 25, 26 e 27.09.2012
>
> *É valida, em caráter excepcional, a jornada de doze horas de trabalho por trinta e seis de descanso, prevista em lei ou ajustada exclusivamente mediante acordo coletivo de trabalho ou convenção coletiva de trabalho, assegurada a remuneração em dobro dos feriados trabalhados. O empregado não tem direito ao pagamento de adicional referente ao labor prestado na décima primeira e décima segunda horas.*

É possível, consoante doutrina e jurisprudência hodiernas, a negociação bilateral no curso da avença para a flexibilização de limites de jornada, como a que ocorre quando há interesse extracontratual do trabalhador, desde que não haja prejuízos ao empregado, nos termos do artigo 468 da CLT.

Muito comum também a denominada "compensação do sábado". Para que haja em jornada padrão (dentro dos limites constitucionais) a disponibilidade semanal de trabalho de 44 horas são necessários 6 dias. O trabalhador terá jornada

---

(9) Constituição da República, artigo 7º, inciso IV. É preciso reconhecer que o conteúdo citado ainda está longe de ser integralmente efetivado, mas nos últimos anos tem havido, de modo inequívoco, políticas públicas que privilegiam uma aproximação da promessa constitucional com a realidade do cidadão trabalhador. Tal iniciativa governamental, entretanto, resulta menos efetiva nos contratos a tempo parcial.

de 8 horas de segunda a sexta-feira e de 4 horas no sábado. Para que não haja trabalho no sábado é possível a sua compensação, sendo as 4 horas diluídas durante a semana.

O TST, por sua Súmula n. 85, tratou da compensação semanal de jornada de trabalho:

> SUM. 85 COMPENSAÇÃO DE JORNADA (inserido o item V) – Res. 174/2011, DEJT divulgado em 27, 30 e 31.05.2011.
>
> I. A compensação de jornada de trabalho deve ser ajustada por acordo individual escrito, acordo coletivo ou convenção coletiva. (ex-Súmula n. 85 – primeira parte – alterada pela Res. 121/2003, DJ 21.11.2003).
>
> II. O acordo individual para compensação de horas é válido, salvo se houver norma coletiva em sentido contrário. (ex-OJ n. 182 da SBDI-1 – inserida em 08.11.2000).
>
> III. O mero não atendimento das exigências legais para a compensação de jornada, inclusive quando encetada mediante acordo tácito, não implica a repetição do pagamento das horas excedentes à jornada normal diária, se não dilatada a jornada máxima semanal, sendo devido apenas o respectivo adicional. (ex-Súmula n. 85 – segunda parte – alterada pela Res. 121/2003, DJ 21.11.2003)
>
> IV. A prestação de horas extras habituais descaracteriza o acordo de compensação de jornada. Nesta hipótese, as horas que ultrapassarem a jornada semanal normal deverão ser pagas como horas extraordinárias e, quanto àquelas destinadas à compensação, deverá ser pago a mais apenas o adicional por trabalho extraordinário. (ex-OJ n. 220 da SBDI-1 – inserida em 20.06.2001)
>
> V. As disposições contidas nesta súmula não se aplicam ao regime compensatório na modalidade "banco de horas", que somente pode ser instituído por negociação coletiva.

A citada súmula tem imperfeições, pois não segue a restrição constitucional à flexibilização de jornada, que condiciona tal medida à negociação coletiva:

> Artigo 7º.
> (...)
> XIII – duração do trabalho normal não superior a oito horas diárias e quarenta e quatro semanais, facultada a compensação de horários e a redução da jornada, mediante acordo ou convenção coletiva de trabalho.

O TST, inicialmente fixa a possibilidade da compensação de jornada desde que haja acordo individual escrito (inciso I). Em seguida, em aparente contradição, prevê a validade de compensação mediante ajuste tácito (inciso III). Com a devida vênia, não parece haver autorização constitucional para tanto... É mera precarização inconstitucional da contratação de mão de obra.

Outra possibilidade de flexibilização do limite de jornada e de disponibilidade semanal de trabalho é aquela consagrada pelo "banco de horas", também estabelecido por Medida Provisória do legislador presidencial da década de 90. A crítica à precarização através do banco de horas é feita, dentre outros, pelo juiz Grijalbo Fernandes Coutinho, como se infere:

> *"O princípio da dignidade da pessoa humana é notoriamente incompatível com qualquer atitude que reduza o trabalhador a um mero vendedor da mão de obra, sem amor próprio e sujeito a contrair doenças laborais (emocionais e físicas). É por essa razão que qualquer iniciativa patronal tendente a comprometer a saúde do empregado e o seu bem-estar, viola o preceito fundamental antes indicado."*[10]

Incrível que os tribunais reconheçam constitucionalidade da regra em questão. Há trabalho sem contraprestação! Há trabalho entregue, no interesse do empregador, quando e como ele quer exigir, em sobrejornada, sem pagamento da hora simples! No sistema do "banco de horas", se o salário do trabalhador é R$ 1000,00 mensais para trabalhar 220 horas e ele em um mês trabalha 270 horas, receberá os mesmos R$ 1.000,00. A regra desconhece e afronta o princípio constitucional da valorização social do trabalho. Valorizar trabalho significa, pelo menos, pagar salário por trabalho entregue![11]

Sobre o ataque neoliberal aos direitos fundamentais, vale aqui uma análise geral, com vistas à sua atenuação pela via da aplicação de princípios.

O ideário do neoliberalismo, ou seja, do retorno à liberdade de mercado, nasce como crítica ao Estado de Bem-Estar Social europeu, que por sua vez foi a política adotada após a II Guerra Mundial com objetivo de assegurar "tipos mínimos de renda, alimentação, saúde, educação" a todo e qualquer cidadão, "não como caridade, mas como direito político", nos dizeres de Wilensky, citado por Norberto Bobbio.[12]

Dados os altos custos de manutenção do Welfare State ressurgiu na Europa dos anos 70 a ideia do retorno às políticas próprias do Estado Liberal, com o entendimento da desigualdade como um valor positivo e com a premissa de que o Estado deveria ser mínimo no que consiste à intervenção nas relações privadas, como destaca Perry Anderson:

> *O remédio, então, era claro: manter um Estado forte, sim, em sua capacidade de romper o poder dos sindicatos e no controle do dinheiro, mas parco em todos os gastos sociais e nas intervenções econômicas. A estabilidade monetária deveria ser a meta*

---

(10) COUTINHO, Grijalbo Fernandes. *O Direito do Trabalho Flexibilizado por FHC e Lula*. São Paulo: LTr, 2009. p. 65.

(11) É claro que as horas trabalhadas em sobrejornada creditadas no banco de horas serão compensadas posteriormente com folga, oportunidade em que será mantido o mesmo salário (R$1000,00 por exemplo), muito embora não tenha sido implementada a quantidade-padrão de 220 horas. Tal compensação, entretanto, não justifica que em um mês haja trabalho sem paga, *data maxima venia*..."

(12) WILENSKI, H. L. "The Welfare State and Equality". *Apud* BOBBIO, Norberto; MATTEUCCI, Nicola; PASQUINO, Gianfranco. *Dicionário de Política*. Brasília: Unb, 1995, vol. I, p. 417.

suprema de qualquer governo. Para isso seria necessária uma disciplina orçamentária, com a contenção dos gastos com bem-estar, e a restauração da taxa 'natural' de desemprego, ou seja, a criação de um exército de reserva de trabalho para quebrar os sindicatos.[13]

O ideário neoliberal tornou-se, em pouco tempo, hegemônico no mundo ocidental, com ênfase para as ações dos governos brasileiros sob Fernando Collor de Melo e Fernando Henrique Cardoso.

Neste contexto global, o ataque da ideologia neoliberal hegemônica sobre os direitos dos trabalhadores é visto por Mauricio Godinho Delgado[14]:

> *O concertamento das políticas públicas de desvalorização do trabalho e do emprego no capitalismo ocidental das últimas décadas estrutura-se a partir do alcance da hegemonia cultural, política e econômica pela matriz neoliberal (ou ultraliberal) de pensamento nos países ocidentais.*

É óbvio que o neoliberalismo afetou e afeta diretamente o Direito do Trabalho, visto que o primado da não intervenção do estado nas relações privadas atinge, também e principalmente, a relação de trabalho. Novamente Mauricio Godinho Delgado[15]:

> *Não obstante essa hegemonia tenha várias faces e projeções, torna-se muito claro que todas elas produzem fortes impactos no tocante à reversão do primado do trabalho e do emprego que caracterizou a civilização ocidental durante o período europeu e norteamericano de primazia do Estado de Bem-Estar Social (1945 até meados dos anos de 1970).*

A legislação brasileira relativa ao direito individual dos trabalhadores sofreu os impactos da onda neoliberal. No período de 1988 a 2008 várias normas precarizantes trouxeram prejuízos ao cidadão trabalhador. Destaque negativo para o período 1995-2001, em que a ação neoliberal organizada do Poder Executivo flexibilizou direitos e precarizou relações jurídicas até então tuteladas amplamente pelo Estado.

Tal desestruturação encontra-se em dissonância com os princípios constitucionais referentes ao trabalho, com os princípios específicos do Direito do Trabalho e com regras constitucionais estabelecidas no texto de 1988.

Há no sistema constitucional vigente no Brasil princípios constitucionais que se "irradiam por todos os segmentos da ordem jurídica, cumprindo o relevante papel de

---

(13) ANDERSON, Perry. "Balanço do Neoliberalismo". In: *Pós-neoliberalismo: as políticas sociais e o Estado democrático.* São Paulo: Paz e Terra, 1998, p. 10.

(14) DELGADO, Mauricio Godinho. *Capitalismo, Trabalho e Emprego.* São Paulo: LTr, 2006, p. 71.

(15) *Ibidem,* p. 71.

assegurarem organicidade e coerência integradas à totalidade do universo normativo de uma sociedade política"[16], sendo aplicáveis, então às relações de trabalho.

Nesta esteira, princípios constitucionais como os da dignidade da pessoa humana (C.R., artigo 1º, inciso III), do valor social do trabalho (C.R., artigo 1º, inciso IV), da não discriminação (C.R., artigo 5º, *caput*), da vedação ao retrocesso social (C.R., artigo 5º, § 2º), da prevalência dos direitos humanos (C.R., artigo 4º, inciso II), bem como os princípios constitucionais trabalhistas específicos dos artigos 7º, 8º e 9º devem informar a criação e a aplicação da norma jurídica de Direito do Trabalho.

Tais princípios constitucionais constituem normas fundamentais, inafastáveis e auto-aplicáveis às relações de trabalho.

Na perspectiva dos princípios como normas jurídicas, podem ser eles entendidos como "'mandamentos de otimização', normas que ordenam que algo seja realizado na maior medida possível, dentro das possibilidades fático-jurídicas existentes no caso concreto."[17], conforme Robert Alexy, citado por Gabriela Neves Delgado.

O Direito do Trabalho brasileiro desenvolveu, ao longo do século XX, diversos princípios que devem, também, conformar a criação, revelação, interpretação e aplicação do direito, nas palavras de Mauricio Godinho Delgado.[18]

Os princípios do Direito do Trabalho, independentemente da sua função normativa concorrente ou subsidiária, devem influenciar positivamente a criação da regra jurídica regulamentadora das relações trabalhistas. Devem, também, influenciar a aplicação da regra jurídica heterônoma estatal, na medida em que deve haver conformidade daquilo que é estabelecido com os princípios norteadores do sistema.

Neste sentido Jorge Luiz Souto Maior:

> *Assim, o direito do trabalho só tem mesmo algum sentido para produzir justiça social, representada pela maior distribuição de renda, a que se chega com a melhoria constante da condição social e econômica do trabalhador e com a preservação da dignidade humana no ambiente de trabalho. Esses valores, ademais, integram-se ao Direito do Trabalho não como uma pregação de caráter moral, mas como espécie normativa. Ademais, conforme posição largamente assumida pela doutrina, os princípios são proposições valorativas dotadas de força normativa, que norteiam todo o*

---

(16) DELGADO, Mauricio Godinho. *Princípios de Direito Individual e Coletivo do Trabalho*. São Paulo: LTr, 2001, p. 116.

(17) ALEXY, Robert. Teoria de Los Derechos Fundamentales, Madrid: Centro de Estudios Constitucionales, 1993, p. 84, *Apud* DELGADO, Gabriela Neves. *Direito Fundamental ao Trabalho Digno*. São Paulo: LTr, 2006, p. 62.

(18) DELGADO, Mauricio Godinho. *Princípios de Direito Individual e Coletivo do Trabalho*. São Paulo: LTr, 2001, p. 16.

ordenamento jurídico, orientando a criação e a interpretação das normas, e atuando no processo de integração das lacunas.[19]

Assim, teriam relevância para a aplicação da regra jurídica heterônoma estatal princípios como o da proteção, da norma mais favorável, da imperatividade dos direitos trabalhistas e da razoabilidade, dentre outros.

A mudança de paradigmas que se espera para o próximo decênio passa, necessariamente, pelo reconhecimento judicial da inconstitucionalidade das normas trabalhistas precarizantes, tais como as do "banco de horas" e do contrato a tempo parcial.

A flexibilização dos limites de jornada, em âmbito semanal e também anual, é hoje possibilidade legal, nos termos dos parágrafos 2º e 3º do artigo 59 da CLT:

> Art. 59 – A duração normal do trabalho poderá ser acrescida de horas suplementares, em número não excedente de 2 (duas), mediante acordo escrito entre empregador e empregado, ou mediante contrato coletivo de trabalho.
>
> (...)
>
> § 2º Poderá ser dispensado o acréscimo de salário se, por força de acordo ou convenção coletiva de trabalho, o excesso de horas em um dia for compensado pela correspondente diminuição em outro dia, de maneira que não exceda, no período máximo de um ano, à soma das jornadas semanais de trabalho previstas, nem seja ultrapassado o limite máximo de dez horas diárias.
>
> § 3º Na hipótese de rescisão do contrato de trabalho sem que tenha havido a compensação integral da jornada extraordinária, na forma do parágrafo anterior, fará o trabalhador jus ao pagamento das horas extras não compensadas, calculadas sobre o valor da remuneração na data da rescisão.

O banco de horas divide os riscos do empreendimento com o empregado, vez que o empregador pode ajustar a exigência de trabalho ao seu talante, sem que tenha que remunerar o empregado com o acréscimo que *o texto constitucional* exige. Na verdade, quando houver maior exigência de trabalho, fica o empregado obrigado à sobrejornada, pouco importando seus compromissos fora do trabalho, bastando que haja posterior (dentro de um ano) compensação das horas exigidas além do *limite constitucional*.

O sistema do banco de horas traz inconstitucionalidades claras, pois fere direitos fundamentais do cidadão trabalhador.

---

(19) SOUTO MAIOR, Jorge Luiz. Os Princípios do Direito do Trabalho e sua negação por alguns posicionamentos jurisprudenciais. *In*: COUTINHO, Grijalbo Fernandes; MELO FILHO, Hugo Cavalcanti; SOUTO MAIOR, Jorge Luiz; FAVA, Marcos Neves. *O Mundo do Trabalho: leituras críticas da jurisprudência do TST: em defesa do Direito do Trabalho*. vol. I, São Paulo: LTr, 2009, p. 201.

Em síntese destaca Grijalbo Fernandes Coutinho:

> Ora, a Constituição está aí – diriam – para defender os indivíduos insertos em uma sociedade. Procura-se evitar a jornada em horário extraordinário justamente pelas suas consequências físicas e sociais deletérias para o trabalhador, reprimindo-a com a obrigação de que seja paga a maior. Se o banco de horas, como instituído, retira do trabalhador este pagamento, por certo não está em concordância não só com a letra da Carta Magna, como também com sua intenção. (...) A norma legal autorizadora da realização do banco de horas labora em flagrante inconstitucionalidade, por ofender o limite diário previsto no art. 7º, inciso XIII, além de atentar contra os fundamentos da dignidade da pessoa humana, do valor social do trabalho (CF, art. 1º, incisos III e IV), de modo contrário, ainda, à proteção da saúde do trabalhador (art. 7º, inciso XXII).[20]

Assim, é urgente que o Poder Judiciário compreenda que os limites constitucionais de 8 horas diárias e 44 semanais não devem ser inobservados ordinariamente, sob pena de haver flexibilização de regras referentes à saúde e à segurança do trabalhador, que têm a característica da indisponibilidade.

Visto que a jornada máxima no Brasil é de 08 horas e que a disponibilidade semanal não pode ultrapassar 44 horas. Além destes limites legais (Constituição da República e CLT) há, também, os limites contratuais. Cada contrato tem, normalmente (elemento constitutivo natural) disponibilidade semanal, jornada e horário de trabalho definidos. Haverá horas extraordinárias sempre que o trabalhador entregar seus esforços além da jornada contratual ou sem observância aos limites legais.

Assim, jornada extraordinária é período de disponibilidade de trabalho em que o trabalhador desenvolve seu labor além do que é ordinariamente previsto em seu contrato (verbalmente ou por escrito, observado o princípio da primazia da realidade sobre a forma) ou do que é fixado como limite legal.

Embora não se verifique tal preocupação na prática, há, nos termos da lei, poucas possibilidades para que o empregador exija licitamente trabalho em sobrejornada. Embora devesse haver apenas situações *extraordinárias*, há, infelizmente, horas extras habituais neste país!

São motivos lícitos para prorrogação de jornada o acordo bilateral (prorrogação intersemanal), nos termos do artigo 59, *caput*, da CLT; o regime de compensação anual de jornada (banco de horas) e, aquele que deveria ser regra e não exceção, motivo de força maior, nos termos do artigo 61 da CLT. A exigência de trabalho em sobrejornada fora dos motivos acima destacados caracteriza ordem patronal ilícita e que, portanto, pode ser descumprida pelo empregado.

---

(20) COUTINHO, Grijalbo Fernandes. *O Direito do Trabalho Flexibilizado por FHC e Lula*. São Paulo: LTr, 2009. p. 65.

As horas trabalhadas em sobrejornada são pagas a título de salário, pois mera contraprestação por trabalho entregue (exceção feita, como já exposto, ao banco de horas), às quais deve ser acrescido um adicional (trabalho em circunstância gravosa) em valor não inferior a 50% sobre a hora normal. Assim, as horas extras integram a remuneração (complexo salarial ou salário) do empregado.

A jurisprudência do TST é no sentido de sua ampla integração remuneratória, como se infere de suas Súmulas 264, 45, 63 e 115:

> SUM. 264 HORA SUPLEMENTAR. CÁLCULO (mantida) – Res. 121/2003, DJ 19, 20 e 21.11.2003. A remuneração do serviço suplementar é composta do valor da hora normal, integrado por parcelas de natureza salarial e acrescido do adicional previsto em lei, contrato, acordo, convenção coletiva ou sentença normativa.
>
> SUM. 45 SERVIÇO SUPLEMENTAR (mantida) – Res. 121/2003, DJ 19, 20 e 21.11.2003. A remuneração do serviço suplementar, habitualmente prestado, integra o cálculo da gratificação natalina prevista na Lei n. 4.090, de 13.07.1962.
>
> SUM. 63 FUNDO DE GARANTIA (mantida) – Res. 121/2003, DJ 19, 20 e 21.11.2003. A contribuição para o Fundo de Garantia do Tempo de Serviço incide sobre a remuneração mensal devida ao empregado, inclusive horas extras e adicionais eventuais.
>
> SUM. 115 HORAS EXTRAS. GRATIFICAÇÕES SEMESTRAIS (nova redação) – Res. 121/2003, DJ 19, 20 e 21.11.2003. O valor das horas extras habituais integra a remuneração do trabalhador para o cálculo das gratificações semestrais.

O que era para ser exceção à regra, ou seja, o que deveria ocorrer de modo apenas episódico, por motivo justificado, acaba se tornando opção patronal. O grande problema é que há uma opção patronal por descumprimento (lícito) de limite constitucional, o que é, tecnicamente, algo absurdo.

A CLT exclui a limitação de jornada para alguns tipos específicos de trabalho, embora não faça a Constituição da República tal restrição. O artigo 62 da CLT trata da exclusão do direito às horas extraordinárias:

> Art. 62 – Não são abrangidos pelo regime previsto neste capítulo:
>
> I – os empregados que exercem atividade externa incompatível com a fixação de horário de trabalho, devendo tal condição ser anotada na Carteira de Trabalho e Previdência Social e no registro de empregados;
>
> II – os gerentes, assim considerados os exercentes de cargos de gestão, aos quais se equiparam, para efeito do disposto neste artigo, os diretores e chefes de departamento ou filial. Parágrafo único – O regime previsto neste capítulo será aplicável aos empregados mencionados no inciso II deste artigo, quando o salário do cargo de confiança, compreendendo a gratificação de função, se houver, for inferior ao valor do respectivo salário efetivo acrescido de 40% (quarenta por cento).

Assim, nos termos da norma citada, não receberão pelas horas extraordinárias que porventura venham a empreender os gerentes e os trabalhadores externos.

Destaque-se, já de início, que a regra do artigo 62 traz apenas presunção legal, que admite prova em contrário. Assim, não são suficientes para afastar a proteção referente ao limite de jornada somente o título de gerente ou o fato de trabalhar externamente. A presunção é favorável ao empregador, mas o empregado pode produzir prova em sentido contrário.

Inicialmente os empregados que exercem atividade externa *incompatível* com a fixação de horário de trabalho não terão jornada controlada, e portanto poderão trabalhar à exaustão sem a devida contraprestação extraordinária, nos termos da lei.

Importante identificar, aqui, o que é atividade externa *incompatível* com a fixação de horários. Quero crer que a atividade não deve ser tecnicamente passível de controle, o que é cada vez mais raro no plano dos fatos, dado o desenvolvimento tecnológico, informático e das telecomunicações.

Entendo particularmente que não basta que o empregador *não queira* exercer o controle. É necessário que ele *não possa* fazê-lo. O legislador exige incompatibilidade entre o trabalho e o controle de horários, e não mera inexistência de controle de horários. Não basta que o empregador tenha preferido não submeter o trabalhador ao controle, mas que tal não seja possível. Enfim, para que haja a exceção (e também presunção) do artigo 62, inciso I, é necessário que haja impossibilidade de se conhecer o tempo efetivamente dedicado pelo trabalhador ao seu empregador.

Outra presunção legal é no sentido de que gerentes não possuem controle de jornada e, consequentemente, direito a eventual remuneração de horas extraordinárias. O que se depreende da norma é a exclusão daqueles que não possuem jornada controlada por não estarem submetidos ao controle por superiores. São gestores, que possuem poder de mando na organização, e que portanto não se submetem a horários.

O Prof. Mauricio Godinho Delgado explica que deve haver efetivo poder de gestão (incluindo ou não poderes de mando), sendo desnecessário o poder de representação.[21]

No caso dos gerentes há também, felizmente, um dado objetivo que facilita a análise: para ter a exclusão dos direitos referentes à sobrejornada deve o gerente receber pelo menos 40% a mais do que recebe a título de contraprestação básica o seu subordinado de maior salário.

Eis algumas decisões do TRT da 3ª Região sobre ambos os temas:

> *HORAS EXTRAS. EXERCÍCIO DEATIVIDADE EXTERNA COMPATÍVEL COM O CONTROLE DE JORNADA. O artigo 62, I, da CLT estabelece uma exceção à regra insculpida no artigo 74 da Consolidação, ao dispor que não estão sujeitos a controle de jornada os trabalhadores que exercem atividade externa incompatível com fiscalização. Assim, o trabalho externo, para efeito de eliminação de pagamento da jornada ex-*

---

(21) DELGADO, Mauricio Godinho. *Curso de Direito do Trabalho*. 10. ed. São Paulo: LTr, 2011. p. 845.

traordinária, é caracterizado pela circunstância de o empregado estar fora da fiscalização e controle do empregador, havendo impossibilidade de se conhecer o tempo realmente dedicado, com exclusividade, à empresa. Tal entendimento restou definitivamente esclarecido com a nova redação dada ao referido preceito consolidado pela Lei n. 8.966/1994, que excepciona do regime geral de duração do trabalho estabelecido pela Consolidação apenas a "atividade externa incompatível com a fixação de horário de trabalho". Entretanto, se, no caso dos autos, o conjunto probatório evidencia que o labor prestado externamente pelo Reclamante era passível de controle, tanto que recentemente os vendedores externos passaram a ter registro eletrônico de jornada, à luz da prova testemunhal, este fato afasta a possibilidade de enquadramento da situação retratada nos autos no modelo descrito no artigo 62, I, da CLT, fazendo jus o Autor ao pagamento das horas extras. (TRT, 3ª Região, 8ª Turma, relator Desembargador Márcio Ribeiro do Vale, publicação em 02.09.2011, disponível em: www.trt3.jus.br, consulta em 05.10.2011).

CARGO DE CONFIANÇA – HORAS EXTRAS. *A regra geral em nossa ordem jurídica brasileira é o controle das jornadas de trabalho do empregado, conforme disciplinado no Capítulo II da CLT, constituindo exceção a essa regra as disposições do art. 62 do referido diploma legal, que exclui duas espécies de empregados das normas protetivas da duração do trabalho, as quais estão expressas nos incisos I e II e parágrafo único do citado art. 62 da CLT, isto é, os trabalhadores que desenvolvem atividade externa incompatível com a fixação de horário de trabalho e os gerentes, considerados os exercentes de cargos de gestão, equiparando-se a estes os diretores e chefes de departamento e/ou filial, desde que recebam acréscimo salarial não inferior a 40% do salário efetivo. O empregado a que se refere o inciso II do citado dispositivo consolidado é aquele cuja atuação funcional, com responsabilidades e prerrogativas ímpares, o coloca à margem das disposições ordinárias que regulamentam a duração da jornada do trabalhador. Isto porque o empregado que exerce cargo de confiança não está subordinado ao controle da jornada de trabalho, pressupondo que ele sofre menor intensidade dos efeitos do poder diretivo, ficando, geralmente, em suas mãos a determinação concreta do conteúdo da sua própria prestação de serviços. Ele próprio estabelece as condições de trabalho, sendo, regra geral, mínimas as interferências da empregadora, razão de não fazer jus às eventuais horas suplementares trabalhadas. Contudo, não se pode olvidar que a norma em comento estabeleceu apenas uma presunção juris tantum, no sentido de que tais empregados não estão submetidos ao controle e à fiscalização de horário de trabalho, presunção que decorre da posição hierárquica alcançada na estrutura da empresa, que pode ser elidida por prova em contrário. No caso em concreto, o acervo probatório, notadamente, a prova documental coligida à defesa, constituída das fichas financeiras e do contrato de experiência, revelam que o reclamante estava submetido ao controle da jornada laboral, havendo fixação contratual de horário de trabalho a ser cumprido, com percepção habitual de horas extras no curso do contrato de trabalho, não havendo em sua remuneração o pagamento de acréscimo/gratificação não inferior a 40% do salário efetivo a distingui-lo dos demais empregados. De igual modo, a prova testemunhal nada revelou sobre a existência de empregados subordinados ao reclamado, sobressaindo que as atividades por ele eram de mera execução, não se confundindo jamais com os atos de gestão próprios dos empregados que exercem de cargo de confiança, corroborando a conclusão de que o reclamante não estava inserido na exceção do inciso II do art. 62 da CLT, aplicando-lhe as regras gerais relativas à duração do trabalho, o que importa no pagamento de horas extras prestadas.* (TRT, 3ª Região, 4ª Turma, processo 01586-2010-098-03-00-0, Recurso Ordinário, relator Juiz Convocado Paulo Maurício R. Pires, publicação em 12.09.2011, disponível em: www.trt3.jus.br, consulta em 05.10.2011).

O doméstico, por enquanto, tem jornada não tipificada, e consequentemente não faz jus às horas extraordinárias.

A jurisprudência consolidada contempla uma indenização para o caso de supressão da hora extraordinária habitual, ou seja, ordinária (contradição em termos que parece ser despercebida pelo TST). É o que se depreende da Súmula 291 do TST:

> SUM. 291 HORAS EXTRAS. HABITUALIDADE. SUPRESSÃO. INDENIZAÇÃO *(nova redação em decorrência do julgamento do processo TST-IUJERR 10700-45.2007.5.22.0101) – Res. 174/2011, DEJT divulgado em 27, 30 e 31.05.2011. A supressão total ou parcial, pelo empregador, de serviço suplementar prestado com habitualidade, durante pelo menos 1 (um) ano, assegura ao empregado o direito à indenização correspondente ao valor de 1 (um) mês das horas suprimidas, total ou parcialmente, para cada ano ou fração igual ou superior a seis meses de prestação de serviço acima da jornada normal. O cálculo observará a média das horas suplementares nos últimos 12 (doze) meses anteriores à mudança, multiplicada pelo valor da hora extra do dia da supressão.*

É claro, ainda, que os empregados que recebam salário por produtividade, consubstanciado em comissões, fazem jus às horas extras se trabalharem acima dos limites contratuais ou legais. Neste sentido a Súmula 340 do TST:

> SUM. 340 COMISSIONISTA. HORAS EXTRAS *(nova redação) – Res. 121/2003, DJ 19, 20 e 21.11.2003. O empregado, sujeito a controle de horário, remunerado à base de comissões, tem direito ao adicional de, no mínimo, 50% (cinquenta por cento) pelo trabalho em horas extras, calculado sobre o valor-hora das comissões recebidas no mês, considerando-se como divisor o número de horas efetivamente trabalhadas.*

O trabalhador que fixa contraprestação por produção, e não por unidade de tempo, também tem direito à sobrejornada, caso ultrapassados os limites ordinários. Assim, ainda que somente receba salário referente ao que produz, o valor da produção em período de trabalho extraordinário ensejará a aplicação do adicional de horas extras, nos termos da OJ 235, da SBDI-1, do TST:

> HORAS EXTRAS. SALÁRIO POR PRODUÇÃO. *(redação alterada na sessão do Tribunal Pleno realizada em 16.04.2012) O empregado que recebe salário por produção e trabalha em sobrejornada tem direito à percepção apenas do adicional de horas extras, exceto no caso do empregado cortador de cana, a quem é devido o pagamento das horas extras e do adicional respectivo.*

Por fim, outra obviedade, mas que ensejou Súmula, dado o descumprimento reiterado da regra trabalhista: caso o empregador exija mais de 2 horas extras por dia, o que fere a legislação celetista protetiva, deverá pagar a integralidade do período extraordinário. Súmula 376 do TST:

> SUM. 376 HORAS EXTRAS. LIMITAÇÃO. ART. 59 DA CLT. REFLEXOS (conversão das Orientações Jurisprudenciais ns. 89 e 117 da SBDI-1) – Res. 129/2005, DJ 20, 22 e 25.04.2005. I – A limitação legal da jornada suplementar a duas horas diárias não exime o empregador de pagar todas as horas trabalhadas. (ex-OJ n. 117 da SBDI-1 – inserida em 20.11.1997) II – O valor das horas extras habitualmente prestadas integra o cálculo dos haveres trabalhistas, independentemente da limitação prevista no caput do art. 59 da CLT. (ex-OJ n. 89 da SBDI-1 – inserida em 28.04.1997)

Outro ponto de destaque com relação à duração do trabalho diz respeito ao trabalho noturno, que é realizado em circunstância gravosa, pois tende, genericamente, a prejudicar a inserção social, comunitária, política e principalmente familiar do trabalhador.

O trabalho noturno recebe do ordenamento jurídico um tratamento especial, de proteção destacada.

Inicialmente fixa o legislador parcela remuneratória (adicional) decorrente do trabalho noturno. O adicional noturno, como os demais de mesma natureza jurídica, são pagos em decorrência do labor em circunstância gravosa. Tem previsão legal no artigo 73, *caput*, da CLT:

> Art. 73 – Salvo nos casos de revezamento semanal ou quinzenal, o trabalho noturno terá remuneração superior à do diurno e, para esse efeito, sua remuneração terá um acréscimo de 20% (vinte por cento), pelo menos, sobre a hora diurna.

O adicional, então, será acrescido ao salário, para compor a remuneração (complexo salarial). A Súmula 60, inciso I, ainda que opte por terminologia diversa, é nesse sentido:

> SUM. 60 ADICIONAL NOTURNO. INTEGRAÇÃO NO SALÁRIO E PRORROGAÇÃO EM HORÁRIO DIURNO (incorporada a Orientação Jurisprudencial n. 6 da SBDI-1) – Res. 129/2005, DJ 20, 22 e 25.04.2005.
>
> I – O adicional noturno, pago com habitualidade, integra o salário do empregado para todos os efeitos. (ex-Súmula n. 60 – RA 105/1974, DJ 24.10.1974).

É claro que qualquer empregado submetido a tal circunstância gravosa (trabalhar à noite) deve receber o referido adicional. Não seria diferente com os vigias. Nestes termos a Súmula 140 do TST:

> SUM. 140 VIGIA (mantida) – Res. 121/2003, DJ 19, 20 e 21.11.2003. É assegurado ao vigia sujeito ao trabalho noturno o direito ao respectivo adicional (ex-Prejulgado n. 12).

O horário noturno também tem previsão legal celetista. Não coincide, necessariamente, com a ideia que se tem de *noite*. O horário noturno para o empregado urbano (celetista) tem início às 22:00 horas e término às 05:00 horas do dia seguinte, nos termos do artigo 73, parágrafo 2º.

Corretamente amplia o legislador os efeitos jurídicos do horário noturno às prorrogações de jornada, ou seja, se o trabalhador inicia seus trabalhos às 22:00 horas e permanece trabalhando após as 05:00 horas (até as 6, 7, 8...) é perceptível que os efeitos gravosos permanecem, quando não se agravam (artigo 73, parágrafo 5º). No mesmo sentido o inciso II da Súmula 60 do TST:

> SUM. 60 ADICIONAL NOTURNO. INTEGRAÇÃO NO SALÁRIO E PRORROGAÇÃO EM HORÁRIO DIURNO (incorporada a Orientação Jurisprudencial n. 6 da SBDI-1) – Res. 129/2005, DJ 20, 22 e 25.04.2005. II – *Cumprida integralmente a jornada no período noturno e prorrogada esta, devido é também o adicional quanto às horas prorrogadas. Exegese do art. 73, § 5º, da CLT.*

Tal extensão de efeitos da jornada noturna prorrogada alcança também os empregados submetidos à denominada "jornada 12 x 36", conforme o que está expresso corretamente na O.J. 388, da SDI-1 do TST.

> OJ-SDI1-388 JORNADA 12X36. JORNADA MISTA QUE COMPREENDA A TOTALIDADE DO PERÍODO NOTURNO. ADICIONAL NOTURNO. DEVIDO. (DEJT divulgado em 09, 10 e 11.06.2010). *O empregado submetido à jornada de 12 horas de trabalho por 36 de descanso, que compreenda a totalidade do período noturno, tem direito ao adicional noturno, relativo às horas trabalhadas após as 5 horas da manhã.*

Além do adicional, recebe o trabalhador noturno proteção ainda mais destacada, consistente na legal redução ficta de sua hora e, consequentemente, de sua jornada e de sua disponibilidade semanal de trabalho.

O artigo 73, parágrafo 1º estabelece que a hora do trabalho noturno será computada como de 52 (cinquenta e dois) minutos e 30 (trinta) segundos. É claro que se trata de mera construção jurídica, sendo certo que o trabalho à noite continua sendo desenvolvido durante 60 minutos a cada hora.

O raciocínio a ser empreendido, então, é o seguinte: a cada hora noturna o empregado deveria trabalhar 52 minutos e 30 segundos, mas trabalha 60 minutos. Assim, há um excedente, a cada hora, de 7 minutos e 30 segundos. Se considerarmos que entre 22:00 e 05:00 horas há 7 horas, então haverá, em uma noite de trabalho, um excedente de 52 minutos e 30 segundos (7:30 x 7 = 52:30). Assim, para receber igual salário-base de um seu colega do turno diurno, que trabalha 8 horas, basta que o trabalhador noturno trabalhe 7 horas. Há, então, vantagem referente à redução da jornada padrão, que passa a ser de 7 horas, e não de 8.

Tal regra, por óbvio, vale também para os vigias noturnos, como reforça a Súmula 65 do TST:

> SUM. 65 VIGIA (mantida) – Res. 121/2003, DJ 19, 20 e 21.11.2003. O direito à hora reduzida de 52 minutos e 30 segundos aplica-se ao vigia noturno.

A inobservância à legal redução ficta da hora noturna enseja, se elastecida a jornada (considerada a hora de 52 minutos e 30 segundos), pagamento de sobrejornada.

A supressão da hora noturna, decorrente da transferência do trabalhador para o turno diurno, não enseja alteração contratual ilícita. Ao contrário, trata-se de alteração contratual benéfica, por suprimir circunstância gravosa. Assim, não há direito adquirido ao adicional noturno, sendo certo que sua supressão não gera direitos para o trabalhador empregado. Eis os termos da Súmula n. 265 do TST:

> SUM. 265 ADICIONAL NOTURNO. ALTERAÇÃO DE TURNO DE TRABALHO. POSSIBILIDADE DE SUPRESSÃO (mantida) – Res. 121/2003, DJ 19, 20 e 21.11.2003. A transferência para o período diurno de trabalho implica a perda do direito ao adicional noturno.

Recentemente a Presidenta Dilma sancionou a Lei n. 12.551/2011, que cria o parágrafo único do artigo 6º da CLT, o que vem ensejando polêmica entre juristas, patrões e empregados.

Eis o texto do novo artigo 6º da CLT, com seu parágrafo único:

> Art. 6º – Não se distingue entre o trabalho realizado no estabelecimento do empregador e o executado no domicílio do empregado, desde que esteja caracterizada a relação de emprego. Parágrafo único: Os meios telemáticos e informatizados de comando, controle e supervisão se equiparam, para fins de subordinação jurídica, aos meios pessoais e diretos de comando, controle e supervisão do trabalho alheio.

Tem havido, em decorrência do novo dispositivo celetista, debates sobre casos concretos que podem configurar juridicamente a *sobrejornada* ou o *sobreaviso*, dependendo da situação fática.

Para melhor compreensão vale partir de um primeiro caso corriqueiro para a definição dos seus conteúdos jurídicos em debate com a edição da lei nova: determinado trabalhador, ao findar seu expediente em escritório continua, em casa ou em qualquer outro local, *on-line*, dedicando-se às suas tarefas profissionais cotidianas (vendas, projetos, análises, pesquisas, contatos com clientes, exemplificativamente).

Tem havido, desde a edição da Lei n. 12.551/2011, o entendimento de que tal trabalho será, somente agora, remunerado como extraordinário, sendo que alguns tratam o período como sobrejornada (horas extras) e outros como sobreaviso.

Independentemente do novo parágrafo único do artigo 6º da CLT, tal período de disponibilidade do trabalhador, por qualquer meio, sempre foi, legal e constitucionalmente, período de sobrejornada, ensejando, portanto, o pagamento de horas extras, desde que, é claro, o teletrabalho seja suscetível de controle patronal.

Ora, se o trabalhador cumpre sua jornada ordinária em escritório, mas continua à disposição do empregador executando ordens, ou seja, cumprindo suas tarefas cotidianas fora dele, então tal tempo sempre foi de *efetivo serviço*, nos termos do artigo 4º da CLT, devendo ser remunerado como sobrejornada se tal trabalho externo for compatível com o controle pelo empregador, conforme previsão do artigo 62, inciso I consolidado. Nestes termos é clara a Constituição da República ao limitar a jornada e exigir pagamento diferenciado pela sua inobservância, nos termos do seu artigo 7º, incisos XIII e XVI.

Há ainda uma segunda possibilidade concreta, também comum, que poderá caracterizar o sobreaviso: determinado trabalhador termina seu expediente no escritório mas sabe que deve manter-se *on-line* e/ou com celular ligado para um eventual chamado de seu empregador. Neste caso, no período em que não está no escritório o trabalhador somente desenvolverá suas tarefas se for expressamente convocado para tanto pelo seu empregador.

O caso, então, é e sempre foi de sobreaviso, que deveria ser remunerado pelo empregador, mas que não era como regra geral por força de equivocada interpretação sobre a jurisprudência do TST, posteriormente consolidada em sua Súmula 428 (Ex-OJ 49, SDI-1), com nova redação desde 14 de setembro de 2012.

A interpretação dada à então OJ 49, da SDI-1 do TST, convertida em Súmula 428 do TST, contrariava o disposto no artigo 4º da CLT, o que somente se reafirma com o comando normativo trazido pela Lei n. 12.551/2011.

Entender que o trabalhador, no caso concreto analisado, não deveria receber remuneração pelo sobreaviso era confundir a *responsabilidade* envolvida com o *local* em que o trabalhador deveria aguardar eventual chamado. Não é *onde* o empregado aguarda eventuais ordens, mas a *limitação* de seus períodos de descanso o fator ensejador do pagamento do sobreaviso. Também não é o *meio* do contato patronal (telefone fixo, Pager, celular, *e-mail*...) o fator gerador do pagamento do sobreaviso, mas a *determinação* ou orientação patronal para que o trabalhador fique atento a um eventual chamado.

Caso o empregado fique à disposição aguardando convocação para o serviço, então tal tempo de expectativa e contingenciamento da vontade e restrição de descanso deverá ser remunerado como período de sobreaviso. Se o trabalhador efetivamente é chamado para tratar de assuntos profissionais neste período haverá sobrejornada, que deverá ser remunerada com o pagamento de horas extras.

Finalmente e felizmente parece ser esta a interpretação do TST sobre o contexto fático e normativo aqui destacado. Eis a nova redação da Súmula 428 do TST, aprovada em 14.09.2012:

> *SOBREAVISO. APLICAÇÃO ANALÓGICA DO ART. 244, § 2º, DA CLT.*
>
> *I – O uso de instrumentos telemáticos ou informatizados fornecidos pela empresa ao empregado, por si só, não caracteriza regime de sobreaviso.*
>
> *II – Considera-se em sobreaviso o empregado que, à distância e submetido a controle patronal por instrumentos telemáticos ou informatizados, permanecer em regime de plantão ou equivalente, aguardando a qualquer momento o chamado para o serviço durante o período de descanso.*

Caso haja orientação patronal, expressa ou tácita, para que o empregado fique à disposição aguardando convocação para o serviço, então tal tempo de expectativa e contingenciamento da vontade e restrição de descanso deverá ser remunerado como período de sobreaviso. Se o trabalhador efetivamente é chamado para tratar de assuntos profissionais neste período haverá sobrejornada, que deverá ser remunerada com o pagamento de horas extras.

Assim, embora desnecessária para conferir direitos novos o novo parágrafo único do artigo 6º deverá ter o condão de forçar o Poder Judiciário Trabalhista a uma nova reflexão sobre em que consiste o sobreaviso, para que faça valer o que já está legal e constitucionalmente posto na ordem jurídica brasileira.

Certamente é dever do Estado tutelar o efetivo descanso do empregado. Assim, decorrência lógica e jurídica do controle de jornada é a preservação de períodos destinados ao descanso do trabalhador.

Períodos de descanso são lapsos temporais (diários, semanais, anuais) em que não há disposição de trabalho do empregado em favor do seu empregador. Durante os períodos de descanso, que podem ser remunerados ou não, o trabalhador não está *sob ordens* do empregador, não está à sua disposição.

Os intervalos (períodos de descanso) celetistas mais usuais, que atingem à imensa maioria dos trabalhadores empregados, são os *intrajornada*, os *entrejornadas* (aqui incluídos também os descansos entre semanas) e os *anuais*.

Inicialmente o intervalo intrajornada (dentro de uma jornada) tem previsão legal no artigo 71 da CLT:

> *Art. 71 – Em qualquer trabalho contínuo, cuja duração exceda de 6 (seis) horas, é obrigatória a concessão de um intervalo para repouso ou alimentação, o qual será, no mínimo, de 1 (uma) hora e, salvo acordo escrito ou contrato coletivo em contrário, não poderá exceder de 2 (duas) horas.*
>
> *§ 1º – Não excedendo de 6 (seis) horas o trabalho, será, entretanto, obrigatório um intervalo de 15 (quinze) minutos quando a duração ultrapassar 4 (quatro) horas.*

Assim, em uma jornada padrão, com duração de 8 horas, haverá necessariamente um intervalo para alimentação e descanso do trabalhador, que terá duração mínima de uma hora e máxima de duas, a critério das partes contratantes. Na jornada reduzida de 6 horas o intervalo é de 15 minutos. Na jornada parcial de 4 horas não há intervalo intrajornada.

Os intervalos de descanso previstos no *caput* do artigo 71 da CLT não são computados na duração do trabalho, nos termos do parágrafo 2º do mesmo dispositivo legal: § 2º – *Os intervalos de descanso não serão computados na duração do trabalho.*

Assim, para implementar uma jornada padrão de 8 horas, haverá entre o horário de início e o de término 9 horas, vez que a hora de intervalo não será computada na duração do trabalho. Exemplo: horário de 08h00 às 17h00, com uma hora de intervalo para alimentação e descanso.

Se o empregador, além de observar o intervalo legal analisado, cria outros por liberalidade sua (café, lanche, ginástica, leitura etc.) serão estes integrados (computados) na jornada ordinária. A regra geral de integração (ou não) do intervalo, que comporta exceções, é que o intervalo legal (obrigatório) não integra a jornada, enquanto o intervalo criado por liberalidade do empregador é computado na duração normal do trabalho, devendo, então, ser pago. Nestes termos a Súmula 118 do TST:

> *SUM. 118 JORNADA DE TRABALHO. HORAS EXTRAS (mantida) – Res. 121/2003, DJ 19, 20 e 21.11.2003. Os intervalos concedidos pelo empregador na jornada de trabalho, não previstos em lei, representam tempo à disposição da empresa, remunerados como serviço extraordinário, se acrescidos ao final da jornada.*

Algumas categorias específicas gozam de intervalos diferenciados, de acordo com a necessidade de preservação da saúde do trabalhador, decorrente de esforços específicos de suas tarefas. Nestes casos, a regra legal que cria o intervalo fixa sua integração (regra geral) ou não na jornada de trabalho, estabelecendo se será ele remunerado ou não. Caso usual é o dos digitadores, nos termos da Súmula 346 do TST:

> *SUM. 346 DIGITADOR. INTERVALOS INTRAJORNADA. APLICAÇÃO ANALÓGICA DO ART. 72 DA CLT (mantida) – Res. 121/2003, DJ 19, 20 e 21.11.2003. Os digitadores, por aplicação analógica do art. 72 da CLT, equiparam-se aos trabalhadores nos serviços de mecanografia (datilografia, escrituração ou cálculo), razão pela qual têm direito a intervalos de descanso de 10 (dez) minutos a cada 90 (noventa) de trabalho consecutivo.*

Não é incomum, embora seja ilegal, o fato de o empregador não conceder os necessários intervalos legais. Infelizmente o descumprimento da legislação trabalhista tende a ser estratégia patronal (perversa) no Brasil.

No caso de inobservância a um intervalo remunerado, sua supressão enseja o elastecimento da jornada, como regra geral, pois o trabalhador não interrompe sua prestação laborativa nos períodos em que deveria fazê-lo. Assim, o tempo sonegado será remunerado a título de sobrejornada (hora acrescida do adicional de 50%).

No caso de inobservância a um intervalo não-remunerado, a legislação cria a figura da "hora extra ficta". Não necessariamente a supressão do intervalo acarreta sobrejornada, mas, em qualquer caso, o efeito será o mesmo da hora extraordinária, nos termos da regra do parágrafo 4º do artigo 71 da CLT:

> § 4º *Quando o intervalo para repouso e alimentação, previsto neste artigo, não for concedido pelo empregador, este ficará obrigado a remunerar o período correspondente com um acréscimo de no mínimo 50% (cinqüenta por cento) sobre o valor da remuneração da hora normal de trabalho.*

Assim, exemplificando, se o trabalhador desenvolve seu trabalho em jornada ordinária padrão de 8 horas ininterruptamente, não haverá horas extras (reais), mas por força da regra acima citada haverá reflexos patrimoniais favoráveis ao trabalhador (hora extra ficta).

A Lei n. 12.619/2012 fixou exceção à regra celetista de fruição integral e ininterrupta do intervalo intrajornada, permitindo seu fracionamento especificamente para motoristas profissionais, desde que tal possibilidade seja prevista em negociação coletiva, como se infere da regra contida no parágrafo 5º, do artigo 71 da CLT:

> § 5º *Os intervalos expressos no caput e no § 1º poderão ser fracionados quando compreendidos entre o término da primeira hora trabalhada e o início da última hora trabalhada, desde que previsto em convenção ou acordo coletivo de trabalho, ante a natureza do serviço e em virtude das condições especiais do trabalho a que são submetidos estritamente os motoristas, cobradores, fiscalização de campo e afins nos serviços de operação de veículos rodoviários, empregados no setor de transporte coletivo de passageiros, mantida a mesma remuneração e concedidos intervalos para descanso menores e fracionados ao final de cada viagem, não descontados da jornada.*

O TST trata do assunto em sua Súmula n. 437:

> SÚM. 437 INTERVALO INTRAJORNADA PARA REPOUSO E ALIMENTEÇÃO. APLICAÇÃO DO ART. 71 DA CLT (conversão das Orientações Jurisprudenciais ns. 307, 342, 354, 380 e 381 da SBDI-1) – Res. 185/2012, DEJT divulgado em 25, 26 e 27.09.2012
>
> I – Após a edição da Lei n. 8.923/1994, a não concessão ou a concessão parcial do intervalo intrajornada mínimo, para repouso e alimentação, a empregados urbanos e rurais, implica o pagamento total do período correspondente, e não apenas daquele suprimido, com acréscimo de, no mínimo, 50% sobre o valor da remuneração da hora normal de trabalho (art. 71 da CLT), sem prejuízo do cômputo da efetiva jornada de labor para efeito de remuneração.
>
> II – É inválida cláusula de acordo ou convenção coletiva de trabalho contemplando a supressão ou redução do intervalo intrajornada porque este constitui medida de higiene, saúde e segurança do trabalho, garantido por norma de ordem pública (art. 71 da CLT e art. 7º, XXII, da CF/1988), infenso à negociação coletiva.

III – Possui natureza salarial a parcela prevista no art. 71, § 4º, da CLT, com redação introduzida pela Lei n. 8.923, de 27 de julho de 1994, quando não concedido ou reduzido pelo empregador o intervalo mínimo intrajornada para repouso e alimentação, repercutindo, assim, no cálculo de outras parcelas salariais.

IV – Ultrapassada habitualmente a jornada de seis horas de trabalho, é devido o gozo do intervalo intrajornada mínimo de uma hora, obrigando o empregador a remunerar o período para descanso e alimentação não usufruído como extra, acrescido do respectivo adicional, na forma prevista no art. 71, caput e § 4º da CLT.

Dois são os intervalos entrejornadas, ou seja, entre dois dias de trabalho. Um é aquele previsto no artigo 66 da CLT, e que prevê descanso de 11 horas entre um dia de trabalho e o seguinte, e o outro é o descanso semanal remunerado, que tem previsão constitucional no artigo 7º, inciso XV.

Inicialmente o intervalo entrejornadas do artigo 66 da CLT:

Art. 66 – Entre 2 (duas) jornadas de trabalho haverá um período mínimo de 11 (onze) horas consecutivas para descanso.

Tal intervalo tende a favorecer a reconstituição das energias físicas do trabalhador entre dois dias de trabalho, sendo certo que tal lapso temporal não integra a jornada do trabalhador e, consequentemente, não é considerado para efeito de cômputo de sua disponibilidade semanal de trabalho, ou seja, não é intervalo remunerado. Exemplificando: um trabalhador que termine sua jornada às 22h00 de um dia somente poderá retornar ao trabalho às 09h00 do dia seguinte.

Embora não haja previsão legal, a inobservância ao intervalo entrejornadas previsto no artigo 66 da CLT ensejará o mesmo efeito previsto no parágrafo 4º do artigo 71 da CLT, nos termos da Orientação Jurisprudencial 355 da SDI-1 do TST:

OJ-SDI1-355 INTERVALO INTERJORNADAS. INOBSERVÂNCIA. HORAS EXTRAS. PERÍODO PAGO COMO SOBREJORNADA. ART. 66 DA CLT. APLICAÇÃO ANALÓGICA DO § 4º DO ART. 71 DA CLT (DJ 14.03.2008). O desrespeito ao intervalo mínimo interjornadas previsto no art. 66 da CLT acarreta, por analogia, os mesmos efeitos previstos no § 4º do art. 71 da CLT e na Súmula n. 110 do TST, devendo--se pagar a integralidade das horas que foram subtraídas do intervalo, acrescidas do respectivo adicional.

Assim, se o trabalhador terminou sua jornada às 22h00 e retornou ao trabalho às 07h00 do dia seguinte, o tempo compreendido entre as 7h00 e as 9h00 será pago integralmente e ainda com acréscimo do adicional mínimo de 50% sobre o valor da hora normal.

Há, ainda, intervalo entre duas semanas de trabalho, de no mínimo 24 horas, que também é entrejornadas, pois gozado entre o último dia de trabalho de uma semana e o primeiro dia de trabalho da semana seguinte. Sendo o intervalo entre semanas também um intervalo entrejornadas, forçoso compreender que entre duas semanas de trabalho haverá no mínimo 35 horas de descanso (11 + 24 = 35). Neste sentido, embora não de modo expresso, a Súmula 110 do TST:

> SUM. 110 JORNADA DE TRABALHO. INTERVALO (mantida) – Res. 121/2003, DJ 19, 20 e 21.11.2003. No regime de revezamento, as horas trabalhadas em seguida ao repouso semanal de 24 horas, com prejuízo do intervalo mínimo de 11 horas consecutivas para descanso entre jornadas, devem ser remuneradas como extraordinárias, inclusive com o respectivo adicional.

O intervalo entre duas semanas de trabalho é conhecido como repouso semanal remunerado, tem previsão constitucional no artigo 7º, inciso XV, e deverá ser gozado *preferencialmente aos domingos*.

O repouso semanal remunerado tem também por objetivo a reconstituição das energias físicas e mentais do trabalhador, despendidas no curso de uma semana. Tem, ainda, importante objetivo de possibilitar a inserção social, política, familiar e comunitária do trabalhador empregado.

As características do descanso semanal remunerado são as seguintes:

1) lapso temporal mínimo de 24 horas, lembrando-se da conjugação da norma do artigo 7º, XV da Constituição com o disposto no artigo 66 da CLT;

2) ocorrência semanal, pois após o 6º dia de trabalho ininterrupto o 7º deverá necessariamente ser destinado ao repouso semanal remunerado;

3) sua concessão, como acima exposto, deverá ser realizada, no mais tardar, *após o 6º dia de trabalho ininterrupto*, embora a jurisprudência consolidada faça referência ao trabalho após o 7º dia... (*OJ 410, da SDI-1, do TST. OJ-SDI1-410 REPOUSO SEMANAL REMUNERADO. CONCESSÃO APÓS O SÉTIMO DIA CONSECUTIVO DE TRABALHO. ART. 7º, XV, DA CF. VIOLAÇÃO. Viola o art. 7º, XV, da CF a concessão de repouso semanal remunerado após o sétimo dia consecutivo de trabalho, importando no seu pagamento em dobro);*

4) nos termos da Constituição, o dia de descanso deverá coincidir *preferencialmente* com o domingo, do que se pode depreender que somente poderá haver trabalho aos domingos excepcionalmente.

Conforme já exposto, o descanso semanal é remunerado, embora não integre a jornada ou o cômputo final do período de disponibilidade semanal de trabalho, obviamente.

Os requisitos para que haja o pagamento do repouso semanal são a frequência e a pontualidade do trabalhador no curso da semana de referência. A regra do artigo 6º, da já antiga (mas vigente) Lei n. 606/1949 é no seguinte sentido:

> *Artigo 6º. Não será devida a remuneração quando, sem motivo justificado, o empregado não tiver trabalhado durante toda a semana anterior, cumprindo integralmente o seu horário de trabalho.*

Assim, a falta ao trabalho, em qualquer dia da semana (e não somente às segundas e sextas-feiras) acarreta a perda da remuneração do repouso. Importante destacar: acarreta a perda da remuneração, mas não impede a fruição do descanso.

A Lei n. 605/1949, com referência também ao disposto no artigo 473 da CLT, fixa quais são os motivos que não serão considerados como faltas ao trabalho para efeito da perda da remuneração do descanso. São faltas justificadas e que não ensejam qualquer punição trabalhista, nos termos do parágrafo único do citado artigo 6º:

> § 1º São motivos justificados:
>
> a) os previstos no artigo 473 e seu parágrafo único da Consolidação das Leis do Trabalho;
>
> b) a ausência do empregado devidamente justificada, a critério da administração do estabelecimento;
>
> c) a paralisação do serviço nos dias em que, por conveniência do empregador, não tenha havido trabalho;
>
> d) a ausência do empregado, até três dias consecutivos, em virtude do seu casamento;
>
> e) a falta ao serviço com fundamento na lei sobre acidente do trabalho;
>
> f) a doença do empregado, devidamente comprovada.

Importante destacar que a remuneração do repouso semanal normalmente não é "perceptível" no complexo salarial do empregado, vez que para o empregado mensalista (que constitui a grande maioria dos assalariados) o valor referente à remuneração já está incluído no seu quantum mensal fixo. Eis a regra do parágrafo 2º do artigo 7º da Lei n. 605/1949, sobre a qual tenho fundadas dúvidas quanto à recepção pela ordem constitucional vigente:

> Parágrafo 2º. Consideram-se já remunerados os dias de repouso semanal do empregado mensalista ou quinzenalista, cujo cálculo de salário mensal ou quinzenal, ou cujos descontos por falta sejam efetuados na base do número de dias do mês ou de 30 e 15 diárias respectivamente.

Assim, com a devida vênia, o trabalhador empregado mensalista só toma conhecimento da remuneração do repouso quando a perde, e vê lançado um "débito" a ele referente em seu contracheque.

Para os demais trabalhadores empregados (que não os mensalistas e quinzenalistas) deve haver a fixação, em separado, do valor da remuneração do repouso semanal, como se infere da regra do artigo 7º da Lei n. 605/1949:

> Art. 7º A remuneração do repouso semanal corresponderá:
>
> a) para os que trabalham por dia, semana, quinzena ou mês, à de um dia de serviço, computadas as horas extraordinárias habitualmente prestadas;

b) para os que trabalham por hora, à sua jornada norma de trabalho, computadas as horas extraordinárias habitualmente prestadas;

c) para os que trabalham por tarefa ou peça, o equivalente ao salário correspondente às tarefas ou peças feitas durante a semana, no horário normal de trabalho, dividido pelos dias de serviço efetivamente prestados ao empregador;

d) para o empregado em domicílio, o equivalente ao quociente da divisão por 6 (seis) da importância total da sua produção na semana.

§ 1º Os empregados cujos salários não sofram descontos por motivo de feriados civis ou religiosos são considerados já remunerados nesses mesmos dias de repouso, conquanto tenham direito à remuneração dominical.

Aos valores já citados devem ser integradas as horas extras empreendidas, posto que componentes da remuneração do trabalhador, ainda que outros sejam os termos, mas no mesmo sentido, da Súmula 172 do TST:

SUM. 172 REPOUSO REMUNERADO. HORAS EXTRAS. CÁLCULO (mantida) – Res. 121/2003, DJ 19, 20 e 21.11.2003. Computam-se no cálculo do repouso remunerado as horas extras habitualmente prestadas.

O descanso semanal remunerado é direito de todos os trabalhadores, inclusive daqueles que recebem salário através de comissões, o que é percebido, por óbvio, pela Súmula 27 do TST:

SUM. 27 COMISSIONISTA (mantida) – Res. 121/2003, DJ 19, 20 e 21.11.2003. É devida a remuneração do repouso semanal e dos dias feriados ao empregado comissionista, ainda que pracista.

Não é incomum, embora seja ilegal, o fato de o empregador não conceder ao trabalhador o necessário descanso semanal. Infelizmente o descumprimento da legislação trabalhista tende a ser estratégia patronal (perversa) no Brasil.

A não concessão de um dia destinado ao descanso, após o 6º de trabalho ininterrupto, acarreta efeitos jurídicos previstos no artigo 9º da Lei n. 605/1949, com os necessários esclarecimentos trazidos pelo TST, em sua Súmula n. 146.

Eis o conteúdo normativo do artigo 9º da Lei n. 605/1949:

Art. 9º. Nas atividades em que não for possível, e, virtude das exigências técnicas das empresas, a suspensão do trabalho, nos dias feriados civis e religiosos, a remuneração será paga em dobro, salvo se o empregador determinar outro dia de folga.

Necessário, como já exposto, o seguinte esclarecimento jurisprudencial:

SUM. 146 TRABALHO EM DOMINGOS E FERIADOS, NÃO COMPENSADO (incorporada a Orientação Jurisprudencial n. 93 da SBDI-1) – Res. 121/2003, DJ 19, 20 e 21.11.2003. O trabalho prestado em domingos e feriados, não compensado, deve ser pago em dobro, sem prejuízo da remuneração relativa ao repouso semanal.

Assim, além de receber o valor referente ao repouso semanal (já considerado remunerado para os mensalistas, e pago para os demais na forma do artigo 7º da Lei n. 605/1949), cada hora trabalhada em dia que seria destinado ao descanso (ou no 7º dia ininterrupto) será paga em dobro.

Outro intervalo extremamente relevante é o descanso anual remunerado, ou férias.

O trabalhador empregado adquire o direito às férias após 12 meses de trabalho, nos termos dos artigos 130, *caput*, da CLT. A duração das férias será proporcional à sua assiduidade durante o período de aquisição do direito, nos termos dos incisos do dispositivo citado:

> Art. 130 – Após cada período de 12 (doze) meses de vigência do contrato de trabalho, o empregado terá direito a férias, na seguinte proporção:
>
> I – 30 (trinta) dias corridos, quando não houver faltado ao serviço mais de 5 (cinco) vezes;
>
> II – 24 (vinte e quatro) dias corridos, quando houver tido de 6 (seis) a 14 (quatorze) faltas;
>
> III – 18 (dezoito) dias corridos, quando houver tido de 15 (quinze) a 23 (vinte e três) faltas;
>
> IV – 12 (doze) dias corridos, quando houver tido de 24 (vinte e quatro) a 32 (trinta e duas) faltas.
>
> § 1º É vedado descontar, do período de férias, as faltas do empregado ao serviço.
>
> § 2º O período das férias será computado, para todos os efeitos, como tempo de serviço.

Nos termos da lei e do que ordinariamente ocorre não há desconto dos dias de faltas no período de férias, mas, sim, uma proporção, criada pelo legislador, para a duração das férias de acordo com tal referência.

No absurdo e (no meu entendimento) inconstitucional caso de trabalho em tempo parcial a duração das férias será extremamente reduzida, como se infere do disposto no (também inconstitucional) artigo 130-A da CLT:

> Art. 130-A. Na modalidade do regime de tempo parcial, após cada período de doze meses de vigência do contrato de trabalho, o empregado terá direito a férias, na seguinte proporção:
>
> I – dezoito dias, para a duração do trabalho semanal superior a vinte e duas horas, até vinte e cinco horas;
>
> II – dezesseis dias, para a duração do trabalho semanal superior a vinte horas, até vinte e duas horas;
>
> III – quatorze dias, para a duração do trabalho semanal superior a quinze horas, até vinte horas;

IV – *doze dias, para a duração do trabalho semanal superior a dez horas, até quinze horas;*

V – *dez dias, para a duração do trabalho semanal superior a cinco horas, até dez horas;*

VI – *oito dias, para a duração do trabalho semanal igual ou inferior a cinco horas.*

Parágrafo único. O empregado contratado sob o regime de tempo parcial que tiver mais de sete faltas injustificadas ao longo do período aquisitivo terá o seu período de férias reduzido à metade.

As faltas justificadas não ensejarão prejuízos ao trabalhador, nos termos do artigo 131 da CLT e em consonância com as Súmulas ns. 46 e 89 do TST:

Art. 131 – *Não será considerada falta ao serviço, para os efeitos do artigo anterior, a ausência do empregado:*

I – *nos casos referidos no art. 473;*

II – *durante o licenciamento compulsório da empregada por motivo de maternidade ou aborto, observados os requisitos para percepção do salário-maternidade custeado pela Previdência Social;*

III – *por motivo de acidente do trabalho ou enfermidade atestada pelo Instituto Nacional do Seguro Social – INSS, excetuada a hipótese do inciso IV do art. 133;*

IV – *justificada pela empresa, entendendo-se como tal a que não tiver determinado o desconto do correspondente salário;*

V – *durante a suspensão preventiva para responder a inquérito administrativo ou de prisão preventiva, quanto for impronunciado ou absorvido; e*

VI – *nos dias em que não tenha havido serviço, salvo na hipótese do inciso III do art. 133.*

SUM. 46 ACIDENTE DE TRABALHO *(mantida)* – Res. 121/2003, DJ 19, 20 e 21.11.2003. *As faltas ou ausências decorrentes de acidente do trabalho não são consideradas para os efeitos de duração de férias e cálculo da gratificação natalina.*

SUM. 89 FALTA AO SERVIÇO *(mantida)* – Res. 121/2003, DJ 19, 20 e 21.11.2003. *Se as faltas já são justificadas pela lei, consideram-se como ausências legais e não serão descontadas para o cálculo do período de férias.*

O empregador, no exercício de seu Poder Empregatício, que é a face favorável ao capital do Direito do Trabalho (função conservadora e função capitalista), deve conceder as férias ao trabalhador nos 12 meses seguintes à aquisição do direito, podendo escolher, como regra geral, a data que melhor lhe aprouver.

O período concessivo das férias tem previsão legal no artigo 134 da CLT:

Art. 134 – *As férias serão concedidas por ato do empregador, em um só período, nos 12 (doze) meses subseqüentes à data em que o empregado tiver adquirido o direito.*

Não é incomum, embora seja ilegal, o fato de o empregador não conceder ao trabalhador suas férias no prazo fixado pela CLT (período concessivo). Há, ainda, aqueles que sequer concedem férias... Infelizmente o descumprimento da legislação trabalhista tende a ser estratégia patronal (perversa) no Brasil.

O descumprimento do prazo para concessão das férias enseja o pagamento dos seus valores em dobro, nos termos da regra do artigo 137 da CLT:

> Art. 137 – Sempre que as férias forem concedidas após o prazo de que trata o art. 134, o empregador pagará em dobro a respectiva remuneração.

No mesmo sentido a Súmula n. 81 do TST:

> SUM. 81 FÉRIAS (mantida) – Res. 121/2003, DJ 19, 20 e 21.11.2003. Os dias de férias gozados após o período legal de concessão deverão ser remunerados em dobro.

Alguns (poucos) trabalhadores têm direito de participar da indicação de seu período de férias, nos termos da regra (excepcional) do artigo 136 da CLT:

> Art. 136 – A época da concessão das férias será a que melhor consulte os interesses do empregador.
>
> § 1º Os membros de uma família, que trabalharem no mesmo estabelecimento ou empresa, terão direito a gozar férias no mesmo período, se assim o desejarem e se disto não resultar prejuízo para o serviço.
>
> § 2º O empregado estudante, menor de 18 (dezoito) anos, terá direito a fazer coincidir suas férias com as férias escolares.

Conforme o que é claro e já foi exposto, o período de férias é de indisponibilidade de prestação laborativa remunerado. A remuneração das férias tem previsão no artigo 142 da CLT, lembrando sempre que ao valor das férias será acrescido, por força da regra constitucional do artigo 7º, XVII, 1/3 sobre o valor do salário normal:

> Art. 142 – O empregado perceberá, durante as férias, a remuneração que lhe for devida na data da sua concessão.
>
> § 1º Quando o salário for pago por hora com jornadas variáveis, apurar-se-á a média do período aquisitivo, aplicando-se o valor do salário na data da concessão das férias.
>
> § 2º Quando o salário for pago por tarefa tomar-se-á por base a media da produção no período aquisitivo do direito a férias, aplicando-se o valor da remuneração da tarefa na data da concessão das férias.
>
> § 3º Quando o salário for pago por percentagem, comissão ou viagem, apurar-se-á a média percebida pelo empregado nos 12 (doze) meses que precederem à concessão das férias.

§ 4º A parte do salário paga em utilidades será computada de acordo com a anotação na Carteira de Trabalho e Previdência Social.

§ 5º Os adicionais por trabalho extraordinário, noturno, insalubre ou perigoso serão computados no salário que servirá de base ao cálculo da remuneração das férias.

§ 6º Se, no momento das férias, o empregado não estiver percebendo o mesmo adicional do período aquisitivo, ou quando o valor deste não tiver sido uniforme será computada a média duodecimal recebida naquele período, após a atualização das importâncias pagas, mediante incidência dos percentuais dos reajustamentos salariais supervenientes.

O empregado, muitas vezes premido pela necessidade, opta por dispor de parte de suas férias em troca de vantagem econômica, nos termos do permissivo contido no artigo 143 da CLT:

Art. 143 – É facultado ao empregado converter 1/3 (um terço) do período de férias a que tiver direito em abono pecuniário, no valor da remuneração que lhe seria devida nos dias correspondentes.

§ 1º O abono de férias deverá ser requerido até 15 (quinze) dias antes do término do período aquisitivo.

Finalmente, o que se espera de um Estado Democrático de Direito que tem o valor social do trabalho como fundamento é o pleno respeito aos limites de jornada e aos períodos de descanso, como forma de preservação da dignidade do cidadão trabalhador que constrói cotidianamente o país.

Capítulo 6

Remuneração, Salário e Proteção Essencial

1. Análise inicial:
   - onerosidade
     – CLT, artigo 3º
2. Conceituação e composição:
   a) Conceituação e distinção entre as figuras
      – legal: CLT, artigo 457
        - salário + gorjetas = remuneração
      – doutrinária/jurisprudencial:
        1) sinônimos
        2) gênero/espécie
        3) origem do pagamento
      – possibilidades conceituais:
        - salário
        - remuneração
      – efeito básico da distinção:
        - repercussão

b) *Denominações*
   - *impróprias*
     - *salário de contribuição*
     - *salário-família*
     - *salário-maternidade*
   - *próprias*
     - *salário mínimo legal: CR, artigo 7º, IV*
     - *salário-normativo*
     - *salário básico (salário-base)*
     - *salário isonômico: CLT, artigo 461*
     - *salário equitativo: Lei n. 6.019/19747*
     - *salário substituição: CLT, artigo 450*
     - *salário supletivo: CLT, artigo 460*
     - *salário complessivo: Súmula n. 91, TST*
c) *Composição da remuneração (complexo salarial)*
   - *parcelas remuneratórias (salariais)*
     - *tipificadas: item 6*
     - *não tipificadas*
   - *parcelas remuneratórias (salariais) dissimuladas*
     - *diárias para viagem e ajudas de custo:*
   - *CLT, artigo 457, parágrafos 1º e 2º*
     - *presunção legal*
     - *distribuição do ônus da prova*
d) *O problema das gorjetas*
   - *regra geral: CLT, artigo 457*
   - *integração:*
     - *repercussão integral: CLT, artigo 29, § 1º*
     - *repercussão parcial: Súmula n. 354, TST*
   - *salário mínimo: artigo 76, CLT.*
3. *Caracterização do salário:*
   - *caráter alimentar*
   - *caráter "forfetário" (alteridade)*
   - *indisponibilidade*
   - *irredutibilidade (CR, artigo 7º, VI)*
   - *periodicidade*
   - *continuidade*
   - *pós-numeração*

4. Parcelas não componentes da remuneração (complexo salarial):
   - ausência de contraprestação
   - repercussão
   - modalidades:
     1) indenizatórias
        - diárias para viagem
        - ajudas de custo
        - vale-transporte
        - férias não gozadas/dobra
        - aviso-prévio indenizado
        - FGTS
        - ruptura contratual incentivada: OJ 207, SDI-1, TST
        - indenização substitutiva de Seguro Desemprego: Súmula n. 389, TST
        - indenização por dano moral
        - indenização por dano material
     2) instrumentais
        - CLT, artigo 458, § 2º, inciso I
     3) esterilizadas por norma jurídica
        - CLT, artigo 458, § 2º, incisos II a VI
        - PLR
          - CR, artigo 7º, XI
          - Lei n. 10.101/2000
     4) direito intelectual
5. Tipos de salário (modos de aferição):
   a) salário por unidade de tempo
   b) salário por unidade de obra
      - produção, percentagens e comissões
      - CR, artigo 7º, VII
   c) salário-tarefa
      - CR, artigo 7º, VII
6. Meios de pagamento do salário:
   a) pagamento em dinheiro: art. 463, CLT
   b) pagamento em cheque ou crédito em conta: CLT, art. 464, parágrafo único.
   c) pagamento em utilidades: CLT, artigo 458, caput.

1) pacutação: prática justrabalhista
2) requisitos essenciais (natureza salarial)
   - habitualidade
   - caráter contraprestativo
3) excludentes
   - legais
     – CLT, artigo 458, § 2º, incisos II a VI
   - utilidade necessária ao serviço
     – CLT, artigo 458, § 2º, inciso I
   - ACT, CCT
   - Súmula n. 367, TST
4) repercussões
   - modalidade remuneratória (salarial)
5) limites
   - valores:
     – CLT, artigo 82, parágrafo único
     – Súmula n. 258, TST
   - refeição:
     – Súmula n. 241, TST
     – exceções:
       - Programa de Alimentação do Trabalhador – PAT
       - ACT, CCT
7. Modalidades remuneratórias (parcelas salariais):
   a) salário-base (salário básico)
   b) abono
   c) adicionais
      - "salário-condição"
      - regra geral: repercussão integral
      - adicionais convencionais
      - adicionais legais
   1) insalubridade: art. 192, CLT
      - Súmula Vinculante n. 04
      - intermitência: Súmula n. 47, TST
      - eliminação: Súmula n. 80, TST
      - integração: Súmula n. 139, TST
      - inexistência de direito adquirido: Súmula n. 248, TST
      - EPI: Súmula n. 289, TST

2) periculosidade: art. 193, CLT
   - bomba de gasolina: Súmula n. 39, TST
   - integração: Súmulas ns. 191 e 132, TST
   - eventual, permanente, intermitente: Súmula n. 364, TST
   - empregados de empresas de telefonia: OJ 347, SDI-1, TST
3) transferência: art. 469, CLT
4) noturno: art. 73, CLT
5) horas extras: art. 7, XVI, CR

d) gratificações:
   - integração à remuneração (salário)
     - Súmula n. 152, TST
     - Súmula n. 207, STF
   - semestrais: Súmula n. 253, TST
   - 13º salário: art. 7º, VIII, CR
     - Lei n. 4.090/1962 e 4.749/1965

e) comissões:
   - salário por unidade de obra (produção)
   - comissionamento puro/misto
   - irredutibilidade do parâmetro
   - garantia de salário mínimo/piso da categoria
   - ultimação do negócio: Lei n. 3.207/1957, artigo 3º
   - pagamento a prazo: Lei n. 3.207/1957, artigo 5º
   - inadimplência do comprador:
     - princípio da alteridade
     - estorno dos valores: Lei n. 3.207/1957, artigo 7º

f) prêmios:
   - "salário-condição"
   - integração à remuneração: Súmula n. 209, STF
   - aderência da cláusula

g) parcelas atípicas:
   - quebra de caixa
     - CCT, ACT
     - bancários: Súmula n. 247, TST
   - diárias para viagem e ajudas de custo

8. *Proteção essencial ao salário:*
   a) *periodicidade e lugar do pagamento: arts. 459, 464 e 465*
   b) *prova do pagamento: art. 464, CLT*
      • *ônus da prova: empregador*
   c) *inalterabilidade da forma*
   d) *irredutibilidade salarial: art. 7º, VI, CR*
   e) *controle dos descontos:*
      • *regra geral: art. 462, caput: impossibilidade*
      • *descontos autorizados:*
        – *legalmente*
        – *jurisprudencialmente: Súmula n. 342, TST*
        – *convencionalmente: ACT ou CCT*
        – *danos: art. 462, § 1º, CLT*
   f) *impenhorabilidade*
   g) *substituição: Súmula n. 159, TST*
   h) *equiparação salarial:*
      • *conceito*
      • *terminologia*
      • *norma legal: art. 461, CLT*
      • *requisitos*
   1) *identidade de funções*
   2) *identidade de empregador*
   3) *identidade de localidade*
   4) *mesma perfeição técnica*
   5) *igual produtividade*
   6) *diferença de tempo não superior a 2 anos*
      • *critérios de exclusão da possibilidade: §§ 2º, 3º e 4º, art. 461, CLT*
        – *quadro de carreira: Súmulas n. 127 e n. 19, TST*
      • *Súmula n. 06 do TST*

Os temas *remuneração* e *salário* são dos mais importantes no âmbito justrabalhista, pois consagram, na prática, o elemento fático-jurídico onerosidade, essencial à existência da relação de emprego. Ademais, como regra geral o trabalhador entrega sua força produtiva ou o seu saber-fazer em troca de uma contraprestação, sendo excepcionais as situações de trabalho sem intenção onerosa.

Márcio Túlio Viana vai além:

> Um dos efeitos visíveis do salário é o de fazer presumir a relação de emprego. Nesse sentido, subordinação e salário são faces de uma mesma moeda. O trabalhador troca a sua autonomia pela sobrevivência. Se não é mais vendido como escravo, de certo modo vende ou aluga a si próprio, ou mais exatamente a sua força-trabalho.
>
> Para Marx, um dos efeitos invisíveis do salário é o de ocultar a extração da mais-valia. No regime feudal, o servo trabalhava alguns dias de graça para o senhor do castelo. A exploração era transparente. No sistema capitalista, é disfarçada sob a forma-salário.[1]

Não obstante tal relevância fática e jurídica a legislação, a doutrina e a jurisprudência não especificam, de modo uniforme, os contornos jurídicos da remuneração e do salário. Não há, no Brasil, entendimento padronizado no que diz respeito aos conceitos básicos sobre tão importante tema.

A dificuldade na conceituação tem início na leitura da regra do artigo 457 da CLT, que parece fixar a compreensão de que remuneração é a soma de salário mais gorjetas, como se infere de seu *caput*:

> Art. 457 – Compreendem-se na remuneração do empregado, para todos os efeitos legais, além do salário devido e pago diretamente pelo empregador, como contraprestação do serviço, as gorjetas que receber.

O Prof. Mauricio Godinho Delgado entende que o legislador, na realidade, valeu-se da expressão *remuneração* para incluir, no conjunto do salário contratual, as gorjetas, que são valores pagos por terceiros.[2]

A doutrina tende a compreender *salário* tanto como a parcela contraprestativa básica, principal, paga pelo empregador ao empregado em decorrência da entrega de força produtiva, quanto o conjunto de parcelas contraprestativas pagas pelo empregador ao empregado.

O Prof. Mauricio Godinho Delgado conceitua salário como "*o conjunto de parcelas contraprestativas pagas pelo empregador ao empregado em função do contrato*

---

(1) VIANA, Márcio Túlio, "Remuneração e Salário". *In*: SOUTO MAIOR, Jorge Luiz (Coordenador). *Curso de Direito do Trabalho*. São Paulo: LTr, 2008. Vol. II. p. 109 e seguintes.

(2) DELGADO, Mauricio Godinho. *Curso de Direito do Trabalho*. 10. ed. São Paulo: LTr, 2011. p. 663.

de trabalho", e explicita o conceito, com base em José Martins Catharino, ao sustentar que se trata de um complexo de parcelas e não de uma única verba, todas contraprestativas.[3]

O conceito de *remuneração* é também controvertido, havendo, conforme destaca o Prof. Mauricio Godinho Delgado, pelo menos três sentidos diferentes para o termo. O primeiro trata *remuneração* e *salário* como equivalentes. O segundo, que será aqui adotado, trata *remuneração* como gênero, ou o conjunto de parcelas pagas pelo empregador ao empregado em decorrência do contrato, enquanto que o *salário* é a espécie principal deste. O terceiro identifica *salário* como valor pago pelo empregador ao empregado, compondo a *remuneração* os eventuais valores pagos por terceiros em decorrência do contrato de emprego.[4]

Entendo, particularmente e contrariamente à boa parte da melhor doutrina, que *salário* é apenas a parcela contraprestativa principal, elementar, paga pelo empregador ao empregado em troca do trabalho entregue. Neste sentido, *remuneração* é a soma de parcelas (adicionais, gratificações, prêmios, comissões...) habitualmente acrescidas ao salário.

De qualquer maneira, mais importante do que a conceituação é a compreensão de que a parcela de natureza remuneratória (salarial, ou componente do complexo salarial) tende a integrar o patrimônio jurídico do empregado para diversos efeitos, como repercussão (reflexo) em FGTS, INSS, RSR, 13º salário etc. Assim, se a compreensão é de que o salário-base é parte do complexo salarial (ou do salário, ou da remuneração), e que as demais parcelas que podem advir do contrato também são, o efeito abrangente e protetivo será mais relevante do que a conceituação doutrinária.

Importante destacar denominações impropriamente utilizadas para designar salário, ou melhor, expressões que não coincidem com o conceito justrabalhista de salário.[5] São exemplos de denominações impróprias para o ramo justrabalhista "salário de contribuição", "salário-família" e "salário-maternidade", que são próprias do Direito Previdenciário.

Há, ainda, parcelas diversas que recebem, de modo apropriado, denominação de salário, conforme destacam Mauricio Godinho Delgado, em seu *Curso de*

---

(3) DELGADO, Mauricio Godinho. *Curso de Direito do Trabalho*. 10. ed. São Paulo: LTr, 2011. p. 662.

(4) *Ibidem*, p. 663.

(5) Embora impróprias tais denominações no âmbito justrabalhista, podem eventualmente encontrar coesão terminológica no campo de outros ramos do direito, como o Direito Previdenciário, por exemplo.

Direito do Trabalho[6] e Márcio Túlio Viana, na obra coletiva *Curso de Direito do Trabalho*[7], ambas referenciadas a seguir.

A primeira e mais comum expressão se refere ao *salário mínimo*, que é, nos termos do artigo 7º, inciso IV da Constituição da República, o menor valor que pode ser praticado no âmbito de uma relação de emprego, independentemente da regra celetista inconstitucional incluída no seu artigo 58-A.[8]

Importante também o *salário normativo*, que é fixado em norma jurídica autônoma coletiva (ACT ou CCT), popularmente conhecido como piso da categoria.

No âmbito de cada contrato de emprego se destaca o *salário básico* ou salário-base, que é aquele ajustado como contraprestação elementar a ser praticada no curso da avença bilateral.

Salário isonômico, consoante Márcio Túlio Viana, é "o salário fixado por sentença, que reconhece o direito de um trabalhador ter o mesmo salário de outro, de igual função (art. 461 da CLT)".[9]

A conceituação de *salário equitativo* dependerá, basicamente, da compreensão que se faça do fenômeno sociojurídico da terceirização de serviços. Compreendo, particularmente e contrariamente à jurisprudência consolidada (Súmula n. 331 do TST), que em toda e qualquer relação trilateral (ou triangular) o empregado da interposta deve receber idêntica remuneração recebida pelo empregado do tomador dos serviços. A jurisprudência, entretanto, é no sentido de que o salário equitativo decorre apenas dos termos da Lei n. 6.019/1974, que, em seu artigo 12, alínea *a*, garante igualdade de tratamento remuneratório entre empregados terceirizados e seus colegas diretamente contratados pelo tomador dos serviços. Assim, somente seria aplicável o salário equitativo nos casos de terceirização de trabalho temporário.

Salário substituição na concepção do Prof. Mauricio Godinho Delgado, tem previsão na regra do artigo 450 da CLT e na Súmula n. 159 do TST. "Por tal figura compreende-se o salário contratual que se considera devido ao empregado que realize substituição que não tenha caráter meramente eventual – correspondendo essa parcela ao salário contratual do empregado substituído."[10] Cumpre destacar, para que não paire dúvida, que o direito é ao salário do substituído, e não à soma do salário-base do substituto com o do colega.

---

(6) DELGADO, Mauricio Godinho. *Curso de Direito do Trabalho*. 10. ed. São Paulo: LTr, 2011. p. 670 e seguintes.

(7) VIANA, Márcio Túlio. "Remuneração e Salário". *In*: SOUTO MAIOR, Jorge Luiz (coord.). *Curso de Direito do Trabalho*. v. II. São Paulo: LTr, 2008. p. 109 e seguintes.

(8) Infelizmente o Poder Judiciário Trabalhista não reconhece a patente inconstitucionalidade da regra celetista precarizante.

(9) VIANA, Márcio Túlio. *Op. cit*. *Curso de Direito do Trabalho*. v. II. São Paulo: LTr, 2008. p. 109 e seguintes.

(10) DELGADO, Mauricio Godinho. *Curso de Direito do Trabalho*. 10. ed. São Paulo: LTr, 2011.

A figura do *salário supletivo* embora tenha expressa previsão na regra do artigo 460 da CLT, tende a não ser das mais comuns na prática justrabalhista. Por tal figura, na falta de estipulação do salário ou não havendo prova sobre a importância ajustada, o empregado terá direito a perceber salário igual ao daquele que, na mesma empresa, fizer serviço equivalente ou do que for habitualmente pago para serviço semelhante. Na prática, entretanto, a cláusula referente ao salário é normalmente a primeira a ser ajustada no momento da admissão.

Salário complessivo (ou compreensivo ou completivo), nas lições de Márcio Túlio Viana, é a "expressão usada para designar uma prática ilícita: a de se utilizar o próprio salário-base para cobrir outras parcelas salariais, a pretexto de que já estariam inseridas nele."[11] A prática tem previsão na Súmula n. 91 do TST:

Nula é a cláusula contratual que fixa determinada importância ou percentagem para atender englobadamente vários direitos legais ou contratuais do trabalhador.

Conforme anteriormente exposto, a remuneração do trabalhador (ou seu complexo salarial, ou, ainda, seu salário) pode ser composta por parcelas *tipificadas* e por parcelas *não tipificadas*, conforme destaca o Prof. Mauricio Godinho Delgado.[12]

As primeiras, parcelas tipificadas, como a denominação indica, são aquelas em que há previsão em norma jurídica (lei, ACT, CCT), enquanto aquelas não tipificadas, ao contrário, decorrem da negociação individual trabalhista ou da vontade unilateral do empregador (contrato de emprego, regulamento de empresa).

A prática justrabalhista destaca, ainda, parcelas remuneratórias (salariais ou componentes do complexo salarial) que são dissimuladas pelo empregador para encobrir outra parcela, de natureza remuneratória (salarial ou componente do complexo salarial). Os casos mais comuns são as *diárias para viagem* e as *ajudas de custo* fraudulentas, que revelam salário pago e não parcela de natureza indenizatória.

Ora, as *diárias para viagem*, como a denominação indica, constituem mero ressarcimento de despesas suportadas pelo empregado, em nome e no interesse de seu empregador, quando em viagem de trabalho. Não terá natureza remuneratória (salarial ou componente do complexo salarial) por faltar-lhe a característica da contraprestação. Independentemente do valor da diária para viagem, se ela se destina verdadeiramente (a natureza jurídica decorrerá da realidade vivenciada, e não de percentual ou formalização qualquer) ao ressarcimento ou antecipação de despesas com viagens de trabalho do empregado, sua natureza é não remuneratória, ou, como queiram, indenizatória ou instrumental.

No mesmo sentido as *ajudas de custo*. Serão sempre indenizatórias, sem caráter salarial ou remuneratório, visto que não há contraprestação. O empregado, no desenvolvimento de suas tarefas ou em decorrência de sua função, suporta um ônus ou um gasto ou um decréscimo patrimonial no interesse de seu empregador, que nada mais faz do que ressarcir tais despesas. Independentemente do valor da

---

(11) VIANA, Márcio Túlio. "Remuneração e Salário". *In*: SOUTO MAIOR, Jorge Luiz (coord.). *Curso de Direito do Trabalho*. v. II. São Paulo: LTr, 2008. p. 110.

(12) DELGADO, Mauricio Godinho. *Curso de Direito do Trabalho*. 10. ed. São Paulo: LTr, 2011.

ajuda de custo, se ela se destina verdadeiramente (a natureza jurídica decorrerá da realidade vivenciada, e não de percentual ou formalização qualquer) ao ressarcimento ou antecipação de despesas de trabalho do empregado, sua natureza é não remuneratória, ou, como queiram, indenizatória ou instrumental.

O problema existe, na prática, quando o empregador deseja *travestir* salário de ajuda de custo ou de diária para viagem para reduzir os efeitos remuneratórios básicos de tal parcela. Nestes casos aplica-se o princípio da primazia da realidade sobre a forma e a regra celetista do artigo 9º. Assim, se não há o que (viagem, custo, gasto, despesa ou ônus) ressarcir não há que se falar em diária para viagem ou ajuda de custo, mas, sim, regra geral, em salário.

Muitos empregadores fundamentam o pagamento de diária para viagem e de ajuda de custo com base na regra do artigo 457, parágrafos 1º e 2º da CLT:

> Art. 457 – *Compreendem-se na remuneração do empregado, para todos os efeitos legais, além do salário devido e pago diretamente pelo empregador, como contraprestação do serviço, as gorjetas que receber.*
>
> *§ 1º Integram o salário não só a importância fixa estipulada, como também as comissões, percentagens, gratificações ajustadas, diárias para viagens e abonos pagos pelo empregador.*
>
> *§ 2º Não se incluem nos salários as ajudas de custo, assim como as diárias para viagem que não excedam de 50% (cinquenta por cento) do salário percebido pelo empregado.*

Tal regra deve ser entendida, em sentido contrário ao da tese patronal, como mera presunção legal, que permite correta distribuição do ônus da prova. Neste sentido importante lição do Prof. Mauricio Godinho Delgado:

> *A intenção da lei tem de ser bem compreendida. O que pretendeu a CLT foi simplesmente fixar uma presunção relativa, hábil a distribuir equitativamente o ônus da prova no tocante a essa matéria. Nesse contexto, se as diárias para viagem não ultrapassarem 50% do salário mensal obreiro, presumir-se-ão regulares, destituídas assim de natureza salarial (cabendo ao empregado, portanto, provar que, na verdade, naquele caso concreto, configuram-se como fraudulentas). Caso as diárias para viagem venham a ultrapassar a fronteira de 50% do salário obreiro, serão presumidas como fraudulentas, dotadas assim de natureza salarial. Caberá, neste segundo caso, ao empregador evidenciar que tais diárias, embora elevadas, correspondem a efetivas despesas de viagens, não tendo, desse modo, qualquer caráter retributivo e qualquer sentido fraudulento – tendo sido deferidas, pois, fundamentalmente para viabilizar as viagens a trabalho.*[13]

Problema relevante no âmbito justrabalhista, sobretudo na realidade fática da prestação laborativa, é aquele referente às *gorjetas*. A pergunta básica é: as gorjetas integram ou não a remuneração (complexo salarial ou salário) do empregado?

---

(13) DELGADO, Mauricio Godinho. *Curso de Direito do Trabalho*. 10. ed. São Paulo: LTr, 2011. p. 675.

O artigo 457 da CLT, ao tratar das gorjetas em seu parágrafo 3º, parece ter excluído seu caráter salarial, para fazê-las integrar a remuneração, embora não exista claramente no âmbito celetista o conceito ou ideia básica, com precisão científica, de uma ou de outra... Eis a regra:

> § 3º Considera-se gorjeta não só a importância espontaneamente dada pelo cliente ao empregado, como também aquela que fôr cobrada pela emprêsa ao cliente, como adicional nas contas, a qualquer título, e destinada a distribuição aos empregados.

Duas parecem ser, basicamente, excluído o disposto em ACT ou CCT (que pode resolver a controvérsia), as possibilidades interpretativas sobre a integração das gorjetas.

A primeira possibilidade é no sentido da repercussão integral (integração plena) das gorjetas à remuneração (complexo salarial ou salário) do trabalhador empregado que as receba de terceiros. Mauricio Godinho Delgado explica:

> Em síntese, tratou-se de mero artifício legal seguido pelo caput do art. 457 da CLT, para permitir, sem perda da consistência da definição de salário feita pela lei, que as gorjetas incorporassem a base de cálculo salarial mensal do trabalhador. (...)
>
> Observe-se que caso seja acolhida a presente linha interpretativa, a média de gorjetas habituais recebidas pelo obreiro no contexto da relação empregatícia passaria a compor seu salário contratual (art. 29, parágrafo 1º, CLT). Em decorrência, essa média repercutiria nas demais parcelas contratuais cabíveis (13º salário, férias com 1/3, adicionais calculados sobre o salário contratual, horas extras, repouso semanal remunerado, aviso-prévio, FGTS com 40%, por exemplo).[14]

Embora pareça ser a interpretação mais consistente e condizente com o atual sistema jurídico trabalhista, de âmbito protetivo, não foi esta a visão do Tribunal Superior do Trabalho sobre a matéria, conforme se depreende de sua Súmula n. 354:

> SUM. 354 GORJETAS. NATUREZA JURÍDICA. REPERCUSSÕES (mantida) – Res. 121/2003, DJ 19, 20 e 21.11.2003. As gorjetas, cobradas pelo empregador na nota de serviço ou oferecidas espontaneamente pelos clientes, integram a remuneração do empregado, não servindo de base de cálculo para as parcelas de aviso-prévio, adicional noturno, horas extras e repouso semanal remunerado.

Há clara divergência entre o conceito de remuneração aqui trabalhado (conjunto de parcelas pagas pelo empregador ao empregado em decorrência do contrato) com aquele esposado pelo TST. A jurisprudência consolidada deu interpretação literal aos preceitos de lei que tratam de aviso prévio, adicional noturno, horas

---

(14) DELGADO, Mauricio Godinho. *Curso de Direito do Trabalho*. 11. ed. São Paulo: LTr, 2012. p. 709.

extras e repouso semanal remunerado. As gorjetas não irão refletir em tais parcelas porque as leis que as instituíram se referem especificamente ao *salário* como base de cálculo, razão pela qual o TST excluiu as gorjetas de sua incidência, já que somente compõem a remuneração.

De qualquer maneira, deve o trabalhador compreender que independentemente da integração total ou parcial de suas gorjetas, deve ele sempre receber salário mínimo ou o piso da categoria diretamente pago pelo seu empregador, sendo ilegal a estipulação contraprestativa que se restrinja ao pagamento por terceiros, embora tal prática se revele usual. Além disso, deve saber que, no mínimo, suas gorjetas devem ser observadas para efeito de cálculo de seu INSS, FGTS + 40% e 13º salário.

Os Professores Márcio Túlio Viana e Mauricio Godinho Delgado tratam das características centrais do salário. Destacam as seguintes: caráter alimentar; caráter *"forfetário"* (alteridade, ou seja, os riscos do empreendimento pertinem ao empregador, que não pode deixar de pagar salário em decorrência de insucesso econômico ou financeiro); indisponibilidade; irredutibilidade (CR, artigo 7º, VI); periodicidade; continuidade e pós-numeração, pois o trabalhador primeiro presta trabalho para depois receber salário.[15]

Algumas parcelas são habitualmente pagas ou entregues pelo empregador ao empregado em decorrência do contrato, sem que sejam remuneratórias (componentes do complexo salarial ou salariais). Assim, sua relevância se restringe à entrega e fruição pelo trabalhador, sem reflexos outros. Regra geral a repercussão (restrita à entrega) é tal por ausência de contraprestação.

As parcelas não componentes da remuneração (complexo salarial) podem ser indenizatórias, instrumentais, esterilizadas por norma jurídica ou decorrentes de direito intelectual, na classificação do Prof. Mauricio Godinho Delgado.[16]

As principais parcelas não remuneratórias (não salariais) de caráter indenizatório são diárias para viagem, ajudas de custo, vale-transporte, férias não gozadas (e sua dobra), aviso-prévio indenizado, FGTS, decorrentes de ruptura contratual incentivada (PDI, PDV), além das indenizações por danos materiais e morais e substitutivas de Seguro Desemprego. Em tais casos há indenização e não contraprestação.

As parcelas não remuneratórias (não-salariais) podem ser, ainda, instrumentais, que são

---

(15) VIANA, Márcio Túlio. "Remuneração e Salário". *In*: SOUTO, MAIOR, Jorge Luiz (coord.). *Curso de Direito do Trabalho*. v. II. São Paulo: LTr, 2008. p. 111, 112 e 113.
DELGADO, Mauricio Godinho. *Curso de Direito do Trabalho*. 10. ed. São Paulo: LTr, 2011. p. 684-690.

(16) DELGADO, Mauricio Godinho. *Curso de Direito do Trabalho*. 10. ed. São Paulo: LTr, 2011. p. 676.

aquelas utilidades (bens ou serviços) ofertadas pelo empregador ao obreiro essencialmente como mecanismo viabilizador da própria realização do serviço contratado ou viabilizador do aperfeiçoamento no processo de consecução do trabalho. Trata-se de utilidades como vestuários (uniformes, etc.), equipamentos (inclusive EPIs) e outros acessórios – cujo rol exemplificativo foi mencionado pelo parágrafo 2º do art. 458, CLT – entregues ao empregado para o trabalho, não se ofertando com intuito contraprestativo.[17]

Determinadas parcelas entregues pelo empregador ao empregado embora tivessem, a princípio, natureza jurídica contraprestativa (remuneratória ou salarial), são esterilizadas por norma jurídica. Exemplos de tais parcelas no âmbito celetista são aquelas previstas no parágrafo 2º do artigo 457, incisos II a VI, ou, ainda, a Participação nos Lucros e Resultados, com previsão na Lei n. 10.101/2000.

Por fim as parcelas não remuneratórias (ou não componentes do complexo salarial ou não salariais) com natureza de direito intelectual. Tais parcelas, consoante a doutrina de Mauricio Godinho Delgado, são

pagas também diretamente pelo empregador ao obreiros, mas em decorrência de um direito específico adquirido pelo trabalhador ao longo do contrato, com fundamento, estrutura e dinâmica jurídica próprias. Tal direito não se comunica com o salário obreiro, preservando natureza jurídica própria. Trata-se dos direitos resultantes da propriedade intelectual em sentido amplo, em que se englobam os direitos do autor (art. 5º, incisos XXVII e XXVIII, Carta Constitucional de 1988 e Lei n. 9.610, de 1988), os direitos de propriedade industrial (art. 5º, XXIX, CF/1988 e Lei n. 9.279, de 1996) e ainda os direitos intelectuais relativos à criação de software (dispositivos constitucionais citados e Lei n. 9.609, de 1998).[18]

Os salários podem ser estipulados, aferidos e pagos *por unidade de tempo, por unidade de obra (produção e comissão)* ou, ainda, *por tarefa.*

O tipo mais comum de salário é o *salário por unidade de tempo*. O empregador, conjuntamente com o empregado, no momento da admissão, fixa uma unidade de tempo e a ela atribui um valor em reais. As unidades de tempo mais comuns para fixação e aferição de salário são hora, dia, semana, quinzena e mês. Assim, é possível se fixar, por exemplo, R$ 900,00 de salário por mês: uma unidade de tempo (um mês) à qual se atribui um valor; ou ainda exemplificativamente, R$ 4,00 por hora.

Ainda que em inobservância ao princípio da alteridade, ou seja, com atribuição ao empregado de parte dos riscos do empreendimento, contempla a doutrina e a jurisprudência a fixação, aferição e pagamento de *salário por unidade de obra*, sendo as mais comuns a produção e a comissão. Nestes casos o empregador fixa um resultado esperado (uma produção ou a intermediação de um negócio, por exemplo) e a ele atribui um valor em reais. Assim, é possível se fixar, por exemplo, R$ 4,00 por par de calçado costurado pelo empregado em indústria calçadista.

---

(17) DELGADO, Mauricio Godinho. *Curso de Direito do Trabalho*. 10. ed. São Paulo: LTr, 2011.

(18) *Ibidem*, p. 677.

Também há potencial inobservância ao princípio da alteridade nos casos de *salário-tarefa*. O salário fixado por tarefa é aquele em que se consagram as unidades tempo e produção. O empregador estipula, na admissão, uma determinada produção que deve ser alcançada em um dado tempo. Assim, por exemplo, poderá o trabalhador receber R$ 500,00 por montagem de um lote de 5 CPU's (unidades centrais de processamento de microcomputadores), em um prazo de uma semana, sendo esta a sua tarefa esperada.

De qualquer maneira e independentemente da disponibilidade de trabalho semanal (o artigo 58-A da CLT deve ser reconhecido como inconstitucional)[19] todo e qualquer trabalhador que tenha salário fixado por unidade de obra ou tarefa receberá, ao final do mês, qualquer que seja seu resultado na produção ou intermediação, um salário mínimo ou o piso da sua categoria.

Em casos como os últimos acima (produção, comissão, tarefa), a estrutura elementar de Direito do Trabalho (regras e princípios) informa a necessidade de observância não somente ao valor do salário mínimo ou piso da categoria, mas da média remuneratória percebida pelo empregador, para que se preserve íntegro o princípio da alteridade.

Atualmente o salário é pago, normalmente, através de crédito em conta, embora tal não seja a regra geral celetista clássica (década de 1940). A regra geral é a do artigo 463 da CLT, que pressupõe pagamento em dinheiro. A exceção normativa, que parece ser hoje regra geral na prática, é a do artigo 464, parágrafo único:

> Art. 463 – *A prestação, em espécie, do salário será paga em moeda corrente do País.*
>
> *Parágrafo único – O pagamento do salário realizado com inobservância deste artigo considera-se como não feito.*
>
> Art. 464 – *O pagamento do salário deverá ser efetuado contra recibo, assinado pelo empregado; em se tratando de analfabeto, mediante sua impressão digital, ou, não sendo esta possível, a seu rogo.*

O pagamento do salário pode ser feito em *utilidades*. Na prática, não é comum se verificar a utilização do permissivo celetista de pagamento de parte do valor estipulado em bens, sendo mais comum posterior (judicial) integração de parcelas habituais ao salário do trabalhador empregado.

A CLT prevê a possibilidade de pagamento de salário em bens úteis (utilidades), conforme se depreende da regra do artigo 458, *caput*:

> Art. 458 – *Além do pagamento em dinheiro, compreende-se no salário, para todos os efeitos legais, a alimentação, habitação, vestuário ou outras prestações* in natura *que a*

---

(19) Infelizmente, o Poder Judiciário Trabalhista não reconhece a patente inconstitucionalidade da regra celetista precarizante.

empresa, por força do contrato ou do costume, fornecer habitualmente ao empregado. Em caso algum será permitido o pagamento com bebidas alcoólicas ou drogas nocivas.

Para que tal utilidade entregue seja reconhecida como salarial, são necessários dois requisitos: habitualidade e caráter contraprestativo, desde que não haja norma jurídica (lei, ACT, CCT) ou, consoante entendimento consolidado, Súmula de Jurisprudência Trabalhista, em sentido contrário.[20]

A utilidade salarial, como a denominação indica, tem efeito remuneratório pleno, ou seja, será tomada como base de cálculo para efeitos clássicos (INSS, 13º, FGTS + 40%, dentre outros).

De qualquer modo, há limites legais ao pagamento de parte dos valores contratados em utilidades, nos termos da regra do artigo 82, parágrafo único da CLT e em observância ao disposto na Súmula n. 258 do TST:

> Art. 82 – Quando o empregador fornecer, in natura, uma ou mais das parcelas do salário mínimo, o salário em dinheiro será determinado pela fórmula $Sd = Sm - P$, em que Sd representa o salário em dinheiro, Sm o salário mínimo e P a soma dos valores daquelas parcelas na região, zona ou subzona.
>
> Parágrafo único – O salário mínimo pago em dinheiro não será inferior a 30% (trinta por cento) do salário mínimo fixado para a região, zona ou subzona.
>
> SUM. 258 SALÁRIO-UTILIDADE. PERCENTUAIS (nova redação) – Res. 121/2003, DJ 19, 20 e 21.11.2003. Os percentuais fixados em lei relativos ao salário in natura apenas se referem às hipóteses em que o empregado percebe salário mínimo, apurando-se, nas demais, o real valor da utilidade.

No que se refere à utilidade alimentação (ou refeição) a regra geral é a sua natureza salarial, nos termos do artigo 458, *caput*. Conforme o que já foi exposto, entretanto, há exceções, desde que previstas em norma jurídica (lei, CCT, ACT), como acontece com o Programa de Alimentação do Trabalhador (PAT). Nestes termos a Súmula n. 241 do Tribunal Superior do Trabalho:

> SUM. 241 SALÁRIO-UTILIDADE. ALIMENTAÇÃO (mantida) – Res. 121/2003, DJ 19, 20 e 21.11.2003. O vale para refeição, fornecido por força do contrato de trabalho, tem caráter salarial, integrando a remuneração do empregado, para todos os efeitos legais.

As parcelas (modalidades) remuneratórias (componentes do complexo salarial ou salário) mais comuns são as seguintes: salário-base, abono, adicionais, gratificações, comissões e prêmios, podendo ser também consideradas como tal, em

---

(20) Por exemplo, o parágrafo 2º do artigo 458, incisos II a VI e Súmula n. 367 do TST.

circunstâncias específicas, a quebra de caixa e, conforme já exposto, diárias para viagem e ajudas de custo fraudulentas. Assim, o empregado pode receber, como remuneração, a soma das diversas parcelas acima destacadas.

O *salário-base* ou salário básico, conforme já exposto, é a parcela contraprestativa principal (regra geral) paga pelo empregador ao empregado como retribuição por trabalho entregue. Pode ser fixado por unidade de tempo, obra ou tarefa. Em nenhum contrato de emprego, celetista ou doméstico, pode ser o salário-base ou salário básico inferior ao mínimo legal, vista a inconstitucionalidade da regra contida no artigo 58-A da CLT, face ao disposto no artigo 7º, inciso VII, da CLT.[21]

Os *abonos*, consoante melhor doutrina, ainda que outra conformação equivocada recebam no cotidiano laboral, "consistem em antecipações pecuniárias efetuadas pelo empregador ao empregado. São adiantamentos salariais concedidos pelo empregador."[22] O cotidiano laboral, equivocadamente, trata tais abonos por *vales*, e confundem aqueles com o terço constitucional de férias, por exemplo.

Adicionais são parcelas pagas pelo empregador ao empregado em decorrência do exercício do labor em *circunstância gravosa*. São adicionais comumente pagos: insalubridade, periculosidade, noturno, horas extras e transferência (adicionais legais), além de outros que podem ser fruto da criatividade jurídica autônoma (ACT, CCT) ou regulamentar (regulamento de empresa). Os adicionais de insalubridade e periculosidade serão aqui tratados, enquanto os adicionais noturno e de horas extras serão analisados no item referente à Duração do Trabalho, e o de transferência, por fim, naquele relativo às Alterações Contratuais Trabalhistas.

O adicional de insalubridade tem previsão legal no artigo 192 da CLT:

> Art. 192 – O exercício de trabalho em condições insalubres, acima dos limites de tolerância estabelecidos pelo Ministério do Trabalho, assegura a percepção de adicional respectivamente de 40% (quarenta por cento), 20% (vinte por cento) e 10% (dez por cento) do salário-mínimo da região, segundo se classifiquem nos graus máximo, médio e mínimo.

A referida parcela é paga como monetarização ou monetização do risco referente à exposição do trabalhador, no ambiente de trabalho, a agentes nocivos à sua saúde. O Professor Márcio Túlio Viana destaca que a intenção do legislador foi pressionar economicamente a empresa a afastar os riscos existentes em um ambiente laborativo, não obstante, segundo sua observação perspicaz, a prática desminta a teoria:

---

(21) Infelizmente, o Poder Judiciário Trabalhista não reconhece a patente inconstitucionalidade da regra celetista precarizante.

(22) DELGADO, Mauricio Godinho. *Curso de Direito do Trabalho*. 10. ed. São Paulo: LTr, 2011. p. 709.

> *O valor dos adicionais parece baixo para as empresas e atraente para os que – como a maioria dos empregados – vivem com salários de fome. Assim, embora a CLT priorize outras formas de proteção (art. 166), uns e outros preferem monetizar o risco.*[23]

No plano constitucional, por regra que revela direito fundamental do cidadão trabalhador, o direito é ao ambiente de trabalho seguro, sendo obrigação inafastável do empregador, independentemente do pagamento do adicional, a redução dos riscos inerentes ao trabalho, por meio de normas de saúde, higiene e segurança (Constituição da República, artigo 7º, inciso XXII).

O agente insalubre será constatado (ou não) no ambiente de trabalho por profissional habilitado para tanto (regra geral engenheiro do trabalho).

> *São de três espécies os agentes insalubres: físicos (como ruído, calor, etc.), químicos (gases, poeiras, etc.) e biológicos (vírus, bactérias, etc.). De acordo com a Portaria MTE n. 3.214, se o empregado tem contato com vários agentes nocivos, nada recebe a mais, embora um possa potencializar o outro. Naturalmente, isso desestimula ainda mais a empresa a reduzir os riscos. Acontece que a Convenção n. 155 da OIT, ratificada pelo Brasil, aponta em sentido contrário (art. 1, b). Assim, não se deveria aplicar a Portaria.*[24]

Quanto ao valor, sempre defendi a tese de que a vinculação do adicional ao salário mínimo era inconstitucional, o que foi posteriormente reconhecido pelo STF, e que resultou na edição da sua Súmula Vinculante n. 04, entretanto, com (necessária) ponderação de efeitos:

> *Súmula Vinculante n. 04 do STF: Salário mínimo. Indexador. Salvo nos casos previstos na Constituição, o salário mínimo não pode ser usado como indexador de base de cálculo de vantagem de servidor público ou de empregado, nem ser substituído por decisão judicial.*

Assim, embora inconstitucional a parte final do artigo 192 da CLT, somente alteração legislativa pode fixar outra base de cálculo (salário-base). Nos casos em que há norma jurídica autônoma fixando salário normativo (piso), deve este ser aplicado como base de cálculo, embora haja fundada controvérsia quanto a isso.

O trabalho executado em condições insalubres, em caráter intermitente, não afasta, só por essa circunstância, o direito à percepção do respectivo adicional, nos exatos termos da Súmula n. 47 do TST:

---

(23) VIANA, Márcio Túlio. "Remuneração e Salário". *In*: SOUTO MAIOR, Jorge Luiz (coord.). *Curso de Direito do Trabalho*. v. II. São Paulo: LTr, 2008. p. 189.

(24) *Ibidem*, p. 192.

> SUM. 47 – INSALUBRIDADE (mantida) – Res. 121/2003, DJ 19, 20 e 21.11.2003. O trabalho executado em condições insalubres, em caráter intermitente, não afasta, só por essa circunstância, o direito à percepção do respectivo adicional.

Assim, se o agente potencialmente nocivo (ruído, poeira etc.) não se encontra presente durante toda a jornada, ainda assim há o risco, devendo haver o pagamento do adicional.

A eliminação da insalubridade mediante fornecimento de aparelhos protetores aprovados pelo órgão competente do Poder Executivo exclui a percepção do respectivo adicional, nos termos da Súmula 80 do TST:

> SUM. 80 INSALUBRIDADE (mantida) – Res. 121/2003, DJ 19, 20 e 21.11.2003. A eliminação da insalubridade mediante fornecimento de aparelhos protetores aprovados pelo órgão competente do Poder Executivo exclui a percepção do respectivo adicional.

Não há, então, obviamente, direito adquirido ao adicional de insalubridade. Assim, a reclassificação ou a descaracterização da insalubridade, por ato da autoridade competente, repercute na satisfação do respectivo adicional, sem ofensa a direito adquirido ou ao princípio da irredutibilidade salarial. Infelizmente, conforme bem exposto pelo Prof. Márcio Túlio Viana, alguns trabalhadores, premidos pela pobreza, tenderiam a preferir o valor pago ao ambiente de trabalho seguro. Não raro o trabalhador que tem o adicional suprimido (legalmente) busca amparo em seu sindicato, vindicando a manutenção do valor, pois, quase sempre, era ele essencial em sua vida cotidiana e em suas finanças domésticas.

É claro, entretanto, que não basta a entrega de Equipamentos de Proteção Individual para que se exima o empregador do pagamento do adicional. Compete ao contratante tomar as medidas que conduzam à diminuição ou eliminação da nocividade, entre as quais as relativas ao uso efetivo do equipamento pelo empregado, nos termos da Súmula n. 289 do TST:

> SUM. 289 INSALUBRIDADE. ADICIONAL. FORNECIMENTO DO APARELHO DE PROTEÇÃO. EFEITO (mantida) – Res. 121/2003, DJ 19, 20 e 21.11.2003. O simples fornecimento do aparelho de proteção pelo empregador não o exime do pagamento do adicional de insalubridade. Cabe-lhe tomar as medidas que conduzam à diminuição ou eliminação da nocividade, entre as quais as relativas ao uso efetivo do equipamento pelo empregado.

Enquanto percebido, o adicional de insalubridade integra a remuneração para todos os efeitos legais (Súmula n. 139 do TST), repercutindo em 13º, férias, FGTS, INSS, dentre outras parcelas:

> SUM. 139 ADICIONAL DE INSALUBRIDADE (incorporada a Orientação Jurisprudencial n. 102 da SBDI-1) – Res. 129/2005, DJ 20, 22 e 25.04.2005.Enquanto percebido, o adicional de insalubridade integra a remuneração para todos os efeitos legais.

Com o adicional de periculosidade há, também, monetização ou monetarização do risco. O artigo 193 da CLT trata do tema, com nova redação fixada pela Lei n. 12.740, de 08 de dezembro de 2012:

> Art. 193 – São consideradas atividades ou operações perigosas, na forma da regulamentação aprovada pelo Ministério do Trabalho e Emprego, aquelas que, por sua natureza ou métodos de trabalho, impliquem risco acentuado em virtude de exposição permanente do trabalhador a:
>
> I – inflamáveis, explosivos ou energia elétrica;
>
> II – roubos ou outras espécies de violência física nas atividades profissionais de segurança pessoal ou patrimonial.
>
> § 1º O trabalho em condições de periculosidade assegura ao empregado um adicional de 30% (trinta por cento) sobre o salário sem os acréscimos resultantes de gratificações, prêmios ou participações nos lucros da empresa.
>
> § 2º O empregado poderá optar pelo adicional de insalubridade que porventura lhe seja devido.
>
> § 3º Serão descontados ou compensados do adicional outros da mesma natureza eventualmente já concedidos ao vigilante por meio de acordo coletivo.

Assim, será devido o adicional de periculosidade nos casos em que o trabalhador tem contato com inflamáveis, explosivos (artigo 193 da CLT), com eletricidade ou com radiações ionizantes ou substâncias radioativas (Portaria MTE n. 2.292/1987). Também receberão adicional de periculosidade os trabalhadores nas atividades de segurança pessoal ou patrimonial (vigilantes e vigias) que são expostos a risco decorrente de roubos ou outras espécies de violência física.

No que concerne à base de cálculo do adicional de periculosidade tratou diferentemente o legislador a matéria, em comparação com o que fez no adicional de insalubridade, em uma atitude totalmente incompreensível. Enquanto o adicional de insalubridade é calculado considerando para todos os empregados um salário mínimo, a periculosidade é calculada sobre o salário-base de cada trabalhador.

A CLT, em seu já citado artigo 193, fixou que a base de cálculo do adicional de periculosidade é o salário-base, não havendo sua integração para efeitos remuneratórios mais amplos, como nos casos de *gratificações, prêmios ou participações nos lucros da empresa*. Como o valor das horas extras é calculado sobre o salário, e se durante a sobrejornada o trabalhador está exposto ao risco, decidiu o TST que o adicional de periculosidade, pago em caráter permanente, integra o cálculo de horas extras. Durante as horas de sobreaviso, entretanto, o empregado não se encontra em condições de risco, razão pela qual é incabível a integração do adicional de periculosidade sobre as mencionadas horas (Súmulas n. 191 e n. 132 do TST).

SUM. 191 ADICIONAL. PERICULOSIDADE. INCIDÊNCIA (nova redação) – Res. 121/2003, DJ 19, 20 e 21.11.2003. O adicional de periculosidade incide apenas sobre o salário básico e não sobre este acrescido de outros adicionais. Em relação aos eletricitários, o cálculo do adicional de periculosidade deverá ser efetuado sobre a totalidade das parcelas de natureza salarial.

> SUM. 132 ADICIONAL DE PERICULOSIDADE. INTEGRAÇÃO (incorporadas as Orientações Jurisprudenciais ns. 174 e 267 da SBDI-1) – Res. 129/2005, DJ 20, 22 e 25.04.2005
>
> I – O adicional de periculosidade, pago em caráter permanente, integra o cálculo de indenização e de horas extras (ex-Prejulgado n. 3). (ex-Súmula n. 132 – RA 102/1982, DJ 11.10.1982/DJ 15.10.1982 – e ex-OJ n. 267 da SBDI-1 – inserida em 27.09.2002)
>
> II – Durante as horas de sobreaviso, o empregado não se encontra em condições de risco, razão pela qual é incabível a integração do adicional de periculosidade sobre as mencionadas horas. (ex-OJ n. 174 da SBDI-1 – inserida em 08.11.2000).

O adicional de periculosidade deve refletir nas férias e no 13º salário, dada sua natureza salarial.[25]

Os empregados que operam bomba de gasolina têm direito ao adicional de periculosidade, conforme Súmula n. 39 do TST.

> SUM. 39 PERICULOSIDADE (mantida) – Res. 121/2003, DJ 19, 20 e 21.11.2003. Os empregados que operam em bomba de gasolina têm direito ao adicional de periculosidade (Lei n. 2.573, de 15.08.1955).

Consoante interpretação do TST sobre o ordenamento jurídico brasileiro, com destaque maior, talvez, para a regra celetista do que para normas constitucionais, tem direito ao adicional de periculosidade o empregado exposto *permanentemente* ou que, de forma *intermitente*, se sujeita a condições de risco. Para o TST é indevido o adicional de periculosidade quando o contato ocorre de forma *eventual*, assim considerado o fortuito, ou o que, sendo habitual, se dá por tempo extremamente reduzido (Súmula n. 364 do TST), embora a explosão, o choque elétrico, o tiro desferido pelo assaltante ou a contaminação radioativa possam ocorrer em uma fração de segundo.

> SUM. 364 ADICIONAL DE PERICULOSIDADE. EXPOSIÇÃO EVENTUAL, PERMANENTE E INTERMITENTE (cancelado o item II e dada nova redação ao item I) – Res. 174/2011, DEJT divulgado em 27, 30 e 31.05.2011. Tem direito ao adicional de periculosidade o empregado exposto permanentemente ou que, de forma intermitente, sujeita-se a condições de risco. Indevido, apenas, quando o contato dá-se de forma eventual, assim considerado o fortuito, ou o que, sendo habitual, dá-se por tempo extremamente reduzido. (ex-Ojs da SBDI-1 ns. 05 – inserida em 14.03.1994 – e 280 – DJ 11.08.2003)

---

(25) VIANA, Márcio Túlio. Remuneração e Salário. *In*: SOUTO MAIOR, Jorge Luiz (coord.). *Curso de Direito do Trabalho*. v. II. São Paulo: LTr, 2008. p. 191.

Não custa lembrar que o pagamento de adicional, seja o de insalubridade, seja o de periculosidade, não exime o empregador do pagamento de eventuais indenizações por danos sofridos pelo trabalhador em decorrência da insegurança do local de trabalho. Nos casos de acidente de trabalho e/ou de doença profissional deve o empregado buscar a reparação do dano na Justiça do Trabalho.

Não parece ser constitucional, por fim, o disposto no parágrafo 2º do artigo 193 da CLT (§ 2º – *O empregado poderá optar pelo adicional de insalubridade que porventura lhe seja devido*), que fixa, na prática, a impossibilidade de cumulação de adicionais de periculosidade e insalubridade. Ora, se a obrigação do empregador é reduzir os riscos inerentes ao trabalho, por meio de normas de saúde, higiene e segurança (Constituição da República, artigo 7º, inciso XXII), então, caso assim não aja, deve arcar com ambos os adicionais cumulativamente, se presentes a insalubridade e a periculosidade.

Outra parcela remuneratória (salarial ou componente do complexo salarial) que pode comparecer ao contrato é a *gratificação*. As gratificações são parcelas pagas ou utilidades entregues pelo empregador ao empregado em decorrência de um fato ou circunstância que pretende aquele destacar, independentemente do agir contratual deste.

A gratificação terá natureza remuneratória (salarial ou componente do complexo salarial) quando habitualmente entregue, não havendo um marco temporal específico para que se reconheça tal permanência, variando a solução jurídica em cada caso concreto.

O fato de constar do recibo de pagamento de gratificação o caráter de liberalidade não basta, por si só, para excluir a existência de ajuste tácito (Súmula 152 do TST) e, consequentemente, para afastar sua natureza jurídica remuneratória (salarial). No mesmo sentido, as gratificações habituais, inclusive a de natal (13º salário) consideram-se tacitamente convencionadas, integrando o salário do empregado (Súmula n. 207 do STF).

O TST, em aparente inobservância ao conceito de *habitualidade*, que independe de prazo mínimo, e em aparente dissonância com entendimento do STF (Súmula 207), fixa a não habitualidade de gratificação semestral, como se infere de sua Súmula n. 253:

> SUM. 253 GRATIFICAÇÃO SEMESTRAL. REPERCUSSÕES (nova redação) – Res. 121/2003, DJ 19, 20 e 21.11.2003. A gratificação semestral não repercute no cálculo das horas extras, das férias e do aviso prévio, ainda que indenizados. Repercute, contudo, pelo seu duodécimo na indenização por antiguidade e na gratificação natalina.

A gratificação *anual* repercute amplamente, mas a *semestral*, não.

O 13º salário é gratificação legal, prevista na regra constitucional do artigo 7º, inciso VIII e na Lei n. 4.090/1962, com inovações trazidas pela Lei n. 4.749/1965.

Deve ser pago o 13º até o dia 20 de dezembro de cada ano, com antecipação de 50% do valor entre os meses de fevereiro e novembro, nos termos da Lei n. 4.749/1965. A inobservância ao disposto nas regras legais poderá ensejar repetição do pagamento.

Há alguns contratos de emprego, sobretudo no comércio e na intermediação de venda de produtos ou serviços, em que há o pagamento de *comissões*. A comissão tem natureza eminentemente salarial, caracteriza salário por unidade de obra, uma vez que se destina à contraprestação básica por trabalho entregue.

O comissionamento pode ser puro ou misto. Na primeira situação a comissão será a parcela contraprestativa básica, em substituição ao salário-base por unidade de tempo. Na segunda, ao salário fixado por unidade de tempo se soma o valor pago a título de comissão. Regra geral, que pode comportar exceções, o comissionamento é fixado em um percentual sobre a venda de produto ou serviço realizada pelo empregado.

De qualquer maneira e independentemente da disponibilidade semanal de trabalho, será respeitado o pagamento de salário mínimo ou do piso da categoria (salário normativo), vista a inconstitucionalidade da regra contida no artigo 58-A da CLT.[26] Tal compreensão não invalida a possibilidade de contratação de comissionamento puro. É que o empregador apenas complementará, se for o caso, a parte faltante em dinheiro até que se alcance o valor mínimo.

Em consonância com princípios constitucionais e trabalhistas, com destaque para o princípio da alteridade, deveria o empregador manter não só o salário mínimo ou piso, mas, sim, a média das comissões do trabalhador, para que não tenha ele que arcar com o ônus de eventual insucesso do empreendimento no qual trabalha.

A Lei n. 3.207/1957, embora se refira especificamente aos *empregados vendedores, viajantes ou pracistas*, aplica-se aos comissionistas em geral. Discutida, na prática, é a obrigatoriedade do pagamento das comissões nos casos em que o cliente (regra geral consumidor) deixa de pagar valores devidos para o empregador. A Lei n. 3.207/1957 estabelece claramente que os valores somente não serão pagos ao empregado nos casos de insolvência do comprador (artigo 7º), sendo devidos, então, nos casos de mera inadimplência.

Alguns empregadores, sobretudo na perspectiva de estimular uma atitude esperada de seus empregados pagam *prêmios*, que são parcelas pagas ou utilidades entregues ao empregado em decorrência de um agir deste e que é destacado por aquele.

O prêmio terá natureza remuneratória (salarial ou componente do complexo salarial) quando habitualmente ofertado, não havendo um marco temporal espe-

---

(26) Infelizmente, o Poder Judiciário Trabalhista não reconhece a patente inconstitucionalidade da regra celetista precarizante.

cífico para que se reconheça tal permanência, variando a solução jurídica em cada caso concreto. Trata-se, consoante melhor doutrina, de *salário-condição*, havendo, neste caso, aderência da cláusula instituidora do prêmio, e não habitualidade por sua efetiva entrega.

O STF fixou, em sua Súmula n. 209, o seguinte:

> *STF, SÚMULA 209. O salário-produção, como outras modalidades de salário-prêmio, é devido, desde que verificada a condição a que estiver subordinado, e não pode ser suprimido unilateralmente pelo empregador, quando pago com habitualidade.*

Dado o destaque que recebe o tema *remuneração e salário* na ordem justrabalhista, e sobretudo no contrato de emprego, é claro que o Direito do Trabalho deve proteger a remuneração e o salário do trabalhador.

O primeiro ponto protetivo a ser destacado diz respeito às regras concernentes à periodicidade, lugar e prova do pagamento, com previsão nos artigos 459, 464 e 465 da CLT:

> *Art. 459 – O pagamento do salário, qualquer que seja a modalidade do trabalho, não deve ser estipulado por período superior a 1 (um) mês, salvo no que concerne a comissões, percentagens e gratificações.*
>
> *Art. 464 – O pagamento do salário deverá ser efetuado contra recibo, assinado pelo empregado; em se tratando de analfabeto, mediante sua impressão digital, ou, não sendo esta possível, a seu rogo.*
>
> *Parágrafo único. Terá força de recibo o comprovante de depósito em conta bancária, aberta para esse fim em nome de cada empregado, com o consentimento deste, em estabelecimento de crédito próximo ao local de trabalho.*
>
> *Art. 465. O pagamento dos salários será efetuado em dia útil e no local do trabalho, dentro do horário do serviço ou imediatamente após o encerramento deste, salvo quando efetuado por depósito em conta bancária, observado o disposto no artigo anterior.*

O pagamento do salário, qualquer que seja a modalidade do trabalho, não deve ser estipulado por período superior a 1 (um) mês, salvo no que concerne a comissões, percentagens e gratificações. O pagamento do salário deverá ser efetuado contra recibo, assinado pelo empregado. Em se tratando de analfabeto, mediante sua impressão digital, ou, não sendo esta possível, a seu rogo. O pagamento dos salários será efetuado em dia útil e no local do trabalho, dentro do horário do serviço ou imediatamente após o encerramento deste, salvo quando efetuado por depósito em conta bancária, observado o disposto no artigo anterior. Atualmente, a forma mais comum de pagamento é através de crédito em conta bancária, vista a insegurança generalizada no país e as facilidades informáticas existentes. Assim, terá força de recibo o comprovante de depósito em conta bancária, aberta para esse fim em nome de cada empregado, com o consentimento deste, em estabelecimento de crédito próximo ao local de trabalho.

O ônus de provar o pagamento é do empregador, que deverá fazê-lo através de recibos ou de meios específicos que demonstrem o crédito em conta nos termos da lei.

Os salários podem ser estipulados, aferidos e pagos *por unidade de tempo, por unidade de obra (produção e comissão)* ou, ainda, *por tarefa*. Uma vez fixado o tipo de salário, ou seja, seu modo de estipulação, aferição e pagamento, não pode haver alteração se desta resultar prejuízo ao trabalhador empregado (CLT, artigo 468). Obviamente que a alteração pode se dar em benefício do trabalhador, nos termos do princípio da cláusula (condição) mais benéfica.

O salário é irredutível no plano da relação individual, conforme estabelece o artigo 7º, inciso VI, da Constituição da República:

> *Art. 7º São direitos dos trabalhadores urbanos e rurais, além de outros que visem à melhoria de sua condição social:*
>
> (...)
>
> *VI – irredutibilidade do salário, salvo o disposto em convenção ou acordo coletivo;*

Entretanto, nos termos do citado dispositivo constitucional, é possível a redução salarial se decorrente de negociação coletiva trabalhista, respeitados os princípios e regras próprios de Direito Coletivo do Trabalho.

O Direito do Trabalho protege o salário também no que diz respeito aos descontos promovidos pelo empregador. A regra geral é a do pagamento integral dos salários devidos, nos termos do *caput* do artigo 462 da CLT:

> *Art. 462 – Ao empregador é vedado efetuar qualquer desconto nos salários do empregado, salvo quando este resultar de adiantamentos, de dispositvos de lei ou de contrato coletivo.*

Assim, a regra geral celetista é no sentido de que ao empregador é vedado efetuar qualquer desconto nos salários do empregado, salvo quando este resultar de adiantamentos, de dispositivos de lei ou de ajuste coletivo. As primeiras exceções à regra, portanto, são referentes aos descontos autorizados por lei (INSS, IRRF, vale-transporte, contribuição sindical obrigatória e outros) e àqueles autorizados por força de ACT e CCT.

Em caso de dano causado pelo empregado, o desconto será lícito, desde que esta possibilidade tenha sido acordada ou na ocorrência de dolo do empregado (CLT, artigo 462, parágrafo primeiro). Pode o empregador, no ato da admissão ou posteriormente (desde que antes do evento danoso) criar regra contratual autorizadora do desconto decorrente de dano causado por culpa do empregado. No caso de agir doloso o desconto independe de cláusula contratual, sendo cabível, inclusive a punição trabalhista como consequência da falta. Caso haja prejuízo decorrente de agir culposo do empregado e não tenha havido previsão contratual do desconto, este não será lícito.

A jurisprudência trabalhista consolidada, na prática, autoriza alguns descontos específicos. Assim é que, nos termos da Súmula n. 342 do TST, *descontos salariais efetuados pelo empregador, com a autorização prévia e por escrito do empregado, para ser integrado em planos de assistência odontológica, médico-hospitalar, de seguro, de previdência privada, ou de entidade cooperativa, cultural ou recreativo-associativa de seus trabalhadores, em seu benefício e de seus dependentes, não afrontam o disposto no art. 462 da CLT, salvo se ficar demonstrada a existência de coação ou de outro defeito que vicie o ato jurídico.*

O salário é, regra geral, impenhorável, conforme destaca o Prof. Mauricio Godinho Delgado, em interpretação da norma contida no artigo 649, inciso IV do Código de Processo Civil.

> À luz dessa garantia, as verbas salariais não podem sofrer constrição extrajudicial ou judicial, não podendo cumprir o papel de lastro a qualquer crédito contra o obreiro, nem receber restrições ao seu recebimento direto pelo próprio trabalhador. A amplitude dessa garantia conduz à óbvia conclusão de ser inviável, do ponto de vista jurídico, até mesmo a penhora no rosto de autos trabalhistas em decorrência de ação proposta contra o trabalhador no âmbito de outro segmento do Judiciário.[27]

Por fim e em síntese, no que concerne às proteções ao salário em geral, vale destacar que o trabalhador que venha a substituir um colega que perceba salário superior ao seu terá direito a receber, durante a substituição, igual salário devido ao substituído. É devido, então, pagamento de "salário substituição", anteriormente exposto em seus conceitos gerais. *Vago o cargo em definitivo, o empregado que passa a ocupá-lo não tem direito a salário igual ao do antecessor* (Súmula n. 159 do TST).

Importante proteção justrabalhista ao salário é aquela referente ao tratamento isonômico que é devido a trabalhadores em circunstâncias laborativas iguais. No início da abordagem sobre *equiparação salarial*, vale destacar, como sempre, em qualquer texto ou contexto, a sensibilidade jurídica de Márcio Túlio Viana:

> *Somos todos iguais; temos corpo, alma, sentimentos. Mas também somos diferentes: há os pobres e os ricos, os altos e os baixos, os sóbrios e os boêmios.*
>
> *No início, o Direito se voltou contra as regras desigualitárias, que criavam privilégios para os nobres e para o rei. Em seu lugar, criou regras igualitárias e – nesse sentido – libertadoras.*
>
> *Mas o problema é que as regras igualitárias não haviam nascido num mundo igual. Pelo contrário: acompanhavam o nascimento de um mundo que as utilizava para semear novas desigualdades. Se a nobreza apoiara seus privilégios nas regras desiguais, o capitalista usava as regras igualitárias para acumular. Aliás, foi também por isso que o Direito as criou.*
>
> *(...)*

---

(27) DELGADO, Mauricio Godinho. *Curso de Direito do Trabalho*. 10. ed. São Paulo: LTr, 2011. p. 799.

Nesse sentido é o princípio do "salário igual para trabalho igual", contido no art. 461 da CLT. Suas raízes mais próximas estão no art. 7º, XXX, e as mais profundas no art. 5º, ambos da CF. Trata-se de um princípio civilista, mas que serve ao mundo do trabalho.

É derivação do "princípio da isonomia" (isso = mesmo, mesma; nomos = lei, regra). Nasceu como oposição aos preconceitos de raça, cor, nacionalidade, sexo e idade. E também para atender a uma necessidade psicológica do ser humano, já que, como nota Tocqueville, "a igualdade é mais desejada que a própria liberdade."

Onde não há isonomia, há discriminação. E a discriminação, como nota a OIT, "não só reforça a pobreza, como também a gera". Hoje, aliás, ela se acentua; cada vez mais desigual, o sistema explora e às vezes escraviza mulheres, crianças, idosos, trabalhadores informais e imigrantes clandestinos. Combater essas práticas, no mundo do trabalho, ajuda a inibi-la em outros campos."[28]

Hoje, em verdade, poucos são os magistrados sensíveis às raízes *próximas* (Constituição da República, artigo 7º, XXX) e *profundas* (Constituição da República, artigo 5º) da igualdade salarial, obnublados que costumam ficar pelo texto celetista do artigo 461 e, sobretudo, pela Súmula n. 6 do TST, adiante estudados, embora criticados.

Seis são, hoje, para a Justiça do Trabalho em geral, os requisitos para o tratamento salarial isonômico, e se confundem com os pressupostos para que haja equiparação salarial: identidade de função, identidade de empregador, identidade de localidade, mesma perfeição técnica, igual produtividade e diferença de tempo de serviço (na função) não superior a 2 anos. É a clássica, e em muitos casos concretos ultrapassada, regra do artigo 461 da CLT:

Art. 461 – Sendo idêntica a função, a todo trabalho de igual valor, prestado ao mesmo empregador, na mesma localidade, corresponderá igual salário, sem distinção de sexo, nacionalidade ou idade.

§ 1º Trabalho de igual valor, para os fins deste Capítulo, será o que for feito com igual produtividade e com a mesma perfeição técnica, entre pessoas cuja diferença de tempo de serviço não for superior a 2 (dois) anos.

§ 2º Os dispositivos deste artigo não prevalecerão quando o empregador tiver pessoal organizado em quadro de carreira, hipótese em que as promoções deverão obedecer aos critérios de antiguidade e merecimento.

§ 3º No caso do parágrafo anterior, as promoções deverão ser feitas alternadamente por merecimento e por antinguidade, dentro de cada categoria profissional.

§ 4º O trabalhador readaptado em nova função por motivo de deficiência física ou mental atestada pelo órgão competente da Previdência Social não servirá de paradigma para fins de equiparação salarial.

---

(28) VIANA, Márcio Túlio. "Remuneração e Salário". *In*: SOUTO MAIOR, Jorge Luiz (coord.). *Curso de Direito do Trabalho*. v. II. São Paulo: LTr, 2008. p. 110.

Capítulo 6
Remuneração, Salário e Proteção Essencial

No plano da equiparação salarial aquele que pretende ver reconhecido tratamento igualitário é denominado *equiparando*, sendo seu *paradigma* aquele colega com quem pretende ser "equiparado".

O TST tratou exaustivamente da equiparação salarial em sua Súmula n. 06:

SUM. 6 EQUIPARAÇÃO SALARIAL. ART. 461 DA CLT *(redação do item VI alterada na sessão do Tribunal Pleno realizada em 14.09.2012) Res. 185/2012, DEJT divulgado em 25, 26 e 27.09.2012*

I – *Para os fins previstos no § 2º do art. 461 da CLT, só é válido o quadro de pessoal organizado em carreira quando homologado pelo Ministério do Trabalho, excluindo-se, apenas, dessa exigência o quadro de carreira das entidades de direito público da administração direta, autárquica e fundacional aprovado por ato administrativo da autoridade competente. (ex-Súmula n. 06 – alterada pela Res. 104/2000, DJ 20.12.2000)*

II – *Para efeito de equiparação de salários em caso de trabalho igual, conta-se o tempo de serviço na função e não no emprego. (ex-Súmula n. 135 – RA 102/1982, DJ 11.10.1982 e DJ 15.10.1982)*

III – *A equiparação salarial só é possível se o empregado e o paradigma exercerem a mesma função, desempenhando as mesmas tarefas, não importando se os cargos têm, ou não, a mesma denominação. (ex-OJ da SBDI-1 n. 328 – DJ 09.12.2003)*

IV – *É desnecessário que, ao tempo da reclamação sobre equiparação salarial, reclamante e paradigma estejam a serviço do estabelecimento, desde que o pedido se relacione com situação pretérita. (ex-Súmula n. 22 – RA 57/1970, DO-GB 27.11.1970)*

V – *A cessão de empregados não exclui a equiparação salarial, embora exercida a função em órgão governamental estranho à cedente, se esta responde pelos salários do paradigma e do reclamante. (ex-Súmula n. 111 – RA 102/1980, DJ 25.09.1980)*

VI – *Presentes os pressupostos do art. 461 da CLT, é irrelevante a circunstância de que o desnível salarial tenha origem em decisão judicial que beneficiou o paradigma, exceto se decorrente de vantagem pessoal, de tese jurídica superada pela jurisprudência de Corte Superior ou, na hipótese de equiparação salarial em cadeia, suscitada em defesa, se o empregador produzir prova do alegado fato modificativo, impeditivo ou extintivo do direito à equiparação salarial em relação ao paradigma remoto.*

VII – *Desde que atendidos os requisitos do art. 461 da CLT, é possível a equiparação salarial de trabalho intelectual, que pode ser avaliado por sua perfeição técnica, cuja aferição terá critérios objetivos. (ex-OJ da SBDI-1 n. 298 – DJ 11.08.2003)*

VIII – *É do empregador o ônus da prova do fato impeditivo, modificativo ou extintivo da equiparação salarial. (ex-Súmula n. 68 – RA 9/1977, DJ 11.02.1977)*

IX – *Na ação de equiparação salarial, a prescrição é parcial e só alcança as diferenças salariais vencidas no período de 5 (cinco) anos que precedeu o ajuizamento. (ex-Súmula n. 274 – alterada pela Res. 121/2003, DJ 21.11.2003)*

X – O conceito de "mesma localidade" de que trata o art. 461 da CLT refere-se, em princípio, ao mesmo município, ou a municípios distintos que, comprovadamente, pertençam à mesma região metropolitana. (ex-OJ da SBDI-1 n. 252 – inserida em 13.03.2002)

O primeiro requisito legal é *identidade de função*. Para que haja equiparação salarial (não necessariamente para que haja isonomia constitucional) deve o empregado comprovar, normalmente em sede processual trabalhista, que realiza ou realizava o mesmo conjunto de tarefas confiado por seu empregador ao colega paradigma.

Perceba-se, por importante no âmbito do Judiciário Trabalhista, que a equiparação salarial só é possível se o empregado e o paradigma exercerem a mesma função, desempenhando as mesmas tarefas, não importando se os cargos têm, ou não, a mesma denominação. (Súmula 06, inciso III, TST). É claro, por principio da primazia da realidade sobre a forma, que denominações formais distintas não afastam a possibilidade de equiparação, desde que os fatos trazidos ao processo demonstrem que o conjunto de tarefas empreendidas era substancialmente o mesmo. Perceptível também que somente não haverá identidade de tarefas se o conjunto for substancialmente diferente, pouco importando, nos termos da melhor doutrina, que haja uma ou outra tarefa diferente, desde que de pequena relevância, confiada a equiparando e paradigma.

O Prof. Mauricio Godinho Delgado explicita:

> A função, como facilmente se percebe, não se confunde com tarefa. Tarefa é atribuição ou ato singulares no contexto da prestação laboral, ao passo que função é um feixe unitário de tarefas, isto é, um conjunto de tarefas que se reúnem em um todo unitário, de modo a situar o trabalhador em um posicionamento específico no universo da divisão do trabalho da empresa.[29]

O segundo requisito para equiparação salarial (não necessariamente para que haja isonomia constitucional) é *identidade de empregador*. O tratamento igualitário pressupõe que os colegas equiparando e paradigma devem estar ou ter estado a serviço de um mesmo empregador. Tal pressuposto legal é, em tese, de simples aferição, mas deve o intérprete perceber a possibilidade da equiparação em duas situações em que não há identidade de empregadores: o grupo econômico e a terceirização de serviços.

O grupo econômico, por "força" da Súmula n. 129 do TST, vem sendo reconhecido como *empregador único*:

---

[29] DELGADO, Mauricio Godinho. *Curso de Direito do Trabalho*. 10. ed. São Paulo: LTr, 2011. p. 763.

SÚM. 129. *A prestação de serviços a mais de uma empresa do mesmo grupo econômico, durante a mesma jornada de trabalho, não caracteriza a coexistência de mais de um contrato de trabalho, salvo ajuste em contrário.*

Assim, por coerência que se espera do Poder Judiciário, deve ser possível a equiparação salarial mesmo nos casos em que equiparando e paradigma tenham empregadores distintos, desde que componentes de um mesmo grupo econômico justrabalhista.

A terceirização de serviços e a possibilidade de equiparação salarial entre o empregado da interposta (equiparando) e o empregado do tomador (paradigma) requer análise mais detida, e muito mais polêmica.

Tenho entendimento no sentido de que toda e qualquer relação terceirizada, dada a supremacia do texto constitucional, deve pressupor tratamento remuneratório idêntico a trabalhadores (empregados da interposta e do tomador) em situação de igualdade fática. Vale, aqui, embora não seja especificamente este o tema, análise um pouco mais aprofundada.

A terceirização é, no Brasil, um dos principais desafios que enfrenta o Direito do Trabalho. O percentual de trabalhadores terceirizados cresce a cada ano, sendo a atividade de intermediação de mão de obra significativamente relevante no que diz respeito aos seus ganhos econômicos no mercado. Entretanto, tal pujança não recebeu do legislador ordinário o necessário cuidado, vez que não há regra infraconstitucional suficientemente abrangente para o tema.

A contratação de mão de obra através de empresas terceirizadas é, segundo a Administração de Empresas, medida eficaz para a gestão de pessoas, pois permite ao contratante (tomador dos serviços) cuidar especificamente de sua atividade essencial, deixando para aquelas os serviços assessórios. Assim conseguiria o gestor a "otimização" dos recursos humanos, dada a especialização. Atividades como conservação, limpeza e vigilância são terceirizadas desde a década de 1970, tendo recebido do legislador a devida atenção (Leis n. 5.645/1970 e n. 7.102/1983). A terceirização de trabalho temporário também recebeu a atenção do legislador, que regulamenta a contratação nos termos da Lei n. 6.019/1974. Ocorre, entretanto, que parcela significativa do trabalho terceirizado, que é aquela referente à *atividade-meio* do tomador dos serviços, não encontra respaldo legal específico na lei ordinária.

Cediço que na ausência de norma suficientemente abrangente o Tribunal Superior do Trabalho editou sua Súmula 331, que permite a terceirização de mão de obra nos casos de trabalho temporário (Lei n. 6.019/1974), nos casos de conservação e limpeza Lei n. 5.645/1970), nos casos de vigilância (Lei n. 7.102/1983) e, ainda, nos serviços especializados ligados à atividade-meio do tomador, desde que, neste caso, ausentes a pessoalidade e a subordinação direta.

Na prática, a terceirização enseja tratamento diferenciado entre trabalhadores empregados que entregam sua força produtiva para uma mesma pessoa e que, portanto, estariam em situação de igualdade. É que o tomador dos serviços, conquanto não seja empregador do trabalhador terceirizado, é quem se vale de sua força produtiva, sendo certo que o conteúdo de direitos a este fixado é, normalmente, inferior ao conteúdo de direitos garantidos aos trabalhadores empregados do tomador, por força da distinta representação sindical. Assim, há uma disparidade de direitos trabalhistas em um único ambiente de trabalho.

Se não há regra infraconstitucional suficientemente abrangente para regulamentar tal situação fática, em que empregados são tratados diferentemente em um mesmo ambiente de trabalho, há normas constitucionais claramente aplicáveis à matéria. Nesta esteira, princípios constitucionais como os da dignidade da pessoa humana (C.R., artigo 1º, inciso III), do valor social do trabalho (C.R., artigo 1º, inciso IV), da igualdade ou não discriminação (C.R., artigo 5º, *caput*), da vedação ao retrocesso social (C.R., artigo 5º, § 2º), da prevalência dos direitos humanos (C.R., artigo 4º, inciso II), bem como os princípios constitucionais trabalhistas específicos dos artigos 7º, 8º e 9º devem informar a aplicação da norma jurídica de Direito do Trabalho. Tais princípios constitucionais são normas fundamentais, inafastáveis e autoaplicáveis às relações de trabalho (eficácia horizontal dos direitos fundamentais).

No contexto da normatividade dos princípios e da melhor hermenêutica constitucional é possível a eficácia horizontal dos direitos fundamentais nas relações jurídicas de emprego, sendo, então, oponíveis as regras e princípios constitucionais ao empregador que *precariza* a contratação de força produtiva através da terceirização. Reconheça-se, em verdade, que nem toda terceirização é, por natureza, precarizante. O que se defende é um controle civilizatório de tal medida empresarial.

O Direito do Trabalho, como conjunto de regras, princípios e institutos voltados à regulamentação das relações de venda de força produtiva, por ser protetivo da parte hipossuficiente da relação, acaba por ser um instrumento essencial de afirmação fática e jurídica dos preceitos fundamentais consagrados constitucionalmente.

Neste contexto os direitos do empregador, no âmbito da gestão de seu empreendimento, se submetem à observância aos direitos fundamentais do cidadão trabalhador, do que decorre a conclusão de que a terceirização precarizante deve ser reconhecida como medida contrária ao texto constitucional em vigor.

Assim, embora não queiram perceber diversos julgadores, a equiparação é possível na terceirização em conformidade com a Súmula 331 do TST ("lícita"), e obviamente inafastável na terceirização em desconformidade com a jurisprudência consolidada (terceirização "ilícita"), pois neste último caso fixa-se o vínculo empregatício direto entre o trabalhador e o tomador dos seus serviços.

O terceiro requisito para equiparação salarial (não necessariamente para que haja isonomia constitucional) é *identidade de localidade*. Por localidade, originalmente, entende-se o mesmo município, ou, ainda, por extensão, municípios que integrem uma mesma região metropolitana. O TST fixou entendimento, em sua amplamente observada Súmula 06, no sentido de que o conceito de "mesma localidade" de que trata o art. 461 da CLT refere-se, em princípio, ao mesmo município, ou a municípios distintos que, comprovadamente, pertençam à mesma região metropolitana. Ocorre, entretanto, que tais restrições podem não realizar justiça constitucional em situações como as do *teletrabalho*, por exemplo.

A confluência dos três primeiros requisitos acima citados deve ser demonstrada pelo empregado. É do empregador o ônus da prova do fato impeditivo, modificativo ou extintivo da equiparação salarial, devendo ele comprovar, caso pretenda afastar a equiparação salarial, que um dos demais três requisitos, abaixo estudados, se mostra ausente no caso concreto.⁽³⁰⁾

O quarto requisito é *mesma perfeição técnica*. Conforme visto, cabe ao empregador, para elidir a equiparação, comprovar que trata diferentemente os trabalhadores (equiparando e paradigma) por ter um melhor perfeição técnica do que outro. A prova é toda aquela admitida no processo do trabalho. Desde que atendidos os requisitos do art. 461 da CLT, é possível a equiparação salarial de trabalho intelectual, que pode ser avaliado por sua perfeição técnica, cuja aferição terá critérios objetivos (Súmula n. 6 do TST).

O quinto requisito é *igual produtividade*. Conforme visto, cabe ao empregador, para elidir a equiparação, comprovar que trata diferentemente os trabalhadores (equiparando e paradigma) por ter um maior produtividade do que outro. A prova é toda aquela admitida no processo do trabalho.

Márcio Túlio Viana destaca e ao final exemplifica:

> *Não se confundem produção e produtividade. Produção é o ato de produzir. Produtividade, a capacidade de produzir. Mas não a capacidade teórica – e sim a que o empregado revela ter, efetivamente. Para aferir a produtividade, conjuga-se a produção com os meios colocados à disposição para produzir – inclusive o tempo. Exemplo: A trabalha oito horas, fabricando oito peças; B trabalha quatro, fabricando quatro. A produção é diferente; já a produtividade é igual, a não ser que se prove, por exemplo, que, com a máquina de B, A fabricaria o dobro. Discute-se se um empregado mais assíduo pode ser considerado mais produtivo que outro. Com Prunes, entendemos que não: afinal, quem falta perde o dia e o domingo; não é justo que nos dias trabalhados receba salário menor que o do colega de ofício.*⁽³¹⁾

O sexto requisito é objetivo, diz respeito à diferença de tempo de serviço entre equiparando e paradigma. Para efeito de equiparação de salários em caso de trabalho igual, conta-se o tempo de serviço na função e não no emprego (Súmula 6, TST, inciso II). Quis o legislador privilegiar o empregado (paradigma) que tem mais tempo de serviço (mais de 2 anos) na função em relação ao equiparando. A ideia é que quem tem mais tempo de serviço na função pode ganhar mais do que quem foi admitido posteriormente.

---

(30) DELGADO, Mauricio Godinho. *Curso de Direito do Trabalho*. São Paulo: LTr, 2011.

(31) VIANA, Márcio Túlio. "Remuneração e Salário". *In*: SOUTO MAIOR, Jorge Luiz (coord.). *Curso de Direito do Trabalho*. v. II. São Paulo: LTr, 2008. p. 110.

No que diz respeito à contemporaneidade, por óbvio em um país que não tem garantia de emprego, é desnecessário que, ao tempo da reclamação sobre equiparação salarial, equiparando e paradigma estejam a serviço do empregador, desde que o pedido se relacione com situação pretérita (Súmula n. 6, inciso IV, TST).

Por fim, há figuras legais excludentes da equiparação salarial, e que são tratadas nos parágrafos 2º, 3º e 4º do artigo 461 da CLT, já citados.

Não há equiparação salarial, mas, sim, enquadramento, quando o empregador tiver pessoal organizado em quadro de carreira devidamente homologado pelo Ministério do Trabalho e Emprego (Súmula n. 6, inciso I, TST), hipótese em que as promoções deverão obedecer aos critérios de antiguidade e merecimento. Tais promoções deverão ser feitas alternadamente por merecimento e por antinguidade, dentro de cada categoria profissional.

O trabalhador readaptado em nova função por motivo de deficiência física ou mental atestada pelo órgão competente da Previdência Social não servirá de paradigma para fins de equiparação salarial.

Vistos os requisitos para que haja a equiparação salarial, que para muitos magistrados é a única forma possível de se preservar isonomia remuneratória, cabem algumas críticas. Em diversas circunstâncias fáticas novas, decorrentes da reestruturação produtiva, da globalização, da "fábrica mínima", da terceirização etc., haverá situações de igualdade substancial que impõem o tratamento isonômico, sem que haja, entretanto, a configuração dos seis requisitos do artigo 461 da CLT.

Para finalizar, por extremamente relevante, peço licença para indicar artigo publicado pelo Juiz do Trabalho Vicente de Paula Maciel Jr., intitulado Equiparação Estrutural, disponível no site do TRT da 3ª Região. A ideia básica destacada pelo ilustre Professor é a seguinte:

> *É preciso terceirizar a prosperidade e não a miséria. É fundamental equiparar a partir da prosperidade. A miséria iguala, ofende, avilta, revolta. Destrói ideologias e promove revoluções. A miséria não tem religião, difunde o desespero, enfraquece o corpo e aniquila a alma. Ela retira o que resta de dignidade. Impede qualquer compreensão racional porque ela é o moto contínuo do caos... Aqueles que lhe são indiferentes e lhe manifestam aversão e repugnância, conhecerão um dia sua face descarnada e seu profundo olhar inquietante. Aqueles que se preocupam com ela, talvez lhes restem culpa ou compaixão. Aqueles que fazem algo contra ela ao menos são capazes de compreender sua dimensão.*

É necessária a preponderância, também em matéria de salário e de igualdade, do texto constitucional. Deve a Justiça do Trabalho preservar a Constituição da República enquanto norma fundamental que possibilita e estrutura o Estado Democrático de Direito. É urgente que se abandone a hermenêutica teratológica que aplica as Súmulas de Jurisprudência em primeiro plano no ordenamento jurídico, com as Orientações Jurisprudenciais em segundo, a CLT em terceiro plano e, em último, o texto constitucional.

Capítulo 7

Alterações Contratuais Trabalhistas

1. Considerações iniciais
    - artigo 468, CLT
        - Súmula n. 51, TST
    - jus variandi e princípio da inalterabilidade contratual lesiva
2. Situações autorizadas
    a) jus variandi *ordinário*
    b) favoráveis ao trabalhador
    c) transitórias
    d) autorizadas por lei
    e) ACT, CCT
3. Alteração de função
    a) função
    b) tarefa
    c) situações autorizadas
        - excepcionais ou de emergência
        - substituição temporária

- destituição de cargo ou função de confiança
  - reversão
    - cargo ou função de confiança
  - retrocessão
    - cargo efetivo anterior
  - rebaixamento
    - punição
- extinção do cargo ou função
  - ausência de prejuízo material ou moral
- alteração de PCS ou QC
  - ausência de prejuízo material ou moral
- readaptação funcional previdenciária
  - possibilidade de redução salarial
    - salário + benefício previdenciário
  - impossibilidade de redução salarial: CR, 7º, VI
- promoção
  d) gratificação de função: Súmula n. 372, TST
  e) desvio de função
  f) acúmulo de função
4. Transferência do empregado
   - CLT, 469
     - alteração de domicílio
   a) situações autorizadas
      - aquiescência e interesse profissional
      - aquiescência e interesse extracontratual
      - excepcionais (remoção)
        - extinção do estabelecimento: § 2º, 469, CLT
        - cargo de confiança: § 1º, 469, CLT
      - Súmula n. 43, TST
        - previsão contratual: § 1º, 469, CLT
      - Súmula n. 43, TST
        - provisória e necessária: § 3º, 469, CLT
   b) adicional de transferência: CLT, 469, § 3º
      - definição
      - "salário condição"
      - transferência provisória: OJ 113, SDI-1, TST

- *controvérsia doutrinária*
  - *transferência legal*
- *indevido*: jus variandi
- *devido*
  - *circunstância gravosa*
  - *provisoriedade*
  - *transferência definitiva*
- *indevido: CLT, 469, in fine e OJ 113, SDI-1, TST*
- *devido*
  - *circunstância gravosa*

c) *ajuda de custo: CLT, 470*
d) *intransferíveis*
- *sindicalistas: 543, CLT; 8º, II e VIII, CR*
- *garantias de emprego*

e) *transferência ilícita: medida judicial, CLT, artigo 659, IX*

A regra geral, tanto no âmbito especial justrabalhista quanto nos demais ramos do direito, é a da impossibilidade de alteração das condições pactuadas no curso da avença. No caso do Direito do Trabalho a regra geral é a da inalterabilidade contratual lesiva, nos termos do artigo 468 da CLT, *caput*:

> Art. 468 – Nos contratos individuais de trabalho só é lícita a alteração das respectivas condições por mútuo consentimento, e ainda assim desde que não resultem, direta ou indiretamente, prejuízos ao empregado, sob pena de nulidade da cláusula infringente desta garantia.

Além da regra legal há o conhecido princípio da *inalterabilidade contratual lesiva*, que informa ser o contrato inalterável se trouxer prejuízo ao empregado, sendo, consequente e presumivelmente, lícita a alteração do contrato se resultar em benefício ao trabalhador.

O TST, por sua Súmula n. 51, sobretudo em seu inciso I, contempla a inalterabilidade contratual lesiva como regra geral:

> SUM. 51 NORMA REGULAMENTAR. VANTAGENS E OPÇÃO PELO NOVO REGULAMENTO. ART. 468 DA CLT *(incorporada a Orientação Jurisprudencial n. 163 da SBDI-1) – Res. 129/2005, DJ 20, 22 e 25.04.2005. I – As cláusulas regulamentares, que revoguem ou alterem vantagens deferidas anteriormente, só atingirão os trabalhadores admitidos após a revogação ou alteração do regulamento. (ex-Súmula n. 51 – RA 41/1973, DJ 14.06.1973) II – Havendo a coexistência de dois regulamentos da empresa, a opção do empregado por um deles tem efeito jurídico de renúncia às regras do sistema do outro. (ex-OJ n. 163 da SBDI-1 – inserida em 26.03.1999)*

Há, entretanto, situações em que a regra da inalterabilidade contratual lesiva não opera. Cediço que o Direito do Trabalho também tem sua face protetiva ao empregador (função conservadora e função capitalista do Direito do Trabalho), sendo o *jus variandi* uma expressão de tal proteção. O poder conferido ao empregador para alterar cláusulas contratuais estabelecidas denomina-se *jus variandi*, ou direito de mudar, variar. Esse direito ou poder do empregador é, entretanto, limitado.

Há situações fáticas de confronto de interesses, em que se encontram em oposição o *jus variandi* e o princípio da inalterabilidade contratual lesiva. Em momentos excepcionais prevalecerá o interesse do empregador.

São situações de alteração autorizada do contrato de trabalho:

a) decorrentes do *jus variandi* ordinário;

b) favoráveis ao trabalhador;

c) transitórias;

d) autorizadas por lei e,

e) previstas em negociação coletiva sindical.

A primeira situação autorizada é a que envolve o *jus variandi* ordinário. Como se pode compreender da denominação, as alterações ordinárias, pouco significativas, que não causam impacto relevante no contrato, são autorizadas. Exemplos: alteração em máquina de trabalho que não envolva alteração de tarefas ou função; ordem de uso de uniforme sem que tal fosse anteriormente exigido; alteração não significativa no horário de almoço (não em sua duração).

As alterações favoráveis ao trabalhador também são, por regra e princípio, autorizadas, é claro.

As alterações meramente transitórias também podem ser feitas pelo empregador. Tais mudanças não trazem impacto para o contrato, são circunstâncias eventuais, passageiras e que não prejudicam o trabalhador empregado.

É claro, ainda, que quando a lei autoriza a alteração contratual, ela tende a ser lícita.

Presumem-se lícitas, por fim, as alterações derivadas de Acordo Coletivo de Trabalho ou Convenção Coletiva de Trabalho, visto o caráter normativo dos diplomas coletivos negociados, bem como a autonomia privada coletiva, que deve ser incentivada. Bom lembrar, entretanto, que se a alteração permitida por ACT ou CCT flexibiliza regras de saúde ou segurança no trabalho a presunção se inverte, no sentido da ilegalidade da alteração decorrente do diploma coletivo.

Uma das mais recorrentes alterações contratuais trabalhistas e que maior impacto tende a trazer para o contrato de emprego é referente à função.

Inicialmente cabe compreender o que é função, destacando-se que tal não se confunde com a denominação do cargo. A função é um conjunto de tarefas organizadas pelo empregador e desempenhadas pelo empregado. O Prof. Mauricio Godinho Delgado explicita:

> *A função, como facilmente se percebe, não se confunde com tarefa. Tarefa é atribuição ou ato singulares no contexto da prestação laboral, ao passo que função é um feixe unitário de tarefas, isto é, um conjunto de tarefas que se reúnem em um todo unitário de modo a situar o trabalhador em um posicionamento específico no universo da divisão do trabalho da empresa.*[1]

A alteração de função é autorizada nas seguintes situações:

a) em casos excepcionais ou de emergência;

b) quando temporária;

c) decorrente de destituição de cargo ou função de confiança;

d) quando há extinção do cargo ou função;

e) quando decorrente de mudança em Plano de Cargos e Salários ou Quadro de Carreira;

---

(1) DELGADO, Mauricio Godinho. *Curso de Direito do Trabalho*. 10. ed. São Paulo: LTr, 2011. p. 763.

f) quando decorrente de readaptação funcional previdenciária, e

g) em caso de promoção.

Inicialmente a alteração de função excepcional ou de emergência é lícita posto que indispensável ao empreendimento e transitória, desde que não haja, é claro prejuízo salarial para o trabalhador empregado.

As alterações de função temporárias são aquelas que, embora não excepcionais ou de emergência, portanto comuns ao empreendimento, não trazem prejuízos ao trabalhador, como por exemplo nos casos de substituição em férias, licenças, etc., nos termos, por exemplo, da Súmula n. 159 do TST:

> SUM. 159 SUBSTITUIÇÃO DE CARÁTER NÃO EVENTUAL E VACÂNCIA DO CARGO (incorporada a Orientação Jurisprudencial n. 112 da SBDI-1) – Res. 129/2005, DJ 20, 22 e 25.04.2005. I – Enquanto perdurar a substituição que não tenha caráter meramente eventual, inclusive nas férias, o empregado substituto fará jus ao salário contratual do substituído. II – Vago o cargo em definitivo, o empregado que passa a ocupá-lo não tem direito a salário igual ao do antecessor.

Lícita são as alterações decorrentes de destituição de cargo ou função de confiança. O pressuposto básico é a estruturação empresarial, no que concerne aos empregados, através de Plano de Cargos e Salários (PCS) ou Quadro de Carreira (QC). É possível, assim, a *reversão*, que é o retorno do empregado ao cargo efetivo após o desenvolvimento de cargo ou função de confiança, conforme previsão em PCS ou QC. É ilícita a *retrocessão*, que é o retorno do trabalhador à função anteriormente desempenhada, após promoção em estrutura empresarial sem PCS ou QC. Por fim, é ilícito o *rebaixamento*, que é a retrocessão com caráter punitivo. Embora lícita a reversão, será mantida a gratificação de função que tenha sido paga por dez ou mais anos, nos termos da Súmula n. 372 do TST:

> SUM. 372 GRATIFICAÇÃO DE FUNÇÃO. SUPRESSÃO OU REDUÇÃO. LIMITES (conversão das Orientações Jurisprudenciais ns. 45 e 303 da SBDI-1) – Res. 129/2005, DJ 20, 22 e 25.04.2005. I – Percebida a gratificação de função por dez ou mais anos pelo empregado, se o empregador, sem justo motivo, revertê-lo a seu cargo efetivo, não poderá retirar-lhe a gratificação tendo em vista o princípio da estabilidade financeira. (ex-OJ n. 45 da SBDI-1 – inserida em 25.11.1996). II – Mantido o empregado no exercício da função comissionada, não pode o em-pregador reduzir o valor da gratificação. (ex-OJ n. 303 da SBDI-1 – DJ 11.08.2003)

Extinto o cargo ou função, tende a ser lícita a alteração, desde que, nas novas tarefas, não experimente o trabalhador prejuízos patrimoniais ou morais.

Também pode haver a alteração de função decorrente de alteração na norma interna empresarial que fixe PCS ou QC, desde que, também aqui, não haja prejuízos patrimoniais ou morais ao trabalhador empregado.

Possível também a alteração de função quando necessária e decorrente de readaptação previdenciária.

Lícita é a promoção do trabalhador, vez que pressupõe alteração contratual (de função) em benefício do empregado.

Tema com destacada repercussão prática diz respeito ao desvio de função, o que impõe uma análise sobre seus requisitos e efeitos contratuais.

Entendo que para que se comprove o desvio de função deve haver, no âmbito do empregador, estrutura organizada de cargos e salários (PCS ou QC), ou, ainda, profissão regulamentada que permita padronização remuneratória. Soma-se a tal exigência a comprovação do exercício de tarefas diversas daquelas originalmente previstas para a função.

Tais exigências se justificam em decorrência da necessidade da percepção exata de qual seria a função de enquadramento contratual inicial e qual seria, em contraposição, o conjunto de tarefas que ensejaria o reconhecimento do "desvio". Seria necessária também a comprovação da desigualdade remuneratória injusta praticada pelo empregador. Em síntese: para que se perceba o "desvio" haveria a necessidade de se conhecer a função original e aquela empreendida na prática sem a respectiva contraprestação.

O reconhecimento do desvio enseja um novo enquadramento quando as tarefas efetivamente praticadas estão integralmente previstas em função "superior" àquela formalmente ajustada e remunerada, desde que preencha o trabalhador os requisitos (objetivos e subjetivos) para acessá-la. Entretanto, ainda que não haja comprovação de que o trabalhador preenche os requisitos para acessar a função "superior", haverá repercussões remuneratórias, sem que haja novo enquadramento. Haverá, em ambos os casos, pagamento da diferença entre a função contratada e a efetivamente desempenhada pelo trabalhador, consoante interpretação que se pode fazer dos termos da Orientação Jurisprudencial 125 do TST:

> *OJ-SDI1-125 DESVIO DE FUNÇÃO. QUADRO DE CARREIRA (alterado em 13.03.2002) O simples desvio funcional do empregado não gera direito a novo enquadramento, mas apenas às diferenças salariais respectivas, mesmo que o desvio de função haja iniciado antes da vigência da CF/1988.*

Também é possível que haja em um dado contrato de emprego o acúmulo de função, figura diversa da anteriormente analisada. Para que haja o reconhecimento do acúmulo de função é necessária a comprovação de desequilíbrio (quantitativo ou qualitativo) entre as tarefas contratadas e realizadas, sem que haja a estruturação do empregador através de Plano de Cargos e Salários ou Quadro de Carreiras. Além do desequilíbrio deve haver também concomitância e habitualidade entre as tarefas contratadas e realizadas. Por fim, deve o trabalhador comprovar prejuízos advindos do acúmulo e que sua situação não se amolda ao permissivo celetista do artigo 456, parágrafo único:

> Art. 456. A prova do contrato individual do trabalho será feita pelas anotações constantes da carteira profissional ou por instrumento escrito e suprida por todos os meios permitidos em direito.
>
> Parágrafo único. A falta de prova ou inexistindo cláusula expressa e tal respeito, entender-se-á que o empregado se obrigou a todo e qualquer serviço compatível com a sua condição pessoal.

O acúmulo, ao contrário do que ocorre com o desvio, não acarreta, imediatamente, o pagamento das diferenças salariais havidas entre as funções. Caso haja previsão legal ou em norma coletiva haverá o pagamento previsto em seus termos (adicional por acúmulo de função, por exemplo). Caso contrário, deverá o empregado comprovar o prejuízo indenizável e perceber reparação a ser fixada pelo juízo trabalhista.

Outra alteração contratual relevante é a que diz respeito à transferência do empregado. A regra geral básica é a do *caput* do artigo 469 da CLT:

> Art. 469 – Ao empregador é vedado transferir o empregado, sem a sua anuência, para localidade diversa da que resultar do contrato, não se considerando transferência a que não acarretar necessariamente a mudança do seu domicílio.

Nos termos da norma citada não haverá transferência se a alteração não impõe mudança de residência do trabalhador. A alteração de endereço de trabalho que não implique em mudança de residência não tem impacto contratual significativo, não trazendo prejuízos ao trabalhador, constando, portanto, do *jus variandi* ordinário.

Há alterações que interessam diretamente ao trabalhador empregado, sendo presumivelmente lícitas. Assim, nos casos de aquiescência do empregado em decorrência de um seu interesse profissional (promoção, por exemplo), presume-se lícita a transferência. Outra situação lícita é aquela em que há a aquiescência do empregado em decorrência de um seu interesse extracontratual.

A regra geral trabalhista é a impossibilidade da alteração contratual sem a concordância do empregado ou que lhe traga prejuízo. Entretanto, há casos específicos e excepcionais em que prevalecerá o direito do empregador, ou seja, seu *jus variandi*.

A ordem jurídica permite a alteração contratual de local de trabalho sem a aquiescência do trabalhador e em prejuízo de seus interesses pessoais e familiares, denominadas *remoções*. Há previsão celetista nos parágrafos 1º, 2º e 3º do artigo 469 da CLT:

> Art. 469 – Ao empregador é vedado transferir o empregado, sem a sua anuência, para localidade diversa da que resultar do contrato, não se considerando transferência a que não acarretar necessariamente a mudança do seu domicílio.

§ 1º – Não estão compreendidos na proibição deste artigo: os empregados que exerçam cargo de confiança e aqueles cujos contratos tenham como condição, implícita ou explícita, a transferência, quando esta decorra de real necessidade de serviço.

§ 2º – É lícita a transferência quando ocorrer extinção do estabelecimento em que trabalhar o empregado.

§ 3º – Em caso de necessidade de serviço o empregador poderá transferir o empregado para localidade diversa da que resultar do contrato, não obstante as restrições do artigo anterior, mas, nesse caso, ficará obrigado a um pagamento suplementar, nunca inferior a 25% (vinte e cinco por cento) dos salários que o empregado percebia naquela localidade, enquanto durar essa situação.

A remoção, como exposto, só é excepcionalmente permitida nos seguintes casos em síntese: a) extinção do estabelecimento: § 2º, 469, CLT; b) quando desempenha o trabalhador cargo de confiança: § 1º, 469, CLT; c) quando há expressa previsão contratual: § 1º, 469, CLT e, por fim, d) quando provisória e necessária: § 3º, 469, CLT.

A jurisprudência consolidada, coerentemente, fixa que em todos os casos acima destacados deve haver a comprovação, pelo empregador, da efetiva necessidade da alteração contratual, sob pena de sua invalidação. Neste sentido, a Súmula n. 43 do TST:

> SUM. 43 TRANSFERÊNCIA (mantida) – Res. 121/2003, DJ 19, 20 e 21.11.2003. Presume-se abusiva a transferência de que trata o § 1º do art. 469 da CLT, sem comprovação da necessidade do serviço.

Há fundada polêmica, por fim, no que concerne ao adicional de transferência.

Inicialmente cabe identificar o adicional de transferência como sendo valor pago pelo empregador ao empregado em decorrência do labor em circunstância gravosa decorrente da mudança de sua residência, sem que tenha havido seu direto e inequívoco interesse profissional ou extracontratual. Trata-se, portanto, de "salário-condição", que pode ser suprimido caso retorne o empregado à sua residência original.

A jurisprudência consolidada do TST, desta vez equivocadamente, ao meu sentir, fixa a necessidade de pagamento do adicional somente no caso de transferência provisória, como se infere da OJ 113 da SDI-1 do TST:

> OJ-SDI1-113. ADICIONAL DE TRANSFERÊNCIA. CARGO DE CONFIANÇA OU PREVISÃO CONTRATUAL DE TRANSFERÊNCIA. DEVIDO. DESDE QUE A TRANSFERÊNCIA SEJA PROVISÓRIA (inserida em 20.11.1997). O fato de o empregado exercer cargo de confiança ou a existência de previsão de transferência no contrato de trabalho não exclui o direito ao adicional. O pressuposto legal apto a legitimar a percepção do mencionado adicional é a transferência provisória.

Há ainda entendimento de que sempre será devido o adicional quando não houver comprovado interesse do empregado, vez que os adicionais são devidos quando há trabalho em circunstância gravosa. Não se nega que a mudança de residência por determinação do contrato de emprego traz, presumivelmente, gravame ao trabalhador, que independentemente da provisoriedade ou permanência da transferência deveria receber o adicional.

Não há dúvidas, entretanto, que compete ao empregador arcar com os ônus da transferência, nos termos do artigo 470 da CLT:

> Art. 470 – *As despesas resultantes da transferência correrão por conta do empregador.*

São intransferíveis os detentores de garantia de emprego, com destaque para os dirigentes sindicais, pois se assim não fosse poderia o empregador valer-se do expediente da alteração contratual de local de trabalho para forçar o trabalhador a se demitir.

Caso insista o empregador em transferir os detentores de garantia de emprego, tais trabalhadores podem se valer da regra legal do artigo 659, IX, para a tutela dos seus direitos:

> Art. 659 – *Competem privativamente aos Juízes do Trabalho, além das que lhes forem conferidas neste Título e das decorrentes de seu cargo, as seguintes atribuições:*
>
> (...)
>
> IX – *conceder medida liminar, até decisão final do processo, em reclamações trabalhistas que visem a tornar sem efeito transferência disciplinada pelos parágrafos do artigo 469 desta Consolidação.*

Enfim, deve o empregador se abster de promover alterações contratuais em prejuízo do empregado, excetuados poucos casos excepcionais, expressamente autorizados pela ordem jurídica.

Capítulo 8

Interrupção e Suspensão do Contrato de Emprego

1. Considerações iniciais
   - *ideia básica: sustação do trabalho*
   - *conceitos*
     - *suspensão: sustação ampliada e recíproca de efeitos contratuais*
     - *interrupção: sustação restrita e unilateral de efeitos contratuais*
2. Suspensão do contrato
   - *possibilidades*
     - *motivos alheios à vontade obreira*
   - *doença, após o 15º dia: CLT, 476*
   - *acidente de trabalho, após o 15º dia: CLT, 476*
     - *exceção: depósitos de FGTS*
   - *aposentadoria provisória por incapacidade: CLT, 475*
   - *encargo público obrigatório de longa duração: CLT, 472*
   - *prestação de serviço militar: CLT, 472*
     - *exceção: depósitos de FGTS*
   - *força maior*
     - *por vontade do trabalhador*

- *participação pacífica em greve*
- *encargo público não obrigatório: art. 472, CLT*
- *eleição para cargo de direção sindical: § 2º, art. 543, CLT*
- *eleição para cargo de direção de S.A.*
- *licença não remunerada concedida pelo empregador*
- *afastamento para qualificação profissional do obreiro (ACT ou CCT)*
  - por motivo ilícito atribuível ao empregado
- *suspensão disciplinar: art. 474, CLT*
- *suspensão para apuração de falta grave: art. 494, CLT*
- *efeitos jurídicos*
  - ampla sustação das recíprocas obrigações contratuais
  - vigência de cláusulas omissivas: CLT, art. 482, c, g e k
  - respeito à integridade física do obreiro art. 483, e e f
  - garantia de retorno à função anterior
  - inviabilidade de rescisão contratual injusta
  - possibilidade de rescisão por justa causa ou demissão

3. Interrupção do contrato
   - *possibilidades*
     - encargos públicos, via de curta duração
     - afastamento do trabalho por doença ou acidente, até 15 dias
     - descansos trabalhistas remunerados
     - licença-maternidade
     - aborto, nos termos do art. 395, CLT
     - licença remunerada concedida pelo empregador
     - interrupção das atividades empresarias nos termos do art. 61, § 3º
     - CLT art. 473
   - *efeitos jurídicos*
     - sustação das principais obrigações do empregado
     - garantia de retorno ao cargo ocupado
     - garantia dos patamares salariais da categoria: art. 471
     - inviabilidade da dispensa injusta
     - possibilidade de dispensa por justa causa e demissão

A suspensão e a interrupção do contrato de emprego pressupõem situações fáticas e jurídicas que ensejam a sustação da prestação laborativa pelo trabalhador.

Na suspensão do contrato há a sustação ampliada e recíproca dos efeitos principais do pacto laborativo, ou seja, não há trabalho e nem salário.[1]

Na interrupção do contrato há a sustação restrita e unilateral dos efeitos principais do pacto laborativo, ou seja, não há trabalho mas há salário.[2]

As possibilidades de suspensão do contrato podem ser decorrentes de motivos alheios à vontade obreira, decorrentes da vontade do trabalhador ou de motivo ilícito a ele atribuível, consoante doutrina do Prof. Mauricio Godinho Delgado.[3]

Os motivos alheios à vontade obreira e que podem ensejar a suspensão do contrato de emprego são os seguintes:

a) doença do trabalhador ou acidente que resulte em seu afastamento do trabalho por mais de 15 dias;

b) aposentadoria provisória por incapacidade laborativa;

c) encargo público obrigatório de longa duração, sendo o mais relevante a prestação de serviço militar obrigatório e

d) motivo de força maior que resulte em sustação do trabalho por longo tempo.

Os motivos decorrentes da vontade do trabalhador e que ensejam suspensão do contrato de emprego são os seguintes:

a) encargo público não obrigatório e de longa duração, como por exemplo mandato público;

b) eleição do empregado para exercer cargo de direção de S.A. ou de direção sindical;

c) licença não remunerada concedida pelo empregador a pedido do empregado e presente sua vontade extracontratual;

d) o afastamento para qualificação profissional, nos termos de ACT ou CCT;

e) bem como, consoante doutrina tradicional e jurisprudência majoritária, participação pacífica em greve.[4]

Por fim, há suspensão decorrente de motivo ilícito atribuível ao empregado. O primeiro caso é referente à suspensão disciplinar, que pressupõe pena aplicável pelo empregador ao empregado faltoso. O empregado é suspenso disciplinarmente

---

(1) DELGADO, Mauricio Godinho. *Curso de Direito do Trabalho*. São Paulo: LTr, 2011. p. 1006.

(2) *Ibidem*, p. 1006.

(3) *Ibidem*, p. 1006 e seguintes.

(4) Há tese recente no sentido de que o direito constitucional (fundamental) de greve não pode ser limitado por regra infraconstitucional, sendo que o "desconto dos dias parados" (suspensão do contrato) seria um instrumento patronal inconstitucional de limitar o exercício do movimento paredista.

por ato patronal, e, impossibilitado de trabalhar não recebe, consequentemente, a remuneração dos dias de ausência. Há, ainda, a suspensão do contrato para apuração de falta grave de dirigente sindical. O dirigente sindical, por ser detentor de garantia provisória (especial) de emprego, somente pode ser dispensado por justa causa se, previamente, houver inquérito judicial para apuração da falta imputada a ele pelo empregador. Tal medida tem por objetivo preservar o mandato de dirigente sindical contra abusos patronais. Assim, o empregador imputa ao empregado a conduta faltosa e submete sua pretensão rescisória ao Poder Judiciário. Enquanto há a tramitação do inquérito judicial para apuração da falta o contrato fica suspenso. O dirigente sindical não trabalha e não recebe salário. Caso se confirme em juízo a conduta faltosa, o contrato é rescindido com efeitos retroativos à data de início do processo. Caso contrário, o pacto empregatício retorna à condição anterior, sem o direito patronal à rescisão.

Conforme já antecipado, alguns efeitos jurídicos decorrem da suspensão do contrato de emprego, sendo o principal deles a ampla sustação recíproca das principais obrigações contratuais.

Embora o empregado se abstenha do trabalho no período de suspensão contratual, permanecem vigentes e exigíveis as cláusulas contratuais omissivas, com destaque para o respeito à integridade física, patrimonial e moral do empregador.[5] Pode, então, no curso da suspensão, haver rescisão contratual por justa causa obreira nos termos do artigo 482, alíneas *c*, *g* e *k*, por exemplo. É claro, também, que o empregador deve o mesmo respeito à integridade física e moral do empregado, podendo haver justa causa patronal nos termos do artigo 483, alíneas *e* e *f*.[6]

Há, ainda, garantia de retorno do trabalhador à sua função anteriormente desempenhada, com preservação dos patamares salariais próprios.

Por fim, ressalte-se que no curso da suspensão contratual é possível a justa causa, não é possível a dispensa (ato de vontade do empregador) e é possível a demissão (ato de vontade do trabalhador).

Conforme o que já foi anteriormente exposto, a interrupção do contrato de emprego acarreta a sustação da principal obrigação do trabalhador, que é a prestação laborativa, mantendo inalterada a obrigação patronal de pagar salários. Regra geral são situações de curto período.

As possibilidades de interrupção do contrato de emprego são as seguintes:

a) encargos públicos de curta duração; afastamento do trabalho por doença ou acidente nos primeiros 15 dias;
b) descansos trabalhistas remunerados;

---

(5) DELGADO, Mauricio Godinho. *Curso de Direito do Trabalho*. São Paulo: LTr, 2011. p. 1006 e seguintes.

(6) *Ibidem*, p. 1006 e seguintes.

c) aborto;

d) licença remunerada concedida pelo empregador e as ausências justificadas previstas na regra contida no artigo 473 da CLT.

Vale ressaltar que há polêmica doutrinária quanto à natureza da licença-maternidade, se é motivo ensejador de interrupção ou de suspensão do contrato de emprego. Fato é que cabe ao empregador celetista pagar inicialmente o valor do salário-maternidade (o que caracterizaria interrupção), que posteriormente é compensado junto ao INSS, que, enfim, é quem se incumbe pelo efetivo pagamento (o que caracterizaria suspensão). Como o valor é entregue pelo empregador ao empregado sem que haja trabalho, a maioria da doutrina caracteriza a licença-maternidade como período de interrupção do pacto laboratório.

O principal efeito jurídico decorrente da interrupção do contrato de emprego, como visto, é a sustação da obrigação principal do trabalhador, sem que o mesmo ocorra com a principal obrigação do empregador.

Embora o empregado se abstenha do trabalho no período de interrupção contratual, permanecem vigentes e exigíveis as cláusulas contratuais omissivas, com destaque para o respeito à integridade física, patrimonial e moral do empregador. Pode, então, no curso da interrupção, haver rescisão contratual por justa causa obreira nos termos do artigo 482, alíneas *c*, *g* e *k*, por exemplo. É claro, também, que o empregador deve o mesmo respeito à integridade física e moral do empregado, podendo haver justa causa patronal nos termos do artigo 483, alíneas *e* e *f*.[7] Cabe ao empregador, ainda, honrar seus compromissos remuneratórios no curso da interrupção.

Há, ainda, garantia de retorno do trabalhador à sua função anteriormente desempenhada, com preservação dos patamares salariais próprios.

Por fim, ressalte-se que no curso da interrupção contratual é possível a justa causa, não é possível a dispensa (ato de vontade do empregador) e é possível a demissão (ato de vontade do trabalhador).

---

(7) DELGADO, Mauricio Godinho. *Curso de Direito do Trabalho*. São Paulo: LTr, 2011. p. 1006 e seguintes.

Capítulo 9

Garantias Provisórias de Emprego

1. Ideia básica: contingenciamento da vontade patronal
2. Estabilidade
    - breve histórico
    - incompatibilidade com o FGTS: Súmula n. 98, inciso II, TST
3. Garantias (provisórias) de Emprego
    a) garantias constitucionais
        1) Dirigente sindical: art. 8º, VIII, CR; Súmula n. 379, TST
            - Constituição da República, artigo 8º, inciso VIII
            - efeito: Súmula n. 197, STF
            - inquérito: Súmula n. 379, TST
            - restrições
                - aviso prévio: Súmula n. 369, V, TST
                - formalidades: § 5º do artigo 543, CLT
                - extinção da empresa ou do estabelecimento
                    - Súmula n. 369, IV, TST
            - número de dirigentes
                - artigos 8º, VIII, CR e 522, CLT; Súmula n. 369, II, TST

- reintegração: artigo 659, X, CLT
- Súmula n. 369, TST
2) Dirigente da CIPA: art. 10, II, a, ADCT, CR
   - Súmula n. 339, TST
3) Gestante: art. 10, II, b, ADCT, CR
   - Súmula n. 244, TST
   b) garantias legais
   - Empregado acidentado: art. 118, Lei n. 8.213/2001
     - Súmula n. 378, TST
   - Membro de Comissão de Conciliação Prévia: art. 625-B, § 2º, CLT
   c) garantias advindas de ato empresarial ou contrato
   - compatibilidade com o FGTS: Súmula n. 98, inciso II, TST
     - exceção: empregador entidade pública
   d) impossibilidade de aviso prévio: Súmula n. 348, TST
4. Conseqüências da dispensa irregular
   - regra geral
     - reintegração e/ou indenização
   - exceção
   - membros da CIPA: dispensa sem justa causa, Súmula n. 339, TST
   - Súmula n. 396, TST
5. Garantias de Emprego x Contratos por tempo determinado
   - trabalhador acidentado
   - trabalhadora gestante

Historicamente o Direito do Trabalho brasileiro contemplou, até a década de 1960, a estabilidade no emprego como regra geral prevista na CLT, em seu artigo 492, hoje não mais aplicado na prática cotidiana dos contratos de trabalho.

> Art. 492 – O empregado que contar mais de 10 (dez) anos de serviço na mesma empresa não poderá ser despedido senão por motivo de falta grave ou circunstância de força maior, devidamente comprovadas.

O TST fixou o entendimento de que a "opção" do trabalhador pelo FGTS acarreta renúncia à estabilidade, o que poderia ocorrer até 1988 quando os dois sistemas coexistiram. Atualmente, no plano da admissão do trabalhador, vigora a regra do artigo 7º, inciso III, que garante aos trabalhadores empregados apenas o FGTS e não a estabilidade decenal.

Eis a Súmula n. 98 do TST, especificamente seu inciso II:

> SUM. 98 FGTS. INDENIZAÇÃO. EQUIVALÊNCIA. COMPATIBILIDADE (incorporada a Orientação Jurisprudencial n. 299 da SBDI-1) – Res. 129/2005, DJ 20, 22 e 25.04.2005
>
> (...)
>
> II – A estabilidade contratual ou a derivada de regulamento de empresa são compatíveis com o regime do FGTS. Diversamente ocorre com a estabilidade legal (decenal, art. 492 da CLT), que é renunciada com a opção pelo FGTS. (ex-OJ n. 299 da SBDI-1 – DJ 11.08.2003)

A ordem jurídica brasileira estabelece a garantia de emprego contra dispensa injusta como direito fundamental social do cidadão trabalhador, nos termos do artigo 7º, inciso I, da Constituição da República.

É possível, desde 1988, interpretar a regra constitucional citada como imediatamente aplicável à relação jurídica entre particulares, como é o caso de empregados e empregadores. Trata-se de eficácia plena, horizontal, dos direitos fundamentais, em perspectiva pós-positivista.

Por eficácia horizontal dos direitos fundamentais pode-se compreender, com Ingo Wolfgang Sarlet, a vinculação dos particulares (empregados e empregadores), em suas relações privadas, aos direitos fundamentais estabelecidos pela Constituição da República.

É possível entender que o empregador tem o dever de observar os direitos fundamentais do cidadão trabalhador, ainda que não expressos na específica legislação trabalhista infraconstitucional. Assim, a norma empresarial ou agir patronal que inobserve dever de proteção, expresso ou implícito, garantido na ordem constitucional vigente, deve ser reconhecido como ilícito.

Nesta perspectiva, que se espera possível no Brasil, os direitos fundamentais que se relacionam direta ou indiretamente com a proteção ao trabalho devem ser imediatamente aplicados às relações jurídicas de emprego, pois dotados de eficácia plena.

Infelizmente não é este o entendimento dos tribunais brasileiros sobre a regra do artigo 7º, inciso I, da Constituição da República.

Assim, é necessária a análise das garantias provisórias de emprego.

Extinta na prática a estabilidade decenal e não implementada a garantia constitucional de emprego do artigo 7º, somente há, para o Judiciário Trabalhista, garantias provisórias contra a dispensa injusta do trabalhador. Há, em síntese, pontual contingenciamento da vontade rescisória patronal, decorrente de situação fática e jurídica específica que garante a determinados trabalhadores, em determinados momentos, a proteção contra a dispensa injusta.

As garantias provisórias de emprego têm previsão constitucional, legal e decorrente de ato empresarial ou contrato.

Constitucionalmente não pode haver ruptura contratual sem justa causa nos casos dos dirigentes sindicais (CR, artigo 8º, inciso VIII), dos dirigentes de CIPA (CR, ADCT, artigo 10, inciso II, alínea *a*) e das trabalhadoras gestantes (CR, ADCT, artigo 10, inciso II, alínea *b*).

O dirigente sindical, obviamente, deve ter garantia de emprego contra dispensa sem justa causa para que possa livremente exercer a representação coletiva dos trabalhadores.

A garantia de emprego do dirigente sindical, também conhecida por *imunidade sindical* tem previsão constitucional na regra do artigo 8º, inciso VIII:

> Art. 8º *É livre a associação profissional ou sindical, observado o seguinte: (...) VIII – é vedada a dispensa do empregado sindicalizado a partir do registro da candidatura a cargo de direção ou representação sindical e, se eleito, ainda que suplente, até um ano após o final do mandato, salvo se cometer falta grave nos termos da lei.*

A garantia abrange, nos termos da norma constitucional, empregados sindicalizados desde o registro de sua candidatura, no curso de seu mandato e após um ano contado do fim da sua administração do ente coletivo, valendo a regra para titulares e, é claro, também para seus suplentes. Tal garantia pressupõe proibição de dispensa sem justa causa, sendo possível a dispensa por justa causa desde que apurada em ação judicial de inquérito, nos termos das Súmulas n. 197, STF e n. 379, TST:

> SÚMULA N. 197, STF. *O EMPREGADO COM REPRESENTAÇÃO SINDICAL SÓ PODE SER DESPEDIDO MEDIANTE INQUÉRITO EM QUE SE APURE FALTA GRAVE.*
>
> SUM. 379 DIRIGENTE SINDICAL. DESPEDIDA. FALTA GRAVE. INQUÉRITO JUDICIAL. NECESSIDADE *(conversão da Orientação Jurisprudencial n. 114 da SBDI-1) – Res. 129/2005, DJ 20, 22 e 25.04.2005. O dirigente sindical somente poderá ser dispensado por falta grave mediante a apuração em inquérito judicial, inteligência dos arts. 494 e 543, §3º, da CLT. (ex-OJ n. 114 da SBDI-1 – inserida em 20.11.1997).*

O TST infelizmente "cria" restrições ao exercício da garantia de emprego do dirigente sindical que não foram previstas pela Constituição da República, o que torna tais limitações eivadas de inconstitucionalidade, *data maxima venia*.

As restrições "jurisprudenciais" mais relevantes estão postas na Súmula n. 369 do TST, com destaque para as seguintes:

1) inicialmente a Súmula n. 369 do TST (inciso II) limita a 14 o número de dirigentes detentores de garantia de emprego, algo que a Constituição não fez, vez que tal medida fere o princípio, também constitucional, da autonomia sindical.

2) não prevalece a garantia de emprego se o registro da candidatura se dá após concessão de aviso prévio (Súmula n. 369, V, TST) em clara inobservância ao entendimento de que o aviso prévio integra o contrato de emprego para todos os efeitos. Trata-se, *data maxima venia*, de presunção de má-fé por parte do TST.

3) não prevalece a garantia constitucional de emprego caso inobservada a formalidade (comunicação) expressa no § 5º do artigo 543, CLT. Embora seja tal regra expressa na CLT, decidiu corretamente o Tribunal Regional do Trabalho da 3ª Região de modo diverso:

EMENTA: GARANTIA PROVISÓRIA DE EMPREGO DO DIRIGENTE SINDICAL. INOBSERVÂNCIA AO DISPOSTO NO ART. 543, § 5º DA CLT, QUANTO AO REGISTRO DA CANDIDATURA, COM POSTERIOR COMUNICAÇÃO, À EMPREGADORA, DA ELEIÇÃO E POSSE DO EMPREGADO. ESTABILIDADE QUE SE RECONHECE. A disposição inserida no § 5º do art. 543 da CLT soa peremptória ao se fazer dela interpretação meramente literal. Todavia, entendê-la como absolutamente impeditiva, em qualquer situação, à garantia de emprego, no caso de a empregadora não ser cientificada do registro da candidatura de seu empregado, é olvidar completamente a imperiosa interpretação teleológica e sistêmica que todo operador jurídico deve atribuir aos textos legais. Dúvida não há de que a finalidade precípua da referida comunicação é tornar o empregador ciente de que seu empregado ostenta a condição de candidato ou dirigente sindical, sendo, portanto, titular de garantia provisória no emprego, a teor dos arts. 543, caput da CLT, e 8º, VIII da CR/88. E, com efeito, a medida se justifica, uma vez que o empregador não participa das questões que envolvem a administração do sindicato de seus empregados. Entretanto, não parece razoável atribuir-se, à inobservância da referida formalidade, o condão de solapar inteiramente o direito à garantia de emprego prevista constitucionalmente, mormente no caso destes autos, em que a empregadora, embora não tenha tido ciência do registro da candidatura, teve, posteriormente, amplo conhecimento de que o autor foi eleito, e efetivamente tomou posse como dirigente do SINTICOMEX (fls. 26/27), vindo a proceder à dispensa anos após ter obtido tal ciência. O escopo da norma em apreço foi alcançado, não havendo, pois, que se cogitar da legalidade da dispensa perpetrada. Recurso ordinário ao qual se dá provimento, para deferir ao reclamante a indenização pelo período estabilitário, tendo em vista que já se exauriu o lapso da garantia de emprego. (TRT, 3ª Região, 10ª Turma, processo n. 0212600-37.2007.5.03.0092, relator Desembargador Márcio Salem Vidigal, publicação em 10.03.2010).

A formalidade excessiva foi mitigada pela TST, após alteração em sua Súmula n. 369, inciso I, que tem hoje a seguinte redação:

> *I – É assegurada a estabilidade provisória ao empregado dirigente sindical, ainda que a comunicação do registro da candidatura ou da eleição e da posse seja realizada fora do prazo previsto no art. 543, § 5º, da CLT, desde que a ciência ao empregador, por qualquer meio, ocorra na vigência do contrato de trabalho.*

4) não prevalece a garantia constitucional provisória de emprego em caso de extinção da empresa ou do estabelecimento na base territorial do sindicato (Súmula n. 369, IV, TST).

Eis o conteúdo da referida Súmula 369 do TST:

> *SUM. 369 DIRIGENTE SINDICAL. ESTABILIDADE PROVISÓRIA.*
>
> *I – É assegurada a estabilidade provisória ao empregado dirigente sindical, ainda que a comunicação do registro da candidatura ou da eleição e da posse seja realizada fora do prazo previsto no art. 543, § 5º, da CLT, desde que a ciência ao empregador, por qualquer meio, ocorra na vigência do contrato de trabalho.*
>
> *II – O art. 522 da CLT foi recepcionado pela Constituição Federal de 1988. Fica limitada, assim, a estabilidade a que alude o art. 543, § 3º, da CLT a sete dirigentes sindicais e igual número de suplentes.*
>
> *III – O empregado de categoria diferenciada eleito dirigente sindical só goza de estabilidade se exercer na empresa atividade pertinente à categoria profissional do sindicato para o qual foi eleito dirigente. (ex-OJ n. 145 da SBDI-1 – inserida em 27.11.1998)*
>
> *IV – Havendo extinção da atividade empresarial no âmbito da base territorial do sindicato, não há razão para subsistir a estabilidade. (ex-OJ n. 86 da SBDI-1 – inserida em 28.04.1997)*
>
> *V – O registro da candidatura do empregado a cargo de dirigente sindical durante o período de aviso prévio, ainda que indenizado, não lhe assegura a estabilidade, visto que inaplicável a regra do § 3º do art. 543 da Consolidação das Leis do Trabalho. (ex--OJ n. 35 da SBDI-1 – inserida em 14.03.1994).*

É claro, por fim, que se o trabalhador dirigente sindical detentor de garantia de emprego for dispensado injustamente por seu empregador deverá ser imediatamente reintegrado, nos termos do artigo 659, X, CLT.

A garantia provisória de emprego do dirigente da CIPA tem a mesma fundamentação daquela consagrada para o dirigente sindical. O trabalhador eleito para a Comissão Interna de Prevenção de Acidentes, dadas as suas atribuições, pode vir a ter embates com o empregador decorrentes de sua atuação na prevenção ou apuração de acidentes de trabalho, razão pela qual não pode ser dispensado por ato de vontade do empregador sem justo motivo.

A garantia de emprego do trabalhador eleito membro da CIPA tem previsão no Ato das Disposições Constitucionais Transitórias, em seu artigo 10, inciso II, alínea *a*:

Art. 10. Até que seja promulgada a lei complementar a que se refere o art. 7º, I, da Constituição:

(...)

II – fica vedada a dispensa arbitrária ou sem justa causa:

a) do empregado eleito para cargo de direção de comissões internas de prevenção de acidentes, desde o registro de sua candidatura até um ano após o final de seu mandato;

Ainda que não haja expressa previsão constitucional, por força da jurisprudência consolidada do TST o suplente de direção da CIPA também tem garantia de emprego.

A garantia de emprego do membro da CIPA não prevalece nos casos de extinção do estabelecimento, pois, nos termos da jurisprudência consolidada do TST, não subsistem motivos que justifiquem sua manutenção, vez que não mais haverá a possibilidade de acidentes de trabalho ou doenças profissionais no local em questão.

Eis a Súmula n. 339 do TST:

SUM. 339 CIPA. SUPLENTE. GARANTIA DE EMPREGO. CF/1988 (incorporadas as Orientações Jurisprudenciais n.s 25 e 329 da SBDI-1) – Res. 129/2005, DJ 20, 22 e 25.04.2005

I – O suplente da CIPA goza da garantia de emprego prevista no art. 10, II, "a", do ADCT a partir da promulgação da Constituição Federal de 1988. (ex-Súmula n. 339 – Res. 39/1994, DJ 22.12.1994 – e ex-OJ n. 25 da SBDI-1 – inserida em 29.03.1996)

II – A estabilidade provisória do cipeiro não constitui vantagem pessoal, mas garantia para as atividades dos membros da CIPA, que somente tem razão de ser quando em atividade a empresa. Extinto o estabelecimento, não se verifica a despedida arbitrária, sendo impossível a reintegração e indevida a indenização do período estabilitário. (ex-OJ n. 329 da SBDI-1 – DJ 09.12.2003).

Estabeleceu a Constituição da República, também por seu ADCT, garantia de emprego à trabalhadora gestante, medida de proteção não só à empregada, mas, também, ao seu filho que vai nascer, bem como ao mercado de trabalho da mulher.

A garantia de emprego da trabalhadora gestante tem previsão no Ato das Disposições Constitucionais Transitórias, em seu artigo 10, inciso II, alínea *b*:

Art. 10. Até que seja promulgada a lei complementar a que se refere o art. 7º, I, da Constituição:

(...)

II – fica vedada a dispensa arbitrária ou sem justa causa:

(...)

b) da empregada gestante, desde a confirmação da gravidez até cinco meses após o parto.

Há aqui um problema, visto por parte da doutrina e da jurisprudência, que diz respeito à interpretação do que seja *confirmação da gravidez*. Há quem entenda ser o marco inicial da garantia de emprego a concepção, enquanto outros entendem ser tal marco decorrente de constatação médica do estado gravídico.

O fato de o empregador e eventualmente a empregada desconhecerem a gestação em curso não afastará o direito à garantia de emprego, sendo devida a reintegração da trabalhadora ou a conversão desta em indenização substitutiva.

Nestes termos, a Súmula n. 244 do TST, em seu inciso I:

> SUM. 244 GESTANTE. ESTABILIDADE PROVISÓRIA *(incorporadas as Orientações Jurisprudenciais ns. 88 e 196 da SBDI-1) – Res. 129/2005, DJ 20, 22 e 25.04.2005.*
>
> *I – O desconhecimento do estado gravídico pelo empregador não afasta o direito ao pagamento da indenização decorrente da estabilidade (art. 10, II, b do ADCT). (ex-OJ n. 88 da SBDI-1 – DJ 16.04.2004 e republicada DJ 04.05.2004)*

Pode haver, ainda, indenização substitutiva da garantia de emprego nas situações fáticas em que a reintegração já não é devida, visto o decurso do prazo.

Nestes termos, a Súmula n. 244 do TST, em seu inciso II:

> SUM. 244 GESTANTE. ESTABILIDADE PROVISÓRIA *(incorporadas as Orientações Jurisprudenciais n.s 88 e 196 da SBDI-1) – Res. 129/2005, DJ 20, 22 e 25.04.2005*
>
> (...)
>
> *II – A garantia de emprego à gestante só autoriza a reintegração se esta se der durante o período de estabilidade. Do contrário, a garantia restringe-se aos salários e demais direitos correspondentes ao período de estabilidade. (ex-Súmula n. 244 – alterada pela Res. 121/2003, DJ 21.11.2003)*

Entendo particularmente que a trabalhadora deverá ajuizar ação trabalhista tão-logo tome conhecimento de seu estado gravídico, desde que a concepção tenha se dado com o contrato em curso, sob pena de não fazer jus à reintegração e nem mesmo à indenização substitutiva. A proteção é ao emprego, devendo a trabalhadora requerer reintegração em tempo hábil e não salários.

A jurisprudência, conforme acima transcrito, parece se posicionar em sentido contrário, para garantir o direito à indenização substitutiva da garantia de emprego gestante mesmo nos casos em que o empregador somente é comunicado da gravidez após o término do prazo de garantia.

Os empregados acidentados que fiquem afastados de suas funções por mais de 15 dias também são detentores de garantia provisória de emprego, nos termos do artigo 118 da Lei n. 8.213/1991:

> *Art. 118. O segurado que sofreu acidente do trabalho tem garantida, pelo prazo mínimo de doze meses, a manutenção do seu contrato de trabalho na empresa, após a cessação do auxílio-doença acidentário, independentemente de percepção de auxílio-acidente.*

O direito se estende também aos empregados afastados do trabalho por mais de 15 dias em decorrência de doença profissional, que se equipara para todos os efeitos ao acidente de trabalho.

Tal garantia de emprego é relevante para evitar perseguições patronais contra trabalhadores acidentados e para que estes possam demonstrar, no curso do ano de garantia, sua aptidão para suas tarefas contratuais.

O TST consolidou sua jurisprudência sobre a matéria, em sua Súmula 378:

> SUM. 378 ESTABILIDADE PROVISÓRIA. ACIDENTE DO TRABALHO. ART. 118 DA LEI N. 8.213/1991. CONSTITUCIONALIDADE. PRESSUPOSTOS (conversão das Orientações Jurisprudenciais ns. 105 e 230 da SBDI-1) – Res. 129/2005, DJ 20, 22 e 25.04.2005
>
> I – É constitucional o artigo 118 da Lei n. 8.213/1991 que assegura o direito à estabilidade provisória por período de 12 meses após a cessação do auxílio-doença ao empregado acidentado. (ex-OJ n. 105 da SBDI-1 – inserida em 01.10.1997)
>
> II – São pressupostos para a concessão da estabilidade o afastamento superior a 15 dias e a conseqüente percepção do auxílio-doença acidentário, salvo se constatada, após a despedida, doença profissional que guarde relação de causalidade com a execução do contrato de emprego. (primeira parte – ex-OJ n. 230 da SB-DI-1 – inserida em 20.06.2001)
>
> III – O empregado submetido a contrato de trabalho por tempo determinado goza da garantia provisória de emprego, decorrente de acidente de trabalho, prevista no art. 118 da Lei n. 8.213/1991.

Entendo aplicável a garantia provisória de emprego mesmo não tendo havido a percepção do auxílio-doença acidentário, caso demonstre o trabalhador a culpa patronal pelo não recebimento do benefício previdenciário (caso de contrato de emprego informal, por exemplo).

É vedada a dispensa dos representantes dos empregados membros da Comissão de Conciliação Prévia, titulares e suplentes, até um ano após o final do mandato, salvo se cometerem falta caracterizada como justa causa, nos termos do artigo 625-B, § 1º, da CLT.

Embora não seja algo comum na prática juslaboral, a garantia provisória de emprego pode advir de ato empresarial ou contrato bilateral firmado entre empregado e empregador.

A garantia decorrente de ato empresarial pode ser prevista em regulamentos de empresa, norma interna ou outro instrumento de exteriorização do poder empregatício, sendo ato de liberalidade que integra o contrato de emprego e não pode ser posteriormente suprimido em prejuízo dos trabalhadores (CLT, artigo 468).

O contrato bilateral firmado entre empregado e empregador também pode fixar garantia provisória de emprego, havendo neste caso também cláusula assegurada pelo princípio da inalterabilidade contratual lesiva.

Podem os entes coletivos (sindicatos e empregadores) autonomamente criar norma jurídica negociada (ACT ou CCT) que consagre garantia provisória de emprego que deve integrar os contratos individuais de trabalho, observada sua aderência limitada por revogação.

Obviamente é inválida a concessão do aviso prévio na fluência da garantia de emprego, ante a incompatibilidade dos dois institutos, nos termos da Súmula 348 do TST:

> SUM. 348 AVISO PRÉVIO. CONCESSÃO NA FLUÊNCIA DA GARANTIA DE EMPREGO. INVALIDADE (mantida) – Res. 121/2003, DJ 19, 20 e 21.11.2003
>
> É inválida a concessão do aviso prévio na fluência da garantia de emprego, ante a incompatibilidade dos dois institutos.

A dispensa irregular, ou seja, a ruptura contratual no curso da garantia de emprego ensejará a imediata reintegração do trabalhador (sobretudo dirigente sindical ou membro da CIPA) ou, não sendo esta possível ou recomendável a critério do Juiz do Trabalho, haverá sua conversão em indenização, com o pagamento dos valores que seriam devidos pelo empregador no curso da referida garantia.

Sempre entendi, particularmente, ainda que com ressalva da doutrina e jurisprudência em sentido contrário, que em qualquer contrato de trabalho é possível a ocorrência de garantia provisória de emprego. Assim, desde 1988 há garantia de emprego também nos contratos por tempo determinado. Os motivos ensejadores de garantia de emprego (dirigente sindical, dirigente de CIPA, trabalhador acidentado e trabalhadora gestante) consagram valorização social do trabalho e são importantes para a inserção civilizada do empregado no mercado, não podendo cláusula contratual, súmula de jurisprudência ou norma infraconstitucional afastar sua incidência.

A doutrina majoritária e a jurisprudência se posicionaram em sentido diverso até setembro de 2012, reconhecendo garantia de emprego apenas nos contratos por tempo indeterminado. A justificativa era no sentido de que nos contratos a termo não há dispensa, mas, sim, término natural do contrato, o que não seria vedado pela ordem jurídica interna.

O Professor Mauricio Godinho Delgado desde antes de setembro de 2012 reconhecia a possibilidade de garantia de emprego nos contratos a termo decorrente de acidente de trabalho, de doença profissional e de gravidez, conforme leciona:

> As causas suspensivas do contrato podem atuar, no máximo, como fatores de prorrogação do vencimento do respectivo pacto empregatício, estendendo seu termo final à data do retorno do obreiro ao serviço, sempre sem prevalência de qualquer das garantias de emprego legalmente tipificadas – conforme já estudado.
>
> Pode-se falar na existência de uma única exceção a essa regra geral celetista (art. 472, parágrafo 2º, CLT) a derivada dos afastamentos por acidente de trabalho (ou doença profissional, é claro).

De fato, aqui, a causa do afastamento integra a essência sociojurídica de tal situação trabalhista, já que se trata de suspensão provocada por malefício sofrido pelo trabalhador em decorrência de fatores situados fundamentalmente sob o ônus e risco empresariais. Ora, sabe-se que o no Direito a causa somente afeta de modo substantivo as regras e efeitos do ato caso seja tida como fator determinante de sua ocorrência (art. 90, CCB/1916; art. 140, CCB/2002); na presente situação suspensiva, a causa do afastamento do obreiro é, inegavelmente, fator determinante da regência e efeitos normativos especiais resultantes da ordem jurídica.[1]

Durante muito tempo o posicionamento acima destacado (especificamente no que concerne à garantia de emprego do trabalhador acidentado no curso de um pacto a termo) foi minoritário, não encontrando respaldo jurisprudencial. Recentemente, felizmente, tal possibilidade veio sendo reconhecida pela maioria das turmas do TST, em clara evolução jurisprudencial provocada pela melhor doutrina, o que ensejou a inclusão do inciso III da Súmula n. 378 do TST:

> III – O empregado submetido a contrato de trabalho por tempo determinado goza da garantia provisória de emprego, decorrente de acidente de trabalho, prevista no art. 118 da Lei n. 8.213/1991.

Tal perspectiva, de avanço doutrinário que enseja mudança jurisprudencial se deu, também, com relação à trabalhadora gestante contratada por tempo determinado, como destaca o Ministro Mauricio Godinho Delgado:

> Essa garantia, dotada de força constitucional, ultrapassa o âmbito do interesse estrito da empregada grávida, por ter manifestos fins de saúde e assistência social não somente com respeito à própria mãe trabalhadora como também em face de sua gestação e da criança recém-nascida.
>
> Havendo, desse modo, evidente interesse público com vista às proteções à mãe trabalhadora, sua gestação e parto, além do período inicial da maternidade, interesse público que se estende também à criança nascitura, ganha destaque a garantia constitucional, afastando o óbice criado pela Consolidação das Leis do Trabalho com respeito aos contratos a termo (art. 472, parágrafo 2º, CLT).[2]

Recebe destaque na ordem justrabalhista pátria a necessária proteção à maternidade, com destaque para a garantia de emprego para todas as trabalhadoras empregadas gestantes, nos termos da norma contida no Ato das Disposições Constitucionais Transitórias, da Constituição da República, artigo 10, inciso II, alínea b.

> Art. 10. Até que seja promulgada a lei complementar a que se refere o art. 7º, I, da Constituição:

---

(1) DELGADO, Mauricio Godinho. *Curso de Direito do Trabalho*. 10. ed. São Paulo: LTr, 2011. p. 526-527.

(2) *Ibidem*, 11. ed. São Paulo: LTr, 2012. p. 547.

(...)

II – fica vedada a dispensa arbitrária ou sem justa causa:

(...)

b) da empregada gestante, desde a confirmação da gravidez até cinco meses após o parto.

Sempre defendi a tese jurídica de que a garantia de emprego gestante se estende a toda e qualquer trabalhadora empregada, independentemente da modalidade contratual escolhida por seu empregador, devendo ser observada inclusive nos contratos por tempo determinado. Felizmente a melhor doutrina é, hoje, neste sentido, tendo até mesmo a jurisprudência consolidada do TST, finalmente, percebido a preponderância da proteção social à trabalhadora e ao nascituro.

Desde 14 de setembro de 2012, então, este é também o entendimento consoldiado no Tribunal Superior do Trabalho, força da nova redação do inciso III de sua Súmula n. 244:

III – A empregada gestante tem direito à estabilidade provisória prevista no art. 10, inciso II, alínea b, do ADCT, mesmo na hipótese de admissão mediante contrato por tempo determinado.

Interessante notar que a mudança interpretativa do TST sobre o tema em questão (garantia de emprego gestante nos contartos a termo) se deu sem que houvesse qualquer alteração legislativa, tendo bastado a evolução doutrinária para que se compreendesse, finalmente, o óbvio da constução constitucional sobre o tema. Mais interessante ainda é notar que os mesmos juízes de primeiro e segundo graus de jurisdição que, até 13.09.2012 insistiam em não compreender o alcance constitucional mais amplo do direito, passaram, como por "mágica", a entender o sistema justrabalhista pátrio, dada a nova redação da Súmula 244 do TST... Antes tarde do que mais tarde!

Por fim cabe destacar novamente que os trabalhadores brasileiros, por direito e justiça, aguardam a correta interpretação da regra constitucoinal do artigo 7º, inciso I, da Constituição da Repvigência na ordem interna da Convenção n. 158 da OIT, para que não haja garantia de emprego como exceção pontual, mas, sim, como regra geral.

Capítulo 10

Término do Contrato de Emprego

1. *O contrato de emprego e sua cessação: noções gerais*
    - *Constituição da República, artigo 7º, inciso I*
    - *Convenção n. 158 da OIT*
    - *Limitações à dispensa coletiva: "o caso Embraer"*
        - TST-RODC 309/2009-000-15-00.4. Relator Ministro Mauricio Godinho Delgado
    - *O "novo" Aviso Prévio: Lei n. 12.506/2011*
2. *Extinção do contrato por decisão do Empregador*
    2.1) dispensa sem justa causa
        - declaração unilateral
        - direito potestativo
        - caráter individual
        - possibilidades
            a) dispensa juridicamente desmotivada
            b) dispensa motivada por fatores tecnológicos, econômicos, estruturais
            c) PDIs e PDVs
        - OJ 207, SDI, TST
        - direitos rescisórios

- *Aviso prévio, trabalhado ou indenizado*
- *Valor referente às férias (proporcionais e vencidas, se houver), acrescidas de 1/3 constitucional*
- *13º salário*
- *Liberação de F.G.T.S. + 40%*
- *Entrega de guias CD/SD*

2.2) *dispensa por justa causa: art. 482, CLT*
   - *ruptura por ato culposo do empregado*
   - *direito potestativo*
   - *caráter individual*
   - *critérios de aplicação da justa causa (requisitos ou limites)*
      1) *objetivos: referentes à caracterização da conduta obreira*
         - *tipicidade da conduta*
         - *natureza trabalhista (contratual) da falta*
         - *gravidade da falta*
      2) *subjetivos*
         - *autoria*
         - *culpa ou dolo*
      3) *circunstanciais*
         - *nexo causal entre a falta e a pena*
         - *proporcionalidade entre a falta e a pena*
         - *imediaticidade da punição/ausência de perdão*
         - *inalteração da punição* (in pejus)
         - *ausência de discriminação*
         - *caráter pedagógico/gradação das penas (se possível)*
         - *singularidade da punição* (non bis in idem)
   - *direitos rescisórios*
      - *Valor referente ás férias vencidas, se houver, acrescidas de 1/3 constitucional. Proporcionais: Súmula n. 171, TST*
      - *Liberação de T.R.C.T. para posterior recebimento de FGTS (que fica retido, inicialmente)*
   - *presunção de inocência, contraditório, ampla defesa*

3. Extinção do contrato por decisão do Empregado
   3.1) *demissão*
      - *declaração unilateral*
      - *direito potestativo*

- caráter individual
- direitos rescisórios
  - Valor referente às férias (proporcionais – Súmula n. 261, TST – e vencidas, se houver) acrescidas de 1/3 constitucional. Súmula n. 171, TST.
  - 13º salário: Súmula n. 157, TST
  - Liberação de T.R.C.T. para posterior recebimento de FGTS (que fica retido, inicialmente)

Obs.: O empregado deve dar aviso prévio (ou indenizar) ao empregador

3.2) rescisão indireta do contrato de emprego (justa causa)
- ruptura por ato culposo do empregador
- direito decorrente de decisão judicial
- caráter individual
- critérios de aplicação da justa causa (requisitos ou limites)
  1) objetivos: referentes à caracterização da conduta obreira
     - tipicidade da conduta
     - natureza trabalhista (contratual) da falta
     - gravidade da falta
       - depósitos de FGTS
  2) subjetivos
     - autoria
     - culpa ou dolo
  3) circunstanciais
     - nexo causal entre a falta e a pena
     - proporcionalidade entre a falta e a pena
     - imediaticidade da punição/ausência de perdão (modulado)
- rol principal: CLT, artigo 483
- direitos rescisórios: idênticos aos da dispensa injusta

4. Extinção do contrato por desaparecimento do(s) sujeito(s)
   a) morte do empregado
      - direitos rescisórios
        - 13º salário
        - Valor referente às férias (proporcionais e vencidas, se houver), acrescidas de 1/3 constitucional
        - Liberação de F.G.T.S
   b) morte ou desaparecimento (extinção) do empregador
      - regra geral: CLT, artigos 10 e 448
      - direitos rescisórios: regra geral os mesmos da dispensa injusta

5. Extinção do contrato por decurso de prazo (contratos a termo)
   a) ao final do prazo
      – direitos: 13º salário, valor referente às férias + 1/3, FGTS (liberação dos depósitos, garantida a integralidade)
   b) rescisão antecipada pelo empregador
      – direitos: 13º salário, valor referente às férias + 1/3, FGTS (liberação dos depósitos, garantida a integralidade), indenização do artigo 479, CLT
      – controvérsia
         • 40% FGTS (Decreto n. 99.684/1990, artigos 14 e 9º, §§ 1º e 2º)
         • aviso prévio
   c) rescisão antecipada pelo empregado
      – direitos: 13º salário, valor referente às férias + 1/3 (Súmula n. 261, TST)
      – dever: indenização do art. 480, c/c art. 479, CLT
   d) contratos com cláusula possibilitadora de rescisão antecipada
      – direitos: art. 481, CLT: os mesmos da dispensa injusta
6. Extinção do contrato por culpa recíproca
   – decisão judicial de culpa concorrente
   – direitos rescisórios: FGTS + 20%; 50% de férias + 1/3; 50% de 13º salário; 50% de aviso prévio indenizado (Súmula n. 14, TST)

É óbvio que todo contrato de emprego um dia termina. Infelizmente, no Brasil, este dia do final pode decorrer de simples decisão do empregador, sem que cada posto de trabalho seja suficientemente protegido. Embora haja princípios elementares que informam a aplicação da regra jurídica de Direito do Trabalho, não há, nos termos da jurisprudência, relação de emprego protegida contra dispensa arbitrária ou sem justa causa, não obstante o comando constitucional do artigo 7º, inciso I.

O Estado brasileiro denunciou, após ter ratificado e internalizado, a Convenção 158 da OIT (Organização Internacional do Trabalho), que garantiria, segundo a jurisprudência dos tribunais superiores, a efetividade ao direito fundamental constitucional do artigo 7º, inciso I. Andréa Vasconcellos, em sua obra "Dispensa Imotivada: análise à luz da Convenção 158 da Organização Internacional do Trabalho", esclarece:

> O Governo brasileiro ratificou a referida Convenção em 5 de janeiro de 1995, tendo sua vigência iniciado em 5 de janeiro de 1996. No entanto, o Decreto Legislativo n. 68, de 16 de setembro de 1992, e o Decreto Presidencial n. 1.855, de 10 de abril de 1996, que, respectivamente, aprovaram e promulgaram a Convenção n. 158 da OIT, foram objeto da Ação Direta de Inconstitucionalidade (ADIN n. 1480-3/DF), impetrada pela Confederação Nacional do Transporte (CNT) e pela Confederação Nacional da Indústria (CNI), sustentando conflito com o art. 7º, inciso I, da Constituição Federal.
>
> Em 20 de dezembro de 1996, por meio do Decreto Presidencial n. 2.100, o Poder Executivo tornou pública a denúncia do instrumento na sede da OIT, em Genebra, dando fim à vigência da Convenção 158 a partir de 20 de novembro de 1997.

A Convenção n. 158 da OIT garante proteção do empregado contra dispensa injustificada, exigindo, para a validade da intenção rescisória patronal um de quatro motivos: *tecnológico, econômico, estrutural* ou relacionado a um *agir faltoso* do empregado (justa causa), ou ainda, um de quatro: *técnico, econômico, financeiro* ou *justa causa*.

Entendo particularmente que é possível a aplicação imediata do direito fundamental preconizado na regra constitucional do artigo 7º inciso I independentemente de sua regulamentação infraconstitucional ou da restauração do texto da Convenção n. 158 da OIT. É possível entender a eficácia horizontal do citado direito fundamental.

Por eficácia horizontal dos direitos fundamentais pode-se compreender, com Ingo Wolfgang Sarlet, a vinculação dos particulares (no nosso caso empregados e empregadores), em suas relações privadas, aos direitos fundamentais estabelecidos pela Constituição da República.

É possível entender que o empregador tem o dever de observar os direitos fundamentais do cidadão trabalhador, ainda que não expressos na específica legislação trabalhista. Assim, a norma empresarial ou agir patronal que inobserve dever de proteção, expresso ou implícito, garantido na ordem constitucional vigente, deve ser reconhecido como ilícito. Assim, seria ilícita a dispensa injustificada do empregado, por descumprimento do preceito fundamental do artigo 7º inciso I da Constituição da República.

Nesta perspectiva, que se espera possível no Brasil, os direitos fundamentais que se relacionam direta ou indiretamente com a proteção ao trabalho devem ser imediatamente aplicados às relações jurídicas de emprego, pois dotados de eficácia plena.

É urgente que todos aqueles que lidam com o Direito do Trabalho (empregadores, empregados, sindicalistas, advogados, juízes, auditores fiscais e membros do MPT) percebam a preponderância do texto constitucional sobre a CLT e, principalmente, sobre as súmulas de jurisprudência do TST.

A prática cotidiana das relações de emprego, muitas vezes validada equivocadamente pela Justiça do Trabalho, revela um desconhecimento da relevância do texto constitucional em um Estado Democrático de Direito. Há quem sustente, infelizmente, que princípios constitucionais e direitos fundamentais trabalhistas são apenas construções teóricas e acadêmicas, que não são passíveis de realização no mundo dos fatos sem regra infraconstitucional específica.

No que concerne às dispensas coletivas, vigora no país desde o emblemático e paradigmático "Caso Embraer" o entendimento no sentido de que tal medida deve ser antecedida de negociação coletiva, com a plena participação do sindicato dos trabalhadores, nos termos da regra constitucional do artigo 8º, incisos III e VI. A decisão foi proferida no processo TST-RODC 309/2009-000-15-00.4, que teve como relator o Ministro Mauricio Godinho Delgado.

Cediço que a parte que pretende rescindir um contrato por tempo indeterminado deve avisar à outra parte com antecedência (aviso prévio). A CLT traz previsão de um aviso prévio de 30 dias, embora desde 1988 haja regra constitucional que garante a proporcionalidade do aviso (artigo 7º, inciso XXI).

Após mais de 20 anos de injusta e injustificada espera, teve o trabalhador brasileiro consolidado o seu direito constitucional ao aviso prévio proporcional. O Congresso Nacional formulou e aprovou, bem como a Presidenta da República sancionou no dia 11 de outubro a Lei n. 12.506/2011, que embora não seja um primor de técnica legislativa, consagra o que o texto constitucional preconiza desde 1988.

Não faltam vozes, agora, para criticar o Congresso e a Presidenta pela implementação de tal medida, ainda que tardia, do direito fundamental ao aviso prévio proporcional. Dizem que haverá aumento dos custos do empregador, "fechamento de empresas", desemprego, informalidade, alta rotatividade de mão de obra e tantas outras previsões catastróficas. Pura falácia, entretanto!

Há ainda outros que indicam a indenização do aviso prévio, posto que seu cumprimento poderia ensejar atentados aos interesses do empregador, vez que o empregado já teria poucas perspectivas naquele contrato. Trata-se, é claro, de presunção de má-fé, inadmissível no ordenamento brasileiro e incompatível com o atual desenvolvimento ético, moral e intelectual do cidadão trabalhador (presunção de boa-fé).

A lei sancionada é muito simples e justa: quanto maior a duração do contrato por tempo indeterminado, maior será o período do aviso prévio. Não há, imediatamente, que se falar em aumento de custos, mas, sim, do prazo que deverá ser observado entre a comunicação da intenção rescisória e a data da efetiva rescisão contratual. Vale lembrar que o aviso prévio, como o nome indica, é apenas o ato de comunicação formal da resilição por uma das partes contratantes (empregado ou empregador).

Assim, nos termos da lei nova que implementa direito antigo, o empregado com 1 ano de serviço continuará tendo 30 dias de aviso prévio. A partir de tal marco serão acrescidos 3 dias no período do aviso para cada ano de contrato. Assim, com 2 anos, 33 dias; com 3 anos, 36 dias, e sucessivamente até o prazo máximo de 90 dias. Medida simples e de equidade.

O Prof. Mauricio Godinho Delgado entende que já no primeiro ano de contrato haverá o acréscimo de 3 dias, com o seguinte fundamento:

> Quer isso dizer que o trabalhador que complete um ano de serviço na entidade empregadora terá direito ao aviso de 30 dias, mais três dias em face da proporcionalidade. A cada ano subsequente, desponta acréscimo de mais três dias. Desse modo, completado o segundo ano de serviço na empresa, terá 30 dias de aviso-prévio, mais seis dias, a título de proporcionalidade da figura jurídica, e assim sucessivamente. No 20º ano de serviço na mesma entidade empregadora, terá direito a 30 dias de aviso-prévio normal, mais 60 dias a título de proporcionalidade do instituto.[1]

O período do aviso prévio é importante para que o trabalhador possa, ainda no curso de seu contrato de emprego, buscar outra ocupação, vez que já sabe, de antemão, que seu pacto será rescindido pelo empregador. É justo e equânime, além de constitucional, que o aviso prévio seja proporcional ao tempo de serviço: quanto maior a duração do contrato de emprego, maior será o prazo do aviso prévio.

Não desconheço a já citada tese patronal de que o aviso prévio não deve ser concedido ao empregado, mas, sim, indenizado pelo empregador. No caso de tal escolha, caberá ao empregador indenizar os dias que seriam destinados ao referido aviso prévio, na proporção fixada na Lei n. 12.506/2011.

Remanescem alguns outros aspectos polêmicos sobre a nova lei do Aviso Prévio e que deverão ensejar regulamentação pelo Ministério do Trabalho e Emprego ou pela via de Projeto de Lei de iniciativa do Poder Executivo, que deverá normatizar a retroação aos contratos findos, sua proporcionalidade casuística,

---

(1) DELGADO, Mauricio Godinho. *Curso de Direito do Trabalho*. 11. ed. São Paulo: LTr, 2012. p. 1202.

seu cumprimento parcial, a necessária redução de jornada ou de disponibilidade semanal de trabalho, além dos efeitos da lei nova nos casos de demissão (ruptura do contrato por iniciativa do empregado).

Inicialmente destaco entendimento no sentido de que excepcionalmente os efeitos da lei nova retroagem aos contratos antigos findos antes de sua publicação. Neste sentido o Supremo Tribunal Federal, em julgamento recente e que forçou o Congresso Nacional à edição da norma, reconheceu o direito à proporcionalidade do aviso prévio a quatro ex-empregados da Vale, do que resulta a extensão do mesmo direito aos demais empregados. Ademais, a regra constitucional do artigo 7º, inciso XXI é de 1988 e, por se tratar de direito fundamental, já deveria ter aplicação imediata e eficácia horizontal independentemente de regra infraconstitucional.

É possível entender que o empregador tem o dever de observar os direitos fundamentais do cidadão trabalhador, ainda que não expressos na específica legislação trabalhista. Assim, desde 1988 é direito fundamental dos trabalhadores a proporcionalidade do aviso prévio, devendo aqueles que foram dispensados antes da publicação da Lei n. 12.506/2011 buscar em juízo os efeitos da nova lei.

Não é este, entretanto, o entendimento do TST, consolidado em sua Súmula n. 441:

> SÚM. 441. AVISO PRÉVIO. PROPORCIONALIDADE – Res. 185/2012, DEJT divulgado em 25, 26 e 27.09.2012. O direito ao aviso prévio proporcional ao tempo de serviço somente é assegurado nas rescisões de contrato de trabalho ocorridas a partir da publicação da Lei n. 12.506, em 13 de outubro de 2011.

Por outro lado e independente de regulamentação da nova lei, penso que deve haver o que denomino inicialmente de *proporcionalidade casuística*. A pergunta que vem sendo feita é a seguinte: um empregado dispensado após 1 ano e 10 meses de contrato de emprego, por exemplo, deve ter 30 ou 33 dias de aviso prévio? Embora não haja previsão legal para tanto, com base no princípio da norma mais favorável, entendo que deve haver 1 dia a mais de aviso prévio para cada 4 meses de trabalho, em interpretação da regra legal que dispõe que serão acrescidos 3 dias no período do aviso para cada ano de contrato. Assim, um contrato que teve duração de 1 ano e 10 meses deverá ensejar 32 dias de aviso prévio, e não apenas 30 dias.

Tal não é, entretanto, o entendimento esposado pelo Prof. Mauricio Godinho Delgado:

> "A lei não prevê modulação na contagem da proporcionalidade, razão pela qual não cabe agregar mais essa vantagem, mediante simples esforço interpretativo."[2]

---

[2] DELGADO, Mauricio Godinho. *Curso de Direito do Trabalho*. 11. ed. São Paulo: LTr, 2012. p. 1202.

Entendo, também, na ausência de regulamentação da lei nova e novamente com base em princípios de direito do trabalho (proteção e norma mais favorável) que não pode o empregador indenizar parte do aviso e determinar o cumprimento da outra parte. Assim, não pode o empregador indenizar 30 dias e determinar o cumprimento de outros 30, por exemplo. Ou o aviso prévio será integralmente cumprido ou integralmente indenizado.

Entendo que se aplica ainda a regra do artigo 488 da CLT, no sentido de que em caso de resilição por vontade do empregador o horário normal de trabalho do empregado, durante o prazo do aviso, será reduzido de 2 horas diárias, sem prejuízo do salário integral, independentemente de quantos forem os dias destinados ao seu cumprimento. Deve permanecer íntegra a opção do empregado em trabalhar sem a redução das 2 horas diárias previstas no artigo 488 da CLT, caso em que poderá faltar ao serviço, sem prejuízo do salário integral, por 7 dias corridos a cada 30 dias de aviso prévio. Aqui também poderá (deverá) haver proporcionalidade casuística.

Com relação aos casos de ruptura contratual por iniciativa do empregado (demissão), entendo que o limite do aviso prévio continua sendo de 30 dias. O direito ao aviso prévio proporcional está inserido dentre os direitos constitucionais dos trabalhadores (e não dos empregadores) no artigo 7º da Carta da República. A lei nova normatiza direito constitucional do empregado e sua redação permite inferir que não consagra a proporcionalidade em favor do empregador, como segue:

> Art. 1º O aviso prévio, de que trata o Capítulo VI do Título IV da Consolidação das Leis do Trabalho – CLT, aprovada pelo Decreto-Lei n. 5.452, de 1o de maio de 1943, será concedido na proporção de 30 (trinta) dias aos empregados que contem até 1 (um) ano de serviço na mesma empresa. Parágrafo único. Ao aviso prévio previsto neste artigo serão acrescidos 3 (três) dias por ano de serviço prestado na mesma empresa, até o máximo de 60 (sessenta) dias, perfazendo um total de até 90 (noventa) dias.

O legislador, portanto, referenciou e enfatizou apenas o empregado como destinatário do direito em foco.

A pergunta que se faz cotidianamente, entretanto, é: tem também o empregador o direito de receber de empregado que se demite o aviso prévio proporcional? Não se discute que o empregado que se demite deve avisar previamente ao empregador sua decisão, consoante regra fixada no parágrafo 2º do artigo 487 da CLT. A polêmica reside, então, na proporcionalidade trazida pela Lei n. 12.506/2011. Qual será o prazo do aviso prévio dado pelo empregado?

A doutrina se divide: há entendimento (minoritário) no sentido de que o trabalhador deve respeitar a regra da proporcionalidade quando se demite e, em outra concepção, há quem entenda ser tal direito restrito ao empregado que é dispensado.

Os defensores da reciprocidade na proporcionalidade do aviso prévio fundamentam seus argumentos basicamente no texto celetista, de 1943, que determina que a parte que pretende rescindir o contrato deve avisar previamente à outra, e que a falta de aviso prévio por parte do empregado dá ao empregador o direito de descontar os *salários correspondentes ao prazo respectivo* (artigo 489 *caput* e parágrafo 2º).

Argumentam que se houve alteração no prazo, tal regra nova incidiu sobre o *caput* do artigo 489 celetista ("Não havendo prazo estipulado, a parte que, sem justo motivo, quiser rescindir o contrato deverá avisar a outra da sua resolução com a antecedência mínima de: II – trinta dias aos que perceberem por quinzena ou mês, ou que tenham mais de 12 (doze) meses de serviço na empresa.") e consequentemente ampliou o lapso temporal da obrigação do empregado que se demite.

Os defensores da tese da inexistência de reciprocidade na proporcionalidade do aviso prévio fundamentam seus argumentos no texto da Lei n. 11.506/2011, que não se refere ao empregador ao tratar do acréscimo de prazo em decorrência do tempo de serviços; na regra constitucional do artigo 7º, inciso XXI, e na desigualdade fática existente entre empregado e empregador, como já dissemos aqui nas páginas do Observador.

Ora, com todo respeito à tese da reciprocidade da proporcionalidade do aviso prévio, há um equívoco interpretativo com respeito ao tema. Não há que se discutir sobre a reciprocidade do aviso prévio em si, mas tão somente de sua proporcionalidade.

A regra celetista continua vigente ao afirmar que o empregado deve dar aviso prévio ao empregador quando opta por se demitir, não tendo havido revogação ou alteração da regra do seu artigo 489. O que há é a instituição, em 1988, de *direito novo*, consistente na *proporcionalidade* do aviso prévio ao tempo de serviço prestado ao mesmo empregador, esta sim, vantagem que somente foi conferida pela ordem jurídica aos trabalhadores empregados. Houve, em 1988, uma opção do legislador constituinte em contemplar somente o empregado com a proporcionalidade do aviso prévio. Assim, a interpretação da Lei n. 12.506/2011 deve se dar à luz do texto constitucional, e não influenciada pelo texto celetista, obviamente.

Infelizmente tem havido no Brasil o que a doutrina constitucional denomina interpretação retrospectiva da Constituição da República. Há quem pretenda entender toda e qualquer norma trabalhista, seja ela constitucional ou infraconstitucional, em conformidade com o que está disposto na CLT. Assim, interpretam a Lei n. 12.506/2011 de modo que ela se "enquadre" ou se "encaixe" dentro das premissas vividas nas relações juslaborais desde a década de 1940. Até mesmo as regras constitucionais, nesta perspectiva, são interpretadas conforme a CLT. Querem agora, então, ver a proporcionalidade do aviso prévio dentro das clássicas regras celetistas sobre a matéria. Desconhecem a preponderância do texto constitucional.

Ora, a melhor interpretação jurídica exige a compreensão de que as disposições constitucionais são normas jurídicas dotadas de imperatividade, que gozam de superioridade sobre o restante das regras postas e que os demais ramos do direito devem ser vistos a partir do que dispõe a Constituição da República, força de sua centralidade no ordenamento jurídico nacional.

Assim, o empregador tem o direito ao *aviso prévio* (CLT, artigo 489, § 2º), enquanto o empregado tem direito ao *aviso prévio proporcional ao tempo de serviço* (Constituição da República, artigo 7º, inciso XXI, nos termos da Lei n. 12.506/2011). Simples.

A extinção contratual, como visto e nos termos da jurisprudência dominante, pode ser efetivada por vontade do empregador, casos de *dispensa sem justa causa* e de *dispensa por justa causa*. Assim, depreende-se que a dispensa é ato unilateral do empregador. Logo, o empregador não *demite* o empregado, mas implementa sua dispensa.

A *dispensa sem justa causa* é, então, modalidade de extinção contratual por vontade do empregador. São características da dispensa sem justa causa a *declaração unilateral* do empregador, em exercício de um *direito potestativo*, de *caráter individual*.

A ordem jurídica brasileira, nos termos da jurisprudência dominante, reconhece as possibilidades de *dispensa juridicamente desmotivada*, bem como de *dispensa motivada por fatores tecnológicos, econômicos ou estruturais*. Há, ainda, a dispensa resultante de incentivo rescisório por parte do empregador, casos dos Planos de Desligamento Incentivados (PDIs) ou Planos de Desligamentos Voluntários (PDVs). Nestes casos o empregador incentiva a apresentação do trabalhador para a rescisão que será implementada por ato de vontade daquele. Assim, não se confunde PDI e PDV com ato de demissão do empregado, vez que é ato patronal de dispensa. Os valores rescisórios em PDI e PDV serão acrescidos de valores pagos pelo empregador a título de incentivo à terminação do contrato, não havendo caráter salarial da quantia destacada. Nestes termos a Orientação Jurisprudencial 207 da SDI-1 do TST:

> *OJ-SDI1-207 PROGRAMA DE INCENTIVO À DEMISSÃO VOLUNTÁRIA. INDENIZAÇÃO. IMPOSTO DE RENDA. NÃO-INCIDÊNCIA (inserido dispositivo) – DJ 20.04.2005. A indenização paga em virtude de adesão a programa de incentivo à demissão voluntária não está sujeita à incidência do imposto de renda.*

Regra geral quem dá causa à extinção do contrato arca com os ônus rescisórios de sua iniciativa. Assim, na dispensa sem justa causa haverá maior conteúdo de direitos rescisórios pagos ao empregado pelo empregador. São os seguintes: aviso prévio, trabalhado ou indenizado; valor referente às férias (proporcionais e vencidas, se houver), acrescidas de 1/3 constitucional; 13º salário; liberação de FGTS + 40% e entrega de guias CD/SD para percepção de Seguro Desemprego.

A dispensa pode se dar também, por *justa causa*, ou seja, decorrente de um agir faltoso do empregado. Haverá aqui ato de vontade patronal, embora de responsabilidade do empregado.

Os atos do trabalhador que ensejam sua punição mais grave no contrato estão previstos no artigo 482 da CLT:

> Art. 482 – Constituem justa causa para rescisão do contrato de trabalho pelo empregador:
>
> a) ato de improbidade;
>
> b) incontinência de conduta ou mau procedimento;
>
> c) negociação habitual por conta própria ou alheia sem permissão do empregador, e quando constituir ato de concorrência à empresa para a qual trabalha o empregado, ou for prejudicial ao serviço;
>
> d) condenação criminal do empregado, passada em julgado, caso não tenha havido suspensão da execução da pena;
>
> e) desídia no desempenho das respectivas funções;
>
> f) embriaguez habitual ou em serviço;
>
> g) violação de segredo da empresa;
>
> h) ato de indisciplina ou de insubordinação;
>
> i) abandono de emprego;
>
> j) ato lesivo da honra ou da boa fama praticado no serviço contra qualquer pessoa, ou ofensas físicas, nas mesmas condições, salvo em caso de legítima defesa, própria ou de outrem;
>
> k) ato lesivo da honra ou da boa fama ou ofensas físicas praticadas contra o empregador e superiores hierárquicos, salvo em caso de legítima defesa, própria ou de outrem;
>
> l) prática constante de jogos de azar.

Nem todas as condutas previstas no artigo 482 da CLT devem ensejar, isolada e imediatamente, a rescisão contratual por justa causa. Apenas as mais graves ensejam a imediata ruptura contratual por responsabilidade do empregado, nos termos da seguinte análise:

a) ato de improbidade;

O ato de improbidade pressupõe agressão ao patrimônio do empregador, e pode ensejar, nos termos da jurisprudência dominante, aplicação imediata da dispensa por justa causa. A agressão ao patrimônio pode se dar por furto, roubo, apropriação indébita, estelionato, dano causado por agir doloso e outras práticas perpetradas pelo empregado em prejuízo de seu empregador.

Exemplificativamente, a seguinte decisão:

> DISPENSA POR JUSTA CAUSA – ATO DE IMPROBIDADE – INSUFICIÊNCIA PROBATÓRIA. A improbidade é a mais grave falta que pode ser imputada ao empregado pelo empregador e, mais que qualquer outra, a dispensa sob a alegação de justa

causa decorrente da prática de ato de improbidade, falta tipificada na alínea "a" do artigo 482 da CLT, exige prova cabal e robusta, sem deixar qualquer margem de dúvida. Portanto, imputando a reclamada à trabalhadora a prática de ato de improbidade, competia-lhe demonstrar, de forma cabal e robusta, sem deixar qualquer margem de dúvida, a prática desonesta da trabalhadora, realizada com a clara intenção de se locupletar do patrimônio da empresa. Entretanto, não logrando êxito a reclamada de seu ônus probatório em relação a sua alegação de defesa no sentido de que a reclamante praticou ato de improbidade, em face da ausência de prova insofismável de que a autora desviou dinheiro do caixa da empresa, mantém-se a decisão de origem que reconheceu a irregularidade da dispensa por justa causa, convertendo-a em dispensa imotivada. (TRT, 3ª Região, 4ª Turma, processo n. 01225-2008-065-03-00-8, Recurso Ordinário, relator Desembargador Júlio Bernardo do Carmo, publicação em 08.09.2010, disponível em: www.trt3.jus.br, consulta em 02.11.2011).

b) incontinência de conduta ou mau procedimento;

A incontinência de conduta diz respeito à moral sexual, enquanto o mau procedimento se refere à moral geral. Difícil atualmente compreender, entretanto, o que seja *moral geral* e, ainda, *moral sexual*. Certo é que tais conteúdos não são mais os mesmos percebidos pelo legislador de 1943, cabendo à doutrina e à jurisprudência apontar os caminhos interpretativos e as soluções jurídicas em consonância com a sociedade atual, iluminadas, ambas, pelo Texto Constitucional de 1988.

Exemplificativamente, as seguintes decisões:

> JUSTA CAUSA – INCONTINÊNCIA DE CONDUTA. *Comprovado deforma cabal que o empregado, laborando como vigia de escola pública, já tendo sido suspenso em razão de indisciplina, usou as dependências do estabelecimento, durante o horário de trabalho, para a prática de atos libidinosos, não há falar em gradação pedagógica da pena; a incontinência de conduta, neste caso,configura justa causa para a dispensa (art. 482, b/CLT).* (TRT, 3ª Região, 5ª Turma, processo n. 19722/98, Recurso Ordinário, relator Desembargador Sebastião Geraldo de Oliveira, publicação em 28.08.1999, disponível em: www.trt3.jus.br, consulta em 02.11.2011).

> MAU PROCEDIMENTO. *O mau procedimento caracteriza-se pelo comportamento incorreto do empregado, traduzido pela prática de atos que firam a discrição pessoal, as regras do bom viver, o respeito, o decoro, ou quando a conduta do obreiro configurar impolidez ou falta de compostura capazes de ofender a dignidade de alguém, prejudicando as boas condições no ambiente de trabalho. Constata-se, no caso, que a prova testemunhal confirma a conduta da autora quando se recusou a ouvir advertência do superior hierárquico, mesmo após chegar atrasada ao trabalho, iniciando violenta discussão, no curso da qual os empregados trocaram ofensas verbais. Tal episódio teve lugar após interregno ao longo do qual a empregada vinha faltando sem justificativa ao trabalho, em conseqüência do que havia sofrido advertências e suspensões. O quadro delineado confirma o mau procedimento alegado e inviabiliza o reconhecimento da dispensa injusta. Desnecessário, por outro lado, analisar a questão alusiva à culpa recíproca declarada na sentença, se a empresa deixou de se insurgir contra a decisão de primeiro grau.* (TRT, 3ª Região, 7ª Turma, processo n. 01060-2009-025-03-00-6,

Recurso Ordinário, relator Desembargadora Alice Monteiro de Barros, publicação em 19.05.2011, disponível em: www.trt3.jus.br, consulta em 02.11.2011).

c) *negociação habitual por conta própria ou alheia sem permissão do empregador, e quando constituir ato de concorrência à empresa para a qual trabalha o empregado, ou for prejudicial ao serviço;*

Há, aqui, duas condutas típicas, podendo uma ensejar dispensa por justa causa imediatamente enquanto outra possibilita medida punitiva menos grave.

A primeira conduta típica é negociação habitual por conta própria ou alheia sem permissão do empregador e em ato de concorrência com este. É ato grave o suficiente a ensejar, nos termos da jurisprudência dominante, dispensa por justa causa imediatamente, em decorrência da sensível quebra de confiança causada pelo trabalhador.

A segunda conduta típica é negociação habitual por conta própria ou alheia sem permissão do empregador e que traz prejuízos ao serviço. Esta conduta é menos significativa, e pode ensejar medida menos grave (advertência ou suspensão disciplinar) ao invés da justa causa imediata.

Exemplificativamente, as seguintes decisões:

JUSTA CAUSA – NEGOCIAÇÃO HABITUAL – CONCORRÊNCIA DESLEAL- Admitindo o próprio reclamante que comercializava por conta própria o mesmo produto vendido na reclamada, habitualmente, apreço mais baixo, resta configurada a justa causa para a rescisão do contrato pelo empregador, com fulcro na alínea c, do artigo 482, da CLT. (TRT, 3ª Região, 2ª Turma, processo n. 00792-2003-086-03-00-3, Recurso Ordinário, relatora Desembargadora Wilmeia da Costa Benevides, publicação em 15.10.2003, disponível em: www.trt3.jus.br, consulta em 02.11.2011).

JUSTA CAUSA – NEGOCIAÇÃO HABITUAL. Não é negociação e muito menos habitual, o serviço prestado fora do estabelecimento, após a jornada do empregado, não demonstrado prejuízo ao serviço do obreiro ou à reclamada. Proibir outras atividades lucrativas ao empregado, traduz violência ao seu direito e liberdade de trabalho, garantido constitucionalmente. Constitui ponto pacífico na jurisprudência e na doutrina, como regra, ser lícito ao empregado, trabalhar para mais de um empregador, ter dois ou mais empregos, desde que conciliáveis. Não demonstrado prejuízo à empresa reclamada, nega-se provimento ao apelo interposto. (TRT, 3ª Região, 1ª Turma, processo n. 19.088/1999, Recurso Ordinário, relator Juiz Washington Maia Fernandes, publicação em 27.10.2000, disponível em: www.trt3.jus.br, consulta em 02.11.2011).

d) *condenação criminal do empregado, passada em julgado, caso não tenha havido suspensão da execução da pena;*

Entendo somente haver espaço para aplicação da dispensa por justa causa nos casos em que o sentenciado fica impossibilitado de comparecer ao serviço, por estar preso. Não há, neste sentido, possibilidade de dispensa por justa causa se o regime de cumprimento de pena (aberto ou semi-aberto) é compatível com o exercício do trabalho pelo sentenciado.

Exemplificativamente, a seguinte decisão:

> *JUSTA CAUSA. CONDENAÇÃO CRIMINAL TRANSITADA EM JULGADO. O art. 482, d, da CLT tipifica como justa causa para ensejar a rescisão contratual "a condenação criminal do empregado, passada em julgado, caso não tenha havido suspensão da execução da pena", não sendo necessário que os fatos que determinaram a condenação criminal sejam relacionados com a prestação de trabalho, mas é a impossibilidade de continuidade na execução do contrato, em virtude da privação de liberdade do empregado que justifica a resolução contratual.* (TRT, 3ª Região, 3ª Turma, processo n. 01331-2009-043-03-00-5, Recurso Ordinário, relator Juiz Milton V. Thibau de Almeida, publicação em 19.07.2010, disponível em: www.trt3.jus.br, consulta em 02.11.2011).

e) *desídia no desempenho das respectivas funções;*

A desídia pressupõe o desinteresse do empregado pelo contrato, ação (ou mais frequentemente omissão) contrária àquela esperada no âmbito da prestação laborativa. Regra geral (que comporta exceções) desafia inicialmente advertência e suspensão, para somente depois ensejar dispensa por justa causa.

Exemplificativamente, a seguinte decisão:

> *JUSTA CAUSA. DESÍDIA. A desídia caracteriza-se pelo desleixo, pela má vontade, pela incúria, pela falta de zelo ou de interesse do empregado no exercício de suas funções. Tal falta manifesta-se pela deficiência qualitativa do trabalho e, em geral, exige uma certa repetição, embora também possa ser configurada por um só ato, quando este traduza negligência grave. As faltas injustificadas e reiteradas ao serviço traduzem violação a normas gerais alusivas à assiduidade e à pontualidade e, portanto, configuram indisciplina, embora a jurisprudência dominante enquadre-as como desídia, quando é sabido que esta última ocorre em serviço. Ora, se o empregado faltou ao serviço, sua ausência inviabiliza a caracterização da desídia. Independentemente de seu enquadramento, certo é que a configuração da justa causa, é necessário que tenha havido a aplicação de medidas disciplinares visando a recuperar o trabalhador para o caminho da exação funcional. Incide nessa falta o empregado que se ausente do trabalho seguidas vezes, mesmo após ser advertido e suspenso pelo empregador.* (TRT, 3ª Região, 7ª Turma, processo n. 00196-2008-131-03-00-8, Recurso Ordinário, relatora Desembargadora Alice Monteiro de Barros, publicação em 23.06.2009, disponível em: www.trt3.jus.br, consulta em 02.11.2011).

f) *embriaguez habitual ou em serviço;*

A tipificação da embriaguez como motivo ensejador de dispensa por justa causa é atualmente controvertida, depois de ter a Organização Mundial de Saúde incluído o alcoolismo como doença. É claro que ninguém pode ser dispensado por justa causa por estar doente. Assim, aquele que se embriaga por ser alcoólatra não poderá ser dispensado por justa causa. Presume-se que quem se apresenta ao serviço embriagado também é doente.

Sobre a polêmica, as seguintes decisões:

DISPENSA POR JUSTA CAUSA. NÃO CARACTERIZAÇÃO EM VIRTUDE DO ALCOOLISMO DO TRABALHADOR. O alcoolismo configura doença progressiva, incurável e fatal, que consta do Código Internacional de Doenças sob a denominação "F10.2 – Transtornos mentais e comportamentais devidos ao uso de álcool – síndrome de dependência". Neste contexto, considerando-se que o autor, quando praticou o ato ensejador da dispensa motivada, encontrava-se embriagado, é de se mitigar a antiga caracterização da dispensa por justa causa em face da embriaguez do empregado em serviço (art. 482, f, da CLT). Isto porque, trata-se de pessoa doente, incapaz de controlar a sua compulsão pelo consumo de álcool. Via de consequência, ele deve ser encaminhado para o tratamento pertinente ao invés de ser punido, atenuando-se, assim, os problemas daí decorrentes na vida social, familiar e financeira do empregado já bastante vulnerável em decorrência da doença que, por si só, torna-o ainda mais frágil. (TRT, 3ª Região, 10ª Turma, processo n. 00984-2008-033-03-00-9, Recurso Ordinário, relatora Juíza Taísa Maria Macena de Lima, publicação em 29.04.2009, disponível em: www.trt3.jus.br, consulta em 02.11.2011).

JUSTA CAUSA. EMBRIAGUEZ. O artigo 482, f, da CLT, tipifica duas hipóteses de justa causa para a rescisão do contrato de trabalho: 1) a embriaguez habitual, ou seja, quando o empregado usa bebida alcoólica ou entorpecentes de forma crônica; 2) a embriaguez em serviço, evidenciada por um só episódio dessa natureza, quando o trabalhador se apresenta ao serviço embriagado ou faz uso da bebida ou droga durante o expediente. A expressão "em serviço" contida no dispositivo legal em estudo não afasta o reconhecimento dessa justa causa em relação ao empregado que tiver negado o acesso ao ambiente de trabalho por se encontrar embriagado, até porque seria contraditório exigir que o empregador devesse aguardar o registro do ponto para somente então punir o trabalhador. O texto da lei não deverá ser interpretado com essa restrição, cabendo aplicar a justa causa ao empregado que se apresenta com sintomas visíveis de embriaguez para trabalhar. Ao se colocar à disposição do empregador, nesse estado, o trabalhador comete a falta tipificada no dispositivo legal em estudo, atraindo a dispensa por justa causa. (TRT, 3ª Região, 2ª Turma, processo n. 01272-2002-063-03-00-3, Recurso Ordinário, relator Juíza Cristina M. Valadares Fenelon, publicação em 01.10.2003, disponível em: www.trt3.jus.br, consulta em 02.11.2011).

g) *violação de segredo da empresa;*

Violação de segredo da empresa é motivo ensejador de dispensa por justa causa imediata, vez que caracteriza grave quebra da confiança que é necessária à preservação do contrato de emprego.

Exemplificativamente, a seguinte decisão:

JUSTA CAUSA – VIOLAÇÃO DE SEGREDO DA EMPRESA – O envio de informações de cunho sigiloso, pelo reclamante, à funcionária da empresa concorrente de sua empregadora configura quebra de fidúcia contratual, apta a ensejar a ruptura do liame empregatício, de imediato, por justa causa, com fundamento no artigo 482, alínea g, da CLT. (TRT, 3ª Região, 6ª Turma, processo n. 01367-2010-023-03-00-8, Recurso Ordinário, relator Desembargador Jorge Berg de Mendonça, publicação em 18.07.2011, disponível em: www.trt3.jus.br, consulta em 02.11.2011).

h) *ato de indisciplina ou de insubordinação;*

Ato de indisciplina caracteriza inobservância a ordens gerais emanadas pelo empregador através de seu poder regulamentar. Ato de insubordinação caracteriza inobservância a ordens específicas, direcionadas a um específico empregado ou a um grupo restrito de trabalhadores.

Sobre o assunto, as seguintes decisões:

JUSTA CAUSA. INSUBORDINAÇÃO. A insubordinação implica violação ao dever de obediência. O empregado que pratica essa falta subverte a hierarquia interna da empresa e compromete sua organização. Em conseqüência, dá motivo para ser dispensado por justa causa, quando ausentes razões capazes de justificar o direito de resistência. Pratica a falta em estudo a empregada que se recusa a aceitar alteração de função promovida pela empresa, sob alegação de que as novas atribuições ofereciam risco ergonômico, sem demonstrar tal assertiva. (TRT, 3ª Região, 7ª Turma, processo n. 00626-2009-150-03-00-0, Recurso Ordinário, relatora Desembargadora Alice Monteiro de Barros, publicação em 08.06.2010, disponível em: www.trt3.jus.br, consulta em 02.11.2011).

RESOLUÇÃO DO CONTRATO. JUSTA CAUSA DO EMPREGADO. PROVA INEQUÍVOCA. A falta cometida pelo empregado, a respaldar a sua dispensa por justa causa, é aquela que, por sua gravidade, causa séria violação às suas obrigações contratuais, de modo a tornar inviável, pela quebra da fidúcia, a continuidade do vínculo empregatício. Desse modo, cumpre ao empregador o ônus de demonstrar os fatos imputados ao trabalhador e que justificaram a penalidade máxima aplicada, conforme art. 818 da CLT e art. 333, II, do CPC. No caso, os documentos relativos às penalidades aplicadas demonstram que o autor reincidia nas mesmas faltas configuradoras da indisciplina e insubordinação, nos termos do art. 482, h, da CLT. A prova oral confirmou que o reclamante apresentava problemas de indisciplina, e que no dia da dispensa chegou a desligar as máquinas, o que causou sérios prejuízos à reclamada, ensejando motivo justo para a dispensa imediata. (TRT, 3ª Região, 9ª Turma, processo n. 00849-2010-104-03-00-0, Recurso Ordinário, relatora Juíza Ilivia Figueiredo Pinto Coelho, publicação em 15.06.2011, disponível em: www.trt3.jus.br, consulta em 02.11.2011).

i) *abandono de emprego;*

O abandono de emprego pressupõe a intenção do empregado em não mais se vincular ao pacto laborativo, independentemente do lapso de ausência injustificada do trabalhador.

A Súmula n. 32 do TST traz presunção de *abandono de emprego se o trabalhador não retornar ao serviço no prazo de 30 (trinta) dias após a cessação do benefício previdenciário nem justificar o motivo de não o fazer*, do que decorreu a aplicação de tal lapso como suficiente para a caracterização do abandono também em outras situações fáticas.

É claro, entretanto, que pode ser caracterizado o abandono de emprego após decorridos poucos dias de ausência, bem como pode não ser caracterizada tal falta grave mesmo ultrapassado o marco de 30 dias. A análise não deve se ater ao *quantum*, mas à intenção do empregado.

Exemplificativamente, a seguinte decisão:

> ABANDONO DE EMPREGO – CONFIGURAÇÃO. *Para caracterização do abandono de emprego é necessário que o empregador faça prova da intenção de o trabalhador abandonar o emprego. Essa demonstração pode se dar por meio da assunção de emprego novo pelo obreiro, pela notificação convocando para retorno ao trabalho ou por outro meio capaz de comprovar a intenção de abandono. A demandada tem o ônus de provar o abandono de emprego. No caso vertente, demonstrada a existência dos elementos objetivo (ausência injustificada do obreiro ao trabalho por ao menos trinta dias) e subjetivo (animus abandonandi) do abandono de emprego, correta a r. sentença ao chancelar a justa causa aplicada pela ré, calcada no art. 482, i, da CLT.* (TRT, 3ª Região, 7ª Turma, processo n. 01378-2010-034-03-00-1, Recurso Ordinário, relator Desembargador Marcelo Lamego Pertence, publicação em 11.10.2011, disponível em: www.trt3.jus.br, consulta em 02.11.2011).

j) *ato lesivo da honra ou da boa fama praticado no serviço contra qualquer pessoa, ou ofensas físicas, nas mesmas condições, salvo em caso de legítima defesa, própria ou de outrem;*

É claro que agressões, sejam verbais ou físicas, são incompatíveis com a preservação do vínculo laborativo, ensejando tais atos a ruptura por culpa do empregado, excetuada sua legítima defesa.

Exemplificativamente, a seguinte decisão:

> JUSTA CAUSA. EMPREGADO QUE SE ENVOLVE EM LUTA CORPORAL COM COLEGA, NO AMBIENTE DE TRABALHO. LEGÍTIMA DEFESA NÃO CARACTERIZADA. MANUNTENÇÃO DA DISPENSA POR JUSTA CAUSA, INOBSTANTE O PASSADO FUNCIONAL ILIBADO DO RECLAMANTE. *Não se pode negar ao agredido o direito de se defender. Entretanto, não menos certo é que também não se pode tolerar que a desavença entre dois empregados – iniciada por motivo consideravelmente fútil, aliás –, redunde em luta corporal que, acaso não houvesse no local colegas para apartar, poderia ter gerado consequências graves. E dúvida não pode haver, ainda, de que à empregadora não se pode impor a manutenção, em seu quadro funcional, de dois empregados que se envolvem em incidente no qual demonstram excessiva animosidade, porquanto o ambiente de trabalho não pode comportar violência de qualquer tipo – mormente a física. Vale ressaltar que o empregador tem o dever de zelar pela segurança de todos os seus laboristas, e a manutenção de dois empregados que revelam tendência ao descontrole emocional evidenciado pelo reclamante e seu colega – podendo reincidir no comportamento agressivo – constitui risco para a paz no local de trabalho e para os demais colegas. Neste diapasão, o empresário se utiliza regularmente de seu poder diretivo ao demonstrar, através da aplicação da pena máxima trabalhista, que determinados comportamentos – como o do reclamante e do seu colega – não serão tolerados no ambiente de trabalho. Trata-se de exemplo salutar a ser dado a todo o grupo de laboristas. Noutro giro, o passado funcional ilibado do reclamante também não tem o condão de inviabilizar a dispensa por justa causa, porquanto "É cediço que, via de regra, a regularidade ou não da dispensa por justa causa envolve aferição do*

comportamento usual do empregado, devendo-se evitar a pena máxima fundada em um único incidente. [...] É de se ressaltar, contudo, que esta é apenas a regra. Casos há em que a fidúcia é quebrada de modo tão grave que se torna inviável o prosseguimento do contrato (Processo – 00454-2009-024-03-00-0/RO; Data de Publicação – 24/02/2010; DEJT, Página: 150; Órgão Julgador – Décima Turma; Relator – Márcio Flávio Salem Vidigal). (TRT, 3ª Região, 10ª Turma, processo n. 02011-2008-092-03-00-1, Recurso Ordinário, relator Juíza Taísa Maria Macena de Lima, publicação em 01.06.2010, disponível em: www.trt3.jus.br, consulta em 02.11.2011).

k) ato lesivo da honra ou da boa fama ou ofensas físicas praticadas contra o empregador e superiores hierárquicos, salvo em caso de legítima defesa, própria ou de outrem;

É claro também que agressões contra o empregador ou seus prepostos, sejam verbais ou físicas, são incompatíveis com a preservação do vínculo laborativo, ensejando tais atos a ruptura por culpa do empregado, excetuada sua legítima defesa.

Exemplificativamente, a seguinte decisão:

> JUSTA CAUSA. OFENSA À HONRA DO EMPREGADOR. A falta tipificada no artigo 482, k, da CLT, alusiva à prática de ato lesivo da honra e boa fama do empregador ocorre quando o empregado expõe seu patrão, por qualquer meio (gestos, palavras, etc) ao desprezo de terceiros, ou quando praticar qualquer ato que ofenda a honra deste último. A professora que retira um de seus filhos da instituição de ensino da qual é empregada, transferindo-o para outro estabelecimento, mesmo concorrente, não pratica esse tipo de ofensa. O ato tido como faltoso apenas atendia às necessidades pessoais da aluna e não traduz desapreço da empregada em relação ao empregador. (TRT, 3ª Região, 7ª Turma, processo n. 00736-2006-142-03-00-5, Recurso Ordinário, relatora Juíza Wilmeia da Costa Benevides, publicação em 17.10.2006, disponível em: www.trt3.jus.br, consulta em 02.11.2011).

l) prática constante de jogos de azar.

Discutível é a possibilidade de a prática de jogos de azar influenciar o contrato de emprego a ponto de se impor sua rescisão por responsabilidade do empregado. Somente pode haver punição trabalhista decorrente de ato que traz repercussão no âmbito do contrato de emprego. Assim, somente deve haver a dispensa por justa causa (após advertência e suspensão disciplinar) se houver impacto contratual trabalhista na prática constante de jogo de azar.

Embora não tenha a CLT fixado critérios para a imposição da justa causa, a doutrina e a jurisprudência reconhecem a gravidade da medida e impõem limites ao seu exercício pelo empregador, embora não contemplem o contraditório, a ampla defesa e a presunção de inocência, como anteriormente exposto.

Assim, caso haja processo judicial para a reversão da justa causa, deverá o empregador demonstrar que observou os critérios (requisitos ou limites) doutrinários e jurisprudenciais para sua aplicação.

Infelizmente a comprovação de observância aos limites só se exige no âmbito judicial trabalhista, e não no plano do contrato de emprego. Assim, o empregador primeiro impõe a justa causa e depois, somente se for demandado em juízo, comprova a observância aos critérios de aplicação da pena já imposta.

Os critérios (requisitos ou limites) para imposição da justa causa são objetivos (tipicidade da conduta, natureza trabalhista da falta, gravidade da falta), subjetivos (autoria, culpa ou dolo) e circunstanciais (nexo de causalidade entre a falta e a pena, proporcionalidade, imediaticidade, inalteração da punição, ausência de discriminação, caráter pedagógico, gradação das penas e singularidade da punição), nos termos da doutrina do Professor Mauricio Godinho Delgado.[3]

Inicialmente deve haver a *tipicidade da conduta* para preservação judicial dos efeitos da dispensa por justa causa. Assim, somente pode haver punição no âmbito do contrato de emprego se a conduta do trabalhador tiver sido prevista como passível de pena.

É também claro que para haver a preservação judicial dos efeitos da punição a falta deve ter *natureza trabalhista*, ou seja, não deve haver dispensa por justa causa decorrente de um agir do trabalhador que seja estranho ao contrato de emprego.

Somente pode haver a preservação judicial dos efeitos da punição se a conduta do trabalhador for minimamente gravosa. Não pode haver qualquer punição, muito menos dispensa por justa causa, se a conduta do trabalhador não traz qualquer impacto negativo ao vínculo mantido.

Somente pode haver a preservação judicial dos efeitos da punição se identificado quem é o autor da conduta faltosa.

Deve o empregador demonstrar, também, que o empregado punido agiu culposa (negligência, imperícia, imprudência) ou dolosamente (com intenção) com relação á falta a ele imputada.

Deve haver, para a preservação judicial dos efeitos da punição, comprovação pelo empregador do nexo de causalidade entre a falta cometida pelo empregado e a pena aplicada em consequência.

Sempre que for possível, não sendo o caso de reiteração de faltas, por exemplo, deve o empregador, se quiser manter a pena aplicada, comprovar que agiu proporcionalmente, ou seja, que aplicou pena mais branda (advertência) em decorrência de falta leve, pena mais severa (suspensão disciplinar) em decorrência de falta de média gravidade, e que somente utilizou a justa causa em decorrência de falta grave.

Para preservar judicialmente os efeitos da dispensa por justa causa deve o empregador demonstrar que agiu com imediaticidade, ou seja, que aplicou a pena

---

(3) DELGADO, Mauricio Godinho. *Curso de Direito do Trabalho*. 10. ed. São Paulo: LTr, 2011.

imediatamente após aferir a autoria e a responsabilidade do trabalhador. Caso não haja imediaticidade (ou imediatidade) presume-se o perdão tácito que ensejará a reversão da justa causa.

Não pode haver alteração da punição em prejuízo ao empregado.

Por fim, deve haver uma única pena para cada falta cometida, não sendo possível a cumulação de penas em decorrência de uma única ação (ou omissão) faltosa atribuída ao empregado.

Tendo em vista o caráter penal trabalhista da dispensa por justa causa o empregado arca com o ônus da dispensa, vez que perde diversos direitos decorrentes de tal rescisão contratual. Somente terá direito a férias vencidas, se houver, acrescida de 1/3 constitucional. Não há direito a férias proporcionais, nos termos da Súmula n. 171 do TST. O empregado não perde o direito à integralidade de seu FGTS, mas não poderá sacar o valor depositado, nos termos da lei específica sobre a matéria.

> SUM. 171 FÉRIAS PROPORCIONAIS. CONTRATO DE TRABALHO. EXTINÇÃO (republicada em razão de erro material no registro da referência legislativa), DJ 05.05.2004
>
> Salvo na hipótese de dispensa do empregado por justa causa, a extinção do contrato de trabalho sujeita o empregador ao pagamento da remuneração das férias proporcionais, ainda que incompleto o período aquisitivo de 12 (doze) meses (art. 147 da CLT) (ex-Prejulgado n. 51).

São características da dispensa por justa causa a *declaração unilateral* do empregador, em exercício de um *direito potestativo*, de *caráter individual*.

Entendo, particularmente, que a justa causa deveria ser precedida de procedimento interno de investigação sobre a falta imputada, oportunidade em que haveria a garantia ao contraditório e à ampla defesa do empregado, com respeito à presunção de inocência do trabalhador.

Durante muito tempo houve aparente consenso de que o empregador, no âmbito de seu poder disciplinar, não precisaria observar o princípio constitucional fundamental geral de presunção de inocência (Constituição da República, artigo 5º, inciso LVII).

Assim, em caso de dispensa por justa causa não haveria a necessidade de oferecer ao trabalhador empregado oportunidade de provar sua inexistência ou sequer de argumentar contra a aplicação da pena de extinção do contrato por responsabilidade sua. A presunção de inocência seria restrita ao processo e inaplicável no curso da relação jurídica de emprego.

Embora estejamos distantes da aplicação prática, no âmbito do processo do trabalho, dos princípios da presunção de inocência, contraditório e ampla defesa, dado o conservadorismo verificado neste plano, é possível e necessária a sua aplicação, por força da preponderância do texto constitucional democrático de 1988.

O princípio da presunção de inocência é resguardado como um dos pilares da cidadania no Brasil. Sequer pode haver inquérito policial sem um conteúdo indiciário mínimo em desfavor do cidadão a ser investigado. Políticos, para se tornarem inelegíveis, devem sofrer duas condenações, por juízo singular e colegiado, sob pena de agressão ao princípio constitucional da presunção de inocência. No plano das relações privadas a regra geral é a de presunção de inocência ou de não responsabilidade. Somente no Direito do Trabalho, no plano da relação de emprego, não se concebe abusividade no ato patronal de dispensa por justa causa sem indícios de responsabilidade pessoal do trabalhador. A lógica se inverte: após sofridas as consequências (graves) da dispensa por justa causa deve o trabalhador, caso queira, acionar a Justiça do Trabalho para pleitear a reversão da medida. Primeiro a pena, depois, caso queira, o processo. Deve o trabalhador arcar, então, antes do processo, com a mancha advinda da justa causa, com o ônus da demora do processo e com os riscos de não conseguir outro emprego em face do ajuizamento da ação. No mínimo.

O princípio constitucional de presunção de inocência deve ser observado nos casos em que o empregador pretenda aplicar ao empregado a pena mais grave prevista no ordenamento jurídico trabalhista, que é a justa causa, independentemente da inexistência de regra infraconstitucional ou do pretenso direito "potestativo" do empregador à dispensa.

No mesmo contexto do que foi acima tratado havia uniforme entendimento de que os princípios do contraditório e da ampla defesa somente eram garantidos ao trabalhador no curso de eventual processo judicial, e não no decorrer do contrato de emprego. O exercício do direito do empregador à dispensa por justa causa não precisaria observar os preceitos constitucionais garantidores do contraditório e da ampla defesa, pois sua decisão era suficiente à implementação da medida. Mais uma vez a lógica se inverte: o trabalhador que por acaso não se conforme com a medida unilateral e automática deve se valer do processo trabalhista para a sua reversão, oportunidade em que, aí sim, terá *o empregador* direito ao contraditório e à ampla defesa de sua decisão.

O raciocínio aqui é o mesmo, ou seja, se o contraditório e a ampla defesa são princípios constitucionais fundamentais, devem valer no âmbito das relações de trabalho, independentemente de regras infraconstitucionais sobre a matéria.

Deve o empregador, por meio de seu poder regulamentar, criar procedimentos justos e equânimes que tratem da aplicação de penalidades trabalhistas, sob pena do reconhecimento imediato da ilegalidade da justa causa eventualmente aplicada sem o respeito à presunção de inocência, ao contraditório e à ampla defesa.

Assim, em um processo em que se discuta a dispensa por justa causa, deverá o Juiz do Trabalho analisar se houve ou não o respeito aos direitos fundamentais do cidadão trabalhador acima tratados. Caso não tenham sido observados, a reversão da justa causa se dará independentemente da análise do mérito da dispensa. Caso tenham sido observados os princípios constitucionais deverá o julgador analisar o mérito da dispensa, ou seja, se justa (CLT, artigo 482) ou injusta.

A extinção do contrato de emprego pode se dar também por decisão do empregado, casos da *demissão* e da *rescisão indireta do contrato* (ou justa causa patronal). Não há, tecnicamente e salvo melhor juízo, *pedido de demissão*, vez que o ato rescisório não comporta uma resposta, positiva ou negativa, por parte do empregador, razão pela qual não há *pedido*. O que há é a demissão do empregado por ato de vontade seu.

São características da demissão a *declaração unilateral* do empregado e que é *direito potestativo* deste, pois não admite agir contrário do empregador e tem *caráter individual*.

Na demissão quem dá causa à ruptura é o empregado, que arca com os ônus decorrentes da quebra do contrato, tendo rescisão contratual em valores menos significativos do que teria na dispensa injusta. O empregado que se demite tem direito às férias, sejam proporcionais sejam vencidas, acrescidas de 1/3 constitucional e ao 13º salário, nos termos das Súmulas n. 261, n. 171 e n. 157 do TST:

> SUM. 261 FÉRIAS PROPORCIONAIS. PEDIDO DE DEMISSÃO. CONTRATO VIGENTE HÁ MENOS DE UM ANO (nova redação) – Res. 121/2003, DJ 19, 20 e 21.11.2003
>
> O empregado que se demite antes de complementar 12 (doze) meses de serviço tem direito a férias proporcionais.
>
> SUM. 171 FÉRIAS PROPORCIONAIS. CONTRATO DE TRABALHO. EXTINÇÃO (republicada em razão de erro material no registro da referência legislativa), DJ 05.05.2004
>
> Salvo na hipótese de dispensa do empregado por justa causa, a extinção do contrato de trabalho sujeita o empregador ao pagamento da remuneração das férias proporcionais, ainda que incompleto o período aquisitivo de 12 (doze) meses (art. 147 da CLT) (ex-Prejulgado n. 51).
>
> SUM. 157 – GRATIFICAÇÃO (mantida) – Res. 121/2003, DJ 19, 20 e 21.11.2003
>
> A gratificação instituída pela Lei n. 4.090, de 13.07.1962, é devida na resilição contratual de iniciativa do empregado (ex-Prejulgado n. 32).

Deve o empregado avisar previamente ao empregador seu interesse rescisório, sob pena de ter que indenizá-lo em valor referente a 30 dias de salário. O empregado não perde o direito à integralidade de seu FGTS, mas não poderá sacar o valor depositado, nos termos da lei específica sobre a matéria.

Em caso de falta atribuível ao empregador pode o empregado aplicar-lhe, através de ação judicial trabalhista, a justa causa, nos termos do artigo 483 da CLT.[4]

---

(4) O texto seguinte é parte da monografia de conclusão de curso de graduação do Prof. Amauri Cesar Alves, apresentada à FMD da PUC. Minas, *campus* Coração Eucarístico, sob orientação da Profa. Dra. Taísa Maria Macena de Lima.

De se ressaltar que o direito à rescisão indireta do contrato de trabalho é pouco difundido no Brasil, sendo pouco tratado pela doutrina pátria. Menos ainda nos ambientes de trabalho, não sendo poucos os trabalhadores que desconhecem o direito de imputar ao patrão a responsabilidade pelo fim do contrato laboral, aplicando-lhe, por via judicial, os efeitos da justa causa.

Para melhor delimitação do tema posto para análise é necessária a análise das características, das peculiaridades, da finalidade e da natureza jurídica da rescisão indireta do contrato de trabalho.

A rescisão indireta do contrato de trabalho, ou justa causa do empregador, caracteriza-se por ser término do vínculo empregatício por ato volitivo e unilateral do empregado, fundado em causa justa prevista em lei e submetida à apreciação do Poder Judiciário para que reconheça a ocorrência do motivo e declare o fim do pacto.

O término dos contratos laborais se dá, na maioria das vezes, por ato de vontade das partes, bastando para que se aperfeiçoe e produza seus efeitos a simples comunicação da parte que rescinde o pacto, sendo despicienda tanto a concordância da outra parte contratante como a participação estatal, via Judiciário, bastando a recepção da notícia da rescisão. Na rescisão indireta do contrato de trabalho, porém, é condição essencial o reconhecimento pelo Poder Judiciário da justa causa que irá ocasionar o fim do vínculo empregatício, posto que o empregador não acatará passivamente sua imposição pelo empregado.

A natureza jurídica da rescisão indireta do contrato de trabalho está intimamente ligada ao direito de resistência do empregado, ou *jus resistentiae*, que é direito dado ao trabalhador de não cumprir ou de se insurgir legal e legitimamente contra determinadas ordens ou atitudes do empregador.

Questão que vale ser aqui abordada é também a da nomenclatura utilizada para o instituto da rescisão indireta do contrato de trabalho. Críticas não faltam ao uso, até os dias de hoje, do termo rescisão, ou despedida "indireta", pois entendem alguns doutrinadores que tal termo é resquício do período anterior à Lei do FGTS, em que as indenizações por quebra de contrato tinham mais relevância. Bastante ilustrativa, neste sentido, a lição de Wagner D. Giglio, em sua obra "Justa Causa":

> *Partindo do pressuposto de que as hipóteses previstas nas alíneas do art. 483 da CLT espelham comportamento malicioso do empregador, que para dificultar a situação do empregado, outorgando-lhe o ônus da prova, ao invés de despedi-lo e se responsabilizar pelo pagamento dos consectários legais, prefere prejudicá-lo com perseguições, injustiças e ilegalidades, forçando-o a tomar a iniciativa de rescindir o contrato, numa espécie de despedimento indireto, a jurisprudência passou a adotar essa expressão ou, mais comumente, a de despedida indireta, ou ainda a execrável dispensa indireta, para designar a ruptura contratual promovida pelo trabalhador.*

O inadimplemento de algumas obrigações a cargo do empregador e que são previstas pelo artigo 483 da CLT fazem com que o trabalhador possa recorrer ao Poder Judiciário para pleitear a rescisão indireta do contrato de trabalho.

Pode-se dizer que tal atitude não é a que ordinariamente ocorre, sendo mais comum que o trabalhador, nestas condições e por puro desconhecimento de seus direitos, suporte a irregularidade e nenhuma solução tome, ou que se demita.

O trabalhador pode pleitear em juízo a rescisão de seu contrato de trabalho alegando qualquer das hipóteses previstas no artigo 483 da Consolidação das Leis do Trabalho:

> Art. 483 – *O empregado poderá considerar rescindido o contrato e pleitear a devida indenização quando:*
>
> *a) forem exigidos serviços superiores às suas forças, defesos por lei, contrários aos bons costumes, ou alheios ao contrato;*
>
> *b) for tratado pelo empregador ou por seus superiores hierárquicos com rigor excessivo;*
>
> *c) correr perigo manifesto de mal considerável;*
>
> *d) não cumprir o empregador as obrigações do contrato;*
>
> *e) praticar o empregador ou seus prepostos, contra ele ou pessoas de sua família, ato lesivo da honra e boa fama;*
>
> *f) o empregador ou seus prepostos ofenderem-no fisicamente, salvo em caso de legítima defesa, própria ou de outrem;*
>
> *g) o empregador reduzir o seu trabalho, sendo este por peça ou tarefa, de forma a afetar sensivelmente a importância dos salários.*

Agiu o legislador da mesma forma que o fez para as hipóteses de justa causa aplicáveis ao empregado, ou seja, apresentando rol taxativo de situações ensejadoras da rescisão indireta, sendo certo que devem ser observados também aqui e sempre que possível os requisitos da imediatidade, previsão legal, ausência de perdão tácito, *non bis idem* e gravidade.

De se ressaltar que, como não detém o poder de comando na relação trabalhista, o obreiro não pode, como faz o empregador, simplesmente dirigir-se ao faltoso e impor a sanção da justa causa, sendo imperiosa a ação trabalhista tendente ao reconhecimento de uma das hipóteses outrora citadas.

Da leitura do artigo 483 depreende-se que em alguns casos é possível a permanência do obreiro no local de trabalho até o fim da prestação jurisdicional, algo improvável, por exemplo, quando ocorrem os fatos previstos nas alíneas *e*, e *f*, por exemplo.

É óbvio que a permanência no serviço, em alguns casos, é contraproducente, mas a análise do parágrafo terceiro da norma em comento deve ser feita com cautela. Não só as alíneas *d* e *g* podem ensejar a continuidade do pacto, embora parte da doutrina entenda de forma diversa.

Portanto, vários são os motivos ensejadores da rescisão indireta do pacto laboral, sendo que, excetuando-se os casos previstos nos parágrafos do artigo 483, todos os motivos decorrem de falta imputável ao empregador.

Há grande divergência, sobretudo jurisprudencial, sobre a necessidade de requisitos alheios ao artigo 483 da C.L.T., como os já citados imediatidade, ausência de perdão tácito, gravidade, dentre outros, para que se reconheça a ocorrência de justo motivo ensejador da rescisão indireta.

Quanto ao requisito da gravidade da falta patronal vale aqui ressaltar o entendimento de Délio Maranhão, na obra Instituições de Direito do Trabalho, em conjunto com Arnaldo Süssekind, Segadas Viana e Lima Teixeira:

> Mas, assim como uma falta leve do empregado, traduzindo, embora, também, inexecução do contrato, não justifica a resolução do vínculo pelo empregador, assim, igualmente, nem todo ato por este praticado, que importe inexecução do contrato, será suficiente, desde logo, para autorizar o rompimento da relação de trababalho. A 'justa causa', seja dada pelo empregado ou pelo empregador, deve revestir-se de gravidade. Se o empregado pode obter a anulação do ato do empregador, não será justo que, não se revestindo a falta, pelas circunstâncias do caso, daquela gravidade, que define a 'justa causa', opte pela solução extrema da resolução contratual, tal como, mutatis mutandis, tendo o empregador a possibilidade de aplicar ao empregado uma pena disciplinar mais branda, não lhe deve impor a pena máxima. O direito não pode usar dois pesos e duas medidas: o requisito da gravidade da falta é o mesmo, seja qual for o contratante que a pratique.

O mesmo não se pode dizer quanto ao requisito da imediatidade. No caso da despedida indireta fundada em descumprimento das obrigações do contrato, por exemplo, tal exigência pode ser mitigada, dada a subordinação jurídica do empregado e a necessidade de manutenção do posto de trabalho, vinculada à sua subsistência.

Pedro Paulo de Souza Ameno, no "Curso de Direito do Trabalho" organizado pela Profa. Alice Monteiro de Barros, analisa a questão colocando-a em termos seguintes:

> O princípio da atualidade se aplica, também, no caso da despedida indireta, mas não irrestritamente como ocorre nas despedidas por justa causa. O empregado necessita do emprego para sobreviver e, muitas vezes, não tem condições de reagir, prontamente, ao ato faltoso. Em se tratando de infração continuada ao contrato ou às normas imperativas de tutela do trabalho, a infração é permanente, e poderá o empregado aguardar o melhor momento para denunciar o contrato. As infrações contratuais não são incompatíveis com a continuidade do vínculo, como o reconheceu a própria lei ao permitir ao empregado lesado pleitear a rescisão indireta sem deixar o emprego.

Pelo exposto, parece correta a abordagem, tendo em vista que contempla o caráter de insustentabilidade do vínculo, ou seja, se o trabalhador, embora desrespeitado em seus direitos, aceita, mesmo que momentaneamente, a situação, é por que a relação de emprego ainda é tolerável e melhor que o desemprego.

Atos faltosos cometidos pelo patrão autorizam o término do contrato de emprego por sua responsabilidade. O artigo 483, em suas alíneas, fixa os motivos ensejadores da denúncia.

Pedro Paulo de Souza Ameno, ressalta que estes dispositivos *"referem-se à pessoa do empregado (respeito à sua integridade física e moral) e às obrigações do contrato"*, classificando-as, didaticamente, em faltas contra a integridade física do obreiro, ofensas à sua integridade moral e lesões contratuais.

As faltas cometidas contra a integridade física do empregado, conforme o autor, seriam as contidas nas alíneas *a* (primeira parte), *b*, *c*, e *f*.

Assim, são atos lesivos à integridade física do obreiro e passíveis de aplicação da justa causa a exigência de serviços superiores às suas forças, pois é cediço que se o empregado não dispõe de condições suficientes ao exercício de certa tarefa, poderá ser prejudicado em sua integridade corpórea. Da mesma forma a exposição a perigo de mal considerável, que dependendo das condições de saúde e higiene do trabalho podem afetar a saúde e a integridade do obreiro. Já os casos de tratamento com rigor excessivo e ofensas físicas, sem embargo da posição do citado autor, tanto podem afetar a higidez física quanto moral do obreiro, por ser certo que, não raras vezes, o tratamento com rigor excessivo e a ofensa física afetam muito mais a honra do trabalhador que propriamente sua condição física.

Os atos ofensivos à integridade moral seriam, no entender de Pedro Paulo de Souza Ameno, aqueles previstos na alínea *e*, e na alínea *a* – terceira hipótese -, ou seja, atinge a moral do obreiro o empregador que lhe exige serviços contrários aos bons costumes e, claro, quando pratica atos lesivos à sua honra e boa fama, bem como de seus familiares. Aqui vale novamente ressaltar que podem se encaixar as condutas patronais descritas na alínea *b* e na alínea *f*, dependendo da forma e dos motivos da agressão e do tratamento excessivamente rigoroso.

As alíneas *d*, *g* e as segunda e quarta hipóteses trazidas pela alínea *a* seriam lesões contratuais praticadas no decorrer do pacto pelo empregador, pois oriundas de inobservância de normas contratuais, legais ou convencionais. A alínea *g* refere-se à atitude patronal de diminuir dolosamente o volume de serviços do obreiro que trabalha por tarefa com o fito único de reduzir-lhe os vencimentos.

Conforme visto, a culpa do empregador restará configurada desde que a conduta deste se amolde às hipóteses previstas na norma contida no artigo 483, alíneas *a* a *g*, e caberá ao obreiro buscar o reconhecimento do ato faltoso em Juízo, valendo ressaltar aqui o não cumprimento das obrigações contratuais, por ser a situação fática mais comum.

Ao pactuarem emprego, ainda que houvesse a mera adesão do trabalhador, os contratantes são conscientes do vínculo que os une. O trabalhador, após contratado, sabe qual tarefa deve desempenhar, quanto irá perceber de remuneração, quais são seus direitos básicos. Da mesma forma o empregador é consciente de que o trabalhador tem direitos assegurados tanto por lei como por convenções e acordos coletivos. Não pode o patrão alegar dificuldades financeiras para descumprir normas trabalhistas, pois os riscos da atividade econômica só a este concernem, não respondendo por eles o trabalhador.

Assim, a obrigação do trabalhador é de emprestar sua força produtiva à empresa que o contrata. A essa obrigação do obreiro corresponde um dever do empregador de respeito para com seus trabalhadores, observância às normas vigentes, atenção para com a saúde de seus profissionais. Assim, se o patrão inobserva seus deveres enquanto tal, pode o trabalhador recorrer ao Poder Judiciário para que a Justiça do Trabalho, reconhecendo o descumprimento de obrigações inerentes ao contrato laboral, ponha-lhe termo.

A rescisão indireta do contrato de emprego caracteriza-se como ruptura por decisão do empregado em decorrência de ato culposo do empregador, sendo decorrente de decisão judicial. Tem caráter individual e manifesta-se, também, como direito de resistência do trabalhador.

Os direitos rescisórios são os mesmos previstos para a dispensa sem justa causa.

A extinção do contrato pode se dar, também, por desaparecimento de um dos sujeitos. A morte do empregado enseja à família do trabalhador o pagamento das férias, proporcionais e/ou vencidas, se houver, acrescidas de 1/3 constitucional, do 13º salário e a liberação dos valores depositados no FGTS.

Em caso de extinção da empresa ou do estabelecimento ou de sua transformação (CLT, 10 e 448) regra geral serão reconhecidos ao empregado os mesmos direitos rescisórios da dispensa injusta, por força do princípio da alteridade, que pressupõe os riscos do empreendimento por conta do contratante.

A extinção do contrato de emprego pode se dar também por decurso de prazo, nos casos de contratos a termo. Os contratos por tempo determinado podem terminar ao final do prazo ou antecipadamente, por ato de vontade do empregador ou do empregado.

A extinção do contrato ao final do prazo enseja ao empregado direito ao 13º salário, férias acrescidas de 1/3 constitucional e liberação dos depósitos do FGTS.

A extinção antecipada pelo empregador enseja os mesmos direitos, acrescidos de indenização prevista pelo artigo 479 da CLT, que prevê que *nos contratos que tenham termo estipulado, o empregador que, sem justa causa, despedir o empregado será obrigado a pagar-lhe, a titulo de indenização, e por metade, a remuneração a que teria direito até o termo do contrato.* Há controvérsia sobre se são ou não devidos o aviso prévio e a multa de 40% sobre o FGTS nos casos de rescisão contratual antecipada pelo empregador.

Caso o empregado resolva rescindir antecipadamente um contrato a termo terá os mesmos direitos da terminação do contrato no prazo, mas deverá indenizar o empregador por metade do período faltante à sua natural extinção, nos termos das regras dos artigos 480 e 479 da CLT.

Destaque-se, por fim, que *aos contratos por prazo determinado, que contiverem cláusula assecuratória do direito recíproco de rescisão antes de expirado o termo* ajustado, aplicam-se, caso seja exercido tal direito por qualquer das partes, os princípios que regem a rescisão dos contratos por prazo indeterminado, nos termos da regra do artigo 481 da CLT.

Pode haver, ainda e excepcionalmente, extinção do contrato por culpa recíproca, situação em que agem faltosamente empregador e empregado. Nestes casos aplica-se o disposto na Súmula 14 do TST:

> SUM. 14 CULPA RECÍPROCA (nova redação) – Res. 121/2003, DJ 19, 20 e 21.11.2003 Reconhecida a culpa recíproca na rescisão do contrato de trabalho (art. 484 da CLT), o empregado tem direito a 50% (cinquenta por cento) do valor do aviso prévio, do décimo terceiro salário e das férias proporcionais.

Questões Objetivas – Parte III

Contrato de Emprego e Proteção Especial

1. Trabalhador empregado celetista desenvolve suas tarefas cotidianas no período compreendido entre 13h00 e 22h00, às terças, quartas, quintas, sextas, sábados e domingos, sempre com uma hora de intervalo para alimentação e descanso.

   No que concerne à sua jornada, o trabalhador:
   a) não terá direito a horas extraordinárias quaisquer, vez que respeitadas as regras legais sobre a matéria.
   b) terá direito a 4 horas extraordinárias por semana.
   c) terá direito a 16 horas extraordinárias por semana, em razão do trabalho desempenhado aos domingos.
   d) terá direito a 8 horas extraordinárias por semana, em razão do trabalho desempenhado aos domingos.

2. A empresa X contratou Mirtes para a função de secretária executiva. Inicialmente foi elaborado um contrato de experiência de 30 dias. Após o término do contrato a empresa X o prorrogou por mais 60 dias. Neste caso, a prorrogação é:
   a) válida, mas a sua validade depende da anuência dos sindicatos da categoria ou de suprimento judicial.

b) inválida, uma vez que o contrato de experiência não poderá ser prorrogado, por expressa vedação legal.

c) inválida, uma vez que deveria ter sido firmado por 60 dias, prorrogáveis por mais 30 dias.

d) válida, uma vez que a empresa X obedeceu as determinações legais existentes.

3. Construtora ABC Ltda., tradicional no mercado da construção civil, contratou para obra de construção de um edifício residencial 10 pedreiros, 20 serventes e 05 mestres de obra, além de um engenheiro. A obra será realizada no âmbito do Programa Minha Casa Minha Vida, do Governo Federal, com financiamento pela Caixa Econômica Federal. Foi firmado com os trabalhadores um contrato por tempo determinado, fixado em 01 ano, sendo este o prazo previsto para a construção do prédio. Assinale a assertiva correta.

a) Por se tratar de terceirização de trabalho temporário, o prazo máximo a ser fixado deveria ser de 3 meses, renovável por mais 3 a critério do Ministério do Trabalho e Emprego.

b) A contratação a termo é lícita, vez que se trata de atividade empresarial de caráter transitório.

c) A contratação a termo é lícita, vez que se trata de serviço cuja natureza e transitoriedade justificam a predeterminação do prazo.

d) A contratação é ilícita, posto que há terceirização em atividade-fim.

4. A 10ª Vara do Trabalho de São Paulo, analisando reclamação trabalhista ajuizada por Manuel, julgou improcedente a ação, por entender caracterizada hipótese de dispensa por justa causa, tomando por fundamento um único depoimento, prestado por testemunha arrolada pela reclamada. Essa testemunha, mesmo não tendo presenciado o ato de ter o empregado, Manuel, esmurrado o gerente da empresa, disse ter ouvido falar do ocorrido pelo próprio ofendido. Ficou evidenciado, na instrução processual, que: a) somente passados dois meses do fato, deu-se a demissão por justa causa, sem que tenha havido sequer uma advertência ao empregado; b) ninguém presenciou a agressão; c) a única testemunha do reclamado disse não trabalhar, nem nunca haver trabalhado, na empresa que este dirige.

a) A justa causa deve ser revertida, pois o empregador não observou o critério da gradação, vez que deveria, antes de promover a dispensa, ter advertido e aplicado suspensão a Manuel.

b) A justa causa deve ser revertida, pois o empregador não observou o critério da tipicidade, vez que não há comprovação das agressões.

c) A justa causa deve ser revertida, pois o empregador não observou o critério da imediatidade.

d) A justa causa deve ser mantida, pois o empregador agiu dentro dos limites do poder disciplinar, vez que não há previsão legal para agir diferentemente.

5. No que se refere ao exercício do poder no contrato de emprego, assinale a assertiva correta:

a) a CLT disciplina suficientemente os limites ao exercício do poder empregatício, pois tipifica, exaustivamente, os motivos ensejadores de justa causa.

b) o poder regulamentar do empregador pressupõe a criação unilateral de cláusulas contratuais, regulamentos de empresa, regras empresariais e normas jurídicas autônomas que terão vigência no âmbito do contrato individual de trabalho.

c) o poder fiscalizatório do empregador pressupõe o rígido controle sobre o cumprimento, pelo empregado, de cláusulas contratuais, regulamentos de empresa, regras empresariais e normas jurídicas autônomas que são vigentes no âmbito do contrato individual de trabalho e que portanto devem ser cumpridos.

d) o poder disciplinar do empregador pressupõe a aplicação de penalidades trabalhistas, que podem ensejar advertência, descontos salariais e dispensa por justa causa.

6. Pedro, garçom de uma pizzaria em Erechim, RS, foi dispensado por justa causa sob a alegação de não ter denunciado ao empregador os furtos praticados por Antônio, caixa do estabelecimento. Antônio, caixa, era sobrinho da esposa do proprietário do restaurante. Quando descobertos os furtos praticados, Antônio disse ao empregador que todos os garçons sabiam que era ele quem furtava os valores de *troco*. O proprietário da pizzaria resolveu, diante dos fatos, dispensar todos os garçons, inclusive Pedro, considerando ter havido "quebra de confiança" e "ato de improbidade".

a) a dispensa por justa causa foi corretamente imposta, nos termos do artigo 482 da CLT, vez que houve quebra de confiança e ato de improbidade.

b) a dispensa por justa causa foi incorretamente aplicada, vez que não houve agir doloso na falta praticada por Pedro.

c) a dispensa por justa causa foi incorretamente aplicada, vez que não houve imediatidade.

d) a dispensa por justa causa foi incorretamente aplicada, vez que não houve falta trabalhista na conduta de Pedro.

7. Nos termos da doutrina clássica, majoritária, e da jurisprudência dominante dos Tribunais Trabalhistas, assinale a assertiva correta no que concerne às nulidades contratuais trabalhistas:

   a) a relação jurídica mantida entre o apontador do jogo do bicho e o banqueiro do jogo será de emprego desde que presentes os elementos fático-jurídicos do contrato, previstos no artigo 3º da CLT.

   b) o trabalhador que, nascido aos 02.02.1996, foi admitido em 14.05.2011 para o exercício das funções de balconista em loja de alimentos, terá seu contrato reconhecido como nulo por ilicitude.

   c) o trabalhador que admitido para trabalhar como segurança em casa de prostituição, embora não pratique, com seu trabalho, o ato ilícito, não terá direitos trabalhistas reconhecidos.

   d) trabalhador com 17 anos foi admitido para trabalho noturno, insalubre e perigoso, razão pela qual deve ser declarado nulo seu contrato de emprego.

8. No que concerne às alterações contratuais trabalhistas, assinale a assertiva que não está em conformidade com a jurisprudência consolidada do TST.

   a) as cláusulas regulamentares, que revoguem ou alterem vantagens deferidas anteriormente, só atingirão os trabalhadores admitidos após a revogação ou alteração do regulamento.

   b) havendo a coexistência de dois regulamentos da empresa, a opção do empregado por um deles tem efeito jurídico de renúncia às regras do sistema do outro.

   c) enquanto perdurar a substituição que não tenha caráter meramente eventual, inclusive nas férias, o empregado substituto fará jus ao salário contratual do substituído.

   d) vago o cargo em definitivo, o empregado que passa a ocupá-lo tem direito a salário igual ao do antecessor.

9. No que concerne às alterações contratuais trabalhistas, assinale a assertiva que não está em conformidade com a jurisprudência consolidada do TST.

   a) Percebida a gratificação de função por cinco ou mais anos pelo empregado, se o empregador, sem justo motivo, revertê-lo a seu cargo efetivo, não poderá retirar-lhe a gratificação tendo em vista o princípio da estabilidade financeira.

b) Presume-se abusiva a transferência de que trata o § 1º do art. 469 da CLT, sem comprovação da necessidade do serviço. (Art. 469 – Ao empregador é vedado transferir o empregado, sem a sua anuência, para localidade diversa da que resultar do contrato, não se considerando transferência a que não acarretar necessariamente a mudança do seu domicílio. § 1º – Não estão compreendidos na proibição deste artigo: os empregados que exerçam cargo de confiança e aqueles cujos contratos tenham como condição, implícita ou explícita, a transferência, quando esta decorra de real necessidade de serviço).

c) O fato de o empregado exercer cargo de confiança ou a existência de previsão de transferência no contrato de trabalho não exclui o direito ao adicional. O pressuposto legal apto a legitimar a percepção do mencionado adicional é a transferência provisória.

d) as cláusulas regulamentares, que revoguem ou alterem vantagens deferidas anteriormente, só atingirão os trabalhadores admitidos após a revogação ou alteração do regulamento.

10. (OAB, IV Unificado, 2ª Etapa, Adaptado). Em 15.04.2008, João Carlos de Almeida foi contratado pela Engelétrica S.A. para trabalhar na construção das barragens da Hidrelétrica de Belo Monte. Entretanto, em virtude da grande distância entre o local de trabalho e a cidade mais próxima, o empregador lhe forneceu habitação durante toda a vigência do contrato. Dispensado sem justa causa em 13.08.2010, João Carlos ajuizou ação trabalhista visando à inclusão da ajuda-habitação na sua remuneração e o pagamento dos reflexos daí decorrentes. Diante do caso concreto, assinale a assertiva correta:

a) o valor referente à habitação será considerado como salário, vez que as atividades laborativas não se desenvolviam na referida residência.

b) o valor referente à habitação não será considerado como salário, vez que as atividades laborativas não se desenvolviam na referida residência.

c) o valor referente à habitação não será considerado como salário, vez que compõe apenas a remuneração do trabalhador.

d) o valor referente à habitação não será considerado como salário, vez que a residência no local de trabalho era indispensável para a realização das atividades.

11. (OAB, IV Unificado, 2ª Etapa, Adaptado). João da Silva ajuizou reclamação trabalhista em face da Cooperativa Multifuncional Ltda. e do Posto de Gasolina Boa Viagem Ltda. Na petição inicial, afirmou que foi

obrigado a se filiar à cooperativa para prestar serviços como frentista no segundo reclamado, de forma pessoal e subordinada. Alegou, ainda, que jamais compareceu à sede da primeira ré, nem foi convocado para qualquer assembleia. Por fim, aduziu que foi dispensado sem justa causa, quando do término do contrato de prestação de serviços celebrado entre os reclamados. Postulou a declaração do vínculo de emprego com a sociedade cooperativa e a sua condenação no pagamento de verbas decorrentes da execução e da ruptura do pacto laboral, além do reconhecimento da responsabilidade subsidiária do segundo réu, na condição de tomador dos serviços prestados, nos termos da Súmula 331, item IV, do TST. Na contestação, a primeira ré suscitou preliminar de impossibilidade jurídica do pedido, uma vez que o artigo 442, parágrafo único, da CLT prevê a inexistência do vínculo de emprego entre a cooperativa e seus associados. No mérito, sustentou a validade da relação cooperativista entre as partes, refutando a configuração dos requisitos inerentes à relação empregatícia. O segundo reclamado, na peça de defesa, afirmou que o reclamante lhe prestou serviços na condição de cooperado e que não pode ser condenado no pagamento de verbas trabalhistas se não foi empregador. Na instrução processual, restou demonstrada pela prova testemunhal produzida nos autos a intermediação ilícita de mão de obra, funcionando a cooperativa como mera fornecedora de trabalhadores ao posto de gasolina. Diante do caso concreto, assinale a assertiva correta:

a) o vínculo empregatício deve ser fixado entre João da Silva e o Posto de Gasolina Boa Viagem, razão pela qual são improcedentes os pedidos de vínculo entre o trabalhador e a cooperativa, bem como de responsabilidade subsidiária do referido posto.

b) o vínculo empregatício deve ser fixado entre João da Silva e o Posto de Gasolina Boa Viagem, razão pela qual são procedentes os pedidos de vínculo entre o trabalhador e a cooperativa, bem como de responsabilidade subsidiária do referido posto.

c) Qualquer que seja o ramo de atividade da sociedade cooperativa, não existe vínculo empregatício entre ela e seus associados, nem entre estes e os tomadores de serviços daquela, razão pela qual são improcedentes os pedidos de vínculo entre o trabalhador e a cooperativa, bem como de responsabilidade subsidiária do referido posto.

d) Qualquer que seja o ramo de atividade da sociedade cooperativa, não existe vínculo empregatício entre ela e seus associados, nem entre estes e os tomadores de serviços daquela, razão pela qual é improcedente o pedido de vínculo entre o trabalhador e a cooperativa, mas é procedente o pedido de responsabilidade subsidiária do referido posto, nos termos da Súmula n. 331 do TST.

12. (OAB, IV Unificado, 2ª Etapa, Adaptado). José de Souza ajuizou reclamação trabalhista em face da empresa Alfa Vigilância Ltda., postulando o pagamento dos valores correspondentes aos intervalos intrajornada não gozados, acrescidos de 50% (cinquenta por cento), com fundamento no artigo 71, § 4º, da CLT, bem como das diferenças decorrentes da integração dessas quantias nas verbas contratuais e resilitórias. Na peça de defesa, a reclamada alegou que a supressão dos intervalos para repouso e alimentação foi autorizada em acordo coletivo firmado com o sindicato representante da categoria profissional do reclamante, colacionando cópia do referido instrumento normativo cuja vigência alcançava todo o período contratual do autor. Diante do exposto, assinale a assertiva correta:

   a) é improcedente o pedido dos valores correspondentes aos intervalos intrajornada não gozados, com seu acréscimo, vez que o Acordo Coletivo de Trabalho pode alterar a natureza jurídica da parcela, razão pela qual não há que se falar, também, em integração das quantias nas verbas contratuais (remuneração).

   b) é procedente o pedido dos valores correspondentes aos intervalos intrajornada não gozados, com seu acréscimo, vez que o Acordo Coletivo de Trabalho não pode suprimir tal direito, pois intervalos para repouso e alimentação possuem natureza cogente ou de ordem pública, por versar sobre medida de saúde e de segurança do trabalho, sendo devida também sua integração contratual (remuneratória).

   c) é procedente o pedido dos valores correspondentes aos intervalos intrajornada não gozados, com seu acréscimo, vez que o Acordo Coletivo de Trabalho pode alterar a natureza jurídica da parcela, razão pela qual há que se observar, também, a integração das quantias nas verbas contratuais (remuneração).

   d) é procedente o pedido dos valores correspondentes aos intervalos intrajornada não gozados, com seu acréscimo, vez que o Acordo Coletivo de Trabalho não pode suprimir tal direito, pois intervalos para repouso e alimentação possuem natureza cogente ou de ordem pública, por versar sobre medida de saúde e de segurança do trabalho, sendo indevida, porém, sua integração contratual (remuneratória), pois tal parcela não tem natureza salarial.

13. Antônio Silva foi admitido por Bar Central Ltda. para o exercício das tarefas próprias à função de garçom. Para tanto recebia valor mensal fixo e único de R$ 1.100,00 (um mil e cem reais mensais), sem direito a

gorjetas, expressamente proibidas no estabelecimento. O piso do comércio da localidade em que trabalhou foi fixado em R$ 600,00 (seiscentos reais). O dono do bar justificou a Antônio o valor de R$ 1100,00 fixos por mês e em uma única parcela ao argumento de que já estão incluídos neste o trabalho aos domingos, no valor de R$ 300,00 (duzentos reais), e a supressão do intervalo intrajornada também no valor aproximado de R$ 200,00 (duzentos reais). Diante da situação hipotética, assinale a assertiva incorreta:

a) o salário de Antônio Silva é de R $600,00 (seiscentos reais), referente ao piso da sua categoria, sendo sua remuneração o conjunto das parcelas contraprestativas pagas, no valor total e final de R$ 1100,00 (um mil e cem reais).

b) o salário de Antônio Silva é de R$ 1100,00 (um mil e cem reais), devendo ser sua remuneração acrescida de horas extraordinárias, reais e/ou fictas, aplicado o adicional constitucional ou convencional coletivo.

c) as gorjetas não são direito de Antônio Silva, trabalhador empregado garçom, vez que o estabelecimento não cobra e não permite sua concessão espontânea pelos clientes.

d) as gorjetas, quando cobradas pelo empregador na nota de serviço ou oferecidas espontaneamente pelos clientes, integram a remuneração do empregado, não servindo de base de cálculo para as parcelas de aviso-prévio, adicional noturno, horas extras e repouso semanal remunerado.

14. Antônia, empregada celetista, tem jornada de 19h00 às 03h00, de segunda a sexta-feira, e de 19h00 à 00h00 aos sábados. Não conta com intervalo para alimentação e descanso, vez que trabalha à noite. Assinale a assertiva correta, considerando a legislação trabalhista e a jurisprudência consolidada.

a) Antônia não faz jus a horas extraordinárias, vez que trabalha 44 horas por semana.

b) O período compreendido entre 19h00 e 22h00 também será considerado noturno, para os efeitos da lei, visto que há a prorrogação do horário previsto no artigo 73 da CLT.

c) Antônia terá direito à legal redução da hora noturna somente no período compreendido entre 22h00 e 03h00 de segunda a sexta-feira e de 22h00 a 00h00 no sábado.

d) Antônia terá direito à legal redução da hora noturna, bem como ao adicional noturno de 30% sobre o valor da hora diurna.

15. Mário é empregado da empresa M e labora em regime de revezamento. Semana passada ele laborou em seguida ao repouso semanal de vinte e quatro horas, havendo prejuízo do intervalo mínimo de onze horas consecutivas para descanso entre jornadas. Neste caso, essas horas trabalhadas em seguida ao repouso semanal de vinte e quatro horas e em prejuízo ao intervalo de onze horas devem ser remuneradas:

    a) como extraordinárias, inclusive com o respectivo adicional em sua integralidade.

    b) como extraordinárias, mas sem o respectivo adicional em razão do trabalho em regime de revezamento.

    c) normalmente, não sendo consideradas extraordinárias em razão do trabalho em regime de revezamento.

    d) como extraordinárias, mas com redução de 50% do respectivo adicional, tratando-se de norma específica aplicada ao empregado que labora em regime de revezamento.

16. De acordo com o parágrafo primeiro do artigo 58 da Consolidação das Leis do Trabalho, "não serão descontadas nem computadas como jornada extraordinária as variações de horário no registro de ponto não excedentes de cinco minutos, observado o limite máximo de dez minutos diários". Se o empregado ultrapassar este limite legal, será considerada como extra:

    a) o tempo que exceder a jornada normal, descontada a média excedida entre cinco e dez minutos dentro do mês de pagamento.

    b) o tempo que exceder a jornada normal, descontados os cinco minutos de tolerância legal.

    c) o tempo que exceder a jornada normal, descontados os dez minutos de tolerância legal.

    d) a totalidade do tempo que exceder a jornada normal.

17. Fábio, empregado da empresa Transportar Ltda., firmou com seu empregador acordo escrito em que ficou estabelecido que o excesso de horas trabalhadas em um dia seria compensado, semanalmente, pela correspondente diminuição em outro dia, sem acréscimo salarial.

    Considerando essa situação hipotética, assinale a opção correta:

    a) caso Fábio preste horas extras habituais além da 44ª o acordo de compensação de jornada restará descaracterizado.

    b) não havendo a compensação dentro do período de um ano, Fábio terá direito ao pagamento das horas trabalhadas em excesso acrescidas do adicional de 50%.

    c) Fábio pode trabalhar onze horas diárias durante uma semana a título de compensação na semana seguinte.

d) No caso concreto, como houve fixação de "banco de horas", é lícita a compensação de jornadas.

18. No que se refere ao exercício do poder no contrato de emprego, assinale a assertiva correta:

   a) o poder disciplinar do empregador pressupõe a aplicação de penalidades trabalhistas, que podem ensejar advertência, descontos salariais e dispensa por justa causa.

   b) o poder fiscalizatório do empregador pressupõe o rígido controle sobre o cumprimento, pelo empregado, de cláusulas contratuais, regulamentos de empresa, regras empresariais e normas jurídicas autônomas que são vigentes no âmbito do contrato individual de trabalho e que portanto devem ser cumpridos.

   c) o poder regulamentar do empregador pressupõe a criação unilateral de cláusulas contratuais, regulamentos de empresa, regras empresariais e normas jurídicas autônomas que terão vigência no âmbito do contrato individual de trabalho.

   d) a CLT disciplina suficientemente os limites ao exercício do poder empregatício, pois tipifica, exaustivamente, os motivos ensejadores de justa causa.

19. No que concerne às garantias provisórias de emprego, assinale a assertiva incorreta:

   a) é válida a concessão do aviso prévio na fluência da garantia de emprego, ante a compatibilidade dos dois institutos.

   b) a garantia provisória do cipeiro não constitui vantagem pessoal, mas garantia para as atividades dos membros da CIPA, que somente tem razão de ser quando em atividade a empresa. Extinto o estabelecimento, não se verifica a despedida arbitrária, sendo impossível a reintegração e indevida a indenização do período.

   c) a garantia de emprego à gestante só autoriza a reintegração se esta se der durante o período de estabilidade. Do contrário, a garantia restringe-se aos salários e demais direitos correspondentes ao período de estabilidade.

   d) é constitucional o artigo 118 da Lei n. 8.213/1991 que assegura o direito à garantia provisória por período de 12 meses após a cessação do auxílio-doença ao empregado acidentado.

20. Lojas SEI Informática S.A. resolveu admitir 5 vendedores especialistas em computadores em 15.10.2010, visto que haveria grande demanda por computadores no natal de 2010. Houve então a necessidade de

contratação de mão de obra além daquela que já tem à sua disposição, pelo período de 2 meses e 15 dias. Diante das diversas opções postas à disposição do citado comerciante, assinale a assertiva que representará irregularidade contratual trabalhista, nos termos da lei, da jurisprudência consolidada e da doutrina majoritária.

a) contratação direta por período de experiência.

b) contratação direta por prazo determinado, pois há atividade empresarial de caráter transitório.

c) contratação direta por prazo determinado, pois há serviço cuja transitoriedade justifica a predeterminação do prazo.

d) contratação através de interposta pessoa especializada em terceirização de trabalho temporário.

21. RD Engenharia Ltda. contratou José Tenison por tempo determinado, nos termos do artigo 443, § 2º, alínea *a*, da CLT (serviço cuja natureza ou transitoriedade justifique a predeterminação do prazo), para que o trabalhador desempenhasse as funções de carpinteiro, tendo por tarefas construir formas e caixotes de madeira para as diversas obras da construtora empregadora. O único contrato firmado, registrado em CTPS, teve vigência de um ano e, neste período, José Tenisson trabalhou em dez obras da construtora, passando de obra em obra de acordo com a demanda por serviços de carpintaria, sendo este (dez) o número de construções que a RD contrata todos os anos. Diante de tal realidade fática, assinale a assertiva correta:

a) a contratação é ilícita, pois não a natureza do serviço não justifica a pré-determinação do prazo, bem como não há transitoriedade que indique tal ajuste.

b) a contratação é lícita, pois há serviço cuja natureza justifica a pre-determinação do prazo.

c) a contratação é ilícita, pois não houve estipulação prévia de contrato de experiência.

d) a contratação é lícita, pois há serviço cuja transitoriedade justifica a predeterminação do prazo.

22. A Financeira Sonho Perigoso Ltda. (FSPL), aproveitando a abundância de crédito no final do ano de 2010, decorrente do pagamento do 13º salário, aquecimento econômico e melhor distribuição de renda no país, contratou 100 trabalhadores para a "venda" de contratos de empréstimos consignados, colocando cada trabalhador em um ponto estratégico de uma grande cidade. Os trabalhadores desenvolveram suas atividades no período de 15.10.2010 a 31.12.2010, tendo por função convencer clientes a firmar o contrato. O empregador firmou contrato de trabalho por tempo determinado. Diante do exposto julgue a assertiva correta:

a) a contratação foi legal, vez que justificada pela transitoriedade da necessidade da mão de obra.

b) a contratação foi ilegal, vez que não houve contrato de experiência.

c) a contratação foi legal, vez que firmada para trabalho em atividade-meio da financeira.

d) a contratação foi ilegal, vez que firmada para trabalho em atividade-fim da financeira.

23. No que diz respeito à caracterização dos contratos de trabalho, assinale a assertiva incorreta:

a) o contrato de emprego é dotado de alteridade, pois os riscos do empreendimento e consequentemente do pacto firmado são pertinentes apenas ao empregador.

b) o contrato de emprego é de trato sucessivo, ainda que firmado por tempo determinado.

c) o contrato de emprego é intuito personae apenas no que concerne à figura do trabalhador empregado.

d) o contrato de emprego é híbrido, não podendo ser classificado como público ou como privado, dada a imperatividade das regras trabalhistas e a indisponibilidade dos direitos consagrados no texto celetista.

Questões Discursivas Teóricas – Parte III

Contrato de Emprego e Proteção Especial

1. Estabeleça DISTINÇÃO JURÍDICA suficiente entre *contrato temporário* e *contrato por tempo determinado*. Somente após fixar a DISTINÇÃO JURÍDICA, exemplifique marcando eventual DISTINÇÃO FÁTICA existente *in casu*.

2. Estabeleça DISTINÇÃO JURÍDICA suficiente entre *prorrogação* e *sucessão* de contratos por tempo determinado. Somente após fixar a DISTINÇÃO JURÍDICA, exemplifique marcando eventual DISTINÇÃO FÁTICA existente *in casu*.

3. Disserte sobre os elementos (essenciais, naturais e acidentais) componentes dos contratos de emprego.

4. Disserte sobre as possibilidades e impossibilidades de descontos salariais realizados pelo empregador. Ao final, exemplifique.

5. Disserte sobre a fixação dos valores do repouso semanal remunerado. Ao final, exemplifique.

6. Disserte sobre a legal redução ficta da hora noturna, dizendo seus fundamentos protetivos. Ao final, exemplifique.

7. Estabeleça DISTINÇÃO *fática* e *jurídica* entre legal redução ficta da hora noturna e hora extra ficta. Exemplifique

8. É possível, licitamente, que um empregador, ao fixar o salário de seu empregado em R$ 510,00 pague R$ 400,00 em dinheiro e R$ 110,00 em produtos que a sociedade empresária fabrica?

9. É possível, licitamente, no plano do Direito Individual do Trabalho, que o empregador exija de seu empregado uma jornada de 8 horas por semana, durante 5 dias, compreendida integralmente entre 07h00 e 15h00?

10. Estabeleça as *similitudes* e as *distinções* existentes entre *compensação semanal de jornada* e *regime de compensação anual de jornada*. Exemplifique.

11. A dispensa sem justa causa se coaduna com a ordem constitucional vigente e com o patamar civilizatório mínimo esperado e consagrado pelo Direito do Trabalho?

12. A imperícia, como modalidade de agir culposo, pode ensejar dispensa por justa causa?

13. O exercício do poder regulamentar, ínsito ao empregador, poderá produzir tipos legais penais trabalhistas?

14. Qual o efeito jurídico da sentença de improcedência dos pleitos obreiros referentes à rescisão indireta do contrato?

15. Em caso de morte do empregado por agir culposo do empregador aplicam-se os efeitos da rescisão indireta do contrato de emprego, por força do disposto no artigo 483, alínea *c*, da CLT, independentemente, por óbvio, da reparação do dano?

16. É devida a multa rescisória de 40% do FGTS nos casos de rescisão antecipada pelo empregado, face ao disposto no artigo 479 da CLT? Haveria *bis in idem*?

Questões Discursivas Práticas – Parte III

Contrato de Emprego e Proteção Especial

1. Analise a seguinte situação fática e ao final responda ao que segue. Bruno Bento Sobrinho é estudante de Engenharia Civil, na Faculdade de Miracema do Norte e foi admitido como estagiário na Construtora Aços Norte Ltda., que monta estruturas metálicas provisórias para eventos artísticos. Sua função é percorrer as diversas cidades da região para vender para as prefeituras a ideia e o modelo construtivo de seu contratante, explicando, tecnicamente, como proceder e quais são as vantagens do modelo. Como estuda no turno da noite, seu estágio se dá no turno da tarde, de 12h00 às 18h00, às terças e quartas-feiras, vez que é difícil conversar com políticos na segunda-feira e próximo ao final de semana. Todos os aspectos formais previstos na legislação de regência foram observados fielmente, inclusive o que concerne à participação da instituição de ensino. Recebe bolsa de R$ 1.000,00 mensais e 0,5% de comissão sobre as vendas feitas. Observa as ordens dadas por Jonas Júnior, gerente de vendas da Construtora. Dadas as suas habilidades na exposição técnica construtiva das vantagens dos produtos da Construtora, foi Bruno Bento Sobrinho admitido como vendedor técnico durante seu último ano de faculdade. Assim, em 02.01.02010 foi admitido inicialmente para um contrato de experiência, que foi fixado para um período de 30 dias, prorrogável e no prazo prorrogado por mais 45. Findo o prazo da

experiência, foi admitido em um contrato por tempo determinado, com prazo até 31.12.2011, pois havia transitoriedade na situação fática dada a condição de estudante de Bruno. Todas as rescisões contratuais realizadas observaram as regras legais sobre a pactuação específica realizada. Em 01.01.2012, após formado, firmou contrato de emprego por tempo indeterminado, que perdura até hoje.

a) Foi lícita a contratação de Bruno Bento como estagiário?

( ) SIM   ( ) NÃO.

Justifique. _____

_____

b) Foi lícita a contratação realizada em 02.01.2010?

( ) SIM   ( ) NÃO.

Justifique. _____

_____

c) Foi lícita a contratação por tempo determinado realizada após o término do contrato de experiência e findo em 31.12.2012?

( ) SIM   ( ) NÃO.

Justifique. _____

_____

d) Foi lícita a contratação por tempo indeterminado realizada após o término do contrato por tempo determinado e vigente até hoje?

( ) SIM   ( ) NÃO.

Justifique. _____

_____

2. Analise a seguinte situação fática e responda às perguntas que seguem. Sociedade Empresária Industrial SEI S.A., que atua como fabricante de microprocessadores informáticos, resolveu admitir 5 pessoas em 01.10.2010, visto que haverá grande demanda por computadores no próximo natal. Houve a necessidade de contratação de mão de obra além daquela que já tem à sua disposição, pelo período de 3 meses. Assim, contratará, dentre outros:

I. José, operador de máquinas de montagens especiais de microeletrônicos, admitido através de terceirização de trabalho temporário.

II. Cláudio, engenheiro de softwares, responsável pela programação das máquinas de montagem, com cargo de Gerente Adjunto de Fábrica, admitido como empregado por tempo determinado, em um contrato de experiência.

III. Pedro, vigilante patrimonial, contratado através da Cooperativa dos Vigilantes Gerais para a fiscalização do trabalho na fábrica, pelo que recebe um salário mínimo mensal.

IV. Maria, cozinheira, admitida como diarista, posto que somente desempenha suas funções aos sábados e domingos, pois os restaurantes vizinhos da fábrica (e que atendem aos trabalhadores) não funcionam aos finais de semana.

V. João, faxineiro, contratado como empregado terceirizado, por tempo indeterminado.

Todos foram admitidos em 01.10.2010 e terão seus contratos findos em 31.12.2010.

Diante do exposto, responda ao que segue:

a) É lícita a contratação de José, na modalidade, espécie e forma como foi feita?

( ) SIM   ( ) NÃO

Justifique. _____

b) É lícita a contratação de Cláudio, na modalidade, espécie e forma como foi feita?

( ) SIM   ( ) NÃO

Justifique. _____

c) É lícita a contratação de Pedro, na modalidade, espécie e forma como foi feita?

( ) SIM   ( ) NÃO

Justifique. _____

d) É lícita a contratação de Maria, na modalidade, espécie e forma como foi feita?

( ) SIM   ( ) NÃO

Justifique. _____

c) É lícita a contratação de João, na modalidade, espécie e forma como foi feita?

( ) SIM   ( ) NÃO

Justifique. _____

3. Analise o seguinte caso concreto e, ao final, responda ao que foi proposto.

Serinófilo Silva foi admitido formalmente como empregado celetista de Supermercados Elite Ltda. em 05.05.2005 para exercer as funções de caixa. O citado empregador paga o piso do comércio na região de Campinas, São Paulo, onde Serinófilo trabalha, o que representa, hoje, R$ 600,00 (seiscentos reais) mensais. Além do piso do comércio Serinófilo recebe cesta-básica sempre que não falta ao serviço durante o mês, por liberalidade do empregador, cujo valor de mercado é, hoje, R$ 180,00 (cento e oitenta reais). Serinófilo sempre é pontual e assíduo. Em decorrência dos constantes assaltos em seu estabelecimento comercial, a rede Supermercados Elite resolveu pagar a todos os caixas, para mantê-los na função, R$ 220,00 (duzentos e vinte reais) a título de adicional de perigo, liberalidade do contratante, vez que não há tal exigência legal. Recebe vale-transporte, no valor de R$ 200,00 (duzentos reais) mensais. A empregadora paga, ainda, Plano de Saúde no valor de R$ 150,00 (cento e cinqüenta reais) mensais. A rede de Supermercados Elite paga por força de Convenção Coletiva de Trabalho que altera a natureza ordinária da parcela, ticket alimentação, no valor de R$ 260,00 (duzentos e sessenta reais) por mês. Paga, ainda, quebra de caixa, no valor de R$ 80,00 (oitenta reais) mensais, sem caráter contraprestativo por força de CCT. Visto que o caixa é também responsável pela constante limpeza de seu posto de trabalho, há o pagamento de adicional de insalubridade em grau mínimo, visto o contato com produtos químicos em caráter intermitente. O supermercado paga, por fim, ajuda de custo para cada caixa, no valor de R$ 75,00 (setenta e cinco reais) mensais.

Diante do exposto, com base no caso concreto acima narrado, com prevalência do princípio da primazia da realidade sobre a forma se e quando for pertinente, identifique a modalidade (Salário, abono, adicional, gratificação, comissões, prêmio, quebra de caixa, ajuda de custo, diária para viagem, utilidade salarial, utilidade não salarial) o valor e natureza jurídica (Remuneratória, ou seja, integrante do complexo salarial ou não-remuneratória, ou seja, sem repercussão) de cada uma das seguintes parcelas, justificando o exposto nos termos da melhor doutrina e da jurisprudência hodierna:

a) piso do comércio.

– modalidade:

– valor:

– natureza jurídica:

– justificativa:

b) cesta-básica.

– modalidade:

– valor:

– natureza jurídica:

– justificativa:

c) adicional de perigo.

– modalidade:

– valor:

– natureza jurídica:

– justificativa:

d) vale-transporte.

– modalidade:

– valor:

– natureza jurídica:

– justificativa:

e) Plano de Saúde

– modalidade:

– valor:

– natureza jurídica:

– justificativa:

f) ticket-alimentação

– modalidade:

– valor:

– natureza jurídica:

– justificativa:

g) quebra de caixa

– modalidade:

– valor:

– natureza jurídica:

– justificativa:

h) adicional de insalubridade

– modalidade:

– valor:

– natureza jurídica:

– justificativa:

i) ajuda de custo

– modalidade:

– valor:

– natureza jurídica:

– justificativa:

1.2) Diante do exposto, com base no caso concreto acima narrado, identifique o valor total da remuneração (complexo salarial) de Serinófilo:

4. Analise o seguinte caso concreto e, ao final, responda ao que foi proposto. Antônio, Pedro e José foram admitidos em 05.05.2005 por Indústria de Móveis Milão S.A., em Carapicuiba, São Paulo, para o exercício das funções de marceneiro. Todos recebiam, entre 2007 e 2010, R$ 1.000,00 mensais a título de salário-base. Em 06.06.2006 Antônio sofreu acidente de trabalho em uma máquina de corte de madeira, tendo perdido sua mão direita. Antônio ficou afastado do trabalho até 07.07.2007, quando voltou às funções de marceneiro. Logo após, visto não ter conseguido preservar a mesma aptidão para tal trabalho, Antônio foi treinado para o exercício das funções de auxiliar de serviços gerais, mantido o mesmo salário anterior. Além do salário mantido, Antônio recebia, desde 07.07.2007, benefício previdenciário consistente em *auxílio-acidente*, no valor de R$ 300,00 mensais. Ocorre que Maria, também auxiliar de serviços gerais, admitida em 07.07.2007, ajuizou, em 24.05.2009, ação trabalhista em desfavor de Móveis Milão S.A., em que requereu equiparação salarial com Antônio, pois ela sempre recebeu um salário mínimo mensal. Antônio e Maria exercem idêntica função, na mesma localidade, para o mesmo empregador, sem distinção de produtividade ou perfeição técnica. Além disso, Pedro e José também ajuizaram ação trabalhista em que requereram equiparação salarial com Antônio, vez que este, ao final de cada mês trabalhado no período entre 07.07.2007 e 07.07.2008 recebia, ao todo, R$ 1.300,00. Durante o período em que desenvolveu as atividades de auxiliar de serviços gerais Antônio trabalhou ao lado de Cláudia, esposa do encarregado da Indústria de Móveis Milão S.A., Sr. Bernardino. Cláudia, embora admitida em 24.05.2009, em substituição a Maria e nas mesmas condições laborativas da substituída, recebia R$ 1.300,00 a título de salário. Antônio, em decorrência de tais fatos, pretende, também, equiparação salarial com Cláudia, mas somente ajuizará ação em 2012, quando terá direito à aposentadoria por tempo de serviço.

a) Maria tem direito à equiparação salarial com Antônio?

( ) SIM ( ) NÃO.

Justifique. _____

2. Pedro e José fazem jus à equiparação salarial com Antônio?
( ) SIM   ( ) NÃO.
Justifique. _____

3. Antônio terá direito à equiparação salarial com Cláudia?
( ) SIM   ( ) NÃO.
Justifique. _____

5. (OAB, FGV, Exame de Ordem Unificado, 03/2010). Determinada loja de um *shopping center* concede mensalmente a todos os seus empregados um vale-compras no valor de R$ 200,00 (duzentos reais), por força de norma regulamentar, para que eles possam utilizá-lo em qualquer estabelecimento do shopping. Além disso, fornece ajuda-alimentação, sendo participante de Programa de Alimentação do Trabalhador – PAT, aprovado pelo Ministério do Trabalho e Emprego. O sindicato representante da categoria profissional de seus empregados vem reivindicando que os valores de ambos os benefícios sejam considerados no cálculo das verbas contratuais dos trabalhadores.

Com base na situação hipotética, na condição de advogado consultado pela empresa, responda aos itens a seguir, empregando os argumentos jurídicos apropriados e a fundamentação legal pertinente ao caso.

a) Os valores correspondentes ao vale-compras devem integrar a base de cálculo das verbas contratuais dos empregados? Justifique.

b) Os valores correspondentes à ajuda-alimentação integram os salários dos empregados? Justifique.

6. Antônio Amintas e José Jobim são economistas. Antônio é empregado do Banco VTR S.A., que se vincula jurídica e economicamente ao grupo VTR S.A. José é empregado da VTR Cimentos S.A., também componente do grupo VTR S.A. Antônio e José trabalham com análises de mercado e acompanham os investimentos e o desempenho das ações de seus empregadores na BOVESPA. Os dois economistas trabalham na cidade de São Paulo. Ambos têm pós-graduação em Finanças, com igual produtividade no exercício do labor. O Banco VTR S.A. paga a Antônio R$ 10.000,00 (dez mil reais) mensais, enquanto a VTR Cimentos S.A. paga a José R$ 8.000,00 (oito mil reais) a título de salário-base. Antônio foi admitido em 01.02.2005, enquanto que José foi admitido em 01.02.2002. Inconformado,

pretende José equiparação salarial com Antônio. Diante do exposto, responda: José terá direito à equiparação salarial com Antônio?

( ) SIM ( ) NÃO.

Justifique. _____

_____

7. José foi admitido em 02.02.2007 para as funções de serralheiro, na Fábrica de Móveis Planejados Madeira S.A., com fixação de salário-base em R$ 1.000,00, com pagamento no 5º dia útil do mês subsequente ao vencido; adicional de insalubridade em grau médio; abono de R$ 300,00 todo dia 15 do mês de referência e 14º salário, todo mês de dezembro (pagamento em 23.12.2012), no valor de R$ 1.000,00. Recebia cesta-básica, cujo valor era R$ 175,00 mensais, sempre que não faltava injustificadamente durante um mês, por força da CCT firmada pelo Sindicato, que alterava o caráter ordinário da parcela. Foi contratado inicialmente por tempo determinado, por um ano, em decorrência do bom momento econômico vivenciado pelo Brasil nos últimos tempos, com destaque para o setor da construção civil. Dado o volume de serviços contratados pela Fábrica, José trabalhava no turno da noite, nos imóveis em construção da Construtora BH S.A. A referida construtora contratava a Fábrica de Móveis Planejados para produzir e montar os móveis das cozinhas de seus apartamentos. A construtora pagava R$ 200,00 a cada trabalhador da Fábrica de Móveis sempre que o prazo de entrega era regularmente cumprido, o que sempre ocorria com José, mensalmente. Seu horário era de 22h00. às 05h00, de segunda a sexta-feira, sem intervalo para alimentação e descanso. Além das parcelas acima identificadas José recebia também adicional noturno. José morava em local não servido por transporte público regular, razão pela qual a Fábrica de Móveis contratava seu deslocamento casa-trabalho-casa através de *van*, que levava todos os trabalhadores para os canteiros de obras. José saia de casa às 20h00. e somente retornava às 07h00. A Fábrica custeava integralmente o transporte, o que significava R$ 150,00 por trabalhador por mês. Antônio, também serralheiro, trabalhava com igual produtividade, mesma perfeição técnica, para a Fábrica de Móveis, na mesma localidade e com admissão em 02.02.2010. Antônio recebia salário-base de R$ 1.200,00 e trabalhava no horário de 08h00 às 17h00, de segunda a sexta-feira, com uma hora de intervalo pra alimentação e descanso. Antônio recebia todas as parcelas recebidas por José, com exceção da cesta-básica e dos R$ 200,00 pagos pela Construtora BH S.A., vez que nem sempre era assíduo e pontual.

Diante do exposto responda, de modo FUNDAMENTADO, ao que segue:

a) Quem deve ser reconhecido como empregador de José?

b) Justifique a resposta apresentada na questão 1, fundamentadamente.

c) Qual é o valor da remuneração de José referente ao mês de novembro de 2011?

d) Especifique quais são as parcelas componentes da remuneração de José.

d) Quais parcelas entregues por Fábrica de Móveis a José não são componentes da remuneração?

f) Justifique o motivo de tais parcelas não serem componentes da remuneração de José.

g) Foi lícita a contratação de José por tempo determinado?

( ) SIM   ( ) NÃO.

Justifique. _____

h) José tem direito à integração do período de deslocamento casa-trabalho-casa em sua jornada?

( ) SIM   ( ) NÃO.

Justifique. _____

i) Qual é a duração semanal do trabalho de José?

j) José tem direito a horas extras?

( ) SIM   ( ) NÃO.

Justifique. _____

l) José pode requerer equiparação salarial tendo Antônio como paradigma?

( ) SIM   ( ) NÃO.

Justifique. _____

m) Antônio pode requerer equiparação salarial tendo José como paradigma?

( ) SIM   ( ) NÃO.

Justifique. _____

8. A Sociedade Empresária Delta Minas Ltda., cujos sócios são Antônio Delta e Pedro Lessa, ambos residentes em Belo Horizonte, MG., teve suas unidades industriais vendidas para a sociedade empresária Indústrias Minas Ltda., cujos sócios são Maria Delta, esposa de Antônio, e Joana Lessa, esposa de Pedro. A venda dos parques industriais se deu em 26.10.2011. Além das pessoas físicas citadas, a Sociedade Empresária Delta Minas Ltda. também figura como sócia de Indústrias Minas Ltda., vez que detentora de 33% das quotas sociais. As atividades industriais se concentram na fabricação de premoldados de concreto. José Silva foi admitido em 03.10.2011 para o exercício das tarefas de operador de máquina de produção. Foi admitido por Terceirização de Trabalho Temporário Minas Gerais S.A. (TTT MG SA), para um período contratual de 90 dias, em decorrência da necessidade de pessoal em atividade-fim da indústria, decorrente de acréscimo extraordinário de pedidos formulados pelo Governo do Estado de Minas Gerais, após longo e exaustivo processo licitatório. Findo o período de 1 mês, Antônio Silva sofreu acidente de trabalho, que determinou seu afastamento por 30 dias. Antônio Silva recebe hoje salário-base de R$ 1.000,00; adicional de periculosidade; ticket-alimentação no valor de R$ 250,00, condicionado à assiduidade, conforme norma interna de TTT MG SA; vale-transporte no valor de R$ 175,00; ajuda de custo por produção, condicionada à produtividade mínima no mês, no valor de R$ 325,00 e diária para viagem, no valor de R$ 120,00 mensais, pois o trabalhador reside em Sete Lagoas e trabalha em Belo Horizonte, MG, no bairro Alípio de Melo. Seu horário de trabalho é de 08h00 às 17h00, de segunda a sexta-feira, com uma hora de intervalo para alimentação e descanso, e aos sábados de 08h00 às 12h00, sem intervalo para alimentação e descanso. Para cumprir sua jornada Antônio Silva sai de sua casa sempre e necessariamente às 06h00 e somente retorna às 19h00. A Convenção Coletiva de Trabalho firmada entre os sindicatos representativos de trabalhadores e da indústria da construção civil prevê piso da categoria em R$ 800,00; cesta-básica no valor de R$ 132,00, condicionada à assiduidade e disponibilidade semanal de trabalho de 40 horas. Findo o contrato de Antônio Silva com TTT MG SA já está ajustada a sua contratação por Terceirização de Mão de Obra Ltda., pois continuará trabalhando para a Indústrias Minas Ltda., pelo prazo de 2 meses, dada a necessidade transitória provocada por atraso no fornecimento de blocos de concreto para o Governo do Estado de Minas Gerais, decorrente das últimas chuvas. A Terceirização de Mão de Obra Ltda. manterá inalteradas as cláusulas contratuais hoje mantidas entre Antônio Silva e TTT MG AS, excetuada a fundamentação básica legal para o ajuste. Ao final da nova avença não haverá o aproveitamento do trabalho de Antônio Silva pela citada indústria da construção civil, direta ou indiretamente.

Diante do exposto responda ao que segue:

1) Qual é o valor da remuneração de Antônio Silva, para efeito de pagamento quando de seu acerto rescisório a ser formalizado pela TTT MG SA?

2) Fixe as parcelas componentes da remuneração de Antônio Silva, que serão pagas quando de seu acerto rescisório pela TTT MG SA.

3) Justifique o motivo da exclusão das demais parcelas pagas (caso haja).

4) Quem deve ser reconhecido como empregador de Antônio no período contratual compreendido entre 03.10.2011 e 31.12.2011?

Justifique. _____

_____

5) Quem deve ser reconhecido como empregador de Antônio no período contratual compreendido entre 01.01.2012 e 28.02.2012?

Justifique. _____

_____

6) Qual será a disponibilidade semanal de trabalho de Antônio no período compreendido entre 01.01.2012 e 28.02.2012?

7) Antônio Silva fará jus ao pagamento de horas extraordinárias (reais ou fictas)?

( ) SIM ( ) NÃO

Justifique. _____

_____

8) É lícita a terminação natural do contrato de emprego mantido entre Antônio Silva e TTT MG SA e prevista para 31.12.2011?

( ) SIM ( ) NÃO

Justifique. _____

_____

9) É lícita a terminação natural do contrato de emprego mantido entre Antônio Silva e Terceirização de Mão de Obra Ltda. e prevista para 28.02.2012?

( ) SIM ( ) NÃO

Justifique. _____

_____

10) Qual é o valor da remuneração de Antônio Silva, para efeito de pagamento quando de seu acerto rescisório a ser formalizado pela Terceirização de Mão de Obra Ltda.?

10.1) Fixe as parcelas componentes da remuneração de Antônio Silva, que serão pagas quando de seu acerto rescisório a ser formalizado pela Terceirização de Mão de Obra Ltda.

9. Indústria de Colchões S.A. criou regra interna através da qual fixa a fiscalização em bolsas e mochilas de seus trabalhadores, ao argumento de proteção de seu patrimônio. Antônio Silva foi submetido diariamente, durante 5 anos, à fiscalização pessoal em sua mochila. Durante todo o contrato mostrou ao fiscal o conteúdo que levava da fábrica para casa. Ao final, insatisfeito com o tratamento imposto pelo empregador, ajuizou ação trabalhista tendente à reparação do dano pretensamente havido. Na qualidade de Advogado do trabalhador, fixe a fundamentação jurídica (e não fática) do pedido de reparação de danos.

    Inicie por fixar o seguinte:

    Houve dano moral a ser reparado?

    ( ) SIM   ( ) NÃO

    Justifique. _____

10. Indústria de Colchões S.A. criou regra interna através da qual fixa a fiscalização em bolsas e mochilas de seus trabalhadores, ao argumento de proteção de seu patrimônio. Antônio Silva foi submetido diariamente, durante 5 anos, à fiscalização pessoal em sua mochila. Durante todo o contrato mostrou ao fiscal o conteúdo que levava da fábrica para casa. Ao final, insatisfeito com o tratamento imposto pelo empregador, ajuizou ação trabalhista tendente à reparação do dano pretensamente havido. Na qualidade de Advogado do empregador, fixe a fundamentação jurídica (e não fática) da contestação do pedido de reparação de danos.

    Inicie por fixar o seguinte:

    Houve dano moral a ser reparado?

    ( ) SIM   ( ) NÃO

    Justifique. _____

11. Guilhermino, vigia, trabalha em dias alternados, no horário de 18h00 às 06h00, com 6 intervalos de 10 minutos para alimentação e descanso, diluídos no curso da jornada, tudo isso por força de norma convencional coletiva que fixa sua "jornada 12 x 36". Recebe os mesmos R$ 2.000,00 de salário que recebem todos os vigias vinculados ao mesmo empregador, independentemente do horário de trabalho. Recebe adicional noturno.

Diante do exposto, fixe e responda:
a) a jornada de trabalho de Guilhermino.
b) a duração semanal de trabalho de Guilhermino.
c) Além do salário e do adicional noturno, Guilhermino tem direito a outra(s) parcela(s) remuneratória(s), decorrente(s) da jornada fixada e da sua disponibilidade semanal de trabalho?

( ) SIM ( ) NÃO

Justifique. _____

_____

d) Justifique a resposta assinalada no item *c*, nos termos da lei, com especificação da(s) parcela(s), se houver.

12. (OAB, FGV, Exame de Ordem Unificado, VI Unificado, 1ª etapa, adaptado) A empresa X pagou em 10.6.2011 as parcelas do rompimento do contrato do empregado Tício, após dação de aviso prévio, datado de 30.5.2011, de cujo cumprimento o trabalhador foi dispensado. À época da dispensa, o trabalhador, que tinha 11 (onze) anos de tempo de serviço, recebia salário de R$ 700,00 mensais, com forma de pagamento semanal.

Com base no caso concreto apresentado, disserte sobre:
a) o prazo para pagamento do acerto rescisório de Tício.
b) prazo de cumprimento do aviso prévio, caso tivesse havido trabalho durante tal período.

13. (OAB, FGV, Exame de Ordem Unificado, VI Unificado, 1ª etapa, adaptado) Determinada empresa encontra-se instalada em local de difícil acesso, não servida por transporte público regular. Em razão disso, fornece condução para o deslocamento dos seus empregados, da residência ao trabalho e vice-versa, mas cobra deles 50% do valor do custo do transporte. Antônio recebe R$ 1.000,00 mensais de salário-base. Recebe, ainda, cesta-básica de R$ 250,00 e ticket-alimentação de R$ 300,0 sendo apenas este fixado por CCT que altera a natureza jurídica da parcela. Mensalmente a empregadora desconta R$ 150,00 a título de 50% do transporte fornecido. Diante do exposto, responda ao seguinte:

a) o período de deslocamento será remunerado como jornada *in itinere*?
Justifique. _____

_____

b) é lícito o desconto efetuado a título de transporte?
Justifique. _____

_____

14. Adamastor foi admitido por Lojas N Ltda. em 03.03.2003 para desenvolver as tarefas de fiscal de lojas. Para tanto ele deveria a cada dia da semana (de segunda a sábado) se apresentar a uma das 6 lojas N na região metropolitana de Belo Horizonte, MG, conforme designação (por sorteio) recebida na sede da empresa, diariamente, em BH. Adamastor se deslocava da sede em BH para as demais cidades, diariamente, em seu próprio veículo ou, dependendo da situação, valendo-se de transporte coletivo. Caso houvesse necessidade urgente devia ele se deslocar entre duas ou mais lojas N no curso de uma única jornada. Caso houvesse necessidade excepcional, ele comparecia às Lojas M Ltda., componente do grupo Lojas N Ltda., para fiscalização eventual e de surpresa. Ao final da fiscalização retornava sempre, diariamente, a BH. Seu salário-base foi fixado em R$ 1000,00, acrescidos de ajuda de custo por deslocamento, no valor de R$ 30,00 por dia, o que lhe rendia, em média mais R$ 1000,00 mensais, valor que não integrava a sua remuneração. Trabalhava 44 horas por semana. Sempre recebeu seu salário em atraso, no dia 15 do mês subsequente ao vencido. Seu salário-base é inferior àquele pago a Bernardo, admitido em 03.03.2005, que desenvolve as mesmas funções, com igual produtividade e perfeição técnica, nas 6 Lojas N Ltda. da região metropolitana de Ipatinga. Em 03.03.2009 Adamastor se acidentou no trajeto entre sua residência e a sede em BH. Seu carro colidiu com um poste, vindo o trabalhador a sofrer graves sequelas, dentre elas a impossibilidade de movimentar a mão direita, esmagada no acidente, motivo pelo qual só foi possível seu retorno ao trabalho um ano após o fatídico. Em 26.03.2011 Adamastor foi dispensado sem justa causa, pois não mais conseguia ser tão produtivo quanto antes, dada a imobilidade da mão direita e as dores constantes que sofre em decorrência do acidente. Após a dispensa Adamastor ajuizou Ação Trabalhista, em que requereu: a) nulidade da dispensa, por ter garantia de emprego decorrente de acidente de trabalho; b) nulidade da dispensa, vez que discriminatória; c) reparação dos danos morais decorrentes de acidente de trabalho; d) integração à remuneração do valor da ajuda de custo por deslocamento, vez que em valor igual ao do seu salário; e) pagamento em dobro do valor do salário-base, visto o atraso sistemático no pagamento; f) duplo contrato de emprego, com seus consectários legais, a ser reconhecido também com Lojas M Ltda. Na condição de Advogado das Lojas N Ltda. apresente a medida processual cabível, com fundamentação jurídica suficiente, consubstanciada na melhor doutrina, na legislação vigente e na jurisprudência trabalhista consolidada.

15. (OAB, FGV, EXAME DE ORDEM, VI UNIFICADO, MARÇO DE 2012). Ednalva Macedo, assistida por advogado particular, ajuizou reclamação trabalhista, pelo rito ordinário, em face de Pedro de Oliveira (RT n. 0001948-10.2011.5.03.0020), em 5.10.2011, afirmando que, após ter

concluído o curso superior de enfermagem, foi contratada, em 13/2/2005, para dar assistência à mãe enferma do reclamado, que com ele coabitava, tendo sido dispensada sem justa causa, com anotação de dispensa na CTPS em 8.7.2010. Diz que recebia salário mensal correspondente ao salário mínimo, que sempre foi inferior ao salário normativo da categoria profissional dos enfermeiros, conforme normas coletivas juntadas aos autos. Alega que trabalhava de segunda-feira a sábado, das 12 às 24 horas, com uma hora de intervalo para repouso e alimentação, sem pagamento de horas extraordinárias e de adicional noturno. Aduz que o reclamado lhe fornecia alimentação e material de higiene pessoal, sem que os valores concernentes a essas utilidades fossem integrados ao seu salário. Por fim, disse que o reclamado não efetuou o recolhimento dos depósitos do FGTS e das contribuições previdenciárias relativas a todo o período do contrato de trabalho. Diante do acima exposto, postula: a) o pagamento das diferenças salariais em relação ao salário normativo da categoria profissional dos enfermeiros, com base nos valores constantes nas normas coletivas juntadas aos autos, e dos reflexos no aviso prévio, nas férias, nos décimos terceiros salários, nos depósitos do FGTS e na indenização compensatória de 40% (quarenta por cento); b) o pagamento a título de horas extraordinárias daquelas excedentes à oitava diária, com adicional de 50% (cinquenta por cento), e dos reflexos no aviso prévio, nas férias, nos décimos terceiros salários, nos depósitos do FGTS e na indenização compensatória de 40% (quarenta por cento); c) o pagamento do adicional noturno relativo ao período de trabalho compreendido entre as 22 e 24 horas e dos reflexos no aviso prévio, nas férias, nos décimos terceiros salários, nos depósitos do FGTS e na indenização compensatória de 40% (quarenta por cento); d) o pagamento das diferenças decorrentes da integração no salário mensal dos valores concernentes à alimentação e ao material de higiene pessoal fornecidos pelo reclamado, assim como dos respectivos reflexos no aviso prévio, nas férias, nos décimos terceiros salários, nos depósitos do FGTS e na indenização compensatória de 40% (quarenta por cento); e) o pagamento dos valores atinentes aos depósitos do FGTS relativos ao contrato de trabalho; f) o recolhimento das contribuições previdenciárias referentes a todo período contratual e g) o pagamento de honorários advocatícios. Considerando que a reclamação trabalhista foi distribuída à MM. 20ª Vara do Trabalho do Rio de Janeiro/RJ, redija, na condição de advogado contratado pelo reclamado, a peça processual adequada, a fim de atender aos interesses de seu cliente.

16. Sr. José é empregado público celetista em autarquia federal. Desempenha as funções de Agente Administrativo de nível I, com salário de R$ 1.200,00. Ao lado de José atua Antônio, Agente Administrativo de nível II, com salário de R$ 1.600,00. Ambos trabalham na mesma localidade, com igual produtividade e perfeição técnica. Ambos desenvolvem as mes-

mas atividades e foram aprovados no mesmo concurso público. A citada autarquia tem Plano de Cargos e Salários que contempla tal possibilidade de diferenciação remuneratória, de modo justificado e equânime, mas que não foi homologado pelo Ministério do Trabalho e Emprego. Diante da situação fática, Antônio tem direito à equiparação salarial com José?

17. José da Silva foi contratado pela empresa Boa Vista Ltda., que integra grupo econômico com a empresa Boa Esperança Ltda., para exercer a função de vendedor empregado. Durante a mesma jornada de trabalho, ele vendia os produtos comercializados pela Boa Vista Ltda. e pela Boa Esperança Ltda., com a supervisão dos gerentes de ambas as empresas. Diante dessa situação hipotética, e considerando que a sua CTPS somente foi anotada pela empresa Boa Vista Ltda., responda, de forma fundamentada, às indagações abaixo à luz da jurisprudência do Tribunal Superior do Trabalho:

    a) Qual é a natureza da responsabilidade solidária das empresas que integram grupo econômico para efeitos da relação de emprego: é ativa e/ou passiva?

    b) É correto afirmar que José da Silva mantinha vínculos de emprego distintos com as empresas Boa Vista Ltda. e Boa Esperança Ltda.?

18. João foi empregado de Supermercados ZNN Ltda. durante o período compreendido entre 27.03.2000 e 27.03.2011, quando foi dispensado por justa causa, após comprovados furtos no estabelecimento comercial. João era caixa e recebeu, durante todo o período de prestação laborativa, 2 salários mínimos a título de salário-base, além de 50% do salário mínimo a título de quebra-de-caixa, conforme exigência prevista em CCT firmada pelo Sindicato dos Comerciários de Minas Gerais com o órgão representativo patronal. João sempre trabalhou na cidade de Nova Lima, MG. José também era caixa dos supermercados ZNN Ltda., onde trabalhou no período compreendido entre 27.03.1999 e 27.03.2010, quando se aposentou por invalidez, tendo até então desempenhado suas tarefas na cidade de Belo Horizonte, MG. José sempre recebeu 2,5 salários mínimos a título de salário-base, sem perceber quebra-de-caixa. João, após obter liberdade provisória, resolveu procurar seu escritório para saber se tem direito à equiparação salarial, tendo como paradigma o Sr. José. Apresente ao Sr. João parecer sobre o tema.

19. Sérgio foi admitido por Concessionária de Veículos Beta Ltda., de propriedade de Antônio Lima, para o desenvolvimento das funções de economista. Seu horário de trabalho era de 08:00 às 17:30h., de segunda a sexta-feira, com uma hora de intervalo para alimentação e descanso. Seu salário era R$ 6.000,00 mensais. Tal avença se manteve inalterada até 27.03.2009, pois como Antônio resolveu revender também veículos Alfa, criou a Concessionária de Veículos Alfa Ltda. Com o novo em-

preendimento Sérgio passou a trabalhar para Beta Ltda. no horário de 08:00 às 12:00 horas, e para Alfa Ltda. no período de 13:00 às 17:30h, tendo sido formalmente admitido por esta em 28.03.2009. De cada sociedade empresária empregadora Sérgio passou a receber R$ 3.000,00. Em 27.02.2012 Sérgio foi dispensado sem justa causa por ambas as sociedades empresárias. Inconformado, resolve ajuizar ação trabalhista em desfavor de Concessionária de Veículos Beta Ltda., visto ter havido redução salarial. Diante do exposto, diga se tem ou não Sérgio direitos trabalhistas em decorrência da mudança havida em março de 2009. Justifique. _____

20. Antônio Bento foi admitido em 02.02.2005 por Cooperativa Agropecuária de São Sebastião do Mato Dentro, PB, para o exercício da função de supervisor de atendimento especial. Tinha como tarefas o atendimento aos principais clientes da Cooperativa, que eram os cooperados proprietários das maiores fazendas da região. Quando um dos cooperados principais chega à sede da cooperativa para compras ou outras atividades é imediatamente atendido por Antônio Bento, que presta a eles todos os serviços ali disponíveis. Para tanto foi admitido também como cooperado, e portanto sem vínculo empregatício formalizado. Como tem tarefas de supervisão, trabalha de 07:00 às 18:00 horas de segunda a sexta-feira e de 07:00 às 12:00 aos sábados, com uma hora de intervalo para alimentação e descanso. Quase todos trabalhadores da Cooperativa recebem um salário mínimo mensal, sendo que Antônio, em decorrência de suas tarefas de supervisão, recebe 3 salários mínimos mensalmente. Antônio Bento trabalha diretamente em contato com animais, medicamentos veterinários e produtos de limpeza pesada (todos vendidos por ele na cooperativa), sem perceber o respectivo adicional. Na condição de cooperado nunca gozou férias ou recebeu 13º salário, embora receba, no final do ano, parte dos ganhos auferidos pela Cooperativa, em percentual que rendeu a todos os trabalhadores da cooperativa (que não são produtores rurais), no último ano, R$ 250,00. Antônio Bento, no curso da prestação laborativa, resolve procurar seu escritório para que sejam tomadas judicialmente (as melhores) medidas tendentes à rescisão de seu contrato. Assim, ajuíze a competente Ação Trabalhista, começando por redigir a Petição Inicial.

21. Após acordo individual de trabalho firmado com a totalidade de seus empregados, a sociedade empresária Vigia e Vigilância Armada S.A. definiu que cada vigia trabalharia 12 horas por dia, seguidas de 36 horas de descanso (12 x 36), com intervalo para alimentação e descanso, consoante entendimento do empregador, pois as refeições eram realizadas no posto de trabalho. Cada trabalhador tinha sua mesa própria em guarita des-

tinada ao controle de entrada e saída de pessoas. Durante o horário de almoço nas empresas clientes da empregadora, de 12:00 às 13:00 horas, havia pouquíssimo movimento de pessoas. A jornada de trabalho era de 07:00 às 19:00 horas. Diante do exposto, responda ao que segue:

a) Há sobrejornada a ensejar o pagamento de horas extras? Justifique. _____

_____

b) Houve concessão de intervalo intrajornada? Justifique. _____

_____

22. (OAB, FGV, EXAME DE ORDEM, VI UNIFICADO, MARÇO DE 2012). Carlos Machado foi admitido pela Construtora Y S.A. em 18.2.2005. Depois de desenvolver regularmente suas atividades por mais de um ano, Carlos requereu a concessão de férias, ao que foi atendido. Iniciado o período de descanso anual em 18.4.2006, o empregado não recebeu o seu pagamento, devido a um equívoco administrativo do empregador. Depois de algumas ligações para o departamento pessoal, Carlos conseguiu resolver o problema, recebendo o pagamento das férias no dia 10.5.2006. De volta ao trabalho em 19.5.2006, o empregado foi ao departamento pessoal da empresa requerer uma reparação pelo ocorrido. Contudo, além de não ter sido atendido, Carlos foi dispensado sem justa causa. Dias depois do despedimento, Carlos ajuizou ação trabalhista, pleiteando o pagamento dobrado das férias usufruídas, como também indenização por dano moral em face da dispensa arbitrária efetuada pelo empregador. Em defesa, a Construtora Y S.A. alegou que houve um mero atraso no pagamento das férias por erro administrativo, mas que o pagamento foi feito, inexistindo amparo legal para o pedido de novo pagamento em dobro. Outrossim, a empregadora afirmou que despediu Carlos sem justa causa, por meio do exercício regular do seu direito potestativo, não havendo falar em indenização por dano moral.

Em face da situação concreta, responda aos itens a seguir, empregando os argumentos jurídicos apropriados e a fundamentação legal pertinente ao caso.

a) Carlos faz jus ao pagamento dobrado das férias? Por quê?

b) Carlos terá direito a receber indenização por dano moral?

23. A gerente geral de uma loja da rede Maristela Lojas Varejistas Ltda. ficou indignada com a atitude de uma sua subordinada. Segundo a gerente uma das empregadas da loja tinha por hábito colar absorventes higiênicos nas paredes do banheiro da loja. Indignada com tal atitude resolveu

a gerente submeter as 20 empregadas do turno ao seguinte procedimento de fiscalização: "cada uma mostrava o armário e depois abaixava as calças, na frente de todas as outras trabalhadoras". Sustenta a empresa que tudo não passou de uma brincadeira, de exclusiva responsabilidade da gerente, e que o "fato foi tomado como brincadeira", tanto é que "estava uma algazarra no banheiro"... Diante do exposto, responda ao que segue:

a) A ação da gerente da loja foi, consoante o entendimento dela própria, consubstanciada no poder fiscalizatório inerente a todo e qualquer empregador. A ação pode ser entendida como correta, ou seja, obedece aos limites impostos ao poder fiscalizatório?

( ) SIM ( ) NÃO

Justifique, dizendo EXPRESSAMENTE em que consiste o poder fiscalizatório do empregador.

b) Em caso de ação de reparação de danos, quem deve responder por eventuais prejuízos morais havidos?

( ) a Gerente da loja em Porto Alegre

( ) Maristela Lojas Varejistas Ltda.

Justifique. _____

_____

24. Joaquim foi admitido como caseiro do Sítio Fartura, de propriedade do Sr. Beneditino Froes, na cidade de Guaracema, RJ. O sítio serve ao descanso familiar nos finais de semana, e foi adquirido por Beneditino em 02.02.2002, ocasião em que imediatamente contratou Joaquim para trabalhar como caseiro, sem vínculo empregatício e sem registro em CTPS, vez que já é ele aposentado por tempo de serviço (INSS). Antunes é vizinho do sítio e primo de Beneditino, e colabora com este na fiscalização diária dos trabalhos de Joaquim. Durante cinco anos Beneditino teve grandes despesas com o sítio, tendo então pensado em vendê-lo. Seus filhos, entretanto, insistiram para que o pai não o fizesse, tendo sugerido formas de criar renda exclusivamente para a manutenção do sítio. Assim, passaram a alugar o sítio nas ocasiões em que não era utilizado pela família. Passaram, também, a produzir hortaliças, legumes, leite e ovos para vender na região. O objetivo específico sempre foi o de equilibrar as contas do sítio, e nunca obtiveram qualquer lucro com as medidas implementadas, pois não objetivavam lucro, mas conseguiram reduzir os prejuízos mensais de manutenção do local, que passou a ser minimamente autossustentável. Joaquim, na condição de caseiro, residia no sítio, em uma pequena casa ao lado da sede, cujo valor de uso é orçado em R$ 200,00 mensais. Recebe um salário mínimo por mês a título de

salário-base. Além disso, pode utilizar parte do que é produzido no sítio para consumo próprio, o que faz com que economize R$ 150,00 mensais com alimentação. A renda mensal da família de Joaquim (esposa e filhos) é complementada com sua aposentadoria por tempo de serviço, que hoje é de R$ 750,00. Joaquim trabalha todos os dias da semana, exceção das terças-feiras, que é seu dia de descanso. Diariamente acorda às 06h00 horas, toma seu café e inicia as obrigações diárias no sítio, que somente são interrompidas às 12h00, para almoço. Às 13h00 Joaquim retoma suas tarefas, que terminam às 16h00. Findas as obrigações descansa em sua casa, aproveitando para vigiar a propriedade. Em 30.06.2012 Joaquim resolveu se demitir, pois pretende, doravante, apenas descansar. Assim, avisou a Beneditino que seu contrato somente seria mantido até o dia 29.07.2012.

a) Há vínculo jurídico empregatício entre o Sr. Beneditino e o Sr. Joaquim?

( ) SIM, sendo.

( ) celetista ( ) doméstico ( ) rural

( ) NÃO

b) Justifique.

c) Qual o valor da remuneração de Joaquim?

d) Indique a(s) parcela(s) componente(s) da remuneração de Joaquim.

e) Joaquim é submetido a controle de jornada?

( ) SIM, há controle de jornada. Além disso,

( ) empreende sobrejornada, sendo _____ horas por _____.

( ) não há sobrejornada.

( ) NÃO há controle de jornada.

( ) NÃO há jornada tipificada, nos termos da lei.

f) Justifique.

g) Qual é a data de terminação do contrato mantido?

h) Qual é a modalidade de terminação do contrato?

i) Liste, se houver, os direitos rescisórios de Joaquim.

25. Cláudia era vendedora de roupas na Loja de Roupas "C" Ltda., à qual se vinculou através de um especial contrato de terceirização. Cláudia se vinculou à TerceirizaVendas para o fornecimento de mão de obra em vendas para a Loja de Roupas "C" Ltda. Cláudia, comissionista, recebia, única e exclusivamente, 0,5% sobre o valor das vendas realizadas, não tendo nenhum direito trabalhista, pois, segundo José Silva, não era

empregada, por força da terceirização. Assim a trabalhadora terceirizada Cláudia trabalhava na Loja de Roupas "C" Ltda., de segunda-feira a sábado, no horário de 09h00 às 22h00, com intervalo de uma hora para alimentação e descanso. Em média recebia R$ 700,00 a título de comissão. Nada mais. Recebia ordens de Maria Silva, esposa de José Silva, sócia da Loja de Roupas "C" Ltda. Bianca também é vendedora da Loja de Roupas "C" Ltda., mas, por ser formada em biblioteconomia, recebia 1,0% de comissão sobre as vendas e foi admitida formalmente como empregada da Loja de Roupas "C" Ltda. Em média, por mês, recebia também R$ 700,00 a título de comissão. Também trabalhava de 09h00 às 22h00, mas, como era comissionista, não recebia horas extras. Bianca também recebia ordens de Maria Silva. Ambas as vendedoras iniciaram o trabalho em 01.02.2005 e terminaram a avença em 02.02.2012, a primeira por ter optado pela demissão, e a segunda em decorrência de dispensa.

a) Para efeito de Direito do Trabalho existe jornada controlada a ser reconhecida a Cláudia?

( ) SIM, há controle de jornada. Além disso,

( ) empreende sobrejornada, sendo _____ horas por _____.

( ) não há sobrejornada.

( ) NÃO há controle de jornada.

b) Justifique.

c) Para efeito de Direito do Trabalho existe jornada controlada a ser reconhecida a Bianca?

( ) SIM, há controle de jornada. Além disso,

( ) empreende sobrejornada, sendo _____ horas por _____.

( ) não há sobrejornada.

( ) NÃO há controle de jornada.

d) Justifique.

e) É possível a equiparação salarial entre Cláudia (paradigma) e Bianca (equiparando)?

( ) SIM

( ) NÃO

f) Justifique.

g) Liste os direitos trabalhistas rescisórios, se houver, de Cláudia e Bianca.

Parte IV

Direito Coletivo do Trabalho Essencial

Capítulo 1

Introdução ao Direito Coletivo do Trabalho

1. Direito Coletivo do Trabalho: aspectos gerais
   a) Ideia básica: autonomia privada coletiva
   b) Categoria básica: relações coletivas de trabalho
   c) Funções
      1) gerais
         • melhoria das condições de pactuação da força produtiva
         • modernizante e progressista
      2) específicas
         • geração de normas jurídicas
         • pacificação de conflitos de natureza sociocoletiva
         • social e política
         • econômica
   d) Conflitos Coletivos de Trabalho e sua resolução
      1) Modalidades de Conflitos Coletivos
         • conflitos de natureza jurídica
         • conflitos de natureza econômica
      2) Modalidades de resolução de conflitos
         • autocomposição
         • heterocomposição

O Direito do Trabalho, fruto de conquistas sociais de trabalhadores reunidos nas incipientes fábricas européias da Revolução Industrial, tem claramente na ação coletiva seu gérmen. Certo que a criação das primeiras regras limitadoras da exploração de trabalho não foi uma dádiva do Estado, mas resultado da luta dos trabalhadores.

O Direito do Trabalho é fruto do capitalismo industrial europeu, pois seu núcleo básico, a relação subordinada, somente se tornou hegemônica a partir do século XVIII. O sofrimento coletivo dos trabalhadores, reunidos em grandes fábricas, incentivou a ação operária por direitos gerais, ainda que mínimos. A contratação de força produtiva, no início da revolução industrial, seguia inicialmente a visão liberal, contratual civil, em que as partes fixavam as regras da pactuação. Entretanto, tal liberdade, apenas formal, impunha aos trabalhadores severa exploração de seu labor. Assim, o sentimento coletivo de pertencimento é fator preponderante para forçar o Estado à edição de regras gerais de limitação à exploração do trabalho.

Neste primeiro momento, de organização incipiente, foi comum a criminalização do movimento operário, pois os governos temiam que a luta dos trabalhadores fugisse ao controle do Estado e acarretasse problemas mais sérios para a reprodução do capital nos moldes experimentados até então.

No Brasil, ainda que em outro período histórico, força da tardia abolição da escravatura, tal realidade também é verificável. Mauricio Godinho Delgado destaca o incipiente desenvolvimento da organização social (proletária) antes mesmo da década de 1930, que é o marco histórico da institucionalização do direito do trabalho no Brasil. Por aqui também o Estado cuidou de reprimir, pela força, diversos movimentos operários, tratando a questão social como caso de polícia.

A fase de institucionalização do Direito do Trabalho também considera a relevância, e o temor estatal, da ação coletiva obreira. Nos países capitalistas centrais e no Brasil (década de 30 em diante) há regras que reconhecem a atuação sindical, embora no caso brasileiro tal se dê através de um claro contingenciamento de sua ação política e institucional.

Certo é que o Direito do Trabalho reserva à sua esfera coletiva um amplo espaço a ser preenchido pelo movimento organizado dos trabalhadores. Nos países de capitalismo central a tendência é a da preponderância da ação coletiva na conquista de direitos que refletem diretamente nos contratos individuais de trabalho. Há um privilégio à autonomia privada coletiva, que bem exercida somente traz acréscimos ao patamar civilizatório mínimo consagrado no plano individual.

O Brasil, entretanto, mesmo com a Constituição de 1988, não conseguiu se libertar integralmente das amarras corporativistas das décadas de 30 e 40 do século passado. Percebe-se hoje uma interpretação retrospectiva sobre direitos coletivos, que desconsidera os avanços constitucionais havidos e que continua reconhecendo a norma infraconstitucional em preponderância em relação aos princípios fundamentais consagrados na Constituição da República.

É urgente uma mudança na análise jurídica sobre o sindicalismo brasileiro, que contemple a normatividade dos princípios constitucionais e trabalhistas sobre a matéria e que possibilite a atuação coletiva dos trabalhadores em uma perspectiva mais ampla, efetiva e democrática.

Importante destacar a distinção essencial entre o Direito Individual do Trabalho e o Direito Coletivo do Trabalho. A função básica do Direito Individual do Trabalho é a *melhoria das condições de pactuação da força produtiva*, o que se dá através da intervenção do Estado para proteger a parte hipossuficiente da relação empregatícia. Tal intervenção estatal se dá, na prática, através da construção de um *patamar civilizatório mínimo* abaixo do qual não pode haver, validamente, contratação de emprego. No âmbito juscoletivo, ao contrário, o Estado não intervém para proteger uma das partes, pois ambas estão em patamar de igualdade no plano da relação coletiva. A função básica do Direito Coletivo, que pressupõe autonomia privada coletiva, é a produção da norma jurídica autônoma, que se revela na prática através do Acordo Coletivo de Trabalho ou da Convenção Coletiva de Trabalho.

A ideia básica, ao contrário do que ocorre na relação individual, em que se reconhece a desigualdade fática entre os entes pactuantes e a necessária tutela específica ao trabalhador, no âmbito juscoletivo é a autonomia privada coletiva.

O Prof. Mauricio Godinho Delgado bem expressa tal ideia:

> O Direito do Coletivo do Trabalho, por sua vez, regula as relações inerentes à chamada autonomia privada coletiva, isto é, relações entre organizações coletivas de empregados e empregadores e/ou entre as organizações obreiras e empregadores diretamente, a par das demais relações surgidas na dinâmica da representação e atuação coletiva dos trabalhadores[1].

O empregador é naturalmente um ente coletivo "cuja vontade é hábil a detonar ações e repercussões de impacto social"[2] quer seja no âmbito mais restrito da comunidade de trabalhadores, quer seja no mais amplo de uma localidade (bairro, cidade, região, estado) ou país.

A relação coletiva pressupõe ação social dos trabalhadores como suficiente a se equiparar ao empregador no âmbito negocial, do que decorre ser a relação coletiva de trabalho a categoria básica do ramo especial juscoletivo.

Assim, vistas a ideia elementar e a categoria básica do Direito Coletivo do Trabalho é possível traçar sua conceituação, o que se faz, mais uma vez, com Mauricio Godinho Delgado:

> A partir do critério misto, podemos, finalmente, definir Direito Coletivo do Trabalho como o complexo de institutos, princípios e regras jurídicas que regulam as rela-

---

(1) DELGADO, Mauricio Godinho. *Curso de Direito do Trabalho*. São Paulo: LTr, 2008, p. 1.279.
(2) *Ibidem*.

ções laborais de empregados e empregadores e outros grupos jurídicos normativamente especificados, considerada sua ação coletiva, realizada autonomamente ou através das respectivas entidades sindicais.[3]

Diante do exposto é possível inferir que, ao contrário do que ocorre no Direito Individual do Trabalho, em sua esfera coletiva este ramo jurídico contempla a noção básica de autonomia das vontades. Parte o sistema juscoletivo do suposto de que as partes pactuantes (sindicato de trabalhadores, empregadores e/ou sindicato patronal) se encontram em igualdade de condições no aspecto jurídico básico da negociação de normas coletivas, sendo, portanto, aptos à criação da norma jurídica autônoma.

Walküre Lopes Ribeiro da Silva, na obra coletiva denominada *Curso de Direito do Trabalho*, volume III, *Direito Coletivo do Trabalho*, destaca em que consiste a *autonomia privada coletiva* em geral, com base na doutrina do italiano Francesco Santoro-Passarelli:

> Quanto à autonomia privada coletiva, Francesco Santoro-Passarelli ensina que o ordenamento jurídico reconhece aos grupos sociais intermediários o poder de regular os próprios interesses do mesmo modo que ocorre com os indivíduos singulares. Porém, a autonomia individual e a autonomia coletiva diferenciam-se quanto aos fins e à estrutura que comportam.
>
> Quanto aos fins, é possível afirmar que a autonomia individual visa a satisfazer interesse individual, pertinente à pessoa singularmente considerada, enquanto a autonomia coletiva visa a realizar interesse coletivo, pertinente ao grupo.
>
> Quanto à estrutura, verifica-se que os limites internos e externos da autonomia são dados pelo grau de relevância dos interesses envolvidos, tanto privados – individual e coletivo – como públicos. Por isso mesmo deve ser explicada a distinção entre os três tipos de interesse: o coletivo diferencia-se do público por dizer respeito a um grupo de pessoas sem constituir interesse de toda a comunidade ou sociedade. Por outro lado, o interesse coletivo não se confunde com o individual, próprio das pessoas singularmente consideradas.[4]

O Direito Coletivo do Trabalho tem destacadas funções, assim como ocorre no plano das relações individuais de emprego, obviamente com conteúdos diferentes umas das outras, ainda que, em certos casos, mantido o mesmo epíteto.

A *função de melhoria das condições de pactuação da força produtiva* no Direito Coletivo do Trabalho difere daquela concebida no âmbito individual. Aqui se considera como função a melhoria das condições de trabalho da *categoria profissional* e não de trabalhadores individualmente considerados.

---

(3) DELGADO, Mauricio Godinho. *Curso de Direito do Trabalho*. São Paulo: LTr, 2008, p. 1284.

(4) CORREIA, Marcus Orione Gonçalves, SOUTO MAIOR, Jorge Luiz. *Curso de Direito do Trabalho*. v. III. São Paulo: LTr, 2008. p. 54.

Regra geral a negociação coletiva não pode romper o patamar civilizatório mínimo conquistado por normas heterônomas estatais, embora, pontualmente, em alguns momentos negociais específicos, a categoria, pretendendo o bem comum, possa reduzir patamares de direitos alcançados anteriormente por trabalhadores individualmente considerados ou pela coletividade. Um exemplo clássico é o da negociação coletiva em que se "trocam" dispensas por redução de salários, com extensão de garantia de emprego a todos os empregados de determinada empresa ou categoria. Vale antecipar aqui que direitos referentes à segurança e saúde do trabalhador são inegociáveis.

Há, também no plano juscoletivo, *função modernizante e progressista*. Deve o Direito do Trabalho, e também o Direito Coletivo do Trabalho, estender a todos os trabalhadores empregados as conquistas obtidas pelas categorias mais organizadas ou com maior poder de negociação. Devem as categorias menos organizadas ou com menor poder de negociação, também, se valer das ideias progressistas para buscar, dia a dia, sua implementação para suas bases. E ainda, sempre que possível (em condições históricas favoráveis), deve o legislador observar as conquistas sindicais para fazer delas leis para todos os trabalhadores empregados, independentemente de sua representação coletiva. O Direito do Trabalho tem por função trazer progresso à classe trabalhadora e modernizar o ordenamento jurídico protetivo.

A função mais destacada do ramo juscoletivo é a de *produção da norma jurídica autônoma*. O Direito Coletivo do Trabalho tem por função criar normas jurídicas, entendidas como diferentes daquelas cláusulas meramente obrigacionais. As normas juscoletivas autônomas se inserem nos contratos individuais de trabalho das respectivas bases representadas na negociação coletiva (universo de trabalhadores geridos pelos instrumentos coletivos).

ACT e CCT, quando firmados, trazem normas jurídicas (gerais, abstratas, *erga omnes, pro futuro*) e que incidem diretamente, no mesmo plano e com a mesma intensidade da norma heterônoma básica (CLT), nos contratos individuais de trabalho.

Há, então, importante espaço de atuação social do ente coletivo obreiro (sindicato), pois pode, sem contar com a morosidade e insensibilidade do Congresso Nacional, produzir direito novo, além do patamar civilizatório mínimo já consolidado. É, portanto, instrumento extremamente relevante, e que deve ser bem compreendido e bem utilizado pelos sindicatos, para melhorar verdadeiramente as condições de trabalho e de vida de seus representados.

O Direito Coletivo do Trabalho atua na *pacificação de conflitos de natureza sociocoletiva*. O Direito Coletivo do Trabalho oferece meios de solução dos conflitos sociais surgidos em torno da relação de emprego. O principal instrumento é a *negociação coletiva* (autocomposição), embora exista espaço para a arbitragem e para a mediação.

Há, ainda, função *social e política*. Os trabalhadores, reunidos em sindicatos, democraticamente, podem influenciar politicamente a nação e produzir efeitos sociais positivos, embora em momentos históricos em que grassa o desemprego tal ação se mostre difícil. Em todo o mundo capitalista ocidental são importantes os partidos políticos de matriz *trabalhista*, que buscam o poder para representar a *"classe-que-vive-do-trabalho"*, no dizer sempre atual de Ricardo Antunes.

De se ressaltar, também, uma função *econômica*. O Direito Coletivo do Trabalho possibilita a adequação de particularidades regionais e/ou históricas na produção de regras jurídicas negociadas, atendendo às especificidades de localidades e setores em cada momento histórico, melhorando a atuação econômica de empregadores e a vida de seus empregados.

Ressaltado anteriormente que o Direito Coletivo do Trabalho fomenta o conflito (positivo, democrático, construtivo, necessário) trabalhista, ao prever negociações coletivas periódicas, que ensejarão a formação de instrumentos negociais que são fruto da vontade autônoma das partes pactuantes.

Os conflitos coletivos de trabalho terão natureza jurídica ou econômica conforme os pontos divergentes postos na mesa de negociações e, se for o caso, excepcionalmente, no processo judicial. Conflitos de natureza *jurídica* dizem respeito à divergência de interpretação sobre regras ou princípios jurídicos já existentes. Conflitos de natureza *econômica* dizem respeito às condições de trabalho da categoria. São divergências sobre as normas coletivas que serão postas no instrumento coletivo negociado, e que refletirão diretamente no contrato de trabalho e na vida dos trabalhadores.

Ao mesmo tempo em que fomenta e propicia o conflito (positivo, democrático, construtivo, necessário) o Direito Coletivo de Trabalho cuida de resolvê-lo. Os conflitos podem ser solucionados por *autocomposição* ou por *heterocomposição*.

Autocomposição é a modalidade de solução de conflitos em que as partes ajustam suas divergências de modo autônomo, celebrando um diploma coletivo negociado (ACT, CCT), com maior (greve) ou menor pressão social.

Heterocomposição, ao contrário e excepcionalmente, pressupõe a intervenção de um terceiro para solucionar o conflito, visto que as partes não conseguem ajustar as divergências e estabelecer, por si, um diploma coletivo negociado (ACT, CCT).

O terceiro, regra geral o Estado, atua na heterocomposição através da arbitragem e do dissídio coletivo.

Jorge Luiz Souto Maior disserta sobre tais possibilidades:[5]

> *Na arbitragem, o julgador, denominado árbitro, é escolhido pelos sujeitos em conflito, de comum acordo. No compromisso arbitral firmado, que será o instrumento de instauração da arbitragem, serão fixados os limites de atuação do árbitro. Nos termos do*

---

[5] CORREIA, Marcus Orione Gonçalves; SOUTO MAIOR, Jorge Luiz (org.). *Curso de Direito do Trabalho*. v. III. São Paulo: LTr, 2008. p. 99.

compromisso, o árbitro poderá julgar o conflito fora dos padrões previstos pelo direito material; poderá se limitar a uma atividade instrutória; terá que decidir acolhendo integralmente a pretensão de um e de outro litigante ou poderá acolher, parcialmente, cada uma das pretensões.

(...)

A Resolução n. 44 do Conselho Superior do Ministério Público do Trabalho regulou a atividade de arbitragem no âmbito daquela Instituição, fixando a possibilidade de seu exercício por seus membros, apoiando-se nos termos do art. 83, inciso XI, da Lei Complementar n. 75/1993.

No processo, que será sempre inevitável para um conflitante, caso esse mecanismo seja acionado pelo outro, a solução será dada pelo Poder Judiciário. O processo se realiza mediante a via do dissídio coletivo.

Por experiência acumulada os sindicatos tendem a evitar o dissídio coletivo, buscando a solução de seus conflitos pela via da negociação coletiva.

Capítulo 2

Princípios do Direito Coletivo do Trabalho

1. Princípios assecuratórios da existência do ser coletivo obreiro
   a) Princípio da Liberdade Associativa e Sindical
      1) Liberdade de Associação
         - CR, 5º, XVI
         - CR, 5º, XX
      2) Liberdade Sindical
         - CR, 8º, V
         a) práticas antissindicais
            - "contratos de cães amarelos" (yellow dog contracts)
            - "sindicatos de empresas" (company unions)
            - "lista negra": (mise a l'index)
         b) afirmações de liberdade
            CR, 8º, VIII
            CLT, 543
   b) Princípio da autonomia sindical
      - CR, 8º, I, III, IV; CR, 7º, XXVI; CR, 9º
2. Princípios regentes das relações entre os seres coletivos trabalhistas
   a) Princípio da interveniência sindical na normatização coletiva
   b) Princípio da equivalência dos contratantes coletivos
   c) Princípio da lealdade e transparência na negociação coletiva

Capítulo 2
Princípios do Direito Coletivo do Trabalho **505**

3. *Princípios regentes das relações entre normas coletivas negociadas e normas estatais*
   a) *Princípio da criatividade jurídica da negociação coletiva*
      • CR. 7º. VI e XIII; CR. 8º. I, III, VI; CR. 9º
   b) *Adequação setorial negociada*
      • prevalência excepcional do negociado
         1) *padrão de direitos superior*
         2) *indisponibilidade relativa*
      • limites
         – *impossibilidade de renúncia*
         – *impossibilidade de negociação abaixo do patamar civilizatório mínimo: CR, 1º. e 170, caput*
4. Conclusão: *Liberdade e Autonomia como direitos fundamentais*

Importante, sempre, tratar de princípios. A Constituição da República de 1988 trouxe consideráveis avanços normativos, sobretudo principiológicos, que influenciaram diretamente o direito pátrio. Princípios relativos à dignidade da pessoa humana, ao valor social e primado do trabalho, à submissão da propriedade à sua função social, dentre outros, devem influenciar, também, a construção, a interpretação e a aplicação da regra heterônoma de Direito Coletivo do Trabalho.

Os avanços conquistados pela sociedade brasileira devem iluminar a interpretação da regra constitucional e infraconstitucional sobre as relações sindicais.

Princípios como da *liberdade associativa e sindical*, da *autonomia sindical*, da *interveniência sindical na normatização coletiva*, da *equivalência dos contratantes coletivos*, bem como da *criatividade jurídica da negociação coletiva* devem ser reconhecidos como normas jurídicas que influenciam a criação, a interpretação e a aplicação das regras trabalhistas.

Normas constitucionais insculpidas nos artigos 1º, incisos III e IV; 5º *caput* e incisos XVII e XXIII; 8º *caput* e incisos I, e III; além do artigo 193 não podem ser olvidadas pelo intérprete no momento de aplicação da regra trabalhista, como se infere de seu texto:

> Art. 1º *A República Federativa do Brasil, formada pela união indissolúvel dos Estados e Municípios e do Distrito Federal, constitui-se em Estado Democrático de Direito e tem como fundamentos:*
>
> (...)
>
> *III – a dignidade da pessoa humana;*
>
> *IV – os valores sociais do trabalho e da livre iniciativa;*
>
> Art. 5º *Todos são iguais perante a lei, sem distinção de qualquer natureza, garantindo-se aos brasileiros e aos estrangeiros residentes no País a inviolabilidade do direito à vida, à liberdade, à igualdade, à segurança e à propriedade, nos termos seguintes:*
>
> (...)
>
> *XVII – é plena a liberdade de associação para fins lícitos, vedada a de caráter paramilitar;*
>
> (...)
>
> *XXIII – a propriedade atenderá a sua função social;*
>
> Art. 8º *É livre a associação profissional ou sindical, observado o seguinte:*
>
> *I – a lei não poderá exigir autorização do Estado para a fundação de sindicato, ressalvado o registro no órgão competente, vedadas ao Poder Público a interferência e a intervenção na organização sindical*
>
> *III – ao sindicato cabe a defesa dos direitos e interesses coletivos ou individuais da categoria, inclusive em questões judiciais ou administrativas;*
>
> Art. 193. *A ordem social tem como base o primado do trabalho, e como objetivo o bem-estar e a justiça sociais.*

O Prof. Mauricio Godinho Delgado é o doutrinador que melhor estrutura e classifica os princípios de Direito Coletivo do Trabalho, como se infere adiante.

Inicialmente destaca o Prof. Mauricio Godinho o conjunto de *princípios assecuratórios da existência do ser coletivo obreiro*, que tem por escopo assegurar a existência de condições objetivas e subjetivas para o surgimento e afirmação do ser coletivo obreiro (sindicato de trabalhadores).

Nesta linha o primeiro princípio é o da *Liberdade Associativa e Sindical*, que pressupõe, constitucionalmente, Liberdade de Associação e Liberdade Sindical. No âmbito da liberdade de associação, a Constituição da República consagra regra geral que garante o direito de reunião pacífica e de associação sem caráter paramilitar (CR, 5º, XVII, acima transcrito), que obviamente se aplica à reunião sindical. O Prof. Mauricio Godinho[1] destaca que tal princípio tem dimensão positiva (prerrogativa de livre criação e/ou vinculação a uma entidade associativa) ao lado de uma dimensão negativa (prerrogativa de livre desfiliação) também garantidas constitucionalmente, nos termos da regra do seu artigo 5º, inciso XX, como se infere:

> Art. 5º *Todos são iguais perante a lei, sem distinção de qualquer natureza, garantindo-se aos brasileiros e aos estrangeiros residentes no País a inviolabilidade do direito à vida, à liberdade, à igualdade, à segurança e à propriedade, nos termos seguintes:*
>
> (...)
>
> X – *ninguém poderá ser compelido a associar-se ou a permanecer associado;*
>
> A liberdade sindical possui o mesmo enfoque anterior, mas aplicado especificamente à atuação sindical, nos termos do inciso V do artigo 8º da Constituição da República:
>
> Art. 8º *É livre a associação profissional ou sindical, observado o seguinte:*
>
> (...)
>
> V – *ninguém será obrigado a filiar-se ou a manter-se filiado a sindicato;*

O Brasil não contempla como válidas cláusulas de sindicalização forçada ou obrigatória.

Há algumas práticas, no Brasil e no mundo que, inconstitucionais e ilegais, devem ser combatidas, posto que acima de tudo ferem o princípio da liberdade associativa e sindical. São práticas antissindicais destacadas por Mauricio Godinho Delgado, em síntese:

– "*contratos de cães amarelos*" (yellow dog contracts). O trabalhador firma com o empregador compromisso de não filiação ao sindicato representativo da categoria como critério de admissão e de manutenção do emprego.

– "*sindicatos de empresas*" (company unions). O empregador controla o sindicato obreiro.

---

(1) DELGADO, Mauricio Godinho. *Curso de Direito do Trabalho.* São Paulo: LTr, 2011.

– "*lista negra*": (mise a l'index). As empresas criam "lista negra" com os nomes das principais lideranças de uma categoria para excluí-los do mercado de trabalho.

Não é simples, entretanto, a comprovação das práticas antissindicais. Há situações, entretanto, que de tão absurdas ensejam não só o reconhecimento da prática ilícita, como também da reparação do dano havido, como se infere dos seguintes julgados:

> RECURSO DE REVISTA. 1. PRELIMINAR DE NULIDADE POR CERCEAMENTO DO DIREITO DE DEFESA. INDEFERIMENTO DE REALIZAÇÃO DE NOVA PROVA PERICIAL. (...) INDENIZAÇÃO POR DANOS MORAIS DECORRENTES DE DISPENSA RETALIATÓRIA PELO FATO DE O RECLAMANTE NÃO VOTAR FAVORAVELMENTE À PROPOSTA DE ACORDO COLETIVO. *A dispensa imotivada, por si só, não é motivo jurídico suficiente que viabilize o pleito de indenização por danos morais, uma vez que está dentro dos limites legais do poder diretivo patronal a livre contratação e despedida de trabalhadores, conforme o regime celetista. A avaliação judicial da dispensa, em tais casos, regra geral, em princípio, enseja, como efeito jurídico próprio, o pagamento de todas as verbas resilitórias favoráveis, ou, se for o caso, a reintegração no emprego. Apenas se houver circunstância adicional grave que manifestamente afronte o patrimônio moral do trabalhador é que desponta a possibilidade de efeito jurídico suplementar, consistente na indenização por dano moral. Na hipótese, constata-se a existência do dano moral a impor a responsabilização da Reclamada, pois, conforme consignado pelo Regional, é incontroverso que o fato ensejador da dispensa foi a não concordância do obreiro – juntamente com outros empregados que também foram dispensados – com as regras estabelecidas em proposta de acordo coletivo, que deixou de ser celebrado em face de tal discordância. Tal atitude da Reclamada também configura, em última análise, ferimento dos princípios de liberdade associativa e sindical (art. 8º da CF), bem como de liberdade de manifestação de pensamento e de opinião (art. 5º, IV e VIII, da CF), evidenciando-se a conduta abusiva da empregadora. Registre-se que a adoção de práticas, pela empresa, que pressionem os trabalhadores que possuem significativa atuação sindical, procedendo à ruptura de seus contratos de trabalho, agride o princípio da liberdade associativa. Essa relevante garantia à atuação dos trabalhadores está expressamente consignada na Convenção n. 98 da OIT, que trata do -direito de sindicalização e de negociação coletiva-, vigorante no Brasil desde a década de 1950. Tal Convenção, em seu art. 1º, reprime eventuais restrições empresariais a obreiros em face da participação ou não participação em um sindicato (art. 1, 2, -a-) ou em atividades sindicais (art. 1, 2, -b-). Note-se que o diploma internacional estipula regra significativamente ampla, vedando atos empresariais que restrinjam, desarrazoadamente, a atividade dos sindicatos e dos respectivos trabalhadores. Nessa linha, fixa a Convenção 98 que a proteção jurídica deve se aplicar a atos destinados a dispensar um trabalhador ou prejudicá-lo, por qualquer modo, em virtude de sua filiação a um sindicato ou de sua participação em atividades sindicais, fora das horas de trabalho ou com o consentimento do empregador, durante as mesmas horas – (art. 1, 2, -b-, Convenção 98 da OIT; grifos acrescidos). A conduta da Reclamada implicou, portanto, uma prática antissindical, contrária às regras jurídicas asseguratórias da plena existência e potencialidade do ser coletivo obreiro. Recurso de revista não conhecido.*

3. DESCONTOS FISCAIS. RESPONSABILIDADE PELO PAGAMENTO. OJ 363/SDI--I/TST. (...). (TST, 6ª Turma, processo RR – 122900-40.2006.5.17.0013, relator Ministro Mauricio Godinho delgado, publicação DEJT 21.10.2011, disponível em: www.tst.jus.br).

DANO MORAL. COAÇÃO EXERCIDA PELA EMPREGADORA PARA QUE OS EMPREGADOS SE DESFILIEM DO SINDICATO, SOB AMEÇA DE DISPENSA. Não se pode negar o poder de que dispõe o empregador, na condição de detentor do poder diretivo na relação de emprego, de ter a iniciativa de romper o pacto laboral a qualquer momento, conforme sua conveniência. O que não se pode olvidar é que o referido poder, como de resto todo o exercício de poder, num Estado Democrático, tem limitações. Em outros termos, o direito não acoberta a ameaça de dispensa, formulada como modo de compelir os empregados a se desvincularem de seu sindicato de classe. Vale, por oportuno, fazer-se referência ao que dispõe o artigo 187 do Código Civil, verbis: "Também comete ato ilícito o titular de um direito que, ao exercê-lo, excede manifestamente os limites impostos pelo seu fim econômico ou social, pela boa-fé ou pelos bons costumes". Recurso ao qual se nega provimento, mantendo-se a caracterização do dano moral decorrente da prática de ato antissindical, pela empregadora. (TRT, 3ª Região, 10ª Turma, processo n. 00579-2010-067-03-00-2-RO, relatora juíza convocada Taísa Maria Macena de Lima, publicação em 14.06.2011, disponível em: www.trt3.jus.br).

Obviamente que também há garantias à atuação sindical, pois para a efetivação do princípio é, regra geral, necessária a atuação objetiva do Estado na edição de normas jurídicas protetivas.

Temos no Brasil como manifestações do princípio da liberdade associativa e sindical a garantia de emprego do dirigente sindical (CR, 8º. VIII), a impossibilidade de sua transferência (CLT, 543), como se infere, dentre outras.

Art. 8º É livre a associação profissional ou sindical, observado o seguinte:

(...)

VIII – é vedada a dispensa do empregado sindicalizado a partir do registro da candidatura a cargo de direção ou representação sindical e, se eleito, ainda que suplente, até um ano após o final do mandato, salvo se cometer falta grave nos termos da lei.

Art. 543 – O empregado eleito para cargo de administração sindical ou representação profissional, inclusive junto a órgão de deliberação coletiva, não poderá ser impedido do exercício de suas funções, nem transferido para lugar ou mister que lhe dificulte ou torne impossível o desempenho das suas atribuições sindicais.

O segundo princípio a ser destacado no contexto daqueles que são asseguratórios da existência do ser coletivo obreiro é o *princípio da autonomia sindical*. Ora, se deve haver liberdade associativa e sindical como princípio basilar do Direito Coletivo do Trabalho, deve também o ser coletivo obreiro gozar de autonomia para sua organização básica e atuação cotidiana.

O princípio sustenta "a garantia de autogestão às organizações associativas e sindicais de trabalhadores, sem interferências empresariais ou do Estado. Trata, portanto, da livre estruturação interna do sindicato, sua livre atuação externa, sua sustentação econômico-financeira e sua desvinculação de controles estatais ou em face do empregador."[2]

Entretanto, há traços que revelam algo do entulho autoritário anterior a 1988 na própria Carta Magna vigente, como a unicidade sindical, o financiamento público dos sindicatos e a agregação do trabalhador por categoria profissional como regra geral.

Pode-se inferir que o princípio da autonomia sindical ainda não está suficientemente implementado no Brasil, havendo, ainda, contradições antidemocráticas no modelo atual e que devem ser extirpadas, seja pela alteração do texto constitucional, seja pela interpretação pós-positivista dos Tribunais.

O Exército brasileiro, exemplificativamente, parece ainda pouco habituado à autonomia sindical. A revista semanal *Carta Capital* (19.10.2011, ano XVII, n. 668), de obrigatória leitura em contraponto à "grande mídia", noticiou que, em 2009, em pleno governo democrático e popular do PT, o Exército Brasileiro editou "cartilha" no mínimo *singular*, como se percebe de passagens do texto:

> 2-5. FORÇAS/ELEMENTOS ADVERSOS. a. *São representadas por grupos, movimentos sociais, entidades e organizações não-governamentais e mesmo órgãos governamentais, de cunho ideológico ou não – atuando no País e/ou no exterior – ou por segmentos autônomos, elementos radicais infiltrados ou a eles vinculados, que defendam mudanças radicais e revolucionárias, ultrapassando, em seus programas e bases doutrinárias de caráter político-ideológicas, religiosas e étnicas, os limites da legalidade institucional do estado democrático de direito, e cujos procedimentos ilegais possam vir a comprometer a ordem pública e até mesmo a ordem interna do País.*

A citada revista afirmou que dentre as organizações civis, os focos do Exército foram os movimentos sociais e os sindicatos. O Exército recomendou textualmente a infiltração nos movimentos:

> (6) *infiltração de agentes – Emprega-se o agente especial, sendo executada de duas formas: (a) a primeira, infiltrando o agente em organização que constitua alvo provável de ações adversas. O objetivo principal, neste caso, é a detecção de futuras investidas; e (b) a segunda, infiltrando o agente no sistema operativo da organização adversa ou oponente. Neste caso, a infiltração visa, basicamente, neutralizá-la.*

A leitura do texto parece História, pois nos remete aos tempos da ditadura militar ou mesmo a período anterior, de total controle dos sindicatos e dos movimentos sociais pelo Estado.

Parece também "estória", pois lembra boato, de tão absurda que é a ideia. Mas não é história e nem "estória" mas, sim, fato preocupante.

---

(2) DELGADO, Mauricio Godinho. *Curso de Direito do Trabalho*. São Paulo: LTr, 2011.

A malfadada e atual iniciativa do Exército Brasileiro nos remete ao início do Século XX, quando os sindicatos eram cotidianamente controlados pela Polícia. Exemplo disso é uma correspondência datada de 1931, da lavra do então Delegado de Polícia de Pedro Leopoldo, que questionado por seus superiores em Belo Horizonte sobre a ação sindical em sua pequena cidade, respondeu:

> ...*neste município há apenas uma associação operária, denominada União Auxiliar Operária, com séde nesta cidade e fins exclusivamente beneficente. É constituída de operários ordeiros e laboriosos, que não cogitam de outra coisa que não sejam auxílios mútuos, com pleno respeito à lei e à autoridade. De acordo com vosso pedido, incluso vos remeto uma relação dos sócios da mesma, fornecida pelo respetivo tezoureiro. Pedro Leopoldo, 11 de novembro de 1931. (transcrição literal, texto da década de 30, documento público, à disposição no Arquivo Público Mineiro, referência DOPS).*

Menos sorte teve o sindicato da Construção Civil em Belo Horizonte que teve, em 1939, um agente infiltrado, codinome "K-8", como se infere do seu relatório:

> *Cumprindo suas determinações, ante-hontem estive pela segunda vez na "Construção Civil". Por enquanto tenho estado simplesmente tornando-me conhecido ou melhor, ambientando-me para realizar qualquer cousa pratica logo se me offereça opportunidade. Tenho procurado quem me possa apresentar alguem lá de dentro, e não tenho até agora obtido exito. O (...), de quem se esperava facilidade neste sentido, procurado por mim, negou-se a prestar-me auxilio, alegando desconhecer os militantes daquele sector por estar desligado a muito do P. Com o (...) não quis mecher e o (...) não tem dado ares de sua graça. Só me resta em ultimo caso duas alternativas: a – Procurar o (...) e propor-lhe o meu trabalho junto ao pessoal que suppõe temos naquella associação. b – encontrar-me com o (...) e pedir-lhe uma apresentação. Destas alternativas, creio que a melhor é a 1a. Ponderando ao (...) a minha inactividade, creio conseguir delle acquiescencia e facilidades que me permittam levar ao seu término a missão que me confiou V.S. Deixo ao critério a resolução do melhor meio que devo lançar mão para conseguir a infiltração que se faz necessaria. Telephonarei opportunamente par ouvir V. resolução. Por enquanto é só. Um abraço de K-8. 24-10-39. (transcrição literal, texto da década de 30, documento público, à disposição no Arquivo Público Mineiro, referência DOPS).*

Cumpre registrar que desde 1988 a Constituição da República consagra em seu artigo 8º o princípio da *Liberdade Associativa e Sindical* e que estabeleceu, nas palavras do Prof. Mauricio Godinho Delgado (Curso de Direito do Trabalho, São Paulo: LTr, 2011), a prerrogativa conferida pela ordem vigente "de autogestão às organizações associativas e sindicais de trabalhadores, sem interferências empresariais ou do Estado. Trata, portanto, da livre estruturação interna do sindicato, sua livre atuação externa, sua sustentação econômico-financeira e sua desvinculação de controles estatais ou em face do empregador."

Não revelou a revista "Carta Capital" se o propósito de infiltração ficou só na "cartilha" ou se foi implementado, mas, de toda sorte, se torna necessário que os movimentos sociais, sobretudo os sindicatos, fiquem atentos contra atos que até pouco tempo eram reputados ultrapassados. Tempo virá, esperamos, que iniciativas autoritárias e absurdas como as relatadas sejam apenas história ou, se muito, "estória".

Há, ainda na esteira de Mauricio Godinho Delgado, *princípios regentes das relações entre os seres coletivos trabalhistas,* que se referem às relações entre os sindicatos patronais e obreiros.

O primeiro princípio nesta linha é o da *interveniência sindical na normatização coletiva.* É essencial ao processo negocial coletivo a participação do sindicato obreiro, não sendo suficiente a negociação patronal com grupo de trabalhadores.

A negociação do empregador ou do sindicato patronal com grupo de trabalhadores "fora" da atuação sindical tem caráter de cláusula contratual individual, submetida às regras e princípios próprios do Direito Individual do Trabalho. A autonomia negocial coletiva pressupõe a presença do ente coletivo obreiro legitimado: o sindicato, sob pena de se revelar, no caso concreto, a desigualdade natural entre empregado e empregador.

O segundo princípio é o da *equivalência dos contratantes coletivos.* Os sujeitos do Direito Coletivo do Trabalho têm a mesma natureza, pois são seres coletivos trabalhistas. O empregador é ente coletivo por interferir, em maior ou menor grau, na coletividade. Os sindicatos, patronais e obreiros, obviamente também o são.

Os entes pactuantes coletivos contam, também, com instrumentos eficazes de atuação e pressão: de um lado, patronal, o capital, os fatores de produção e o poder empregatício; do outro lado, obreiro, a mobilização da coletividade e principalmente a greve.

Por fim, ainda na linha dos princípios regentes das relações entre os seres coletivos trabalhistas, o *princípio da lealdade e transparência na negociação coletiva.* Deve haver condições práticas de realização da equivalência entre os contratantes coletivos. As partes devem primar pela boa-fé nas negociações e pela transparência das decisões coletivas e dos processos de tomada de decisões.[3]

O terceiro e último grupo dos princípios especiais de Direito Coletivo do Trabalho trata daqueles *regentes das relações entre normas coletivas e normas estatais.* Tais princípios referem-se à harmonização das normas autônomas negociadas com as normas heterônomas estatais.

O primeiro princípio nesta linha é talvez o mais importante princípio de Direito Coletivo do Trabalho: o *princípio da criatividade jurídica da negociação coletiva.*

A negociação coletiva cria norma jurídica (ACT, CCT), vez que vincula, genericamente, toda a categoria (patrões e empregados) ainda que não tenham os sujeitos representados, isoladamente, firmado o compromisso coletivo. É norma geral e abstrata e não cláusula contratual específica, concreta e pessoal, como ocorre no ajuste individual.

---

(3) DELGADO, Mauricio Godinho. *Curso de Direito do Trabalho.* São Paulo: LTr, 2011.

O segundo princípio é o da *adequação setorial negociada*.

Refere-se às possibilidades e aos limites jurídicos da negociação coletiva. O cerne da questão é: em que medida as normas autônomas coletivas negociadas podem se contrapor às normas individuais heterônomas estatais?

Por tal princípio, observado inicialmente e desenvolvido pelo Ilustre Professor Mauricio Godinho Delgado, as normas negociadas podem prevalecer sobre o padrão geral de Direito Individual do Trabalho em duas circunstâncias:

a) quando as normas autônomas coletivas implementam padrão de direitos superior ao da legislação heterônoma aplicada ao caso concreto.

b) quando as normas autônomas transacionam setorialmente parcelas de indisponibilidade relativa.

Cediço que as normas, no âmbito do Direito Individual do Trabalho, são imperativas e os direitos trabalhistas indisponíveis. No plano do Direito Coletivo do Trabalho a disposição de direitos é possível, observados alguns limites objetivos:

1) impossibilidade de renúncia.

Obviamente, se há renúncia não há transação, que é *despojamento bilateral, com reciprocidade*.[4]

2) impossibilidade de negociação abaixo do patamar civilizatório mínimo previsto em lei, exceto quando a própria norma possibilita a flexibilização de direitos. Do contrário resultaria configurada afronta ao princípio da dignidade da pessoa humana e do valor do trabalho, sobretudo no que concerne à saúde, meio-ambiente e segurança do trabalhador.

Os sindicatos devem estar atentos aos princípios de Direito Coletivo do Trabalho para que possam ter uma atuação cada vez mais segura e efetiva, no caminho da implementação de direitos através da negociação coletiva autônoma.

Muito se discute, atualmente, se o direito de liberdade e de autonomia do sindicato, consagrado no texto constitucional, pode ser considerado direito fundamental do cidadão trabalhador. Em uma análise preliminar, com o risco de ser simplista, é possível demonstrar, topograficamente, que o direito à associação sindical e à liberdade sindical são direitos fundamentais. Os direitos sociais referentes ao trabalho estão vinculados aos direitos fundamentais, posto que o capítulo II – Dos Direitos Sociais (artigos 6º ao 11) se insere no Título II – Dos Direitos e Garantias Fundamentais (artigos 5º ao 17) da Constituição da República.

Mas esta análise não é suficiente à caracterização dos citados direitos na categoria daqueles fundamentais. Sua essência consiste, juridicamente, no fato de que os sindicatos e as ações coletivas dos trabalhadores são um poderoso instrumento de afirmação da dignidade da pessoa humana.

---

(4) DELGADO, Mauricio Godinho. *Curso de Direito do Trabalho*. São Paulo: LTr, 2011.

Igualdade, justiça, segurança, equidade, distribuição de renda e respeito ao cidadão são valores caros à ordem constitucional vigente, e podem ser efetivados, nos planos fático e jurídico, através do Direito do Trabalho. A atuação dos sindicatos potencialmente eleva as possibilidades contratuais de emprego. É que a principal função do Direito Coletivo do Trabalho, e consequentemente dos sindicatos brasileiros, é a de criação de normas jurídicas autonomamente negociadas, que tendencialmente elevem o padrão contratual dos trabalhadores individualmente caracterizados, realizando, ainda que timidamente, distribuição de renda.

Não se faz sindicalismo de verdade, com resultados minimamente significativos, sem garantir ao ente coletivo obreiro liberdade e autonomia em suas ações. Para tanto, a Constituição da República fixou princípios (e regras) *"assecuratórios da existência do ser coletivo obreiro"* que, na classificação de Mauricio Godinho Delgado, se dividem em *"Princípio da Liberdade Associativa e Sindical"* (liberdade de associação e liberdade sindical, CR, 5º, XVI e XX) e *"Princípio da Autonomia Sindical"* (CR, 8º, I, III, IV; CR, 7º, XXVI e CR, 9º, v.g.).

Cediço que há regras e princípios expressos para que sejam respeitadas a liberdade e a autonomia dos sindicatos brasileiros. Entretanto, a concretização de tais princípios constitucionais ainda não se deu plenamente. O sindicato e os intérpretes do Direito Coletivo do Trabalho não conseguiram se libertar integralmente das amarras corporativistas das décadas de 30 e 40 do século passado. Percebe-se hoje uma interpretação retrospectiva sobre o tema, que desconsidera os avanços constitucionais havidos e que continua reconhecendo a norma infraconstitucional com preponderância sobre os princípios fundamentais consagrados na Constituição da República.

Exemplificativamente é possível compreender tal realidade interpretativa retrospectiva nos termos expostos na Súmula n. 396 do TST, na Súmula n. 666 do STF e no Precedente Normativo n. 119 da SDC do TST. No mesmo sentido decisões de tribunais comuns (estaduais) e especiais trabalhistas que declaram, sem fundamento consistente, abusividade de movimentos grevistas. São comuns também práticas e condutas antissindicais consistentes, básica e exemplificativamente, nas *listas negras*, na *cooptação* de lideranças sindicais e na *perseguição* sistemática contra sindicalistas.

É possível, entretanto, vislumbrar instrumental jurídico-processual em vigor capaz de coibir as práticas e condutas antissindicais. Um exemplo é a ação coletiva trabalhista, a ser proposta pelo sindicato para que se garanta, até mesmo em sede de jurisdição liminar, a efetivação da representação coletiva.

Capítulo 3

Sindicato, Trabalho e Direito

1. Definição legal: artigo 511, caput, CLT
2. Sistemas Sindicais
    2.1. Critérios de agregação dos trabalhadores ao sindicato
        a) Sindicato organizado por ofício ou profissão (sindicato horizontal)
            - categorias diferenciadas: CLT, 577 e 511, § 3º
            - vigilantes: Súmula n. 257, TST
            - direitos coletivos: Súmula n. 374, TST
        b) Sindicato organizado por categoria profissional (sindicato vertical)
            - CLT, artigo 511, § 2º
        c) Sindicato organizado por empresa.
            - juridicamente inviável: artigo 8º, II, CR e "categoria profissional"
        d) Sindicato organizado por grandes ramos ou segmentos econômicos
    2.2. Unicidade ou pluralidade sindicais
        - unicidade: artigo 8º, II, CR
        - pluralidade
    2.3. Agregação do trabalhador ao Sindicato: "enquadramento sindical"
3. Organização Sindical Brasileira
    3.1. Estrutura sindical
        a) Estrutura externa
            - estrutura piramidal

- sindicato: 8º, II, CR
- federação: 534, CLT
- confederação: 535, CLT
• centrais sindicais: Lei n. 11.648/2008
b) Estrutura interna
• artigo 522 da CLT
3.2. Registro sindical
• artigo 8º, I, CR
3.3. Funções, prerrogativas e receitas sindicais
a) Funções e prerrogativas
- Representação
- Assistencial
b) Receitas sindicais
- contribuição sindical obrigatória: CLT, 578 e seguintes
- contribuição confederativa: CR, 8º, IV
• Súmula n. 666, STF
- contribuição assistencial: CLT, 513, e
• Precedente Normativo n. 119, SDC, TST
- mensalidade dos associados
4. Garantia Provisória de Emprego
• Constituição da República, artigo 8º, inciso VIII
• Súmula n. 369, TST
• efeito: Súmula n. 197, STF
• inquérito: Súmula n. 379, TST
• restrições:
1) aviso prévio: Súmula n. 369, V, TST
2) formalidades: § 5º do artigo 543, CLT
3) extinção da empresa ou do estabelecimento: Súmula n. 369, IV, TST
• número de dirigentes "estáveis": artigos 8º, VIII, CR e 522, CLT; Súmula n. 369, II, TST
- inconstitucionalidade
• reintegração: artigo 659, X, CLT
• Súmula n. 369, TST

O sindicato é protagonista no Direito do Trabalho brasileiro, tanto em sua perspectiva individual quanto coletiva, ainda que, em alguns casos, disso não se aperceba. No que concerne ao Direito Coletivo do Trabalho, sua participação é essencial e imprescindível.

Sindicatos de trabalhadores são *"entidades associativas permanentes, que representam trabalhadores vinculados por laços profissionais e laborativos comuns, visando tratar de problemas coletivos das respectivas bases representadas, defendendo seus interesses trabalhistas e conexos, com o objetivo de lhes alcançar melhores condições de labor e vida"*, conforme leciona Mauricio Godinho Delgado.[1]

A definição legal de sindicato está consagrada no artigo 511 da CLT:

> *Art. 511. É lícita a associação para fins de estudo, defesa e coordenação dos seus interesses econômicos ou profissionais de todos os que, como empregadores, empregados, agentes ou trabalhadores autônomos ou profissionais liberais exerçam, respectivamente, a mesma atividade ou profissão ou atividades ou profissões similares ou conexas.*
>
> *§ 1º A solidariedade de interesses econômicos dos que empreendem atividades idênticas, similares ou conexas, constitui o vínculo social básico que se denomina categoria econômica.*
>
> *§ 2º A similitude de condições de vida oriunda da profissão ou trabalho em comum, em situação de emprego na mesma atividade econômica ou em atividades econômicas similares ou conexas, compõe a expressão social elementar compreendida como categoria profissional.*
>
> *§ 3º Categoria profissional diferenciada é a que se forma dos empregados que exerçam profissões ou funções diferenciadas por força de estatuto profissional especial ou em consequência de condições de vida singulares.*
>
> *§ 4º Os limites de identidade, similaridade ou conexidade fixam as dimensões dentro das quais a categoria econômica ou profissional é homogênea e a associação é natural.*

Antônio Rodrigues de Freitas Jr. identifica, historicamente, o que é o sindicato:

> *Adotando-se por premissa ser a revolução industrial o marco histórico em que nasce o associativismo laboral, como fenômeno político, social e jurídico, temos que o sindicato, em sentido amplo, pode ser conceituado como 1. uma associação de interesses; 2. constituída por função da identidade ou semelhança de atividade ou semelhança de atividades laborativas entre seus integrantes; 3. predominantemente pessoas naturais, e somente por extensão compreensiva de instituições empresariais ou mesmo da reunião de sindicatos; 4. que têm por finalidade a defesa dos direitos e a promoção das expectativas (representação dos interesses) de indivíduos, por meio da afirmação do grupo social a que pertencem.*[2]

---

(1) DELGADO, Mauricio Godinho. *Curso de Direito do Trabalho*. São Paulo: LTr, 2011. p. 1259.

(2) CORREIA, Marcus Orione Gonçalves; SOUTO MAIOR, Jorge Luiz (Org.). *Curso de Direito do Trabalho*. V. III. São Paulo: LTr, 2008. p. 87.

Há diversos padrões, no mundo capitalista ocidental, de organização sindical. As principais formas de agregação dos trabalhadores ao sindicato são: por *ofício ou profissão*, por *categoria*, por *empresa* e por *grandes ramos ou segmentos empresariais*. Quanto à regulação, os modelos existentes são o *unitarismo* e o *pluralismo* sindicais.

Inicialmente a regra geral brasileira, que é a do *sindicato organizado por categoria profissional*. É o padrão brasileiro por representar o conjunto mais significativo dos sindicatos no Brasil.

A CLT, em seu artigo 511, § 2º define a categoria profissional. Destaque para a expressão *"mesma atividade econômica ou em atividades econômicas similares ou conexas."*

O ponto de agregação é, portanto, a vinculação dos trabalhadores a empregadores que tenham atividades econômicas idênticas, similares ou conexas.

Mauricio Godinho Delgado define:

> *O ponto de agregação na categoria profissional é a similitude laborativa, em função da vinculação a empregadores que tenham atividades econômicas idênticas, similares ou conexas. A categoria profissional, regra geral, identifica-se, pois, não pelo preciso tipo de labor ou atividade que exerce o obreiro (e nem por sua exata profissão), mas pela vinculação a certo tipo de empregador. Se o empregado de indústria metalúrgica labora como porteiro na planta empresarial (e não em efetivas atividades metalúrgicas), é, ainda assim, representado, legalmente, pelo sindicato dos metalúrgicos, uma vez que seu ofício de porteiro não o enquadra como categoria diferenciada.*[3]

É o que se denomina *sindicato vertical*, pois atinge, verticalmente, as empresas economicamente afins (v.g. empresas bancárias, comerciais, metalúrgicas).

Eis a jurisprudência sobre a matéria:

> EMENTA: VIGIA DE AGÊNCIA BANCÁRIA. ENQUADRAMENTO SINDICAL. JORNADA ESPECIAL – *A profissão de vigia não se confunde com a de vigilante. De acordo com a Lei n. 7.102/1983, vigilante é o empregado contratado para: a) proceder à vigilância patrimonial das instituições financeiras e de outros estabelecimentos, públicos ou privados, bem como à segurança de pessoas físicas; b) realizar o transporte de valores ou garantir o transporte de qualquer outro tipo de carga (artigos 10, incisos I e II, e 15). Enquanto a função de vigilância é dinâmica e parapolicial, o vigia exerce apenas tarefas estáticas, sem grandes esforços físicos, relacionadas à observação e à fiscalização do local de trabalho. Como os vigias não constituem uma categoria profissional diferenciada, o seu enquadramento sindical faz-se com referência à categoria econômica a que pertence o empregador, consoante a atividade econômica preponderante que ele empreenda (artigos 511, parágrafo 3º, e 570, da CLT). Assim, o vigia de agência bancária enquadra-se no disposto no artigo 226 da CLT, sendo submetido à*

---

(3) DELGADO, Mauricio Godinho. *Curso de Direito do Trabalho*. São Paulo: LTr, 2011. p. 1.262.

jornada especial dos bancários prevista no artigo 224, caput, do referido diploma legal. (TRT, 3ª Região, 2ª Turma, processo 01189-2005-021-03-00-5, relator Desembargador Sebastião Geraldo de Oliveira, publicação DJMG 04/04/2007, disponível em: www.trt3.jus.br).

> EMENTA: ENQUADRAMENTO SINDICAL. ATIVIDADE PREPONDERANTE DA EMPREGADORA. REGRA APLICÁVEL EM PERÍODO DE NÃO FUNCIONAMENTO DO ESTABELECIMENTO DO EMPREGADOR. *Não é tangível à categoria econômica dispor sobre qual categoria profissional pertencerá seu empregado, porquanto a regra geral, segundo o modelo sindical pátrio, é a de que o enquadramento profissional opera-se pela atividade preponderante exercida pelo empregador. A exceção ocorre apenas em relação às categorias diferenciadas (art. 511 da CLT). Por isso, o empregado que trabalha em benefício de uma empresa específica e que não pertença a qualquer categoria diferenciada (de forma a excetuar a regra geral do enquadramento), deve ser considerado como trabalhador ligado à base sindical determinada pela atividade preponderante do empregador, ainda que seu labor ocorra apenas durante o período de construção do estabelecimento da empresa que ainda não esteja em operação. Considerando-se que a atividade fim da empresa já se encontrava definida à época de admissão do empregado, isso é o que basta para atrair o enquadramento sindical segundo a atividade do empregador.* (TRT, 3ª Região, 8ª Turma, processo n. 01650-2006-134-03-00-5, relator Desembargadora Cleube de Freitas Pereira, publicação em 14.07.2007, disponível em: www.trt3.jus.br).

A regra, então, é a agregação do trabalhador ao sindicato conforme a atividade econômica preponderante do seu empregador.

Excepcionalmente contempla a legislação brasileira a agregação através de *sindicato organizado por ofício ou profissão*.

São sindicatos que agregam trabalhadores em virtude de sua profissão, independentemente da atuação econômica do empregador. São os denominados *sindicatos de "categoria diferenciada"*, como aeronautas, jornalistas, médicos, músicos, etc. Tais trabalhadores serão representados por seus sindicatos específicos independentemente daquilo a que se dedica o seu empregador.

A CLT trata das categorias diferenciadas em seu artigo 511, § 3º (regra acima citada).

São também chamados *sindicatos horizontais*, pois abrangem trabalhadores das mais diversas empresas e empregadores existentes.

A jurisprudência:

> EMENTA: ADVOGADO. EMPREGADO DE BANCO. ENQUADRAMENTO SINDICAL. CATEGORIA DIFERENCIADA. JORNADA DE TRABALHO. *Para fins de enquadramento sindical, a atividade principal da empresa é o que conta, seja para a categoria econômica, seja para a profissional, salvo, quanto a esta, se diferenciada, assim entendida aquela "que se forma dos empregados que exerçam profissões ou funções diferenciadas por força de estatuto profissional especial ou em consequência de condições de vida singulares" (parágrafo 3º art. 577 da CLT). A reclamante,*

advogada, exerce profissão diferenciada por força do estatuto profissional (Lei n. 8.906/1994), não se beneficiando dos instrumentos normativos e preceitos legais da categoria bancária. Existindo acordo escrito fixando dedicação exclusiva, por força do art. 20 do Estatuto da OAB, a jornada (diária) será a de oito horas. (TRT 3ª Região, 6ª Turma, processo n. 00445-2007-007-03-00-2, relator Desembargador Ricardo Antônio Mohallem, publicação em 06.12.2007, disponível em: www.trt3.jus.br).

Há ordenamentos jurídicos estrangeiros que contemplam, ainda, a figura do *sindicato organizado por empresa*, o que não é o caso do Brasil, conforme acima exposto.

É, por exemplo, o sistema estadunidense. Juridicamente é inviável no Brasil em virtude da abrangência territorial mínima do sindicato que é o município, nos termos do artigo 8º, II, CR (unicidade sindical).

Há, ainda, possibilidade de agregação através de sindicato organizado por grandes ramos ou segmentos econômicos.

É o sistema alemão. Fomenta a existência de poucos porém gigantescos sindicatos, concentrando a representação trabalhista na indústria, no comércio, nos serviços, no setor agropecuário, no setor financeiro, etc.

Tende tal sistema a possibilitar maiores ganhos para os trabalhadores, vez que a força destas grandes estruturas representativas é proporcional ao número de representados.

Outro ponto distintivo entre os sistemas sindicais é o que trata da unicidade em contraponto à pluralidade de sindicatos de mesma representação em um mesmo território.

O Brasil prevê a unicidade sindical, ou seja, veda, por lei, a existência de "sindicatos concorrentes", prevendo um único sindicato por categoria por região, nos termos do artigo 8º, II, CR.

Art. 8º É livre a associação profissional ou sindical, observado o seguinte:

(...)

II – é vedada a criação de mais de uma organização sindical, em qualquer grau, representativa de categoria profissional ou econômica, na mesma base territorial, que será definida pelos trabalhadores ou empregadores interessados, não podendo ser inferior à área de um Município;

Diversos países contemplam a possibilidade de existência da pluralidade sindical, a critério exclusivo da categoria, sem que o Estado discipline a obrigatoriedade de um (unicidade) ou outro (pluralidade) sistema. Seria, ainda que em tese, a efetivação da garantia da liberdade sindical plena preconizada pela Convenção n. 76, OIT.

Partindo do pressuposto (duvidoso) de que é constitucional o "enquadramento sindical" por categoria (econômica, profissional e diferenciada), é dever dos empregadores a correta compreensão de quem são, em ambos os pólos (capital e trabalho), os atores coletivos (sindicatos) envolvidos em seu empreendimento. A correta compreensão do fenômeno sociojurídico se dá, necessariamente, através da atuação de profissionais habilitados, destacadamente Advogados.

O Direito do Trabalho fixa como regras de observância obrigatória no plano da relação de emprego tanto as normas heterônomas (Constituição da República, CLT e legislação ordinária) quanto regras autônomas (Convenções Coletivas de Trabalho e Acordos Coletivos de Trabalho) que devem ser aplicadas nos diversos contratos individuais de trabalho mantidos. Não há hierarquia entre as normas trabalhistas autônomas e heterônomas, ressalvada a prevalência do Texto Constitucional.

Assim, para saber quais são os direitos trabalhistas de um empregado não é suficiente somente conhecer o rol consagrado na Constituição da República ou na CLT. É muito mais. É saber qual é o sindicato representativo de sua categoria e compreender quais são os direitos trabalhistas consagrados pelos entes coletivos em CCT e/ou ACT. A empresa que não faz o correto "enquadramento sindical" atrai para si um passivo trabalhista que pode, em diversas situações fáticas, inviabilizar seu empreendimento. Ao enquadrar equivocadamente a relação mantida poderá o empregador aplicar direitos que não são devidos e deixar de reconhecer vantagens que são aplicáveis obrigatoriamente aos seus empregados. Além disso, há o prejuízo decorrente do recolhimento incorreto das contribuições sindicais devidas.

Como fazer o correto "enquadramento sindical" com menor risco para o empregador e seu empreendimento? Inicialmente através da contratação de Advogado que possa compreender o empreendimento como um todo e consequentemente aplicar corretamente as normas jurídicas (CLT, CCT, ACT) aos casos trabalhistas concretos. Possível aqui, entretanto, traçar a compreensão básica do fenômeno sociojurídico do enquadramento sindical.

A norma básica sobre "enquadramento sindical" no Brasil é aquela consagrada no artigo 511 da CLT, que trata das categorias econômicas, profissionais e diferenciadas:

> Art. 511. É lícita a associação para fins de estudo, defesa e coordenação dos seus interesses econômicos ou profissionais de todos os que, como empregadores, empregados, agentes ou trabalhadores autônomos ou profissionais liberais exerçam, respectivamente, a mesma atividade ou profissão ou atividades ou profissões similares ou conexas.
>
> § 1º A solidariedade de interesses econômicos dos que empreendem atividades idênticas, similares ou conexas, constitui o vínculo social básico que se denomina categoria econômica.

§ 2º A similitude de condições de vida oriunda da profissão ou trabalho em comum, em situação de emprego na mesma atividade econômica ou em atividades econômicas similares ou conexas, compõe a expressão social elementar compreendida como categoria profissional.

§ 3º Categoria profissional diferenciada é a que se forma dos empregados que exerçam profissões ou funções diferenciadas por força de estatuto profissional especial ou em consequência de condições de vida singulares.

§ 4º Os limites de identidade, similaridade ou conexidade fixam as dimensões dentro das quais a categoria econômica ou profissional é homogênea e a associação é natural.

Para que possa o empregador ter consciência e clareza de qual é o seu sindicato representativo, ou seja, o seu representante patronal, deve ter convicção de qual é sua atividade econômica preponderante. Assim, deverá avaliar seu contrato social (objetivos sociais) e o que efetivamente empreende cotidianamente. A atividade econômica que se destacar como mais relevante fixará a categoria econômica e consequentemente o sindicato patronal.

No mesmo sentido, para que possa o empregador ter clareza sobre quem é o seu contraponto coletivo, ou seja, o representante sindical de seus trabalhadores, deve também ter convicção de qual é sua atividade econômica preponderante. Assim, deverá avaliar seu contrato social (objetivos sociais) e o que efetivamente empreende cotidianamente. A atividade econômica que se destacar como mais relevante fixará a categoria econômica e consequentemente a categoria profissional em contraponto. É que neste caso, nos termos da lei e como regra geral (que comporta exceções, como as de *categoria profissional diferenciada*), o enquadramento sindical do trabalhador se dá conforme o enquadramento do seu empregador.

Conhecidos os sindicatos patronal e obreiro representantes das categorias envolvidas em um contrato de emprego é feita a análise dos instrumentos normativos coletivos por eles firmados, sobretudo as Convenções Coletivas de Trabalho, vez que do ACT o empregador participa direta e necessariamente.

Assim, na prática, exemplificativamente, se a atividade preponderante do empregador é a construção civil, seu enquadramento se dará no âmbito do sindicato patronal da construção civil e seus empregados serão representados pelo sindicato dos trabalhadores da construção civil. Idem para metalúrgicos, comerciários, aeroviários, bancários, dentre tantos outros.

A grande dificuldade envolvida no correto "enquadramento sindical" reside, hoje, na multiplicidade de atividades econômicas empreendidas por um mesmo empregador, na disputa por base de representação entre sindicatos (tanto os patronais quanto os obreiros) e consequentemente na correta aplicação prática do critério de unicidade sindical, pois somente há um único sindicato representativo de cada categoria.

A análise sociojurídica do "enquadramento" é necessária, então, para que possa haver a correta aplicação das regras trabalhistas nos casos concretos, para que os trabalhadores sejam respeitados em seus direitos básicos e para que o empregador possa limitar os riscos de insucesso de seu empreendimento.

No que concerne à sua estruturação interna, o sistema sindical brasileiro é piramidal. Na base estão os sindicatos, no meio as federações a na cúpula as confederações.

A base é o sindicato, com abrangência territorial mínima no município, embora obviamente possa ser mais ampla sua representação (regional, estadual, nacional), nos termos do artigo 8º, II, CR acima transcrito.

As federações são órgãos intermediários entre os sindicatos e as confederações. Resultam da conjugação de pelo menos 5 sindicatos da mesma categoria profissional, diferenciada ou econômica, nos termos do artigo 534, CLT:

Art. 543. É facultado aos Sindicatos, quando em número não inferior a 5 (cinco), desde que representem a maioria absoluta de um grupo de atividades ou profissões idênticas, similares ou conexas, organizarem-se em federação.

§ 1º Se já existir federação no grupo de atividades ou profissões em que deva ser constituída a nova entidade, a criação desta não poderá reduzir a menos de 5 (cinco) o número de Sindicatos que àquela devam continuar filiados.

§ 2º As federações serão constituídas por Estados, podendo o Ministro do Trabalho, Industria e Comercio autorizar a constituição de Federações interestaduais ou nacionais.

§ 3º É permitido a qualquer federação, para o fim de lhes coordenar os interesses, agrupar os Sindicatos de determinado município ou região a ela filiados; mas a união não terá direito de representação das atividades ou profissões agrupadas.

As confederações estão no topo da pirâmide e resultam da conjugação de pelo menos 3 federações, nos termos do artigo 535, CLT:

Art. 535. As Confederações organizar-se-ão com o mínimo de 3 (três) federações e terão sede na Capital da República.

§ 1º As confederações formadas por federações de Sindicatos de empregadores denominar-se-ão: Confederação Nacional da Indústria, Confederação Nacional do Comércio, Confederação Nacional de Transportes Marítimos, Fluviais e Aéreos, Confederação Nacional de Transportes Terrestres, Confederação Nacional de Comunicações e Publicidade, Confederação Nacional das Empresas de Crédito e Confederação Nacional de Educação e Cultura.

§ 2º As confederações formadas por federações de Sindicatos de empregados terão a denominação de: Confederação Nacional dos Trabalhadores na Indústria, Confederação Nacional dos Trabalhadores no Comércio, Confederação Nacional dos Trabalhadores em Transportes Marítimos, Fluviais e Aéreos, Confederação Nacional dos Trabalhadores em Transportes Terrestres, Confederação Nacional dos Trabalhadores em Comunicações e Publicidade, Confederação Nacional dos Trabalhadores nas Empresas de Crédito e Confederação Nacional dos Trabalhadores em Estabelecimentos de Educação e Cultura.

§ 3º *Denominar-se-á Confederação Nacional das Profissões Liberais a reunião das respectivas federações.*

§ 4º *As associações sindicais de grau superior da Agricultura e Pecuária serão organizadas na conformidade do que dispuser a lei que regular a sindicalização dessas atividades ou profissões.*

Embora não façam parte da estrutura sindical ordinária, o Estado brasileiro consagra a existência das Centrais Sindicais, regulamentadas pela Lei n. 11.648/2008. As Centrais Sindicais atuam politicamente na perspectiva da unificação das estratégias de seus sindicatos filiados, além de exercerem destacado papel político no sentido da ampliação das conquistas sociais dos trabalhadores através da lei.

O artigo 522 da CLT estabelece a estruturação interna dos sindicatos, sendo que cabe a cada ente especificar seus órgãos internos regimentalmente e/ou estatutariamente, conforme defende Mauricio Godinho Delgado.[4] A redação do artigo 522, restritiva entretanto e inconstitucional portanto, é a seguinte:

> Art. 522. *A administração do sindicato será exercida por uma diretoria constituída no máximo de sete e no mínimo de três membros e de um Conselho Fiscal composto de três membros, eleitos esses órgãos pela Assembléia Geral.*
>
> § 1º *A diretoria elegerá, dentre os seus membros, o presidente do sindicato.*
>
> § 2º *A competência do Conselho Fiscal é limitada à fiscalização da gestão financeira do sindicato.*
>
> § 3º *Constituirão atribuição exclusiva da Diretoria do Sindicato e dos Delegados Sindicais, a que se refere o art. 523, a representação e a defesa dos interesses da entidade perante os poderes públicos e as empresas, salvo mandatário com poderes outorgados por procuração da Diretoria, ou associado investido em representação prevista em lei.*

Além dos 7 titulares há ainda 7 suplentes que compõem a administração do Sindicato, nos termos do artigo 8º, inciso VIII. Não me parece ser razoável a interpretação que faz o TST sobre a matéria, vez que entende recepcionado o artigo 522 da CLT, como adiante restará demonstrado.

O STF decidiu também que, ainda hoje, após a Constituição de 1988, é essencial o registro de todos os sindicatos no Ministério do Trabalho, nos termos do artigo 8º, I, CR, para efeito de controle da unicidade sindical.

> Art. 8º *É livre a associação profissional ou sindical, observado o seguinte:*
>
> I – *a lei não poderá exigir autorização do Estado para a fundação de sindicato, ressalvado o registro no órgão competente, vedadas ao Poder Público a interferência e a intervenção na organização sindical;*

---

(4) DELGADO, Mauricio Godinho. *Curso de Direito do Trabalho*. São Paulo: LTr, 2011.

A função básica do sindicato é a representação da categoria, especificamente no momento da criação da norma jurídica autônoma.

Infelizmente, é comum que sindicatos tratem tal função essencial como secundária, colocando acima a assistência social aos sindicalizados.

Para fazer face às suas despesas com representação e assistência, deve o sindicato valer-se de receitas próprias. São elas:

a) *contribuição sindical obrigatória:* CLT, 578 e seguintes.

> Art. 578. *As contribuições devidas aos Sindicatos pelos que participem das categorias econômicas ou profissionais ou das profissões liberais representadas pelas referidas entidades serão, sob a denominação do "imposto sindical", pagas, recolhidas e aplicadas na forma estabelecida neste Capítulo.*
>
> Art. 579. *A contribuição sindical é devida por todos aquêles que participarem de uma determinada categoria econômica ou profissional, ou de uma profissão liberal, em favor do sindicato representativo da mesma categoria ou profissão ou, inexistindo êste, na conformidade do disposto no art. 591.*
>
> Art. 580. *A contribuição sindical será recolhida, de uma só vez, anualmente, e consistirá: I – Na importância correspondente à remuneração de um dia de trabalho, para os empregados, qualquer que seja a forma da referida remuneração;*

Trata-se, no caso dos empregados, de pagamento de 1 dia de serviço no mês de março, de cada trabalhador da categoria, sindicalizado ou não, por força de lei, em favor de seu sindicato.

b) *contribuição confederativa:* CR, 8º, IV.

Embora prevista constitucionalmente o STF, por sua Súmula n. 666, limita sua obrigatoriedade apenas aos sindicalizados, embora a representação não se dê em decorrência da sindicalização.

Eis o texto constitucional:

> Art. 8º *É livre a associação profissional ou sindical, observado o seguinte:*
>
> (...)
>
> IV – *a assembléia geral fixará a contribuição que, em se tratando de categoria profissional, será descontada em folha, para custeio do sistema confederativo da representação sindical respectiva, independentemente da contribuição prevista em lei;*
>
> *O valor da contribuição confederativa é repassado para o custeio da cúpula do sistema sindical. A jurisprudência consolidada (TST e STF) é no já citado sentido de ser obrigatória apenas para os sindicalizados, nos termos do Precedente Normativo 119, SDC, TST e da Súmula n. 666, STF:*
>
> PN 119 CONTRIBUIÇÕES SINDICAIS – INOBSERVÂNCIA DE PRECEITOS CONSTITUCIONAIS – *(nova redação dada pela SDC em sessão de 02.06.1998 –*

homologação Res. 82/1998, DJ 20.08.1998) A Constituição da República, em seus arts. 5º, XX e 8º, V, assegura o direito de livre associação e sindicalização. É ofensiva a essa modalidade de liberdade cláusula constante de acordo, convenção coletiva ou sentença normativa estabe-lecendo contribuição em favor de entidade sindical a título de taxa para custeio do sistema confederativo, assistencial, revigoramento ou fortalecimento sindical e outras da mesma espécie, obrigando trabalhadores não sindicalizados. Sendo nulas as estipulações que inobservem tal restrição, tornam-se passíveis de devo-lução os valores irregularmente descontados.

Súmula n. 666. A contribuição confederativa de que trata o art. 8º, IV, da Constituição, só é exigível dos filiados ao sindicato respectivo.

c) contribuição assistencial: CLT, 513, e.

No mesmo sentido da anterior, a contribuição assistencial, consoante jurisprudência consolidada do TST, incorretamente, data maxima venia, só vincula os sindicalizados.

Art. 513. São prerrogativas dos sindicatos :

a) representar, perante as autoridades administrativas e judiciárias os interesses gerais da respectiva categoria ou profissão liberal ou interesses individuais dos associados relativos á atividade ou profissão exercida;

b) celebrar contratos coletivos de trabalho;

c) eleger ou designar os representantes da respectiva categaria ou profissão liberal;

d) colaborar com o Estado, como orgãos técnicos e consultivos, na estudo e solução dos problemas que se relacionam com a respectiva categoria ou profissão liberal;

e) impor contribuições a todos aqueles que participam das categorias econômicas ou profissionais ou das profissões liberais representadas.

Parágrafo Único. Os sindicatos de empregados terão, outrossim, a prerrogativa de fundar e manter agências de colocação.

A contribuição confederativa é recolhimento fixado por CCT ou ACT e aprovado pela categoria e previsto no artigo 513, e, CLT. O entendimento do TST é no sentido de que é devida apenas pelos sindicalizados, podendo o não sindicalizado se insurgir contra a cobrança, nos termos do já citado Precedente Normativo n. 119, SDC, TST.

d) mensalidade dos associados.

Esta sim, obviamente devida somente por sindicalizados. É lícita sua cobrança, nos termos estatutários e/ou regimentais.

Por fim, ainda no que concerne aos sindicatos, importante destacar o instituto da garantia provisória de emprego. É óbvio que a autonomia sindical somente pode prevalecer, no que concerne ao embate direto com os empregadores, quando respeitada a garantia do dirigente sindical contra dispensa injusta. O instituto, por afirmar a possibilidade negocial do sindicalismo brasileiro, tem previsão constitucional na regra do artigo 8º, inciso VIII:

> Art. 8º É livre a associação profissional ou sindical, observado o seguinte:
>
> (...)
>
> VIII – é vedada a dispensa do empregado sindicalizado a partir do registro da candidatura a cargo de direção ou representação sindical e, se eleito, ainda que suplente, até um ano após o final do mandato, salvo se cometer falta grave nos termos da lei.

A garantia abrange, nos termos da norma constitucional, empregados sindicalizados desde o registro de sua candidatura até um ano após o final de seu mandato na administração do ente coletivo, valendo a regra para titulares e, é claro, também para seus suplentes. Tal garantia pressupõe proibição de dispensa sem justa causa, sendo possível a dispensa por justa causa desde que apurada em ação judicial de inquérito, nos termos das Súmulas n. 197, STF e n. 379, TST:

> SÚMULA N. 197, STF. O EMPREGADO COM REPRESENTAÇÃO SINDICAL SÓ PODE SER DESPEDIDO MEDIANTE INQUÉRITO EM QUE SE APURE FALTA GRAVE.
>
> SUM. 379 DIRIGENTE SINDICAL. DESPEDIDA. FALTA GRAVE. INQUÉRITO JUDICIAL. NECESSIDADE (conversão da Orientação Jurisprudencial n. 114 da SBDI-1) – Res. 129/2005, DJ 20, 22 e 25.04.2005. O dirigente sindical somente poderá ser dispensado por falta grave mediante a apuração em inquérito judicial, inteligência dos arts. 494 e 543, § 3º, da CLT. (ex-OJ n. 114 da SBDI-1 – inserida em 20.11.1997).

O TST infelizmente "cria" restrições ao exercício da garantia de emprego do dirigente sindical que não foram previstas pela Constituição da República, o que torna tais limitações eivadas de inconstitucionalidade, *data maxima venia*.

As restrições "jurisprudenciais" mais relevantes estão postas na Súmula n. 369 do TST, com destaque para as seguintes:

1) inicialmente a Súmula n. 369 do TST limita a 14 o número de dirigentes detentores de garantia de emprego, algo que a Constituição não fez, posto que tal medida fere o princípio, também constitucional, da autonomia sindical.

2) não prevalece a garantia de emprego se o registro da candidatura se dá após o aviso prévio (Súmula n. 369, V, TST) em clara inobservância ao entendimento de que o aviso prévio integra o contrato de emprego para todos os efeitos. Trata-se, *data maxima venia*, de presunção de má-fé fixada pelo Tribunal Superior do Trabalho. Parece entender o TST que o trabalhador que registra sua candidatura no curso do aviso prévio só o faz para obstar a dispensa avisada.

3) não prevalece a garantia constitucional de emprego caso inobservada a formalidade (comunicação) expressa no § 5º do artigo 543, CLT.

Embora haja tal regra expressa, decidiu corretamente o Tribunal Regional do Trabalho da 3ª Região de modo diverso:

> EMENTA: GARANTIA PROVISÓRIA DE EMPREGO DO DIRIGENTE SINDICAL. INOBSERVÂNCIA AO DISPOSTO NO ART. 543, § 5º DA CLT, QUANTO AO REGISTRO DA CANDIDATURA, COM POSTERIOR COMUNICAÇÃO, À EMPREGADORA, DA ELEIÇÃO E POSSE DO EMPREGADO. ESTABILIDADE QUE SE RECONHECE. A disposição inserida no § 5º do art. 543 da CLT soa peremptória ao se fazer dela interpretação meramente literal. Todavia, entendê-la como absolutamente impeditiva, em qualquer situação, à garantia de emprego, no caso de a empregadora não ser cientificada do registro da candidatura de seu empregado, é olvidar completamente a imperiosa interpretação teleológica e sistêmica que todo operador jurídico deve atribuir aos textos legais. Dúvida não há de que a finalidade precípua da referida comunicação é tornar o empregador ciente de que seu empregado ostenta a condição de candidato ou dirigente sindical, sendo, portanto, titular de garantia provisória no emprego, a teor dos arts. 543, caput da CLT, e 8º, VIII da CR/88. E, com efeito, a medida se justifica, uma vez que o empregador não participa das questões que envolvem a administração do sindicato de seus empregados. Entretanto, não parece razoável atribuir-se, à inobservância da referida formalidade, o condão de solapar inteiramente o direito à garantia de emprego prevista constitucionalmente, mormente no caso destes autos, em que a empregadora, embora não tenha tido ciência do registro da candidatura, teve, posteriormente, amplo conhecimento de que o autor foi eleito, e efetivamente tomou posse como dirigente do SINTICOMEX (fls. 26/27), vindo a proceder à dispensa anos após ter obtido tal ciência. O escopo da norma em apreço foi alcançado, não havendo, pois, que se cogitar da legalidade da dispensa perpetrada. Recurso ordinário ao qual se dá provimento, para deferir ao reclamante a indenização pelo período estabilitário, tendo em vista que já se exauriu o lapso da garantia de emprego. (TRT, 3ª Região, 10ª Turma, processo n. 0212600-37.2007.5.03.0092, relator Desembargador Márcio Salem Vidigal, publicação em 10.03.2010).

A formalidade excessiva foi mitigada pela TST, após alteração em sua Súmula n. 369, inciso I, que tem hoje a seguinte redação:

> I – É assegurada a estabilidade provisória ao empregado dirigente sindical, ainda que a comunicação do registro da candidatura ou da eleição e da posse seja realizada fora do prazo previsto no art. 543, § 5º, da CLT, desde que a ciência ao empregador, por qualquer meio, ocorra na vigência do contrato de trabalho.

4) não prevalece a garantia constitucional provisória de emprego em caso de extinção da empresa ou do estabelecimento na base territorial do sindicato (Súmula n. 369, IV, TST), ao argumento de que finda a base finda estará também a representação.

Eis o conteúdo da referida Súmula n. 369 do TST:

> SUM. 369 DIRIGENTE SINDICAL. ESTABILIDADE PROVISÓRIA. I – É assegurada a estabilidade provisória ao empregado dirigente sindical, ainda que a comunicação

do registro da candidatura ou da eleição e da posse seja realizada fora do prazo previsto no art. 543, § 5º, da CLT, desde que a ciência ao empregador, por qualquer meio, ocorra na vigência do contrato de trabalho.

II – O art. 522 da CLT foi recepcionado pela Constituição Federal de 1988. Fica limitada, assim, a estabilidade a que alude o art. 543, § 3º, da CLT a sete dirigentes sindicais e igual número de suplentes.

III – O empregado de categoria diferenciada eleito dirigente sindical só goza de estabilidade se exercer na empresa atividade pertinente à categoria profissional do sindicato para o qual foi eleito dirigente. (ex-OJ n. 145 da SBDI-1 – inserida em 27.11.1998)

IV – Havendo extinção da atividade empresarial no âmbito da base territorial do sindicato, não há razão para subsistir a estabilidade. (ex-OJ n. 86 da SBDI-1 – inserida em 28.04.1997)

V – O registro da candidatura do empregado a cargo de dirigente sindical durante o período de aviso prévio, ainda que indenizado, não lhe assegura a estabilidade, visto que inaplicável a regra do § 3º do art. 543 da Consolidação das Leis do Trabalho. (ex-OJ n. 35 da SBDI-1 – inserida em 14.03.1994).

É claro, por fim, que se o trabalhador dirigente sindical detentor de garantia de emprego for dispensado injustamente por seu empregador, deverá ser imediatamente reintegrado, nos termos do artigo 659, X, CLT.

Capítulo 4

Negociação Coletiva: essência do Direito Coletivo do Trabalho

1. Introdução
   – definição
2. Diplomas Negociais Coletivos: C.C.T. e A.C.T.
   a) definições legais
      - CCT: CLT, artigo 611
      - ACT: CLT, artigo 611, § 1º
   b) distinções
      - Entes pactuantes
      - Âmbito de abrangência
3. CCT e ACT: aspectos característicos
   a) normas constitucionais
      - artigos 7º, incisos VI, XIII, XIV, XXVI e 8º, VI
   b) normas celetistas
      - CLT, art. 611 e seguintes, observado o art. 8º, CR
   c) caracterização
      1) Legitimação
         - artigo 617, § 1º. CR/88, artigo 8º, VI
      2) Conteúdo
         - regras jurídicas
         - cláusulas contratuais

3) *Forma: CLT, artigos 612, 613, 614*
4) *Vigência: CLT, 614, § 1º*
5) *Duração: CLT, 614, § 3º*

4. *Negociação coletiva: possibilidades e limites*
   - *princípio da adequação setorial negociada*
     – *padrão salarial superior; ou*
     – *transação de parcelas disponíveis; e*
     – *impossibilidade de renúncia*

5. *Diplomas Negociais Coletivos: efeitos jurídicos*
   a) *efeitos jurídicos e sujeitos vinculados*
   b) *regras coletivas negociadas e regras estatais: hierarquia*
      - *ideia básica: harmonização do sistema*
        – *Hierarquia normativa. Teoria Geral do Direito*
        – *Hierarquia normativa. Especificidade justrabalhista*
      - *Acumulação x conglobamento*
      - *Teoria da acumulação*
      - *Teoria do conglobamento*
   c) *regras de CCT e ACT: hierarquia*
      - *CLT, art. 620*
      - *efeitos práticos*
   d) *regras negociais coletivas e contrato de emprego: relações e aspectos temporais*
      - *Aderência irrestrita*
      - *Aderência limitada pelo prazo*
      - *Aderência limitada por revogação*
        – *Súmula n. 277 do TST*

A negociação coletiva trabalhista é a essência do Direito Coletivo do Trabalho. É um dos mais importantes métodos de solução de conflitos, sendo a modalidade autocompositiva privilegiada pela ordem juscoletiva. Em tal perspectiva o conflito coletivo é solucionado pelas partes, sem a intervenção de terceiros.

A negociação coletiva tem o condão de criar direito novo para o trabalhador empregado, sem a necessidade de submeter tal norma autônoma ao crivo, nem sempre célere, nem sempre justo, do Congresso Nacional.

Paulo Eduardo Vieira de Oliveira, na obra coletiva "Curso de Direito do Trabalho" destaca que a negociação coletiva tem destacado papel sociopolítico, e surgiu como *"um mecanismo de mudança social e econômica, condicionando os ambientes de trabalho, a estrutura do emprego, a repartição funcional de rendimentos, a satisfação de necessidades coletivas, a estabilidade social e até, em certa medida, o funcionamento das instituições políticas."*[1]

É, para os sindicatos, oportunidade de melhorar as condições de trabalho e de vida de seus representados, através do exercício de função política, social e econômica extremamente relevante.

Paulo Eduardo Vieira de Oliveira, define a negociação coletiva como *"um processo de ação recíproca entre as direções das empresas e a representação organizada dos trabalhadores, destinado a fixar e aplicar termos e condições de trabalho."*[2]

As normas coletivas autônomas são expressas através de dois diplomas negociais coletivos: a Convenção Coletiva de Trabalho (CCT) e o Acordo Coletivo de Trabalho (ACT).

A CLT define a Convenção Coletiva de Trabalho em seu artigo 611.

> Art. 611 – *Convenção Coletiva de Trabalho é o acordo de caráter normativo, pelo qual dois ou mais Sindicatos representativos de categorias econômicas e profissionais estipulam condições de trabalho aplicáveis, no âmbito das respectivas representações, às relações individuais de trabalho.*

Os diplomas coletivos (ACT e CCT) criam normas jurídicas gerais, abstratas e impessoais, dirigidas a normatizar situações *ad futurum*, conforme explicita Mauricio Godinho Delgado.[3] Assim, o disposto em regras coletivas negociadas tem caráter normativo, no mesmo plano da legislação ordinária, de modo que integra o contrato de emprego e obriga a todos os representados.

---

(1) CORREIA, Marcus Orione Gonçalves; SOUTO MAIOR, Jorge Luiz (org.). *Curso de Direito do Trabalho*. v. III. São Paulo: LTr, 2008. p. 127.

(2) *Ibidem*, p. 87.

(3) DELGADO, Mauricio Godinho. *Curso de Direito do Trabalho*. São Paulo: LTr, 2011.

Paulo Eduardo Vieira de Oliveira trata também da natureza jurídica da negociação coletiva, destacando sua importância:

> "É um procedimento, um meio para chegar a solucionar os conflitos coletivos de trabalho, efetuado diretamente entre as partes.
>
> O valor deste meio de solução está em que as próprias partes interessadas são as que põem fim à divergência; nisto se assemelha muito com a conciliação, ainda que aqui seja mais espontânea a solução; a grande vantagem consiste em que as partes resolvem suas próprias divergências sem receber ordens ou instruções superiores, isto é, se reconhece a dignidade do trabalhador como igual ao empresário; além disso faz que se reduza consideravelmente a influência das considerações políticas alheias à questão trabalhista em debate."[4]

Como a representação coletiva independe de sindicalização, todos os empregados de uma dada categoria serão abrangidos pelas normas jurídicas veiculadas por Convenção Coletiva de Trabalho, razão pela qual é importante a participação dos trabalhadores nas assembléias de seus sindicatos.

O Acordo Coletivo de Trabalho também é previsto na CLT, no § 1º do artigo 611:

> Art. 611 – Convenção Coletiva de Trabalho é o acordo de caráter normativo, pelo qual dois ou mais Sindicatos representativos de categorias econômicas e profissionais estipulam condições de trabalho aplicáveis, no âmbito das respectivas representações, às relações individuais de trabalho.
>
> § 1º É facultado aos Sindicatos representativos de categorias profissionais celebrar Acordos Coletivos com uma ou mais empresas da correspondente categoria econômica, que estipulem condições de trabalho, aplicáveis no âmbito da empresa ou das acordantes respectivas relações de trabalho.

Depreende-se que não é necessária a presença do sindicato patronal para que haja validamente negociação coletiva, sendo imprescindível, entretanto, a participação do sindicato dos trabalhadores, conforme interpretação atual do artigo 8º, VI, da Constituição da República:

> Art. 8º É livre a associação profissional ou sindical, observado o seguinte:
>
> VI – é obrigatória a participação dos sindicatos nas negociações coletivas de trabalho;

As distinções entre ACT e CCT, conforme se pode depreender dos textos normativos celetistas, não são muitas:

---

(4) CORREIA, Marcus Orione Gonçalves; SOUTO MAIOR, Jorge Luiz. *Curso de Direito do Trabalho.* v. III. São Paulo: LTr, 2008. p. 87.

Enquanto na CCT pactuam dois sindicatos (patronal e de trabalhadores) no ACT há o sindicato dos trabalhadores e o(s) empregador(es). Aqui, portanto, não há a presença do sindicato patronal. Cada empregador ou grupo de empregadores pode firmar com o sindicato dos trabalhadores ajustes específicos para os contratos de emprego dos seus empregados.

A CCT, em virtude da participação do sindicato patronal, é mais ampla, incidindo suas normas pela base econômica (patrões) e profissional (trabalhadores) na respectiva abrangência territorial, independentemente da ciência ou concordância das partes individualmente consideradas. O ACT, obviamente, tem abrangência restrita aos empregados vinculados ao(s) empregador(es) acordante(s), não obrigando empregadores que não são signatários do instrumento resultante da negociação e que dela não participaram. Assim, o ACT será restrito aos empregados daqueles empregadores que efetivamente assinaram o ajuste, enquanto a CCT tem vigência em todos os contratos de emprego, de todos os trabalhadores da categoria, independentemente da anuência e participação de seu empregador.

A negociação coletiva, em síntese, tem o efeito elementar de pacificação dos conflitos juscoletivos, trazendo a obrigação de observância dos termos expostos no ACT ou CCT para todos os envolvidos (empregados e empregadores), podendo quaisquer das partes exigir da outra seu integral cumprimento, seja pela via negocial, seja pela via judicial ou pela greve.

Os artigos 7º e 8º da Constituição da República consagram normas básicas fundamentais de Direito do Trabalho no Brasil. No que concerne à importância do ajuste coletivo, destaque para o artigo 7º, incisos VI, XIII, XIV, XXVI e para o artigo 8º, VI, exemplificativamente.

> Art. 7º São direitos dos trabalhadores urbanos e rurais, além de outros que visem à melhoria de sua condição social:
>
> (...)
>
> VI – irredutibilidade do salário, salvo o disposto em convenção ou acordo coletivo;
>
> (...)
>
> XIII – duração do trabalho normal não superior a oito horas diárias e quarenta e quatro semanais, facultada a compensação de horários e a redução da jornada, mediante acordo ou convenção coletiva de trabalho;
>
> XIV – jornada de seis horas para o trabalho realizado em turnos ininterruptos de revezamento, salvo negociação coletiva;
>
> (...)
>
> XXVI – reconhecimento das convenções e acordos coletivos de trabalho;
>
> Art. 8º É livre a associação profissional ou sindical, observado o seguinte:
>
> (...)
>
> VI – é obrigatória a participação dos sindicatos nas negociações coletivas de trabalho;"

As normas da CLT (artigo 611 e seguintes), de 1943, somente mantém sua vigência se de acordo com a Constituição da República promulgada em 1988, sendo consideradas não recepcionadas se contrariam seus dispositivos. Pelo menos é a interpretação que se espera dos operadores do Direito.

A negociação coletiva tem relevantes características próprias, enquanto instituto de Direito Coletivo do Trabalho, conforme categorização do Prof. Mauricio Godinho Delgado, em seu Curso de Direito do Trabalho, em síntese:[5]

a) *Legitimação:* os legitimados para firmar diplomas coletivos são os sindicatos de trabalhadores, os sindicatos patronais e os empregadores isoladamente considerados, vez que estes são, independentemente de seus órgãos de representação, entes coletivos. As Federações também são legitimadas, nos casos das categorias que não são organizadas por sindicatos, bem como as Confederações, nos termos do artigo 611, § 2º, CLT:

> *Art. 611 – Convenção Coletiva de Trabalho é o acôrdo de caráter normativo, pelo qual dois ou mais Sindicatos representativos de categorias econômicas e profissionais estipulam condições de trabalho aplicáveis, no âmbito das respectivas representações, às relações individuais de trabalho.*
>
> *(...)*
>
> *§ 2º As Federações e, na falta desta, as Confederações representativas de categorias econômicas ou profissionais poderão celebrar convenções coletivas de trabalho para reger as relações das categorias a elas vinculadas, inorganizadas em Sindicatos, no âmbito de suas representações.*

De se ressaltar que o artigo 617, § 1º *não foi recepcionado* pela Constituição da República promulgada em 1988 por força do seu artigo 8º, VI, como se infere de simples leitura:

> *Art. 617 – Os empregados de uma ou mais emprêsas que decidirem celebrar Acôrdo Coletivo de Trabalho com as respectivas emprêsas darão ciência de sua resolução, por escrito, ao Sindicato representativo da categoria profissional, que terá o prazo de 8 (oito) dias para assumir a direção dos entendimentos entre os interessados, devendo igual procedimento ser observado pelas emprêsas interessadas com relação ao Sindicato da respectiva categoria econômica.*
>
> *§ 1º Expirado o prazo de 8 (oito) dias sem que o Sindicato tenha se desincumbido do encargo recebido, poderão os interessados dar conhecimento do fato à Federarão a que estiver vinculado o Sindicato e, em falta dessa, à correspondente Confederação, para que, no mesmo prazo, assuma a direção dos entendimentos. Esgotado êsse prazo, poderão os interessados prosseguir diretamente na negociação coletiva até final.*
>
> *Art. 8º É livre a associação profissional ou sindical, observado o seguinte:*
>
> *VI – é obrigatória a participação dos sindicatos nas negociações coletivas de trabalho;*

---

(5) DELGADO, Mauricio Godinho. *Curso de Direito do Trabalho*. São Paulo: LTr, 2011. p. 1313 e ss.

b) *Conteúdo:* os instrumentos coletivos negociais veiculam normas jurídicas e também cláusulas contratuais, ou seja, tanto dispositivos normativos quanto obrigacionais.

As normas jurídicas geram direitos e obrigações que se integram aos contratos individuais dos representados. Exemplificativamente: reajustes salariais, piso da categoria, cesta-básica, aumento ou redução de jornada, redução de salários, banco de horas, escalas de trabalho específicas (12 x 36, por exemplo), dentre outras.

As cláusulas contratuais criam direitos e obrigações somente para as partes convenentes ou acordantes (sindicatos/sindicatos; sindicatos/empregadores), por exemplo entrega da lista de trabalhadores ao sindicato, com endereços e telefones, conforme Mauricio Godinho Delgado.[6]

c) *Forma:* os diplomas coletivos são formais, solenes, escritos e públicos. A CLT prevê: artigos 612, 613, 614.

> *Art. 612 – Os Sindicatos só poderão celebrar Convenções ou Acordos Coletivos de Trabalho, por deliberação de Assembléia Geral especialmente convocada para ésse fim, consoante o disposto nos respectivos Estatutos, dependendo a validade da mesma do comparecimento e votação, em primeira convocação, de 2/3 (dois terços) dos associados da entidade, se se tratar de Convenção, e dos interessados, no caso de Acôrdo, e, em segunda, de 1/3 (um têrço) dos mesmos.*
>
> *Parágrafo único. O "quorum" de comparecimento e votação será de 1/8 (um oitavo) dos associados em segunda convocação, nas entidades sindicais que tenham mais de 5.000 (cinco mil) associados.*
>
> *Art. 613 – As Convenções e os Acordos deverão conter obrigatòriamente:*
>
> *I – Designação dos Sindicatos convenentes ou dos Sindicatos e empresas acordantes;*
>
> *II – Prazo de vigência;*
>
> *III – Categorias ou classes de trabalhadores abrangidas pelos respectivos dispositivos;*
>
> *IV – Condições ajustadas para reger as relações individuais de trabalho durante sua vigência;*
>
> *V – Normas para a conciliação das divergências sugeridas entre os convenentes por motivos da aplicação de seus dispositivos;*
>
> *VI – Disposições sobre o processo de sua prorrogação e de revisão total ou parcial de seus dispositivos;*
>
> *VII – Direitos e deveres dos empregados e empresas;*
>
> *VIII – Penalidades para os Sindicatos convenentes, os empregados e as empresas em caso de violação de seus dispositivos.*

---

(6) DELGADO, Mauricio Godinho. *Curso de Direito do Trabalho.* São Paulo: LTr, 2011. p. 1.316.

Parágrafo único. As convenções e os Acordos serão celebrados por escrito, sem emendas nem rasuras, em tantas vias quantos forem os Sindicatos convenentes ou as empresas acordantes, além de uma destinada a registro.

Art. 614 – Os Sindicatos convenentes ou as empresas acordantes promoverão, conjunta ou separadamente, dentro de 8 (oito) dias da assinatura da Convenção ou Acordo, o depósito de uma via do mesmo, para fins de registro e arquivo, no Departamento Nacional do Trabalho, em se tratando de instrumento de caráter nacional ou interestadual, ou nos órgãos regionais do Ministério do Trabalho e Previdência Social, nos demais casos.

§ 1º As Convenções e os Acordos entrarão em vigor 3 (três) dias após a data da entrega dos mesmos no órgão referido neste artigo.

§ 2º Cópias autênticas das Convenções e dos Acordos deverão ser afixados de modo visível, pelos Sindicatos convenentes, nas respectivas sedes e nos estabelecimentos das empresas compreendidas no seu campo de aplicação, dentro de 5 (cinco) dias da data do depósito previsto neste artigo.

§ 3º Não será permitido estipular duração de Convenção ou Acordo superior a 2 (dois) anos.

d) Vigência: o início se dá 3 dias após o depósito: CLT, 614, § 1º.

Art. 614 – Os Sindicatos convenentes ou as empresas acordantes promoverão, conjunta ou separadamente, dentro de 8 (oito) dias da assinatura da Convenção ou Acordo, o depósito de uma via do mesmo, para fins de registro e arquivo, no Departamento Nacional do Trabalho, em se tratando de instrumento de caráter nacional ou interestadual, ou nos órgãos regionais do Ministério do Trabalho e Previdência Social, nos demais casos.

§ 1º As Convenções e os Acordos entrarão em vigor 3 (três) dias após a data da entrega dos mesmos no órgão referido neste artigo.

e) *Duração: não pode o ACT ou a CCT ter prazo superior a 2 anos. Normalmente os ajustes têm prazo de 1 ano.*

f) *Prorrogação, revisão, denúncia, revogação, extensão: CLT, artigo 615.*

Art. 615 – O processo de prorrogação, revisão, denúncia ou revogação total ou parcial de Convenção ou Acôrdo ficará subordinado, em qualquer caso, à aprovação de Assembléia Geral dos Sindicatos convenentes ou partes acordantes, com observância do disposto no art. 612.

§ 1º O instrumento de prorrogação, revisão, denúncia ou revogação de Convenção ou Acôrdo será depositado para fins de registro e arquivamento, na repartição em que o mesmo originariamente foi depositado observado o disposto no art. 614.

§ 2º As modificações introduzidos em Convenção ou Acôrdo, por fôrça de revisão ou de revogação parcial de suas claúsulas passarão a vigorar 3 (três) dias após a realização de depósito previsto no § 1º.

Por fim, importante análise sobre as possibilidades e limites da negociação coletiva trabalhista. Aqui cabe a análise sobre o que pode ser negociado coletivamente e quais são os limites impostos à negociação coletiva.

O Prof. Mauricio Godinho Delgado estabelece, para este questionamento, o *princípio da adequação setorial negociada*, que oferece um critério de harmonização entre as regras jurídicas oriundas da negociação coletiva e as regras originárias da legislação heterônoma estatal.[7]

A pergunta básica é: em que medida as normas autônomas juscoletivas podem se contrapor às normas imperativas estatais?

A resposta consagra o princípio. As normas negociadas coletivamente prevalecem sobre as heterônomas se observados dois critérios:

1) quando as normas autônomas implementam um padrão salarial superior ao padrão geral heterônomo;

2) quando as normas autônomas transacionam parcelas de disponibilidade apenas relativa e não de indisponibilidade.

Importante destacar que a renúncia a direitos trabalhistas é inaceitável na negociação coletiva.

Normas indisponíveis são as constitucionais (nas quais não há ressalva) e as concernentes à saúde e à segurança do trabalhador.

Não há hierarquia normativa no âmbito juscoletivo, pelo que deve o intérprete buscar a harmonia entre as normas jurídicas autônomas e heterônomas, o que nem sempre é simples.

No Direito Individual do Trabalho vigora como critério de harmonização o princípio da norma mais favorável. Não há, regra geral, hierarquia entre normas jurídicas heterônomas (estatais) e autônomas (negociadas). Assim, a hierarquia entre normas jurídicas não é estática e imutável (como no direito comum), mas dinâmica e variável conforme o caso.

Há, entretanto, alguns limites hermenêuticos que devem ser observados para a aplicação deste especial critério hierárquico no âmbito juscoletivo.

Duas correntes doutrinárias e jurisprudenciais buscam traçar os critérios de aplicação da norma mais favorável no conflito interpretativo entre diplomas heterônomos e autônomos, que são a teoria da *acumulação* e a teoria do *conglobamento*.

Conforme a teoria da acumulação deveria haver, na análise interpretativa e critério hierárquico entre normas, o fracionamento dos conteúdos normativos, retirando de cada um os preceitos e institutos que melhor consultem os interesses obreiros. Haveria, após o fracionamento, a acumulação dos preceitos favoráveis ao obreiro. Seria, enfim, a soma de vantagens normativas extraídas da cisão de diversos diplomas, conforme leciona o Prof. Mauricio Godinho Delgado.[8]

---

(7) DELGADO, Mauricio Godinho. *Curso de Direito do Trabalho*. São Paulo: LTr, 2011. p. 1.255.

(8) *Ibidem*, p. 1.324.

Exemplificando: por tal teoria, havendo cláusula de CCT ou ACT que exclui a concessão de horas *in itinere* ou que as fixa em patamares mínimos, tal diploma (cláusula), visto em confronto com o disposto no artigo 58, § 2º, seria inaplicável neste específico ponto, valendo a norma celetista mais favorável.

Tal interpretação acima exposta, entretanto, tende a ferir a autonomia negocial coletiva, além de levar ao casuísmo em desfavor da sistematização jurídica, conforme explicita Mauricio Godinho Delgado.[9]

Consoante a teoria do conglobamento, mais coerente e científica do que a anterior, não se fracionam preceitos ou institutos jurídicos, sejam autônomos sejam heterônomos. Cada conjunto é apreendido globalmente, considerando o mesmo universo temático, conforme destaca novamente Mauricio Godinho Delgado.[10]

O intérprete aplicará o conjunto mais favorável e não a cláusula isoladamente considerada, levando-se em conta os interesses da categoria e não somente os do indivíduo.

Jorge Luiz Souto Maior entende não ser dada ao sindicato a possibilidade de reduzir quaisquer direitos trabalhistas, por força da norma jurídica contida no *caput* do artigo 7º da Constituição da República:

> *"É neste sentido que se consagrou a ideia de que os instrumentos coletivos de natureza normativa (acordos coletivos, convenções coletivas e sentenças normativas) têm por objetivo melhorar a condição social e econômica do trabalhador, não se prestando, pois, à diminuição das garantias já auferidas.*
>
> *Demonstra-se, assim, o total equívoco da visão, de que se impregnou o Brasil, no período pós Constituição de 88, de que os acordos e convenções coletivas possam reduzir direitos trabalhistas legalmente previstos, partindo do argumento de que a Constituição fixou como preceito o 'reconhecimento das Convenções e acordos coletivos de trabalho' (inciso XXVI, do art. 7º) e permitiu, expressamente, por tal via, a redução do salário (inciso VI, art. 7º), a compensação da jornada (inciso XIII, art. 7º) e a modificação dos parâmetros da jornada reduzida para o trabalho em turnos ininterruptos de revezamento (inciso XIV, do art. 7º).*
>
> *Não bastassem os fundamentos já expostos, o equívoco dessa visão que atribui aos modos de solução de conflitos coletivos uma função de reduzir direitos trabalhistas, vale acrescentar que a interpretação que foi dada aos incisos mencionados do art. 7º, da Constituição brasileira, jamais poderia ter sido aquela a que se chegou. Ora, o próprio artigo 7º, em seu caput, deixa claro que os incisos que relaciona são direitos dos trabalhadores, ou seja, são normas voltadas a um sujeito específico, o trabalhador, não se podendo, portanto, ver nas normas em questão algum tipo de proteção do interesse econômico do empregador. Além disso, as normas são destinadas, como dito no caput do artigo, à melhoria da condição social dos trabalhadores.*

---

(9) DELGADO, Mauricio Godinho. *Curso de Direito do Trabalho.* São Paulo: LTr, 2011. p. 1.324.
(10) *Ibidem*, p. 1.325.

Assim, constitui equívoco de natureza sistêmica buscar nos preceitos fixados nos incisos do art. 7º um sentido que forneça a possibilidade de se reduzirem direitos trabalhistas por aplicação de tais preceitos.

Tal análise do Prof. Jorge Luiz Souto Maior, embora constitucionalmente relevante, não vem recebendo o necessário respaldo da doutrina e da jurisprudência majoritárias, o que indica sua não-aplicação no plano fático das relações coletivas.

No plano teórico justrabalhista não vigora a norma de direito comum no sentido de que a regra especial (ACT) prevalece sobre regra geral (CCT). Ao contrário, a presunção é de prevalência do disposto em Convenção Coletiva de Trabalho, por sua maior abrangência, como se infere da regra do artigo 620 da CLT:

> Art. 620. As condições estabelecidas em Convenção quando mais favoráveis, prevalecerão sobre as estipuladas em Acordo.

Possível inferir da regra, entretanto, que se as normas do Acordo Coletivo de Trabalho se mostrarem mais favoráveis aos trabalhadores, deverão prevalecer.

A melhor doutrina consagra que, excepcionalmente, inobstante a regra celetista do artigo 620 e a consideração anteriormente exposta, poderá um Acordo Coletivo de Trabalho menos favorável aos trabalhadores prevalecer sobre o texto da Convenção Coletiva de Trabalho, o que se dá nos casos em que esta prevê tal possibilidade, conforme destaca Mauricio Godinho Delgado:

> "Entretanto, não obstante o disposto no art. 620 da CLT, caso a convenção coletiva autorize a celebração em separado de acordo coletivo, esta permissão é tida como válida, viabilizando a prevalência do ACT menos favorável, em situação de conflito de normas autônomas."[11]

No plano fático, dada a obrigatoriedade da intervenção sindical (obreira) em ambos os ajustes, o alcance do ACT, havendo CCT, é específico ao silêncio normativo deste diploma ou, sendo coincidente, admite o sindicato a especificidade do empregador acordante e garante a ele maiores vantagens em relação ao conjunto patronal.

Sobre a aplicação e a aderência das regras autônomas aos contratos individuais, três teorias interpretativas há, conforme Mauricio Godinho Delgado:[12]

> 1) Aderência irrestrita: os dispositivos normativos negociados, uma vez que aderem ao contrato individual, não poderiam ser objeto de supressão, nos termos do que estabelece o artigo 468 da CLT. Tal teoria tem o problema conceitual referente a ser a norma autônoma regra jurídica e não cláusula contratual e, portanto, inaplicável o conteúdo do artigo 468 da CLT ou o princípio da condição mais benéfica.

---

(11) DELGADO, Mauricio Godinho. *Curso de Direito do Trabalho*. São Paulo: LTr, 2011. p. 1.327.

(12) *Ibidem*, p. 1.327 e ss.

Art. 468 – Nos contratos individuais de trabalho só é lícita a alteração das respectivas condições por mútuo consentimento, e ainda assim desde que não resultem, direta ou indiretamente, prejuízos ao empregado, sob pena de nulidade da cláusula infringente desta garantia.

2) Aderência limitada pelo prazo: as regras jurídicas valeriam somente no prazo fixado no instrumento negocial, desaparecendo automaticamente do ajuste individual após o marco final. Tal teoria traz o problema do vazio normativo possivelmente existente entre dois diplomas negociados. A Súmula 277 do TST parecia ser neste sentido até sua revisão em setembro de 2012, conforme é possível perceber de sua antiga redação:

SENTENÇA NORMATIVA. CONVENÇÃO OU ACORDO COLETIVOS. VIGÊNCIA. REPERCUSSÃO NOS CONTRATOS DE TRABALHO (redação alterada na sessão do Tribunal Pleno em 16.11.2009) – Res. 161/2009, DEJT divulgado em 23, 24 e 25.11.2009

I – As condições de trabalho alcançadas por força de sentença normativa, convenção ou acordos coletivos vigoram no prazo assinado, não integrando, de forma definitiva, os contratos individuais de trabalho.

3) Aderência limitada por revogação: aqui, em se tratando de norma jurídica, somente desaparece do contrato individual o direito consignado autonomamente se e quando houver alteração (expressa ou tácita) da norma negociada coletivamente por outra, fruto de ajuste sindical posterior. O Precedente Normativo 120 do TST parece privilegiar a tese em questão:

PN-120 SENTENÇA NORMATIVA. DURAÇÃO. POSSIBILIDADE E LIMITES. A sentença normativa vigora, desde seu termo inicial até que sentença normativa, convenção coletiva de trabalho ou acordo coletivo de trabalho superveniente produza sua revogação, expressa ou tácita, respeitado, porém, o prazo máximo legal de quatro anos de vigência.

Atualmente o TST contempla a aderência limitada por revogação, em evolução de sua jurisprudência consolidada que, agora, reconhece o princípio da criatividade jurídica da negociação coletiva:

Súmula n. 277. CONVENÇÃO COLETIVA DE TRABALHO OU ACORDO COLETIVO DE TRABALHO. EFICÁCIA. ULTRATIVIDADE.

As cláusulas normativas dos acordos coletivos ou convenções coletivas integram os contratos individuais de trabalho e somente poderão ser modificadas ou suprimidas mediante negociação coletiva de trabalho.

Por fim, algumas decisões que contemplam o importante tema da negociação coletiva trabalhista:

Horas in itinere – Princípio do conglobamento x princípio da norma mais favorável – Teto máximo para sua concessão fixado em convenção coletiva.

Sendo a convenção coletiva firmada mediante transação entre as partes, há que se ter em mente o princípio do conglobamento onde a classe trabalhadora, para obter certas vantagens, negocia em relação a outras. Isso de modo algum afeta o princípio da norma mais favorável ao trabalhador, uma vez que a norma coletiva deve ser analisada sistemicamente e não particularmente, sob pena de sua descaracterização. Assim, é válida a fixação de teto máximo para a concessão de horas in itinere em convenção coletiva. (TST – RR n. 214.745 – 5ª T – Ac. n. 903/1997 – Rel. Min. Armando de Brito – DJU 18.04.1997).

*Norma coletiva – norma mais favorável.*De acordo com a teoria do conglobamento, é da interpretação do conjunto das cláusulas normativas instituídas pelos respectivos instrumentos que se extrai o conceito da norma mais favorável. (TRT – 5ª R. – RO 008.95.1827-50 – Ac. 1ª T. 1.893/1997 – Rel. Juiz Roberto Pessoa – DJBA 20.03.1997).

Horas in itinere – Pré-fixação por intermédio de norma coletiva – Possibilidade. A pré-fixação de horas "in itinere" mediante negociação coletiva se torna perfeitamente possível, em virtude da aplicação do princípio do conglobamento, segundo o qual podem ser pactuadas em convenções e acordos coletivos de trabalho, cláusulas aparentemente desfavoráveis aos trabalhadores, ao lado de outras que estipulem benefícios nem sempre protegidos pelas normas positivas, sem que o resultado global da avença coletiva seja considerado necessariamente prejudicial, afastando-se assim a ocorrência de qualquer nulidade. (TRT – 15ª R – RO n. 20.906/1996-0 – 5ª T – Ac. 010760/1998 – Rel. Juiz Luís Carlos Cândido Martins Sotero da Silva – DOE 05.05.1998).

Acordo coletivo de trabalho – Transação – Validade. A autonomia dos sindicatos na negociação dos interesses e direitos da categoria representada encontra especial relevo na atual Constituição da República – artigos 8º, incisos I, III e VI, e 7º XXVI –, não havendo como se questionar a validade de cláusulas de instrumento coletivo, livremente pactuadas, mormente se os representados se beneficiaram de outras vantagens do ajuste entabulado, pressupondo-se a intenção de concessões recíprocas. Deve a norma coletiva ser interpretada levando-se em conta a Teoria do Conglobamento ou da Incindibilidade, a qual não admite a invocação de prejuízo como objeção a uma cláusula, abstraindo-a do conjunto que compõe a totalidade da negociação coletiva. Recurso a que se nega provimento. (TRT – 10ª R – RO n. 924/1997 – Ac. 2ª T – Rel. Juíza Heloísa Pinto Marques – J. 10.03.1998 – DJ. 27.03.1998).

A mais alta Corte Trabalhista decidiu no sentido de dar prevalência à autodeterminação coletiva em detrimento de interesse de trabalhador individualmente considerado, tendo em vista que as partes, por meio de convenção ou acordo coletivo, livremente pactuaram as condições de trabalho e, sendo assim, devem ser cumpridas:

Horas in itinere – Existência de horas excedentes à prevista na norma coletiva. Havendo cláusula normativa dispondo que serão consideradas horas 'in itinere' apenas uma hora diária, independentemente de comprovação, impossível a desconsideração do pactuado, tendo em vista o reconhecimento das convenções e acordos coletivos de trabalho, decorrentes de determinação constitucional, conforme exegese do art. 7º, XXVI, da atual Carta Política. Recurso Provido. (TST – RR n. 348.875/1997.2 – Ac. 1ª T. – Rel. Min. Carlos Alberto Reis de Paula – j. 15.12.1999).

Em síntese, cabe aos sindicatos dos trabalhadores o importante papel criador da norma jurídica trabalhista, preferencialmente, em momentos históricos favoráveis, acima do patamar civilizatório mínimo.

Capítulo 5

Direito Fundamental de Greve

1. Introdução
   - *autotutela*
   - *momentos*
     - – *durante negociação*
     - – *após negociação, para cumprimento: parágrafo único do artigo 14, Lei n. 7.783/1989.*
2. Locaute (lockout)
   - Lei n. 7.783/1989, artigo 17
3. O Instituto da Greve
   - *conceituação legal: artigo 2º da Lei n. 7.783/1989*
   - CR, 9º
   - a) *caracterização*
     1) *movimento coletivo*
     2) *sustação das atividades ou ruptura do cotidiano laboral*
        - – *greves atípicas*
     3) *exercício coercitivo direto*
     4) *objetivos: artigo 9º, CR*
     5) *natureza do período de paralização: artigo 7º, Lei n. 7.783/1989*

b) extensão
- CR, 9º
  - interesses contratuais
  - outros interesses (sociais e políticos)
c) limitações
- CR, 9º, § 1º
- Lei n. 7.783/1989, artigo 9º, caput e parágrafo único
- Lei n. 7.783/1989, artigo 10
- Lei n. 7.783/1989, artigo 6º, §§ 3º
d) requisitos de validade
   1) tentativa prévia de negociação: artigo 3º, caput, Lei n. 7.783/1989
   2) aprovação em assembleia: artigo 4º, Lei n. 7.783/1989
   3) prévio aviso: artigo 3º, parágrafo único e artigo 13, Lei n. 7.783/1989
   4) atendimento às atividades essenciais e inadiáveis: artigos 10, 11 e 12, Lei n. 7.783/1989; artigo 9º, § 1º, CR
e) Direitos dos grevistas
   1) persuasão: artigo 6º, Lei n. 7.783/1989
   2) arrecadação de fundos: artigo 6º, Lei n. 7.783/1989
   3) divulgação: artigo 6º, Lei n. 7.783/1989
   4) proteção contra dispensa: artigo 7º, Lei n. 7.783/1989
   5) proteção contra contratação de substituto: parágrafo único do artigo 7º, Lei n. 7.783/1989
      - exceção:
        - artigo 9º, parágrafo único, Lei n. 7.783/1989
f) Deveres dos grevistas
   1) prestação de serviços essenciais e inadiáveis
   2) organização de equipes de manutenção
   3) Não insurgência contra ACT, CCT ou Sentença Normativa em curso
      - exceções
        - descumprimento
        - alteração das condições (rebus sic stantibus)
   4) respeito ao direito alheio
   5) não violência
g) Abuso do direito de greve
   - CR, art. 9º
   - Lei n. 7.783/1989, artigo 14

A Constituição da República consagrou o direito de greve em seu artigo 9º. A melhor leitura do dispositivo constitucional indica uma opção do legislador originário pela amplitude do exercício do direito fundamental de greve. O que há de previsão constitucional no sentido de imposição de limites é somente a possibilidade de definição das atividades essenciais e inadiáveis, que têm tratamento legal específico (que não inviabiliza o exercício da greve), bem como previsão de sanção em caso de abuso de direito. Eis a regra constitucional básica:

> Art. 9º É assegurado o direito de greve, competindo aos trabalhadores decidir sobre a oportunidade de exercê-lo e sobre os interesses que devam por meio dele defender.

Cumpre destacar que compete exclusivamente aos trabalhadores definir sobre os interesses que serão defendidos pela categoria durante a greve, sendo inconstitucional qualquer decisão que coíba ou frustre o movimento paredista que tenha objetivos políticos, por exemplo.

Noutro prisma, é bom lembrar que não há *direito absoluto*, ou seja, o exercício de uma prerrogativa, até mesmo de matriz constitucional, pode e deve encontrar limitações, desde que também constitucionais. O que não pode haver é o excesso de limitação que na prática inviabilize o instituto, bem como a imposição de óbices sem respaldo constitucional mínimo.

Os limites (que não impedem a greve, destaque-se novamente) são aqueles específicos trazidos no texto constitucional:

> Art. 9º É assegurado o direito de greve, competindo aos trabalhadores decidir sobre a oportunidade de exercê-lo e sobre os interesses que devam por meio dele defender.
>
> § 1º A lei definirá os serviços ou atividades essenciais e disporá sobre o atendimento das necessidades inadiáveis da comunidade.
>
> § 2º Os abusos cometidos sujeitam os responsáveis às penas da lei.

Entretanto, não parece ter sido esta a visão do Supremo Tribunal Federal durante longos anos, como se depreende de suas reiteradas decisões nas greves no serviço público, que ainda não contam com legislação infraconstitucional específica. É que o STF, desconhecendo o alcance de direito fundamental da prerrogativa sindical consagrada no artigo 37, incisos VI e VII da Constituição da República, reputava ilegais os movimentos paredistas dos servidores públicos ao argumento de ausência de previsão infraconstitucional. Também equivocadas, com a devida vênia, recentes decisões do TJMG e do TRT da 3ª Região, que taxaram de abusivas greves que não tinham tal mácula. Também não é razoável o entendimento do juízo comum no sentido do cabimento de interditos proibitórios em decorrência do constitucional exercício do direito de greve, vez que não há, *in casu*, esbulho possessório, posto que claro e notório não haver pretensão obreira de expropriação.

Alguns limites, entretanto, são saudáveis, posto que o direito coletivo de greve deve ser exercido sem que inviabilize o direito da coletividade dos cidadãos. Assim, os limites e circunstâncias impostos pela Lei n. 7.783/1989 (nos estritos termos do permissivo limitador do parágrafo 1º do artigo 9º da Constituição da República), sobretudo no que concerne ao atendimento às atividades essenciais e inadiáveis da comunidade (artigos 10, 11 e 12, Lei n. 7.783/1989, desde que se reconheça seu rol como taxativo), são razoáveis e não inviabilizam o exercício do direito de greve, como será demonstrado.

É claro, embora alguns insistam em não perceber, que a regra infraconstitucional deve ser interpretada à luz do disposto no artigo 9º da Constituição da República (que é suficientemente garantidor e pouco restritivo) e não o contrário. Interpretações retrospectivas, bastante comuns, ferem o direito constitucional de greve de modo injustificado, devendo ser reconhecida a "abusividade" da decisão judicial limitadora de seu exercício e não do movimento paredista.

O Direito Coletivo do Trabalho privilegia, conforme já exposto, a *autocomposição*, estabelecendo meios para a solução de conflitos através do entendimento entre as partes envolvidas, o que se dá por meio de ACT e CCT. Não havendo autocomposição o Estado pode ser instado a participar da solução do litígio, através da heterocomposição.

Entretanto a ordem jurídica consagra figura excepcional de *autotutela*, que é o exercício direto da coerção pelos particulares, em aparente contradição à ideia de pacificação social. É modo de autodefesa dos interesses trabalhistas contrariados pelos patrões. É um meio excepcional, garantido constitucionalmente, para que os trabalhadores, por seus sindicatos, alcancem seus objetivos coletivos.

Jorge Luiz Souto Maior explica:

> *A ordem jurídica trabalhista conferiu aos trabalhadores, no choque de interesses com o empregador, o direito de buscarem melhores condições de trabalho, recriando, a partir da solução dada, a própria ordem jurídica. Um ato que ao olhar do Direito Civil tradicional seria considerado uma ilegalidade, pois conspira contra o direito posto, na esfera trabalhista ganha ares de exercício regular do direito.*[1]

A autotutela, cujo exemplo básico é a greve, pode se dar no transcorrer da negociação, como condição para seu início ou para o cumprimento do pacto firmado.

O locaute, não permitido ou utilizado no Brasil, é a paralisação provisória das atividades empresariais, no todo ou em parte, por ato de vontade do empregador, com o objetivo de pressionar o trabalhador quando da negociação coletiva. A Lei n. 7.783/1989, em seu artigo 17, proíbe expressamente o locaute:

> *Art. 17. Fica vedada a paralisação das atividades, por iniciativa do empregador, com o objetivo de frustrar negociação ou dificultar o atendimento de reivindicações*

---

(1) CORREIA, Marcus Orione Gonçalves; SOUTO MAIOR, Jorge Luiz (org.). *Curso de Direito do Trabalho*. v. III. São Paulo: LTr, 2008. p. 101.

dos respectivos empregados (lockout). Parágrafo único. A prática referida no caput assegura aos trabalhadores o direito à percepção dos salários durante o período de paralisação.

O artigo 2º da Lei n. 7.783/1989 conceitua a greve como a suspensão coletiva, temporária e pacífica, total ou parcial, da prestação pessoal de serviços ao empregador:

> Art. 2º *Para os fins desta Lei, considera-se legítimo exercício do direito de greve a suspensão coletiva, temporária e pacífica, total ou parcial, de prestação pessoal de serviços a empregador.*

Consoante o Professor Mauricio Godinho Delgado a greve pode ser definida como *"paralização coletiva provisória, parcial ou total das atividades dos trabalhadores em face de seus empregadores ou tomadores de serviços, com o objetivo de exercer-lhes pressão, visando a defesa ou conquistas de interesses coletivos, ou com objetivos sociais mais amplos."*[2]

A greve, no Direito brasileiro, tem características próprias, sendo estas bem observadas e organizadas por Mauricio Godinho Delgado, com destaque também para a análise de Márcio Túlio Viana:

a) *movimento coletivo:* é óbvio que a greve não se caracteriza por movimento individual ou de alguns trabalhadores. Entretanto, pode englobar apenas alguns *estabelecimentos*, ou ainda alguns *setores* do estabelecimento, desde que coletivos em cada um deles, conforme Mauricio Godinho Delgado.[3] Paralisação das atividades por parte de alguns trabalhadores, sobretudo sem a presença do ente coletivo obreiro (sindicato), é falta ao trabalho, passível de punição no âmbito do Direito Individual do Trabalho.

b) *sustação das atividades ou ruptura do cotidiano laboral:* a greve pressupõe a omissão obreira do cumprimento da sua principal obrigação, que é a prestação laborativa. Discute-se, hoje, se movimentos como "operação-padrão" se encaixam ou não no conceito de greve, dada a ausência de paralisação das atividades.

Importante analisar, neste contexto, as denominadas *greves atípicas*, que não pressupõem a sustação das atividades laborativas.

A Constituição da República não cuidou de conceituar o movimento paredista, para que se possa dizer que a greve lícita seja somente aquela *típica*, do que se pode depreender, nos termos da melhor hermenêutica constitucional, que as greves *atípicas* não podem ser consideradas proibidas.

---

(2) DELGADO, Mauricio Godinho. *Curso de Direito do Trabalho.* São Paulo: LTr, 2011. p. 1.341.

(3) *Ibidem.*

A greve *típica* pressupõe a paralisação coletiva das atividades laborativas, sem que os grevistas se apresentem para o trabalho, nos termos da Lei de Greve (artigo 2º). Seriam *atípicas* as greves que não envolvessem, necessariamente, a suspensão coletiva das atividades laborativas (paralisação das atividades).

Muito embora a Lei n. 7.783/1989 tenha trazido as características da greve típica, não se pode depreender que a greve atípica seja ilegal, posto não haver tal previsão em sede constitucional ou mesmo infraconstitucional.

O melhor conceito, posto que mais amplo e condizente com o exercício do direito fundamental de greve, consoante as sempre ilustrativas lições de Márcio Túlio Viana, é aquele trazido pela doutrina estrangeira, da lavra de *"autores como* Javillier *e* Palomeque López*"*, que *"tentam aproximá-lo do seu sentido comum, identificando a greve com toda e qualquer* ruptura com o cotidiano" da prestação laboral.[4]

A OIT admite algumas modalidades de greve atípica, como o *lock-in*, a greve de zelo e a greve de rendimento. O *lock-in* consiste na ocupação do espaço de trabalho sem que haja prestação laborativa. Na greve de zelo os trabalhadores cumprem estritamente os "manuais" do serviço, o que costuma acarretar demora na prestação laborativa. A greve de rendimento, por sua vez, pressupõe o trabalho, mas com redução no ritmo e no volume, com consequências na produtividade da empresa.

A Magistratura brasileira, ainda que se tenha pronunciado em tese, reconhece o direito de exercício da greve atípica, como se depreende do Enunciado n. 06, aprovado na 1ª Jornada de Direito Material e Processual da Justiça do Trabalho, realizada no Tribunal Superior do Trabalho em novembro de 2007:

> 6. GREVES ATÍPICAS REALIZADAS POR TRABALHADORES. CONSTITUCIO-NALIDADE DOS ATOS. *Não há, no texto constitucional, previsão reducionista do direito de greve, de modo que todo e qualquer ato dela decorrente está garantido, salvo os abusos. A Constituição da República contempla a greve atípica, ao fazer referência à liberdade conferida aos trabalhadores para deliberarem acerca da oportunidade da manifestação e dos interesses a serem defendidos. A greve não se esgota com a paralisação das atividades, eis que envolve a organização do evento, os piquetes, bem como a defesa de bandeiras mais amplas ligadas à democracia e à justiça social.*

Ora, o que há em qualquer greve, típica ou atípica, é a ruptura com o cotidiano da prestação laboral e, sendo assim, cabe à categoria dos trabalhadores definir, nos termos constitucionais, qual é o melhor meio para que os resultados pretendidos sejam alcançados. Não havendo expressa proibição, constitucional ou legal, para o exercício do direito de greve de modo atípico, então ele é permitido pelo ordenamento jurídico pátrio, cabendo exclusivamente aos trabalhadores definir sobre o assunto.

---

(4) VIANA, Márcio Túlio. *Direito de Resistência*. São Paulo: LTr, 1996.

c) *exercício coercitivo direto*: a greve caracteriza-se pela autotutela de interesses obreiros, sendo instrumento coercitivo de pressão social, na busca da concretização de instrumentos de pressão coletiva.

d) *objetivos*: o que se busca é o convencimento do empregador através da pressão. Buscam os grevistas ganhos de natureza econômico-profissional ou contratual, ou, ainda, ganhos políticos, nos termos do artigo 9º, CR, já citado. Em verdade, o que pretende o sindicato, com a greve, é causar um prejuízo ao empregador que o faça preferir assegurar aos seus empregados, ainda que parcialmente, o que é pleiteado. Mauricio Godinho Delgado, citando Washington Trindade, destaca que a greve é direito constitucional de causar prejuízo.[5]

e) *natureza do período de paralisação*: nos termos da lei o tempo de paralisação é de suspensão contratual, não havendo pagamento de salários ou possibilidade rescisória. Ocorre que, quase sempre, o instrumento negocial posterior à greve e que possibilita o seu fim (ACT, CCT), garante os salários do período de paralisação, o que caracterizaria a interrupção contratual.

Já se discute, constitucionalmente, a possibilidade de uma nova interpretação sobre a natureza jurídica da paralisação, que caracterizaria interrupção (com pagamento de salários) e não suspensão do contrato.

Entretanto, a jurisprudência hodierna tende a seguir a regra infraconstitucional do artigo 7º da Lei n. 7.783/1989:

> Art. 7º *Observadas as condições previstas nesta Lei, a participação em greve suspende o contrato de trabalho, devendo as relações obrigacionais, durante o período, ser regidas pelo acordo, convenção, laudo arbitral ou decisão da Justiça do Trabalho. Parágrafo único. É vedada a rescisão de contrato de trabalho durante a greve, bem como a contratação de trabalhadores substitutos, exceto na ocorrência das hipóteses previstas nos arts. 9º e 14.*

Nos termos do artigo 9º da Constituição da República e consoante a melhor doutrina, com destaque para Márcio Túlio Viana e Mauricio Godinho Delgado, a greve pode se estender a interesses *contratuais* e *políticos* ou *sociais*.

Obviamente que o direito de greve encontra limitações. A mais importante é a que garante a manutenção dos serviços ou atividades essenciais, bem como daqueles que são inadiáveis à comunidade, nos termos do artigo 9º, § 1º, CR, já citado, e Lei n. 7.783/1989, artigo 9º, *caput* e § único, e artigos 10 e 11:

> Art. 9º *Durante a greve, o sindicato ou a comissão de negociação, mediante acordo com a entidade patronal ou diretamente com o empregador, manterá em atividade equipes de empregados com o propósito de assegurar os serviços cuja paralisação resultem*

---

(5) DELGADO, Mauricio Godinho. *Curso de Direito do Trabalho*. São Paulo: LTr, 2011. p. 1.343.

em prejuízo irreparável, pela deterioração irreversível de bens, máquinas e equipamentos, bem como a manutenção daqueles essenciais à retomada das atividades da empresa quando da cessação do movimento. Parágrafo único. Não havendo acordo, é assegurado ao empregador, enquanto perdurar a greve, o direito de contratar diretamente os serviços necessários a que se refere este artigo.

Art. 10 São considerados serviços ou atividades essenciais:

I – tratamento e abastecimento de água; produção e distribuição de energia elétrica, gás e combustíveis;

II – assistência médica e hospitalar;

III – distribuição e comercialização de medicamentos e alimentos;

IV – funerários;

V – transporte coletivo;

VI – captação e tratamento de esgoto e lixo;

VII – telecomunicações;

VIII – guarda, uso e controle de substâncias radioativas, equipamentos e materiais nucleares;

IX – processamento de dados ligados a serviços essenciais;

X – controle de tráfego aéreo;

XI compensação bancária.

Art. 11. Nos serviços ou atividades essenciais, os sindicatos, os empregadores e os trabalhadores ficam obrigados, de comum acordo, a garantir, durante a greve, a prestação dos serviços indispensáveis ao atendimento das necessidades inadiáveis da comunidade.

Parágrafo único. São necessidades inadiáveis, da comunidade aquelas que, não atendidas, coloquem em perigo iminente a sobrevivência, a saúde ou a segurança da população.

Limitação também é a que assegura a proteção do empregado que quer trabalhar durante o movimento paredista, nos termos do artigo 6º da Lei n. 7.783/1989, com ênfase para os seus parágrafos 3º e 1º:

Art. 6º São assegurados aos grevistas, dentre outros direitos:

I – o emprego de meios pacíficos tendentes a persuadir ou aliciar os trabalhadores a aderirem à greve;

II – a arrecadação de fundos e a livre divulgação do movimento.

§ 1º Em nenhuma hipótese, os meios adotados por empregados e empregadores poderão violar ou constranger os direitos e garantias fundamentais de outrem.

§ 2º É vedado às empresas adotar meios para constranger o empregado ao comparecimento ao trabalho, bem como capazes de frustrar a divulgação do movimento.

§ 3º As manifestações e atos de persuasão utilizados pelos grevistas não poderão impedir o acesso ao trabalho nem causar ameaça ou dano à propriedade ou pessoa.

O Prof. Márcio Túlio Viana disserta sobre o *"fura-greve"*, partindo de um questionamento pouco comum na prática justrabalhista brasileira, que sem aprofundamento analítico garante o direito ao trabalho de tais empregados:

"9. A lei protege o fura-greve (art. 6º, parágrafo 3º). Será justa essa proteção?

A maioria entende que sim, argumentando que a liberdade de trabalhar, tal como a greve, é direito fundamental. Para outros, porém, essa proteção, além de injusta, é inconstitucional. É o caso de Rogério Coelho, concluindo que não se pode privilegiar o individual, em detrimento do coletivo, quando a Constituição reconhece as categorias como sujeitas de direito e faz apologia da justiça social.

A propósito, é interessante notar que alguns países, como o México, inviabilizam a prática de furar a greve, obrigando o empregador a fechar o estabelecimento. A ratio legis é dupla: assegurar a eficácia do movimento e resguardar a ordem pública."[6]

A greve, para ser reconhecida como válida, e para que se evite a declaração da abusividade do movimento pelo Poder Judiciário, deve observar o seguinte, nos termos da lei e conforme Mauricio Godinho Delgado, em síntese:[7]

a) *tentativa de negociação*: artigo 3º, *caput*, Lei n. 7.783/1989.

Art. 3º Frustrada a negociação ou verificada a impossibilidade de recursos via arbitral, é facultada a cessação coletiva do trabalho.

b) *aprovação em assembleia*: artigo 4º, Lei n. 7.783/1989.

Art. 4º Caberá à entidade sindical correspondente convocar, na forma do seu estatuto, assembléia geral que definirá as reivindicações da categoria e deliberará sobre a paralisação coletiva da prestação de serviços.

c) *prévio aviso*: artigo 3º, § único e artigo 13, Lei n. 7.783/1989.

Art. 3º Frustrada a negociação ou verificada a impossibilidade de recursos via arbitral, é facultada a cessação coletiva do trabalho.Parágrafo único. A entidade patronal correspondente ou os empregadores diretamente interessados serão notificados, com antecedência mínima de 48 (quarenta e oito) horas, da paralisação."

"Art. 13 Na greve, em serviços ou atividades essenciais, ficam as entidades sindicais ou os trabalhadores, conforme o caso, obrigados a comunicar a decisão aos empregadores e aos usuários com antecedência mínima de 72 (setenta e duas) horas da paralisação.

---

(6) VIANA, Márcio Túlio. *Direito de Resistência*. São Paulo: LTr, 1996. p. 306-307.
(7) DELGADO, Mauricio Godinho. *Curso de Direito do Trabalho*. São Paulo: LTr, 2011. p. 1.352-1.353.

d) *atendimento às atividades essenciais e inadiáveis*: artigos 10, 11 e 12, Lei n. 7.783/1989; artigo 9º, § 1º, CR:

> Art. 10 São considerados serviços ou atividades essenciais:
>
> I – tratamento e abastecimento de água; produção e distribuição de energia elétrica, gás e combustíveis;
>
> II – assistência médica e hospitalar;
>
> III – distribuição e comercialização de medicamentos e alimentos;
>
> IV – funerários;
>
> V – transporte coletivo;
>
> VI – captação e tratamento de esgoto e lixo;
>
> VII – telecomunicações;
>
> VIII – guarda, uso e controle de substâncias radioativas, equipamentos e materiais nucleares;
>
> IX – processamento de dados ligados a serviços essenciais;
>
> X – controle de tráfego aéreo;
>
> XI compensação bancária.
>
> Art. 11. Nos serviços ou atividades essenciais, os sindicatos, os empregadores e os trabalhadores ficam obrigados, de comum acordo, a garantir, durante a greve, a prestação dos serviços indispensáveis ao atendimento das necessidades inadiáveis da comunidade.
>
> Parágrafo único. São necessidades inadiáveis, da comunidade aquelas que, não atendidas, coloquem em perigo iminente a sobrevivência, a saúde ou a segurança da população.
>
> Art. 12. No caso de inobservância do disposto no artigo anterior, o Poder Público assegurará a prestação dos serviços indispensáveis.

São direitos dos grevistas:

a) *uso de meios pacíficos de persuasão*: artigo 6º, Lei n. 7.783/1989, acima transcrito.

b) *possibilidade de arrecadação de fundos*: artigo 6º, Lei n. 7.783/1989, idem.

c) *divulgação do movimento*: artigo 6º, Lei n. 7.783/1989, idem.

d) *proteção contra dispensa*: artigo 7º, Lei n. 7.783/1989:

> Art. 7º Observadas as condições previstas nesta Lei, a participação em greve suspende o contrato de trabalho, devendo as relações obrigacionais, durante o período, ser regidas pelo acordo, convenção, laudo arbitral ou decisão da Justiça do Trabalho. Parágrafo único. É vedada a rescisão de contrato de trabalho durante a greve, bem como a contratação de trabalhadores substitutos, exceto na ocorrência das hipóteses previstas nos arts. 9º e 14.

Excepcionalmente poderá o empregador contratar substituto para os grevistas, nos termos da lei:

> Art. 9º Durante a greve, o sindicato ou a comissão de negociação, mediante acordo com a entidade patronal ou diretamente com o empregador, manterá em atividade equipes de empregados com o propósito de assegurar os serviços cuja paralisação resultem em prejuízo irreparável, pela deterioração irreversível de bens, máquinas e equipamentos, bem como a manutenção daqueles essenciais à retomada das atividades da empresa quando da cessação do movimento.
>
> Parágrafo único. Não havendo acordo, é assegurado ao empregador, enquanto perdurar a greve, o direito de contratar diretamente os serviços necessários a que se refere este artigo.
>
> Art. 14 Constitui abuso do direito de greve a inobservância das normas contidas na presente Lei, bem como a manutenção da paralisação após a celebração de acordo, convenção ou decisão da Justiça do Trabalho.
>
> Parágrafo único. Na vigência de acordo, convenção ou sentença normativa não constitui abuso do exercício do direito de greve a paralisação que:
>
> I – tenha por objetivo exigir o cumprimento de cláusula ou condição;
>
> II – seja motivada pela superveniência de fatos novo ou acontecimento imprevisto que modifique substancialmente a relação de trabalho.

São deveres dos grevistas, nos termos da lei e consoante a doutrina de Mauricio Godinho Delgado, em síntese:[8]

a) prestação de serviços essenciais e inadiáveis.

b) organização de equipes de manutenção.

c) não insurgência contra ACT, CCT ou Sentença Normativa em curso, excetuados os casos de descumprimento das normas acordadas ou convencionadas, bem como alteração substancial nas condições (*rebus sic stantibus*).

d) respeito ao direito alheio.

e) não violência.

Por fim, importante compreender a polêmica sobre a possibilidade de negociação coletiva e greve no serviço público.

Nunca houve, com a devida *venia*, justificativa constitucional para se obstar a negociação coletiva ou a greve no serviço público. Felizmente o Brasil conhece, atualmente, a democratização das relações coletivas de trabalho também no serviço público. O STF decidiu pela aplicabilidade dos termos da Lei n. 7.783/1989 às greves no serviço público, o que na prática evita decisões judiciais no sentido de sua ilegalidade em decorrência de inexistência de regra infraconstitucional específica. O Brasil evoluiu, também, ao ratificar a Convenção 151 da OIT, que garante aos servidores públicos a negociação coletiva.

---

(8) DELGADO, Mauricio Godinho. *Curso de Direito do Trabalho*. São Paulo: LTr, 2011. p. 1.353-1.354.

No que concerne à greve, a Constituição da República traz sua previsão no que diz respeito ao serviço público em seu artigo 37, incisos VI e VII. O texto constitucional permite a greve como direito dos servidores, deixando à regra infraconstitucional apenas os limites para seu exercício. Assim, a ausência de regra infraconstitucional não é óbice ao exercício do direito de greve, conforme finalmente reconheceu o STF.

O direito de greve no serviço público, embora constitucionalmente previsto, não é absoluto e encontra limites legais. É que o direito coletivo de greve deve ser exercido sem que inviabilize o direito da coletividade dos cidadãos. Assim, os limites e circunstâncias impostos pela Lei n. 7.783/1989, sobretudo no que concerne ao atendimento às atividades essenciais e inadiáveis da comunidade, são razoáveis e não inviabilizam o exercício do direito de greve no serviço público.

No que diz respeito à negociação coletiva também não há motivos para sua proibição no âmbito do serviço público, embora deva haver sua compatibilização com o princípio constitucional da legalidade. O que obriga o administrador público é a lei, do que decorre não ser o ACT ou a CCT instrumento suficiente a impor ao Estado a observância a seus termos. Entretanto, tal realidade não é suficiente à vedação da negociação coletiva. A negociação coletiva no âmbito público é direito dos servidores, dela devendo, entretanto, resultar lei que fixe novos direitos e obrigações para a categoria, não bastando ACT ou CCT, consoante entendimento majoritário.

Em síntese, quanto aos direitos coletivos básicos, como a negociação coletiva e a greve, não se pode interpretar o sistema normativo vigente de modo restritivo, para negá-los ao servidor público, cabendo às categorias, representadas por seus sindicatos, uma ação sindical efetiva e transparente, que garanta condições de trabalho justas e condizentes com a importância do trabalho realizado no âmbito público.

Por fim, a legislação infraconstitucional faz referência ao abuso do direito de greve que deve ser visto à luz do texto constitucional do artigo 9º. Eis o artigo 14 da Lei n. 7.783/1989:

> Art. 14 Constitui abuso do direito de greve a inobservância das normas contidas na presente Lei, bem como a manutenção da paralisação após a celebração de acordo, convenção ou decisão da Justiça do Trabalho.
>
> Parágrafo único. Na vigência de acordo, convenção ou sentença normativa não constitui abuso do exercício do direito de greve a paralisação que:
>
> I – tenha por objetivo exigir o cumprimento de cláusula ou condição;
>
> II – seja motivada pela superveniência de fatos novo ou acontecimento imprevisto que modifique substancialmente a relação de trabalho.

A greve é instrumento valioso que, bem utilizado, pode ensejar verdadeira transformação social, além de possibilitar o surgimento de lideranças políticas oriundas da classe trabalhadora e melhorar as condições de vida e de trabalho no Brasil.

Questões Objetivas – Parte IV

Direito Coletivo do Trabalho Essencial

1. Sindicato dos Trabalhadores em Farmácias de Roraima firmou ajuste negocial coletivo autônomo com Rede de Farmácias Amazônia Ltda., com fixação de reajuste salarial, cesta-básica, plano de saúde, banco de horas, dentre outras estipulações. Diante do exposto, assinale a assertiva correta:

    a) caso haja divergência, ao final da vigência do ajuste citado, que envolva novo reajuste salarial, repetição, exclusão ou inclusão de direitos, haverá conflito juscoletivo de natureza jurídica.

    b) caso haja divergência, ao final da vigência do ajuste citado, que envolva novo reajuste salarial, repetição, exclusão ou inclusão de direitos, a solução pode advir da vontade e iniciativa das partes citadas, o que caracterizará heterocomposição.

    c) o sindicato envolvido na negociação exerce seu papel fundamental de criação de norma jurídica, que terá vigência nos contratos de emprego de seus representados, com caráter geral, abstrato, erga omnes e pro futuro.

    d) o ajuste noticiado não terá valor de norma jurídica, dada a ausência do sindicato patronal, vez que sem sua presença não haverá a extensão dos direitos à categoria profissional, que é fixada tendo por referência a categoria econômica contraposta.

2. Sindicato dos Trabalhadores em Farmácias de Roraima firmou ajuste negocial coletivo autônomo com Rede de Farmácias Amazônia Ltda., com fixação de reajuste salarial, cesta-básica, plano de saúde, banco de horas, dentre outras estipulações. Diante do exposto, assinale a assertiva correta:

    a) trata-se de dissídio coletivo, que vinculará, após a data-base, todos os trabalhadores empregados do empregador signatário.

    b) trata-se de convenção coletiva de trabalho que vinculará a todos os empregados da categoria profissional respectiva (trabalhadores em farmácias).

    c) trata-se de acordo coletivo de trabalho que vinculará a todos os empregados da categoria profissional respectiva (trabalhadores em farmácias) mas não terá abrangência nos contratos individuais daqueles empregados que porventura façam parte de categoria profissional diferenciada (médicos, por exemplo).

    d) nenhuma das assertivas anteriores é correta.

3. Assinale a assertiva incorreta, nos termos da jurisprudência consolidada dos tribunais superiores.

    a) As condições de trabalho alcançadas por força de sentença normativa, convenção ou acordos coletivos vigoram no prazo assinado, não integrando, de forma definitiva, os contratos individuais de trabalho.

    b) O registro da candidatura do empregado a cargo de dirigente sindical durante o período de aviso prévio, ainda que indenizado, não lhe assegura a estabilidade, visto que inaplicável a regra do § 3º do art. 543 da Consolidação das Leis do Trabalho.

    c) A contribuição confederativa de que trata o art. 8º, IV, da Constituição, é exigível somente dos trabalhadores representados pelos respectivos sindicatos.

    d) A Constituição da República, em seus arts. 5º, XX e 8º, V, assegura o direito de livre associação e sindicalização. É ofensiva a essa modalidade de liberdade cláusula constante de acordo, convenção coletiva ou sentença normativa estabelecendo contribuição em favor de entidade sindical a título de taxa para custeio do sistema confederativo, assistencial, revigoramento ou fortalecimento sindical e outras da mesma espécie, obrigando trabalhadores não sindicalizados. Sendo nulas as estipulações que inobservem tal restrição, tornam-se passíveis de devolução os valores irregularmente descontados.

4. São expressões de um resquício autoritário no ordenamento jurídico brasileiro, exceto:

    a) agregação dos trabalhadores ao sindicato pelo critério de categoria.

    b) proibição do *lockout*.

c) unicidade sindical.

d) "imposto sindical".

5. Sobre a greve, é CORRETO afirmar que os empregados:

a) não estão obrigados a garantir, durante a greve, a prestação dos serviços indispensáveis ao atendimento das necessidades inadiáveis da comunidade.

b) têm a faculdade de comunicar aos empregadores a decisão da greve em serviços ou atividades que sejam essenciais à comunidade.

c) têm direito de receber salário relativo ao período de greve não abusiva, já que, nesta hipótese, nos termos da jurisprudência majoritária, há interrupção do contrato de trabalho.

d) têm direito de decidir sobre a oportunidade de exercer a greve em serviços ou atividades essenciais, desde que respeitem os requisitos previstos em lei.

6. Com relação ao Direito Coletivo do Trabalho, assinale a alternativa correta.

a) Acordo coletivo do trabalho é o acordo de caráter normativo pelo qual dois ou mais sindicatos representativos de categorias econômicas e profissionais estipulam condições de trabalho aplicáveis, no âmbito das respectivas representações, às relações individuais de trabalho.

b) Na greve em serviços ou atividades essenciais, ficam as entidades sindicais ou os trabalhadores, conforme o caso, obrigados a comunicar a decisão aos empregadores e aos usuários com antecedência mínima de 72 (setenta e duas) horas da paralisação.

c) As centrais sindicais, por força de lei, podem celebrar acordos e convenções coletivos de trabalho.

d) O recolhimento da contribuição sindical obrigatória ("imposto sindical") somente é exigido dos empregados sindicalizados, em face do princípio da liberdade sindical.

7. Surgida uma controvérsia de natureza econômica entre sindicato patronal e sindicato obreiro, haverá a aplicação das regras e princípios próprios do Direito Coletivo, observadas, também, a melhor doutrina e a jurisprudência hodierna dos Tribunais Trabalhistas. Diante do exposto, assinale a assertiva incorreta.

a) Em casos de conflitos de natureza econômica, tal pode ser dirimido por autocomposição ou por heterocomposição, sendo que, neste caso, são possíveis a arbitragem e o dissídio coletivo, nos termos da lei.

b) A autocomposição pressupõe a greve, vez que esta é a forma possível de solução de conflitos coletivos trabalhistas sem necessária manifestação prévia do Poder Judiciário.

c) Conflitos de natureza jurídica dizem respeito a divergências de interpretação sobre regras ou princípios jurídicos já existentes, enquanto que os conflitos de natureza econômica dizem respeito às condições de trabalho da categoria.

d) Heterocomposição corre quando as partes, autonomamente, não conseguem ajustar as divergências e estabelecer, por si, um diploma coletivo negociado, entregando a resolução do conflito a um terceiro.

8. Os trabalhadores dos "Supermercados Ingleses no Brasil S.A.", em contato com seus colegas do exterior, sobretudo nos E.U.A., insatisfeitos que estão com a atuação dos sindicatos dos trabalhadores no comércio brasileiros, pretendem associar-se autonomamente para a representação dos seus interesses próprios, com a possibilidade de fixação de instrumentos coletivos normativos de caráter específico para seus representados. Tal pretensão, no âmbito do Direito Coletivo do Trabalho brasileiro, deverá:

a) ser admitida pela Justiça do Trabalho, desde que não haja mais de um sindicato dos trabalhadores nos "Supermercados Ingleses no Brasil S.A." em cada município brasileiro, por respeito à regra constitucional básica da unicidade sindical.

b) ser admitida pela Justiça do Trabalho, desde que representem apenas comerciários, vez que a similitude de condições de vida oriunda da profissão ou trabalho em comum, em situação de emprego na mesma atividade econômica ou em atividades econômicas similares ou conexas, compõe a expressão social elementar compreendida como categoria profissional.

c) ser inadmitida, posto que os comerciários constituem categoria profissional diferenciada e, enquanto tal, sua vinculação se forma entre os empregados que exerçam profissões ou funções diferenciadas por força de estatuto profissional especial ou em consequência de condições de vida singulares.

d) ser inadmitida, posto que a similitude de condições de vida oriunda da profissão ou trabalho em comum, em situação de emprego na mesma atividade econômica ou em atividades econômicas similares ou conexas, compõe a expressão social elementar compreendida como categoria profissional, que não pode ser fracionada por empresas.

9. Sindicato dos Trabalhadores em Serviços de Minas Gerais firmou Convenção Coletiva de Trabalho com o Sindicato das Empresas Prestadoras

de Serviços de Minas Gerais em 01.08.2009, com cláusula de vigência limitada a um ano. Por divergências políticas, decorrentes inclusive do processo eleitoral findo, os sindicatos não chegaram a um ajuste normativo para o período 2010/2011. José, trabalhador empregado, não sindicalizado, pretende a extensão dos direitos trabalhistas coletivos (percentual de horas extras, redução de jornada, cesta-básica, transporte em *vans* e outros) ao período compreendido entre agosto de 2010 e novembro de 2010. Diante do caso concreto, assinale a assertiva incorreta:

a) nos termos da jurisprudência majoritária do TST, José não terá direito às parcelas pretendidas, vez que não é sindicalizado e, consequentemente, não está abrangido pelo diploma autônomo de 2000/2010.

b) nos termos da jurisprudência majoritária do TST, José não terá direito às parcelas pretendidas, vez que aplicável ao caso a teoria da aderência limitada ao prazo, que estabelece que as condições de trabalho alcançadas por força de sentença normativa, convenção ou acordos coletivos vigoram no prazo assinado, não integrando, de forma definitiva, os contratos individuais de trabalho.

c) nos termos da jurisprudência majoritária do TST, José terá direito às parcelas pretendidas, vez que aplicável a teoria da aderência irrestrita, que estabelece que os dispositivos normativos negociados, uma vez que aderem ao contrato individual, não podem ser objeto de supressão.

d) nos termos da jurisprudência majoritária do TST, José terá direito às parcelas pretendidas, vez que aplicável a teoria da aderência limitada por revogação, que estabelece que, em se tratando de norma jurídica, somente desapareceria do contrato individual o direito consignado autonomamente se e quando houvesse negociação (expressa ou tácita) da cláusula por outra, fruto de negociação posterior.

10. Sindicato dos Trabalhadores em Serviços de Minas Gerais firmou Convenção Coletiva de Trabalho com o Sindicato das Empresas Prestadoras de Serviços de Minas Gerais em 01.08.2009, com cláusula de vigência limitada a um ano. Ocorre que a sociedade empresária Prestadora de Serviços Brisa Leve Ltda. se recusou a assinar o instrumento normativo, sob a alegação de que não concorda com os termos fixados no ajuste (reajuste salarial de 10%, redução da disponibilidade semanal de trabalho para 38 horas, fixação de banco de horas, limitação média de horas *in itinere*, dentre outras). João, empregado da Prestadora de Serviços Brisa Leve Ltda., inconformado com o inadimplemento de seu empregador, procurou seu sindicato três meses após o registro do ajuste coletivo, sendo certo que após reunião em assembleia, houve decisão pela greve. Diante do exposto, assinale a assertiva correta:

a) a greve é abusiva, vez que intentada durante vigência de ajuste coletivo, o que afronta a regra legal que estabelece que "

b) a greve é abusiva, vez que fruto da insatisfação de um único trabalhador, sendo certo que a greve é, por definição legal "

c) a greve é lícita, pois é direito constitucional de causar prejuízo e, assim, pode ser intentada até mesmo por interesses políticos, sendo certo que quando ocorre por descumprimento dos instrumentos coletivos firmados tem respaldo legal.

d) a greve é lícita, pois o fato de ter havido Acordo Coletivo de Trabalho é suficiente para obrigar o empregador em questão, pois tal instrumento é o acordo de caráter normativo pelo qual dois ou mais sindicatos representativos de categorias econômicas e profissionais estipulam condições de trabalho aplicáveis, no âmbito das respectivas representações, às relações individuais de trabalho.

11. Assinale a assertiva correta, nos termos da jurisprudência consolidada do TST.

a) Empregado integrante de categoria profissional diferenciada não tem o direito de haver de seu empregador vantagens previstas em instrumento coletivo no qual a empresa não foi representada por órgão de classe de sua categoria.

b) O vigilante contratado diretamente por banco é bancário.

c) Se beneficiam do regime legal relativo aos bancários os empregados de estabelecimento de crédito pertencentes a categorias profissionais diferenciadas.

d) O dirigente sindical somente poderá ser dispensado por falta grave mediante a apuração em inquérito administrativo interno.

12. Assinale a assertiva incorreta, nos termos da jurisprudência consolidada do TST.

a) É indispensável a comunicação, pela entidade sindical, ao empregador, na forma do § 5º do art. 543 da CLT, do registro da candidatura do seu empregado, bem como, se for o caso, da sua eleição e posse.

b) O art. 522 da CLT, que limita a sete o número de dirigentes sindicais, foi recepcionado pela Constituição Federal de 1988.

c) O empregado de categoria diferenciada eleito dirigente sindical goza de estabilidade mesmo se não exercer na empresa atividade pertinente à categoria profissional do sindicato para o qual foi eleito dirigente.

d) Havendo extinção da atividade empresarial no âmbito da base territorial do sindicato, não há razão para subsistir a estabilidade.

13. Assinale a assertiva incorreta, nos termos da jurisprudência consolidada dos tribunais superiores.

    a) As condições de trabalho alcançadas por força de sentença normativa, convenção ou acordos coletivos vigoram no prazo assinado, não integrando, de forma definitiva, os contratos individuais de trabalho.

    b) O registro da candidatura do empregado a cargo de dirigente sindical durante o período de aviso prévio, ainda que indenizado, não lhe assegura a estabilidade, visto que inaplicável a regra do § 3º do art. 543 da Consolidação das Leis do Trabalho.

    c) A contribuição confederativa de que trata o art. 8º, IV, da Constituição, é exigível somente dos trabalhadores representados pelos respectivos sindicatos.

    d) A Constituição da República, em seus arts. 5º, XX e 8º, V, assegura o direito de livre associação e sindicalização. É ofensiva a essa modalidade de liberdade cláusula constante de acordo, convenção coletiva ou sentença normativa estabelecendo contribuição em favor de entidade sindical a título de taxa para custeio do sistema confederativo, assistencial, revigoramento ou fortalecimento sindical e outras da mesma espécie, obrigando trabalhadores não sindicalizados. Sendo nulas as estipulações que inobservem tal restrição, tornam-se passíveis de devolução os valores irregularmente descontados.

14. A convenção coletiva de trabalho é aplicada:

    a) às relações individuais de trabalho (emprego) no âmbito da representação dos sindicatos convenentes, bem como, por suas eventuais cláusulas contratuais, às relações entre os entes coletivos (relações coletivas).

    b) a todos os trabalhadores (empregados) localizados na base territorial dos sindicatos convenentes.

    c) apenas aos trabalhadores (empregados) sindicalizados, membros da categoria profissional representada pelo sindicato obreiro.

    d) apenas aos sindicatos convenentes.

15. A respeito da greve, assinale a alternativa INCORRETA:

    a) nas atividades não consideradas essenciais, o prazo mínimo para a comunicação aos empregadores diretamente interessados é de 72 (setenta e duas) horas;

    b) é permitido aos grevistas o aliciamento pacífico dos trabalhadores para a adesão à greve;

c) o serviço funerário é considerado atividade essencial;

d) na vigência de acordo coletivo de trabalho é possível a greve que tenha por objetivo exigir o cumprimento de norma descumprida.

16. Sobre a greve, leia as afirmações abaixo e, em seguida, assinale a alternativa correta:

I. O exercício da greve para a exigência de cumprimento de condição estabelecida em norma coletiva constante de acordo coletivo de trabalho ou convenção coletiva de trabalho está condicionado ao exaurimento das vias judiciais pertinentes.

II. Os estatutos das entidades sindicais profissionais (trabalhadores) e econômica (empregadores) deverão prever as formalidades de convocação e o quorum para a deliberação, tanto para a deflagração quanto para a cessão da greve.

III. Durante a greve, o sindicato, mediante acordo com a entidade patronal ou diretamente com a empresa, manterá em atividade equipes de empregados com o propósito de assegurar os serviços cuja paralisação resulte em prejuízo irreparável ao empregador pelo não atendimento de compromissos comprovadamente firmados antes da comunicação prévia de deflagração do movimento paredista.

a) somente uma afirmativa está correta.

b) somente duas afirmativas estão corretas.

c) somente três afirmativas estão corretas.

d) nenhuma afirmativa está correta.

17. Maria foi admitida por Plastmóbilis Indústria e Comércio S.A. e trabalhou durante quatro anos para a referida empregadora. Durante todo o contrato laborativo vigoraram normas coletivas firmadas entre os sindicatos representativos das categorias profissional e econômica e, dentre elas, destacava-se a que previa que toda e qualquer empregada gestante deveria informar a gravidez ao empregador no prazo de 60 dias após a rescisão contratual. Assim, Maria, dispensada em 02.02.2009, somente soube que estava grávida 01.05.2009. Atestado médico afirmava a gravidez desde janeiro de 2009. O empregador se recusou a reintegrar Maria, ao argumento de que ela inobservou o prazo fixado em ajuste coletivo sindical. Maria nunca foi sindicalizada. Diante da situação,

a) Maria não tem direito à garantia de emprego, vez que a CCT firmada trouxe norma jurídica que traz óbice ao seu pretendido direito.

b) Maria não tem direito à garantia de emprego, vez que tal direito somente se dá no curso do contrato, não após o seu fim.

c) Maria tem direito à garantia de emprego, vez que não era sindicalizada e, sendo assim, a CCT não se aplica ao seu caso.

d) Maria tem direito à garantia de emprego, vez que a CCT tratou de direito indisponível e, sendo assim, aplica-se a regra legal sobre o tema, nos termos da jurisprudência do TST.

18. José trabalhou para a Comércio Amazônico Ltda. durante 10 anos. Recentemente iniciou campanha para disputar as eleições sindicais de junho de 2010. Ocorre que o registro das candidaturas para dirigente sindical ocorreria em 31.05.2010, mas 2 dias antes, em 29.05.2010, foi pré-avisado de que teria seu contrato de emprego rescindido em 28.06.2010. Assim, embora tenha trabalhado até 28.06.2010 e tenha efetivamente registrado sua candidatura em 31.05.2010, foi dispensado e não mais retornou ao trabalho, por decisão do empregador. Inconformado, ajuizou ação para sua imediata reintegração ao emprego. Diante da situação e considerada a jurisprudência majoritária,

a) José tem direito à reintegração pretendida, pois é vedada a dispensa do empregado sindicalizado a partir do registro da candidatura a cargo de direção ou representação sindical e, se eleito, ainda que suplente, até um ano após o final do mandato, salvo se cometer falta grave, nos termos da lei.

b) José não tem direito à reintegração pretendida, pois registrou sua candidatura no curso do aviso prévio.

c) José não tem direito à reintegração pretendida, pois seu aviso prévio foi trabalhado e não indenizado, sendo certo que nesta situação teria, sim, o direito que não tem naquela.

d) José tem direito à reintegração pretendida, pois não agiu de má-fé ao registrar sua candidatura, vez que já contava 10 anos de emprego.

19. O Sr. Ramão Luciano foi admitido por Indústria de Peles Minuano, em 1987. A indústria era localizada originalmente no município gaúcho de Ivoti. Em 1992 houve a emancipação da localidade de Lindolfo Collor (anteriormente pertencente a Ivoti), que obteve *status* de município. A indústria se localiza exatamente em Lindolfo Collor. Ocorre que em 2008 Ramão Luciano foi eleito dirigente sindical do Sindicato dos Trabalhadores nas Indústrias de Curtimento de Couros e Peles de Ivoti (RS), cuja representação se restringe ao município de Ivoti (RS), para um mandato de 3 anos. Em junho de 2010 a Indústria de Peles Minuano resolveu dispensar Ramão Luciano sem justa causa. Diante da situação e considerada a jurisprudência do TST,

a) Ramão Luciano tem direito à reintegração ao emprego, vez que eleito dirigente sindical e, como tal, não pode ser dispensado a não ser por justa causa.

b) Ramão Luciano não tem direito à reintegração ao emprego, vez que seu mandato poderia vigorar, no máximo, por dois anos.

c) Ramão Luciano tem direito à reintegração ao emprego, vez que somente poderia ser dispensado sem justa causa se houvesse, previamente, inquérito administrativo manejado pelo empregador.

d) Ramão Luciano não tem direito à reintegração ao emprego, vez que não pertence à base de representação do sindicato para o qual foi eleito dirigente.

20. Ailton Manoel foi dispensado por Companhia Agrícola e Pecuária Lincoln Junqueira, por justa causa, consubstanciada em atos de insubordinação e indisciplina, por ter se recusado a retornar ao trabalho de colheita de cana, em maio de 2010, quando participava de movimento paredista. Prepostos da Companhia Agrícola determinaram expressamente o retorno de Ailton ao trabalho, embora ele estivesse na porta da sede da companhia, em ato pacífico, participando de manifestação por melhores condições de trabalho e de salário. Ailton Manoel, que não era sindicalizado, ignorou a ordem de retorno ao trabalho e prosseguiu, juntamente com diversos colegas, com a manifestação. Diante do exposto, considerada a legislação pertinente à matéria

a) Ailton poderá ser reintegrado ao emprego, vista sua condição de sindicalista e, como tal, não poder ser dispensado sem justa causa.

b) Ailton deverá ingressar com ação judicial para pleitear a conversão da dispensa por justa causa em dispensa sem justa causa, mas não tem direito líquido e certo à pretendida reintegração.

c) Ailton não tem qualquer direito, visto ter sido a dispensa por justa causa corretamente aplicada, dada sua manifesta insubordinação.

d) Ailton não tem qualquer direito, visto que o contrato de colheita de cana é normalmente um contrato a termo (safra) e, sendo assim, não enseja garantia de emprego.

Questões Discursivas Teóricas – Parte IV

Direito Coletivo do Trabalho Essencial

1. Disserte sobre a importância da *autonomia privada coletiva* na produção da *norma autônoma trabalhista*. Ao final, exemplifique.
2. Disserte sobre o princípio da *equivalência dos contratantes coletivos*.
3. Disserte sobre as possibilidades de *limitações infraconstitucionais ao direito de greve*.
4. Estabeleça distinção entre as perspectivas de direito individual e de direito coletivo da *função de melhoria das condições de pactuação da força produtiva*. Exemplifique.
5. Amauri Mascaro Nascimento, citado por Enoque Ribeiro dos Santos em artigo intitulado "O Direito Coletivo do Trabalho sob a perspectiva histórica", publicado na obra coletiva "Curso de Direito do Trabalho", volume 3, coordenada por Jorge Luiz Souto Maior, reconhece que o Direito Coletivo do Trabalho tem uma *"fisionomia dupla, conflitiva e pacificadora"*. Disserte sobre o tema, na perspectiva de *funções* e de *princípios* de Direito Coletivo do Trabalho.
6. Indique quais são os institutos de Direito Coletivo do Trabalho que, embora possuindo nítido caráter antidemocrático, foram mantidos no texto constitucional de 1988.
7. Defina por que é possível a negociação coletiva entre sindicato dos trabalhadores e o empregador, na ausência do sindicato patronal.

8. Quais fatores igualam o sindicato patronal ao econômico no contexto fático da negociação coletiva?

9. O Direito Coletivo do Trabalho, assim como ocorre no Direito Individual do Trabalho, contempla a necessidade de intervenção do Estado para corrigir desigualdade entre capital e trabalho?

10. Quais são os pontos básicos de distinção entre Acordo Coletivo de Trabalho e Convenção Coletiva de Trabalho?

Questões Discursivas Práticas – Parte IV

Direito Coletivo do Trabalho Essencial

1. Empresa Ômega Transportes Ltda. atua no ramo de transporte público coletivo, e emprega diretamente 150 motoristas, além de 200 "trocadores" e 45 empregados em diversas atividades. A sede da empresa é em Montes Claros, MG, onde atua. Destes 395 empregados apenas pouco mais de 100 são sindicalizados ao Sinditransportes Montes Claros. A Convenção Coletiva de Trabalho firmada pelo Sindtransportes (2010/2011), após greve que durou 15 dias, resultou em um reajuste salarial de 5% e a extinção do "banco do horas" no âmbito da referida categoria. Foi fixado piso da categoria em R$ 800,00. Apenas 50% dos trabalhadores sindicalizados (empregados da Empresa Ômega) participaram da greve, sendo que nenhum trabalhador não sindicalizado participou. O proprietário da Empresa Ômega, insatisfeito com os termos da negociação coletiva, resolveu reunir todos os seus empregados na garagem principal e firmar o seguinte Acordo, após votação unânime: piso salarial de R$ 1.000,00; reajuste de 10% e retorno do "banco de horas". Todos os empregados assinaram o Acordo proposto pelo patrão.

    Diante do exposto, responda, justificadamente:

    a) qual a natureza do conflito coletivo que resultou, ao final, na Convenção 2010/2011?

    Justifique. _____

b) qual a modalidade de resolução do conflito coletivo que possibilitou, ao final, na Convenção 2010/2011?

c) qual a função de Direito Coletivo do Trabalho se destaca no que diz respeito às regras convencionais coletivas implementadas? Justifique. _____

_____

d) qual a natureza jurídica (denominação ou classificação) da negociação entabulada entre o empregador e a totalidade de seus empregados, no caso concreto acima destacado? Justifique com base nas funções do Direito Coletivo do Trabalho. _____

_____

e) qual deve ser, ao final, o valor do menor salário no âmbito da Empresa Ômega Transportes Ltda? Justifique, com base nas funções do Direito Coletivo do Trabalho. _____

_____

f) deve haver "banco de horas" no âmbito da Empresa Ômega Transportes Ltda.? Justifique, com base nas funções do Direito Coletivo do Trabalho. _____

_____

2. Empresária estadunidense, radicada no Brasil, resolve, em sua residência, ensinar o idioma inglês a quem queira pagar o preço por ela fixado. Dado o sucesso de seu empreendimento, resolveu contratar o jovem Antônio como instrutor de ensino. Pagou-lhe, durante toda a avença, um salário mínimo e todos os direitos consagrados na CLT, vez que registrou sua CTPS. No referido documento constou a função de instrutor de ensino. Antônio, depois de se demitir do emprego, resolveu ajuizar ação trabalhista contra a empresária, pessoa física e que explora atividade em residência, pleiteando direitos consagrados na Convenção Coletiva de Trabalho firmada entre Sindicato dos Professores de Minas Gerais (SINPRO-MG) e o Sindicato dos Cursos Livres de Idiomas do Estado de Minas Gerais (SINDILIVRE-IDIOMAS/MG). Em juízo, sustentou a empresária a tese de que não se qualifica como escola, não mantendo, portanto, professores em seu quadro, mas apenas instrutores de ensino. Destacou que sua metodologia de ensino limita-se ao esclarecimento das dúvidas e correção de exercícios, não havendo elaboração e preparação de aulas, atividades extraclasse, aplicação de testes e acompanhamento das evoluções técnicas e pedagógicas. Sustentou que sua metodologia de aprendizagem baseia-se na técnica mnemônica, inexistindo dentro desse contexto o conceito tradicional de aula e de professor. Diz ser Antônio representado pelo Sindicato dos Empregados em Entidades Culturais,

Recreativas, de Assistência Social, de Orientação e Formação Profissional do Estado de Minas Gerais – SENALBA/MG. Supletivamente, pediu o enquadramento junto ao Sindicato dos Trabalhadores Domésticos de Minas Gerais. Ainda supletivamente requereu o enquadramento junto ao Sindicato dos Trabalhadores Celetistas em Domicílio do Estado de Minas Gerais. Diante do exposto, fixe, justificadamente, nos termos da lei e da melhor doutrina, o enquadramento sindical de Antônio.

3. Cláudio, pedreiro, foi admitido formalmente por Escola Integral S.A., em Belém, no Pará, para desempenhar as funções próprias de conservação do prédio do referido centro acadêmico. Sua CTPS foi assinada, tendo sido lançada a função de pedreiro. Fazia a construção e manutenção de sistemas hidráulicos, sanitários, elétricos e de suporte para telefonia, além de pequenos e constantes reparos de infraestrutura. Há uma disputa entre 3 sindicatos de trabalhadores que pretendem representar Cláudio, com vistas ao recebimento de sua contribuição sindical obrigatória. São eles: "Sindicato dos Trabalhadores da Construção Civil do Pará", "Sindicato dos Professores do Pará" e "Sindicato dos Trabalhadores em Educação do Pará". Diante do exposto, fixe, justificadamente, nos termos da lei e da melhor doutrina, o enquadramento sindical de Cláudio.

4. Manoel Silva foi eleito dirigente sindical do Sindicato dos Trabalhadores Metalúrgicos de Belém, no Pará, em 18.10.2010, com mandato de 2 anos. Na lista registrada no Ministério do Trabalho e Emprego Manoel Silva consta como o 18º eleito da lista de 20 dirigentes sindicais, classificando-se como 9º suplente. Dentre os empregados vinculados ao seu empregador, Indústria Metalúrgica Belém S.A., Manoel Silva é o 2º da lista de dirigentes sindicais. Manuel Silva, em 17.10.2011 foi dispensado sem justa causa por Indústria Metalúrgica Belém S.A. Insatisfeito, ajuíza ação trabalhista tendente à sua imediata reintegração. Nos termos da jurisprudência consolidada do TST, determine se Manoel Silva será ou não reintegrado. Caso positivo, fixe como.

5. Determinado sindicato de trabalhadores em Minas Gerais, em conjunto com os empregadores, percebeu abusos nos afastamentos previdenciários com justificativa de DORT/LER, doença profissional. Os dirigentes sindicais perceberam conluio entre médico perito do INSS e diversos trabalhadores, que, saudáveis, se afastavam por demasiado tempo com justificativa de doença profissional. Parte dos abusos restou comprovada em processos judiciais trabalhistas em que os trabalhadores formularam pedidos de reparação do dano moral supostamente havido em decorrência da DORT/LER e que foram julgados improcedentes após laudo pericial judicial isento. Os prejuízos aos patrões foram significativos. Por isso, resolveram firmar CCT que trouxe previsão de supressão da garantia provisória de emprego para os trabalhadores afastados por DORT/LER na referida categoria.

Assim, após retorno do benefício previdenciário alguns trabalhadores foram imediatamente dispensados sem justa causa. Em contrapartida o sindicato patronal concedeu aumento de salário de 15% e Plano de Saúde para todos os trabalhadores da categoria. Diante do exposto, responda: a cláusula de CCT que fixa a supressão da garantia de emprego é lícita?

6. Antônio Júlio Júnior, empregado da Cooperativa de Trabalho em Comunicação e *Marketing* de São José das Lavras de Minas (COOPMKT), trabalhou desde 02.02.2008 para seu empregador na cidade de São José das Lavras de Minas, MG, desenvolvendo as tarefas próprias de vendedor externo de produtos e serviços desenvolvidos pelos cooperados. Nunca teve notícias de representação sindical de seus interesses, embora sempre houvesse, no pagamento do mês de março, desconto de contribuição sindical obrigatória em favor do Sindicato dos Trabalhadores no Comércio de Minas Gerais. Dispensado em 02.08.2012, busca em juízo seus direitos (em tese) inadimplidos. Seu Advogado juntou aos autos do processo ajuste coletivo firmado entre Sindicato dos Trabalhadores Empregados em Cooperativas de Minas Gerais e Sindicato das Sociedades Cooperativas do Estado de Minas Gerais, em que havia a fixação de diversas cláusulas, dentre elas: a) Piso da categoria, R$ 900,00; b) Banco de Horas; c) Ticket-alimentação, R$ 300,00; d) Descanso semanal sem remuneração aos sábados; e) Disponibilidade semanal de trabalho de 44 horas; f) supressão de intervalo para alimentação e descanso. Em sede defensiva apresentou a Cooperativa de Trabalho em Comunicação e Marketing de São José das Lavras de Minas tese de inaplicabilidade do disposto no ajuste coletivo juntado aos autos, vez que não era correto o "enquadramento sindical" pretendido. Sustentou e comprovou suficientemente que pagou ao autor todos os direitos previstos na CLT, razão pela qual não deve nada mais a ele. Supletivamente juntou CCT firmada pelo Sindicato dos Trabalhadores no Comércio de Minas Gerais, em que apenas constava piso da categoria no valor de R$ 689,00. Ainda supletivamente juntou aos autos ajuste coletivo firmado entre ela, COOPMKT, e o Sindicato dos Trabalhadores em Comunicação e Marketing do Estado de Minas Gerais, que reunia profissionais de comunicação e marketing, tais como publicitários, jornalistas, relações públicas e outros, e que fixava os seguintes direitos: a) Piso da categoria, R$ 700,00; b) hora extra a 100%; c) Descanso semanal remunerado aos sábados e domingos; d) Disponibilidade semanal de trabalho de 44 horas; e) Ticket-alimentação de R$ 150,00; f) supressão de intervalo para alimentação e descanso. Pugnou, supletivamente então, caso entendesse o juízo haver parcelas inadimplidas, a aplicação dos citados ajustes negociais coletivos. Diante do exposto, responda ao que segue:

a) Qual foi o ajuste firmado entre Sindicato dos Trabalhadores Empregados em Cooperativas e Sindicato das Sociedades Cooperativas do Estado de Minas Gerais?

b) Qual foi o ajuste firmado entre Sindicato dos Trabalhadores em Comunicação e Marketing do Estado de Minas Gerais e Cooperativa de Trabalho em Comunicação em Marketing de São José das Lavras de Minas (COOPMKT)?

c) Qual é o sindicato representativo da categoria de Antônio Júlio Júnior?

d) Antônio Júlio Júnior tem direitos trabalhistas além daqueles fixados na CLT?

e) Em caso de resposta positiva à questão 1.4., diga, especificadamente, quais serão os direitos garantidos a Antônio Júlio Júnior por força de ajuste coletivo.

7. A sociedade empresária Casa Bar e Restaurante Ltda. anunciou, em jornal de grande circulação, oferta de emprego em que fez constar o seguinte:

Diante da situação fictícia acima apontada, responda ao que segue:

a) É lícita, do ponto de vista justrabalhista, a oferta de emprego publicada?

( ) SIM   ( ) NÃO

Justifique, com base nas regras postas sobre o tema e nos princípios de Direito Coletivo do Trabalho. _____

_____

b) Independentemente da licitude ou ilicitude do anúncio acima destacado, é o contratante CONTRADITÓRIO ao reconhecer e prever pagamento de direitos fixados pelo sindicato em CCT e, ao mesmo tempo, se recusar a contratar trabalhadores sindicalizados?

( ) SIM   ( ) NÃO.

Justifique, com base nas regras postas sobre o tema e nos princípios de Direito Coletivo do Trabalho. _____

8. Antônio Júlio Júnior é Engenheiro Civil e atua como empregado de Minas Gerais Construtora S.A. (fictício), com sede em Belo Horizonte, MG. Recentemente foi acusado de erro nos cálculos estruturais apresentados em uma de suas obras, que veio a ruir, causando prejuízos significativos ao seu empregador. Inconformado com a acusação, resolveu ajuizar ação trabalhista com pedido de rescisão indireta em desfavor de seu empregador, vez que este descumpria, reiteradamente, direitos fixados em negociação coletiva e em legislação específica sobre sua profissão. Juntou ajuste coletivo firmado entre o Sindicato dos Engenheiros de Minas Gerais (SENGE/MG) e Sindicato da Indústria da Construção Civil de Minas Gerais (SINDUSCON/MG). Mais insatisfeito ainda, seu empregador denunciou Antônio Júlio Júnior ao CREA/MG (Conselho

Regional de Engenharia e Agronomia de Minas Gerais), instituído pela Lei n. 5.195/1966, além de juntar aos autos Convenção Coletiva de Trabalho firmada entre o SINDUSCON/MG e o Sindicato dos Trabalhadores na Indústria da Construção de Belo Horizonte. Fixe, justificadamente, qual é o ente coletivo representante de Antônio Júlio Júnior em relação aos seus interesses justrabalhistas:

9. Trabalhadores empregados de Montagem de Móveis Sul S.A., durante negociação coletiva 2012, resolveram questionar a direção do Sindicato dos Trabalhadores em Montagem de Móveis de sua região sobre os rumos do ACT a ser firmado. Resolveram, em comum acordo com a direção do sindicato, em assembleia especialmente convocada, realizar o que alguns chamaram de "protesto", outros de "greve" e outros de "operação padrão". A ação coletiva organizada consistia em somente montar os móveis, fossem eles os mais simples ou os mais complexos, seguindo estritamente o que dispõem os manuais da empresa. Tal medida significou aumento de 50% no tempo médio de montagem dos móveis, o que ensejou prejuízos de 30% em média para o empregador. Diante da pressão feita pelos trabalhadores, o empregador negociou positivamente (para aqueles) toda a pauta de reivindicações apresentada. DIANTE DO EXPOSTO, diga se houve ou não greve.

( ) Sim, é greve.

( ) Não é greve.

Justifique, fundamentadamente, observando o que dispõem as normas vigentes sobre a matéria. _____

10. Augusto pretende ajuizar ação trabalhista em desfavor de Imobiliária Santos Ltda., pois entende devidos diversos direitos trabalhistas que teriam sido inadimplidos pelo empregador. Trabalhou como vendedor de imóveis (empregado celetista). Foi admitido em 01.02.2008 e dispensado em 01.06.2012. Augusto entende fazer jus aos seguintes direitos:

   a) reajuste salarial de 5% em 01.01.2012, conforme previsão em CCT firmada entre Sindicato dos Trabalhadores do Mercado Imobiliário de Santos, SP. e Sindicato das Imobiliárias de Santos, SP.

   b) inaplicabilidade do Banco de Horas previsto em CCT firmada entre Sindicato dos Trabalhadores do Mercado Imobiliário de Santos, SP. e Sindicato das Imobiliárias de Santos, SP, pois seria inconstitucional a regra trabalhista celetista.

   c) plano de saúde durante todo o período, conforme previsão em ACT firmada entre Sindicato das Imobiliárias de Santos, SP e Imobiliária Baixada Santista Ltda.

d) devolução do "imposto sindical" descontado dos pagamentos realizados no 5º dia útil do mês de abril nos anos de 2008, 2009, 2010, 2011 e 2012, vez que não é sindicalizado.

e) remuneração das horas extraordinárias realizadas com adicional constitucional de 50% sobre o valor da hora normal, nos termos da lei.

f) devolução da contribuição confederativa descontada dos pagamentos realizados no 5º dia útil do mês de agosto nos anos de 2008, 2009, 2010, 2011 e 2012, vez que não é sindicalizado.

g) aplicação do piso salarial estabelecido em CCT firmada entre Sindicato dos Trabalhadores do Mercado Imobiliário de Santos, SP. e Sindicato das Imobiliárias de Santos, SP, atualmente fixado em R$ 2.500,00, vez que recebeu somente R$ 2.000,00 mensais durante o ano de 2012.

h) FGTS que não foi depositado, 13º salário de 2011 e 2012, indenização por supressão do vale-transporte em 2012, nos termos da lei.

Diante do exposto há pretensões fundadas em normas heterônomas e outras conforme normas autônomas. Considerando a melhor doutrina sobre Direito Coletivo do Trabalho, estabeleça a aderência/aplicação ou não de cada um dos direitos no contrato individual de trabalho, justificando cada pretensão em consonância com a jurisprudência consolidada do TST:

a) *reajuste salarial de 5% em 01.01.2012, conforme previsão em CCT firmada entre Sindicato dos Trabalhadores do Mercado Imobiliário de Santos, SP. e Sindicato das Imobiliárias de Santos, SP.*

( ) aplicável ao contrato individual de trabalho.

( ) inaplicável ao contrato individual de trabalho.

Justificativa: _____

_____

b) *inaplicabilidade do Banco de Horas previsto em CCT firmada entre Sindicato dos Trabalhadores do Mercado Imobiliário de Santos, SP. e Sindicato das Imobiliárias de Santos, SP, pois seria inconstitucional a regra trabalhista celetista.*

( ) aplicável ao contrato individual de trabalho.

( ) inaplicável ao contrato individual de trabalho.

Justificativa: _____

_____

c) *plano de saúde durante todo o período, conforme previsão em ACT firmada entre Sindicato das Imobiliárias de Santos, SP e Imobiliária Baixada Santista Ltda.*

( ) aplicável ao contrato individual de trabalho.
( ) inaplicável ao contrato individual de trabalho.
Justificativa: _____

d) devolução do "imposto sindical" descontado dos pagamentos realizados no 5º dia útil do mês de abril nos anos de 2008, 2009, 2010, 2011 e 2012, vez que não é sindicalizado.
( ) aplicável ao contrato individual de trabalho.
( ) inaplicável ao contrato individual de trabalho.
Justificativa: _____

e) remuneração das horas extraordinárias realizadas com adicional constitucional de 50% sobre o valor da hora normal, nos termos da lei.
( ) aplicável ao contrato individual de trabalho.
( ) inaplicável ao contrato individual de trabalho.
Justificativa: _____

f) devolução da contribuição confederativa descontada dos pagamentos realizados no 5º dia útil do mês de agosto nos anos de 2008, 2009, 2010, 2011 e 2012, vez que não é sindicalizado.
( ) aplicável ao contrato individual de trabalho.
( ) inaplicável ao contrato individual de trabalho.
Justificativa: _____

g) aplicação do piso salarial estabelecido em CCT firmada entre Sindicato dos Trabalhadores do Mercado Imobiliário de Santos, SP. e Sindicato das Imobiliárias de Santos, SP, atualmente fixado em R$ 2.500,00, vez que recebeu somente R$ 2.000,00 mensais durante o ano de 2012.
( ) aplicável ao contrato individual de trabalho.
( ) inaplicável ao contrato individual de trabalho.
Justificativa: _____

h) FGTS que não foi depositado, 13º salário de 2011 e 2012, indenização por supressão do vale-transporte em 2012, nos termos da lei.
( ) aplicável ao contrato individual de trabalho.
( ) inaplicável ao contrato individual de trabalho.
Justificativa: _____

Bibliografia

ALEXY, Robert. Teoria de Los Derechos Fundamentales, Madrid: Centro de Estudios Constitucionales, 1993, pág. 84, *Apud* DELGADO, Gabriela Neves. *Direito Fundamental ao Trabalho Digno*. São Paulo: LTr, 2006.

ALVES, Amauri Cesar. *Novo Contrato de Emprego: parassubordinação trabalhista*. São Paulo: LTr, 2005.

AMARAL, Júlio Ricardo de Paula. *Eficácia dos Direitos Fundamentais nas Relações Trabalhistas*. São Paulo: LTr, 2007.

ANDERSON, Pery. "Balanço do Neoliberalismo". *In: Pós-neoliberalismo: as políticas sociais e o Estado democrático*. São Paulo: Paz e Terra, 1998.

ANTUNES, Ricardo. *Adeus ao trabalho? Ensaio sobre as Metamorfoses e a Centralidade do Mundo do Trabalho*. São Paulo: Cortez, 1997.

BANCIA, D. Roque. *Diccionario General Etimológico de lalengua española*. Barcelona: F. Seix.

BARCELLOS, Ana Paula de. "Neoconstitucionalismo, Direitos Fundamentais e Controle das Políticas Públicas". *In*: SARMENTO, Daniel, GALDINO, Flávio, *Direitos Fundamentais: estudos em homenagem ao Professor Ricardo Lobo Torres*. Rio de Janeiro: Renovar, 2006.

BARROS, Alice Monteiro de. *Curso de Direito do Trabalho*. São Paulo: LTr, 2010.

BARROSO, Luis Roberto. "Neoconstitucionalismo e Constitucionalização do Direito (O Triunfo Tardio do Direito Constitucional do Brasil". *In*: SARMENTO, Daniel;

GALDINO, Flávio. *Direitos Fundamentais: estudos em homenagem ao Professor Ricardo Lobo Torres*. Rio de Janeiro: Renovar, 2006.

BOBBIO, Norberto, MATTEUCCI, Nicola, PASQUINO, Gianfranco. *Dicionário de Política*. 8. ed. Brasília: UnB, 1995.

BRITO FILHO, José Cláudio Monteiro. *Trabalho Decente: análise jurídica da exploração do trabalho – trabalho escravo e outras formas de trabalho indigno*. 2. ed. São Paulo: LTr, 2010.

CARDOSO, Adalberto Moreira. *A Década Neoliberal e a crise dos sindicatos no Brasil*. São Paulo: Boitempo, 2003.

CARRION, Valentin. *Comentários à Consolidação das Leis do Trabalho*. 27. ed. São Paulo: Saraiva, 2002.

CATHARINO, José Martins. *Compêndio de Direito do Trabalho*. 3. ed. São Paulo: Saraiva, 1982.

CONSOLO, Claudio; LUISO, Francesco P. *Codice di Procedura Civile Commentato*. IPSOA, 1997.

CORREIA, Marcus Orione Gonçalves; SOUTO MAIOR, Jorge Luiz (Org.). *Curso de Direito do Trabalho*. São Paulo: LTr, 2008.

COUTINHO, Grijalbo Fernandes. *O Direito do Trabalho Flexibilizado por FHC e Lula*. São Paulo: LTr, 2009.

DELGADO, Gabriela Neves; DELGADO, Mauricio Godinho. *"Constituição da República e Direitos Fundamentais: Dignidade da Pessoa Humana, Justiça Social e Direito do Trabalho*. São Paulo: LTr, 2012.

DELGADO, Gabriela Neves. *Direito Fundamental ao Trabalho Digno*. São Paulo: LTr, 2006.

_____. *Terceirização: paradoxo do Direito do Trabalho contemporâneo*. São Paulo: LTr, 2003.

DELGADO, Mauricio Godinho, *Curso de Direito do Trabalho*. 11. ed. São Paulo: LTr, 2012.

_____. *Capitalismo, Trabalho e Emprego*. São Paulo: LTr, 2006.

_____. *Princípios de Direito Individual e Coletivo do Trabalho*. São Paulo: LTr, 2001.

FERREIRA, Aurélio Buarque de Holanda. *Novo Aurélio: O Dicionário da língua portuguesa séc. XXI*. Rio de Janeiro: Nova Fronteira, 1999.

FIUZA, César. *Direito Civil: Curso Completo*. 4. ed. Belo Horizonte: Del Rey, 2001.

FRANCO FILHO, Georgenor de Sousa. Trabalhador Avulso Não-Portuário – A situação do Chapa. *Revista LTr*, São Paulo: LTr, v. 76, maio, 2012.

GIOSA, L. A. Terceirização: uma abordagem estratégica. São Paulo: Pioneira, 1993, *In* PERON, SÁ, Melissa Peron e, BOMTEMPO, José Vitor, QUENTAL, Cristiane. "Revista de Administração Contemporânea. On-line version", disponível em: http://www.scielo.br/scielo.php?pid=S1415-65551998000200006&script=sci_arttext.

GONÇALVES, Antônio Fabrício de Matos. *Flexibilização Trabalhista*. Belo Horizonte: Mandamentos, 2004.

HERNANDEZ, Márcia Regina Pozelli. *Novas Perspectivas das Relações de Trabalho: o Teletrabalho*. São Paulo: LTr, 2011.

HOBSBAWN, Eric. *A Era das Revoluções*. Rio de Janeiro: Paz e Terra, 1996.

HOUAISS, Antônio; VILLAR, Mauro Sales; FRANCO, Francisco Manoel de Mello. *Dicionário Houaiss da Língua Portuguesa*. Rio de Janeiro: Objetiva, 2001.

LEITE, J. F. Marques; JORDÃO, A. J. Novaes. *Dicionário Latino Vernáculo*. 3. ed. Rio de Janeiro: Lux, 1958.

MACHADO, José Pedro. *Dicionário Etimológico da Língua Portuguesa*. Editora Confluência.

MELO, Alvaro. *Teletrabalho (Telework). O trabalho em qualquer lugar e a qualquer hora...* Rio de Janeiro: ABHR e Qualitymark, 1999.

MORAES FILHO, Evaristo de. "Introdução ao Direito do Trabalho". Rio de Janeiro: Forense, p. 59-62, *Apud* FERRARI, Irany; NASCIMENTO, Amauri Mascaro; MARTINS FILHO, Ives Gandra da Silva. *História do Trabalho, do Direito do Trabalho e da Justiça do Trabalho*. São Paulo: LTr, 1998.

NASCIMENTO, Amauri Mascaro. *Curso de Direito do Trabalho*. 14. ed. São Paulo: Saraiva, 1997.

NASCIMENTO, Amauri Mascaro. *Curso de Direito do Trabalho*: História e Teoria Geral do Direito do Trabalho. Relações Individuais e Coletivas do Trabalho. 14. ed. São Paulo: Saraiva, 1997.

NILLES, Jack M. *Fazendo do Teletrabalho uma Realidade: um guia para telegerentes e teletrabalhadores*. São Paulo: Futura, 1997.

OLIVEIRA, Dalva Amélia de. *Reformas: a atualização da legislação trabalhista e os direitos fundamentais do trabalho, segundo a Declaração de Princípios da OIT*. São Paulo: LTr, 2004.

PEREIRA, Caio Mário da Silva. *Instituições de Direito Civil*. 10. ed. Rio de Janeiro: Forense, 1997.

PINEL, Maria de Fátima de L. *Teletrabalho: O trabalho na Era Digital*. [on-line] Disponível na *internet* www.URL:http://teletrabalhador.com.

RENAULT, Luiz Otávio Linhares; MEDEIROS, Dárlen Prietsch. "A Subordinação sem Derivações Semânticas". *In*: RENAULT, Luiz Otávio Linhares; CANTELLI, Paula Oliveira; PORTO, Lorena Vasconcelos; NIGRI, Fernanda (organizadores). *Parassubordinação: homenagem ao Professor Márcio Túlio Viana*. São Paulo: LTr, 2011.

RENAULT, Luiz Otávio Linhares. "Parassubordinação: Para Quê?" *In* RENAULT, Luiz Otávio Linhares et. al. (Coord). *Parassubordinação: homenagem ao Professor Márcio Túlio Viana*. São Paulo: LTr, 2011.

RODRIGUEZ, Américo Plá. *Princípios de Direito do Trabalho*. 3. ed. São Paulo: LTr, 2000.

SARLET, Ingo Wolfgang. Direitos Fundamentais Sociais, Mínimo Existencial e Direito Privado: breves notas sobre alguns aspectos da possível eficácia dos direitos sociais nas relações entre particulares. *In: Direitos Fundamentais: estudos em Homenagem ao Professor Ricardo Lobo Torres*. São Paulo: Renovar, 2006.

SILVA, De Plácido e. *Vocabulário Jurídico*. Rio de Janeiro: Forense, 1990.

SINGER, Paul. "Vida Nova para as Cooperativas de Trabalho". *Folha de São Paulo*, São Paulo, 16 jul. 2012. Opinião.

SOUTO MAIOR, Jorge Luiz. A Supersubordinação. *In:* RENAULT, Luiz Otávio Linhares et. al. (coord). *Parassubordinação: homenagem ao Professor Márcio Túlio Viana*. São Paulo: LTr, 2011.

SOUTO MAIOR, Jorge Luiz. Breves Considerações sobre a História do Direito do Trabalho no Brasil. *In:* CORREIA, Marcus Orione Gonçalves (org.) *Curso de Direito do Trabalho: Teoria Geral do Direito do Trabalho*. São Paulo: LTr, 2007.

SOUTO MAIOR, Jorge Luiz. Breves Considerações sobre a História do Direito do Trabalho no Brasil. *In:* CORREIA, Marcus Orione Gonçalves (org.). *Curso de Direito do Trabalho: Teoria Geral do Direito do Trabalho*. São Paulo: LTr, 2007.

_____. *Curso de Direito do Trabalho*. São Paulo: LTr, 2011.

_____. Os Princípios do Direito do Trabalho e sua negação por alguns posicionamentos jurisprudenciais. *In:* COUTINHO, Grijalbo Fernandes; MELO FILHO, Hugo Cavalcanti; SOUTO MAIOR, Jorge Luiz; FAVA, Marcos Neves. *O Mundo do Trabalho: leituras críticas da jurisprudência do TST: em defesa do Direito do Trabalho*. v. I, São Paulo: LTr, 2009.

TACHIZAWA, Takeshy; MELLO, Álvaro. *Estratégias Empresariais e o Teletrabalho*. Rio de Janeiro: Pontal, 2007.

TROPE, Alberto. *Organização Virtual: impactos do teletrabalho nas organizações*. Rio de Janeiro: Qualitymark, 1999.

VIANA, Márcio Túlio. Remuneração e Salário. *In:* SOUTO MAIOR, Jorge Luiz (coordenador). *Curso de Direito do Trabalho*. São Paulo: LTr, 2008. v. II.

VIANA, Márcio Túlio. O longo meio século do Direito do Trabalho no Brasil. *In:* Bronstein, Arturo. (org.). Cincuenta años de Derecho del Trabajo en America Latina. Cincuenta años de Derecho del Trabajo en America Latina. 01ed.Buenos Aires: Rubinzal-Culzoni, 2007, v. 1, p. 163-195.

VIANA, Márcio Túlio. Trabalhadores Parassubordinados: deslizando para fora do Direito. *In:* RENAULT, Luiz Otávio Linhares. *Parassubordinação: homenagem a Márcio Túlio Viana*. São Paulo: LTr, 2011.

VIANA, Márcio Túlio. *Direito de Resistência*. São Paulo: LTr, 1996.

_____. Os paradoxos da prescrição quando o trabalhador se faz cúmplice involuntário da perda de seus direitos. *Revista LTr*. v. 71. 2007. p. 1.334-1.339.

VIANA, Mário Túlio. A proteção social do trabalhador no mundo globalizado. *In:* PIMENTA, J. Roberto Freire; RENAULT, L. Otávio Linhares; VIANA, Márcio Julio; DELGADO,

Mauricio Godinho; BORJA, Cristina Pessoa Pereira (org.). *Direito do Trabalho: evolução, crise, perspectivas.* Direito do Trabalho: evolução, crise, perspectivas. São Paulo: LTr, 2004.

VILHENA, Paulo Emílio Ribeiro de. *Relação de Emprego: estrutura legal e supostos.* 2. ed. São Paulo: LTr, 1999.

WILENSKI, H. L. The Welfare State and Equality. *Apud* BOBBIO, Norberto, MATTEUCCI, Nicola; PASQUINO, Gianfranco. *Dicionário de Política.* Brasília: UnB, 1995.

WINTER, Vera Regina Loureiro. *Teletrabalho: uma forma alternativa de emprego.* São Paulo: LTr, 2005.

Gabarito das Questões Objetivas

Parte I

1.
   d) é correta apenas a proposição IV.
2.
   d) apenas as assertivas III e IV são corretas.
3.
   a) a correção das desigualdades naturais existentes entre empregados e empregadores, o que se efetiva, na prática, através da construção de um patamar civilizatório mínimo, abaixo do qual não pode haver, validamente, contratação de emprego.
4.
   d) É orientador do aplicador do direito, tendo sido incorporado à jurisprudência uniformizada do Tribunal Superior do Trabalho, que, numa de suas súmulas, declara que a complementação dos proventos da aposentadoria é regida pelas normas em vigor na data da admissão do empregado, observando-se as alterações posteriores, desde que mais favoráveis ao beneficiário do direito.
5.
   b) A função modernizante e progressista revela que deve o Direito do Trabalho promover a inserção econômica e social do trabalhador, o

que se dá através de distribuição de renda, com repasse ao empregado, ainda que minimamente (FGTS, 13º salário, 1/3 de férias...), de parte dos ganhos alcançados pelo empregador através da exploração dos meios de produção.

6.
    c)   apenas uma assertiva é incorreta.

7.
    c)   são verdadeiras apenas as assertivas I e III.

8.
    c)   o contrato de emprego, como norma jurídica autônoma, pode ser considerado fonte formal do Direito do Trabalho.

9.
    c)   da imperatividade das normas trabalhistas.

10.
    d)   o princípio da imperatividade das normas trabalhistas pode ser expresso pela ideia básica de que são nulos de pleno direito os atos, patronais e/ou de trabalhadores, praticados com o objetivo de desvirtuar, impedir ou fraudar a aplicação dos preceitos contidos na CLT.

11.
    c)   o direito do trabalhador é indisponível, não havendo espaço negocial bilateral válido que contemple disposição de direitos, seja no âmbito do contrato, seja na esfera administrativa ou na esfera do Poder Judiciário.

Gabarito das Questões Objetivas

Parte II

1.
   b) empregado é a pessoa física que, de modo pessoal, não eventual, oneroso e subordinado presta seus serviços a uma pessoa física ou jurídica (ou ente despersonificado), devendo haver necessariamente a presença de ordens patronais diretas quanto ao modo da prestação laborativa para que se fixe, hodiernamente, a subordinação jurídica e, consequentemente, a relação de emprego.

2.
   d) Jomara é empregada celetista de Clamindosvaldo, pois preenche os elementos fático-jurídicos do artigo 3º da CLT, além de ser pessoa capaz e de ser lícito o objeto de seu contrato.

3.
   b) Há vínculo jurídico empregatício entre Cia DVR7 e Antônio Bloto, vez que presentes os elementos requisitos previstos no artigo 3º da CLT.

4.
   a) Antônio é empregado doméstico e Maria é diarista, devendo ele receber direitos trabalhistas como tal enquanto ela não tem direitos além do pagamento do valor contratado.

Gabarito das Questões Objetivas
Parte II 583

5.
- c) há vinculação empregatícia entre Bento Jr. e Liga Night Ltda. e que produzirá todos os efeitos jurídicos próprios do contrato firmado, pois presentes os requisitos capacidade laborativa e objeto lícito.

6.
- c) Haverá vinculação empregatícia por não haver no caso concreto requisito material para validação do contrato de estágio, pois as atividades empreendidas não se amoldam ao conteúdo de formação teórica de Adroaldo.

7.
- d) Ednalva Macedo não terá reconhecidos os direitos trabalhistas pleiteados, mas teria, caso fundamentasse juridicamente, direitos trabalhistas referentes ao vínculo empregatício doméstico mantido.

8.
- b) Benedito não terá reconhecido vínculo jurídico com o tomador dos serviços, por expressa vedação constitucional quanto ao tema, podendo receber deste eventuais créditos trabalhistas inadimplidos, caso comprove sua culpa no cumprimento de obrigações legais específicas.

9.
- a) José da Silva poderá cobrar eventuais créditos trabalhistas inadimplidos das duas sociedades empresárias, pois são solidariamente responsáveis por sua satisfação.

10.
- b) O caráter perverso citado por Gabriela Delgado se mostra em virtude da ausência de isonomia, regra geral, entre os trabalhadores empregados terceirizados e os trabalhadores empregados vinculados diretamente ao tomador dos serviços, exceção feita aos casos de trabalho temporário.

11.
- b) o trabalhador pode ser contratado através de interposta pessoa, desde que não haja subordinação e pessoalidade na linha do trabalho desenvolvido, ou seja, entre o vigia e a loja.

12.
- d) A terceirização não traz prejuízo de qualquer natureza ao trabalhador terceirizado, vez que garantidos todos os seus direitos trabalhistas, pois é empregado celetista, ainda que de interposta pessoa.

13.
- c) da reestruturação produtiva da década de 1970, que incentivou a redução do tamanho das fábricas, mas sem que houvesse perda de mercado e de lucro.

14.
- d) A ideia expressa é correta, pois há, na terceirização, trabalhadores em igualdade de situação fática, que desenvolvem seu labor no interesse direto e imediato de um mesmo favorecido, mas com tratamento jurídico-coletivo diferenciado, dada a multiplicidade de empregadores interpostos na relação jurídica básica entre quem se aproveita da força produtiva (o tomador dos serviços) e o empregado terceirizado.

15.
- d) não haverá o reconhecimento da sucessão de empregadores para fins justrabalhistas, vez que para a caracterização dos efeitos de tal fenômeno é necessária a transferência de unidade econômico-jurídica, o que não houve neste caso.

16.
- b) não haverá o reconhecimento do grupo econômico, vez que não haverá relação de emprego entre o trabalhador terceirizado e o tomador dos seus serviços, o que seria essencial à caracterização dos efeitos justrabalhistas pretendidos.

17.
- c) tal proposição, se adotada pela jurisprudência majoritária, trará restrições à terceirização, visto que não permitirá, na grande maioria dos casos concretos, intermediação de mão-de-obra em atividade-meio do tomador dos serviços, pois nestas situações não é possível a existência da subordinação na linha da entrega de trabalho.

18.
- b) relação de emprego doméstico.

19.
- a) relação de emprego celetista.

20.
- c) a relação jurídica é válida, vista a confluência dos requisitos para tanto.

21.
- d) Arângela, Danilo e Benita, nos termos da lei, poderão buscar a satisfação de eventuais créditos trabalhistas através de processo judicial em que figurará como Ré a sociedade empresária Administração do Varejo Ltda.

22.
- c) Grupo Pão de Mel Ltda.
- d) todas as sociedades acima citadas.

23.
- d) José, João e Joaquim trabalharão ilicitamente como caixas, vez que houve alteração contratual ilícita, mesmo em se tratando de modificação promovida por empregador distinto daquele que efetivou a admissão.

24.
- a) há vínculo de emprego direto entre Segafredo e Banco B. S.A., pois embora inexistam ordens diretas entre tomador e trabalhador terceirizado, que trabalha fora do estabelecimento empresarial daquele (na sede da PBSA), houve a inserção do trabalhador na dinâmica do tomador dos serviços, acolhendo sua dinâmica de organização e funcionamento.

25.
- d) A terceirização dos serviços do publicitário foi mantida em conformidade com a Súmula 331 do TST, pois se trata de atividade-meio, sem que se vislumbre pessoalidade ou subordinação entre trabalhador terceirizado e tomador dos serviços.

26.
- c) Caso sejam aplicadas, por analogia, as regras dos contratos de trabalho temporário, Antônio terá salário idêntico àquele percebido pelos empregados diretamente contratados por indústria Z. S.A., o que é juridicamente possível.

27.
- b) I. terceirização de trabalho temporário; II. grupo econômico; III. sucessão de empregadores.

Gabarito das Questões Objetivas

Parte III

1.
   b) terá direito a 4 horas extraordinárias por semana.
2.
   d) válida, uma vez que a empresa X obedeceu as determinações legais existentes.
3.
   c) A contratação a termo é lícita, vez que se trata de serviço cuja natureza e transitoriedade justificam a predeterminação do prazo.
4.
   c) A justa causa deve ser revertida, pois o empregador não observou o critério da imediatidade.
5.
   c) o poder fiscalizatório do empregador pressupõe o rígido controle sobre o cumprimento, pelo empregado, de cláusulas contratuais, regulamentos de empresa, regras empresariais e normas jurídicas autônomas que são vigentes no âmbito do contrato individual de trabalho e que portanto devem ser cumpridos.
6.
   d) a dispensa por justa causa foi incorretamente aplicada, vez que não houve falta trabalhista na conduta de Pedro.

7.
- c) o trabalhador que admitido para trabalhar como segurança em casa de prostituição, embora não pratique, com seu trabalho, o ato ilícito, não terá direitos trabalhistas reconhecidos.

8.
- d) vago o cargo em definitivo, o empregado que passa a ocupá-lo tem direito a salário igual ao do antecessor.

9.
- a) Percebida a gratificação de função por cinco ou mais anos pelo empregado, se o empregador, sem justo motivo, revertê-lo a seu cargo efetivo, não poderá retirar-lhe a gratificação tendo em vista o princípio da estabilidade financeira.

10.
- d) o valor referente à habitação não será considerado como salário, vez que a residência no local de trabalho era indispensável para a realização das atividades.

11.
- a) o vínculo empregatício deve ser fixado entre João da Silva e o Posto de Gasolina Boa Viagem, razão pela qual são improcedentes os pedidos de vínculo entre o trabalhador e a cooperativa, bem como de responsabilidade subsidiária do referido posto.

12.
- b) é procedente o pedido dos valores correspondentes aos intervalos intrajornada não gozados, com seu acréscimo, vez que o Acordo Coletivo de Trabalho não pode suprimir tal direito, pois intervalos para repouso e alimentação possuem natureza cogente ou de ordem pública, por versar sobre medida de saúde e de segurança do trabalho, sendo devida também sua integração contratual (remuneratória).

13.
- a) o salário de Antônio Silva é de R$ 600,00 (seiscentos reais), referente ao piso da sua categoria, sendo sua remuneração o conjunto das parcelas contraprestativas pagas, no valor total e final de R$ 1100,00 (um mil e cem reais).

14.
- c) Antônia terá direito à legal redução da hora noturna somente no período compreendido entre 22:00 e 03:00 horas de segunda a sexta-feira e de 22h00 a 00h no sábado.

15.
- a) como extraordinárias, inclusive com o respectivo adicional em sua integralidade.

16.
- d) a totalidade do tempo que exceder a jornada normal.

17.
- a) caso Fábio preste horas extras habituais além da 44ª o acordo de compensação de jornada restará descaracterizado.

18.
- c) o poder regulamentar do empregador pressupõe a criação unilateral de cláusulas contratuais, regulamentos de empresa, regras empresariais e normas jurídicas autônomas que terão vigência no âmbito do contrato individual de trabalho.

19.
- a) é válida a concessão do aviso prévio na fluência da garantia de emprego, ante a compatibilidade dos dois institutos.

20.
- b) contratação direta por prazo determinado, pois há atividade empresarial de caráter transitório.

21.
- a) a contratação é ilícita, pois não a natureza do serviço não justifica a pré-determinação do prazo, bem como não há transitoriedade que indique tal ajuste.

22.
- a) a contratação foi legal, vez que justificada pela transitoriedade da necessidade da mão de obra.

23.
- d) o contrato de emprego é híbrido, não podendo ser classificado como público ou como privado, dada a imperatividade das regras trabalhistas e a indisponibilidade dos direitos consagrados no texto celetista.

Gabarito das Questões Objetivas

Parte IV

1.
    c) o sindicato envolvido na negociação exerce seu papel fundamental de criação de norma jurídica, que terá vigência nos contratos de emprego de seus representados, com caráter geral, abstrato, *erga omnes* e pro futuro.

2.
    d) nenhuma das assertivas anteriores é correta.

3.
    c) A contribuição confederativa de que trata o art. 8º, IV, da Constituição, é exigível somente dos trabalhadores representados pelos respectivos sindicatos.

4.
    b) proibição do *lockout*.

5.
    d) têm direito de decidir sobre a oportunidade de exercer a greve em serviços ou atividades essenciais, desde que respeitem os requisitos previstos em lei.

6.
    b) Na greve em serviços ou atividades essenciais, ficam as entidades sindicais ou os trabalhadores, conforme o caso, obrigados a

7.
   comunicar a decisão aos empregadores e aos usuários com antecedência mínima de 72 (setenta e duas) horas da paralisação.

8.
   b) A autocomposição pressupõe a greve, vez que esta é a forma possível de solução de conflitos coletivos trabalhistas sem necessária manifestação prévia do Poder Judiciário.

9.
   d) ser inadmitida, posto que a similitude de condições de vida oriunda da profissão ou trabalho em comum, em situação de emprego na mesma atividade econômica ou em atividades econômicas similares ou conexas, compõe a expressão social elementar compreendida como categoria profissional, que não pode ser fracionada por empresas.

10.
   d) nos termos da jurisprudência majoritária do TST, José terá direito às parcelas pretendidas, vez que aplicável a teoria da aderência limitada por revogação, que estabelece que, em se tratando de norma jurídica, somente desapareceria do contrato individual o direito consignado autonomamente se e quando houvesse negociação (expressa ou tácita) da cláusula por outra, fruto de negociação posterior.

11.
   c) a greve é lícita, pois é direito constitucional de causar prejuízo e, assim, pode ser intentada até mesmo por interesses políticos, sendo certo que quando ocorre por descumprimento dos instrumentos coletivos firmados tem respaldo legal.

12.
   a) Empregado integrante de categoria profissional diferenciada não tem o direito de haver de seu empregador vantagens previstas em instrumento coletivo no qual a empresa não foi representada por órgão de classe de sua categoria.

13.
   c) O empregado de categoria diferenciada eleito dirigente sindical goza de estabilidade mesmo se não exercer na empresa atividade pertinente à categoria profissional do sindicato para o qual foi eleito dirigente.

   c) A contribuição confederativa de que trata o art. 8º, IV, da Constituição, é exigível somente dos trabalhadores representados pelos respectivos sindicatos.

14.
- a) às relações individuais de trabalho (emprego) no âmbito da representação dos sindicatos convenentes, bem como, por suas eventuais cláusulas contratuais, às relações entre os entes coletivos (relações coletivas).

15.
- a) nas atividades não consideradas essenciais, o prazo mínimo para a comunicação aos empregadores diretamente interessados é de 72 (setenta e duas) horas;

16.
- d) nenhuma afirmativa está correta.

17.
- d) Maria tem direito à garantia de emprego, vez que a CCT tratou de direito indisponível e, sendo assim, aplica-se a regra legal sobre o tema, nos termos da jurisprudência do TST.

18.
- b) José não tem direito à reintegração pretendida, pois registrou sua candidatura no curso do aviso prévio.

19.
- d) Ramão Luciano não tem direito à reintegração ao emprego, vez que não pertence à base de representação do sindicato para o qual foi eleito dirigente.

20.
- b) Ailton deverá ingressar com ação judicial para pleitear a conversão da dispensa por justa causa em dispensa sem justa causa, mas não tem direito líquido e certo à pretendida reintegração.